U0102486

"十四五"时期国家重点出版物出版专项规划项目
教育部人文社会科学重点研究基地重大项目

汪高鑫 主编

中国经史关系通史

清代民国卷

王记录 李玉莉 著

福建人民出版社
海峡出版发行集团
THE STRAITS PUBLISHING & DISTRIBUTING GROUP

图书在版编目（CIP）数据

中国经史关系通史．清代民国卷／王记录，李玉莉著．--福州：福建人民出版社，2022.9

ISBN 978-7-211-08867-6

Ⅰ.①中…　Ⅱ.①王…　②李…　Ⅲ.①经学—关系—史学—中国—清代—民国　Ⅳ.①Z126.27②K092

中国版本图书馆 CIP 数据核字（2022）第 069406 号

中国经史关系通史・清代民国卷

ZHONGGUO JINGSHI GUANXI TONGSHI・QINGDAI MINGUO JUAN

作　　者： 王记录　李玉莉
责任编辑： 郑翠云　李建周
出版发行： 福建人民出版社　　**电　　话：** 0591-87533169（发行部）
网　　址： http://www.fjpph.com　　**电子邮箱：** fjpph7211@126.com
地　　址： 福州市东水路 76 号　　**邮政编码：** 350001
印　　刷： 深圳市彩美印刷有限公司
地　　址： 深圳市龙岗区坪地街道高桥社区盛佳道 2 号东维丰新材料厂区 2＃厂房
开　　本： 700 毫米×1000 毫米　1/16
印　　张： 29.75
字　　数： 457 千字
版　　次： 2022 年 9 月第 1 版　　2022 年 9 月第 1 次印刷
书　　号： ISBN 978-7-211-08867-6
定　　价： 108.00 元

总　序

经史关系属于中国经史之学发展史上的一个重要问题，从史学角度而言，它属于中国史学思想史研究的范围。在中国几千年的史学发展过程中，经学作为官方意识形态，对于史学有着长期而深远的影响。这种影响的具体表现，一是史学具有明显的宗经倾向。从司马迁的“折中于夫子”“考信于六艺”，到刘勰的“宗经征圣”，再到章学诚的本于“《春秋》之义”，传统史学的发展，宗经思想是一贯到底的。二是史学随着经学思潮的变化而变化。自汉代经学兴起以后，两千多年来经学一直处于不断的流变过程中，两汉经学、魏晋玄学、宋明理学、清代朴学，便是经学流变过程中呈现出的主要时代形态；史学也相应地出现了两汉崇经、魏晋玄化、宋明义理化和清代重考证的不同思想方法倾向。三是史学重视探讨经史关系。在中国学术发展史上，很多学者都参与了对于经史关系的探讨，其中王通的“三经亦史”、王阳明的“五经亦史”、李贽的“六经皆史”、龚自珍的“六经者，周史之宗子”诸说都有较大的影响。而从史学角度对经史关系作出最为系统而深入的探讨的，当属史评家章学诚，他从经世致用的史学目的论，肯定了六经的史学属性。与此同时，中国经学在发展过程中，也受到了史学的影响。史学对于经学的影响，集中体现在以史证经上。所谓以史证经，即将史学纳入经学范围，用史学去说明或证明经学的观点。司马迁在《太史公自序》中引用孔子的话说：“我欲载之空言，不如见之于行事之深切著明也。”这里说的是孔子何以作《春秋》之史，其实也揭示了中国经学何以要以史为证的原因。经学家们正是通过历史史实的引述，才使得他们的经学观点得以建立在历史事实的基础之上，进而使他们的经学观点更具有说服力。由此来看，一部中国经史关系史，其实就是一部以经解史与以史证经的历史。

早在十年前，我已经开始关注中国经史关系史这个问题，并陆续发表了一些这方面的论文。2011 年，吴怀祺先生主编的六卷本《中国史学思想通论》出版，其中的《经史关系论卷》便是由我撰写的。该书作为史学界探讨经史关系问题的第一部专著，主要是就中国经史关系的一些基本理论问题进行了阐述。就在当年，我申请的教育部重点研究基地重大项目"经史流变探源"获得立项。此后数年，我和我的团队以此项目为基础，对中国经史关系史进行了系统探讨，并于 2016 年完成了课题结项工作。2017 年，我在"经史流变探源"结项成果的基础上，进行了较大的修改，以"中国经史关系史"为书名，由黄山书社正式出版，并成为"十二五"国家重点出版物出版规划项目。在这个过程中，我一直想写作一部多卷本的中国经史关系通史，希望更加系统、深入地对中国经史关系史作出探讨。这个想法得到了福建人民出版社的大力支持。经过学术团队的共同努力，这部汇聚了我和我的团队多年心血，多达 160 余万字的四卷本《中国经史关系通史》总算撰写完成了。

作为团队合作的产物，本书具体执笔人分工如下：

《先秦两汉卷》由汪高鑫、马新月撰写，《魏晋南北朝隋唐卷》由李传印、吴海兰撰写，《宋元明卷》由汪高鑫、邓锐、李德峰撰写，《清代民国卷》由王记录、李玉莉撰写。全书由我拟定初纲、进行统稿。

多卷本《中国经史关系通史》的完成，首先是团队精诚合作的结果。自古以来众人修史多属不易，我的学识和组织能力都有限，如果没有团队同仁的大力支持，要想完成撰写任务是难以想象的。我们在撰写过程中，一切从提高书稿质量的态度出发，积极、坦诚地交换意见，反复进行认真修改，从而有了最终的成果。其次要非常感谢福建人民出版社领导的持续关心，各位编辑同志的密切配合，他们付出的辛勤劳动，是书稿得以完成的重要保证。

本书难免还存在着各种不足甚至错误，祈请学界同仁批评指正，以便我们对这一问题作出进一步的研究。

汪高鑫　谨识

2020 年 10 月 10 日

本卷作者简介

王记录，男，河南范县人，1964 年生，历史学博士。河南师范大学历史文化学院教授、博士生导师，《河南师范大学学报（哲学社会科学版）》主编，主要从事中国史学史、历史文献学和清代学术史的教学与研究。著有《钱大昕的史学思想》《清代史馆与清代政治》《中国史学思想会通·清代史学思想卷》《中国史学思想会通·历史文献学思想卷》等，主编《中华大典·文献目录典·文献学分典·典藏总部》等，发表学术论文 130 余篇，主持、参与完成国家级、省部级项目 4 项，获得省部级以上科研奖励 4 次。

李玉莉，女，河南孟州人，1980 年生，历史学博士。河南师范大学历史文化学院教师，主要从事中国学术文化史的教学与研究。在《史学史研究》《史学理论与史学史学刊》《东亚人文》等刊物发表学术论文 10 余篇。

目　录

绪　论

从清代到民国，经史关系的变化一波三折，错综复杂，前所未有。大概正因为如此，这一课题日益引起人们的注意，不少学者试图在迷宫般且交互作用的经史关系中梳理出清代至民国学术发展的大势。然而，因为研究问题的取径及方法不同，对于清代至民国经史关系的认知也就存在很大差异，从而留下诸多可以深入探讨的话题。

笔者以为，经、史之间相互影响、相互制约，其盛衰消长、此起彼伏的演变过程，除了学术自身的演化外，都与社会变迁密不可分。研究清代至民国经史关系的演变和转向，从学术发展的内在理路和社会存在的制约作用两个方面进行观照，庶几会较为贴近这一时期经史关系演变的真实状况。

一

有清一代，既有汉学、宋学之争，又有古文、今文之论，学术面貌极为复杂。汉宋之间、今古文之间聚讼不已，时而拒斥争斗，时而合流兼采，一直处在变动不居的状态。其影响到史学的面貌，亦至为复杂。但是，学术思潮的演变总是有主流、有支流，清代史学思想受经学变化影响，其主潮明显表现出阶段性发展的特点。

明清更迭，天崩地解，这场社会剧变深深刺激着深明《春秋》大义的清初学者，民族危机使得他们由反思政治得失而推原学术精神。于是人们开始反思程朱理学和陆王心学在学理上的种种失误。清初学者认为，程朱、陆王两派学人各走极端，“言心学者，则无事乎读书穷理”，“言理学者，其所读之书不过经生之章句”，[1] 均严重脱离实际。明朝灭亡，除政治因素外，理学末流长于空谈、寡于治道亦不能辞其咎。由此，人们开始走上批判、总结理学的道路，关注现实的经世实学思想开始高涨，学术思潮发生了巨变。

清初实学思潮内涵丰富，一大批目光如炬的思想家，如黄宗羲、顾炎武、王夫之、陈确、费密、唐甄、李颙、傅山、颜元、李塨等，批判理学空谈性命、脱离实际的空疏学风，重新阐释儒学经世致用的学术宗旨。他们把对理学的反思和总结明亡的经验教训结合起来，提倡尊经重史，主张经史经世。顾炎武对理学末流“不习六艺之文，不考百王之典，不综当代之务”[2] 的学风进行无情批判，指出这些人一不读经，二不治史，三不关心国计民生，故而空谈误国。由此，他提出“理学，经学也”的命题，试图穷经观史，再振儒学。黄宗羲更是认为“学必原本于经术，而后不为蹈虚；必证明于史籍，而后足以应务”[3]。指出“经术”为学问之“本”，“史籍”乃应务之“用”。挽救理学袭空蹈虚的流弊，必须求助于史学。王国维在论及清初实学兴起时曾说：清初学者多胜朝遗老，“离丧乱之后，志在经世，故多为致用之学。求之经史，得其本原，一扫明代苟且破碎之习，而实学以兴”[4]。“经世之学”不能凭空臆造，必须既有本原，又有依据，这个本原就是经，而依据就是史。清初的实学，是一种立足于经世而又以经史为根本的“经史致用”之学。

清初诸儒批判理学，走的是兼采汉宋的路子，所谓“国初，汉学方萌芽，皆以宋学为根柢，不分门户，各取所长，是为汉、宋兼采之学”[5]。正是在这种兼采汉宋、尊经重史、经史经世的思潮之下，清初史学发展起来。在考据学、历史地理学、历史评论、学术史以及《明史》

[1] 黄宗羲：《留别海昌同学序》，见《黄宗羲全集》第十册，浙江古籍出版社 1993 年版，第 627 页。

[2] 顾炎武：《日知录》卷七《夫子之言性与天道》，见《日知录集释》，岳麓书社 1994 年版，第 240 页。

[3] 全祖望：《鲒埼亭集外编》卷十六《甬上证人书院记》，见《全祖望集汇校集注》（中），上海古籍出版社 2000 年版，第 1059 页。

[4] 王国维：《观堂集林》卷二十三《沈乙庵先生七十寿序》，河北教育出版社 2003 年版，第 574 页。

[5] 皮锡瑞：《经学历史》，中华书局 2004 年版，第 249 页。

的修撰诸方面都取得了很大成就，[1] 在某些方面还起到了前驱的作用。

这一阶段的史学思想，受社会变革及汉、宋二学的共同影响，在以下几个方面表现突出：

一是立足当世，彰扬以史经世。清初学人，大力倡导经世致用，号召学术关心社会，所谓“凡文之不关于六经之指、当世之务者，一切不为”[2]。在经世之学的学术体系里，史学被时人看成“明道救世”的重镇。王夫之说：“所贵乎史者，述往以为来者师也。为史者，记载徒繁，而经世之大略不著，后人欲得其得失之枢机以效法之无由也，则恶用史为?”[3] 顾炎武说：“夫史书之作，鉴往所以训今。”[4] 黄宗羲则指出：“学者必先穷经。然拘执经术，不适于用。欲免迂儒之诮，必兼读史。”[5] 他们主张打通经史，极力彰扬史学的经世作用，并由此将探索国家治乱之源及生民根本之计作为研究重点。顾炎武《肇域志》《天下郡国利病书》，王夫之《读通鉴论》，黄宗羲《明夷待访录》，顾祖禹《读史方舆纪要》等，都将目光放在历史兴亡、国家治乱、古今因革、民生利病等重大历史问题上，引古筹今，眼界开阔，气势不凡。

二是以史论政，批判专制集权。这是清初史学最有价值和影响力的一部分，也是受宋学影响较大的一部分。宋学擅长议论，适逢明清更迭这一特殊历史时期，故学者不仅探讨兴亡，而且还从更深的层面上对专制社会的弊端及危害进行研究。黄宗羲主张以“天下之法”代“一家之法”，提出以学校为议政机关，激发平民的政治意识。[6] 顾炎武提倡“众治”而反对“独治”，要求实行分权，削弱君主的绝对权力。[7] 唐甄

---

[1] 王记录：《中国史学思想通史·清代卷》，黄山书社 2002 年版，第 24—25 页。

[2] 顾炎武：《亭林文集》卷四《与人书三》，见《顾亭林诗文集》，中华书局 1983 年版，第 91 页。

[3] 王夫之：《读通鉴论》卷六，见《船山全书》第十册，岳麓书社 2011 年版，第 225 页。

[4] 顾炎武：《亭林文集》卷六《答徐甥公肃书》，见《顾亭林诗文集》，中华书局 1983 年版，第 138 页。

[5] 王锺翰点校：《清史列传》卷六十八《黄宗羲》，中华书局 1987 年版，第 5439 页。

[6] 黄宗羲：《明夷待访录》，见《黄宗羲全集》第一册，浙江古籍出版社 1985 年版。

[7] 顾炎武：《亭林文集》卷一，见《顾亭林诗文集》，中华书局 1983 年版，第 9—24 页。

在研究了专制集权的历史后，不仅直斥“乱天下惟君”，而且提出“抑尊”。[1] 不仅如此，清初史家还将对君主政治的研究与王朝盛衰、历史兴亡的探讨结合起来，从封建政体本身的弊端来认识王朝的兴亡，注重从专制制度上分析历史治乱，深刻而有卓见。

三是博求实证。在抨击明代学风空疏的同时，清初的经史学家提倡研究学问要博求实证。当时，顾炎武高举“博学于文”“行己有耻”的大旗，广涉各个学科领域，融会贯通，形成了自身的“通儒”之学。由博而归实，在治史过程中，倡导“采铜于山”，彰显“多闻阙疑”。[2] 受顾炎武的影响，阎若璩、胡渭等人继之而起，在学术研究中提倡考据，重视史料考订，言必有据，理必切实，并开始将文字、音韵、训诂等治经的方法移而治史。他们重视由证据而得结论，反对先有结论而后寻找证据，这与宋明以来理学化史学的治史路子截然相反。这种治史取径，开乾嘉考据史学之先河。

总之，特殊的社会条件和经学思潮，锻造了清初史学的特点：功力扎实，思想深邃，见解独到，富有时代气息。这正是考据与义理相结合的结果。

二

及至乾嘉时期，随着清廷统治的稳固，统治者对思想的控制逐渐加强，清初经世学风开始转向，由汉、宋兼采到汉、宋分化，很快汉学特起，宋学沉寂。这一时期，多数学者尊汉泥古，迷信汉儒训诂之学、解经之说。汉学家高扬汉帜，倡导识字审音，由字以通词，由词以通意，由文字训诂以求经书义理，认为“经之义存于训，识字审音，乃知其意”[3]。这一阶段的史学，其特点也主要是受汉学影响而形成。当时，运用文字音训等治经方法以治史已成时尚，人们运用治经的方法董理史

[1] 唐甄：《潜书》上篇下《抑尊》，中华书局 1963 年版，第 67—69 页。

[2] 顾炎武：《亭林文集》卷四《与人书十》，见《顾亭林诗文集》，中华书局 1983 年版，第 93 页。

[3] 惠栋：《松崖文钞》卷一《九经古义述首》，清聚学轩丛书本。

籍，纠谬补缺，“实事求是”，主张以史实说话，反对驰骋议论。宋明时期那种占主导地位的讲褒贬、重史法的理学化史学，在乾嘉时期已基本走上绝路。乾嘉史学思想的主流是在汉学影响下形成的，与宋明理学化史学的风格迥异。

自顾炎武对宋明理学空疏学风进行批评，提倡健实学风以后，乾嘉汉学由此推衍，进一步批评宋儒“舍故训而凭胸臆”。他们指出，宋儒释经，连经书中的文字句读、名物典制都没有搞清楚，就猜度臆说，以言心言性之空言而取代圣经之本意，学风虚浮，没有根柢，所谓“自晋代尚空虚，宋贤喜顿悟，笑问学为支离，弃注疏为糟粕，谈经之家，师心自用”[1]，“元明以来，学者空谈名理，不复从事训诂，制度象数，张口茫如”[2]。于是人们纷纷舍义理而沉迷于名物训诂，主张以考文知音之功夫治经，以治经之功夫明道，“训故明则古经明，古经明则贤人圣人之理义明”[3]。汉学这种反对空谈义理，重视文字名物训诂的思想，直接导致了史学领域重考证、轻议论的治史风格的形成。经学上反对空言义理，主张训诂明而义理明，与史学上反对横生议论，主张史实真而是非见，在思维模式上是一致的，遵循的是相同的法则。对此，王鸣盛的一段话颇有说服力：“经以明道，而求道者不必空执义理以求之也，但当正文字、辨音读、释训诂、通传注，则义理自见而道在其中矣……读史者不必以议论求法戒，而但当考其典制之实；不必以褒贬为与夺，而但当考其事迹之实，亦犹是也。”[4] 义理必须经考证而得，影响到史学，那就是注重考典制事迹之实，反对未考史实便驰骋议论。这样的治史观念在乾嘉时期被学界认可，史家治史，醉心于古史之考订辩证，在考史的基础上论史，言必有据，无征不信，学风敦实。

汉学治经的方法被运用到史学上，丰富了治史方法。考据作为一种

---

[1] 钱大昕：《潜研堂文集》卷二十四《经籍籑诂序》，见《嘉定钱大昕全集》（九），江苏古籍出版社 1997 年版，第 377 页。

[2] 钱大昕：《潜研堂文集》卷二十六《重刻孙明复小集序》，见《嘉定钱大昕全集》（九），江苏古籍出版社 1997 年版，第 411 页。

[3] 戴震：《戴氏杂录·题惠定宇先生授经图》，见《戴震全书》第 6 册，黄山书社 1995 年版，第 505 页。

[4] 王鸣盛：《十七史商榷·自序》，凤凰出版社 2008 年版。

治史的基本方法，并非始自清代，但很明显的是，清代考史方法的缜密完备和丰富多彩，却非仅仅依靠史学方法自身的积累，而主要源于汉学治经的方法。清初，经顾炎武、阎若璩、胡渭等人的提倡和实践，考经之法日趋完备，于是人们开始将这套方法扩展到史学领域。乾嘉学者多数兼通经史，以治经方法治史，事属必然。张之洞曾说："由小学入经学者，其经学可信，由经学入史学者，其史学可信。"[1] 就点出了清代史家取得成绩的途径和方法。"随着经学考据学大行其道，直接促使这一时期历史考证学的兴盛。"[2] 经学家治经注重文字训诂，反对主观武断发明经义。从小学入手以治经，是清代汉学的首要法门。这种正文字、辨音读、释训诂、通传注的方法运用到史学上，就是究版本，校文字，阐释字句，洞察事迹，考证天文、地理、职官、名物等问题，在专门和精深上做文章，形成了一套可以操作的，涉及文字、音韵、训诂、版本、校勘、辨伪等众多学科的庞大的方法体系。他们运用这些方法考证文献，克服了以往史家依靠个人学识主观先验地凭事理推测、鉴别史料方法的局限，构建了一套行之有效的操作程序，对于史学的科学化、客观化起到了推动作用。

在历史编纂学上，史家反对春秋笔法，也是受了汉学的影响。春秋笔法是对传统史学影响很深的一种观念。宋代理学家对《春秋》研究、解说，形成《春秋》学，这种研究又渗透到史学中，在治史中形成了重《春秋》褒贬，重正统论，重《春秋》义例的现象。[3] 清代汉学家一反宋儒重心性义理，好阐发议论的作风，变而为重文字训诂，好考证求实，张扬"实事求是"的学术个性。在史学上，则是轻史义，重史实，反对只重褒贬大义，而于史实却不甚理会的作史态度。尤其反对在历史编纂上搞春秋笔法，辨正统闰位。钱大昕、王鸣盛就通过剖析《春秋》义例，指出《春秋》从不在文字上搞褒贬，而是"直书其事，使人之善恶无所隐而已"[4]。他们批评欧阳修编纂《新唐书》、朱熹编纂《紫阳纲目》使

[1] 张之洞著，范希曾补正：《书目答问补正》，上海古籍出版社 2001 年版，第 258 页。

[2] 汪高鑫：《中国经史关系史》，黄山书社 2017 年版，第 20 页。

[3] 吴怀祺：《宋代史学思想史》，黄山书社 1992 年版，第 15—22 页。

[4] 钱大昕：《潜研堂文集》卷二《春秋论》，见《嘉定钱大昕全集》（九），江苏古籍出版社 1997 年版，第 17 页。

用春秋笔法的做法，认为这样做既掩盖了历史的真实，又褒贬不当，给读史者造成极大困难。他们认为记载事实乃史之天职，妄加予夺，实不可取。宋人由重义理而重春秋笔法，清人由重考实而反对春秋笔法，反映了宋清间史学由重阐发向重事实的转变。

汉学对史学的影响，有积极的一面，也有消极的一面。从积极的一面看，它培养了中国史学的求实精神和理性精神，创造了一套行之有效的考证辨析史料的方法，扭转了长期以来史学著作资料选择的主观性和论点的直觉性。从消极的一面讲，由于汉学过分强调考证辨伪为“实”，分析评论为“虚”，从而严重限制了史家宏观把握历史的能力，对历史的盛衰运动、历史运动的支配力量等历史哲学问题阐发不多。

三

嘉道以降，随着康乾盛世的衰落，社会矛盾日益激烈，而帝国主义的东来，又使清王朝内外交困，危机重重。时局的变化又唤醒了士人阶层经世致用的意识，学术思潮又开始转向。汉学脱离实际、琐屑拘执、偏枯艰涩的弊端暴露出来，受到批判。为寻求治道，今文经学和史学走向前台，成了晚清新学的主要内容之一。

乾隆年间汉学大盛之时，庄存与就提倡今文经学。及至嘉道之际，汉学繁琐破碎、泥古守旧的弊端充分暴露，无法担当起补偏救弊、挽救社会的作用。于是讲微言大义、具经世色彩的今文经学崛起，刘逢禄续接庄存与，对今文经学意旨作了进一步申述，阐发公羊学大一统、通三统、张三世等核心问题，彰扬以三世说为中心的变易观点，大力宣传公羊学微言大义以经世的意义，为解除王朝困境寻找理论依据。接着，龚自珍、魏源等人高扬公羊学的历史变易观，猛烈批判当时为“衰世”，关注现实，倡导改革，为危机时代找出路。经龚、魏的提倡，公羊变易历史哲学异军突起，成为人们认识历史、讥切现实、变法图强的有力思想武器。

公羊历史哲学主张变革，有朴素的进化观点，为当时的进步人士提供了远比古文经学更易让人接受的世界观、历史观和方法论。今文经学原本就有探讨历史发展阶段性及其内在规律的特性，这是今文经学的

"史学性"所在。公羊学派的三世说，"既是一种经学'义法'，又是一种'史学理论'，是一种历史观，同时它更是一柄政治上的思想利器"[1]。由此，经学问题、史学问题与社会问题纠结在一起。嘉道以后史学思想中的变革历史观，既得益于公羊学说的历史变易观，又是从时弊中而来，后来又融合了西方传入的进化论。这种历史必变的思想，是历史研究与批判现实纠葛在一起的产物，其归宿则在变革现实积弊。有识之士提倡公羊变易观，所谋在变法。此外，当代史、边疆史、域外史的研究勃兴，目的是谋振兴、谋筹边、谋御侮。[2] 各种历史研究，无不以有裨现实为指归。史学研究中经国济民、长于思考的一面带着鲜明的时代特征涌动而起。

与其他时期不同的是，晚清经史关系的演变趋势是经学逐步史学化，史学如破茧的蚕蛹，吸纳了经学的精华，化为彩蝶，独立飞行，并以经消史长为最终结局。之所以出现这种情况，主要有两个原因：

一是传统学术内部经史关系演变的趋向所致。有清一代，"六经皆史"的理论屡屡被人提起，而尤以乾嘉时期章学诚的看法最具代表性。"六经皆史"内涵丰富，但有一个现象不能不引起我们重视，那就是"六经皆史"随着晚清学人的不断解读，逐步演化为经退史进的学术事实。经的威望渐渐降低，而史的作用大受重视。龚自珍曾言："出乎史，入乎道，欲知大道，必先为史。"[3] 并提出"六经者，周史之宗子也"[4] 的思想。在龚自珍眼里，史成了探求大道必须率先研究的学问。稍后的章太炎则提出"六艺，史也"的观点，要"夷六艺于古史"[5]。章氏否定经学有载道的功能，以为"孔子删定六经，与太史公、班孟坚辈初无高下，其书既为记事之书，其学唯为客观之学"[6]。在章太炎看来，六经就是单纯的"记事之书"和"客观之学"，即史学，并无微言大义。钱穆在论述晚清史学受重视时曾说："龚定庵、魏默深为先起大师，此两人亦

[1] 路新生：《经学的蜕变与史学的"转轨"》，上海古籍出版社 2006 年版，第 166 页。
[2] 王记录：《中国史学思想通史·清代卷》，黄山书社 2002 年版，第 418—425 页。
[3] 龚自珍：《尊史》，见《龚自珍全集》，中华书局 1959 年版，第 81 页。
[4] 龚自珍：《古史钩沉论二》，见《龚自珍全集》，中华书局 1959 年版，第 21 页。
[5] 章太炎：《章太炎全集》第 3 册，上海人民出版社 1984 年版，第 159 页。
[6] 朱维铮、姜义华等编注：《章太炎选集》，上海人民出版社 1981 年版，第 357 页。

既就史以论经矣，而康长素、廖季平，其所持论益侵入历史范围。”[1]比龚、魏、康、廖、章更为激进的严复和陈黻宸则分别在《救亡决论》和《经术大同说》中直斥六经祸害中国，倡导烧经。由此可见，传统经史之学发展到晚清，经退史长已成为不争的事实。

二是帝国主义入侵，专制社会逐步崩溃，西学东渐，传统“四部之学”为“七科之学”取代，从而使经学最终消失在诸多学科之中，失去了独立存在的资格。晚清经学由学术中心而边缘化乃至最后消亡和史学由边缘而走向学术中心，是伴随着清王朝政治统治的日趋衰落、帝国主义的加紧侵略和西学东渐的步伐加快而发生的。晚清民族危亡把救亡图存的历史使命提到了眼前，而要救亡图存，非求助于历史研究不可。正是帝国主义的入侵，使史学的现实功用和道德价值得到了前所未有的提升。随着清王朝河溃鱼烂，作为它的意识形态代表的六经的生命也走到了尽头。王朝衰落，社会巨变，西学东渐，催生了大量新知识、新课题，传统经学已无法涵盖这些内容，受到冷落也是自然而然的了。再加上西学传入，人们对西学科目的认识越来越深入，以西学改造传统的“四部之学”也促使经学进一步衰落。待到科举制被废除，经学赖以存在的制度层面的脐带也被斩断了，经学终于走完自己的路程，寿终正寝了。可以说，经史之学发展的内缘和晚清社会巨变的外缘为经学的衰微和史学的勃兴提供了土壤。自此以后，史学地位日益高涨，以至于梁启超在《新史学》里说：“史界革命不起，则吾国遂不可救。悠悠万事，惟此为大。”当然，这里的史学已经不是传统史学，而是吸收了西学的新史学。

经学虽然消亡了，但是，它的治学理念和方法却被新的学科所吸收，从而融入新学科尤其是史学之中，“大要言之，古文经学的考据实学传统较多地被现代实证主义史学所吸收；今文经学的经世致用精神较多地被马克思主义史学所吸收；汉宋兼采尤其是凸现宋学的学风则更多地浸淫到了现代新儒家的治学中”[2]。学术传统无法真正割断，这既算是经学的永垂不朽，也算是经史因缘的合理结局吧。

---

[1] 钱穆：《两汉经学今古文平议》，商务印书馆 2001 年版，第 2 页。

[2] 路新生：《经学的蜕变与史学的“转轨”》，上海古籍出版社 2006 年版，第 130 页。

四

民国时期，与专制王朝相适应的经学失去了存在的社会基础，学术的重心发生了转移，史学的意义越来越被重视，从史学中寻求解决社会问题的答案成为学术主潮，经学似乎走向终结。然而，学术有一种神奇的力量，命悬一线却不绝如缕。作为一门学问，经学在20世纪备受指责，但经学的文化元素并没有就此消亡。在新旧制度交替、中西文化交汇的关节点上，经学和史学的联系依然存在。一方面，经学被分解，融入哲学、史学、文学等现代学科中得以重组和保存；另一方面，史学在融会经学内容的同时，亦吸收近代西方史学的营养，逐渐独立发展起来。民国时期，经学依然是史学演进的重要因子，其对中国史学转型的影响既深刻又深远。因此，探讨民国史学的发展，亦不能忽视经学的影响。

民国学术的面貌比较复杂，新旧、中西之学纠缠在一起，难以分离，任何采取单一向度和线性发展观探讨这一时期学术发展的做法都可能无法窥知学术发展的真相。在这样的学术背景下，经史关系也变得比较复杂，而且比较隐晦，我们只能抓住学术发展的主流来讨论问题，否则就会陷入复杂事物的泥淖中无法自拔。

20世纪初期提倡“新史学”的重要人物，都有着深刻的经学背景。梁启超、夏曾佑是清末今文经学派的重要成员，章太炎、刘师培是清末古文经学派的主要人物。中国史学的近代转型，其倡导者和最初的实践者恰恰出自这批谙熟经学的学者，“尽管经学已经像‘落水狗’一样遭到时人痛责和厌弃，但在探讨中国史学‘近代化’问题时，实际上是绕不开经学这道‘坎’的”[1]。梁、章、夏、刘等人从经学转向史学，一方面说明20世纪初年中国史学开始摆脱经学羁绊迈向“新史学”的征程，另一方面也说明在“新史学”发展的过程中，经学依然如影随形，从未离开。

随着新史学的发展，新历史考证学应运而生，成为民国史学的主流，

[1] 路新生：《经学的蜕变与史学的“转轨”》，上海古籍出版社2006年版，第155—156页。

代表性人物有章太炎、王国维、陈垣、胡适、陈寅恪、顾颉刚、傅斯年、朱希祖、钱玄同、刘师培、蒙文通等。关于新历史考据学的产生及治学特征，过去多从新史料的发现、西方学术理念及学术方法的输入和运用、清代乾嘉考据学的影响等方面进行探讨，忽视了新历史考据学与经学的关系，这不能不说是一个遗憾。顾颉刚说："经学，是我国人研究了二千多年的学问，因此一切学问都汇合在经学里……经学在中国文化史里自有其卓绝的地位。"[1] 事实正是如此，在民国新历史考证学的发展过程中，仍然不能消除经学的影响。首先，新历史考证学者有深厚的经学修养。他们从小接受旧学教育，谙熟经学，后来又接受新式教育，借鉴西方的史学理念。他们在治史的过程中，将旧学的功底和西学的方法相结合，从史料入手，以客观、求实的态度，把经学考证纳入史学研究之中，拓宽了史学研究的广度和深度，从而将历史考证推向一种全新的境界，成就了自己的学术事业。其次，在经史关系的认识中，认为"六经皆史料"。最早倡导新史学的梁启超认为"六经皆史料"，"何只六经皆史，也可以说诸子皆史，诗文集皆史，小说皆史，因为里头一字一句都藏有极可宝贵的史料，和史部书同一价值"[2]。章太炎也认为："六经无一非史，后人于史以外，别立为经，推尊过甚。"[3] 又说："经外并没有史，经就是古人的史，史就是后世的经。"[4] 朱希祖赞成其师章太炎的看法，"先师之意，即四部书籍，皆可以史观之，即亦皆可以史料观之，与鄙意实相同也"[5]，认为"六经皆史材"[6]。胡适赞成章学诚的"六经皆史"论，指出"先生（章学诚）的本意只是说'一切著作，都是史料'"[7]。

---

[1] 顾颉刚：《顾颉刚全集》第38册，中华书局2010年版，第416页。

[2] 梁启超：《治国学的两条大路》，见《饮冰室合集》文集之三十九，中华书局1989年版，第111页。

[3] 章太炎讲演，曹聚仁整理：《国学概论》，上海古籍出版社1997年版，第18—19页。

[4] 章太炎：《论六经皆史》，见《章太炎学术史论集》，中国社会科学出版社1997年版，第26页。

[5] 朱希祖：《章太炎先生之史学》，见《朱希祖文存》，上海古籍出版社2006年版，第348页。

[6] 朱希祖：《〈文史通义札记〉序》，见《朱希祖文存》，上海古籍出版社2006年版，第379页。

[7] 胡适著，姚名达订补：《章实斋先生年谱》，商务印书馆1931年版，第137页。

他们对经史关系的认识，一方面反映了经学衰落、史学崛起的现实，另一方面也说明他们把经学当作史学研究的对象，将经学纳入史学研究的范畴中。顾颉刚就明确提出“要把经学的材料悉数变成古代史和古代思想史的材料”[1]。第三，经学在理论和方法两个方面对新历史考证学产生了重要影响。今文经学的三世说成为他们接受和树立进化史观的重要媒介。古文经学重视史实考证的方法对新历史考证学影响巨大。一大批学者继承乾嘉考据学的治史精神和方法，将“经学考证之法移以治史”，取得了巨大的成就。由此可知，新历史考据学作为中国史学转型的一个阶段，与经学的孕育是分不开的，这种孕育既表现于新史观的产生，又体现在方法论的革新。经学在民国时期史学转型过程中对史学的滋养，不可忽视。

在民国史学的发展过程中，马克思主义史学的崛起和发展不可小觑。马克思主义史学以科学的历史观解释历史的发展，其力量由小到大，由弱变强，愈来愈成为中国史学发展的中坚。以往研究中国马克思主义史学的发展，注重考查史家对马克思主义理论的接受、阐释以及运用唯物史观研究中国历史的情况，而很少关注马克思主义史学的发展与中国传统文化的关系。事实上，中国马克思主义史学在自身的发展过程中，与中国传统文化，尤其是传统经学有着不可忽视的学术关联。这种关联既体现在经学对中国马克思主义史学的产生和发展的影响方面，也表现在中国马克思主义史学家对经学的研究中。

产生在中国史学转型期的马克思主义史学，同新历史考据学派史学一样，也受到经学的熏陶，与中国古老的经学有着不解之缘。刘大年就曾说：“马克思主义哲学中互相联系的两个部分，一是唯物论，二是辩证法。中国传统哲学、首先是经学里面，就流传着这两者的科学要素。汉代人关于‘实事求是’的思想和《易传》上的朴素辩证法，很能说明问题。”[2] 马克思主义史学家李大钊、郭沫若、范文澜、吕振羽、翦伯赞、侯外庐等人，早年接受旧学教育，都有着较为深厚的经学修养。特别是

[1] 顾颉刚：《我的治学计划》，《传统文化与现代化》1993 年第 2 期。

[2] 刘大年：《评近代经学》，见《明清论丛》（第一辑），紫禁城出版社 1999 年版，第 46 页。

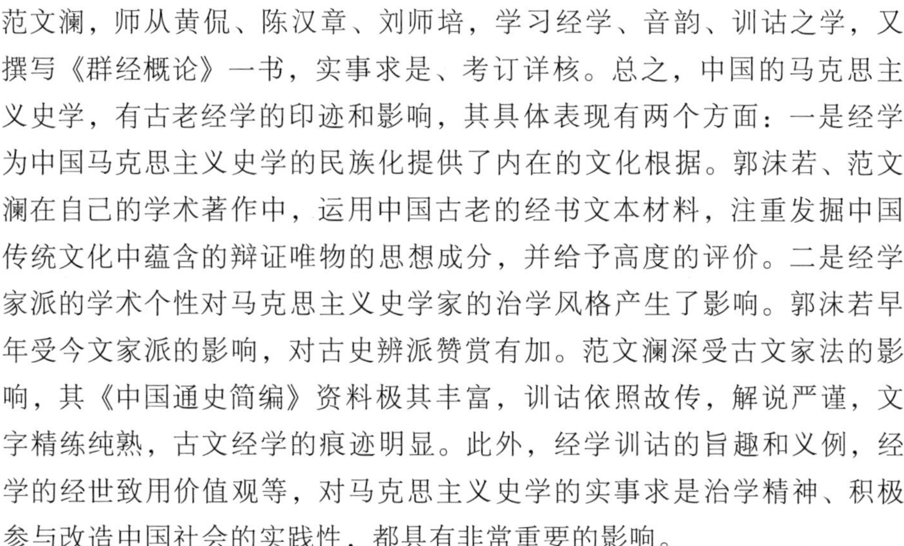

范文澜，师从黄侃、陈汉章、刘师培，学习经学、音韵、训诂之学，又撰写《群经概论》一书，实事求是、考订详核。总之，中国的马克思主义史学，有古老经学的印迹和影响，其具体表现有两个方面：一是经学为中国马克思主义史学的民族化提供了内在的文化根据。郭沫若、范文澜在自己的学术著作中，运用中国古老的经书文本材料，注重发掘中国传统文化中蕴含的辩证唯物的思想成分，并给予高度的评价。二是经学家派的学术个性对马克思主义史学家的治学风格产生了影响。郭沫若早年受今文家派的影响，对古史辨派赞赏有加。范文澜深受古文家法的影响，其《中国通史简编》资料极其丰富，训诂依照故传，解说严谨，文字精练纯熟，古文经学的痕迹明显。此外，经学训诂的旨趣和义例，经学的经世致用价值观等，对马克思主义史学的实事求是治学精神、积极参与改造中国社会的实践性，都具有非常重要的影响。

五

从清代到民国，经学固然对史学产生较大影响，但史学绝非完全被动地受制于经学潮流。由于传统史学本身在发展演化中形成了一整套的思想和原则，因此，在清代学术发展中，史学的思想原则对汉学、宋学乃至今文经学等也都产生了一定的影响，在某种程度上起到了扭转学风偏向的作用。及至民国时期，史学更是以全新的姿态出现，开始将经学纳入史学研究之中。马克思主义史家更是站在唯物史观的立场上，彻底改造经学，把经学当作历史研究的材料和对象。

清代学者在治学上打通经史之间的间隔，从经史结合的角度思考问题，一方面使当时兴盛一时的经学对史学起作用，另一方面史学对经学也同样有影响。比如汉学家为了解决经书中的典制名物问题，常常要借助史学为汉学研究提供背景知识和印证材料。再加上汉学本身特重史实，不虚言说经，许多汉学家治经实际上也是考史。江永的《仪礼释例》、张惠言的《仪礼图》、戴震的《考工记图》、沈彤的《周官禄田考》等，都从不同方面对古代礼仪进行考证，广泛引证史实以助经说。在宋儒那里，史学思想是理学家构建理论体系必不可少的半壁江山，天理体现在纲常礼制上，离开历史，无法证明这一点。在清儒这里，史学同样是汉学考据的重要方面，离开了历史事件、人物、典制等历史内容，经学考证只能是个空壳。乾嘉汉学家的经史考证，在将经典还原为历史文献方面起了至关重要的作用。经书在清儒的考证之下，都转化为史学的内容。经与史之间不可逾越的畛域，在经史考证之下已不复存在。于是，经书不断被人们当作寻常的历史材料来运用。美国汉学家艾尔曼认为，当时"儒家经典受到全面的怀疑，并经由史学化，变成了寻常的史学研究对象和材料。这是知识阶层思想变化最显著的标志"[1]。

传统史学思想所固有的经世观念、信史原则、直书精神等思想内涵对汉学、宋学、今文经学等各种学术思潮的弊端起着砭谬纠偏的作用。宋学的空谈性理与史学求真相矛盾，汉学的考证求实与历史哲学的思辨相凿枘，今文经学的微言大义与秉笔直书也不尽一致。这样，有着深厚思想积淀的史学便自觉不自觉地在清代学术思潮的演变中发挥作用，用通古今、察盛衰、求史实、研治乱等史学眼光看待一切，把史学的精神渗透到各家经说之中，将理学的蔽真、汉学的蔽理、今文经学的蔽实等弊端扭转过来，将所有学说都与对历史盛衰兴亡的思考结合起来，并向近代学术发展。再加上嘉道以降，天下多事，任何学说也只有在其能经世的层面才能兴盛，其纯粹学理的一面，都处在不同程度的衰落之中。这种经世风气的高涨，也很容易把各种思潮导向史学一途，士人要走经世致用之路，自然便会避汉学之琐屑、舍宋学之空谈、戒今文经学之虚妄，从而转向可以资治的史学。可以这样说，当经学不能解决历史及现实问题时，总会出现史学的身影。

20 世纪上半期，随着专制制度的瓦解和西方思想观念的传入，经学的根基彻底动摇，人们开始把经书当作寻常的历史资料来对待，改造经学，直接把经学纳入近代史学体系之中。在整个专制社会，人们讨论经史关系，总是高悬经的地位，无论是"荣经陋史"，还是"尊经重史"，抑或"经史并重"，很少有人贬低经学，经学总是挺立在史学前头。史学无论多么重要，最多也只能取得与经学平起平坐的地位。但是，这种情况到 20 世纪上半期被彻底改变，在传统经学教育中成长起来的一批新史

[1] （美）艾尔曼：《从理学到朴学——中华帝国晚期思想与社会变化面面观》，江苏人民出版社 1997 年版，第 1 页。

学的倡导者和跟随者，在新旧、中西交替的时代背景下，由经入史，以史统经，以历史学家的眼光重新审视传统经学，在两个方面改造了经学，一是把公羊学的三世说与西方的进化论相结合，产生了新的进化史观；二是把经书当作普通的历史资料，丰富了新史学的资料库。通过这样的改造，史学彻底涵纳了经学，使之成为史学的一部分。及至马克思主义史学产生，马克思主义史家进一步用历史唯物主义观点审视经学，彻底破除了经学迷信。马克思主义史家认为经学是专制社会意识形态的集中体现，具有维护专制社会秩序的属性，必须彻底批判其中的糟粕。经学与一切历史现象一样，有其产生、发展、消亡的过程。范文澜说："经是封建社会的产物：原始封建社会产生原始的经，封建社会发展，经也跟着发展，封建社会衰落，经也跟着衰落，封建社会灭亡，经也跟着灭亡。"[1] 马克思主义史家把经学放在唯物史观的天平上衡量，对经学的社会属性、思想本质、资料价值等进行了全面深入的剖析，彻底把经学当作一种历史现象来研究。自此以后，长达两千余年的经史关系之论，再也不复存在了。

---

[1] 范文澜：《范文澜集》，中国社会科学出版社2001年版，第260页。

第一章　清初经学的汉宋兼采与尊经重史思潮

1644年，清军大举入关，摇摇欲坠的朱明王朝最终被颠覆。明清易代，天崩地解，朝代的更迭带来思想与人心的重整，学术思潮发生转变，学术思想出现了新气象。

明清易代的社会剧变深深刺激着深明《春秋》大义的清初学者，他们当中的许多人目睹了“神州荡覆，宗社丘墟”的全过程，亲身经历了血与火的洗礼，承受了明社既屋的巨大痛苦。故国沦丧把人们的话语集中到了“明亡反思”上。人们在总结明亡的历史教训时，认识到晚明吏治败坏、宦官当道、奸佞擅权、盘剥百姓等是明代致亡的因素，但同时深深感到理学末流长于空谈、寡于治道亦不能辞其咎。由此，他们从总结政治得失而推原学术精神，开始反思程朱理学和陆王心学在学理上的种种失误。清初学者普遍认为，程朱陆王两派人各走极端，“言心学者则无事乎读书穷理”，“言理学者，其所读之书不过经生之章句”,[1] 其流弊所至，学风空疏，于世无补，严重脱离实际。由破而立，清初学者通过对理学的批判总结，试图寻找出一条摆脱学术困境的出路。于是，关注现实的经世实学思想开始高涨。

第一节　对程朱陆王的反思批判与清初学术思潮的转变

清初学术思潮内涵丰富，经历了明清鼎革之变的一大批思想家开始

[1] 黄宗羲：《留别海昌同学序》，见《黄宗羲全集》第十册，浙江古籍出版社1993年版，第627页。

批判理学空谈性命、脱离实际的空疏学风，重新阐释儒学经世致用的学术宗旨和学风，辨析、修正理学、心学诸命题，批判君主专制制度等。他们为改变道学专务心性的学术路线，或扬经学，或倡史学，或研子学，或创“质测之学”，努力拓宽研究领域，在学术研究上出现了百舸争流的局面。谢国桢论述明末清初学术与学风，把顾炎武、黄宗羲、王夫之、孙奇逢、傅山、李颙、颜元、李塨、方以智、魏禧、刘献廷、吕留良、费密、唐甄、朱之瑜、张履祥等 16 人看作是“明末清初学派中的主流”[1]。这些人，绝大多数都经历了明清易代的磨难，朝代更替的沧桑巨变使他们对学术研究的价值有了更深层次的理解。他们的学术渊源不同，但在进行思想学术的反思方面却殊途同归，共同指向了以经史为核心的经世实学。

一、对程朱陆王的反思批判与学风转换

明清更迭是一场巨大的历史变迁，这场历史的大动荡，无疑会深刻地作用于当时的学术发展，事实也正是如此。当时的学术研究出现了很多新的气象，思想非常活跃。其中最大的特点就是对理学的“反思”和“批判”，并由“反思”“批判”而探讨学术的出路，学术思潮开始转变。清初对理学的反思批判表现在各个学术阵营中，无论是程朱派学人还是陆王派学人，都在反思批判理学与心学的流弊，重新阐释其内涵，思考学术发展之路。清初学术思潮的转变，其总趋向是由虚返实，由空谈性理返经世致用。具体表现为王学的衰微与蜕变，理学开始自我批判与调整，最终经学崛起，汉、宋兼采学风形成。

清初，各类学术流派纷呈，有尊奉程朱而贬斥陆王者，有崇尚陆王而批判程朱者，有既批判程朱又批判陆王者，亦有兼采程朱陆王者。虽然诸家为学观念不一，但儒学演变的主流还是清晰的，那就是深受清初统治者青睐的程朱理学走向了前台，理学中人对阳明心学极尽批评之能事，同时不少人也自我修正理学，朝着“实用”“实行”的道路上前进。熊赐履、张履祥、陆世仪、陆陇其、张伯行、汤斌等人均是这方面的

---

[1] 谢国桢：《明末清初的学风》，人民出版社 1982 年版，第 17 页。

代表。

清初理学大家熊赐履从政治与学术相结合的角度，把世道陵夷、人心败坏全部归结于王学兴盛："文成之学术，杂乎禅者也；文成之事功，纯乎霸者也……百余年来，斯文披靡，世道灰烬，实文成提宗误人之咎，更复何辞！"[1] 张履祥也把社会风气的江河日下归咎于王学末流的空疏不实："近世学者，祖尚其说（按，指王阳明的致良知），以为捷径，稍及格物穷理，则谓之支离烦碎。夫恶支离则好直捷，厌烦碎则乐径省，是以礼教陵夷，邪淫日炽，而天下之祸不可胜言。"[2] 他论学以"祖述孔孟、宪章程朱"为宗旨，提倡健实的学风，身体力行，致力于农桑水利，以期实现学以经世的理想。陆世仪对阳明学派亦颇为不满，认为他们充满了禅学成分。他特别推重程朱的"居敬穷理"，认为"居敬穷理四字，是学者学圣人第一功夫，彻上彻下，彻首彻尾，总只此四字"[3]。他尊朱而又大胆对程朱理学进行修正，认为学者应当研习天文、地理、河渠、农学、医药、兵书等古代一切"切于世用"的学问。陆陇其亦力斥王学，同样把明王朝的覆灭归于王学，认为王学"以禅之实而托儒之名"，使"古先圣贤下学上达之遗法，灭裂无余，学术坏而风俗随之……明之天下，不亡于寇盗，不亡于朋党，而亡于学术。学术之坏所以酿成寇盗朋党之祸也"[4]。"每论启、祯丧乱之事，而追原祸始，未尝不叹息痛恨于姚江。故断然以为，今之学非尊程朱黜阳明不可"[5]。他在思想上极力推崇朱熹，谨守"居敬穷理"，甚至号召罢黜百家，独尊朱子。张伯行更是对明后期流行的王学大张挞伐，将阳明学斥为"非圣贤之正学"。他治学"专宗程朱"，称朱熹"大有功于前贤，大有功于后学，故至今学者称朱子集诸儒之大成，无异孔子集群圣之大成"[6]。他认为朱子学与阳明学如白黑之两途，一为正路，一为邪道。他申明"尊程朱，黜阳明，使天下已读阳明之书者不至迷溺其中而不返，而未读阳明之书

[1] 熊赐履：《经义斋集》卷九《答杨同年论学书》，康熙年间刻本。

[2] 张履祥：《杨园先生全集》卷五《与何商隐一》，中华书局2002年版，第111页。

[3] 陆世仪：《思辨录辑要》卷二《居敬类》，文渊阁《四库全书》本。

[4] 陆陇其：《三鱼堂文集》卷二《学术辨上》，清康熙刻本。

[5] 陆陇其：《三鱼堂文集》卷八《周云虬先生四书集义序》，清康熙刻本。

[6] 徐世昌：《清儒学案》卷十二《敬庵学案》，中华书局2008年版，第563页。

者亦不至误入其中而不觉"[1]。与以上诸人略有不同，汤斌虽是理学大臣，治学亦以程朱之学为依归，却并不十分反对王学。他认为王阳明的"致良知"不失为达到圣学真脉的一条途径，只是王门后学过分强调"良知""良能"，以至流于猖狂。因此他针对程朱与陆王在学术上的分歧，提出"愿学者捐成心，去故智，法古人为学之诚，而得其用心之所在，由濂、洛、关、闽以达于孔、孟，则姚江、梁溪皆可融会贯通而无疑矣"[2]，并主张从日用伦常躬行实践，体验天命流行。

晚明以来，王学后人"流于禅"和空谈心性的流弊就不断被人指责，王学末流受到学界抨击，王学营垒开始发生分化。以刘宗周为代表的蕺山学派试图用经世实学重新解释王学、充实王学，极力阐扬注重工夫的主事说与主敬说，倡言本体工夫合一和"道不离器"，以慎独为宗，特别强调"本体即工夫"的思想，开始了王学的蜕变。及至清初，在明清易代历史巨变的刺激下，王学后劲主张求真务实，经世致用，坚持崇实经世的思想主张，寻求阳明心学的出路与发展。诸大儒彰扬务实重行之风，使阳明心学蜕变、转化到求实学、重经世的轨道上。孙奇逢、李颙、唐甄、潘平格、陈确、费密等人都是这方面的代表。

孙奇逢的思想来源比较复杂，程朱陆王对他都有影响。他以体认天理为第一要义，但并不以此为限，主张治学以慎独为宗，以日用伦常为实际，讲求实行，强调切实办事，以补陆、王之失。他认为"阳明良知之说，着力在致字"[3]。他同王阳明一样，坚持"知行合一"，但他把"行"与"日用常行"联系起来，并引申出力行、慎独、讲求实际、学在躬行等主张。他厌恶空虚之论，"大本主于穷则励行，出则经世，其治身务自刻励"[4]。对程朱陆王，孙奇逢有较为平实的看法，认为他们的学说各有利弊得失，并力图泯灭门户，调和朱、陆两派。李颙学术源于陆、王，但他主张"悔过自新"，十分强调实行，强调反身求己和实践，"其

---

[1] 张伯行：《正谊堂续集》卷五《与友人》，清乾隆刻本。

[2] 徐世昌：《清儒学案》卷九《潜庵学案》，中华书局2008年版，第442—443页。

[3] 孙奇逢：《夏峰先生集》卷一《语录》，见《孙奇逢集》（中），中州古籍出版社2003年版，第527页。

[4] 蔡冠洛编著：《清代七百名人传》（下册），北京中国书店1984年版，第1537页。

言以‘躬行实践’为基，‘反本穷源’为要”[1]。他与孙奇逢一样，重视“行”的意义，认为“真知乃有实行，实行乃为真知”[2]。他提出“明体实用”“明道救世”的主张，“明道存心以为体，经世宰物以为用”[3]，以实用之学补充矫正王学末流空谈心性的弊端，经世致用，“穷理致知，反之于内，则识心悟性，实修实证；达之于外，则开物成务，康济群生。夫是之谓明体适用……明体而不适于用，便是腐儒；适用而不本明体，便是霸儒”[4]。李颙还提出“救世而济时”，其思想与空谈心性的王学末流差别甚大。唐甄极力批判程朱理学，认为他们割裂内圣外王，“精内而遗外”[5]，面对国家危难、百姓困顿，既无“安社稷之计”，更无“平天下之道”。他对道学不感兴趣，自云“吾不好‘道学’，言孔貌孟，宗朱摈陆者，吾不与也；吾之所与者，忠信也”[6]。他推崇阳明心学，认为王氏“致良知”说可以与孔子忠恕之教并论，“若仲尼复起，必不易阳明子之言矣。此真圣人之学也”[7]。他提出“性功”说，认为“事功”出于心性的修养，而心性的修养应表现为“事功”，二者不可分裂。圣贤之所以为圣贤，就在于能讲求“事功”，能“定乱、除暴、安百姓”。他自谓其学术特点云：“上观天道，下察人事，远正古迹，近度今宜，根于心而致之行，如在其位而谋其政，非虚言也。”[8] 潘平格对程朱、陆王、老庄、佛学都有深入研究，但均持否定态度。他推尊孔孟之道，提倡自得之学，“越宋元明以来之儒，而径宗孔孟，旁斥佛老，道在天下，后之兴者，各具心眼，惟是虚公体证，是非然否不执一见，当自得之”[9]。他主张“力行”，认为“力行”是“致用之本”，只有通过“力行”，才能

---

[1] 许孙荃：《四书反身录序》，见《二曲集》卷二十九，中华书局1996年版，第393页。

[2] 王心敬：《新刻二曲先生集序》，见《二曲集》附录四，中华书局1996年版，第712页。

[3] 李颙：《二曲集》卷十六《答顾宁人先生》，中华书局1996年版，第149页。

[4] 李颙：《二曲集》卷十四《盩厔答问》，中华书局1996年版，第120页。

[5] 唐甄：《潜书》上篇下《有为》，中华书局1963年版，第50页。

[6] 唐甄：《潜书》上篇下《去名》，中华书局1963年版，第60页。

[7] 唐甄：《潜书》上篇上《法王》，中华书局1963年版，第10—11页。

[8] 徐世昌：《清儒学案》卷二〇七《诸儒学案·唐先生甄》，中华书局2008年版，第8075—8076页。

[9] 潘平格：《潘子求仁录辑要》，郑性序，中华书局2009年版。

达到修身齐家治国平天下的目的。陈确读书“卓荦不喜理学家言”[1]。他对宋明理学空谈心性极为反感，对王学误国误人深恶痛绝，都予以猛烈抨击。他指出《大学》这部理学家们公认的经典著作，并非出自孔子之手，而是朱熹信口雌黄炫惑于人的产物，痛感“自《大学》之教行，而学者皆舍坐下工夫，争言格致，其卑者流为训诂支离之习，高者窜于佛老虚玄之学，道术分崩，圣教衰息，五百余年于此矣”[2]。不仅给理学家戴上了禅学异端的帽子，而且将理学家们借以立论的基石彻底推翻。费密也认为宋明理学是虚学，空疏误国，败坏士习，“古者立贤无方，故宰夫仆御事虽鄙贱，正人皆为之而不辞……唐力尚足臣藩镇，宋遂卑弱不堪，令人痛哭，皆诸儒矜高自大，鄙下实事，流入佛老，专喜静坐而谈心性，全不修当世，不以行要务，拱手空言上古德化，养成娇弱，一无所用，失先王政教而坏士习，可胜叹哉”[3]。理学“空谈心性”，“不修当世”，“失先王政教而坏士习”，必须扬弃。

清初以提倡事功之学而自成一格的颜李学派的代表人物颜元和李塨更是反思批判理学的激进人物。颜元对程朱陆王的弊端都有揭露，“朱学盖已参杂于佛氏，不止陆、王也。陆、王亦近支离，不止朱学也”[4]。他从功利论出发，认为程朱陆王之学于身心“无补”，于世道“无用”，纯属欺世盗名。“虽致良知者见吾心真足以统万物，主敬、著、读者认吾学真足以达万理，终是画饼望梅。画饼倍肖，望梅倍真，无补于身也”[5]。“宋人废尽尧舜周孔成法，而究归禅宗，自欺以欺世，自误以误事者。”[6] 他甚至认为朱学和王学都是“杀人”工具，政治黑暗，国无贤才，风俗败坏，民不聊生，朱学、王学皆不能辞其咎。“噫！果息王学

[1] 黄宗羲：《陈乾初先生墓志铭》（三稿），见《黄宗羲全集》第十册，浙江古籍出版社 1993 年版，第 361 页。

[2] 陈确：《别集》卷十五《答沈朗思书》，见《陈确集》，中华书局 1979 年版，第 574 页。

[3] 费密：《弘道书》卷上《原教》，民国九年怡兰堂刻本。

[4] 颜元：《习斋记余》卷六《王学质疑跋》，见《颜元集》（下），中华书局 1987 年版，第 497 页。

[5] 颜元：《习斋记余》卷六《阅张氏王学质疑评》，见《颜元集》（下），中华书局 1987 年版，第 493 页。

[6] 颜元：《朱子语类评》，见《颜元集》（上），中华书局 1987 年版，第 255 页。

而朱学独行，不杀人耶！果息朱学而独行王学，不杀人耶！今天下百里无一士，千里无一贤，朝无政事，野无善俗，生民沦丧，谁执其咎耶?”[1] 他一反宋明以来空谈心性的流弊，主张“正其谊以谋其利，明其道而计其功”[2]。他“热心用世”，力排明末士人高谈性命、静坐读书的空疏，“慨然任天下之重，而以弘济苍生为心”[3]。颜元反对空谈，提倡富国强兵的功利主义，他为学的根本宗旨是强调实践，强调因做事而求学问，做事即学问，舍做事外别无学问。李塨发扬颜氏力倡实学的思想，对宋明以来空虚的学风进行批判，“古之学一，今之学棼。古之学实，今之学虚。古之学有用，今之学无用”[4]。明确指出明朝灭亡，学风的空疏不能辞其咎，“所谓存心养性者，杂以静坐内视，浸淫释、老，将孔门不轻与人言一贯性天之教，一概乖反。处处谈性，人人论天，而外以孝弟忠信为行，注经论道为学，独于孔门之礼、乐、兵、农、执射、执御、鼓瑟、会计，忽然不察，以为末务……以空虚之禅悦，怡然于心；以浮夸之翰墨，快然于手。自明之末也，朝庙无一可倚之臣，天下无复办事之官……以致天下鱼烂河决，生民涂毒”[5]。他认为知识离不开实践，治学必归于致用。如果士人只埋头读书，不问世事，不知“刑名钱谷”，一味搦管呻吟，还以“有学”自居，则必然导致国破家亡。

从以上看出，清初学界对理学的反思批判是全方位的，既有程朱学派中人，也有陆王学派中人，既有在野学者，也有庙堂显贵。虽然他们的治学各有旨趣，反思批判的目标和程度也存在差异，或批程朱，或贬陆王，或全盘推翻，或加以改造。但不管怎样，清理和纠正宋明学术之病的意向是相同的。人们意识到，只有在新的历史条件下反思批判以往学术发展的弊端，才能使学术研究焕发出新的活力。与此同时，人们在反思批判理学的过程中，倡导实学，讲求事功，“弃虚蹈实”已成学术共识，学风开始由空谈蹈虚向厚重敦实转变，由言心言性向经世致用转变。

[1] 颜元：《习斋记余》卷六《阅张氏王学质疑评》，见《颜元集》（下），中华书局 1987 年版，第 494 页。

[2] 颜元：《四书正误》卷一，见《颜元集》（上），中华书局 1987 年版，第 163 页。

[3] 王源：《颜习斋先生年谱序》，见《颜元集》（下），中华书局 1987 年版，第 697 页。

[4] 冯辰、刘调赞：《李塨年谱》卷四，中华书局 1988 年版，第 139 页。

[5] 徐世昌：《清儒学案》卷十三《恕谷学案》，中华书局 2008 年版，第 636 页。

所谓“学问之道，贵在实行”，“圣贤之学，俱在践履”。[1] 这一转变直接促成了经史之学的崛起和汉、宋兼采学风的形成。

二、经学的倡导与汉、宋兼采

随着人们对理学反思批判的日趋深入，理学家所倡导的道德形上学被人们“解构”，理学言心言性、无补于世的弊端遭到人们猛烈批评。有破有立，在理学末流弊端显见的情况下，人们弃虚返实，转而进行经学的研究。林庆彰曾指出清初学术由厌弃理学而向倡导经学转化的情况：“当他们面对当时学术界空言心性，援佛入儒，蔑弃古经，和层出不穷的义理纠纷时，他们开始对儒学的本质加以反省，以挽救这日趋下流的学术风气。儒学即是孔门之学，此为古今学者的共识。而孔门‘内圣外王’的理想即寄托在六经之中，要实践‘内圣外王’，自应穷究六经。”[2] 汪学群也说：“补偏救弊的最好方法就是重新拾起古老的经学，作为扭转学风的手段。因此经学之风已渐然兴起。”[3] 清初经学就是在这样的学术背景下兴盛起来。

清初学者提倡、研究经学，主要针对经、道分离的学术现实而发。本来，儒家经学在发展的过程中既有对经书的考证辨伪，又有对经书义理的阐发。对经书内容的考辨与对经书义理的阐发是不可分割的统一体。但是，自宋儒提倡理学以来，对经书义理的阐发就逐渐占了上风，形成了专门阐发经书义理的“道学”，而对经书的考证则遭人唾弃，经、道开始分途。宋人以语录体的方式解经，割裂歪曲经书本义，儒家经学经道合一的传统被撕裂。明代科举考试，颁布《四书大全》《五经大全》，排斥汉唐注疏，以宋人说经为准，经与八股相结合，变成制艺之文，日趋僵化。所谓“自八股行而古学弃，《大全》出而经说亡”[4]。经学本来就

[1] 朱舜水：《朱舜水集》卷十五《答安东守约问八条》，中华书局 1981 年版，第 369 页。

[2] 林庆彰：《清初的群经辨伪学》，华东师范大学出版社 2011 年版，第 44 页。

[3] 汪学群、武才娃：《清代思想史论》，中国社会科学出版社 2007 年版，第 250 页。

[4] 顾炎武：《日知录》卷十八《书传会选》，见《日知录集释》，岳麓书社 1994 年版，第 651—652 页。

蕴含内圣外王之道，但自宋儒以义理说经、把道学与经学分离以来，经过明代的发展，其对“内圣”的解说逐渐流于空谈性与天道，束书不观，专事游谈；其对“外王”的解说也由积极的社会担当变成不切实用的空疏之论。费密说：“嘉靖、万历以来，学者不入于穷理，即入于致知，古经本旨荒矣。夫‘即物穷理’，承讹既久，‘良知’哗世，又百有余年。朱也王也，各自为旨，违悖古经，蔽锢后世，陷溺胶庠，而其言在天下，已如江如河，莫之可遏。”[1] 陆世仪也说：“自世教衰，士子不通经术，但剽耳侩目，几倖弋获于有司。登明堂不能致君，长郡邑不知泽民。人材日下，吏制日偷，皆由于此。”[2] 这样的学风在明末清初社会剧变的刺激下，不能继续下去了，必须要谋求变化。林庆彰分析明末清初学风的变化：“一是道学与经学分离，又因王学末流束书不观的影响，使经学荒陋到极点。二是人人言心言性，流于狂禅而不自知，与孔门之本旨距离将更远。当明代国势越来越衰弱，知识分子有感于内忧外患所造成的苦痛，纷纷提出批评，这自宋而来，绵亘数百年的宋学传统也逐渐崩溃。它暗示着一个新的学术时代即将产生。”[3] 所谓“新的学术时代”，就是指经学的复兴以及由此而出现的汉宋兼采、尊经重史学风的形成。

针对宋明理学末流背离经学、空谈性理的现实，清初诸大儒倡导治经，以经为本位，补救理学缺失。钱谦益主张治经：“汉儒谓之讲经，而今世谓之讲道。圣人之经，即圣人之道也。离经而讲道，贤者高自标目，务胜于前人；而不肖者汪洋自恣，莫可穷诘。”[4] 方以智不满意离开经书而空谈性理，提出“藏理学于经学”：“夫子之教，始于《诗》《书》，终于《礼》《乐》”，治经“太枯不能，太滥不切。使人虚掠高玄，岂若大泯于薪火？故曰藏理学于经学”。[5] 试图把理学与经学统一起来。顾炎武是倡导经学研究的急先锋，他说：“理学之传，自是君家弓冶。然愚

[1] 冯辰、刘调赞：《李塨年谱》卷二，中华书局 1988 年版，第 39 页。

[2] 陆世仪：《复社纪略》卷一，见《续修四库全书》第 438 册，上海古籍出版社 2002 年版，第 485 页。

[3] 林庆彰：《清初的群经辨伪学》，华东师范大学出版社 2011 年版，第 37 页。

[4] 钱谦益：《初学集》卷二十八《新刻十三经注疏序》，见《钱牧斋全集》（二），上海古籍出版社 2003 年版，第 851 页。

[5] 方以智：《青原山志略・凡例・书院》，康熙年间刻本。

独以为理学之名，自宋人始有之。古之所谓理学，经学也，非数十年不能通也。故曰：‘君子之于《春秋》，没身而已矣。’今之所谓理学，禅学也，不取之五经而但资之语录，校诸帖括之文而尤易也。又曰：‘《论语》，圣人之语录也。’舍圣人之语录，而从事于后儒，此之谓不知本矣。”[1] 在顾炎武看来，古代理学就是经学，经与道同条共贯。但宋代以后，人们舍经学而言理学，此理学就变成了禅学，与圣人经旨背道而驰。黄宗羲深研经学，以“语录”为“糟粕”，号召学者穷经致用，“公（黄宗羲）谓明人讲学，袭语录之糟粕，不以六经为根柢，束书而从事于游谈，故受业者必先穷经。经术所以经世，方不为迂儒之学，故兼令读史”[2]。在黄宗羲看来，抛弃空言，返诸六经，经世致用，是学术发展的正途。李颙对宋代以后强调道学、蔑弃经学非常不满，认为古代只有儒学（经学），没有什么道学，道学就是儒学。他说：“道学即儒学，非于儒学之外别有所谓道学也。”[3] 汤斌也说：“夫所谓道学者，六经、四书之旨体验于心，躬行而有得之谓也。非经书之外更有不传之道学也。故离经书而言道，此异端之所谓道也；外身心而言经，此俗儒之所谓经也。”[4] 顾炎武、李颙、汤斌都在瓦解道学存在的独立性和合理性，指出道学就存在于经学之中，要讲心性之学，必须从经学中寻求。吕留良也强调为学必先穷经，主张“士必通经博古，明理学为尚”，“不学六经，不足以通一经”，“必通经，必博古，必明理学”。[5] 所谓“通经”“博古”，就是注重经书内容，所谓“明理学”，就是明大道。朱彝尊也坚持学在六经，对宋元以来科举考试以四书为先务的现象非常不满，“圣人之道，著在六经，是岂一师之所能囊括者与？世之治举业者，以四书为先

---

[1] 顾炎武：《亭林文集》卷三《与施愚山书》，见《顾亭林诗文集》，中华书局 1983 年版，第 58 页。

[2] 全祖望：《鲒埼亭集》卷十一《梨洲先生神道碑文》，见《全祖望集汇校集注》（上），上海古籍出版社 2000 年版，第 219 页。

[3] 李颙：《二曲集》卷十四《盩厔答问》，中华书局 1996 年版，第 120 页。

[4] 汤斌：《汤子遗书》卷三《重修苏州府儒学碑记》，见《汤斌集》（上），中州古籍出版社 2003 年版，第 132 页。

[5] 吕留良：《吕晚村先生文集》卷五《戊戌房书序》，见《吕留良诗文集》（上册），浙江古籍出版社 2011 年版，第 126—127 页。

务，视六经可缓"[1]。费密也坚持从经书中体悟圣人之道，指出圣人之道，"惟经存之，舍经无所谓圣人之道。凿空支蔓，儒无是也。归有光尝辟之云：'自周至于今二千年间，先王教化不复见，赖孔氏书存，学者世守，以为家法，讲明为天下国家之具。汉儒谓之讲经，后世谓之讲道。能明于圣人之经，斯道明矣。世之论纷纷然，异说者皆起于讲道也。'有光真不为所惑哉！"[2] 他服膺归有光经道不分的思想，主张经道一体，不能离经悟道。潘耒把尊经与致用联系起来，指出："先儒之学，穷经而已矣，一经明则一生之学术功业皆出焉，其治之也专，其用之也博，故有专家授受之学，而士不通经为不足用……居今之世，欲重实学，必先尊经。"[3]

在明末清初程朱陆王争学术高下的学术背景下，人们还提出以孔子原始经典为正，以消解无谓的学术争端。程朱陆王之是非，应该以孔孟为断。陈确说："凡儒先之言，一以孔、孟之学正之，则是非无遁情；其互有是非者，亦是不掩非，非不掩是，夫而后古学可明也。"[4] 朱舜水云："来问朱、王之异，不当决于后人之臆断，寒暖之向背，即当以孔子断之。"[5] 潘平格也以恢复孔孟圣学为己任，认为"自孟子后，圣学久绝。诸贤各以意为学，各以意发明《大学》，而《大学》之道贸乱而无所适从"[6]。李塨也说："论朱、陆、王三子，当以孔、孟为断，合于孔、孟，三子即各诣，无害也；不合孔、孟，三子即同归，无取也。"[7] 所谓程朱陆王之是非以孔孟为断，实际上是在强调原始儒家经典的崇高地位。

清初诸大儒提倡经学，力矫明末空疏之习，垂文作范，力主实事求是，号召学者"鄙俗学而求六经，舍春华而食秋实"，"以务本原之学"[8]。

---

[1] 朱彝尊：《曝书亭集》卷三十五《道传录序》，四部丛刊初编本。

[2] 费密：《弘道书》卷上《道脉谱论》，民国九年怡兰堂刻本。

[3] 潘耒：《遂初堂文集》卷六《尚书讲义序》，见《遂初堂集》，清康熙刻本。

[4] 陈确：《文集》卷三《复张考夫书》，见《陈确集》，中华书局1979年版，第131页。

[5] 朱舜水：《朱舜水集》卷五《答佐野回翁书》，中华书局1981年版，第84页。

[6] 潘平格：《潘子求仁录辑要》卷一《辨清学脉上》，中华书局2009年版，第15页。

[7] 戴望：《颜氏学记》卷七《恕谷四》，中华书局1958年版，第186页。

[8] 顾炎武：《亭林文集》卷四《与周籀书书》，见《顾亭林诗文集》，中华书局1983年版，第90页。

学者治学“必内本于道德而外足以经世，始不徒为空言，可以法今而传后”[1]。治学特点是汉、宋兼采。所谓“国初，汉学方萌芽，皆以宋学为根柢，不分门户，各取所长，是为汉、宋兼采之学。乾隆以后，许、郑之学大明，治宋学者已鲜。说经皆主实证，不空谈义理，是为专门汉学”[2]。也就是说，清初诸儒在反思理学、倡导经学中，虽已揭橥汉学旗帜，但并未与宋学对立，而是本着实事求是的原则，吸纳各家所长。“国初诸儒治经，取汉、唐注疏及宋、元、明人之说，择善而从。由后人论之，为汉、宋兼采一派；而在诸公当日，不过实事求是，非必欲自成一家也”[3]。汉、宋兼采奠定了清初诸儒经学研究的博大气象，综观他们的研究成果，给人的感觉是弃虚崇实，功力扎实，见解深刻，思想深邃，这正是汉、宋二学共同作用的结果。

在中国学术史上，所谓汉学、宋学之分，始自清代。刘师培曾说：“古无汉学之名，汉学之名始于近代……是则所谓汉学者，不过用汉儒之训故以说经，及用汉儒注书之条以治群书耳。”[4]“汉学”一词是清人的发明，又称朴学、考证学、考据学等，其学术特点是注重训诂文字，考订名物制度，务实求真，不尚空谈。与汉学相对的是“宋学”。所谓宋学，即前面反复提到的宋明理学，其学旨在阐发儒家经典所蕴含的义理，褒贬议论，重视发挥。清初学者治经，入手便是汉、宋兼采。他们一方面重视对经书中“道”的阐发，另一方面又重视对经书的考辨。对此，万斯同有精到的分析。万斯同治经汉宋兼采，对汉、宋经学的特点有清醒的认识，他说：“大凡解经者，泛解义理与实解制度不同，解义理则可就一己之见；解制度则当考古人之言。”[5]又说：“夫儒者泛言理义与实考制度不同，义理可断之于己，制度则当质之于古。”[6]万斯同指出宋

---

[1] 汤斌：《汤子遗书》卷三《黄庭表集序》，见《汤斌集》(上)，中州古籍出版社2003年版，第106页。

[2] 皮锡瑞：《经学历史》，中华书局2015年版，第93页。

[3] 皮锡瑞：《经学历史》，中华书局2015年版，第89页。

[4] 刘师培：《近代汉学变迁论》，见《刘师培清儒得失论》，吉林人民出版社2013年版，第236页。

[5] 万斯同：《群书疑辨》卷六《祔庙》，清嘉庆二十一年刻本。

[6] 万斯同：《群书疑辨》卷五《周正辨一》，清嘉庆二十一年刻本。

学的特点是“解义理”，体现的是“一己之见”；而汉学的特点是“考制度”，必须“质之于古”。二者结合，庶几能够对经书的意蕴有准确的把握。

由于明末清初特殊的历史背景和学术风气由虚向实的转换，清初诸大儒阐发经书之道，特别聚焦于经的“实行”和“救世”功能。朱舜水指出：“巨儒鸿士者，经邦弘化，康济艰难者也。”[1] 又说：“为学当见其大，实实有裨于君民，恐不当如经生寻章摘句也。”[2] 李颙则说：“儒者之学，明体适用之学也。”[3] 顾炎武更是倡导“见诸行事”：“孔子之删述六经，即伊尹、太公救民于水火之心。而今之注虫鱼、命草木者，皆不足以语此也。故曰：‘载之空言，不如见诸行事。’”[4] 黄宗羲认为“儒者之学，经纬天地”[5]。费密更明确指出：“古经之旨，皆教实以致用，无不同也。”[6] 还说：“六经，先王以格上下，通神明，肃典章，施教育，和风俗而安民生之宝训。”[7] 李绂治学宗陆王，然“其经术足以经世务，指挥所至，迎刃而解”[8]。王夫之治《周易》，特别阐发周文王画卦的宗旨是为了“明得失存亡之理”：“殷之末世，纣无道而错乱阴阳之纪。文王三分有二，以服事殷，心不忍殷之速亡，欲匡正以图存而不能，故作《易》以明得失存亡之理，危辞以示警戒。危者使知有可平之理，善补过则无咎，若慢易而不知戒者，使知必倾，虽得位而亦凶，冀殷之君臣谋于神而悔悟。”[9] 孙奇逢作《四书近指》，指出四书大旨在于“修己治人，亲师取友，理财折狱，用贤远奸，郊天事神，明理适用。总

---

[1] 朱舜水：《朱舜水集》卷十一《答林春信问七条》，中华书局1981年版，第383页。

[2] 朱舜水：《朱舜水集》卷十一《答加藤明友问八条》，中华书局1981年版，第381页。

[3] 李颙：《二曲集》卷十四《盩厔答问》，中华书局1996年版，第120页。

[4] 顾炎武：《亭林文集》卷四《与人书三》，见《顾亭林诗文集》，中华书局1983年版，第91页。

[5] 黄宗羲：《赠编修弁玉吴君墓志铭》，见《黄宗羲全集》第十册，浙江古籍出版社1993年版，第421页。

[6] 费密：《弘道书》卷上《圣人取人定法论》，民国九年怡兰堂刻本。

[7] 费密：《弘道书》卷上《古经旨论》，民国九年怡兰堂刻本。

[8] 全祖望：《鲒埼亭集》卷十七《阁学临川李公神道碑铭》，见《全祖望集汇校集注》（上），上海古籍出版社2000年版，第317页。

[9] 王夫之：《周易内传》卷六上《系辞下传第十一章》，见《船山全书》第一册，岳麓书社2011年版，第612页。

之，皆学也”[1]。顾炎武治《春秋》，特别拈出《春秋》“夷夏之防”的思想，“君臣之分所关者在一身，华裔之防所系者在天下……夫以君臣之分犹不敌华裔之防，而《春秋》之志可知矣”[2]。总之，在清初，宋学对学者的影响依然巨大，阐发义理依然盛行。但有所不同的是，清初诸大儒在阐发义理的过程中，已悄然改变了义理的内涵，向“实行”“救世”的路子上走去。

在对经之旨意进行阐发的同时，清初学者还从考据出发指出经书讹误不实之处，对经书及注疏进行考辨，掀起了一股考辨群经的思潮。对经的考辨是汉学家工夫，“学者之治经也，必以汉人为宗主”[3]。汉人治经，注重考证，重视对经本文的考辨，这一治经方法在清初得到认可并发展起来。费密提出“从古经旧注发明吾道”[4]。“密事先子多年，艰苦患难阅历久，见古注疏在后。使历艰苦患难而不见古注疏，无以知道之源；使观古注疏而不历艰苦患难，无以见道之实”[5]。主张治经要从注疏出发，然后结合自身的经历，方能对经书有正确的理解。顾炎武更是倡导“读九经自考文始，考文自知音始”[6]。指出“五经得于秦火之余，其中固不能无错误。学者不幸而生乎二千余载之后，信古而阙疑，乃其分也”[7]。本着“信古而阙疑”的原则，清初诸儒纷纷参与到对经的考辨行列中，开清代考证学之先河。

清初诸大儒如陈确、李塨、黄宗羲、顾炎武、王夫之、马骕、黄宗炎、李光地、陆陇其、毛奇龄、朱彝尊、胡渭、阎若璩、万斯大、姚际

---

[1] 孙奇逢：《四书近指·凡例》，见《孙奇逢集》（上），中州古籍出版社 2003 年版，第 368 页。

[2] 顾炎武：《日知录》卷七《管仲不死子纠》，见《日知录集释》，岳麓书社 1994 年版，第 245 页。

[3] 钱谦益：《初学集》卷七十九《与卓去病论经学书》，见《钱牧斋全集》（三），上海古籍出版社 2003 年版，第 1706 页。

[4] 费密：《弘道书》卷首《题辞》，民国九年怡兰堂刻本。

[5] 费密：《弘道书》卷下《圣门定旨两变序记》，民国九年怡兰堂刻本。

[6] 顾炎武：《亭林文集》卷四《答李子德书》，见《顾亭林诗文集》，中华书局 1983 年版，第 73 页。

[7] 顾炎武：《日知录》卷二《丰熙伪尚书》，见《日知录集释》，岳麓书社 1994 年版，第 75 页。

恒等都有考辨经书之作，《周易》《河图》《洛书》《古文尚书》《诗传》《诗说》《周礼》《大学》《中庸》等宋明以来被人推崇为经典著述，其作者、年代、篇名、篇数都被人一一考辨出讹误，[1] 正本清源，在学界反响巨大。清初对经的考辨，至少在两个方面产生了较大影响：一是动摇了宋学的理论根基。清初诸大儒通过考证，认定《河图》《洛书》《先天太极图》等为后人比附《周易》；认定晚出《古文尚书》为伪，宋儒推崇的《大禹谟》中“人心惟危，道心惟微，惟精惟一，允执厥中”十六字心传，系晚出《古文尚书》伪造；认定《大学》《中庸》系汉人伪造，而非曾子、子思所作。凡此种种，这些宋明学者津津乐道的“经典”均为后人伪造，“动摇了理学立论的根基”[2]，“宋学已受致命伤”[3]。二是“开启了清代汉学研究的先声”[4]。清初诸大儒考辨经书的方法以及考辨思路，为乾嘉汉学家们所继承和完善。乾嘉诸儒如惠栋、王念孙、王引之、张惠言、焦循、程廷祚、戴震、秦蕙田、凌廷堪、胡培翚、洪亮吉、刘文淇、钱大昕、黄丕烈等，沿着清初学者所提出的问题，运用和完善他们的方法，在经史考证方面做出了更大贡献。

第二节　尊经重史与经世致用

清初崇实致用的学风转换以及经学的复兴，还呈现出一种新的特点，即人们开始从历史研究的层面上观照社会现实，把对理学的反思和经学的研究与中国历史的兴盛衰亡结合起来。人们不再就理学谈理学，就经学谈经学，而是从历史的武库中拿来武器，结合中国历史的发展——特别是明亡的历史教训来诠释经典，把对经学思想的重新诠解和对历史兴亡得失的总结结合起来，尊经重史，以史资治，寻求学术的出路。尽管清初学术思潮内涵丰富，但经学和史学始终是学术发展潮流的重镇，是

[1] 参见林庆彰：《清初的群经辨伪学》，华东师范大学出版社 2011 年版。
[2] 汪学群、武才娃：《清代思想史论》，中国社会科学出版社 2007 年版，第 270 页。
[3] 梁启超：《清代学术概论》，东方出版社 1996 年版，第 15 页。
[4] 林庆彰：《清初的群经辨伪学·自序》，华东师范大学出版社 2011 年版。

当时学术发展中最引人注目的内容。可以这样说，尊经重史是清初学术研究的新气象，而这种尊经重史的学术新气象又与经世致用思潮相互激荡，形成了气魄宏大的学术风貌。

一、“经术”为学问之本，“史籍”乃应务之用

就经史之学而言，清初学者把对理学的反思和总结明亡的经验教训结合起来，提倡尊经重史，主张经史经世。如黄宗羲对“空言而无事实”的学风非常反感，“谓明人讲学，袭语录之糟粕，不以六经为根柢，束书而从事于游谈”。认为治学要向古代的儒家和墨家学习，“大者以治天下，小者以为民用，盖未有空言无事实者也”。[1] 顾炎武主张“君子之为学，以明道也，以救世也”[2]。他对理学末流“不习六艺之文，不考百王之典，不综当代之务”的学风进行无情批判，指出这些人一不读经，二不治史，三不关心国计民生，“举夫子论学论政之大端，一切不问，而曰一贯，曰无言，以明心见性之空言，代修己治人之实学，股肱惰而万事荒，爪牙亡而四国乱，神州荡覆，宗社丘墟”[3]，真是空谈误国。由此，他提出“理学，经学也”的命题，把经学视为儒学正统，试图以经学济理学之穷，穷经观史，洞知天下大事，“人苟遍读五经，略通史鉴，天下之事，自可洞然”[4]。梁启超云：“清初之儒，皆讲‘致用’，所谓‘经世之务’是也。”[5] 所言是清初经史之学的实际。

在清初诸儒看来，“经世之学”不能凭空臆造，必须既有本原，又有依据。这个本原就是经，而依据就是史。在这一点上，黄宗羲的论述非常深刻。黄宗羲认为“学必原本于经术，而后不为蹈虚；必证明于史籍，

[1] 黄宗羲：《今水经·序》，见《黄宗羲全集》第二册，浙江古籍出版社1986年版，第505页。

[2] 顾炎武：《亭林文集》卷四《与人书二十五》，见《顾亭林诗文集》，中华书局1983年版，第98页。

[3] 顾炎武：《日知录》卷七《夫子之言性与天道》，见《日知录集释》，岳麓书社1994年版，第240页。

[4] 顾炎武：《亭林文集》卷六《与杨雪臣》，见《顾亭林诗文集》，中华书局1983年版，第139页。

[5] 梁启超：《清代学术概论》，东方出版社1996年版，第17页。

而后足以应务"[1]。指出"经术"为学问之"本"，而"史籍"乃应务之"用"，挽救理学袭空蹈虚的流弊，除坚持经学之外，还必须求助于史学，因为史学是经世之大端，可以为经世寻找历史依据。黄宗羲作为清代浙东学派的开山，"言性命者必究于史"[2]，倡导学道与事功、经学与史学相统一，指出"学者必先穷经。然拘执经术，不适于用，欲免迂儒之诮，必兼读史"[3]，认为"六经皆载道之书"[4]，而"二十一史所载，凡经世之业亦无不备矣"[5]。在黄宗羲看来，读经读史是为学之基础，经史并重才能触类旁通。他告诫弟子："读书当从六经，而后《史》《汉》，而后韩、欧诸大家。浸灌之久，由是而发为诗文，始为正路。舍是则旁蹊曲径矣。"[6] 也就是说，六经载道，史籍纪事，道不离事，事中寓道，六经之道，皆寓于史籍。融通经史，相互参证，才能致用于社会和人生，也就是他常说的："本之经以穷其原，参之史以穷其委。"[7]

黄宗羲的思想影响了清代浙东学人的思想观念，"浙东之学，言性命者必究于史，此其所以卓也"[8]。全祖望极力推尊黄宗羲的经史之学，自身更是贯穿经史，倡导"经世"和"应务"。他对顾炎武也极为推崇，称赞《日知录》是顾炎武"终身精诣之书，凡经史之粹言具在焉"[9]。

---

[1] 全祖望：《鲒埼亭集外编》卷十六《甬上证人书院记》，见《全祖望集汇校集注》(中)，上海古籍出版社 2000 年版，第 1059 页。

[2] 章学诚：《文史通义》内篇二《浙东学术》，见《文史通义新编新注》，浙江古籍出版社 2005 年版，第 121 页。

[3] 王锺翰点校：《清史列传》卷六十八《黄宗羲》，中华书局 1987 年版，第 5439 页。

[4] 黄宗羲：《学礼质疑序》，见《黄宗羲全集》第十册，浙江古籍出版社 1993 年版，第 23 页。

[5] 黄宗羲：《补历代史表序》，见《黄宗羲全集》第十册，浙江古籍出版社 1993 年版，第 77 页。

[6] 黄宗羲：《高旦中墓志铭》，见《黄宗羲全集》第十册，浙江古籍出版社 1993 年版，第 314 页。

[7] 黄宗羲：《沈昭子耿岩草序》，见《黄宗羲全集》第十册，浙江古籍出版社 1993 年版，第 55 页。

[8] 章学诚：《文史通义》内篇二《浙东学术》，见《文史通义新编新注》，浙江古籍出版社 2005 年版，第 121 页。

[9] 全祖望：《鲒埼亭集》卷十二《亭林先生神道表》，见《全祖望集汇校集注》(上)，上海古籍出版社 2000 年版，第 228 页。

全祖望治经史，表彰“故国忠义”，彰扬志士仁人的光辉事迹，一方面提倡“史以纪实，非其实者，非史也”[1]；另一方面提倡“以史事证经学”[2]。尊经重史，兼治经史。浙东学派另一重要人物万斯同同样擅长经史之学，他以史学家的眼光治《周礼》，把礼置于历史发展变化的背景中进行考察，经世致用，“明先圣之制，砭流俗之失，酌古今之宜，洽情理之中，尤尽善可施用”[3]。他倡导经世之学，“经世之学，实儒者之要务，而不可不宿为讲求者”[4]。他批评当时的学风，“今之学者，其下者既溺志于诗文而不知经济为何事，其稍知振拔者，则以古文为极轨，而未尝以天下为念。其为圣贤之学者，又往往疏于经世”，他的经世之学不仅体现在经术经世上，更体现在经史结合上，“吾之所为经世者，非因时补救如今所谓经济云尔也，将尽取古今经国之大猷，而一一详究其始末，斟酌其确当，定为一代之规模，使今日坐而言者，他日可以作而行耳”[5]。在他看来，“救时济世固孔孟之家法”，但“使古今之典章法制烂然于胸中，而经纬条贯，实可建万世之长策”[6]。在经世致用方面，经学、史学均不可少。

和黄宗羲同时代的顾炎武同样倡导经史之学，他认为圣人刊削六经并非故作高深，而是在经书中蕴含史义，他说：“《孟子》曰：‘其文则史。’不独《春秋》也，虽六经皆然。今人以为圣人作书，必有惊世绝俗之见，此是以私心待圣人也。”[7] 由此他把“通经致用”与思考“当世之务”紧密相连，“凡文之不关于六经之指，当世之务者，一切不为”[8]。

---

[1] 全祖望：《鲒埼亭集》卷二十九《帝在房州史法论》，见《全祖望集汇校集注》（上），上海古籍出版社 2000 年版，第 557 页。

[2] 黄宗羲、全祖望等：《宋元学案》卷四十四《赵张诸儒学案》，见《黄宗羲全集》第四册，浙江古籍出版社 1992 年版，第 747 页。

[3] 《群经疑辨》汪廷珍序，见《群经疑辨》，清嘉庆二十一年刻本。

[4] 万斯同：《石园文集》卷七《与从子贞一书》，《四明丛书》本。

[5] 万斯同：《石园文集》卷七《与从子贞一书》，《四明丛书》本。

[6] 万斯同：《石园文集》卷七《与从子贞一书》，《四明丛书》本。

[7] 顾炎武：《日知录》卷三《鲁颂商颂》，见《日知录集释》，岳麓书社 1994 年版，第 106 页。

[8] 顾炎武：《亭林文集》卷四《与人书三》，见《顾亭林诗文集》，中华书局 1983 年版，第 91 页。

"国家之所以取生员而考之以经义、论、策、表、判者，欲其明六经之旨，通当世之务也"[1]。也就是说，经学的归宿是"当世之务"。而要关注"当世之务"，还必须研究历史。他批评轻视史学的人，认为科举选拔人才，不仅要通经，还要通史。通经、通史又懂当世之务的人才可能成为国家的有用之才："必选夫五经兼通者而后充之，又课之以二十一史与当世之务而后升之……如此而国有实用之人，邑有通经之士，其人材必盛于今日也。"[2] 因为"夫史书之作，鉴往所以训今"[3]。撰作史书，研究历史，不仅仅是让后人了解历史，以史为鉴，更重要的是对于"当世之务"具有重要意义，即要从"训今"的角度来"鉴往"，"鉴往"是为了"训今"。

与黄宗羲、顾炎武同时代的朱舜水在论述经史关系时，既看到经史之间的差别，又看到经史之合的意义，他反对"离事而言理"以说经，更反对"离史而言经"，主张寓经于史，贯通经史，他说："一部《通鉴》明透，立身制行，当官处事，自然出人头地。俗儒虚张架势，空驰高远，必谓舍本逐末，沿流失源。殊不知经简而史明，经深而史实，经远而史近，此就中年为学者指点路头，使之实实有益，非谓经不须学也。得之史而求之经，亦下学而上达耳。"[4] 在朱舜水看来，经与史的特点不同，"经简而史明，经深而史实，经远而史近"，二者必须互相发明，才能"下学而上达"，摆脱空虚无用之学，达到经世致用的目的。他还说："经义简奥难明，读之必生厌倦，不若读史之为愈也。《资治通鉴》文义肤浅，读之易晓，而于事情又近。日读一卷半卷，他日于事理吻合，世情通透，必喜而好之。愈好愈有味，由此而《国语》，而《左传》，皆史也，则义理渐通矣。"[5] 朱舜水主张把史学与经学相结合，不仅于经中求义

[1] 顾炎武：《亭林文集》卷一《生员论中》，见《顾亭林诗文集》，中华书局 1983 年版，第 23 页。

[2] 顾炎武：《亭林文集》卷一《生员论上》，见《顾亭林诗文集》，中华书局 1983 年版，第 21—22 页。

[3] 顾炎武：《亭林文集》卷六《答徐甥公肃书》，见《顾亭林诗文集》，中华书局 1983 年版，第 138 页。

[4] 朱舜水：《朱舜水集》卷八《答奥村庸礼书二十二首》，中华书局 1981 年版，第 274 页。

[5] 朱舜水：《朱舜水集》卷八《答奥村庸礼书二十二首》，中华书局 1981 年版，第 256—257 页。

理，而且于史中求义理，以实现其“用世”的思想主张。

服膺顾炎武学术且参与《明史》修纂的汤斌提出“经史之法，同条共贯”的主张。汤斌学出孙奇逢，笃守程朱，亦不薄陆王，主于刻励实行，不尚空谈，反对虚空玄远的学风。他在给顾炎武的一封信中称赞顾氏为“当今第一有用儒者”，敬佩顾氏治学“有裨世道”，认为顾氏批判当时学者溺于空疏无当之学，是切中时弊之言，并指出圣贤之学决非空虚无当，而是切于民生日用的。[1] 他反对重经轻史的言论，认为经史同条共贯，史学不仅“备事辞”，而且“明道法”，所谓“经史之法，同条共贯。《尚书》备帝王之业，经也而通史；《春秋》定万世之宪，史也而为经。修史者盖未有不祖此者也。故道法明而事辞备，此史之上也。事辞章而道义犹不悖焉，次也。二者皆失，斯为下矣”[2]。经史相通，史学要体现经书之“道法”，经学要借助于史学之“事辞”，二者统一，以经世致用为旨归。汤斌对史学的社会作用也有深刻论述，明史馆初开之时，汤斌就上疏顺治皇帝，提出自己的修史见解，强调指出“臣窃惟史者，所以昭是非，助赏罚也。赏罚之权行于一时，是非之衡定于万世”[3]。彰扬史学昭明是非的作用。汤斌在明史馆编撰纪传二十余卷，“于古今之治乱，事机之得失，皆综贯会通，而必以诚意正心为有本”[4]，努力实践自己的经世主张。曾与汤斌同修《明史》的徐乾学也认为“经史者，载道之书”，“经以为经，兼综道术；史以为纬，雅擅事辞。天人之际备矣，帝王之用该矣”[5]。经与史交互经纬，“天人之际”“帝王之用”均蕴含其中，“足以范围造化之机，囊括宇宙之事”[6]，其在治国安邦方面所起的作用非其他典籍可比。

和顾炎武、黄宗羲一样，王夫之在论述经世致用思想时也打通经史

[1] 汤斌：《汤子遗书》卷四《答顾宁人书》，见《汤斌集》（上），中州古籍出版社 2003 年版，第 180 页。

[2] 汤斌：《汤子遗书》卷五《二十一史论》，见《汤斌集》（上），中州古籍出版社 2003 年版，第 242 页。

[3] 汤斌：《汤子遗书》卷二《敬陈史法疏》，见《汤斌集》（上），中州古籍出版社 2003 年版，第 31 页。

[4] 汤溥等：《行略》，见《汤斌集》（下），中州古籍出版社 2003 年版，第 1736 页。

[5] 徐乾学：《憺园文集》卷一《经史赋并序》，清康熙刻冠山堂印本。

[6] 徐乾学：《憺园文集》卷一《经史赋并序》，清康熙刻冠山堂印本。

看问题。他对《春秋》很推崇，认为《春秋》是天下之“公史”，王道之“大纲”。他说：“《春秋》，天下之公史，王道之大纲也。以事而存人，不以人而存事。事系于人，以事为刑赏，而使人因事；人系于事，不以人为进退，而使事因人。人之臧否也微，事之治乱也大。故天下之公史，王道之大纲。”[1] 在他看来，《春秋》经史合一，以事而存人，其目的是通过史事探讨治乱盛衰之故，而不是臧否人物。臧否人物是小事，治乱盛衰为大端，这就是《春秋》为“公史”、为“大纲”的原因。王夫之重视史学，认为史学的宗旨也应该是“述往以为来者师”，为现实社会提供借鉴。他说：“所贵乎史者，述往以为来者师也。为史者，记载徒繁，而经世之大略不著，后人欲得其得失之枢机以效法之无由也。”[2] 在他看来，史书并非要连篇累牍、巨细无遗地记载史事，而是要重点记载“经世之大略”“得失之枢机”，使后人能借鉴效法。对于史书“垂于来今以作则”的资鉴作用，王夫之有非常清醒的认识，他曾这样讲：“史之为书，见诸行事之征也。则必推之而可行，战而克，守而固，行法而民以为便，进谏而君听以从，无取于似仁似义之浮谈，只以致悔吝而无成者也。则智有所尚，谋有所详，人情有所必近，时势有所必因，以成与得为期，而败与失为戒，所固然矣。”[3] 也就是说，史家在记载史实时，应将具体可行的各种例证告诉后人，成可为期，败可为戒，让人们能从中得到切实有用的帮助。也正是从此出发，他对司马光的《资治通鉴》极力称扬，认为它“非知治知乱而已也，所以为力行求治之资也……鉴之者明，通之也广，资之也深，人自取之，而治身治世、肆应而不穷”[4]。同时，对于那些读史书只会“发思古之幽情”，徒有丰富的历史知识，但面临现实仍不知其用的人，王夫之给予严厉批评，认为他们是“玩物丧志”：“览往代之治而快然，览往代之乱而愀然，知其有以致治而治，则称说其美；知其有以召乱而乱，则诟厉其恶。言已终，卷已掩，

[1] 王夫之：《春秋家说》卷下，见《船山全书》第五册，岳麓书社 2011 年版，第 293 页。
[2] 王夫之：《读通鉴论》卷六，见《船山全书》第十册，岳麓书社 2011 年版，第 225 页。
[3] 王夫之：《读通鉴论》卷末《叙论三》，见《船山全书》第十册，岳麓书社 2011 年版，第 1180 页。
[4] 王夫之：《读通鉴论》卷末《叙论四》，见《船山全书》第十册，岳麓书社 2011 年版，第 1183—1184 页。

好恶之情已竭，颓然若忘，临事而仍用其故心，闻见虽多，辨证虽详，亦程子所谓'玩物丧志'也。"[1] 在这里，王夫之从著史者与读史者两个角度来谈论史学的作用。一方面，著史者要有经世之心，以经世之目的写史；另一方面，读史者要能将史书中看到的经验教训用之于现实，解决现实问题，二者结合，历史经验的巨大威力才能发挥出来。这可以说是对我国史学经世致用思想的一个新贡献。

清初学术研究，体现经史融通之精神者很多。如颜元并非史家，但他的经世之学有着浓厚的史学气息，"谓治不法三代，终苟道也。举井田、封建、学校、乡举、里选、田赋、阵法，作《王道论》，后更名《存治编》"[2]。《存治编》集中体现了颜元的政治见解。他在提出和讨论问题时，喜欢从历史中去寻找借鉴，以史论政。高士奇出入经史，在经学、史学方面均有很高造诣。他研治《春秋》《左传》，经学深湛，雅负史才，作《左传纪事本末》，考辨史料，评论史事，不忘阐释《春秋》经义，"征远代而如在目前，阐微言而大放厥旨"[3]，"征远代"为史，"阐微言"为经，具有经史互参的特点。该书在立目顺序、史料编排上，贯穿了尊王攘夷的思想，其《凡例》云："首王室，尊周也，次鲁，重宗国也，《春秋》之所托也。次齐、晋，崇霸统也。次宋、卫、郑三国，皆为与国，其事多，且《春秋》中之枢纽也。次楚，次吴、越，其国大，其事繁；后之者，黜其僭也。次秦，志其代周，且恶之也。陈、蔡、曹、许诸小国，散见于诸大国之间，微而略之也。晋、楚之争霸，俱详晋事中，晋为主，楚为客也。"[4] 很明显，高士奇编排春秋历史，遵循的是尊周、次鲁、攘夷的《春秋》经义。除了篇目编排体现《春秋》经义外，在篇后的评论中，更是以《春秋》经义论史事，如他一尊《春秋》经义，以楚国为夷狄，"晋虽弱，伯也；若楚虽强，安得以伯许之？此问鼎、观

[1] 王夫之：《读通鉴论》卷末《叙论四》，见《船山全书》第十册，岳麓书社 2011 年版，第 1183 页。

[2] 李塨纂，王源订：《颜习斋先生年谱》卷上，见《颜元集》（下），中华书局 1987 年版，第 712 页。

[3] 《左传纪事本末》韩菼序，见《左传纪事本末》，中华书局 1979 年版。

[4] 高士奇：《左传纪事本末・凡例》，中华书局 1979 年版。

兵所以见黜于《春秋》也”[1]。他推崇齐桓公，称他有三大韬略，“一曰攘外，一曰恤患，一曰尊王”[2]，立足点也在“尊王”上。凡此等等，都说明高士奇考史原本为通经，他在《左传纪事本末》中以史实推阐经义，有明显的以史为鉴的治经取向，从而使该书在经学、史学上都具有很高的价值。

总之，正像王国维论及清初“实学”兴起时曾说过的，清初学者“离丧乱之治，志在经世，故多为致用之学，求之经史，得其本原，一扫明代苟且破碎之习，而实学以兴”[3]。可以说，在清初学者看来，“经世之学”不能凭空臆造，而必须有所依据，也就是要有本原，这个本原就是六经和史。离开经学的致用，必然失去根基和原则，离开史学的经世，只能是空谈义理。而玄虚蹈空的理学必须返璞归真，回归到经学本身，通经致用。警世资治的史学必须彰显鉴往训今的功能，见诸行事。贯通经史，经史结合，才能真正扭转学风，作用于社会。清初的实学，实际上是一种立足于经世而又以经史为依据的“经史致用”之学，清初诸大儒面对“天崩地解”的社会动乱和时代变迁，致力于研究六经和古史中的治世良策，开始了对历史发展与变化的苦苦探索，其深邃的思想与对现实的关切，已经成为中国思想史上的宝贵财富。

二、以史学济经学之穷：清初史学研究领域的扩展及发展

正是在这种汉宋兼采、尊经重史、经史经世的实学思潮之下，清初史学发展起来。特别是清初诸大家的崛起，更为清初史学带来了生机，在经史考证学、历史地理学、史学评论、学术史编纂、明史编纂诸方面都取得了很大成就，在某些方面还起到了前驱作用。

为了和束书不观、游谈无根的虚浮学风相对抗，清初诸大儒均在考证之学上下功夫，张扬健实的学风，同时又阐发思想，纵论古今，汉、

[1] 高士奇：《左传纪事本末》卷二十六《晋楚争伯》，中华书局1979年版，第353页。
[2] 高士奇：《左传纪事本末》卷十八《齐桓公之伯》，中华书局1979年版，第210页。
[3] 王国维：《观堂集林》卷二十三《沈乙庵先生七十寿序》，河北教育出版社2003年版，第574页。

宋兼采的学术气度在史学领域表现突出。

黄宗羲治经重视考证，治史亦复如是。他深入辨析了实录、野史笔记、文集、诗歌、方志、族谱、碑铭等各种史料的价值及不足，并提倡严密考证，将考证寓于治史之中。他撰写《辨野史》《书神宗皇后事》等文，对明末党争和宫廷内部争斗进行了辨析，纠谬改错，体现出征实的治史风格。黄宗羲考证史事，不仅继承了传统的方法，而且赋予了新的内容，一是注意运用自然科学知识进行考证，二是进行实地考察，将文献记载与实地调查结合起来，相互印证。[1] 和黄宗羲一样，顾炎武一生倡导务实学风，高扬经世致用。在倡导务实学风时，顾炎武主张博古通今的考订辨伪。他不轻信古书，在他的学术生涯中，始终重视辨伪、校勘及考据，“有一疑义，反复参考，必归于至当；有一独见，援古证今，必畅其说而后止”[2]。而且他重视实地调查和见闻资料，《日知录》中的很多条目都是根据实地调查而写成。梁启超归纳他的考证特点说：“论一事必举证，尤不以孤证自足，必取之甚博，证备然后自表其所信。”[3] 顾炎武的求实精神及其以多重证据考证史事真伪的方法，对后来的乾嘉考据学影响巨大。清初，王夫之是以哲学思辨著称的，他的历史哲学思考达到了传统历史哲学的高峰。但王夫之强调“言必征实，义必切理”，在依据经典阐发思想之前，他总是要对经典做大量的疏证考异工作，写出了《诗经稗疏》《诗经考异》《四书稗疏》《四书考异》《尚书稗疏》《周易稗疏》《周易考异》《春秋稗疏》等系列疏证考异之作，纠谬辨误，订讹规过，取得了很大成就。可以说，王夫之的哲学思想及史学见解，都是建立在这种坚实的考证基础之上的。除黄宗羲、顾炎武、王夫之外，经史考证之风波及众多学人，万斯大对礼经的考证，万斯同的经史考证，毛奇龄遍考群经，朱彝尊考证《尚书》《诗经》，阎若璩辨《古文尚书》真伪，胡渭著《易图明辨》力辟宋《易》之非，姚际恒考辨各类伪书，马骕对《左传》及先秦史事的考证，高士奇对春秋史事的考证，顾栋高对古地理的考证等，都多有所得，成就巨大。此外，黄宗炎、冯景、陆

---

[1] 王记录：《中国史学思想通史·清代卷》，黄山书社 2002 年版，第 69—71 页。

[2] 《日知录》潘耒序，见《日知录集释》，岳麓书社 1994 年版。

[3] 梁启超：《清代学术概论》，东方出版社 1996 年版，第 12 页。

陇其、李光地、李塨、陈确等，都有经史考辨之作。可以说，清初史学中考据之风的兴起，直接导源于对经书的考证，在考证经书真伪讹误的过程中，以经证经、以史证经成为重要手段，由考经而考史，范围逐渐扩大。清初经史考证风气的形成，是对宋明以来理学末流空疏虚浮学风的对抗，诸大儒把经学和史学的经世意识建立在客观实证性的考证研究的基础之上，求真务实，具有扭转学风的意义。

清初，历史地理学得以长足发展，并与当时实学思潮相呼应，贯穿着经世致用、济国利民、求真务实的史学思想和注重实地调查的治学方法。顾炎武的《肇域志》《天下郡国利病书》，顾祖禹的《读史方舆纪要》，刘献廷的《广阳杂记》，陈芳绩的《历代地理沿革表》，梁份的《西陲今略》(后改为《秦边纪略》)，樊守义的《身见录》，陈伦炯的《海国闻见录》，图理琛的《异域录》等，都是这方面有成就的作品。

顾炎武、顾祖禹、刘献廷都是讲求经世致用，志在利济天下的学者，他们的历史地理研究，也同样有着总结得失成败、注重舆地利弊的特点。顾炎武自 27 岁起，就从文献排比入手，辅以实地见闻，纂辑《肇域志》和《天下郡国利病书》，灌注了经国济民的经世致用思想。他“感四国之多虞，耻经生之寡术”[1]，在《天下郡国利病书》中，重点搜集有关河流水道、农田灌溉、工矿资源、交通运输、户口田赋、兵防徭役等地方利弊的资料，以期有补于世。与顾炎武类似，顾祖禹著《读史方舆纪要》，从历史是方舆之向导，方舆是历史之图籍的角度出发，考古今，综源委，以经世致用为本，集历代百家之说，精心考究，“以一代之方舆，发四千余年之形势，治乱兴亡，于此判焉。其间大经大猷，创守之规，再造之绩，孰合孰分，谁强谁弱，帝王卿相之谟谋，奸雄权术之拟议，以迄师儒韦布之所论列，无不备载”[2]，目的就是要起到“世乱则由此而佐折冲，锄强暴；时平则以此而经邦国，理人民”的作用。[3] 刘献廷亦深通舆地之学，曾参修《大清一统志》。所著《广阳杂记》中，有关舆

[1] 顾炎武：《亭林文集》卷六《天下郡国利病书序》，见《顾亭林诗文集》，中华书局 1983 年版，第 131 页。

[2] 顾祖禹：《读史方舆纪要·凡例》，中华书局 2005 年版。

[3] 顾祖禹：《读史方舆纪要·总叙三》，中华书局 2005 年版。

地、地图、水利、物候、资源、游记的内容，占有相当大的比重。刘献廷研究历史地理，特别注意对自然规律的探索。他重视水利，认为水利"不为民利，乃为民害"，他呼吁人们要关注西北水利，认为"有圣人者出，经理天下，必自西北水利始"。他曾立志为《水经注》作疏，要用经世致用的思想，考论其中"关于水利、农田、战守者"[1]。

陈芳绩注重对地理沿革的考察，他穷毕生精力，旁搜杂录，详加校勘补正，把地理沿革用表的形式排列出来，寓经世致用思想于其中。陈芳绩治地理沿革，受顾炎武影响很大。由于顾炎武钦佩陈芳绩祖父陈梅的学问，故陈芳绩少年时就与顾炎武交游密切，成为忘年交。《顾亭林诗文集》中收有多首写给陈芳绩的诗作，其学问根基与顾炎武求实经世的思想有莫大关系，所谓"少与亭林游从有素，学具根柢，盖基于此"[2]。明亡之后，他隐居乡里，设馆授徒，广览经史，"究心于天文地理之书"，撰成《历代地理沿革表》。该书有两个特点：一是"自古至今，凡添设、并省、更名、徙治之类，纤悉具载，纲目经纬，井然有伦，譬如千枝万叶，总有一本"，把自古至今的区划沿革梳理清楚。二是"凡说有不同者，皆明辨而详注之，俾后人不执两端之惑。其未确然者两存之"，在资料取舍辨析方面疑则传疑，信则传信。其目的是"使闻者开卷瞭然，按古则知今，寻今则见古"，蕴含着经世致用的思想。[3]

梁份、樊守义、陈伦炯、图理琛则注重记载边疆史地和域外史地。梁份从魏禧学，治学主经世致用。其在康熙年间著《西陲今略》（《秦边纪略》），多为实地考察所得，所记为陕甘宁青新一带史地，"此书所述，皆是时之形势……可谓留心边政者矣"[4]。刘献廷认为"此书虽止西北一隅，然今日之要务，孰有更过于此者"，赞扬其为"有用之奇书"[5]。樊守义在康熙年间奉命与传教士艾若瑟等人出使罗马，其《身见录》所记乃往返西洋的见闻，涉及南亚、美洲尤其是欧洲的政治、经济、军事、

[1] 全祖望：《鲒埼亭集》卷二十八《刘继庄传》，见《全祖望集汇校集注》（上），上海古籍出版社2000年版，第526页。

[2] 支伟成：《清代朴学大师列传》，岳麓书社1998年版，第243页。

[3] 陈芳绩：《历代地理沿革表·自序》，江苏广陵古籍刻印社1991年版。

[4] 永瑢：《四库全书总目》卷七十五，"秦边纪略"条，中华书局1965年版，第657页。

[5] 刘献廷：《广阳杂记》卷二，中华书局1957年版，第65—66页。

文化等。书中记载了西方国家繁荣的经济、发达的文化、众多的学校、浓郁的宗教氛围、强大的海防、完备的慈善机构、良好的社会治安等，打破了“天朝上国”对海外“蛮夷”的传统观念，对中国人开眼看世界有所帮助。陈伦炯的《海国见闻录》，内容包括中国沿海形势以及东洋、东南洋、南洋、小西洋（即今印度洋）、大西洋以及四海总图、沿海总图、台湾图、台湾后山图、澎湖图、琼州图等，书中以较多文字论述我国沿海海防及交通形势，介绍了日本、暹罗、葡萄牙、西班牙、法兰西、意大利、荷兰、英吉利等国情况，开阔了人们的视野。该书“凡山川之扼塞，道里之远近，沙礁岛屿之夷险，风云气候之测验，以及外番民风物产，一一备书”，“参稽考验，言必有征。视剿传闻而述新奇，据故籍而谈形势者，其事固区以别矣”。[1]《异域录》是图理琛在康熙年间出使土尔扈特时的沿途记载，山川城镇、风土民情均有所反映，“为自古舆记所不载，亦自古使节所未经……见所未见，闻所未闻，纂述成编，以补亘古黄图所未悉”[2]，具有极高的史料价值。更为重要的是，《异域录》在西方流传甚广，后被西方人翻译成法文、俄文和英文，“为欧洲人认识了解中国的对外政策提供了良好的参考资料”[3]。

史学评论包括对历史的评论和对史学的评论两大类，在传统史学的发展中，它产生很早，先秦时期的各类著述已经包含这些内容，各类史书中的“论赞”“史臣曰”等，内容更是丰富。单篇史论或专门的史学评论著作也由来已久，单篇史论如贾谊的《过秦论》、陆机的《辨亡论》等，史学评论如刘勰的《文心雕龙·史传篇》、刘知幾的《史通》等。宋明以来，史论更得到进一步发展，无论是单篇的史论作品还是专门的史论著作，都远远超过了前代。清初，史学评论继续发展，并具有自身的特点：就历史评论来讲，有着经史结合、论史与论政结合的倾向，具有批判现实的战斗精神和总结历史盛衰的特征。就史学评论来讲，内容涉及史学功用、史家修养、史书义例、史料采撰以及对史馆修史的反思等。前者以王夫之、黄宗羲、唐甄、顾炎武等人为代表，后者则主要是围绕

[1] 永瑢：《四库全书总目》卷七十一，“海国闻见录”条，中华书局1965年版，第635页。
[2] 永瑢：《四库全书总目》卷七十一，“异域录”条，中华书局1965年版，第634页。
[3] 侯毅：《图理琛〈异域录〉在西方世界的传播》，《历史档案》2019年第2期。

《明史》修纂而展开。

王夫之的历史评论是传统史论发展的高峰，是传统史论具有总结性的成果，他的《读通鉴论》《宋论》《春秋世论》《尚书引义》等史论著作，内容涉及上自三代、下至明朝的诸多重大历史问题，阐史观、辨兴亡、重致用，得出了许多发人深思的结论。王夫之不仅把这种历史评论提高到历史哲学的高度，而且还对自身的评论工作进行了理论上的总结，提出了历史评论的几项原则：一是要“因其时，度其势；察其心，穷其效”[1]，二是要“求安于心，求顺于理，求适于用”[2]，三是“推本得失之原……因其时而酌其宜……宁为无定之言，不敢执一以贼道”[3]，四是要避免“放于道而非道之中，依于法而非法之审”[4]。王夫之贯通经史而思考历史评论的原则问题，体现出一种自觉的理论总结意识。黄宗羲的《明夷待访录》，一向被认为是一部政论书，“实际上也是一部史论书。这是中国封建社会晚期史学上的光辉著作”[5]。黄宗羲将论史与论政相结合，尖锐地揭露、批判封建政体的腐朽，提出“以天下为主，君为客”的思想，谴责君主专制的罪恶，并构想了限制君权、君臣平等、以学校为监督机关、立天下公法等社会改革方案。对于黄宗羲的《明夷待访录》，顾炎武非常赏识，他说：“《待访录》读之再三，于是知天下未尝无人，百王之敝可以复起，而三代之盛可以徐还也。”又说：“炎武以管见为《日知录》一书，窃自幸其中所论，同于先生者十之六七。”[6]他同样批判了君主专制政体的腐败黑暗，揭露了君主专制制度败坏人才、钳制思想的本质，指出“今之君人者，尽四海之内为我郡县犹不足也，

[1] 王夫之：《读通鉴论》卷末《叙论二》，见《船山全书》第十册，岳麓书社 2011 年版，第 1180 页。

[2] 王夫之：《读通鉴论》卷末《叙论三》，见《船山全书》第十册，岳麓书社 2011 年版，第 1181 页。

[3] 王夫之：《读通鉴论》卷末《叙论四》，见《船山全书》第十册，岳麓书社 2011 年版，第 1182—1183 页。

[4] 王夫之：《读通鉴论》卷末《叙论三》，见《船山全书》第十册，岳麓书社 2011 年版，第 1180 页。

[5] 白寿彝：《中国史学史》第一册，上海人民出版社 1986 年版，第 82 页。

[6] 顾炎武：《亭林佚文辑补·与黄太冲书》，见《顾亭林诗文集》，中华书局 1983 年版，第 238—239 页。

人人而疑之，事事而制之”[1]。君主把天下看成一己之私，“无肯为其民兴一日之利”，结果就是“民乌得而不穷，国乌得而不弱”[2]。民穷国弱都是专制君主“私天下”的结果。和黄宗羲、顾炎武一样，唐甄著《潜书》，把政论和史论相结合，也对专制集权进行严厉斥责，指出“自秦以来，凡为帝王者皆贼也”[3]。并提出了“抑尊”“省刑”“省官”“达政”“更币”“富民”等改革政治的主张。由于黄宗羲、唐甄以史论政，提出了改革封建政体的方案，灌注进了明清之际的时代精神，故而具有强大的震撼力，在后世产生了很大影响。

关于史学的功用、作史的原则等问题，黄宗羲、顾炎武、王夫之等人都有精辟的见解，我们将在相关章节进行讨论，此不赘述。顺治康熙年间，明史馆馆臣万斯同、潘耒、汤斌、徐乾学、朱彝尊、毛奇龄、汪由敦、施闰章、叶方蔼、王鸿绪、杨椿等人围绕《明史》修纂所展开的关于史书编纂的讨论，值得关注。他们受顾炎武、黄宗羲等人影响，从不同的角度提出了自己的史学主张，对史学功用、史书修撰原则、史书体例、史料辨析等史学问题提出了不少具有方法论意义的看法。[4] 在史学功用方面，他们摒弃理学空谈性理对史学所造成的恶劣影响，贯通经史，认为作史要“匡时救世”，“朝章、国典、民风、土俗，元元本本，无不洞悉，其术足以匡时，其言足以救世”[5]。“别美恶，著劝惩，考政治之盛衰，审质文之厘革”[6]。同时提倡博求实证，反对空疏议论。在史法义例上，他们提出“本乎时宜，因时变通”的主张，所谓“历代之史，时事不齐，体例因之有异”，“体例本乎时宜，不相沿袭”，“史盖因时而变其例矣”，[7] 试图打破传统史学后期史体僵化的局面。在史料价

---

[1] 顾炎武：《亭林文集》卷一《郡县论一》，见《顾亭林诗文集》，中华书局 1983 年版，第 12 页。

[2] 顾炎武：《亭林文集》卷一《郡县论一》，见《顾亭林诗文集》，中华书局 1983 年版，第 12 页。

[3] 唐甄：《潜书》下篇下《室语》，中华书局 1963 年版，第 196 页。

[4] 王记录：《明史馆馆臣的史学见解和清初史学思想的特征》，《郑州大学学报》2004 年第 5 期。

[5]《日知录》潘耒序，见《日知录集释》，岳麓书社 1994 年版。

[6] 叶方蔼：《史书关系重大恳祈天语申诫疏》，见《明史例案》卷九，吴兴嘉业堂刊本。

[7] 朱彝尊：《曝书亭集》卷三十二《史馆上总裁第一书》，四部丛刊初编本。

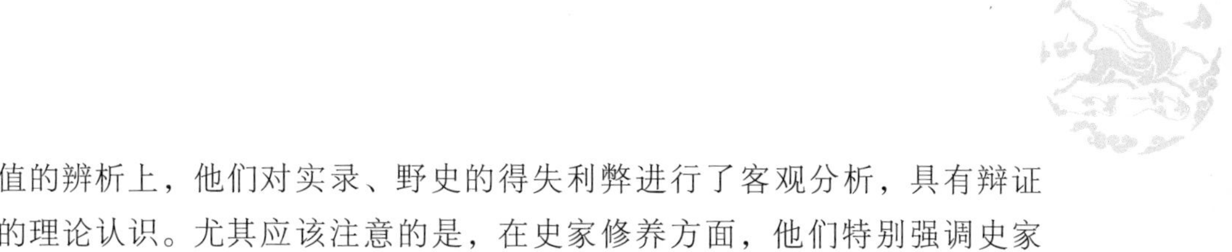

值的辨析上，他们对实录、野史的得失利弊进行了客观分析，具有辩证的理论认识。尤其应该注意的是，在史家修养方面，他们特别强调史家的“是非之心”对修史的影响。“虚心”“平心”“公心”“心术”成为他们讨论问题的关键词。潘耒提出“虚心”作史，“惟虚心斟酌，勿主一说，而后是非可定”[1]。万斯同提出“平心”写史，“因其世以考其事，核其言而平心以察之”[2]。汤斌、徐乾学、朱彝尊则提出“公心”写史等，都特别重视对史家“心术”的探讨。清初士人之所以在《明史》修撰中如此重视史家的“是非之心”，无非有政治和学术两个方面的原因：政治上，清廷修纂《明史》，是想借修史达到控制思想的目的，但史学的生命在于求真求信。那些入馆修史的士人既无法反抗文化高压政策，又有秉笔直书的精神，于是只能反躬自省，以“公心”“虚心”“平心”自励，以求在政治高压的夹缝中心安理得。学术上，宋明以来心性之学重视士人反身求诸己的道德修养，它要求人们“正心”，以此来增强士人坚持理义、维护道统的道德责任感。具体到史家，便要从“正心”出发，端正“心术”以修史，元代史家揭傒斯的“心术”论及明代学者胡应麟的“公心”说，都体现出这一点。《明史》修撰之强调“心术”，正是受了这一学术精神的影响。其后，章学诚由“心术”论引出“史德”说，并进一步发展，使之成为衡量史家主观修养的一条重要标准，有了更为普遍的史学意义。

清初，学术史编修之风甚盛，这一时期的学术史著作，不但数量超迈前朝，而且规模也为前朝所不及。之所以出现这种情况，主要是因为传统学术发展到清代，各种弊端都暴露出来，需要进行总结和评判。由于学术发展的错综复杂，清初学术史编修的性质和特点也有极大不同。有强化理学宗派意识，尊程朱而辟陆王者，如熊赐履的《学统》、张夏的《洛闽源流录》、窦克勤的《理学正宗》、耿介的《中州道学编》等。这些学术史著作采用春秋笔法，立义例、分主辅、辨正闰、寓褒贬，旨在确立程朱的“道统正宗”地位。如熊赐履的《学统》，将两千余年间的“道术”和“学脉”按正统、翼统、附统、杂统、异统等五统分类，而以程

---

[1] 潘耒：《潘次耕修明史议》，见《明史例案》卷四，吴兴嘉业堂刊本。

[2] 方苞：《方苞集》卷十二《万季野墓表》，上海古籍出版社2008年版，第333页。

朱为正统，陆王为杂统。再如窦克勤的《理学正宗》，“止录正宗，其他儒行驳而不纯者”，一概不录。[1] 而他所录的“正宗”，只有濂、洛、关、闽诸大师，而无陆王。总之，这类著作有着明显的宗派意识和门户之见。与之相反，这一时期淡化理学宗派意识，主张折衷程朱陆王，将其同尊为理学正宗的学术史著作也出现了不少，如孙奇逢的《理学宗传》、汤斌的《洛学编》等。孙奇逢撰《理学宗传》，不是将程朱与陆王对立起来，一比高低，而是同尊他们为“直接道统之传”的理学“正宗”，调和两派对立，折衷两派异同。汤斌受学于孙奇逢，《洛学编》也是奉师命而编修的，该书“笃守程、朱，亦不薄陆、王”[2]。总之，无论是尊程朱、辟陆王，还是折衷程朱陆王，都是清初学者针对这一时期的批判、总结理学思潮的不同回应，目的在于通过总结以重构理学。

清初编修学术史，除重视为理学修史外，还注意为经学家立传，这主要是受了清初尊经重史，以经学济理学之穷的学术思潮的影响。这方面的学术史著作有魏一鳌的《北学编》、万斯同的《儒林宗派》、陈遇夫的《正学续》等。如《北学编》专门为畿辅地区自汉迄明的重要经学家和理学家修史，其中既有董仲舒、毛苌、孔颖达等汉唐经学家，又有刘因、邵雍等宋明理学家，总经学家与理学家为一史，尊经学与理学同为“正宗”。万斯同的《儒林宗派》综罗经学与理学于一书，无门户偏见，“持论独为平允”，“可谓翦除锢习，无畛域之见矣”。[3] 陈遇夫的《正学续》，则专尊经学为“正宗”，认为汉唐诸儒，学统相承，批驳了宋明理学家所谓“道丧千载”的道统论。

清初学术史编修中，成就最大的当推黄宗羲的《明儒学案》和黄宗羲、黄百家、全祖望合撰的《宋元学案》。这两部书为宋明学术辨源流、清学脉，能够突破理学宗派的局限，打破门户，考察宋明理学的渊源流变，尊王而不贬朱，和会朱学王学，兼综百家，平等地看待各家学术，是中国学术史研究中的扛鼎之作。

---

[1] 张夏：《洛闽源流录·凡例》，康熙二十一年黄昌衢彝叙堂刻本。

[2] 徐世昌：《清儒学案》卷九《潜庵学案》，中华书局 2008 年版，第 435 页。

[3] 永瑢：《四库全书总目》卷五十八，“儒林宗派”条，中华书局 1965 年版，第 528 页。

明清易代，神州陆沉，昔日庞大的明帝国被农民起义所推翻，被少数民族所取代，这些，都使清初士人感到触目惊心。清何以兴，明何以亡，这是萦绕在他们脑际最发人深思的问题。于是，他们将历史撰述的重心放在了明史和明季史上，一是为了存故国之史，二是为了反思明亡原因。可以说，明亡清兴给明清之际士人的巨大刺激，是促使清初私家明史撰述兴盛的直接原因。

清初私家明史撰述硕果累累，一大批士人都有关于明史的著作，形成了明史研究的高潮。他们纷纷搜采资料，编纂史书，为后人研究这段历史留下了众多的足以信征的材料。孙奇逢的《甲申大难录》，张岱的《石匮藏书》《石匮书后集》，钱谦益的《太祖实录辨证》《致身录考辨》《开国群雄事略》，黄宗羲的《明儒学案》《明史案》《行朝录》《弘光实录钞》《海外恸哭记》《思旧录》，顾炎武的《熹庙谅阴记事》《明季实录》《圣安本纪》，王夫之的《永历实录》，查继佐的《罪惟录》《国寿录》《国语》《鲁春秋》，毛奇龄的《胜朝彤史拾遗记》《后鉴录》，谷应泰的《明史纪事本末》，谈迁的《国榷》，傅维麟的《明书》，计六奇的《明季北略》《明季南略》，吴伟业的《绥寇纪略》《复社纪事》，陆世仪的《复社纪略》《江右纪变》，彭孙贻的《平寇志》《山中闻见录》《明史纪事本末补编》，孙承泽的《畿辅人物志》《山书》，李清的《三垣笔记》《南渡录》，吕留良的《明季纪事》，傅山的《明纪编年》，曹溶的《明人小传》《崇祯五十宰相传》，刘献廷的《明初官制》，屈大均的《四朝成仁录》，万斯同的《明代河渠考》，温睿临的《南疆逸史》，万言的《明史举要》，邵廷采的《明遗民所知录》《东南纪事》《西南纪事》，费密的《荒书》，邹漪的《启祯野乘一集》《启祯野乘二集》，高承埏的《自靖录考略》，林时对的《明小记》《五朝耆旧记》，刘心学的《四朝大政录》，吴炎和潘柽章的《明史记》，潘柽章的《国史考异》，陈舜系的《乱离见闻录》，俞汝言的《崇祯大臣年表》《明世家考》，王世德的《明季争光录》，沈珩的《明史要略》，李世熊的《狗马史记》，叶鋆的《明纪编遗》，杨陆荣的《三藩纪事本末》，陈元模的《朝野纪闻》，卢宜的《续表忠记》，徐秉义的《明末忠烈纪实》，冯甦的《见闻随笔》，李逊之的《三朝野记》，朱璘的《明纪全载》，等等，都是其中的代表作。清初从事私家明史撰述的主要是明朝遗民、与遗民有联系的士人、参修官方《明史》的史官等，[1] 这些人私撰明史，虽治史目的不尽相同，但从其主流来看，一是有存史以慰平生的观念，二是充满经世致用的思想，三是具有强烈的民族意识。清初史家多为明朝遗老，在明朝，他们亲见明代空疏的学风于世无补，由明入清，他们又目睹了剃发、易服、圈地等现象，倍感压抑，心中充满了民族义愤。于是，他们试图通过著书立说，“以故国之史报故国”，寄托故国情感，慰藉余生，“视三光之文耀，发昭代之弘，将托此心于史，以不负所学，兼慰余年，庶得全而生之，全而归之也”[2]。并总结明亡教训，阐发政治理想。他们中的大多数人通过编纂明史，对“废兴存亡之际，孤臣贞士之操”[3] 再三致意。

从编撰体裁上看，清初明史著作体裁多样，有编年体、纪传体、纪事本末体、传记体、学案体以及笔记杂钞等。可谓形式多样，体例灵活。从史学思想上看，清初的明史研究“富于强烈的历史反省精神”[4]，其中最重要的表现就是对明亡的原因进行了多方面的探索。这些明史著作，从天命、人事、君、臣、制度、学术等多方面分析明亡的原因，很多结论发人深省。

总之，清初史学，内容丰富，气势博大，诸史家都有着丰富的社会实践经验和深厚的文化素养，大多亲历了明清更迭这样的大动荡。历史的变迁促使他们在史学领域里进行思考、探索、著述。他们以敏感而活跃的史学思想和丰富而突出的史学成就，共同描绘了中国史学思想史上一幅博大精深、影响久远的绚丽画卷。清初诸大家各守其学，各有所长，史学思想各有特点，治学路数及所注重的方面也各不相同，独具特色和成就，这是我们在研究这段史学时要充分注意到的。同时，我们也要看到，尽管清初史学多彩多姿，但在各具特色的基础上，又有着共同的思想趋向和特征，贯穿着一种基本的史学精神，那就是融通经史，经世致用，从而凸显当时的时代思潮。把握住这一史学基本精神，就把握住了清初史学的主流和总体特征。

[1] 姜胜利：《清人明史学探研》，南开大学出版社 1997 年版，第 3—5 页。

[2] 叶鈐：《明纪编遗·自序》，清初刻本。

[3] 邵廷采：《思复堂文集》卷三《明遗民所知传》，浙江古籍出版社 2010 年版，第 217 页。

[4] 姜胜利：《清人明史学探研》，南开大学出版社 1997 年版，第 7 页。

第三节 汉宋学术的影响与清初经世史学的思想特征

清初汉宋学术的发展及实学思潮的张扬促使史学领域经世思想高涨，凡治史者，人人皆言经世，富有批判精神，视野宏阔，思想敏锐，形成了这一时期所独有的思想特征。

一、探索“国家治乱之源”及“生民根本之计”

清初史家以探索国家治乱之源及生民根本之计为研究重点，以“建万世之长策”为经世目标。他们遭逢明清易代之际，眼见生灵涂炭、民不聊生，故而特别关注兴亡治乱和国计民生这样的历史课题，反对目光短浅的繁琐史学。顾炎武的《肇域志》《天下郡国利病书》《日知录》，王夫之的《读通鉴论》，黄宗羲的《明夷待访录》，顾祖禹的《读史方舆纪要》等，都将目光放在历史兴亡、国家治乱、古今因革、民生利病等重大历史问题上，眼界开阔。

清初史家多为明代遗民，他们提倡史学经世，具有那个时代鲜明的特征。顾炎武坚持“引古筹今，亦吾儒经世之用”[1]。他在给黄宗羲的信中说自己早年治学，“不过从诸文士之后，注虫鱼，吟风月而已”，但中年以后，尤其是经历了明清剧变后，治学风格发生了巨大变化，“积以岁月，穷探古今，然后知后海先河，为山覆篑，而于圣贤六经之指，国家治乱之源，生民根本之计渐有所窥”[2]。很显然，顾炎武把探索“国家治乱之源”与“生民根本之计”当作治史的两大目标，使清初经世史学有了更具体的内容。顾炎武的这一主张实际上是清初诸多学者的共同心声。黄宗羲就认为，“天下之治乱，不在一姓之兴亡，而在万

---

[1] 顾炎武：《亭林文集》卷四《与人书八》，见《顾亭林诗文集》，中华书局 1983 年版，第 93 页。

[2] 顾炎武：《亭林佚文辑补·与黄太冲书》，见《顾亭林诗文集》，中华书局 1983 年版，第 238 页。

民之忧乐”[1]。民众的忧乐疾苦是第一位的，比王朝的存亡都重要。他批判“后世骄君自恣，不以天下万民为事”的统治方式，甚至提出为臣之道不是忠于君主，而是救民于水火，“为臣者轻视斯民之水火，即能辅君而兴，从君而亡，其于臣道固未尝不背也”[2]。生民根本之计一直是黄宗羲关注的历史和现实话题。颜元一生以“匡时救世”为己任，亦致力于探究“利民”之道，“倘遇明王贤相，不忍斯民之水火，欲急起拯之”[3]。他总结历史经验，以史论政，提出了自己富国安民、振弱图强、移风易俗的主张：“如天不废予，将以七字富天下：垦荒，均田，兴水利；以六字强天下：人皆兵，官皆将；以九字安天下：举人材，正大经，兴礼乐。”[4] 他主张实行井田制，关注点就在于“民之生计”，“如古井田，苟使民之有恒业者得遂其耕获；无恒产者能免于饥寒，家给人足焉，即谓之今日之井田可也”[5]。恢复井田的目的是让民众拥有土地，“有恒业”，从而“免于饥寒，家给人足”。朱舜水也提出“利民”的社会改革主张，“治国有道，因民之所利而利之，岂在博施？《春秋传》曰：‘小惠未遍，民弗怀也。’富民当以礼节之，贫民当以省耕省敛以补助之”[6]。魏禧亦认为治学立言，当以世道民生为重，他说：“夫君子立言，必取其关于世道民生，虽伏处岩穴，犹将任天下之责，而况其为士大夫者乎？呜呼，世之士大夫以诗文名天下，而忧乐不出户庭之内，语不及于民生，吾未知其性情心术为何如也！”[7]

潘耒是顾炎武的学生，受乃师影响，他特别重视对“治乱之原”的

---

[1] 黄宗羲：《明夷待访录·原臣》，见《黄宗羲全集》第一册，浙江古籍出版社 1985 年版，第 5 页。

[2] 黄宗羲：《明夷待访录·原臣》，见《黄宗羲全集》第一册，浙江古籍出版社 1985 年版，第 5 页。

[3] 颜元：《存治篇·济时》，见《颜元集》（上），中华书局 1987 年版，第 114 页。

[4] 李塨纂，王源订：《颜习斋先生年谱》卷下，见《颜元集》（下），中华书局 1987 年版，第 763 页。

[5] 颜元：《习斋记余》卷一《送张文升佐武彤含尹盐城序》，见《颜元集》（下），中华书局 1987 年版，第 405 页。

[6] 朱舜水：《朱舜水集》卷十一《答野节问三十一条》，中华书局 1981 年版，第 385 页。

[7] 魏禧：《魏叔子文集外篇》卷八《郑礼部集序》，见《魏叔子文集》（上册），中华书局 2003 年版，第 440 页。

考察，他以“济时匡俗，扶树风节，裨于治道”砥砺自己的言行。他在论及修史时，认为“国不可以无史，史不可以难而弗为”[1]，提出研究历史的目的和宗旨应该是“凡为史者，将以明著一代兴亡治乱之故，垂训方来”[2]，可以看出，探究王朝兴盛衰亡之故，垂示方来，是潘耒经世史学的主要内容。叶方霭也谈到自己对史书作用的看法：“史之有作，所以别美恶，著劝惩，考政治之盛衰，审质文之厘革，是者取之，否者舍之。”[3] 把“考政治之盛衰”放在重要位置上。施闰章则认为“史不可一日无也”，作史的目的就是“监前代之得失，以信今而传后”。[4]

更应该指出的是，清初诸大儒治史，目光宏远，坚持立言不为一时，主张史学要为天下、为万民、为后世服务。顾炎武作《日知录》，期望“有王者起，将以见诸行事，以跻斯世于治古之隆，而未敢为今人道也”[5]，明确提出自己治史就是要为后来的“王者”提供帮助，推动社会达于治世。对此，顾炎武的弟子潘耒有更明确的说明，他说：“先生非一世之人，此书（按，指《日知录》）非一世之书也。魏司马朗复井田之议，至易代而后行。元虞集京东水利之策，至异世而见用。立言不为一时，《录》中固已言之矣。异日有整顿民物之责者，读是书而憬然觉悟，采用其说，见诸施行，于世道人心实非小补。”[6] 全祖望在评价刘献廷的史学研究时，也指出刘氏治西北水利史，“欲取二十一史关于水利农田战守者，各详考其所以，附以诸家之说，以为之疏，以为异日施行者之考证”[7]。万斯同继承黄宗羲经世致用的思想，认为“经世之学，实儒者之要务”，指出自己的经世主张主要体现在历史研究之中。在万氏看来，史学为经世之大端，通过考察历史上的治乱兴衰所取得的经验教训，非一时的“因时补救”所能比，而是有“可用而行”“为后世法”的

[1] 潘耒：《遂初堂文集》卷五《修明史议》，见《遂初堂集》，清康熙刻本。

[2] 潘耒：《遂初堂文集》卷六《寇事编年序》，见《遂初堂集》，清康熙刻本。

[3] 叶方霭：《史书关系重大恳祈天语申诫疏》，见《明史例案》卷九，吴兴嘉业堂刊本。

[4] 施闰章：《学余堂文集》卷二十五《修史议》，文渊阁《四库全书》本。

[5] 顾炎武：《亭林文集》卷四《与人书二十五》，见《顾亭林诗文集》，中华书局 1983 年版，第 98 页。

[6] 《日知录》潘耒序，见《日知录集释》，岳麓书社 1994 年版。

[7] 全祖望：《鲒埼亭集》卷二十八《刘继庄传》，见《全祖望集汇校集注》（上），上海古籍出版社 2000 年版，第 526 页。

"建万世之长策"的长久价值。[1] 顾祖禹作《读史方舆纪要》更是要有用于后世，"宛溪顾子，博洽人也。叹史学之蓁芜，闵经生之固陋，于是《方舆纪要》作焉。昭时代则稽历史之言，备文学则集百家之说，详建设则志邑里之新旧，辨星土则列山川之源流。至于明形势以示控制之机宜，纪盛衰以表政事之得失，其词简，其事核，其文著，其旨长，藏之约而用之博，鉴远洞微，忧深虑广，诚古今之龟鉴，治平之药石也。有志于用世者，皆不可以无此篇"[2]。

清初史家立言不在一时而在万世的经世思想，一方面是由当时时代条件所造成，另一方面了也反映了清初史家的开阔眼光和恢宏气势。他们已开始超出了关心一家一姓之王朝兴亡的局限，把目光放在了探讨历史之变，关心整个民族、国家的命运这一点上。正因为此，其经世思想倍受人注意。

二、以史论政，批判专制集权

清初史学，不仅有对兴亡的探讨，而且还从更深刻的层面上对专制集权的弊端及危害进行了研究，透露出早期启蒙思想的光辉。黄宗羲、顾炎武、王夫之、唐甄、刘献廷、吕留良等人都在自己的历史研究中发表了看法，这些看法成为清初史学最有价值和影响力的一部分。

黄宗羲从历史发展入手，指出上古没有君主，"人各自私也，人各自利也"，专制制度出现以后，君主以天下为一己之私，剥夺民众利益，扼杀平民天性，"以天下之利尽归于已，以天下之害尽归于人"，"屠毒天下之肝脑，离散天下之子女，以博我一人之产业"，"敲剥天下之骨髓，离散天下之子女，以奉我一人之淫乐"。[3] 并发出"为天下之大害者，君而已矣"[4] 的呼喊。黄宗羲明确指出，专制君主"以我之大私为天下之

[1] 《石园文集》卷七《与从子贞一书》，《四明丛书》本。

[2] 顾祖禹：《读史方舆纪要》吴兴祚序二，中华书局2005年版。

[3] 黄宗羲：《明夷待访录·原君》，见《黄宗羲全集》第一册，浙江古籍出版社1985年版，第2页。

[4] 黄宗羲：《明夷待访录·原君》，见《黄宗羲全集》第一册，浙江古籍出版社1985年版，第3页。

大公”，剥夺百姓“有生之初，人各自私也，人各自利也”的权利，[1]是“天下之大害”。这种看法无疑是茫茫黑夜中的一道闪电，在思想上具有极大的冲击力。由此，黄宗羲在《明夷待访录》中对专制社会的君臣、法制、教育、选官、田制、兵制、边防、财赋等关系到专制社会政体结构、财富分配原则以及个体生存权利的诸多问题进行了分析和批判，而其抨击的目标就是导致社会黑暗、百姓穷困的君主专制制度。顾炎武也从历史研究中得出结论，指出“古之圣人，以公心待天下之人，胙之土而分之国；今之君人者，尽四海之内为我郡县犹不足也，人人而疑之，事事而制之”[2]。把批判的矛头指向君主专制。他反对君主“肆于民上以自尊”“厚取于民以自奉”，指出皇帝并不是至高无上、绝对尊贵的，按爵禄而言，只不过比公侯高一级而已。[3]他有君、臣、民政治平等的论说，他赞成孟子的“暴君放伐论”，指出君权并非神圣不可侵犯，对于无道之君，必须像成汤放桀、武王伐纣那样，“为匹夫匹妇复仇也”[4]。在当时的条件下，顾炎武虽然不主张废除君主政体，但他明确反对君主独裁，提倡“众治”而反对“独治”，要求实行分权，削弱君主的绝对权力。唐甄在研究了专制集权的历史后，认为在专制体制下，君主一人独裁，“治天下者惟君，乱天下者惟君。治乱非他人所能为也，君也……海内百亿万之生民，握于一人之手，抚之则安居，置之则死亡”[5]。但问题是，历史上暴君、暗君、辟君、懦君众多，“懦君蓄乱，辟君生乱，暗君召乱，暴君激乱”，百姓只有惨遭荼毒。故而，唐甄直言：“自秦以来，凡为帝王者皆贼也！”[6]他提出“抑尊”，即抑制君主的至高无上的权力。他认为，“天子之尊，非天帝大神也，皆人也”[7]，把高高在上的君

[1] 黄宗羲：《明夷待访录·原君》，见《黄宗羲全集》第一册，浙江古籍出版社1985年版，第2页。

[2] 顾炎武：《亭林文集》卷一《郡县论一》，见《顾亭林诗文集》，中华书局1983年版，第12页。

[3] 顾炎武：《日知录》卷七《周室颁爵禄》，见《日知录集释》，岳麓书社1994年版，第257页。

[4] 顾炎武：《日知录》卷一《改命吉》，见《日知录集释》，岳麓书社1994年版，第16页。

[5] 唐甄：《潜书》上篇下《鲜君》，中华书局1963年版，第66页。

[6] 唐甄：《潜书》下篇下《室语》，中华书局1963年版，第196页。

[7] 唐甄：《潜书》上篇下《抑尊》，中华书局1963年版，第67页。

主还原为普通人，剥离了披在君主身上的神圣外衣。与此同时，王夫之主张“不以天下私一人”，吕留良激烈抨击君主专制之私，歌颂三代以上之公，刘献廷提出政治运作要“开诚布公”，与专制政治对抗，等等。他们以史论政，从不同的角度对专制集权进行了批判。

清初诸大家对专制君主的“非议”，在中国思想史上具有划时代的意义，他们敢于在历史研究的基础上对专制君主进行批判，对专制体制进行反思，虽然其自觉启蒙的意识尚比较朦胧，但在儒家学者中，像这样批判君主专制，是极为罕见的，反映了一种思想上的新动向出现。

还应该指出的是，清初史家在研究君主集权政治时，自觉把它与王朝盛衰、历史兴亡的探讨结合起来，从专制政体本身的弊端来认识王朝的兴亡，深刻而有卓见。如王夫之在总结宋亡于蒙古、明亡于满洲的历史教训时，认为专制帝王将天下之权收之一己是导致汉民族不能自固其族类的重要原因之一。专制帝王视天下为一己之私产，“以一人疑天下”，使得地方政府没有任何实权，加以上上下下关节横生，互相掣肘，造成“形隔势碍，推委以积其坏”[1]，一旦外族入侵，根本就不能有效抵抗。唐甄也认为，君主专制致使君主有无限权力，没有任何东西可以限制君主的这种权力，“治天下者惟君，乱天下者惟君”[2]，王朝治乱完全取决于帝王本人的素质，人们无法通过行政手段将昏君暗主赶下皇位，只能听其将国家引向灭亡。黄宗羲在总结明亡原因时，也是着重从明代专制制度的种种弊端上来看问题的，他剖析了明朝的官制、兵制、赋税制和科举制的弊病，指出其对明朝覆亡的影响。清初史家注重从专制制度上分析历史治乱，可谓击中了要害，远远超过了一般性的泛泛而论。这也是清初史学让人感到思想深刻的重要原因。

三、注重夷夏之防，坚持以史明统

由于清初史家刚刚经历了明清陵谷变迁，目睹了清廷实行的民族高压政策，不少人还亲身参与了抗清斗争，这些，都培养了他们强烈的民

---

[1] 王夫之：《黄书·宰制》，见《船山全书》第十二册，岳麓书社 2011 年版，第 509 页。
[2] 唐甄：《潜书》上篇下《鲜君》，中华书局 1963 年版，第 66 页。

族意识，并通过自己的历史著述表现出来。

顾炎武为“华夷之防”作历史论证，他在自己的历史著作中援引汉和帝时侍御史鲁恭的疏言，认为夷狄乃四方之异气。在他看来，“君臣之分，所关者在一身；华裔之防，所系者在天下”，“夫以君臣之分犹不敌华裔之防”。[1] 他痛斥那种奉异族之命行异族之俗，甚至引导异族为虐于中原的行径，表示对清政府强制推行剃发、易服的不满。

王夫之认为，“天下之大防二：中国、夷狄也，君子、小人也……中国之与夷狄，所生异地，其地异，其气异矣；气异而习异，习异而所知所行蔑不异焉”[2]。他还说：“天有殊气，地有殊理，人有殊质，物有殊产，各生其所生，养其所养，君长其君长，部落其部落，彼无我侵，我无彼虞，各安其纪而不相渎耳。”[3] 显然，他认为，在长期的历史发展中，不同的民族形成了不同的文化、生活和特质，各民族要遵循“各安其纪”的原则，不要危害其他民族，要和平相处，互不侵犯。他引用历史以论此事，“契丹弱而女真乘之，女真弱而蒙古乘之，贻祸无穷，人胥为夷”，从历史上反对少数民族入主中原来表达对清朝统治的不满。王夫之还借历史研究谴责了那些不顾民族利益，主张投降的历史人物，认为他们都是“以圣人之道为沐猴之冠，而道丧于天下，尤可哀也夫！尤可哀也夫！”[4] 同时，他还赞扬了那些为了民族根本利益而反抗异族压迫的历史人物，彰扬他们的民族精神。

与顾炎武、王夫之一样，黄宗羲的史学思想中也有着强烈的民族意识，并坚持在编纂史书时“严夷夏之防”。他严厉批评了前代诸多史书在处理华夷历史时的做法，如他认为《晋书》设立“载记”，记载十六国的历史，造成“守其疆土者则传之，入乱中国者则纪之”，在黄氏看来是鼓励夷狄乱华，应该受到谴责。他还指出，宋亡于元，是“千古之痛”，元

---

[1] 顾炎武：《日知录》卷七《管仲不死子纠》，见《日知录集释》，岳麓书社 1994 年版，第 245 页。

[2] 王夫之：《读通鉴论》卷十四，见《船山全书》第十册，岳麓书社 2011 年版，第 502 页。

[3] 王夫之：《宋论》卷六，见《船山全书》第十一册，岳麓书社 2011 年版，第 174 页。

[4] 王夫之：《读通鉴论》卷二十八，见《船山全书》第十册，岳麓书社 2011 年版，第 1097 页。

修《宋史》，“德祐君中国二年，降，书瀛国公，端宗、帝昺不列本纪，其崩也，皆书曰‘殂’，虏兵入寇则曰大元”，这都是有宋一代的奇耻大辱，而后世之人却不以其辱为辱，“恬然不悟”，丧失了最起码的是非标准。明朝建立，为元修了一部《元史》，在黄氏看来这简直是认贼作父、为虎作伥，他认为应该“改撰《宋史》，置辽、金、元于《四夷列传》，以正中国之统”[1]。

清初私家明史修撰热情高涨，其中也蕴含着强烈的民族意识。宋元以来，汉族士人有着“国可灭，史不可灭”的强烈观念。明代江山落入异族之手，汉族士大夫最关心的就是保全故国之史，记载故人行迹。如计六奇在《明季北略》《明季南略》中保存了大量抗清斗争的史料，在书法上以“敌”“虏”言清，揭露清兵对汉族士民的残酷杀戮。在揭露清兵暴行的同时，他对那些忠于明朝，坚持抗清斗争而又至死不屈的人物，则大力表彰，如记载黄大鹏至死不屈，浙东王之仁上疏鲁王请战以及瞿式耜、焦琏孤守桂林等事迹，笔端充满了感情，称这些人为“真人杰也哉!”[2] 其他明史著作，也都存在类似的情况。可以说，民族意识是清初史学的一大特点，《春秋》大义中的夷夏观念对清初史学研究有很大影响。

四、倡导博求实证，主张治史求真求实

明末清初，学术界对明代空疏学风极为反感，进行了猛烈抨击。笼统地说明代学风是空疏的，并不确切。但不可否认，明代学术中的一个衰败征兆就是“束书不观，游谈无根”：“自明中叶以后，讲学之风已为极敝，高谈性命，直入禅障，束书不观，其稍平者则为学究，皆无根之徒耳。”[3] 在抨击明代学风空疏的同时，清初的思想家、史学家开始以自己的治学实践扭转这种空疏学风。他们提倡博求实证，以与空疏游谈

[1] 黄宗羲：《留书·史》，见《黄宗羲全集》第11册，浙江古籍出版社1993年版，第11—12页。

[2] 计六奇：《明季南略》卷十《瞿式耜留守桂林》，中华书局1984年版，第349页。

[3] 全祖望：《鲒埼亭集外编》卷十六《甬上证人书院记》，见《全祖望集汇校集注》(中)，上海古籍出版社2000年版，第1059页。

的学风对抗。特别是在史学领域，博求实证俨然与经世致用、民族意识、反对专制一起，成为清初史学基本精神之一。

在清初，顾炎武是史学博求实证的最有力的提倡者，他高举“博学于文”“行已有耻”的大旗，广涉各个学科领域，将其融会贯通，形成了自身的“通儒”之学。由博而归实，在治史过程中，重视史料的可靠性，倡导“采铜于山”，主张博古通今的考订辨伪，“有一疑义，反复参考，必归于至当。有一独见，援古证今，必畅其说而后止”[1]。其作《日知录》，凡与前人暗合者，一律削去。他还重视实地调查和见闻资料，彰显“多闻阙疑”的精神，要求治史要归于真实。黄宗羲在历史研究上，同样勇于辨析各种史料的价值，将考证寓于治史之中，并注意运用自然科学知识与实地考察进行考证。清初，王夫之虽以哲学思辨著称，但他同样强调“言必征实，义必切理”，并做了大量疏证考异工作。可以说，王夫之的哲学思想和史学见解，都是建立在这种坚实的考证基础之上的。清初马骕撰著《绎史》，取材浩博，考证精审，对清代经史考订之学影响很大，钱穆曾说：“后此汉学家所为主要工作，如校勘、辨伪、辑佚，宛斯（按：马骕字宛斯）此书均已发其大例。即后此汉学家目光所注，从事整理研讨，以成学名家者，宛斯此书，亦已囊括其十七八。极清儒成绩所至，最要者不过为古史作发明，则宛斯此书，岂不已牢笼范围，而为之大扬榷乎？后大名崔述东壁，为《古史考信录》，亦多有从宛斯所谓‘事同文异’‘文同人异’处着眼者，则宛斯此书，影响有清一代经史考订之学，厥功至伟。”[2] 阎若璩、胡渭、毛奇龄等人继之而起，以“一物不知，以为深耻”相标榜，在史学研究中提倡考据，强调读书。各大家提倡博求实证并用之于研究，清初明史撰述中也贯穿了这一精神。人们提倡信史，博稽群书，举凡实录、志乘、文集、墓铭、家传、小说等，凡有史料价值者，均在采获之列。吴炎、潘柽章作《明史记》便是“博访有明一代之书，以实录为纲领，若志乘、若文集、若墓铭家传，凡有关史事者，一切钞撮荟萃，以类相从，稽其异同，核其虚实”[3]，他们重

[1] 《日知录》潘耒序，见《日知录集释》，岳麓书社 1994 年版。

[2] 钱穆：《中国近三百年学术史》，商务印书馆 1997 年版，第 172—173 页。

[3] 潘耒：《遂初堂文集》卷六《国史考异序》，见《遂初堂集》，清康熙刻本。

视博求史实，强调考订辨伪，故而写出了具有较高史料价值的明史著作。

清初史家倡导治史博求实证，把史学的经世意识建立在客观实证性的历史研究的基础之上，重视考辨证据，重视由证据而得出结论，反对先有结论而寻找证据，这与宋明以来重论轻史的理学化的治史路子是截然相反的，具有扭转治史风尚的意义。当然，清初这种经史研究的实证化倾向，随着清廷统治的不断稳固，越来越向考据的道路发展。清初诸大家，博求实证是手段，目的是“经世致用”，“正人心，救风俗”，探求“国家治乱之原”和“生民根本之计”。到了胡渭、阎若璩，虽然经世思想依然存在，但明显淹没在精细的考据之中了。但不管怎样，这种实证化的治史思想和方法，影响相当深远。乾嘉治史方法，在很大程度上就是继承了这一路径。

从上面的分析我们可以看出，由于清初特殊的社会条件和文化思潮，清初史家，特别是史学上取得杰出成就的史家，都有着深邃的思想和深刻的历史洞察力，铸成了清初史学的基本精神。

第二章　以史明道：清初的学术反思思潮与学术史编纂

和其他时代不同，清初学术与思想的发展有很多特色，其中最具特色的现象就是出现了学术史编纂的热潮，一批具有总结批判意识的学术史成果问世，从不同的角度对学术发展的现状和历史进行了深入反思和总结。据统计，仅在顺康两朝编辑刊行的各种学术史著作就达 26 种之多。[1] 孙奇逢的《理学宗传》，黄宗羲的《明儒学案》，黄宗羲、全祖望等人的《宋元学案》，魏一鳌的《北学编》，魏裔介的《圣学知统录》《圣学知统翼录》，耿介的《中州道学编》，范鄗鼎的《理学备考》《广理学备考》，汤斌的《洛学编》，熊赐履的《学统》，万斯同的《儒林宗派》，窦克勤的《理学正宗》，张伯行的《伊洛渊源续录》《道南源委》《道统录》，汪佑的《明儒通考》，王心敬的《关学编》，陈遇夫的《正学续》，王植的《道学渊源录》，张夏的《洛闽源流录》，朱显祖的《希贤录》，钱肃润的《道南正学编》，朱搴的《尊道集》，王维戊的《关学续编本传》，张恒的《明儒林录》等，都是这一时期具有代表性的学术史著作。

所谓学术史，即学术发展的历史。这类著作所叙述与研究的是学术发展的历史，同时又要理清学脉，辨析学术之间的异同，考察学术思想的流变。中国古代的学术史撰述，形式上是“史”，内容上则是“经”，通过“史”的梳理来考察“经”的演变，经史之辨直接蕴含其中。学术史的专门著作可以追溯到朱熹的《伊洛渊源录》，而真正把“儒林”分门别户则始于元代《宋史·道学传》的编修，在《宋史》中，元代官方首次打破以往正史编纂总“儒林”为一传的格局，分门别户，把宋儒分成

[1] 史革新：《略论清初的学术史编写》，《史学史研究》2003 年第 4 期。

"道学"和"儒林"两大类，程朱理学入《道学传》，以示尊崇；陆九渊等人入《儒林传》，意在贬抑，并认为程朱为道统正宗。受此影响，明清两代学者一直在学术门户上争论不休，或借修史树立程朱的正统地位，或借修史为陆王争道统正宗。到了清初，由于受历史巨变以及学术反思思潮的影响，如何认识程朱与陆王的地位、经学与理学的关系，更加成为清初学术史编纂所亟待解决的问题。

第一节　理学反思与理学史的编写

在清初批判、总结理学的社会思潮冲击下，理学从内容到形式都遭受了前所未有的合法性危机。为了挽救理学的颓势，一部分以理学自居的学者纷纷从事理学史的编修，试图以史立则，强化理学宗派意识，以"卫道""续统"，推尊程朱，贬抑陆王，试图重振理学雄风。

一、严分体例，为理学明统定位

清初学术史编纂，有一种明显的特征，就是通过变换史书体例的方式，区分内外高下，强化理学宗派意识，强调程朱、陆王两派思想的对立及不可调和性，以尊朱贬陆。熊赐履的《学统》、张夏的《洛闽源流录》等就利用学术史编纂之"史法"，立义例、辨正闰、分主辅、寓褒贬，为程朱学派明统定位，确立其"正宗"地位。

熊赐履著《学统》，核心任务就是"尊朱子，辟阳明"[1]。他在自序中对"统"有一个解释，"统者，即正宗之谓，亦尤所为真谛之说也。要之，不过'天理'二字而已矣"[2]。很明显，熊赐履作《学统》，就是要梳理学术正宗，寻找学术真谛，而学术正宗和真谛恰恰就是程朱理学所提倡的"天理"。熊赐履在述说写作《学统》之动机时云："三代以前尚

[1] 唐鉴：《清学案小识》卷六《守道学案·孝感熊先生》，见《四朝学案》，世界书局1936年版，第132页。

[2] 熊赐履：《学统》自序，凤凰出版社2011年版。

矣，鲁邹而降，历乎洛闽，以逮近今，二千余年，其间道术正邪，学脉绝续之故，众议纷挐，讫无定论，以至标揭门户，灭裂宗传，波靡沉沦，莫知所底。予不揣猥，起而任之，占毕钻研，罔间宵昼，务期要归于一是。”[1]《学统》之作，就是要探究“道术正邪，学脉绝续之故”，通过对学术史的研究，排斥那些“灭裂宗传”的“异端”，所谓“究其渊源，分其支派，审是非之介，别同异之端，位置论列，宁严勿滥”，让学术“归于一是”。[2] 对于《学统》著述宗旨，王新命有比较精到的概括：“人心之不正，由于道统之不明；道统之不明，由于学术之不端……《学统》一书，继正脉而扶大道，阐千圣之真谛，正万古之人心，直与日星河岳同垂不朽。”[3]《学统》就是要阐明道统所归，排斥那些“乱吾学”“害吾道”的学术“异端”。[4]

如何突出自己“尊朱子，辟阳明”的思想呢？《学统》的做法就是首先在编纂体例上做文章，以人物传记的方式网罗古今学术人物，把自先秦至明代的学脉分正统、翼统、附统、杂统和异统五大类。以孔子、颜回、曾子、子思、孟子、周敦颐、程颢、程颐、朱熹等 9 人为正统；以闵子骞、冉雍、端木赐至明代薛瑄、胡居仁、罗钦顺等 23 人为翼统；以冉伯牛、子路至明代邓元锡、顾宪成、高攀龙等 178 人为附统；以荀子至明代王阳明等 7 人为杂统；以老、庄、杨、墨、告子及释、道二氏为异统。这样的编排井然有序，根据自己的理解将古今学者各归其类，不相混淆。

熊赐履对《学统》分为五类有一个解释：“孔子上接尧、舜、禹、汤、文、武、周公之统，集列圣之大成，而为万世宗师者也，故叙统断自孔子……若颜、曾、思、孟、周、程、朱八子，皆躬行心得，实接真传，乃孔门之大宗子也，故并列正统焉。”“正统之外，先贤先儒有能羽翼经传，表彰绝学者，则吾道之大功臣也，名曰翼统。”“圣门群贤，历代诸儒，见于传记，言行可考者，君子论其世，想见其为人，皆得与于

---

[1] 熊赐履：《学统》自序，凤凰出版社 2011 年版。

[2] 熊赐履：《学统》自序，凤凰出版社 2011 年版。

[3] 《学统》王新命序，见《学统》，凤凰出版社 2011 年版。

[4] 《学统》王新命序，见《学统》，凤凰出版社 2011 年版。

斯文者也，名曰附统。”“百家之支，二氏之谬，或明畔吾道，显与为敌；或阴乱吾实，阳窃其名，皆斯道之乱臣贼子也。必为之正其辜，使不得乱吾统焉，故揭之曰杂统，明不纯也，如荀卿、杨雄及象山、姚江之类是也。曰异统，明不同也，如老、庄、杨、墨及道家、释氏之类是也。”[1] 很显然，熊赐履以程朱理学为正统，以陆王心学为杂统，竭尽全力树立程朱理学的正统地位。对此，康熙时期的李振裕进一步阐述云：“《学统》一书，断自邹鲁，迄于有明，厘为五类：曰‘正统’，犹族之有大宗也；曰‘翼统’，犹小宗也；曰‘附统’，犹外姻也；曰‘杂’，曰‘异’，则非我族矣。”[2] 李振裕很形象地把古代学术比作一个大家族，作为接续孔孟正统的程朱理学是这个家族的“大宗”或“正宗”，而陆王心学则直接被排除在儒学大家族之外，成为“非我族矣”的异类。徐秉义称《学统》是有功圣门之作：“先生讲学数十年，著书数十万言，发明精义甚广，其为迷途之先导者，则在《学统》一书。其书别为五统以示偏全，辨是非，别同异。而其大旨其深忧，则又在阳儒阴佛之徒，流弊日深，为心腹之害，辨之甚精，言之甚切，先生诚有功于圣门矣。”[3]

熊赐履的《学统》褒程朱、贬陆王，卫道色彩极为鲜明。除了体例编排上扬程朱、抑陆王之外，他还通过篇末按语的方式表达自己的学术立场。他称赞二程：“二程子既以一敬接千圣之传，而伊川则特为主一无适之解，又从而反覆发明之，庶几学者有所持守，以为超凡入圣之地。朱子称程氏之有功于后学，最是主敬得力。”[4] 褒扬朱熹：“孔子集列圣之大成，朱子集诸儒之大成，此古今之通论，非一人之私言也……盖居敬穷理之言，实与尧舜精一、孔颜博约之旨，先后一揆……夫朱子之道，乃尧、舜、禹、汤、文、武、周、孔、颜、曾、思、孟、周、程之道也。”[5] 他斥责陆九渊：“引释乱儒，借儒文释，其笔锋舌锷，尤足以驾伪而灭真……陆氏之学，诚足以祸万世之人心而未有艾。”[6] 贬抑王阳

[1] 熊赐履：《学统·凡例》，凤凰出版社 2011 年版。

[2] 《学统》李振裕序，见《学统》，凤凰出版社 2011 年版。

[3] 《学统》徐秉义跋，见《学统》，凤凰出版社 2011 年版。

[4] 熊赐履：《学统》卷八《正统·程伊川先生》，凤凰出版社 2011 年版，第 140 页。

[5] 熊赐履：《学统》卷九《正统·朱晦庵先生》，凤凰出版社 2011 年版，第 168—169 页。

[6] 熊赐履：《学统》卷四十七《杂统·陆象山》，凤凰出版社 2011 年版，第 499 页。

明："不惮以身树禅门之帜，显然与邹、鲁、洛、闽为敌，而略无所忌。"[1] 由于王阳明的影响很大，熊赐履把明代中后期学术发展偏离儒学正宗的责任全部归结到王阳明身上："自时厥后，人人儒也，而实人人释也，名为三教，实惟有佛尔。盖自有明正嘉而降，百余年间，斯文为一大沦晦焉。"[2] 总之，《学统》通过体例的编排，区分正统与杂统，确立程朱理学的正统地位；再通过对五统内涵的阐释，进一步彰扬程朱、贬抑陆王，为程朱明统定位；最后通过按语，深入褒程朱、贬陆王，清理学术门户。熊赐履通过编纂《学统》来尊程朱、辟陆王的理学宗派意识被表现得淋漓尽致。

同样，江苏无锡人张夏的《洛闽源流录》，也以史例明学术正闰，"是书取有明一代讲学诸儒，分别其门户胪列，旨在阐扬程朱洛闽之学，析明其传承统绪"[3]。该书按"正宗""羽翼""儒林"编排，把明代学者分为"三品"，褒贬之意寓于史书编排之中。在张夏眼里，学术最醇正者为正宗，其次为羽翼，最后为儒林。张夏自序云："今夏僭不自量，私纂故明一代诸儒学行梗概，溯统程朱，故题曰《洛闽源流录》，盖为程朱后人作也。"[4] 很显然，"溯统程朱"是张夏撰作《洛闽源流录》的核心目的。

张夏对与程朱理学发生学术争论的学者和学派极力排击，"宋人之争衡程朱者，前有王、苏，后有张、陆，皆禅学也"，"明儒之变派则异是……自陈、王倡异而其徒决裂太甚，隐怪有述，诐邪生心"。[5] 该书将程朱学者排在前面，有入正宗者，有入羽翼者，有入儒林者；王门学者排在后面，有入羽翼者，有入儒林者，没有人被列入正宗。张夏对王阳明贬斥尤深，既不能入正宗，也没有入羽翼，理由就是："阳明岂无独得处，但其所得不中不正，且自信太过，语言之失甚多，上得罪先贤，下开误后学，迄今祸尚未艾，如何混进得他。"[6] 总之，"《录》中以洛

[1] 熊赐履：《学统》卷四十七《杂统·陆象山》，凤凰出版社 2011 年版，第 499 页。
[2] 熊赐履：《学统》卷四十九《杂统·王阳明》，凤凰出版社 2011 年版，第 523 页。
[3] 周春健：《中国古代洛学史著作提要六种》，《洛阳师范学院学报》2007 年第 3 期。
[4] 张夏：《洛闽源流录·凡例》，康熙二十一年黄昌衢彝叙堂刻本。
[5] 张夏：《洛闽源流录》自序，康熙二十一年黄昌衢彝叙堂刻本。
[6] 张夏：《洛闽源流录》卷十五《王守仁》按语，康熙二十一年黄昌衢彝叙堂刻本。

闽为宗主，而标儒宗以示准的，次时代以镜盛衰，分支派以定正闰，俾后学一览廓然”[1]。

《洛闽源流录》以洛闽之传为宗主，以阳明之学为异端，彰扬理学正宗，贯彻“欲正之以孔孟，不若即正之以程朱，欲正之以程朱，不若即正之以学程朱之真儒”[2] 的原则，目的就是要告诉世人，理学不能被异端之学淆乱和湮没，“大抵宋儒之道多阻抑于小人，害尚浅，故其名先晦后显；明儒之道先掩蚀于新学，害尤深，故其实虽存若亡。学者居今日而尚论前人，或闻其名未睹其实，或习其言未考其行。苟无记录，何以详验本末始终而知其为足以砥衰还盛也乎？况邪慝流殃，设吾党不早论定，得无有紊乱先型以迷惑后生者乎？此《洛闽源流》一录，夏之所以不得已而作也”[3]。四库馆臣准确地概括了该书著述宗旨：“大旨阐洛闽之绪，而力辟新会（按，指陈献章）、余姚（按，指王守仁）之说。”[4] 在明代朱、王门户之争中，该书以正宗归程朱，以儒林归阳明，其尊朱辟王的理学宗派意识十分鲜明，恰如黄声谐所言：“是书上稽洪、建，下迄启、祯，别派分门，不差毫发，将以扶王道，正人伦，翼圣真，解愚惑，用意良至诚。”[5]

二、专述道学，树立“道统正宗”

除了以史书编纂体例的编排来昌明程朱理学外，还有一种编纂形式，就是专门选取理学中人，编纂成书，为“道统正宗”修史立传，来突显程朱。窦克勤的《理学正宗》，张伯行的《道统录》《道南源委》《伊洛渊源续录》，魏裔介的《圣学知统录》，耿介的《中州道学编》等都是这类作品。

窦克勤的《理学正宗》只收录了 15 人，分别是周敦颐、张载、程颢、程颐、杨时、胡安国、罗从彦、李侗、朱熹、张栻、吕祖谦、蔡沈、

[1]《洛闽源流录》黄昌衢校刻题后，见《洛闽源流录》，康熙二十一年黄昌衢彝叙堂刻本。

[2] 张夏：《洛闽源流录》自序，康熙二十一年黄昌衢彝叙堂刻本。

[3] 张夏：《洛闽源流录》自序，康熙二十一年黄昌衢彝叙堂刻本。

[4] 永瑢：《四库全书总目》卷六十三，“洛闽源流录”条，中华书局 1965 年版，第 567 页。

[5]《洛闽源流录》黄声谐序，见《洛闽源流录》，康熙二十一年黄昌衢彝叙堂刻本。

黄榦、许衡、薛瑄，全是著名理学人物。窦克勤在该书凡例中说得非常清楚："止录正宗，其他儒行驳而不纯者概弗敢收。"[1] 该书所言"正宗"，仅限濂、洛、关、闽诸理学大师，"理学正宗，无逾于此者也"[2]。至于陆王之学，"驳而不纯"，属于异端邪说，"举异端邪说为吾道害者，悉扫荡而廓清之"[3]，自然不在收录之列。恰如窦克勤所说："圣道尽在六经、四书，而周、程、朱子之功亦尽在六经、四书，此道统之正传，百世不易者也。"[4]

窦克勤对程朱理学极为推崇，认为："后世溯道统正传，必以宋儒为断，而宋儒称孔孟嫡派，必以周、程、朱子为归，夫圣人之道，备载于六经、四书，如日月中天，有目共睹。诸大儒穷微剔奥，无非殚心于此，所以直接心传，而浅学曲儒不敢望其项背。"[5] 周、程、朱子不仅接孔子之后"道统正传"，而且发扬道统，"拥讲席以圣道诏天下者，程朱两家而已"[6]，地位至为崇高。耿介阅读《理学正宗》后，写信给窦克勤，进一步申说该书的价值："接孔孟之心传者濂洛关闽，而朱子集诸儒大成，脉络于龟山、豫章、延平、勉斋，而以许、薛直接紫阳道统，正宗确乎其不可易也。若康侯、九峰之羽翼圣经，东莱、南轩之丽泽讲贯，均为有功圣道，自非平日知言穷理，安能权衡如是精详，位置如是醇正，使天下后世有定论乎。"[7] 耿介与窦克勤同声相求，认为"正宗确乎不可易"，该书一出，"使天下后世有定论"。耿介还指出该书具有斥责阳明心学的意义："一部《正宗》，于宋元明诸儒品评悉当，斥金溪、姚江之非，使邪说不至害正，一归于廓清。"[8] 道出了窦克勤通过《理学正宗》斥陆王之非的实情。"崇正以黜邪"[9]，是窦克勤著述《理学正宗》的重

[1] 窦克勤：《理学正宗·凡例》，康熙刻窦静庵先生遗书本。

[2] 《理学正宗》耿介序，见《理学正宗》，康熙刻窦静庵先生遗书本。

[3] 《理学正宗》耿介序，见《理学正宗》，康熙刻窦静庵先生遗书本。

[4] 窦克勤：《理学正宗》自叙，康熙刻窦静庵先生遗书本。

[5] 窦克勤：《理学正宗》自叙，康熙刻窦静庵先生遗书本。

[6] 窦克勤：《理学正宗·凡例》，康熙刻窦静庵先生遗书本。

[7] 耿介：《敬恕堂文集》卷八《寄窦静庵先生》，中州古籍出版社 2005 年版，第 452—453 页。

[8] 耿介：《敬恕堂文集》卷八《寄窦静庵先生》，中州古籍出版社 2005 年版，第 453 页。

[9] 汤右曾：《征仕郎翰林院检讨静庵窦公墓志铭》，见《碑传集》卷四十六，中华书局 1993 年版，第 1288 页。

要目的。

与《理学正宗》相比，张伯行的《道统录》更是通过梳理自伏羲至程朱的学脉发展，建构了完整的道统谱系。《道统录》只收录道统传承人物，分上卷、下卷、附录三部分，上卷列伏羲、神农、黄帝、尧、舜、禹、汤、文王、武王、周公、孔子、颜回、曾子、子思、孟子 15 人；下卷列周敦颐、程颢、程颐、张载、朱熹 5 人。附录列皋陶、稷、契、伯益、伊尹、莱朱、傅说、姜尚、召公、散宜生、杨时、罗从彦、李侗、谢良佐、尹惇 15 人。“道统”经唐代韩愈明确提出来以后，意义逐渐凸显。尤其是宋明以来，周敦颐、张载、二程、朱熹、王阳明等，皆以接续孔孟道统自任，致力于构造一个完整的儒家道统传承体系。张伯行在《道统录》中构建的道统体系与韩愈等人有所不同。一般而言，儒家道统只追溯到尧，而皋陶等人不在其列。张伯行却将道统追溯到伏羲、神农、黄帝，并且将陆王完全排斥在外。在张伯行看来，伏羲、神农、黄帝及皋陶、稷、契等人属于君相，“有行道之权”，而孟子、颜回、子思等人穷理著书，“任明道之责”。“道”既有事功，又有理论。他说：“羲、农、黄帝、尧、舜、禹、汤、文、武之为君，与皋、益、伊、虺、傅说、周、召、望、散之为相，皆有行道之权者也。故继天立极，赞襄辅翊，而道以位而行。孔子虽不得位，然集群圣之大成，古今性命事功不出其范围，后之言道者，必折衷焉。颜、曾、思、孟及周、程、张、朱，皆任明道之责者也。故穷理著书，授受丁宁，而道以言传。”[1] 张伯行对“道统”之“道”陈义甚高，“是道也，正纲维，立人极，端风化，开泰运，曲学杂霸不得假，百家邪说莫能乱，昭著流布于两间，真如日月之经天，江河之行地者也”[2]。其备极推崇，前无古人。

张伯行的《道南源委》是对闽学传承的记载，收录二程、杨时、游酢、胡安国、胡宏、朱熹等近 450 人事迹。《伊洛渊源续录》收录罗从彦、李侗、朱熹、张载等 252 人事迹，比较完备地记载了程朱一脉的传承。从张伯行的系列学术史著述中可以看出，他奉濂洛关闽为正学，尤

[1] 张伯行：《道统录序》，见《圣学宗传·道统录》，凤凰出版社 2015 年版，第 399 页。
[2] 张伯行：《道统录序》，见《圣学宗传·道统录》，凤凰出版社 2015 年版，第 399 页。

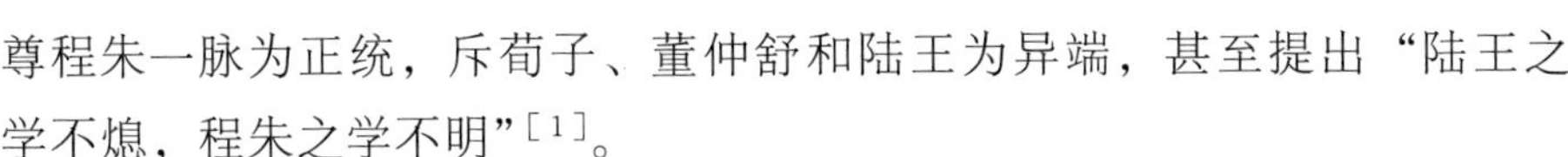

尊程朱一脉为正统，斥荀子、董仲舒和陆王为异端，甚至提出“陆王之学不熄，程朱之学不明”[1]。

和张伯行一样，专门为阐明圣学道统而撰作的学术史著作还有魏裔介的《圣学知统录》，“是录凡载伏羲、神农、黄帝、尧、舜、禹、皋陶、汤、伊尹、莱朱、文王、太公望、散宜生、周公、孔子、颜子、曾子、子思、孟子、周子、二程子、张子、朱子、许衡、薛瑄二十六人，博征经史，各为纪传，复引诸儒之说附于各条之下，而衷以己说”[2]。魏裔介和张伯行《道统录》的做法一样，把道统追溯至伏羲，“由尧舜而前，始自伏羲，以明知学之本于天；由孔子而后，终于许、薛，以明知学不绝于人”[3]。其意在说明道统本于天而续以人。

《圣学知统录》严守儒家正统，摒弃任何泛杂学说。他指出，秦、汉、六朝、唐，异端邪说盛行，致使“圣学晦蚀”。明以来佛道杂入圣学，“虚无幻妄之说”盛行，道统湮没。所谓“自孟轲氏既没，圣学晦蚀，火于秦，杂霸于汉，佛老于六朝，诗赋于唐。至宋乃有濂溪、程、朱继起，伊洛渊源粲然可观。其后为虚无幻妄之说，家天竺而人柱下，知统遂不可问矣”[4]。鉴于这种情况，《圣学知统录》筛选人物入传，严格以维护醇儒正统地位为标准。该书以孔、孟、程、朱为道统正脉所系，排斥荀子和陆王心学，“发大中至正之极则，而功利杂霸、异端曲学之私，不敢一毫驳杂于其间”[5]。这一点与《道统录》声气相通。魏裔介作为清初大臣，其《圣学知统录》的编纂还具有明显的迎合清初统治者极力提倡程朱理学的意向，目的是“亦欲存天理，遏人欲，息邪说，放淫辞，稍有助于化民成俗之意也”[6]。

与《理学正宗》《道统录》《圣学知统录》不同的是，耿介的《中州道学编》专门考察理学在中原地区的发展演变，以突显二程在中州道统传承中的地位。耿介梳理中州道学源流曰：“秦火以还，历汉唐以及五

[1] 张师栻、张师载：《张清恪公年谱》，“康熙五十二年”条，1935年丽泽书社石印本。

[2] 永瑢：《四库全书总目》卷六十三，“圣学知统录”条，中华书局1965年版，第566页。

[3] 魏裔介：《圣学知统录》自序，康熙龙江书院刻本。

[4] 魏裔介：《圣学知统录》自序，康熙龙江书院刻本。

[5] 魏裔介：《圣学知统录》自序，康熙龙江书院刻本。

[6] 魏裔介：《圣学知统录》自序，康熙龙江书院刻本。

季，或骛于记诵词章，或流于异端曲学，支离破裂，圣道湮晦，千五百余年于兹矣。有宋濂溪以《太极图》授两程子，而洛学兴焉。表章《大学》《中庸》《语》《孟》，述孔门教人之法，识仁、存诚、主敬，要归于致知力行。由是洛伊统宗直上接孔孟不传之绪，是斯道之一大关键也。迨龟山载道而南，历豫章、延平以传之朱子，独取程子之书会萃折衷，益之以《集注》《章句》《或问》，复编辑《小学》，使人知入德之门，造道之关。此闽学所以继洛学也。元许文正得朱子《小学》《四书》，敬之如神明，教人无大小，咸从《小学》入。明曹靖修、薛文清皆谨守程朱，体认精深，践履笃实，纯粹中正，俾异端邪说不得逞其虚无高远之习，从此文献之传，仍归中原矣。三百年来，在朝在野，亲炙私淑，代有传人。"[1] 二程洛学发祥中州，《中州道学编》考察理学在中州的授受源流，便以二程开其端，至清初陈愭止，入传者57人，以反映二程在中州的学脉传衍。所谓"取程门以下诸儒之有裨正学者，汇次成编"[2]。对此，李来章指出："开列圣之统而不能不始于伏羲，开诸儒之统而不能不始于二程"。"开有宋元明诸儒之统者，二程也"。因此《中州道学编》首列二程，是"天下之公论"："今编道学而必以二程为首，犹之述列圣之统而必以伏羲为首，盖天下之公论。"[3] 窦克勤亦云："先生首列二程，示所宗也。其次诸儒显者详之，隐者显之，人从其代，传统于人。其有行事可见、语录可考者，节取其大凡，不则亦存数行，表其姓字。洒洒洋洋，遂使中州儒宗括于卷帙森罗之内。噫！先生之于道学，其阐明而推尊之者，可谓至矣。"[4] 以阐明、推尊"道学"为己任的耿介，其《中州道学编》只著录中州洛学传人，摒弃中州陆王传人，尊程朱辟陆王的理学宗派意识极其浓厚。窦克勤心知其意，从书法义例的角度揭示了耿介突显程朱理学在中州道统传承中的地位的良苦用心："要之，先生之编是书也，存道脉也。存道脉则专录道学，非道学自不得旁及，例也。先生之编是书也，为中州存道脉也，为中州存道脉则专录中州道学，非

[1] 耿介：《中州道学编》自序，康熙三十年嵩阳书院补修本。
[2] 耿介：《中州道学编》自序，康熙三十年嵩阳书院补修本。
[3] 《中州道学编》李来章序，见《中州道学编》，康熙三十年嵩阳书院补修本。
[4] 《中州道学编》窦克勤序，见《中州道学编》，康熙三十年嵩阳书院补修本。

中州道学亦自不得旁及，例也。”[1]

总之，熊赐履、张夏、窦克勤、张伯行、魏裔介、耿介等人通过学术史的体例编排彰显自己的学术主张，为理学的“道统正宗”张目，反映了理学在清初所遭遇的危机以及人们应对学术危机时所做出的回应。

第二节　尊经重道与经学史的编纂

清初学者在编修学术史时，往往要面对理学“道统”的承继问题。他们普遍认为，程、朱为道统正宗，上接孔、孟。但问题就来了，从孔、孟到宋代，中间千余年时间，孔孟之道是如何传承的呢？对此，坚持“卫道”的理学家提出“道丧千载”的道统论，认为程、朱直接孔、孟道统，把汉唐经学家摒弃在道统传承之外。这样的认识，实际上是割断了思想发展的连续性，置历史事实于不顾。有鉴于此，人们在为理学修史的同时，开始注意打通理学和经学的联系，把汉唐经学家纳入学术史的视野，重新为理学明统定位。

一、会通经、道，折衷朱、陆

清初为理学争正统的学术史撰述，只承认程朱上接孔孟，两汉、魏晋、唐代的学术人物均不述及，认为自孔子以后，道统中绝千余年，直至宋代理学诸大家才续接道统，延续下来。这样的观点遭到不少学者的抵制，他们通过编纂学术史著作，对学术发展进行了重新梳理。这些学术史撰述会通经道，把经学家与理学家汇为一史，同尊经学与理学为“正学”；同时折衷朱陆，将程朱与陆王同编，试图打破学术门户。汤斌的《洛学编》、魏一鳌的《北学编》、万斯同的《儒林宗派》等，都是属于这种情况的学术史之作。

汤斌字荆岘，河南睢县人；魏一鳌字莲陆，直隶新安人。两人都是清初北学泰斗孙奇逢的学生，也是孙奇逢最得意的两个弟子，深得夏峰

[1]《中州道学编》窦克勤序，康熙三十年嵩阳书院补修本。

北学真传。汤斌的《洛学编》和魏一鳌的《北学编》都是奉师命而作的学术史著作。史载孙奇逢在编完《理学宗传》后，深感大河南北学术绵远深厚，“前有创而后有承，人杰地灵，相需甚殷，亦后学之大幸也。居其乡、居其国，而不能尽友乡国之善士，何能进而友天下、友千古哉?”[1] 于是命弟子汤斌和魏一鳌分别编修《洛学编》和《北学编》。尹会一说：“汤与魏同学于孙征君，二编俱奉师命而成者。”[2] 经过一段时间的撰写，“康熙十二年正月，先生命魏一鳌辑《北学编》成……十一月，先生命汤斌辑《洛学编》成”[3]。另外，汤、魏二人除了受其师学术思想的影响外，其书还受到冯从吾《关学编》的启发。“昔冯少墟先生辑《关学编》，其后中州则有《洛学编》，汤文正公所订也。畿辅则有《北学编》，魏莲陆先生所集也”[4]。可知两书之编纂，也一定程度上受到冯从吾《关学编》的影响。明末关中学者冯从吾编《关学编》，专门梳理关中学术脉络，先是记载孔门弟子秦祖、燕伋、石作蜀、壤驷赤 4 人，接着记载宋、金、元、明关中理学诸人，始于张载，终于王之士，共收学者 33 人。《关学编》最大的特点是会通经学、道学，兼综程朱、陆王二家，“盖统程朱陆王而一之，集关学之大成者”[5]。就是在这样的情况下，产生了传之后世的《北学编》和《洛学编》这两部杰作。

汤斌《洛学编》一书，记述中州学术自汉迄明的渊源流变，由《前编》《正编》两部分组成，共四卷，结构简单，内容简略，眉目清楚。《前编》收录了汉代的杜子春、钟兴、郑众、服虔，唐代的韩愈和宋初的穆修，共 6 人。《正编》在书中分量最重，意在表彰宋明理学家的言行。收录的人物有宋代的程颢、程颐、邵雍、吕希哲、尹焞等，共 48 人。《洛学编》以人系史，较为系统地再现了自汉至明末洛学的发展授受源流。首先，该书通过梳理洛学的发展，认识儒学衍变。“洛之有学，所以

[1] 《北学编》孙奇逢序，见《北学编》，光绪戊子秋刻本。

[2] 《北学编》尹会一序，见《北学编》，光绪戊子秋刻本。

[3] 汤斌：《征君孙先生年谱》，见《汤斌集》（下），中州古籍出版社 2003 年版，第 1678—1681 页。

[4] 《北学编》尹会一序，见《北学编》，光绪戊子秋刻本。

[5] 柏景伟：《关学编小识》，见冯从吾《关学编》，中华书局 1987 年版，第 69 页。

合天人之归，定先后之统，关甚巨也”[1]，“洛据天地之中，擅河岳之胜，贤哲代生，渊源会合，是亦学者之邹鲁也”[2]。也就是说，洛学在儒学发展史上占有核心的地位，对于认识儒学衍变关系甚大。其次，“绝学之当新”，“表前贤以励后进”，撰写《洛学编》，目的是续接洛学传承之统绪，复兴洛学以续道统。

该书有两个鲜明特点，第一，熔汉唐经学家与宋明理学家于一炉，“经道合一”。从《洛学编》的体例结构可以看出，它以汉唐诸儒为《前编》，而以宋明诸儒为《正编》，也就是以宋明理学家为中心，但不弃汉唐经学家，主次分明，既突出了洛学的地位，又揭示了经学与理学之间的关系，即经学是理学发展之前导，而理学则是由经学发展起来的。正如清人所说，该书“虽以宋儒为主，而不废汉唐儒者之所长”[3]。所谓“不废汉唐儒者之所长”，从立传的对象看，主要就是指汉唐经学，故在此书《前编》为之立传的 6 人中，杜子春、钟兴、郑众、服虔等都是汉代经学大师，他们治学注重家法师承，以经义训诂为特点。例如，杜子春治《周礼》，钟兴治《春秋》，郑众治《春秋》又“兼通《易》《诗》”，服虔治《春秋左氏传》。唐代则为韩愈立传，韩愈因为复兴“古文”，倡导“文以载道”，推崇“言之有物”等一系列举措，思想文风一直影响到宋代，具有积极维护儒家“道统”的作用。穆修虽为宋儒，因其长于《易》与《春秋》，独倡古文经学，也列入《前编》。不仅如此，该书还特别重视经学家的授受原流，“《洛学编》通过对经学家授受原委的辨析，为我们提供了有关汉唐时期中州经学源流演变的大致情况”[4]。可见，汤斌的《洛学编》不仅为中州理学辨源流，而且为中州经学清学脉。这种将理学家入《正编》，经学家入《前编》的编纂方式，表明了经学与理学二者间的承续和依存关系。汤斌认为，在《宋史》设立“道学传”之前，只有经学，并没有理学、道学之名，《宋史·道学传》把“道学”从“儒林”中分离出来，“道学、经学自此分矣”，但实际上，“道”不离

[1] 《洛学编》孙奇逢序，见《汤斌集》（下），中州古籍出版社 2003 年版，第 1933 页。

[2] 《洛学编》王廷灿跋，见《洛学编》，康熙树德堂刻后印本。

[3] 永瑢：《四库全书总目》卷六十三，“洛学编”条，中华书局 1965 年版，第 566 页。

[4] 卢钟锋：《中国传统学术史》，河南人民出版社 1998 年版，第 288 页。

“经”、“经”不离“道”，“夫所谓道学者，六经四书之旨体验于心，躬行而有得之谓也，非经书之外，更有不传之道学也。故离经书而言道，此异端之所谓道也；外身心而言经，此俗儒之所谓经也”[1]。只有“经道合一”，“息邪距诐”，“尊王黜霸”，经世致用，才是“真经学”和“真道学”。[2]《洛学编》就是通过梳理学术史，将理学与经学联系在一起，考察其中的渊源流变。

第二，重视程朱，兼顾陆王，调和程朱陆王，主张“朱王合一，返归本旨”。宋代，整个中州实为二程洛学的天下，因此，《洛学编》在收录人物时，以二程及其门人为主，是符合实际情况的。如，是书《正编》首述二程，以为中州理学之开端；次述邵雍、吕希哲，以为中州理学之分支；后述尹焞、谢良佐、张绎等二程的及门弟子，以明中州理学的传衍。入元，理学北传，入《洛学编·正编》者有两人：一是姚枢，二是许衡。姚枢，因曾劝江汉程朱理学家赵复北上，此为理学北传之始。而许衡，汤斌称他“往来河洛间，从姚枢得程朱《易传》《四书集注》《或问》及《小学》书”，及姚枢被征，“独处苏门，遂慨然以明道为己任”。到了明朝初期，朱学由于被朝廷所提倡而居于统治地位，一时间，中州诸儒也多为朱学传人。及明，薛瑄、曹端为理学重要人物，“为本朝理学之冠”。薛、曹二子以下，如阎禹锡、何塘、崔铣、鲁邦彦等，或为薛瑄门人，或为薛瑄私淑弟子，《洛学编》均一一为之立传，以明其授受原委。

然而，自明中叶以来，随着王学的兴起，其影响也波及中州，出现了“阐明阳明之学”的王学传人，从而一改宋、元、明初程朱理学一统中州的局面。对于中州理学发展中出现的这一新情况，《洛学编》通过专门为中州的王学传人立传的形式积极予以回应，充分显示了作者“程朱陆王合一”的折衷态度。《洛学编》为这一时期的中州王学传人立传者有三：尤时熙、孟化鲤和徐养相。三人均属王学传人。尤时熙，字季美，

[1] 汤斌：《汤子遗书》卷三《重修苏州府儒学碑记》，见《汤斌集》（上），中州古籍出版社 2003 年版，第 132 页。

[2] 汤斌：《汤子遗书》卷三《重修苏州府儒学碑记》，见《汤斌集》（上），中州古籍出版社 2003 年版，第 132 页。

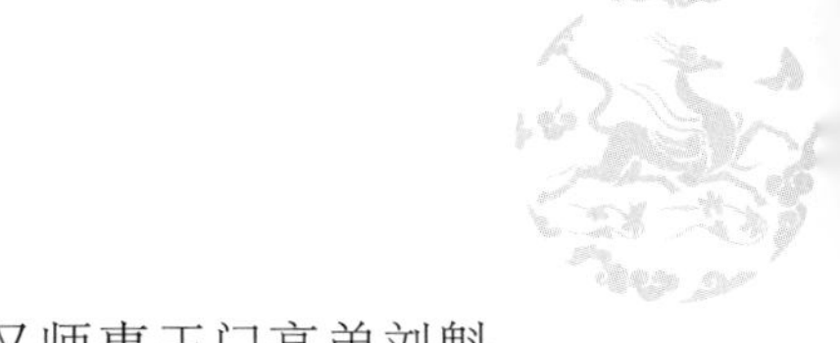

号西川，河南洛阳人，早年即服膺王学；年四十，又师事王门高弟刘魁。《洛学编》称“其为说大抵祖文成‘致良知’，而要归于提省人心，使知所向往不容自已”；“其立教平实易简，使学者循之可以入道，而不至以虚见为实际，可谓有功文成矣”。[1] 缘此，汤斌给他以很高评价，并附载其门人李士元、谢江、陈麟、董尧封 4 人。孟化鲤，字叔龙，号云浦，河南新安人。年十六七即往洛阳师事尤时熙，独信师说，以为“濂洛真传，其在于此”。其学“以无欲为宗，其教人则专以孝弟、忠信、慎独为要，不为高深玄冥之论。至平至实，至易至简，至纯至粹”。其门人称他“仕以达道，学本无欲”。[2] 在此，《洛学编》揭示了他的学术渊源及特点。徐养相，字予存，号涵斋，河南睢州人。初宗濂洛之学，后官余姚令，转而表彰阳明之学。汤斌嘉其言行，谓：“先生孝友笃行，孚于门外。平生以讲学为事。余少，见乡之前辈传先生绪言，盖得阳明之心传者也。当令余姚时，去阳明卒未久，伪学之禁尚严。先生独聚诸生于讲院，阐明阳明之学，以此忤当道意，中蜚语罢归。家居开讲，生徒来者至堂不能容，盖数十年所未有也。”[3] 可以说，《洛学编》对王学传人给以充分注意，“笃守程、朱，亦不薄陆、王”[4]，既反映了当时学术发展的实际，又体现出汤斌调和程朱陆王的思想。这与耿介的《中州道学编》只为程朱及其学派明统定位，凸显程朱而排斥陆王的思路适成鲜明对照。

总之，汤斌为洛学修史立传，既注意到理学与经学的联系，又能够突破程朱陆王的学术界限，历史地再现中州理学发展的全貌，力图将经学、理学、程朱、陆王合为一史，总结理学空谈的教训，反映了清初学术史编纂以及学术思想的新特点，是清初学人针对这一时期批判、总结理学思潮所做出的一种回应，目的在于重构理学，挽救理学的颓势，有

---

[1] 汤斌：《洛学编》卷三《尤西川先生时熙》，见《汤斌集》（下），中州古籍出版社 2003 年版，第 1551 页。

[2] 汤斌：《洛学编》卷三《孟云浦先生化鲤》，见《汤斌集》（下），中州古籍出版社 2003 年版，第 1555 页。

[3] 汤斌：《洛学编》卷 4《徐涵斋先生养相》，见《汤斌集》（下），中州古籍出版社 2003 年版，第 1559 页。

[4] 徐世昌：《清儒学案》卷九《潜庵学案》，中华书局 2008 年版，第 435 页。

着鲜明的时代印记。

与汤斌梳理中州学术发展一样，魏一鳌的《北学编》专门梳理畿辅地区（范围约相当于今河北省）自汉迄明的学术渊源流变。该书上起汉，下迄明，既收录董仲舒、韩婴、毛苌、卢植、束皙、刘献之、孔颖达、李翱等汉唐经学家，又收录邵雍、刘安世、刘安礼、高伸振、邵子文、刘因、苏天爵、黄润玉、鹿善继等宋明理学家，加上附载人物，共41人。该书也有两个鲜明的特点，一是把经学家与理学家熔于一史。有学者认为，自宋代以后，学术界出现了将经学和道学判为二学的现象，所谓"夫学自宋儒而后，几判为二：曰经学，曰道学。尊汉儒者以道学为空虚，尊宋儒者视经学如糟粕"[1]。魏一鳌秉持"经道合一"的理学宗旨，打破了经、道两分的学术局面，坚持同尊经学与理学为孔孟"正学"的新道统观。书中称颂董仲舒治经"其精如此，进退容止，非礼不行"[2]；夸赞卢植"其学无所不窥，研精而不守章句，更不好词赋，性刚毅有大节，负济世之志"[3]；表彰李翱"先生独求端于性情，动静之际以发诚明之要"[4]。总之，"编中所载诸先正各有面目。其出处隐见、立言致行虽有不同，要皆愿学孔子、不待文王而兴之人"[5]。正像有学者所指出的："登斯编者，自汉迄今，代不乏人，要皆经术湛深，事功卓著，立身制行，非托空谈……盖合经学、道学而一之，正学也，亦实学也。"[6] 可以说，通过这样的编纂方式，把理学与经学联系起来，隐含经学乃理学之先导，理学为经学之结果的深意，经学与理学之间的源流嬗变一目了然。

二是为理学卫道续统，调停程朱陆王。前面我们讨论过，清初学术史编修，主张尊程朱辟陆王者众多。但《北学编》不同，该书淡化宗派意识，折衷程朱陆王。刘因学尊程朱，鹿善继潜心陆王，都被魏一鳌编入书中，强调程朱陆王思想的互补与兼容，力破"分门别户，党同伐异

[1]《北学编》王发桂补刊序，见《北学编》，光绪戊子秋刻本。

[2] 魏一鳌：《北学编》卷一，光绪戊子秋刻本。

[3] 魏一鳌：《北学编》卷一，光绪戊子秋刻本。

[4] 魏一鳌：《北学编》卷一，光绪戊子秋刻本。

[5]《北学编》孙奇逢原序，见《北学编》，光绪戊子秋刻本。

[6]《北学编》王发桂补刊序，见《北学编》，光绪戊子秋刻本。

之弊”[1]，试图通过调停程朱陆王来实现卫道续统的目的。诚如孙奇逢序中所言：“董、韩而后，若器之、静修、伯玉，学本程朱，克恭、济鹤、伯顺，力肩陈王。因念紫阳当五星聚东井之际，及其身不免于伪学之禁。阳明功在社稷，当日忌者夺其爵，禁其学。非两先生之不幸，诚世道之不幸也。我辈生诸贤之后，自待岂宜菲薄?”[2] 魏一鳌对乃师的学术思想心领神会，在《北学编》中弥合程朱陆王之旧痕，矫正党同伐异之成见。

与汤斌、魏一鳌的学术史编纂体例不同，万斯同的《儒林宗派》是一部以表为文、别具一格的学术源流史。万斯同擅长作史表，《儒林宗派》就是用史表的形式，把诸多学术人物有序地组合起来，“纪孔子以下迄于明末诸儒授受源流，各以时代为次。其上无师承，后无弟子者，则别附着之”[3]。该书共十六卷，以时代发展为经，以学派衍生为纬，以图表为形式，梳理了周、两汉、三国、两晋、南朝、北朝、唐、宋、元、明诸儒之间的师承关系和各学派的分立嬗继，简洁明了，一目了然。该书把汉唐经学和宋明理学熔于一炉，所载人物之多，时间跨度之长，在清初学术史编纂中都是少见的。

《儒林宗派》在处理汉唐经师与宋明理学的授受源流时，采取的形式略有不同。记载汉唐经师，重视家法师承，以五经中各经的授受源委为线索，每经又分出各家，表列先后，以明师承源流。如该书卷三表列东汉经学传授，《易》分施氏易、孟氏易、梁丘氏易、京氏易、费氏易五家；《尚书》分欧阳尚书、大夏侯尚书、小夏侯尚书、古文尚书四家；《诗》分鲁诗、齐诗、韩诗、毛诗四家；《礼》分小戴礼、庆氏礼两家；《春秋》分公羊严氏春秋、公羊颜氏春秋、公羊春秋、左氏春秋、穀梁春秋五家。每家后面罗列传授者，以明师承关系及授受源流。此外，传《国语》《周官》《礼记》《孝经》《孟子》者，以及兼通五经者，均一一表列其传授者。其余通经学但无学派归属者，也表列出来，让人们看到经

[1] 《北学编》王发桂补刊序，见《北学编》，光绪戊子秋刻本。

[2] 《北学编》孙奇逢原序，见《北学编》，光绪戊子秋刻本。

[3] 永瑢：《四库全书总目》卷五十八，“儒林宗派”条，中华书局1965年版，第528页。

学在东汉的发展状况。[1] 对于魏晋南北朝隋唐经学的传授，由于没有明显的家学师承，采取表列人名的形式反映这一时期经学的发展。

记载宋元明理学，则通过分门别派的方式表列理学家之间的师承授受关系，区分学术源流，明其统属。无论是程朱学派还是陆王学派，均表列其师承渊源，绝不厚此薄彼，更无门户之私。如"程子学派"，表列二程及程氏门人；"张氏学派"，表列张载及张氏门人；"朱子学派"，表列朱熹及朱子门人；"陆氏学派"，表列陆九渊及陆氏门人；"薛氏学派"，表列薛瑄及薛氏门人；"王氏学派"，表列王阳明及王氏门人等。那些没有明显师承渊源关系的，则通过"诸儒博考"表列其姓名，以示绝无遗漏。

对于《儒林宗派》的撰述目的和学术价值，历来评价存在差异。周永年认为该书重在叙述师承源流。他为《儒林宗派》作序云："及后世，治统与道统分而师儒之教化常在于下，且或私其传于一乡一国而不能及远，较之古者父师、少师坐于阈门，无地不建之学，无人而不范于师者迥殊矣。然唐宋明以来，草野之讲习，朝廷之制作，未有无所师承而可立于一时，有功于一世者。第以其源流散见载籍，考之为难。昔宋儒章俊卿著《群书考索》，各经俱载诸儒传授图。明西亭王孙复广之为《授经图》。先生斯编则搜采更博，且缕析条分，较若列眉。学者诚一一考其世，论其人，溯其德业文章之所自，则数千年间学术之何以醇驳，治法之何以升降，亦可以深明于其故，而人自得师矣。"周永年认为《儒林宗派》重在记述师承源流、诸儒传授，把数千年间学术醇驳及升降用图表的形式表现出来，让人深明其故、自得其师。《四库全书总目》的评价与周永年不同："自《伊洛渊源录》出，《宋史》遂以道学、儒林分为二传。非惟文章之士、记诵之才，不得列之于儒。即自汉以来传先圣之遗经者，亦几几乎不得列于儒。讲学者递相标榜，务自尊大。明以来谈道统者，扬已凌人，互相排轧，卒酿门户之祸，流毒无穷。斯同目击其弊，因著此书。所载断自孔子以下，杜僭王之失，以正纲常。凡汉后唐前传经之儒，一一具列，除排挤之私，以消朋党，其持论独为平允……较之《学

[1] 万斯同：《儒林宗派》卷三《东汉》，文渊阁《四库全书》本。

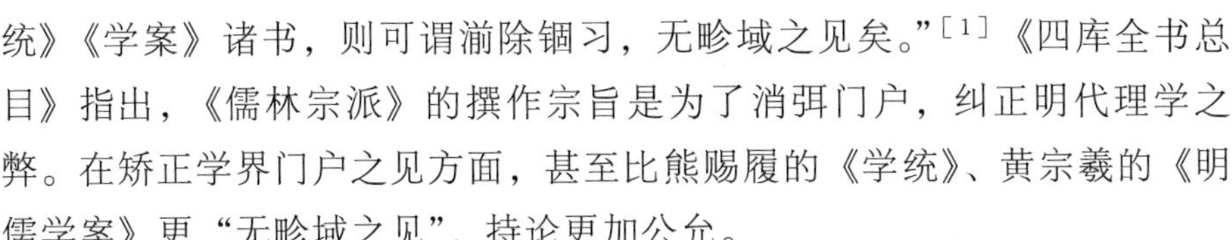

统》《学案》诸书，则可谓湔除锢习，无畛域之见矣。”[1]《四库全书总目》指出，《儒林宗派》的撰作宗旨是为了消弭门户，纠正明代理学之弊。在矫正学界门户之见方面，甚至比熊赐履的《学统》、黄宗羲的《明儒学案》更“无畛域之见”，持论更加公允。

《儒林宗派》是一部史表著作，可以看作是“学术源流图表”。作为一部学术史表，首先是清理学脉，述家法师承，明渊源流别，使千百年间学术嬗递，了然于篇卷之间。在为两千多年学术明源别流的过程中，万斯同对人物的选择、取舍，对学派分合的排列整理，都反映出他不再斤斤于学统、学派的区别，并力图消除门户的学术倾向，“万斯同虽不是为消弭门户而撰《儒林宗派》，但这部著作在客观上却反映出了万斯同绝少门户之见的为学旨趣”[2]。

由此可见，《儒林宗派》以图表绘出自汉至明的学术传授图景，虽然在编纂形式上与《洛学编》《北学编》不同，在编纂宗旨上与之也存在较大差异，但在梳理学术发展的渊源流变，会通经道，折衷朱陆方面，却存在惊人的一致，都试图矫正明代以来学术上重道学轻经学的流弊，给经学以应有的历史地位，把二者皆视为“正学”。

二、专为经学家修史，彰扬经学为“正学”

在群起反思理学流弊，为理学修史明统的清初，陈遇夫的《正学续》是一部奇特的学术史著作。该书另辟蹊径，以经学为主线，专为汉唐经学家修史立传，以经学的连续相承统贯全书，旗帜鲜明地把经学视为“正学”。《正学续》共四卷，以人系史，卷一为西汉，立传人物有贾谊、董仲舒、倪宽、王吉、匡衡、龚胜（附龚舍）；卷二为东汉，立传人物有杜林、郑众（附郑兴、陈元）、鲁恭（附鲁丕）、卢植、赵岐、郑玄、邴原、诸葛亮；卷三为晋、北朝、隋，立传人物有虞溥、贺循、范宣（附范宁）、陶潜、游肇、李谧（附李郁、李玚）、王通；卷四为唐，立传人

[1] 永瑢：《四库全书总目》卷五十八，“儒林宗派”条，中华书局1965年版，第528页。

[2] 杨艳秋：《关于万斯同〈儒林宗派〉的几个问题》，见《万斯同与〈明史〉——纪念万斯同诞辰370周年国际学术研讨会资料汇编》，宁波出版社2008年版，第373页。

物有王义方、杨绾、陆贽、郑余庆、韩愈、李翱；附宋儒崔与之。全部为汉唐间经学家，不涉及宋明理学家。陈遇夫在每朝代开篇撰有序言，每位人物传记后撰有评论，表达自己对经学发展及经学家的看法。

陈遇夫年少时就对宋明儒者“道丧千载”的道统论持怀疑态度。宋明理学家普遍认为，“自汉迄唐，圣人之道，几于熄灭。学圣人之学者，几于绝响。将千百余年之间，惟是黄老之虚无，佛氏之糟粕，刑名杂霸之纷纭，横流充塞，而莫可救正”[1]。“孔孟而后，至有宋直接其传，而他无闻”[2]，也就是说，在自汉至唐的千年岁月里，孔孟道统没有人接续，属于“绝续”状态，乃“道丧千载”。只有到宋代，程、朱等大儒接续孔孟道统，道统才得以延续。对此，陈遇夫是怀疑的，“余少时，常阅宋明儒者弹驳汉唐之说，心窃疑之，以为圣贤之道，如日月丽天，遗经具在，岂自汉至唐一千年，好学深思，得圣贤之旨者，仅一二人而止？”[3] 为了说明汉唐间经学传授源流清晰可见，“道丧千载”并不符合历史事实，他在广泛搜罗史实的基础上，“自汉至唐，编传二十有七，赘以所见，为书四卷，名曰《正学续》”[4]。此书之所以命名为《正学续》，陈遇夫这样解释：“学以行道也。学正学，所以行正道也。道生天地，而行乎天地。天地不能离道，则丽于人，人亦不能离道。”[5] 又说：“续者，续其绝也。绝者续之，其不绝者可无续也。”[6] “续正学，所以续道也。唐续晋，晋续汉，圣人之道，行于天下未尝绝也”[7]。所谓“正学”，就是孔孟的儒家经学，所谓“续”，就是考察后世经学的接续和演变。“古人以经为学，自正心修身以至治国平天下，皆出于此。汉初诸儒，犹存此意。降自后世，所谓通经，特晰其理而已，非古人穷经致用之学矣”[8]。通过对经学史的重新梳理和构建，展现经学的渊源流变，

[1] 《正学续》姜朝俊序，见《正学续》，丛书集成初编本，商务印书馆 1937 年版。

[2] 《正学续》陈世绾弁言，见《正学续》，丛书集成初编本，商务印书馆 1937 年版。

[3] 陈遇夫：《正学续》自叙，丛书集成初编本，商务印书馆 1937 年版。

[4] 陈遇夫：《正学续》自叙，丛书集成初编本，商务印书馆 1937 年版。

[5] 陈遇夫：《正学续》自叙，丛书集成初编本，商务印书馆 1937 年版。

[6] 陈遇夫：《正学续·论略》，丛书集成初编本，商务印书馆 1937 年版。

[7] 陈遇夫：《正学续》自叙，丛书集成初编本，商务印书馆 1937 年版。

[8] 陈遇夫：《正学续·论略》，丛书集成初编本，商务印书馆 1937 年版。

驳斥只有宋儒才接续道统的不实之词。“不踸宋人道丧千载之说，检搜全史，得汉唐大儒二十有七人，人立一传，述其学之所由来，行之所造极，加以论评，名曰《正学续》。续者何？续孔孟也。曷丧焉？是书成，使百世下诸儒先，身没而名不彰、道不显，一旦重开生面，如闻其语，如见其人。先生有功于诸儒，亦即有功于删述。经济、学术，因是可窥见一斑，岂不伟哉”[1]。

宋明理学家的道统论坚信周、程、朱诸子继孔孟道统而起，具有明显的黜汉唐经学、尊宋明理学的学术宗派意识。陈遇夫“撰《正学续》，以明汉唐诸儒学统相承，未尝中绝”[2]，目的就是要破除宋明理学家尊道学、贬经学的道统论，突出汉唐经学的地位，把汉唐经学当作直接孔孟的“正学”。故此，该书只为汉唐诸儒立传，不及其他，意在表彰他们在经学方面的“续道”之功。比如，在经学发展史上，汉儒“传经”“续道”功绩卓著。对此，陈遇夫给予高度评价，认为“至秦燔灭经书，圣学于是遂熄”，及至汉代，汉儒“得所考据，旁搜远摭，而诸经毕集，圣道复明。故汉初诸儒，记诵拾遗，皆有功于圣门，不可没也”[3]。明代学者受宋代理学影响，多崇宋学、抑汉学，甚至指责汉儒“造诣未纯”。对此，陈遇夫进行了驳论。他认为汉儒治经属“始事者”和“草创者”，宋儒治经属“继起者”和“润色者”，而“天下始事者难为功，继起者易为力；草创者不无艰苦窒碍之嫌，而润色者每多文从字顺之美”[4]。因此，不能因汉儒解经有“不如宋人”之处就断言“汉儒穷经总无见于圣人之道”[5]。这样，该书就将“汉儒穷经”与“圣道复明”联系起来，肯定了汉儒是“圣道复明”的继统者，根本不存在所谓“道丧千载”之说。对此，伍崇曜《正学续跋》云：“古无理学，经学而已矣。顾宁人亦谓经学即理学，舍经学，则其所谓理学者，禅学也。若汉唐诸儒，则皆湛深经术者也。辄言道丧千载，夫谁信之?”[6] 伍崇曜借用顾炎武的话，

---

[1] 《正学续》周陈鼇后叙，见《正学续》，丛书集成初编本，商务印书馆 1937 年版。

[2] 道光《广东通志》卷二八六《陈遇夫》，清道光二年刻本。

[3] 陈遇夫：《正学续》卷一，丛书集成初编本，商务印书馆 1937 年版。

[4] 陈遇夫：《正学续》卷二，丛书集成初编本，商务印书馆 1937 年版。

[5] 陈遇夫：《正学续》卷二，丛书集成初编本，商务印书馆 1937 年版。

[6] 《正学续》伍崇曜跋，见《正学续》，丛书集成初编本，商务印书馆 1937 年版。

不仅指出理学与经学的密切关系，而且指出汉唐诸儒对经学传承所做的巨大贡献，《正学续》在这方面所做的工作值得称道，“是书不独为汉唐诸儒功臣，实孔氏功臣也”[1]。何溶还用一首诗道出该书的贡献：“道之大原出于天，仲尼正学垂万年。六籍暴秦惨销烟，汉唐两朝赖有传。当年若是无仔肩，关闽濂洛亦徒然。有明独缺痛残编，先生搜罗喜珠联。洙泗流派识后先，辰宿列张灿简篇。”[2] 这样的评价，陈遇夫是承受得起的。

陈遇夫的《正学续》除了表彰汉唐经学在续接孔孟道统中的重要作用外，还有两个突出的特点，一是强烈反对学术门户。陈遇夫对“朱陆异同之辨，吹毛索瘢，争诘不已”的现象非常不满，对明代“学术之裂，门户之争”更是反感。尤其是明代学者因学术之争而结成朋党，就更让陈遇夫感到惋惜。他说：“盖理学一途，自宋以来，朱、陆殊趋，至明而薛、王异派，嘉、隆以来，争辩日甚。争辩不已，各分宗旨，宗旨既分，遂成门户，党同伐异，可为三叹。”[3] 又说：“自薛、胡诸公与陈、王异派，追其后也，各标宗旨，祖薛敬轩者为河东学，祖吴康斋、胡敬斋者为崇仁学，陈湛之徒为白沙学、甘泉学，王阳明、钱绪山、王龙溪为姚江学、浙学。流派渐多，遂有江右学、泰州学、三原学、南学、北学、楚中学、闽粤学、止修学。至万历之季，顾泾阳、高景逸为东林学，附者尤众，而攻者蜂起，遂成朋党，梯怨阶祸，可胜惜哉!”[4] 陈遇夫对学术派别并不反感，他反感的是因学术派别而设立学术门户，相互排斥，党同伐异，致使学术偏执，无益于社会。二是提倡学术关注社会，经世致用。陈遇夫认为：“夫学术者，治术所从出也，必道德一而后风俗同。”[5] 在他看来，学术应该有益于治术，其在道德建设和风俗美化方面起着重要作用。他作《正学续》，对汉唐儒者的事迹有明确的取舍标准，一是“儒者分内事，必谨书之”，二是“名教大节，备举其详”。“行必衷诸经义，言必发明圣教，订讹补缺以承先，著论立训以启后，致君

[1] 《正学续》何溶跋，见《正学续》，丛书集成初编本，商务印书馆1937年版。

[2] 《正学续》何溶跋，见《正学续》，丛书集成初编本，商务印书馆1937年版。

[3] 陈遇夫：《白沙语录后序》，见《广东文征》，香港中文大学出版社1973年版。

[4] 陈遇夫：《正学续·论略》，丛书集成初编本，商务印书馆1937年版。

[5] 陈遇夫：《正学续·论略》，丛书集成初编本，商务印书馆1937年版。

必本于王道，立身必谨于进退，达则正学校而育人材，穷则授门徒而化里闾。此儒者分内事，必谨书之。至于经世安民，事关军国，见危授命，志在忠孝，必属名教大节，乃备举其详”[1]。陈遇夫注重对经学家“经世安民”行为的记载，恰恰反映了他经世致用的学术思想。他还指出，古人“以经为学”，是为了“修身齐家治国平天下”，但后世儒者“通经”，只是“析理”而已，失去了“古人穷经致用之学”的本旨。[2] 其作《正学续》，也隐含扭转虚妄学风、批评理学脱离实际的意蕴，“正学者，所以卫正道也”[3]。此“正道”就是孔孟“通经致用”之道。

第三节　不立门户的学术史编修

有关清初学术史的编修，我们在前面已经讨论了两种情况，第一种是强化理学门户、为理学明统定位的学术史编修，第二种是贯通经学与理学、折衷朱陆的学术史编修。下面我们就讨论第三种情况，即打破门户，消弭理学宗派意识，共尊程朱陆王的学术史编修。这类学术史著作不把程朱与陆王相对立，而是强调两派思想的互补和兼容，把他们都看作理学正宗。孙奇逢的《理学宗传》，范鄗鼎的《理学备考》，黄宗羲的《明儒学案》《宋元学案》等都属于这类学术史著作。

一、共尊程朱陆王，重构道统谱系

孙奇逢，字启泰，号钟元，学者称夏峰先生，是清初北学的代表人物，“北方学者，奉为泰山北斗”[4]，影响巨大。《理学宗传》乃孙奇逢一生心力所萃、心得所在。该书编纂历时三十余年，三易其稿，康熙五年（1666 年）最终成书，共 26 卷，收录历代诸儒近 170 人。“是编有主

[1] 陈遇夫：《正学续·论略》，丛书集成初编本，商务印书馆 1937 年版。

[2] 陈遇夫：《正学续·论略》，丛书集成初编本，商务印书馆 1937 年版。

[3] 《正学续》姜朝俊序，见《正学续》，丛书集成初编本，商务印书馆 1937 年版。

[4] 徐世昌：《清儒学案》卷一《夏峰学案》，中华书局 2008 年版，第 1 页。

有辅，有内有外”[1]。也就是说，该书将历代诸儒按主、辅、内、外分类立传，以展示他们与道统传承的亲疏远近。所谓“主”，只有11人，“十一子其主也”[2]。他们是周敦颐、程颢、程颐、张载、邵雍、朱熹、陆九渊、薛瑄、王守仁、罗洪先、顾宪成，列于卷一至卷十一，包括了程朱陆王四大家、两大派。这些人“直接道统之传”，为理学宗主。所谓“辅”，“儒之考其辅也”[3]。自卷十二至卷二十五，分别为“汉儒考”“隋儒考”“唐儒考”“宋儒考”“元儒考”“明儒考”，所列均为传承儒学、辅翼道统有功的历代诸儒。其中在“宋儒考”中专列“程门弟子”“朱门弟子”“陆门弟子”，在“明儒考”中专列“王门弟子”，特别表彰了程朱陆王的门人。所谓“内”，“十一子与诸子其内也”[4]，即“主”“辅”诸儒，处道学之内。所谓“外”，“补遗诸子其外也”[5]。《理学宗传》专门有《补遗》一卷，收录张九成、杨简、王畿、罗汝芳、杨起元、周汝登6人。这6人“与圣人端绪，微有不同，不得不严毫厘千里之辨”[6]，故被置于道学之外。

由此可见，《理学宗传》之作，主要是基于孙奇逢面对“悯理学真传，后世不得其统宗，而是非同异罔所折衷”[7]的现实，有为而发，笔之于书。“乃取古今醇儒可历代俎豆不祧者，得十一人，人各一传，又裒集其著述，条缕训断，成十一卷。其余自汉迄元以来名儒以儒学著称，或功存于笺注，或附见于师传者，凡数十人，合十四传，为十四卷。又有学行精醇，见解超别，在诸儒品评微有水乳之未合，而不得不以俟后人论定者，因补遗六人为一卷，共二十六卷，名曰《理学宗传》”[8]。

《理学宗传》的体裁为类传体，按人物分类立传，然后节取诸儒著述言论，并加以孙奇逢案断，“构成了传记、学术资料选编、评笺三位一体

[1] 孙奇逢：《理学宗传·义例》，凤凰出版社2015年版。
[2] 孙奇逢：《理学宗传·义例》，凤凰出版社2015年版。
[3] 孙奇逢：《理学宗传·义例》，凤凰出版社2015年版。
[4] 孙奇逢：《理学宗传·义例》，凤凰出版社2015年版。
[5] 孙奇逢：《理学宗传·义例》，凤凰出版社2015年版。
[6] 孙奇逢：《理学宗传》自叙，凤凰出版社2015年版。
[7] 《理学宗传》程启朱跋后，见《理学宗传》，凤凰出版社2015年版。
[8] 《理学宗传》程启朱跋后，见《理学宗传》，凤凰出版社2015年版。

的编纂新格局”[1]。意在明理学道统：“《理学宗传》，叙列从古名儒修德讲学之事，明道统也。”[2] 要之，《理学宗传》的使命就是要重构儒学道统。正如孙奇逢本人所说：“学之有宗，犹国之有统，家之有系也。系之宗有大有小，国之统有正有闰，而学之宗有天有心。今欲稽国之运数，当必分正统焉；溯家之本原，当先定大宗焉；论学之宗传而不本诸天者，其非善学者也。”[3] 孙奇逢认为，论学之宗传（道统）犹稽国之运数、溯家之本原，非等闲之事。正因为此，有人指出他“当明季世，身任道统，既辑《理学宗传》，以明道之会归，并成《中州人物考》，以见道之散殊”[4]。由此可见，《理学宗传》是一部以道统重构为旨趣的有为之作，集中表达了孙奇逢对儒家道统的新见解。

首先，孙奇逢确立了程朱陆王在道统传承中的共同的正统地位，尊程朱而不薄陆王。他在《理学宗传》自叙中以《周易》元、亨、利、贞相况，比喻道统的发展：“近古之统，元其周子，亨其程、张，利其朱子，孰为今日之贞乎？明洪永表章宋喆，纳天下人士于理。熙、宣、成、弘之世，风俗笃醇，其时有学有师有传有习，即博即约即知即行，盖仲尼殁至是且二千年，由濂、洛而来且五百有余岁矣，则姚江岂非紫阳之贞乎！余谓元公接孔子生知之统，而孟子自负为见知。静言思之，接周子之统者，非姚江，其谁与归？”[5] 非常明确地指出王阳明学派是直接周敦颐、朱子道统的儒学正宗。

孙奇逢之所以把陆王心学也归于道统正宗，是有自己的理论根据的。一则，“学以圣人为归”[6]。二则，“圣学本天，孔子亦曰‘知我者其天’”[7]。在他眼里，程朱陆王均源于“本天”之孔孟圣学，“道原诸

[1] 陈祖武：《中国学案史》，东方出版中心 2008 年版，第 93 页。

[2] 孙奇逢：《日谱》卷十二，“顺治十六年十月二十二日”条，见《孙奇逢集》（下），中州古籍出版社 2003 年版，第 462 页。

[3] 孙奇逢：《理学宗传》自叙，凤凰出版社 2015 年版。

[4] 郑元善：《畿辅人物考序四》，见《孙奇逢集》（中），中州古籍出版社 2003 年版，第 1305 页。

[5] 孙奇逢：《理学宗传》自叙，凤凰出版社 2015 年版。

[6] 孙奇逢：《理学宗传》自叙，凤凰出版社 2015 年版。

[7] 汤斌：《征君孙先生年谱》，见《汤斌集》（下），中州古籍出版社 2003 年版，第 1647 页。

天，体天之理而有道之名，尽天之实有学之名……以‘宗传’为名，宗诸天也”[1]。孔子以降，“地各有其人，人各鸣其说，虽见有偏全，识有大小，莫不分圣人之一体焉”[2]。程朱陆王入门不同，但都能“分圣人之一体”，殊途同归，均以阐明儒学精义为指归。“孔孟是大德之敦化，诸儒皆小德之川流。流者，流其所敦者也；敦者，敦其所流者也。亘古来只此一物，亘古圣贤只此一事。端绪稍异，便是异端。周子主静，主此也；程子识仁，识此也；朱子穷理，穷此也；陆子先立，立此也；王子致知，致此也。所谓各人走路，疾徐远近虽不同，毕竟有到的时候，所以云：殊途而同归”[3]。在孙氏看来，“文成之良知，紫阳之格物，原非有异”[4]。正是因为这样，孙奇逢认为程朱陆王的思想并非对立，而是相辅相成，不可专尊一家而贬抑另一家，《理学宗传》就是要调和两派对立，折衷两派异同，同尊程朱陆王为理学“大宗”。“然仆所辑《宗传》，谓专尊朱而不敢遗陆王，谓专尊陆王而不敢遗紫阳。盖陆、王乃紫阳之益友忠臣，有相成而无相悖”[5]。

孙奇逢在《理学宗传》中极力论证程朱与陆王之间的互补和兼容，他说：“朱陆同异，聚讼五百年。迄今，自其异者而观之：朱之意，教人先博览而后归之约；陆之意，欲先发明人之本心而后使之博览。朱以陆之教人为太简，遂若偏于道问学；陆以朱之教人为支离，遂若偏于尊德性。究而言之，博后约，道问学正所以尊德性也；约后博，尊德性自不离道问学也，总求其弗畔而已……二公毕竟皆豪杰之士，异而同，同而异，此中正参悟。”[6] 程朱陆王异中有同，同中有异，不能将其截然对立。孙奇逢还说：“愚谓阳明之致知，非阳明之致知，孔子之致知也。紫阳之穷理，非紫阳之穷理，孔子之穷理也。总不谬于孔子而已矣，何至

[1] 《理学宗传》张沐叙，见《理学宗传》，凤凰出版社 2015 年版。

[2] 孙奇逢：《理学宗传》自叙，凤凰出版社 2015 年版。

[3] 孙奇逢：《日谱》卷六，“顺治十二年六月十八日”条，见《孙奇逢集》（下），中州古籍出版社 2003 年版，第 233 页。

[4] 孙奇逢：《四书近指》卷一《大学之道章》，见《孙奇逢集》（上），中州古籍出版社 2003 年版，第 278 页。

[5] 孙奇逢：《夏峰先生集》卷七《与魏莲陆》，见《孙奇逢集》（中），中州古籍出版社 2003 年版，第 727 页。

[6] 孙奇逢：《理学宗传》卷七《陆子文安》，凤凰出版社 2015 年版，第 129 页。

相抵牾分水火乎？"[1] 朱熹的"穷理"，王阳明的"致知"，都源于圣人，和圣人之意不相违拗，并非水火不容。也正是这样，《理学宗传》特别表彰了程朱陆王的门人，专门为他们设立学案，不分高下，同入翼统之列。总之，《理学宗传》没有把程朱陆王对立起来，高低轩轾，而是将他们置于同等的地位，同尊他们为"直接道统之传"的理学"正宗"，完成了儒学道统谱系的重塑。正是因为此，李颙称赞孙奇逢云："钟元可谓独具只眼，超出门户拘曲之见万万矣。"[2]

其次，视汉唐经学诸儒与宋明理学诸儒为一脉相承，为汉唐"传经之儒"立传。学术的发展总是前有所承、后有所继。但是，程朱学派的道统论秉持"道丧千载"的观念，全然不顾道统发展流变的历史事实，拒不承认汉唐诸儒在传经翼道中的作用。孙奇逢对此深为不满，他从道统传承的历史实际出发，在《儒林宗传》中为董仲舒（附申公、倪公、毛公）、郑玄、王通（附门人董常、程元、薛收、仇璋、姚义）、韩愈（附门人李翱、赵德）立传，虽然人数不多，却"给汉唐诸儒在道统谱系中安置了一个合法的位置"[3]。孙奇逢说："尝思之，颜子死而圣学不传，孟氏殁而闻知有待。汉、隋、唐三子衍其端，濂、洛、关、闽五子大其统。"[4] 在孙奇逢看来，儒学道统由孔子及其以上诸圣王创立后，汉唐传经诸儒董仲舒、王通、韩愈等"衍其端"，宋代理学大家周敦颐、二程、张载、朱熹等"大其统"，这是一个一脉相承的连续的发展演变过程，不能割裂。

孙奇逢对汉唐经学家评价较高。他论董仲舒："暴秦焚坑之后，汉高继之，虽云豁达大度，然不事《诗》《书》，素轻儒术，圣学不绝如线矣。江都崛起，制策三篇，洋洋乎天人古今之统也。匠心独诣，无所蹈袭，醇儒也哉。"[5] 申培、兒宽、毛苌三人在汉初崇尚黄老的时代背景下

[1] 孙奇逢：《理学宗传》卷二十二《明儒考·尤季美公时熙》，凤凰出版社 2015 年版，第 407 页。

[2] 李颙：《二曲集》卷十八《答范彪西征君》，中华书局 1996 年版，第 200 页。

[3] 孔定芳：《孙奇逢〈理学宗传〉的道统建构》，见《清史论丛》2016 年第 1 辑，社会科学文献出版社 2016 年版。

[4] 孙奇逢：《理学宗传》自叙，凤凰出版社 2015 年版。

[5] 孙奇逢：《理学宗传》卷十二《汉儒考·董子》，凤凰出版社 2015 年版，第 220 页。

"始终不变以儒术著称"，孙奇逢给以极大同情，"薪传之功，岂容易视之耶！"[1] 孙奇逢对宋儒以"训诂"概括汉儒提出批评，"以训诂目之，宋儒议汉儒未免太过"。对于宋儒贬低郑玄，他同样提出批评，指出郑玄具有"传经之功"："著述之富，莫过康成，而以学未显著改祀于乡，盖因宋儒以训诂目之，未许其见道，遂没其传经之功。夫不见道，而何以为懿行君子耶？"[2] 他评价王通："因隋无可行道之机，故隐居教授，以洙泗之事为事，粹然无复可议者。"[3] 评价李翱："愚谓翱之时，诸儒未起，理学未明，而凿凿然以四子为归，且当少时真切为性命之忧，此而非儒也，谁可以当儒者哉？"[4] 评价韩愈："噫！学术关乎气运，益令人思韩子之功也。"[5] 凡此种种，无非是要表彰汉唐诸儒的道统"薪传之功"。

其三，"明天人之归，严儒释之辨"。孙奇逢撰《儒林宗传》，还试图严分儒释，以保持道统的纯洁性。孙奇逢将那些为学"腐而少达""伪而多惑""以顿悟为得道之捷"的儒者收入《补遗》卷中，指出"儒释未清，学术日晦，究不知何所底极也"[6]。目的之一就是通过学术史的梳理，分清儒释。对于孙奇逢以《理学宗传》"明天人之归，严儒释之辨"的撰述意图，其弟子汤斌有很好的说明："容城孙先生集《理学宗传》，自濂溪以下十一子为正宗，后列《汉隋唐儒考》《宋元儒考》《明儒考》，端绪稍异者为《补遗》，其大意在明天人之归，严儒释之辨，盖五经四书之后，吾儒传心之要典也。"[7] 那些因"端绪稍异"而收入《补遗》者，实际上都是"近于禅"者。孙奇逢以"明天人之归，严儒释之辨"自任，指出"儒释之界，其流虽远，其源却近"，对于儒者"借佛教以明道"的现象，孙奇逢指出这是"毫厘之差，千里之谬"，"所关非细"，必须毫不

[1] 孙奇逢：《理学宗传》卷十二《汉儒考·董子》，凤凰出版社 2015 年版，第 221—222 页。
[2] 孙奇逢：《理学宗传》卷十二《汉儒考·郑康成公》，凤凰出版社 2015 年版，第 224 页。
[3] 孙奇逢：《理学宗传》卷十三《隋儒考·王文中子》，凤凰出版社 2015 年版，第 231 页。
[4] 孙奇逢：《理学宗传》卷十四《唐儒考·韩子》，凤凰出版社 2015 年版，第 244 页。
[5] 孙奇逢：《理学宗传》卷十四《唐儒考·韩子》，凤凰出版社 2015 年版，第 244 页。
[6] 孙奇逢：《理学宗传》自叙，凤凰出版社 2015 年版。
[7]《理学宗传》汤斌序，见《理学宗传》，凤凰出版社 2015 年版。

留情地“辟之”，因为“其流弊将至儒释同归而不可解”，“吾辈不能辟而辟之，而以助其波，扬其焰，宁不得罪于圣人？”[1]

总之，《理学宗传》破除学界门户，平衡程朱陆王，沟通经学理学，为儒学梳理学脉，重新构建了道统传承谱系，在清初学术史编纂中独具一格。

和孙奇逢《理学宗传》类似的学术史著作还有范鄗鼎的《理学备考》。范鄗鼎，字汉铭，号彪西，山西洪洞人，学者称娄山先生。《清儒学案》赞他“巍然为清代山右儒宗”[2]。在学术史编纂方面，主要有《理学备考》《广理学备考》（又名《明儒理学备考》《广明儒理学备考》）等。其学术史著作对孙奇逢多所继承，“《理学备考》一书，亦夏峰《宗传》之亚也”[3]。

范鄗鼎《理学备考》一书，前后撰述历数年，不断增补而成，其中吸纳了辛全《理学名臣录》、孙奇逢《理学宗传》、熊赐履《学统》、张夏《洛闽源流录》、黄宗羲《明儒学案》等相关内容，加以己意，并增补内容，最终于康熙三十三年（1694 年）完成定本 34 卷。与此同时，范鄗鼎又撰《广理学备考》，与《理学备考》成为姊妹篇。“《备考》系明代理学诸儒传记汇编，以人存学，《广备考》则专辑诸家语录、诗文，以言见人，先行后言，相得益彰”[4]。

范鄗鼎究心濂、洛、关、闽之学，“主河津（按，指薛瑄）而辅余姚（按，指王阳明）”[5]。《理学备考》所收虽均为有明一代理学家，但没有门户之见，书中既有程朱学派学者，又有陆王学派学者。为什么这样处理，他有自己的理由：“从来理学不一人，学亦不一类。他不具论，如从祀四人中，薛、胡之学为一类，王、陈之学为一类。细分之，薛与胡各为一类，王与陈各为一类。鼎素偏薛、胡，但取薛、胡焉足矣，取与薛、胡为类焉者足矣，而何以兼取王、陈？何以兼取与王、陈为类焉者？

[1] 孙奇逢：《理学宗传》卷二十六《补遗·周海门汝登》，凤凰出版社 2015 年版，第 533 页。

[2] 徐世昌：《清儒学案》卷二十八《娄山学案》，中华书局 2008 年版，第 1077 页。

[3] 徐世昌：《清儒学案》卷二十八《娄山学案》，中华书局 2008 年版，第 1077 页。

[4] 陈祖武：《范鄗鼎与〈理学备考〉》，《北京联合大学学报》2008 年第 1 期。

[5] 范鄗鼎：《五经堂文集》卷二《李礼山达天录序》，清康熙刻本。

盖薛、胡之学，参以王、陈而薛、胡明；而王、陈之学，亦因薛、胡而益明矣。”[1] 在范鄗鼎看来，薛瑄、胡居仁之理学，与王阳明、陈献章之心学，可以相互参证，只有相互参证，才能更加明了各自的主旨。他引述余祐、来知德、吕柟、陈龙正、冯从吾等人的言论来说明程朱陆王虽进入圣门的路径不同，但阐明儒家道统的努力是一致的，“入门路径，微有不同，而究竟本源，其致一也”，因此“备列其人，以俟大君子考之也”。[2]《理学备考》之名，便由此而得。

对于清初一些理学史著作任意轩轾程朱陆王的现象，范鄗鼎提出严厉批评，认为这是“不知量”，他说：“近人汇辑理学，必曰孰为甲，孰为乙；孰为宗派，孰为支流；孰为正统，孰为闰位。平心自揣，果能去取皆当乎？多见其不知量也已。”[3] 他不否认理学内部各学者之间学术思想存在差异，但这只是学术思想的不同，不能因此而强分高下，他说：“理学诸君子，有标天理者，有标本心者，有标主敬穷理者，有标复性者，有标致良知者。进而上之，有标仁者，有标仁义者，有标慎独者，有标未发者……三代以降，学术分裂，夫子出而提仁，孟子出而增义，宋儒出而主敬穷理，文成出而致良知……合而观之，其不能不标门立户，提掇宗旨，既有然矣。鼎岂谓理学诸君子果无甲乙，果无宗派支流，果无正统闰位？但鼎自揣，委不敢甲之乙之。鼎即甲之乙之，当世未必以鼎之甲乙为甲乙也。”[4] 秉持此一宗旨，《理学备考》平等看待各派学术，以薛、胡、王、陈四家领袖群儒，不事甲乙。其《广理学备考》亦是如此，凡著录诸家，不分门户，意无轩轾，旨在一致百虑，殊途同归。

范鄗鼎认为，世间万物的外在表现各不相同，理学诸家治学与世间万物一样，其风格与宗旨亦各不相同，但殊途同归，必须同等看待，“易有太极，是生两仪。一阴一阳，一柔一刚，一动一静，一语一默，处处皆有，物物皆然，何独至于理学而疑之？他不具论，宋有考亭，即有象山，明有薛、胡，即有王、陈。鹿伯顺解由尧舜至汤一章，有曰：‘见知

[1] 范鄗鼎：《理学备考》自序，清康熙范氏五经堂刻本。
[2] 范鄗鼎：《理学备考》自序，清康熙范氏五经堂刻本。
[3] 范鄗鼎：《理学备考》又序，清康熙范氏五经堂刻本。
[4] 范鄗鼎：《理学备考》又序，清康熙范氏五经堂刻本。

都得两人，政为怕拘一人之见，或见不全也……人知朱、陆之不同也，而不知朱、陆未尝不同。’鹿公之言如此。生安勉强，殊途同归，德行文章，百虑一致，我思鹿公，实获我心”[1]。对于范鄗鼎撰述《理学备考》的这一宗旨，时人多有评论，任枫云：“朱陆而后言理学者，顾歧而二之，则言之者之过也。河津、渑池诸先生，其考亭之功臣乎？新建、新会诸先生，其象山之嫡派乎？宗考亭者禅寂象山，宗象山者支离考亭，致使一理之中纷纭聚讼。以夫子之道反害夫子，谓非言之者之过乎？窃谓理学不过知行两端，但理本至一，气实不齐，是以知有顿渐，行有安勉，及其知之，及其成功，未有不同归一致者……范先生惧其久而湮也，复取而考订之，合辑之，传其传者，亦传其不传者。”[2] 充分肯定范鄗鼎对儒学诸家“同归一致”的“表彰之功”。曹续祖认为《理学备考》“大破世儒门户之藩篱，使之博观尚论，备具效法之资焉耳。正非夸多阔靡，汗漫无纪之书。故辑录诸儒不别宗派，不分异同，举全德矣，亦采及片长；尊名世矣，并不遗陶樵。直令有明一代理学尽无遗珠”[3]。同样高度评价范鄗鼎“大破世儒门户之藩篱”，“不别宗派，不分异同”的著述思想，称赞他“取善之广”，“辨学严而归宗正”。[4]

当然，由于《理学备考》参照前人著述较多，前后历时数年，去取予夺，难免存在一些问题。王永命就指出该书“详略定夺，微显轩轾”[5]，在程朱陆王之间并非完全持平。李颙对此书批评更多，认为“《备考》一书，去取布置及中间书法，多有可商”，“虎谷、虚斋、月湖、可久诸人，虽以理学著声，其于理学实未深入，议论似无足观”。[6] 又说：“续补《备考》，往往有本非正一理学，或因其节烈，或摭及文学，或肤学浅士，本宜附见，而大书特书，俨然与先哲并列者，尤指不胜屈。简册济济，多固可喜，庞亦可虑，宜严其至正，尊其至真，阐扬其至纯，

[1] 范鄗鼎：《广理学备考·凡例》，清康熙范氏五经堂刻本。
[2] 《理学备考》任枫序，见《理学备考》，清康熙范氏五经堂刻本。
[3] 曹续祖：《读理学备考后识》，见《理学备考》，清康熙范氏五经堂刻本。
[4] 曹续祖：《读理学备考后识》，见《理学备考》，清康熙范氏五经堂刻本。
[5] 《理学备考》王永命序，见《理学备考》，清康熙范氏五经堂刻本。
[6] 李颙：《二曲集》卷十八《答范彪西征君》，中华书局 1996 年版，第 198 页。

观者似无间然矣。”[1] 李颙所论，既指出《理学备考》去取不严，存在滥收现象，也反映了李颙与范鄗鼎不同的学术观点。

总之，孙奇逢、范鄗鼎等人由程朱入，尊程朱而不薄陆王，将程朱陆王都看作是儒学正宗，折射出清初学术思想的新变化。

二、突破道统束缚，重建宋明学术史体系

清初学术史编纂高潮的兴起，与这一时期批判、总结理学思潮以及学风转变关系密切。同时，大量学术史的编写又促进了人们对学术发展的进一步反思。无论为道统争门户，还是消弭门户，抑或打通经学和理学，都是囿于道统观念而进行的学术史梳理。

但是，黄宗羲的《明儒学案》以及由他发凡起例，由黄百家、杨开沅、顾諟、全祖望、王梓材、冯云濠等人编纂的《宋元学案》却与当时的其他学术史著作不同。笔者曾分析了清初所编纂的学术史著作的序、跋、凡例等，发现人们为《明儒学案》和《宋元学案》之外的其他学术史著作作序、作跋（包括自序）或发凡起例，频繁出现的词汇是“道统”“道学”“理学”“正宗”“正学”“正统”“续统”“卫道”“圣学”“正传”等，几乎全是和学术门户相关的词语，这说明无论是“立门户”还是“破门户”，都围绕“道统”这一核心观念打转转。

我们反观《明儒学案》的序、跋、凡例，发现情况大不相同。[2]《明儒学案》卷首共有序、跋 11 篇，分别是郑性序、黄千秋序、于准序、仇兆鳌序、贾润序、贾朴序、莫晋序、黄宗羲自序、黄宗羲原序以及冯全垓跋、贾念祖跋，另有一篇发凡。《明儒学案》的 11 篇序、跋和一篇发凡，只有于准的序提到“道统”一次，所谓“程、朱道统，直接心传”，莫晋的序提到“道学”一次，所谓“千古道学之指南”。其余各家序、跋均未出现“道统”“道学”“正宗”“正学”“正统”“卫道”“正传”等概念，而出现最多的词汇是“学术”“学人”“学问”“宗旨”“学脉”

---

[1] 李颙：《二曲集》卷十八《答范彪西征君》，中华书局 1996 年版，第 200 页。

[2] 因为《宋元学案》除了全祖望的“序录”外，其序、跋均为道光时期学者所作，不足以代表清初的学术观念，故在此不讨论。

“师说”“师承”“源流”“理学”等。古人为他人著述作序、跋，或者自序，往往要点出著述的旨趣。序、跋中使用的概念和词汇常常反映了该著述的宗旨。《明儒学案》序、跋中所频繁使用的概念，诸如“学术”“学问”“学人”“宗旨”等。与其他学术史著述序、跋中所频繁使用的“道统”“正统”“正宗”“正传”等概念极为不同，已经具有近代意义上的学术史意蕴，这正从一个侧面反映了《明儒学案》能超脱于当时无谓的“道统”之争，摒弃了“卫道”的狭隘观念，真正上升到学术史的高度看待学术的离合、演变与发展。

《明儒学案》和《宋元学案》合璧，就是一部相当完整的宋、元、明学术发展史。通过前面的讨论，我们看到，两部《学案》的编纂意图与清初编修的各类学术史不同。其他理学史、经学史或以“卫道”“续统”为使命，或以消弭门户、重振理学为志职。《明儒学案》和《宋元学案》不在“立门户”或“破门户”等道统问题上纠缠，而是总结宋元明学术发展的历史，明学术盛衰，察学术利弊，抓学术宗旨，明显突破了理学宗派的局限和道统观念的束缚，超拔于诸多学派之上，立足于学术史更为广阔的背景，俯瞰学术发展的全局，“分其宗旨，别其源流”[1]，分析学者的学术宗旨，考察学派的渊源流变，探究学术转化的因缘际会，总结学术论争的是非得失。当然，由于宋、元、明时期是理学发展最辉煌的时期，这两部《学案》把理学当作最重要的内容加以记载，以理学家为主干，梳理理学发展的基本线索，是对学术发展实际的尊重。但这只是内容和依托，不是魂魄。通过书写宋、元、明理学的发展演变，构建新的学术史体系，才是这两部《学案》所极力关注的。

其一，从学术宗旨入手，考察学术渊源流变。清初的其他学术史著述，多数斤斤于道统正宗，总是从学术宗派、学术门户的角度入手考察理学的渊源流变。《明儒学案》《宋元学案》与之不同，这两部《学案》不再囿于道统、门户而谈学术，重视的是学术宗旨，站在学术宗旨的角度而不是道统正宗的角度看待学术发展。或者说，黄宗羲等人以学术宗旨为提领，言学术宗旨而不言道统门户，立足于学术宗旨这一核心，来反观宋元明学术的演变。

---

[1] 黄宗羲：《明儒学案·序》，中华书局1985年版，第7页。

对于学术宗旨，黄宗羲相当看重并反复提及。他批评周汝登《圣学宗传》以“一人之宗旨”代替“各家之宗旨”，批评孙奇逢《理学宗传》批注各家学术“未必得其要领”。[1]“要领”即有“宗旨”之意。学术宗旨成了他衡评各家学术史著述的标尺。对于明代“诸先生学不一途，师门宗旨，或析之为数家，终身学术，每久之而一变”的现象，黄宗羲说他要做的工作就是“分其宗旨，别其源流……以著于篇，听学者从而自择”。[2]他还说：“羲为《明儒学案》，上下诸先生，深浅各得，醇疵互见，要皆功力所至，竭其心之万殊者，而后成家，未尝以懵懂精神冒人糟粕。于是为之分源别派，使其宗旨历然，由是而之焉，固圣人之耳目也。”[3]黄宗羲数次提到“宗旨”，所谓“一人之宗旨”“各家之宗旨”“师门宗旨”“分其宗旨”“使其宗旨历然”等，那么，黄宗羲所说的“宗旨”又是什么呢？

黄宗羲说：“大凡学有宗旨，是其人之得力处，亦是学者之入门处。天下之义理无穷，苟非定以一二字，如何约之，使其在我。故讲学而无宗旨，即有嘉言，是无头绪之乱丝也。学者而不能得其人之宗旨，即读其书，亦犹张骞初至大夏，不能得月氏要领也。”[4]很清楚，在黄宗羲看来，学术宗旨是学术精神的体现，学术思想的核心，源于学者自身的切身体悟，是学者最具特性的思想观念，“是其人之得力处”，学脉学派由此而分。当然也是人们了解与把握学术渊源流变的关键。正是因为这样，黄宗羲等人超越门户之见，直接从“理一分殊”“万殊总为一致”的哲学高度看待学术的异同和衍化。黄宗羲说：“盈天地间皆心也，人与天地万物为一体，故穷天地万物之理，即在吾心之中。后之学者，错会前贤之意，以为此理悬空于天地万物之间，吾从而穷之，不几于义外乎？此处一差，则万殊不能归一。夫苟工夫著到，不离此心，则万殊总为一致。学术之不同，正以见道体之无尽也。奈何今之君子，必欲出于一途，剿其成说，以衡量古今，稍有异同，即诋之为离经畔道，时风众势，不

[1] 黄宗羲：《明儒学案·发凡》，中华书局 1985 年版，第 17 页。
[2] 黄宗羲：《明儒学案·序》，中华书局 1985 年版，第 7—8 页。
[3] 黄宗羲：《明儒学案·原序》，中华书局 1985 年版，第 10 页。
[4] 黄宗羲：《明儒学案·发凡》，中华书局 1985 年版，第 17 页。

免为黄芽白苇之归耳。夫道犹海也，江、淮、河、汉以至泾、渭蹄跨，莫不昼夜曲折以趋之，其各自为水者，至于海而为一水矣。”[1] 黄宗羲从“一本万殊”的观念出发，强调各种学术、学派的存在都是合理的，各家宗旨不同，为学之路径与方法自然不同，学术研究本来就应该百家并存、多元发展，那种标榜门户，以自己为正宗，以别的学派为“离经叛道”，试图将学术定于一尊的做法是不可取的。值得注意的是，黄宗羲论学术发展流变，从“一本万殊”起始，又以“万殊总为一致”结束。在他看来，不同的学术流派，为学路径不同，宗旨不同，但都是对自然、社会和人类思想的体察，此乃“万殊总为一致”。黄宗羲用百川入海来形容这一场景：如果没有各种思想的涓涓细流交汇入海，就不可能有思想的汪洋大海。思想的各种支流枯竭，大海也就不复存在，所谓“不待尾闾之泄，而蓬莱有清浅之患矣”[2]。

《明儒学案》《宋元学案》在考察宋元明学术渊源流变时，但抓其“宗旨”，不尚谈道统，其学术眼光非同时期其他相关著述可比，所谓“是编（按，指《明儒学案》）分别宗旨，如灯取影，杜牧之曰：‘丸之走盘，横斜圆直，不可尽知。其必可知者，知是丸不能出于盘也。’夫宗旨亦若是而已矣”[3]。从宗旨意识出发，《明儒学案》中特别重视学术上的“一偏之见”和“相反之论”，认为这些不同之处，正是要认真“着眼理会”的，而那些“倚门傍户，依样葫芦者”，则不值一提：“此编所列，有一偏之见，有相反之论，学者于其不同处，正宜着眼理会，所谓一本而万殊也。”[4] 这才是真正的学术史著述应该具有的精神。

既然黄宗羲特别重视学术宗旨，《明儒学案》《宋元学案》在书写宋元明学术史时，抓住案主的学问精神，评说学理，叙述行事，辑录材料。

《明儒学案》的每一学案基本上都由三部分组成。一是总论（序文），意在考述学派源流，理清学脉，主要介绍案主师承演变、学术变迁、学术地位、学术要点或影响等；二是案主传记。记载案主言行，以知行为

[1] 黄宗羲：《明儒学案·序》，中华书局 1985 年版，第 7 页。
[2] 黄宗羲：《明儒学案·序》，中华书局 1985 年版，第 7 页。
[3] 黄宗羲：《明儒学案·发凡》，中华书局 1985 年版，第 17 页。
[4] 黄宗羲：《明儒学案·发凡》，中华书局 1985 年版，第 18 页。

主，尤其注重提炼案主的学术宗旨；三是案主的学术言论选辑，亦以体现思想家的宗旨为主。资料辑录建立在对案主全部著作了解的基础上，纂要钩玄，撷英采华，力图从中透露出案主一生的学术精神。他说："每见钞先儒语录者，荟撮数条，不知去取之意谓何。其人一生之精神未尝透露，如何见其学术？是编皆从全集纂要钩玄，未尝袭前人之旧本也。"[1] 而《宋元学案》在《明儒学案》基础上，更加完善了学案体体例，一是在每个学案前增加了"学案表"，表列该派学术授受源流，使人一目了然；二是在案主传记和论著选辑以外，增加"附录"，以补充与案主相关的学术资料和学术传授关系。三是书前有全祖望的"序录"，简明扼要地阐述各学案立案之依据及渊源传授关系，提纲挈领。《宋元学案》虽经黄宗羲发凡起例，但该书编纂时黄宗羲已经去世，故而《宋元学案》所完善的学案体体例，更重视对学术师承流变的考量，宗旨意识稍差。对此，侯外庐等人早有论断："如果说，《宋元学案》的编纂和论述，侧重于理学源流和学统师承的辨析，那么《明儒学案》的编纂和论述，则侧重于对理学不同流派的学术宗旨和学术思想的概括。"[2]

其二，穷源竟委，博采兼收。中国古代，但凡梳理学术发展，基本以辨章学术、考镜源流为旨归。先秦时期的《庄子·天下篇》《荀子·非十二子》《韩非子·显学》，两汉时期的司马谈《论六家要旨》《汉书·艺文志》等，都在不同程度上较为集中地体现出这种治学的优良传统。《明儒学案》与《宋元学案》更将这一优良传统发扬光大，善于在各种学术交汇发展、相互影响的复杂关系中讨论学术的源流，"穷源竟委，博采兼收"[3]，把各个学派置于宋元明学术发展的大背景中，且当作一个发生、发展、衰变的过程来把握，从而展示思潮变动的趋向。

两部《学案》都以究明各家学术源流为基础，然后从整体上呈现一代学术变迁之大势。明清时期讨论理学史开端，总是归之于濂洛之学。《宋元学案》与之不同，其论理学源流，直追胡瑗、孙复、石介等宋初三

[1] 黄宗羲：《明儒学案·发凡》，中华书局 1985 年版，第 17 页。

[2] 侯外庐、邱汉生、张岂之主编：《宋明理学史》（下），人民出版社 1987 年版，第 821 页。

[3] 《明儒学案》冯全垓跋，见《明儒学案》，中华书局 1985 年版，第 3 页。

先生，以其为理学发源。在周、邵、张、二程等北宋五子之前，《宋元学案》设立了《安定学案》（胡瑗等）、《泰山学案》（孙复、石介等）、《高平学案》（戚同文、范仲淹等）、《庐陵学案》（欧阳修等）、《古灵四先生学案》（陈襄等）、《士刘诸儒学案》（士建中等）、《涑水学案》（司马光等）七个学案，以反映濂、洛之学兴起前学术界的实际情况，所谓“庆历之际，学统四起。齐、鲁则有士建中、刘颜夹辅泰山而兴；浙东则有明州杨、杜五子，永嘉之儒志、经行二子，浙西则有杭之吴存仁，皆与安定湖学相应；闽中又有章望之、黄晞，亦古灵一辈人也；关中之申、侯二子，实开横渠之先；蜀有宇文止止，实开范正献公之先。筚路蓝缕，用启山林，皆序录者所不当遗”[1]。在《宋元学案》作者看来，濂、洛、关、闽之前，“学统四起”，这是宋代学术发展的实际，也是濂洛之学的发端。这种将濂洛之学的兴起置于更为阔大的学术视野中进行考察的做法，非斤斤于道统正宗者所可比，已然是真正学术史的写法。《明儒学案》的视野更为宏阔，从立案学派来看，明代众多思想流派，几乎无所不包。有崇程朱者，有宗陆王者，有调停程朱陆王者，有自成体系者，亦有无以名家者，尽皆纳入书中。《明儒学案》兼综各派，以学术宗旨为主线，不分门户，详细考察了明代学术的转折变化及相互影响。开篇便是描述明初朱学的发展，设《崇仁学案》，表彰薛瑄、吴与弼、胡居仁等朱学学者。到陈献章，设《白沙学案》，明代的理学开始发生变化。由陈献章而王阳明，王学兴起，并很快形成浙中、江右、南中、楚中、北方、粤中诸王学后劲。无法归入理学或王门者，则以“诸儒学案”反映之。书中对于各学派的兴盛衰亡都有详细考察，纵向梳理明代学术流变的大势，横向考察各学派之间的关联和影响，把整个明代学术发展的面貌呈现了出来。

两部《学案》都非常注重梳理各家思想脉络，辨析不同学派之间和同一学派内思想的差异。如《宋元学案》考察二程学术，认为二程虽师承周敦颐，但“二程子虽少师周子，而长而能得不传之秘者，不尽由于

---

[1] 黄宗羲、全祖望等：《宋元学案》卷六《士刘诸儒学案》，见《黄宗羲全集》第三册，浙江古籍出版社1992年版，第314页。

周子可也"[1]，显然有自己的创造。朱熹师事诸家，胡宪、刘勉之、刘子翚、李侗皆为其师，且上溯谢良佐，但朱熹不名一师，集理学之大成。陆九渊"兄弟自为师友，和而不同"[2]，学无师承，但王苹、林季仲诸人"皆其前茅"[3]，朱陆学统同源。薛季宣"其学主礼乐制度，以求见之事功"[4]，为永嘉功利学派开山。《明儒学案》考察明代学术，更重视于细微处辨差异。吴与弼与薛瑄同守朱学家法，但吴与弼重"涵养"，所谓"至于学之之道，大要在涵养性情，而以克己安贫为实地"[5]。薛瑄重"践履"，被称为"实践之儒"，所谓"阅先生《读书录》，多兢兢检点言行间，所谓'学贵践履'，意盖如此"[6]。同为江右王门诸先生，在信守师门宗旨的同时又各有发挥，邹守益主"戒惧"，罗洪先主"主静"，聂豹主"归寂"，同中有异。黄宗羲还论王阳明学术前后三变，前三变是"始泛滥于词章"，"继而遍读考亭之书"，最后"出入于佛、老"，终于通过领悟"格物致知之旨"而转向心学，"其学凡三变而始得其门"。[7] 后三变是：龙场悟道以后，"尽去枝叶，一意本原，以默坐澄心为学的"；"江右以后，专提'致良知'三字，默不假坐，心不待澄，不习不虑，出之自有天则"；"居越以后，所操益熟，所得益化，时时知是知非，时时无是无非，开口即得本心，更无假借凑泊，如赤日当空而万象毕照"。此乃"学成之后又有此三变"。[8] 总之，两部《学案》通过对宋元明学术发展的考察，察其源流，辨其异同，析其分合，明其宗旨，挣脱道统论的束缚，以博大的胸怀建构了熔各家学术于一炉的新的学术史体系，从

[1] 黄宗羲、全祖望等：《宋元学案》卷十二《濂溪学案下》，见《黄宗羲全集》第三册，浙江古籍出版社1992年版，第643页。

[2] 黄宗羲、全祖望等：《宋元学案》卷五十七《梭山复斋学案》，见《黄宗羲全集》第五册，浙江古籍出版社1992年版，第257页。

[3] 黄宗羲、全祖望等：《宋元学案》卷五十八《象山学案·全祖望案语》，见《黄宗羲全集》第五册，浙江古籍出版社1992年版，第275页。

[4] 黄宗羲、全祖望等：《宋元学案》卷五十二《艮斋学案·全祖望案语》，见《黄宗羲全集》第五册，浙江古籍出版社1992年版，第50页。

[5] 黄宗羲：《明儒学案·师说·吴康斋与弼》，中华书局1985年版，第3页。

[6] 黄宗羲：《明儒学案·师说·薛敬轩瑄》，中华书局1985年版，第2页。

[7] 黄宗羲：《明儒学案》卷十《姚江学案》，中华书局1985年版，第181页。

[8] 黄宗羲：《明儒学案》卷十《姚江学案》，中华书局1985年版，第181页。

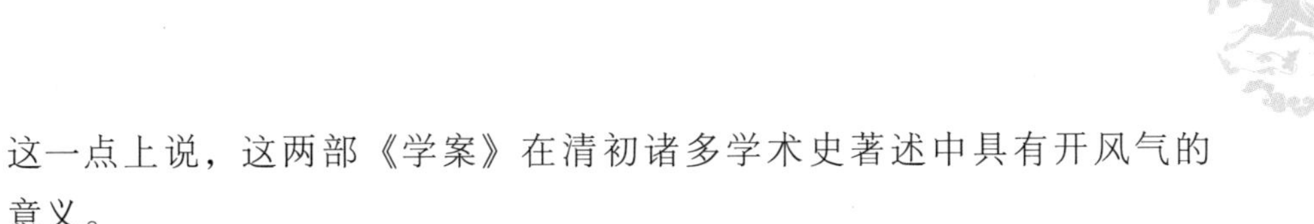

这一点上说，这两部《学案》在清初诸多学术史著述中具有开风气的意义。

当然，学术界也有人认为黄宗羲并没有完全脱离“门户”习气，《明儒学案》所立王门学案几乎占了学案总数的一半以上。其实，王学在明代中后期的繁荣人尽皆知，为王门多立学案，恰恰反映了明代学术发展的实际。我们看到的更多的是黄宗羲对学术的总结批判，不再提倡理学、心学的对立，平等看待各类学术，以学术宗旨为核心梳理各种学术流派的发展演变。

第三章　黄宗羲的经学与史学

作为明清之际的伟大思想家，黄宗羲一直是学术界研究的重要人物，有关其政治思想、哲学、史学、文学等方面的相关研究成果颇丰。但是，黄宗羲学术思想的一大特点是经学与史学密不可分。全祖望曾总结其治学方法，指出黄氏治学“自明十三朝实录，上溯二十一史，靡不究心，而归宿于诸经”[1]。又说他的学问“本于经术”“证于史籍”，摒弃“蹈虚”，注重“应务”。[2] 也就是说，黄宗羲治学，经史结合而归于经世致用，形成了独特的学术风格。因此，深入讨论黄宗羲经学与史学的关系，从经学的角度观照其史学，从史学的角度分析其经学，才能从深层次上揭示黄宗羲在中国学术史、史学史和思想史上的地位。

第一节　黄宗羲史学思想的学术渊源

黄宗羲“生平长于史学”[3]，编著了大量的史学著作，提出了一系列颇有理论价值的史学观点。他的史学思想，既受明清易代之际“天崩地解”的社会巨变的影响，带有明显的现实印痕；同时又有着深厚的学

[1] 全祖望：《鲒埼亭集》卷十一《梨洲先生神道碑文》，见《全祖望集汇校集注》（上），上海古籍出版社 2000 年版，第 214 页。

[2] 全祖望：《鲒埼亭集外编》卷十六《甬上证人书院记》，见《全祖望集汇校集注》（中），上海古籍出版社 2000 年版，第 1060 页。

[3] 黄嗣艾：《南雷本公传》，见《黄宗羲全集》第十二册，浙江古籍出版社 1994 年版，第 99 页。

术渊源。从学术渊源上看，黄宗羲的史学思想主要来源于阳明蕺山之学、朱子之学和宋代浙东先贤。黄氏是王学传人，他的尊经重史的思想，正是受了王阳明“经亦史”“史亦经”思想的启发。他所具有的独立思考、善于怀疑的史学精神，则来源于刘宗周。黄氏不为王学所囿，又吸纳了朱熹学说中“先经后史”“经本史用”的史学思想，但同时又表现出与朱熹史学精神的极大差异。黄氏史学中最有价值的经世致用的一面，则导源于宋代浙东金华、永嘉、永康诸先贤。黄氏吸纳诸家经学和史学思想之长，结合当时社会现实，融通经史，铸成了自身通达明识的史学体系。

一、黄宗羲史学与阳明心学

从师承关系上看，黄宗羲师从明末大儒刘宗周，刘宗周则上接王阳明，而王阳明之学与陆九渊又有密切联系。对此，章学诚说得明白：“浙东之学，虽出婺源，然自三袁之流，多宗江西陆氏，而通经服古，绝不空言德性，故不悖于朱子之教。至阳明王子揭孟子之良知，复与朱子抵牾。蕺山刘氏本良知而发明慎独，与朱子不合，亦不相诋也。梨洲黄氏出蕺山刘氏之门，而开万氏弟兄经史之学，以至全氏祖望辈尚存其意，宗陆而不悖于朱者也。”[1] 这段话很清楚地指出了黄宗羲远宗阳明，近承蕺山，从而开启万斯同、万斯大及全祖望经史之学的事实，并且指出了刘宗周、黄宗羲对王学的改造以及与朱学的关系，所言颇得其要。

王阳明是明代兼有大哲学家和大政治家双重性格的人物。在他的思想体系中，有心学貌似玄虚的一面，又有重视实事、实践、实功的一面，其为学的显著特点是“虚”与“实”、“学术”与“事功”的统一。从王阳明的“致良知”“知行合一”等学说的内容来看，他更重视“实”与“事功”的一面，认为“未有知而不行者，知而不行，只是未知”[2]，“真知即所以为行，不行不足谓之知”[3]。讲求“体究践履，实地用功”。

[1] 章学诚：《文史通义》内篇二《浙东学术》，见《文史通义新编新注》，浙江古籍出版社 2005 年版，第 121 页。

[2] 王守仁：《传习录》上，见《王阳明全集》（上），上海古籍出版社 1992 年版，第 4 页。

[3] 王阳明：《答顾东桥书》，见《阳明先生集要·理学编》卷三，中华书局 2008 年版，第 204 页。

黄宗羲学术导源于阳明心学，由于时势巨变，他对阳明心学中“实”的一面更加关注，他用“行”字解释王阳明“致良知”的“致”字，指出“先生致之于事物，致字即是行字，以救空空穷理”[1]。又说：“良知为知，见知不囿于闻见；致良知为行，见行不滞于方隅。即知即行，即心即物，即动即静，即体即用，即工夫即本体，即下即上，无之不一，以救学者支离眩骛，务华而绝根之病，可谓震霆启寐，烈耀破迷，自孔、孟以来，未有若此之深切著明者也。”[2] 在这里，黄宗羲不仅充分肯定了王阳明学说的历史地位，而且归纳了他治学“心”与“物”、“动”与“静”、“体”与“用”、“工夫”与“本体”相统一的特点，并突出其重视践履、强调事功的一面。梁启超说黄宗羲“不是王学的革命家，也不是王学的承继人，他是王学的修正者”[3]，这是符合实际的。黄宗羲继承了阳明心学中学问与事功统一的“实”的一面，并加以改造、发展，抛弃空谈，朝着经世致用的道路走下去。

更为重要的是，在王阳明的心学体系中，史学占有重要地位。王阳明从虚与实、学问与事功统一的理论基础出发，泛滥经史，打通“事”与“道”、“史”与“经”的严格界限，指出：“以事言，谓之史；以道言，谓之经。事即道，道即事。《春秋》亦经，五经亦史。《易》是包牺氏之史，《书》是尧舜以下史，《礼》《乐》是三代史，其事同，其道同，安有所谓异？”又说：“五经亦只是史，史以明善恶，示训戒。善可为训者，时存其迹以示法，恶可为戒者，存其戒而削其事，以杜奸。”[4] 王阳明如此倡言“五经皆史”，足见王氏之学与史学是相通的。他讲“五经皆史”，出发点是为了打破宋以来学者只知背诵程朱语录、拘泥僵化的学风，创立心学思想体系。史学也就成了他解释“心学”的注脚，被纳入他的学说体系中。王阳明将史学的经世作用提高到与经并列的地步，对黄宗羲尊经重史思想影响很大。黄氏虽未明言“六经皆史”，但他在学道与事功统一的经世致用思想的基础上，指出“问学者必先穷经，经术所

[1] 黄宗羲：《明儒学案》卷十《姚江学案》，中华书局 1985 年版，第 179 页。
[2] 黄宗羲：《明儒学案·师说·王阳明守仁》，中华书局 1985 年版，第 7 页。
[3] 梁启超：《中国近三百年学术史》，东方出版社 1996 年版，第 54 页。
[4] 王守仁：《传习录》上，见《王阳明全集》(上)，上海古籍出版社 1992 年版，第 10 页。

以经世。不为迂儒，必兼读史。读史不多，无以证理之变化；多而不求于心，则为俗学”[1]。认为“六经皆载道之书”[2]，而“二十一史所载，凡经世之业，亦无不备矣”[3]。就是说，六经载道，史籍纪事，道不离事，事中寓道，六经之道，皆寓于史籍。可见，融通经史是黄宗羲的一贯思想。尊经重史，以求致用，是黄宗羲的一贯主张。章学诚在谈到浙东学术的特点时曾说：“善言天人性命，未有不切于人事者。三代学术，知有史而不知有经，切人事也。后人贵经术，以其即三代之史耳……浙东之学，言性命者必究于史，此其所以卓也。”[4]这段话概括浙东学术的治学特点，虽非直言黄宗羲，但黄宗羲恰恰是浙东学术的中流砥柱，故而非常符合黄宗羲的思想实际。黄宗羲曾说：“学必原本于经术，而后不为蹈虚，必证明于史籍，而后足以应务。”[5]在黄宗羲的思想体系中，学道与事功的统一、义理与人事的统一、治经与治史的统一，三者是一致的。黄宗羲尊经重史的思想，正是受了阳明学说的影响，尤其是阳明“经亦史”“史亦经”思想的启发，并根据时代变化加以发挥的结果。

黄宗羲的老师刘宗周，不是一个史学家，也未在史学方面提出具体见解，但他多读书、善怀疑、“慎独诚意”的学说，却富有史学精神。刘氏一生饱读经籍，善于怀疑。黄宗羲说：“先师蕺山曰：‘予一生读书，不无种种疑团，至此终不释然，不觉信手拈出，大抵于先儒注疏，无不一一抵牾者，诚自知获戾斯文，亦姑存此疑团，以俟后之君子。’”[6]这种怀疑与存疑的精神，即是史学家的精神。其“慎独诚意”的哲学命题，也具有强调独立思考、躬行践履工夫的内容。黄宗羲受这些思想影

---

[1] 赵尔巽等：《清史稿》卷四八〇《黄宗羲传》，中华书局1998年版，第13105页。

[2] 黄宗羲：《学礼质疑序》，见《黄宗羲全集》第十册，浙江古籍出版社1993年版，第23页。

[3] 黄宗羲：《补历代史表序》，见《黄宗羲全集》第十册，浙江古籍出版社1993年版，第77页。

[4] 章学诚：《文史通义》内篇二《浙东学术》，见《文史通义新编新注》，浙江古籍出版社2005年版，第121页。

[5] 全祖望：《鲒埼亭集外编》卷十六《甬上证人书院记》，见《全祖望集汇校集注》（中），上海古籍出版社2000年版，第1060页。

[6] 黄宗羲：《陈乾初先生墓志铭》（二稿），见《黄宗羲全集》第十册，浙江古籍出版社1993年版，第352页。

响，一生强调多读书，并率先垂范，终生读书不辍，“于书无所不窥者”，“既尽发家藏书读之，不足，则抄之同里世学楼钮氏、澹生堂祁氏，南中则千顷斋黄氏，吴中则绛云楼钱氏，穷年搜讨。游屐所至，遍历通衢委巷，搜鬻故书”[1]。他读书同样强调独立思考，“深求其故，取证于心”[2]，既反对空谈，又反对盲从。大到世界观、宇宙论，小到具体事物，黄宗羲都深求其所以然，即便是“三礼之升降拜跪，宫室器物之微细，三传之同异，义例、氏族、时日之杂乱，钩稽考索，亦谓不遗余力”[3]。黄宗羲治史，博闻强记，善于怀疑，见解独到，这些正是从其师刘宗周那里继承下来的。可见，黄宗羲的史学，继承了王阳明、刘宗周学术的精神与传统，提倡经史之学，并将研究重点归于史学，这是必然的趋势。

二、黄宗羲史学与程朱理学

黄宗羲的史学思想受朱熹影响也较大。黄氏学承阳明心学，有明确宗旨但又不囿于师说，“其为学不名一家”[4]，“原本蕺山，深造必由乎自得”[5]，能在独立思考中熔冶诸家于一心。他对朱子理学某些命题多有批评，但又能打破门户，不菲薄朱子，认为程朱、陆王只是在治学路径上有所差异，殊途同归，其学术归宿均趋向圣学。他对朱熹学说多所推尊，说：“诸儒大成，厥惟考亭。”[6] 又说：“夫朱子之教，欲人深思

[1] 全祖望：《鲒埼亭集》卷十一《梨洲先生神道碑文》，见《全祖望集汇校集注》（上），上海古籍出版社 2000 年版，第 214 页。

[2] 黄宗羲：《恽仲升文集序》，见《黄宗羲全集》第十册，浙江古籍出版社 1993 年版，第 4 页。

[3] 黄宗羲：《前乡进士泽望黄君圹志》，见《黄宗羲全集》第十册，浙江古籍出版社 1993 年版，第 293 页。

[4] 邵廷采：《思复堂文集》卷三《遗献黄文孝先生传》，浙江古籍出版社 2010 年版，第 167 页。

[5] 黄百家：《先遗献文孝公梨洲府君行略》，见《黄宗羲全集》第十一册，浙江古籍出版社 1993 年版，第 429 页。

[6] 黄宗羲：《国勋倪君墓志铭》，见《黄宗羲全集》第十册，浙江古籍出版社 1993 年版，第 486 页。

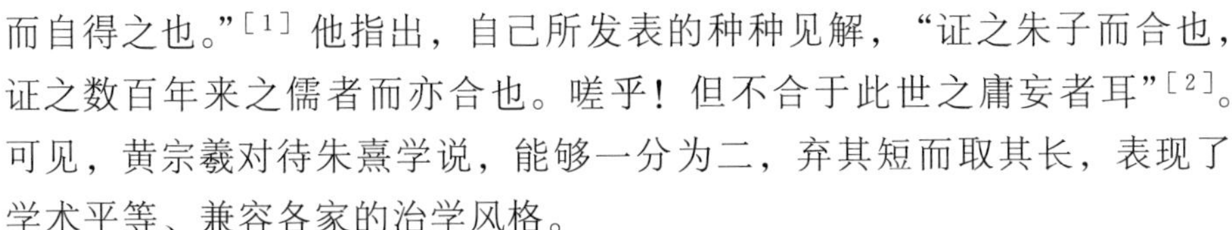

而自得之也。”[1] 他指出，自己所发表的种种见解，“证之朱子而合也，证之数百年来之儒者而亦合也。嗟乎！但不合于此世之庸妄者耳”[2]。可见，黄宗羲对待朱熹学说，能够一分为二，弃其短而取其长，表现了学术平等、兼容各家的治学风格。

朱熹学说对中国专制社会后期的学术影响巨大，其思想见解更为后世不少人接受。黄宗羲对朱子学说进行过深入研究，他的很多史学观点都能在朱熹那里找到源头。但是，由于时代不同，学说体系及宗旨不同，黄宗羲与朱熹的史学在基本精神上仍有很大的差异。

朱熹史学思想的一个最大特点就是“先经后史”，先读经，后读史，经是本，史是末，经为体，史为用。他指出：“凡读书先读《语》《孟》，然后观史，则如明鉴在此，而妍丑不可逃。若未读彻《语》《孟》《中庸》《大学》，便去看史，胸中无一个权衡，多为所惑。”[3] 先读经是为了求得“义理之要”，使心中有一个权衡史事的标准，然后以此去评判历史上的善恶是非，不被史事所迷惑。他认为先经后史然后九流百家是读书不可逾越的次序，“必先观《语》《孟》《大学》《中庸》以考圣贤之意，读史以考存亡治乱之迹，读诸子百家以见其驳杂之病，其节目自有次序，不可逾越”[4]。黄宗羲为学，博大通达，遍涉群经子史，饱读古今著述，在经史关系上，他同样提倡以经为本，兼令读史，坚持“学问必以六经为根柢”[5]。他在谈到读书的程序时也说：“读书当从六经，而后《史》《汉》，而后韩、欧诸大家。”[6] 又说：“学者必先穷经，经术所以经世，必兼读史，史学明而后不为迂儒。”[7] 他本人读书，也遵循着这样的原

---

[1] 黄宗羲：《恽仲升文集序》，见《黄宗羲全集》第十册，浙江古籍出版社 1993 年版，第 4 页。

[2] 黄宗羲：《恽仲升文集序》，见《黄宗羲全集》第十册，浙江古籍出版社 1993 年版，第 4—5 页。

[3] 朱熹：《朱子语类》卷十一，中华书局 1986 年版，第 195 页。

[4] 朱熹：《朱子语类》卷十一，中华书局 1986 年版，第 188 页。

[5] 黄炳垕：《黄梨洲先生年谱》，“康熙七年戊申”条，见《黄宗羲全集》第十二册，浙江古籍出版社 1994 年版。第 42 页。

[6] 黄宗羲：《高旦中墓志铭》，见《黄宗羲全集》第十册，浙江古籍出版社 1993 年版，第 314 页。

[7] 钱林：《文献征存录》卷二《黄宗羲》，《近代中国史料丛刊三编》第十四辑，文海出版社 1986 年版。

则，“自明十三朝实录，上溯二十一史，靡不究心，而归宿于诸经。既治经，则旁求之九流百家，于书无所不窥者”[1]。黄宗羲这种先穷经，后读史，然后旁及九流百家的史学思想，与朱熹的观点何其相似！

在经史关系上，朱熹认为经占着统治地位，史处于被支配地位，读经是“本”，是“体”，读史考之于治乱，是在“用处做功夫”，是“用”。二者不能割裂，也不是对立的。他反对废经而治史，离经而习史；同时也反对轻视史学。他主张将读经、读史与当今事务结合在一起，“味圣贤之言以求义理之当，察古今之变以验得失之几，而必反之身以践其实者，学之正也”[2]。号召学者“考之于经，验之于史，而会之于心，以应当世无穷之变”[3]。在这些方面，黄宗羲也有相似的议论，他说：“尝观古今学术不能无异同，然未有舍体而言用者。所谓体者，理也。宋儒穷理之学，可谓密矣！”[4] 并一再指出，“学必原本于经术”，“史籍定以应务”。足见黄宗羲也是以经为体，以史为用，经史结合，以应当世之务的。

尽管黄宗羲的史学思想受朱熹影响很大，但二人的史学思想的基本精神却是有很大差异的。朱熹提倡“先经后史”“经本史末”“经体史用”，实际上是要把史学纳入他的理学体系中，把史学理学化。他认为天地万物只是一个理，以“理”作为对宇宙自然和社会历史的最高概括，六经所讲，全是天理，读经是为了穷理，掌握了天理这个先验的标准，然后再用这样的标准考察古今治乱，理会典章制度。因此，朱熹的穷经观史，“不过是以历史验证先验的义理”，“史学不过是说明天理、纲常、名分等级礼制的永恒性”[5]。

黄宗羲所讲的“先经后史”“经体史用”的史学观点，虽在很多方面吸收了朱熹的东西，但它们是在 17 世纪中叶社会剧变，理学末流空谈性

---

[1] 全祖望：《鲒埼亭集》卷十一《梨洲先生神道碑文》，见《全祖望集汇校集注》(上)，上海古籍出版社 2000 年版，第 214 页。

[2] 朱熹：《朱熹集》，四川教育出版社 1996 年版，第 491 页。

[3] 朱熹：《朱熹集》，四川教育出版社 1996 年版，第 506 页。

[4] 黄宗羲：《张母李夫人六十寿序》，见《黄宗羲全集》第十册，浙江古籍出版社 1993 年版，第 666 页。

[5] 吴怀祺：《宋代史学思想史》，黄山书社 1992 年版，第 169 页。

理、专事游谈、束书不观，史学不受重视的情况下提出的，具有新的内涵。黄宗羲重视读经，提倡“以六经为根柢”，主要是针对明人“束书而从事于游谈”，“空谈性命”，学无根柢的状况而发的。但重经尊经并非黄宗羲学术的归宿，其学术的归宿在经世致用，他要将学问与事功统一起来，“闻道”“砥行”“博物”，培养一种“慎密切实”，“有体有用，多见多闻”，“博大有用”的学风。[1] 正是在这种思想支配下，黄宗羲提出“治经必兼读史”，因为“史学所以经世，固非空言著述也”，[2] 只有通知古今治乱之故，才能在“当报国之日”，不致“蒙然张口，如坐云雾”。[3] 如此，才是真正的儒者。在黄宗羲看来，通经而不通史，则不能经世，通史而不通经，则没有根柢。可见，其提倡治经必兼读史，并不是要用历史证明经书义理的正确，而是要转变学风，经世致用。

三、黄宗羲史学与浙东先贤

黄宗羲经世致用的史学思想，与南宋浙东先贤也有密切的学术联系。黄宗羲对南宋浙东学者的学术思想进行过深入研究，全祖望认为，黄宗羲之学问，“以濂洛之统，综会诸家：横渠之礼教，康节之数学，东莱之文献，艮斋、止斋之经制，水心之文章，莫不旁推交通，连珠合璧，自来儒林所未有也”[4]。他对“永嘉之经制，永康之事功”评价很高，认为“落落峥嵘于天壤之间”[5]。宋代浙东先贤在治学上有很多共同之处，但又各有特点，黄宗羲以自己的眼光，融会贯通，吸纳了其中很多优良的东西，形成了自己的风格。

---

[1] 徐秉义：《南雷文定四集序》，见《黄宗羲全集》第十一册，浙江古籍出版社 1993 年版，第 444 页。

[2] 章学诚：《文史通义》内篇二《浙东学术》，见《文史通义新编新注》，浙江古籍出版社 2005 年版，第 122 页。

[3] 黄宗羲：《赠编修弁玉吴君墓志铭》，见《黄宗羲全集》第十册，浙江古籍出版社 1993 年版，第 421 页。

[4] 全祖望：《鲒埼亭集》卷十一《梨洲先生神道碑文》，见《全祖望集汇校集注》（上），上海古籍出版社 2000 年版，第 220 页。

[5] 黄宗羲：《郑禹梅刻稿序》，见《黄宗羲全集》第十册，浙江古籍出版社 1993 年版，第 62 页。

宋代浙东先贤“言性命者必究于史”，表现了对史学的极大兴趣。金华学派的吕祖谦，把学习历史知识，了解前人言行和求天理、讲伦常道德看作一个整体。在经史关系上，他特别强调读史，突出史的地位，以致遭到朱熹多次批评，说他“于史分外仔细，于经却不甚理会”[1]。吕祖谦治史，特别重视对历史文献的征存和整理，有“中原文献之传”。黄宗羲继承他的这一治史精神，以保存故国文献为己任，记录、编纂了大量明代文献，如《明文海》《弘光实录抄》《行朝录》《海外恸哭记》《思旧录》，以及大量的碑版墓志、家状行略、诗词歌赋等，成为研究明史的极为珍贵的历史资料。

永嘉学派的叶适，也是兼通经史的。他认为：“经，理也；史，事也。《春秋》名经而实史也。专于经则理虚而无证，专于史则事碍而不通。”[2] 离史而谈经，会导致义理脱离史实，变成空言；离经而谈史，则会导致“事碍而不通”。永康学派的陈亮，重视读史、明经、经世。由于他重视史学，没有把“天理”放在首要位置上，故而被朱熹指责为“一生被史坏了”[3]。而且，叶适、陈亮治史的目的都是为了经世，为国家前途谋划。这些都被黄宗羲吸纳过来，并根据17世纪的世事巨变，融会贯通，高扬经世致用的大旗，致力于经史研究，将浙东学者“言性命者必究于史”的传统更加发扬光大。

宋代浙东学者，几乎都提倡事功，主张经义与政事、义理和事功相结合。吕祖谦、陈傅良、叶适、薛季宣、陈亮等都强调为学要切于务实，要学以致用。黄宗羲在谈到永嘉之学时，对这一点大为称赞，他说：“永嘉之学，教人就事上理会，步步著实，言之必使可行，足以开物成务。盖亦鉴于一种闭眉合眼，曚瞳精神，自附道学者，于古今事物之变，不知为何等也。”[4] 浙东先贤反对理学家空谈心性，割裂义理与事功，强调经世致用的治学特点，对黄宗羲极有启发。他针对宋明以来学术发展中出现的流弊，倡言学道与事功的统一。他说：“道无定体，学贵适用。

[1] 朱熹：《朱子语类》卷一二二，中华书局1986年版，第2951页。

[2] 叶适：《叶适集》卷十二《徐德操春秋解序》，中华书局2010年版，第221页。

[3] 朱熹：《朱子语类》卷一二三，中华书局1986年版，第2965页。

[4] 黄宗羲、全祖望等：《宋元学案》卷五十二《艮斋学案》，见《黄宗羲全集》第五册，浙江古籍出版社1990年版，第56页。

奈何今之人执一以为道，使学道与事功判为两途。事功而不出于道，则机智用事而流于伪，道不能达之事功，论其学则有，适于用则无，讲一身之行为则似是，救国家之急难则非也。岂真儒哉！”[1] 又说：“夫事功必本于道德，节义必原于性命。离事功以言道德，考亭终无以折永康之论；贱守节而言中庸，孟坚究不能逃蔚宗之讥。”[2] 在黄氏看来，真正的儒者应是既达于道义，又讲求事功，将道义与事功完美结合在一起的人。“征存亡”，“职褒贬”，以达事功之成，就离不开史学。[3] 黄宗羲经世致用的史学思想正是建立在这样的理论基础之上的。而这些，又都是导源于金华、永康、永嘉等浙东先贤。

总之，黄宗羲的史学不仅是17世纪中国社会变动的必然产物，而且承袭了前人多方面的学术遗产。他的史学发轫于王阳明、刘宗周的心学，但又因为史学这一点，走出了阳明心学的樊篱，并成为他改造阳明心学的手段之一。在经史关系上，黄氏史学带有朱熹学说的特点，又与南宋浙东先贤相通。在经世致用这一点上，黄宗羲更是融会诸家，加以自得之学，表现出鲜明的时代特征。黄宗羲以“一本万殊”之宇宙观、认识论，穿穴经史，泛滥群书，关注现实，学问博大精深，思维方式具有开放性特点，能广泛吸收诸家经史思想之长，陶铸成自身通达明识的史学体系。

第二节　经学与黄宗羲的历史哲学

黄宗羲身处动荡不安的明末清初社会，对社会历史的变化发展有切身感受和深刻认识。他深研《周易》《春秋》《孟子》等经典，融会贯穿经史之学，思考社会历史的盛衰变化，较为完整地表达了自己的历史哲学。

---

[1] 黄宗羲：《姜定庵先生小传》，见《黄宗羲全集》第十册，浙江古籍出版社1993年版，第607页。

[2] 黄宗羲：《明名臣言行录序》，见《黄宗羲全集》第十册，浙江古籍出版社1993年版，第50页。

[3] 黄宗羲：《南雷诗历补遗·寄贞一五百字》，见《黄宗羲全集》第十一册，浙江古籍出版社1993年版，第358页。

一、经学与黄宗羲的历史盛衰变易观

黄宗羲在论述历史问题时，特别关注社会历史的治乱盛衰变化，强调变革的重要，具有通变的历史观。他的通变思想和求变观念，与他对《周易》的深湛研究分不开。他潜心研究《周易》，晚年著成《易学象数论》一书，站在义理派立场上，一一辨正象数派附会在《周易》上的种种谬说，诸如纳甲、纳音、占课、天根月窟、卦气、卦变、六壬、遁甲等，以求恢复《周易》之本意，体现出求实明理的精神。

与此同时，黄宗羲对《周易》所蕴含的经世思想和通变观念多有阐发，他说："盖《易》非空言也，圣人以之救天下万世者也。大化流行，有一定之运，如黄河之水，自昆仑而积石而底柱而九河而入海，盈科而进，脉络井然。三百八十四爻皆一治一乱之脉络，阴阳倚伏，可以摹捉，而后圣人得施其苞桑拔茅之术以差等百王。故象数之变迁为经，人事之从违为纬，义理即在其中。一部二十一史，是三百八十四爻流行之迹也。"[1] 在黄宗羲看来，《易经》并非不切实际的空言，相反，他是圣人救天下万世的法则，蕴含着治乱兴衰的深奥义理和经世致用的丰富经验。历史的"一治一乱之脉络"，是可以"摹捉"的。《易经》是一部讲人事的书，《易经》所揭示出来的卦爻的周流变动，实际上是与人类历史的更革演变紧密相连的，"象数之变迁为经，人事之从违为纬，义理即在其中"。二十一史所记载的人类历史的活动，反映在《周易》中，就是卦爻的周流变动。正因为《易经》是一部讲治世之理的书，所以必须将以往依附在《易经》上的"图书卦变""鸟鸣风角"之学剥离开来。黄宗羲认为，易学自秦汉以来，分为义理和象数两派，义理派"尚玄虚而不言象数"，象数派"主变占而不言义理"。义理派的"玄虚"和象数派的"变占"都不是黄宗羲所欣赏的。他认为言象数要与人事相结合，"圣人写天象以为象数，不过人事之张本，其为象数也，尽之于三百八十四爻。今舍三百八十四爻之人事，而别为图书卦变于外，若圣人有所未尽者，是

[1] 黄宗羲：《画川先生〈易俟〉序》，见《黄宗羲全集》第十册，浙江古籍出版社 1993 年版，第 97—98 页。

作《易》者，犹之为鞶帨刀笔之务也，而盛衰之理，反求之鸟鸣风角矣”[1]。象数是人事之张本，三百八十四爻都蕴含着人事，但现在的《周易》象数研究者，没有体察圣人深意，把图书卦变、鸟鸣风角当作象数之根本，离圣人的意旨越来越远，完全跑偏了。

黄宗羲研究《周易》，把“人事”和历史统合起来，形成了以“人事为主”的易学观点。在黄宗羲眼里，《易经》就是一部以“人事为主”的书，通过对它所蕴含的种种“人事”来阐明经世致用的义理。清初乔莱著《易俟》一书，黄宗羲为之作序，盛赞乔莱治《易》之方法，“先生会通古今，凡天地之极则，事机之变化，人情物理之纠错，烂然皆聚于目，而于君子小人之消长，尤为亲切”[2]。乔莱治《易》，会通古今，把天地运行的法则，行事时机的变化，人情事物的纠纷放在一起考量，深得黄宗羲赞赏。四库馆臣评价乔莱的易学，说他“解经多推求人事，参以古今之治乱得失”[3]，一语道破了乔莱易学的实质，这实际上也是黄宗羲最为欣赏的治易路数，即把对《周易》的研究与“人事”和“古今之治乱得失”相结合。

黄宗羲治《易》，以“人事为主”来阐明义理，是建立在具体的历史事实基础上的，是具体的、历史的和经世致用的。黄宗羲认为，“善言天者征之人事”，“天不能以一定之数，制人事之万变”[4]，治理天下不能托之于“运数”，主要靠“修人事”，从来没有“七百余年不易姓”的王朝，唯有勤修人事，方能达到“乱日少而治日多”[5]。黄宗羲生当明末清初，特别重视对宋、明灭亡问题的探讨。他通过对具体历史事件的分析，明确指出：“兴亡之故，虽曰天运，固未尝不由于人矣。”[6] 无论是

[1] 黄宗羲：《画川先生〈易俟〉序》，见《黄宗羲全集》第十册，浙江古籍出版社1993年版，第98页。

[2] 黄宗羲：《画川先生〈易俟〉序》，见《黄宗羲全集》第十册，浙江古籍出版社1993年版，第98页。

[3] 永瑢：《四库全书总目》卷六，“乔氏易俟”条，中华书局1965年版，第38页。

[4] 黄宗羲：《封庶常桓墅陈府君墓志铭》，见《黄宗羲全集》第十册，浙江古籍出版社1993年版，第430—431页。

[5] 黄宗羲：《易学象数论》卷四《乾坤凿度三》，见《黄宗羲全集》第九册，浙江古籍出版社1992年版，第143页。

[6] 黄宗羲：《陕西巡抚右副都御史玄若高公墓志铭》，见《黄宗羲全集》第十册，浙江古籍出版社1993年版，第318页。

宋还是明，都是人事决定国家兴亡，人们常常谈起的所谓“天运”，也就是宋、明灭亡的历史命运，只不过是人事作用下的结果罢了。黄宗羲在《弘光实录钞》《行朝录》《海外恸哭记》中详尽地记述和揭露了南明王朝内部的明争暗斗和腐朽无能，正是这种混乱的“人事”，造成了王朝的灭亡。所谓“国之兴亡，虽曰天数，天之所废，由人摧仆”[1]。黄宗羲在治《易》过程中融入“人事”等历史的内容，以易说史，以史证易，是与他一贯主张的尊经重史以及“经术所以经世”的精神密不可分的。

在黄宗羲看来，《易经》还是讲变化的书，含有深刻的辩证法因素，《易经》中的爻，就是讲变化的，阴阳二爻的不同排列方式，即演化出世界万物包括人类社会的变化发展。黄宗羲说：“《系》曰：‘爻者，言乎变者也。’《易》中何卦不言变？辞有隐显，而理无不寓。”[2]《周易》中的每一卦都有变易的思想，“消长得失，治乱存亡，生乎天下之动，极乎天下之变”[3]。黄宗羲在解释“革”卦时就曾说：“器弊改铸之之为革，天下亦大器也，礼乐制度，人心风俗，一切变衰，圣人起而革之，使就我范围以成器。后世以力取天下，仍袭亡国之政，恶乎革？”[4]很显然，黄宗羲将“革”卦中所蕴含的变易观与礼乐制度、人心风俗等历史变革联系起来，阐发了“承弊易变”的思想。

黄宗羲还根据“恒”卦指出了事物变与不变的关系，显示出他深刻的辩证眼光，“苏子瞻曰：‘自其变者而观之，则天地曾不能以一瞬；自其不变者而观之，则物与我皆无尽也。’人但知男女饮食之为恒事，尽力与造化相搏。造化以至变者为恒，人以其求恒者受变。苟知乾坤成毁，不离俄顷，则恒久之道得矣”[5]。在黄宗羲看来，事物的变与不变都不

---

[1] 黄宗羲：《文渊阁大学士文靖朱公墓志铭》，见《黄宗羲全集》第十册，浙江古籍出版社1993年版，第497页。

[2] 黄宗羲：《易学象数论》卷二《卦变一》，见《黄宗羲全集》第九册，浙江古籍出版社1992年版，第55页。

[3] 黄宗羲：《易学象数论》卷六《胡仲子翰衡运论》，见《黄宗羲全集》第九册，浙江古籍出版社1992年版，第270页。

[4] 黄宗羲：《易学象数论》卷三《原象》，见《黄宗羲全集》第九册，浙江古籍出版社1992年版，第119页。

[5] 黄宗羲：《易学象数论》卷三《原象》，见《黄宗羲全集》第九册，浙江古籍出版社1992年版，第114页。

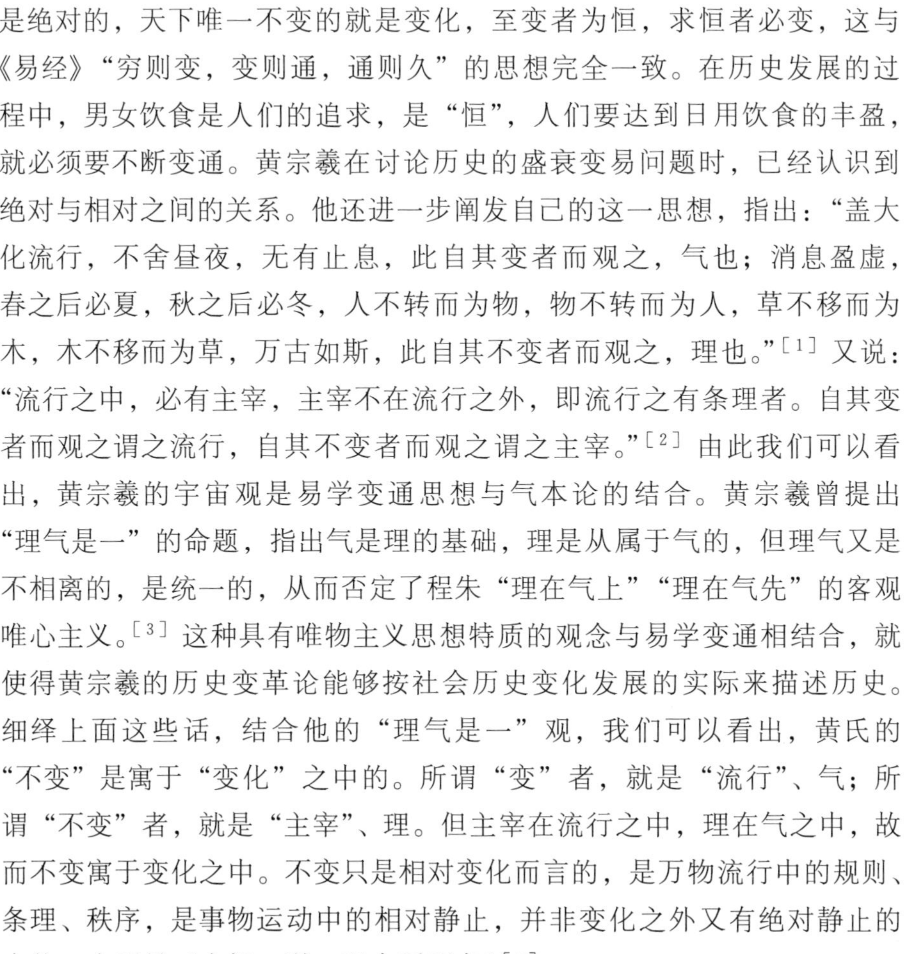

是绝对的，天下唯一不变的就是变化，至变者为恒，求恒者必变，这与《易经》“穷则变，变则通，通则久”的思想完全一致。在历史发展的过程中，男女饮食是人们的追求，是“恒”，人们要达到日用饮食的丰盈，就必须要不断变通。黄宗羲在讨论历史的盛衰变易问题时，已经认识到绝对与相对之间的关系。他还进一步阐发自己的这一思想，指出：“盖大化流行，不舍昼夜，无有止息，此自其变者而观之，气也；消息盈虚，春之后必夏，秋之后必冬，人不转而为物，物不转而为人，草不移而为木，木不移而为草，万古如斯，此自其不变者而观之，理也。”[1] 又说：“流行之中，必有主宰，主宰不在流行之外，即流行之有条理者。自其变者而观之谓之流行，自其不变者而观之谓之主宰。”[2] 由此我们可以看出，黄宗羲的宇宙观是易学变通思想与气本论的结合。黄宗羲曾提出“理气是一”的命题，指出气是理的基础，理是从属于气的，但理气又是不相离的，是统一的，从而否定了程朱“理在气上”“理在气先”的客观唯心主义。[3] 这种具有唯物主义思想特质的观念与易学变通相结合，就使得黄宗羲的历史变革论能够按社会历史变化发展的实际来描述历史。细绎上面这些话，结合他的“理气是一”观，我们可以看出，黄氏的“不变”是寓于“变化”之中的。所谓“变”者，就是“流行”、气；所谓“不变”者，就是“主宰”、理。但主宰在流行之中，理在气之中，故而不变寓于变化之中。不变只是相对变化而言的，是万物流行中的规则、条理、秩序，是事物运动中的相对静止，并非变化之外又有绝对静止的本体，也不是“太极、道、理本质不变”[4]。

易学的变通思想经常被黄宗羲用来探讨历史的发展演变。他认为，中国历史有两大变局，秦为一变，元为一变，所谓“夫古今之变，至秦而一尽，至元而又一尽。经此二尽之后，古圣王之所恻隐爱人而经营者荡然无具，苟非为之远思深览，一一通变，以复井田、封建、学校、卒

---

[1] 黄宗羲：《明儒学案》卷二《崇仁学案二》，中华书局 1985 年版，第 30 页。

[2] 黄宗羲：《孟子师说》卷二，见《黄宗羲全集》第一册，浙江古籍出版社 1985 年版，第 61 页。

[3] 李明友：《一本万殊》，人民出版社 1994 年版，第 35—71 页。

[4] 孙叔平：《中国哲学史稿》下册，上海人民出版社 1981 年版，第 304 页。

乘之旧，虽小小更革，生民之戚戚终无已时也”[1]。他认为，历史经此两变，积弊日久，百姓灾难日深，小的变革已不能从根本上解决问题，必须“远思深览，一一通变”，进行较大的变革。只有这样，才能结束生民凄凄惨惨的生活。

在历史变革中，黄宗羲强调事在人为，无论何时，人的作为都是最为重要的，“古今无不可为之时耳”[2]。正因为此，在导致历史运动的诸因素中，黄宗羲特别强调人的力量。他在谈到孟子的“天时不如地利，地利不如人和”时说：“后世之所谓天时，当群雄竞起大乱之时是也；所谓地利，如唐失河北而亡，宋都临安而弱是也；至于人和，则万古不易，然如张巡、许远之死守，其下无一人叛者，未尝委而去之，亦可谓之人和矣，而天时地利皆失，不能不累及人和也。”[3] 可见，在历史变革过程中，人是“万古不易”的最关键因素。但是，黄宗羲在突出人在历史上的作用的同时，也充分认识到天时、地利等其他因素对人类历史发展变化所产生的影响，所谓“天时地利皆失，不能不累及人和也”。由此，黄宗羲的历史变革论还充分注意到历史条件的重要，即“时”与“势”的重要。他认为，只有在一定的条件下，历史变革才会成功。他在论述胡翰《衡运论》时就说：“天生仲尼，当五伯之衰，而不能为太和之春者，何也？时未臻乎革也。”[4] 历史变革的条件不成熟，变革便不会出现。如果朝代出现必然灭亡的趋势，人力也无法挽救。他在论述南明小朝廷的灭亡时就说：“故帝之亡，天也，势也。”他在《明夷待访录》的《建都》中也提到“因时乘势”，进行变革。他主张建都金陵，但有人不同意，认为关中形胜至上，应建都关中。黄氏指出，时代变化了，条件也变化了，建都地点自然随之变化，所谓“时不同也”。秦汉时期，关中

[1] 黄宗羲：《明夷待访录·原法》，见《黄宗羲全集》第一册，浙江古籍出版社 1985 年版，第 7 页。

[2] 黄宗羲：《陕西巡抚右副都御史玄若高公墓志铭》，见《黄宗羲全集》第十册，浙江古籍出版社 1993 年版，第 318 页。

[3] 黄宗羲：《孟子师说》卷二，见《黄宗羲全集》第一册，浙江古籍出版社 1985 年版，第 71—72 页。

[4] 黄宗羲：《易学象数论》卷六《胡仲子翰衡运论》，见《黄宗羲全集》第九册，浙江古籍出版社 1992 年版，第 273 页。

田野开辟，人物殷盛，而吴楚则属蛮荒之地，经济落后，不能与关中相比。如今关中屡遭寇乱，十室不存二三，经济衰敝，人才凋零，一切仰食东南，而东南地区粟帛灌输天下，“天下之有吴会，犹富室之有仓库匮箧也”[1]。在此建都，有利于王朝安定。他分析国家面临危亡时应该根据形势灵活变通，不能执一而不变，所谓“当国危亡，曰守曰避，择斯一者，视其形势。唐避再兴，宋守不坠。未尝执一，以为正义”[2]。不仅国家面临危机时要根据形势作变通，个人应世也是如此，“余尝谓吾人之应世，种种不齐，时有常变，势有顺逆，德有刚柔，类有邪正，然此中各有自然之天则……随时变易，与世推移。宜潜而潜，宜见而见，宜飞跃而飞跃，行乎不得不行，止乎不得不止”。在黄宗羲看来，既然“时有常变，势有顺逆”，那就要“随时变易，与世推移”，只有这样，才是“所得于《易》者深矣”。[3]

黄宗羲的历史变革论有历史循环论的迹象，也包含有一定的进化论的因素。他在《孟子师说》中谈及社会历史的治乱盛衰时，认为社会历史的变化发展与自然界的变化一样，都是盈与虚、治与乱、盛与衰循环不已的运动，所谓“治乱盈虚，消息盛衰，循环不已”。在《明夷待访录·题辞》中，黄宗羲也谈及社会历史治乱问题，说：“余尝疑孟子一治一乱之言，何三代而下之有乱无治也?”[4] 并依十二运治乱循环观推算，从周敬王甲子（前477年）到康熙二年（1663年）黄氏作《明夷待访录》时，皆在一乱之运，二十年后始交“大壮”，由乱而进于治。黄宗羲晚年著《破邪论》，其题辞中又谈及治乱循环问题，由于他所期望的“大壮”之运没有出现，故而他对十二运治乱循环说深致不满。可以看出，有关社会历史治乱循环的问题，一直是黄宗羲潜心玩味的历史哲学问题。对

[1] 黄宗羲：《明夷待访录·建都》，见《黄宗羲全集》第一册，浙江古籍出版社1985年版，第20—21页。

[2] 黄宗羲：《巡抚天津右佥都御史留仙冯公神道碑铭》，见《黄宗羲全集》第十册，浙江古籍出版社1993年版，第231页。

[3] 黄宗羲：《郑兰皋先生八十寿序》，见《黄宗羲全集》第十册，浙江古籍出版社1993年版，第677页。

[4] 黄宗羲：《明夷待访录·题辞》，见《黄宗羲全集》第一册，浙江古籍出版社1985年版，第1页。

于一治一乱的循环论，他有所怀疑，但又没能走出这个圈子。

黄宗羲论述过人类社会文明进步的总趋向，《留书·文质》就从传统的忠、质、文的变化中论述了由忠而质而文的社会进步。他指出周代最强盛时，"中国之人"在文学、礼制、分工、伦理、衣食住行诸方面都远远超过"要荒之人"，这些都是一代又一代圣人"相续而治"的结果，如果"要荒之人而后圣有作，亦未必不如鲁卫之士也"，照样能达到"中国之人"的文明程度。[1] 在这里，黄宗羲论述了人类由"野"到"文"，又从文之不备到文之大备，其总趋势是向前的观点。这显然高出于一般的循环观，是一种进化的看法。他还曾说过这样的话："古今之事，后起之胜于前者多矣。"[2] 这显然也是一种进化的历史观。可惜，黄宗羲并未把这一观点贯彻到全部认识当中，在论述社会历史变动时，他用得最多的概念依然是"一治一乱""盈虚消长"等。当然，我们也应看到，黄氏指出社会治乱盛衰的变动，其根本目的不仅仅是要表达一种运动观，更重要的是要探寻"治乱之故"[3]，即历史变化的原因。

二、经学与黄宗羲的治国论

黄宗羲一生研读儒家经典，从《周易》中汲取变易的思想，结合人类历史的发展，讨论历史的盛衰变化。这在上一节已经进行了分析。与此同时，他还汲取孟子的思想，著《孟子师说》一书，结合历史的实际，阐发了自己的治国平天下理论。

黄宗羲认为，人是治国平天下、推动历史变革的关键因素，在人这一推动历史变革的关键因素中，人之"心"又是最为重要的，甚或是根本性的力量。黄宗羲强调的所谓"心"，不是指人的思维能力，而是人的道德伦理意识，也就是"仁义"。黄宗羲将人作为社会历史变革的主体，

---

[1] 黄宗羲：《留书·文质》，见《黄宗羲全集》第十一册，浙江古籍出版社 1993 年版，第 2—4 页。

[2] 黄宗羲：《张南垣传》，见《黄宗羲全集》第十册，浙江古籍出版社 1993 年版，第 570 页。

[3] 黄宗羲：《留书·自序》，《黄宗羲全集》第十一册，浙江古籍出版社 1993 年版，第 1 页。

并由此导出：主体的人是不是遵循儒家的伦理道德原则，是造成社会治乱的动因和关键，而在这些道德规范中，“仁义”又是关键中的关键。《孟子》云：“王，何必曰利？亦有仁义而已矣。王曰：‘何以利吾国？’大夫曰：‘何以利吾家？’士庶人曰：‘何以利吾身？’上下交征利而国危矣……未有仁而遗其亲者也，未有义而后其君者也。王亦曰仁义而已矣，何必曰利？”[1] 孟子强调“仁义”，黄宗羲深得其意，指出《孟子》“七篇以此为头脑：‘未有仁而遗其亲者也，未有义而后其君者也。’正言仁义功用，天地赖以常运而不息，人纪赖以接续而不坠”[2]。天地运行、人纪接续，全靠仁义维持。黄宗羲说：“天地以生物为心，仁也。其流行次序万变而不紊者，义也。仁是乾元，义是坤元，乾坤毁则无以为天地矣，故国之所以治，天下之所以平，舍仁义更无他道。”[3] 黄宗羲指出，仁义是治国平天下的根本，仁义毁则国不可治，犹如乾坤毁则天地不存一样。他又说：“天地之生万物，仁也。帝王之养万民，仁也。宇宙一团生气，聚于一人，故天下归之，此是常理。自三代以后，往往有以不仁得天下者，乃是气化运行，当其过不及处，如日食地震，而不仁者应之，久而天运复常，不仁者自遭陨灭。”[4] 帝王以“仁”治理万民犹如天地以“仁”养育万物，仁义之道乃天地运行、国家治乱之根本，以仁治天下，是社会运动的“常理”，以不仁治天下，则是反常，反常现象不会久存。社会运动符合“常理”即为“治”，出现“反常”即为“乱”。仁与不仁，是决定社会治乱的根本。

黄宗羲强调“仁义之心”在国家治理中的重要，他的仁义不是只求于自身修养的“内圣”，而且还发为事功，是与事功相统一的。仁义是根本，事功是仁义之道的表现，事功中体现仁义。由此，他区别了王道和霸道，“王霸之分，不在事功而在心术，事功本之心术者，所谓‘由仁义

---

[1] 《孟子》卷一《梁惠王章句上》，见《孟子译注》，中华书局1960年版，第1—2页。

[2] 黄宗羲：《孟子师说》卷一，见《黄宗羲全集》第一册，浙江古籍出版社1985年版，第49页。

[3] 黄宗羲：《孟子师说》卷一，见《黄宗羲全集》第一册，浙江古籍出版社1985年版，第49页。

[4] 黄宗羲：《孟子师说》卷四，见《黄宗羲全集》第一册，浙江古籍出版社1985年版，第90页。

行'，王道也；只从迹上模仿，虽件件是王者之事，所谓'行仁义'者，霸也"[1]。也就是说，王、霸之分不在事功，而在仁义之心，王道根于仁义之心，霸道无仁义之心而只追求利欲，由仁义之心而发为事功者，为王道，否则为霸道。他还批评"后世儒者"将仁义与事功分开的做法，认为这样会产生严重的后果，"自后世儒者，事功与仁义分途，于是当变乱之时，力量不足以支持，听其陆沉鱼烂，全身远害，是乃遗亲后君者也"[2]。

从仁义之心对国家治理的重要性出发，黄宗羲考察了人的主观动机对历史事件的重要作用。"人心无不仁，一念之差，惟欲独乐。故白起发一疑心，坑四十万人如虮虱；石崇发一快心，截蛾眉如刍俑；李斯发一饕心，横尸四海；杨国忠发一疾心，激祸百年。战国之君，杀人盈城盈野，只是欲独乐耳"[3]。历史事件的发生有极其复杂的原因，历史人物的主观动机、道德意识，即所谓"仁""独乐"等"一念之差"，也会起很大作用。黄宗羲能够看到人的思想动机在历史活动中的作用，实属难得。由此出发，他特别重视君主的自我修养，并将儒家传统的修身、齐家、治国、平天下的思想加以发挥，要求君主自觉地端正思想动机。他在研究桀纣之失天下后认为："天下虽大，万民虽众，只有'欲''恶'而已。故为君者，所操甚约，所谓'易简'，而天下之理得矣。"[4] 以仁义之心，操简约之法，庶几可保天下太平。

在国家治理上，黄宗羲思考问题的着眼点是万民。在他看来，不管什么样的治理方式，都必须围绕万民的利益进行，都必须有利于民生，一切均要从民众之需要出发。这是孟子"民贵君轻"思想在明清之际的重新发挥，是黄宗羲用以区别仁义之心与非仁义之心的标准，更是黄宗

[1] 黄宗羲：《孟子师说》卷一，见《黄宗羲全集》第一册，浙江古籍出版社 1985 年版，第 51 页。

[2] 黄宗羲：《孟子师说》卷一，见《黄宗羲全集》第一册，浙江古籍出版社 1985 年版，第 49 页。

[3] 黄宗羲：《孟子师说》卷一，见《黄宗羲全集》第一册，浙江古籍出版社 1985 年版，第 52 页。

[4] 黄宗羲：《孟子师说》卷四，见《黄宗羲全集》第一册，浙江古籍出版社 1985 年版，第 92 页。

羲历史哲学的立足点。从黄宗羲的著作中，我们无数次地看到这样的言论，诸如“志仁者从民生起见”[1]，“盖天下之治乱，不在一姓之兴亡，而在万民之忧乐”[2]，等等。他说：“孟子不以利害言，而以志仁为主，此根本之学也。是时列国求富强者，皆从一己起见，志仁者从民生起见。从民生起见，即莅中国朝秦楚，而无不可；从一己起见，即固有之地，亦在所当损。”[3] 仁义之道的根本就是“从民生起见”，也就是从民众的实际需要出发来治理国家。在国家治理中，黄宗羲最为关切“万民”，他在《明夷待访录·原臣》中数度批评那些不以万民利益为主的君臣：“后世骄君自恣，不以天下万民为事”。“为臣者轻视斯民之水火，即能辅君而兴，从君而亡，其于臣道固未尝不背也”。[4] 黄宗羲很清楚地区分了“一姓之兴亡”与“万民之忧乐”的差别，并从“万民之忧乐”的角度出发，对于历史上的“治乱兴亡”进行了重新解释，“是故桀、纣之亡，乃所以为治也；秦政、蒙古之兴，乃所以为乱也”[5]。夏桀、商纣等荒淫无道之君灭亡了，是万民的幸事，故可称为“治”，秦朝、元朝等残酷暴虐的王朝兴盛了，是万民的灾难，故可称之为“乱”。

从关注生民休戚这一中心出发，黄宗羲指出了君主专制愈来愈强，人民遭受政治压迫、经济剥削愈来愈严重的现实。他结合对“损”“益”两卦的研究，具体分析了历史上一些制度对百姓日深一日的盘剥。“分田授土于下，贡税终事于上，上与下交相损益者也……圣人逆知后世剥下奉上，民不聊生，不授田养民，则上无益下之道矣。民买田以自养，又复重税，驱而纳之沟壑，使下损无可损，而后之俗儒犹曰‘十一而税，

[1] 黄宗羲：《孟子师说》卷六，见《黄宗羲全集》第一册，浙江古籍出版社 1985 年版，第 146 页。

[2] 黄宗羲：《明夷待访录·原臣》，见《黄宗羲全集》第一册，浙江古籍出版社 1985 年版，第 5 页。

[3] 黄宗羲：《孟子师说》卷六，见《黄宗羲全集》第一册，浙江古籍出版社 1985 年版，第 146 页。

[4] 黄宗羲：《明夷待访录·原臣》，见《黄宗羲全集》第一册，浙江古籍出版社 1985 年版，第 4—5 页。

[5] 黄宗羲：《明夷待访录·原臣》，见《黄宗羲全集》第一册，浙江古籍出版社 1985 年版，第 5 页。

先王之制也'，是上之于下，非'益之'，乃'击之'也"[1]。本来民众与君主就存在利益互损和互益的问题，贤明的君主知道"国之大事，在祀与农"，所以知道体恤民之疾苦，减少赋税劳役，藏富于民，"百姓足，君孰与不足?"把损下变成互益，天下大治，王朝稳固。但后世君主一味"剥下奉上"，使百姓"损无可损"，"民不聊生"，把"益下"变成"击下"，必然导致天下大乱，王朝灭亡。再比如税法，黄宗羲进行了梳理，"秦开阡陌，井田尽废，此一变也"；"自秦以至于唐，取于民者，粟帛而已，杨炎两税之法行，始改而征钱，此又一变也"；"自明以来，又废钱而征银，所求非其所出，黄河以北，年丰谷贱，而民转沟壑，又一变也"。"经此三变，民生无几矣"。[2] 制度的变化，关键是看其病民还是利民，利民之变为善，害民之变为不善。

从万民利益出发，黄宗羲在《明夷待访录》中对君主专制进行了猛烈抨击。他把三代以下与三代以上进行了各种对比。黄宗羲认为三代以上之君，为万民而设，为万民谋利；三代以下之君则为个人谋利，将天下变为个人之私产，胡作非为，"屠毒天下之肝脑，离散天下之子女，以博我一人之产业"，"敲剥天下之骨髓，离散天下之子女，以奉我一人之淫乐"，"为天下之大害者，君而已矣"。[3] 三代以上之臣，为天下万民，非为君主一人，三代以下之臣，只为君主谋利，专门"治民""牧民"。"臣为君而设者也。君分吾以天下而后治之，君授吾以人民而后牧之，视天下人民为人君橐中之私物。今以四方之劳扰，民生之憔悴，足以危吾君也，不得不讲治之牧之之术"[4]。三代以上之法是万民之法，三代以下之法则是一人之法。"三代以上有法，三代以下无法……二帝、三王知天下之不可无养也，为之授田以耕之；知天下之不可无衣也，为之授地

[1] 黄宗羲：《易学象数论》卷三《原象》，见《黄宗羲全集》第九册，浙江古籍出版社1992年版，第116—117页。

[2] 黄宗羲：《孟子师说》卷三，见《黄宗羲全集》第一册，浙江古籍出版社1985年版，第81页。

[3] 黄宗羲：《明夷待访录·原君》，见《黄宗羲全集》第一册，浙江古籍出版社1985年版，第2—3页。

[4] 黄宗羲：《明夷待访录·原臣》，见《黄宗羲全集》第一册，浙江古籍出版社1985年版，第4页。

以桑麻之；知天下之不可无教也，为之学校以兴之，为之婚姻之礼以防其淫，为之卒乘之赋以防其乱。此三代以上之法也，因未尝为一己而立也。后之人主，既得天下，唯恐其祚命之不长也，子孙之不能保有也，思患于未然以为之法。然则其所谓法者，一家之法，而非天下之法也。是故秦变封建而为郡县，以郡县得私于我也；汉建庶孽，以其可以藩屏于我也；宋解方镇之兵，以方镇之不利于我也。此其法何曾有一毫为天下之心哉！”[1] 总之，三代以来，各种制度都变成与民众利益相对立的了。

黄宗羲在批判君主专制、讨论国家治理时，数言三代，盛赞三代制度良善，而后世弊端丛生，其目的并不是要复古，而是借儒家所崇尚、向往的三代制度来批判后世愈来愈严酷的君主专制。在黄宗羲看来，三代制度的核心是以仁义之心对万民，而不是满足君主一人之私利。后世“保守一家之富贵”，不再实行仁政，即便是所谓“盛世”，也只能算是苟安了。“汉世以杂霸自名，晋人以宽和为本，唐任人，宋任法。所谓先王之法，皆废而不用，人徒见其享国苟安，遂谓无所事此，幸而保守一家之富贵，其四海之困穷，虽当极盛之世，未之能免也。岂不忍人之政者？故曰，不以三代之治为治者，皆苟焉而已”[2]。

黄宗羲所向往的良法善治，都蕴含在六经之中。他认为“六经皆先王之法也。其垂世者，非一圣人之心思，亦非一圣人之竭也”。六经作为“先王之法”，最核心的内容就是考虑万民的利益。“虑民之饥也，为之井田；虑民之无教也，为之学校；虑民之相侵也，为之兵车；虑民之无统也，为之封建；为之丧葬，恐恶死也；为之祭祀，恐其忘远也；为之礼以别其亲疏，为之乐以宣其湮郁；诗以厚其风俗，刑以防其凌辱。圣人明见远，虑患深，盖不可以复加矣”[3]。黄宗羲关注圣人思想中“重民”的成分，这是对以孔孟为代表的儒家思想中“仁政”及“民贵君轻”论

[1] 黄宗羲：《明夷待访录・原法》，见《黄宗羲全集》第一册，浙江古籍出版社 1985 年版，第 6 页。

[2] 黄宗羲：《孟子师说》卷四，见《黄宗羲全集》第一册，浙江古籍出版社 1985 年版，第 87 页。

[3] 黄宗羲：《孟子师说》卷四，见《黄宗羲全集》第一册，浙江古籍出版社 1985 年版，第 87 页。

的继承与发展。与之前思想家的“民本”思想所不同的是，黄宗羲在“民本”思想之上又提出了“君害”论，尖锐地抨击与否定君主专制形态。他在《留书》《孟子师说》《明夷待访录》中数言君主专制之非，认为这一制度颠倒了“君主”与“天下”“君主”与“万民”的关系，造成社会财富全部集中于君主一身，君主已经成了天下大害，“为天下之大害者，君而已矣”[1]。之前的“民本”论，并没有对君主专制制度提出过怀疑，相反是在竭力维护君主制度的巩固和延续，对于专制政体而言是一剂“补天”的良药。而黄宗羲从圣人经典——六经中汲取“民本”思想，再加上他的“君害”论，是对君主专政的政体架构的否定，已经有了“近代主权在民意识的萌芽”[2]。

由此，黄宗羲在《明夷待访录》中向人们描绘了一幅未来社会的蓝图：在政治体制上，君、臣平等，共同理事。君臣因“天下之责”而联结在一起，君有不仁，臣可“累变”；提高相权，限制君权；把学校作为监督君主的议论机关。在法律上，“立天下大法”，“废一家之法”，主张法治重于人治。在经济上，提出恢复井田制以抑制土地兼并。在文化上，主张兴办学校，提倡绝学，等等。黄宗羲对未来社会治理的设想，打破了专制时代家国同构的观念，确乎有了近代民主启蒙意识。

第三节　经学与黄宗羲的历史编纂学

黄宗羲一生，撰写了大量具有颇高价值的史学著作，如制度史著作《留书》《明夷待访录》《破邪论》等；学术史著作《明儒学案》《宋元学案》等；晚明史著述如《行朝录》《弘光实录钞》《思旧录》《海外恸哭记》《四明山志》等。还编辑《明文海》《明史案》等。这些著作或论政，或存史，或总结学术，均寄托了黄宗羲经世致用的思想。也就是在诸多史书的编纂过程中，黄宗羲形成了自己的历史编纂思想，而这一思想，

[1] 黄宗羲：《明夷待访录·原君》，见《黄宗羲全集》第一册，浙江古籍出版社 1985 年版，第 3 页。

[2] 徐定宝：《黄宗羲评传》，南京大学出版社 2002 年版，第 139 页。

又明显与黄宗羲尊经重史的观念紧密相关，其历史编纂思想深受其经学观念影响。

一、正统论及其对前代史书编纂的批评

中国古代正统论与史学的关系至为密切，无论是史书编纂的实践，还是史学理论的探讨，都随处可见正统论的影子。陈寿著《三国志》，引起后世对魏、蜀正统的争议；南北朝时期，南朝修史骂北朝为“索虏”，北朝修史骂南朝为“岛夷”，互相贬低；元代修宋、辽、金三史，也在三朝何为正统问题上多有争论。至于历代史家从不同角度对正统问题的理论阐述，更是在在多有，“中国史学观念，表现于史学史之上，以‘正统’之论点，历代讨论，最为热烈”[1]。

从表面上看，中国古代史家对正统论的讨论，往往是以讨论史书编纂体例的形式展开的。但是，从中国古代政治文化的悠久传统来看，正统论所关注的核心问题，乃是该王朝受命改制是否顺天应人的问题，也即获得政治权力并进行统治的新王朝是否具有合理性、正当性与合法性的问题，“正统理论之精髓，在于阐释如何始可以承统，又如何方可为之‘正’之真理”[2]。黄宗羲高举“正统”，批评前代史书编纂，体现的就是这样一种思想观念。当然，由于明清之际民族矛盾比较尖锐，他的正统论又与“夷夏之辨”纠缠在一起。

黄宗羲运用正统理论讨论史书编纂的言论集中体现在《留书》中。在《留书·史》中，黄宗羲认为编纂史书有两项重要任务，一是诛乱臣贼子，二是明夷夏之防。最能直观体现这两大任务的就是史书体例。

孟子在评论孔子作《春秋》时说：“孔子作《春秋》，而乱臣贼子惧。”黄宗羲对此深表赞同，云：“嗟乎，为史而使乱臣贼子得志于天下，其不如无史之为愈也。”[3] 从这样的观点出发，黄宗羲对前代史书编纂

[1] 饶宗颐：《中国史学上之正统论》，上海远东出版社1996年版，第1页。

[2] 饶宗颐：《中国史学上之正统论》，上海远东出版社1996年版，第76页。

[3] 黄宗羲：《留书·史》，见《黄宗羲全集》第十一册，浙江古籍出版社1993年版，第13页。

提出严厉批评。

唐代官修《晋书》，除了有本纪、列传、志之外，还继承《东观汉记》载记的体例，立载记三十卷，专门记载各族统治者在北方所建立的十六国史事。宋代欧阳修编纂《新五代史》，除本纪、列传、考（志）外，还继承《史记》世家的体例，立世家十卷，记十国史事。对于《晋书》和《新五代史》这样的体例变通，当今史家均有正面评价，瞿林东认为《晋书》设立载记，“创造性地以其记十六国君臣事迹、国之兴废，并着眼于僭伪，不再渲染华夷之辨……反映了隋唐统一后‘天下一家’的思想”[1]。仓修良认为《新五代史》改变《旧五代史》“以五代为正，十国为伪”的叙述方式，不再把十国看成五代的附属，“把五代以外的十国列为《世家》，以保持其独立性。这样的处理方法，从编纂学上看，自然比薛史（按，即薛居正《旧五代史》）优越得多”[2]。

但是，身处明末清初的黄宗羲并不这样认为。他从正统论的角度出发，对《晋书》和《新五代史》的做法进行了严厉批评：“夫纪者犹言乎统云尔。《晋书》变例载记，同一四夷也，守其疆土者则传之，入乱中国者则纪之，后之夷狄，其谁不欲入乱中国乎？五代之君，其地狭，其祚促，与十国无以异也。守其疆土者则世家之，与于篡弑者则帝之，后之盗贼，其谁不欲与于篡弑乎？”[3] 在黄宗羲看来，列入本纪的帝王就代表了华夏正统的传衍。《晋书》用载记以记“入乱中国”的十六国君主，叙事与本纪没有什么不同，这等于承认了他们的正统地位，而那些抵抗十六国的晋臣却只能入列传，实际上是鼓励“夷狄乱华”。五代十国时期，无论是后梁、后唐之五代，还是吴、楚之十国，均国小地狭，在位时间短促，没有什么不同，而且五代诸多君主都被臣下篡弑而终。但《新五代史》却为君不君、臣不臣的后梁、后唐等五代君主立本纪，为偏安一方且少有犯上作乱的吴、楚等所谓十国君主立世家，无异于鼓励盗贼篡弑。黄宗羲实际上是在质问：既然史书不能对那些乱华的“夷狄”

[1] 瞿林东：《中国史学史纲》，北京出版社 2005 年版，第 302 页。

[2] 仓修良：《中国古代史学史》，人民出版社 2009 年版，第 354 页。

[3] 黄宗羲：《留书·史》，见《黄宗羲全集》第十一册，浙江古籍出版社 1993 年版，第 11 页。

与篡逆的“盗贼”进行惩戒，《春秋》“使乱臣贼子惧”之大义不仅得不到体现，而且还“使乱臣贼子得志于天下”，那撰写史书还有什么用呢？

黄宗羲认为，无论是“夷狄”入据中原，还是“篡弑”而得天下，均违背《春秋》大义，必须排除在正统王朝之外。在对《宋史》《元史》的评论中，他进一步申述了自己的观点。“宋之亡于蒙古，千古之痛也，今使史成其手，本朝因而不改。德祐君中国二年，降，书瀛国公，端宗、帝昺不列本纪，其崩也，皆书曰‘殂’；虏兵入寇则曰大元，呜呼！此岂有宋一代之辱乎？而天下恬然不知为怪也”[1]。此处黄宗羲从三个方面对元修《宋史》进行了批评：一是降元的宋恭帝虽入本纪，却书“瀛国公”；二是宋端宗赵罡、宋怀宗赵昺干脆没有入本纪，事迹附于“瀛国公”之后，死书“殂”；三是“虏兵入寇”竟然自称“大元”“我元”。黄宗羲指出的这三点都是史书书法问题。平心而论，元修《宋史》并没有什么过错。元灭宋不久，即准备修纂前朝宋、辽、金之史，但由于宋、辽、金三朝并立，难以确立谁为“正统”，最终搁浅。到元朝后期元顺帝时，再开史馆，并确立了宋、辽、金各为“正统”、各撰一史的原则，才修成了宋、辽、金三史。在元朝史臣的心目中，宋恭帝降元，就意味着宋朝已经灭亡，正统已经转移，宋恭帝就是宋朝的最后一位皇帝。宋恭帝降元后被封为瀛国公，故有在《宋史》中为之立本纪而书“瀛国公”的做法。至于宋恭帝后面的帝罡和帝昺，在位短促，并一直处于仓皇逃窜的境地，元朝史臣已不再承认他们的正统地位，故不立本纪，但称“二王”而附于“瀛国公”后。今天看来，元代史臣这样处理也没有什么不妥，并未违背史法，因为元代之前的多部正史在书写上一个王朝历史时，也出现过类似情况。元朝后期的史臣修《宋史》，以“我元”“大元”自称，认定正统在元，也是情理中事。但是，元朝史官的这一做法让黄宗羲感到非常愤慨，而明人“因而不改”更让黄宗羲感到不可原谅。黄宗羲身处明清易代的历史现场，对“宋之亡于蒙古，千古之痛也”有着亲身体会。历史被写成这样，在他眼里，这不仅是有宋一代的屈辱，也是对华夏文化正统的羞辱。由此，黄宗羲还批评了仕元的许衡和吴澄，

[1] 黄宗羲：《留书·史》，见《黄宗羲全集》第十一册，浙江古籍出版社 1993 年版，第 11 页。

“许衡、吴澄无能改虏收母箴丧之俗，靴笠而立于其朝，岂曰能、贤?”[1] 许衡、吴澄作为一代儒士，不能让蒙元接纳华夏政教文明，以夏变夷，结果还被人以夷变夏，配不上“能”“贤”二字。黄宗羲以三纲五常批评许衡：“夫三纲五常，中国之道，传自尧舜，非亡宋之私也。乃以为亡国之俗，虽曰异语，衡独不畏得罪于尧舜乎?”以道统论批评吴澄：“澄尝举进士于中国，变而为夷，贞者固如是乎?”由于许衡、吴澄在当时及后世影响很大，人们甚至把他们与朱熹、陆九渊相提，“今传衡、澄者，一以为朱子，一以为陆子”。所以在黄宗羲看来，他们两个的行为无疑会成为后世“事虏”者替自己辩解的借口。“后世之出而事虏者曰：‘为人得如许衡、吴澄足矣。’二子者尚然，则是竟不知其不可矣”[2]。撕裂华夏政教纲常而不自知，反映了明清易代之际，黄宗羲对“蛮夷猾夏”的深深忧虑。

由此出发，在论及明初纂修《元史》时，黄宗羲再次从正统论角度批评明代史臣，认为明人就不应该为蒙古人修史，更不应该以元朝为“正统”，而应改修《宋史》，将元朝历史纳入《宋史》中：“使有识者而在，自宜改撰《宋史》，置辽、金、元于《四夷列传》，以正中国之统，顾乃帝之宗之以为一代乎!”[3] 元修宋、辽、金三史，各为正统，各撰一史，不仅解决了三史体例的根本问题，而且体现出华夷平等的观念，在中国古代历史书写上具有积极意义。而黄宗羲却为了心中的华夏正统，建议改撰《宋史》，将辽、金、元等少数民族建立的政权全部列于《宋史·四夷列传》，不承认这些政权的合法性，显然违背了历史事实。

历史是连续发展的过程，黄宗羲否定元朝的正统地位，那明承元而来，其正统性怎么确立？是否存在“正统”上无所承的问题呢？对此，黄宗羲从两个方面进行了回答。其一，提出正统至元而绝的“绝统”说。“尧舜相传之统，至元而绝。高皇帝驱毡裘之属，还衣裳之旧，是百王之

---

[1] 黄宗羲：《留书·史》，见《黄宗羲全集》第十一册，浙江古籍出版社 1993 年版，第 11 页。

[2] 黄宗羲：《留书·史》，见《黄宗羲全集》第十一册，浙江古籍出版社 1993 年版，第 12 页。

[3] 黄宗羲：《留书·史》，见《黄宗羲全集》第十一册，浙江古籍出版社 1993 年版，第 12 页。

嫡嗣，犹祖传之父，父传之子，若孙不幸而有春申、不韦之事，祖父之不享久矣，子若孙复而嗣之，乃责其不从异姓以接夫本支乎?”[1] 可见，黄宗羲继承了欧阳修的“正统有续有绝”说，指出“尧舜相传之统，至元而绝”。元朝根本就不在正统之列。明虽从元人手中夺取了政权，但明太祖接续的是华夏之“统”，朱元璋以“驱毡裘之属，还衣裳之旧”的方式使尧舜相传之正统失而复得，从而成为“百王之嫡嗣”。这样的论述使明朝的正统地位更加突出和彰显。其二，从元朝统治残酷的角度论述元朝存在的不合理。黄宗羲指出，元朝以法律的形式把民族歧视固化下来，统治极其残酷，“彼方以禽兽加之人类之上，何尝以中国之民为民乎?”[2] 但后世之人认识不到这一点，“顾中国之人反群焉而奉之”，在撰写史书时以元朝为正统，忘记了“生为虎食，死为虎役”的悲惨场景。

黄宗羲严格区分华夷的正统论思想的产生，与其所处的时代密不可分。清军入关，中原涂炭，华夷冲突骤然激烈，黄宗羲身处“天崩地解”“宗社丘墟”之异族入侵、国破家亡的历史现场，其高举华夏正统之大旗，在史书编纂时力主严夷夏之大防，我们对此要有“了解之同情”。但他借正统论宣扬大汉族主义，尊夏贬夷，一味斥责少数民族政权，也是应该给予批判的。

二、学术史观与《明史》“理学传”的废置

清初官修《明史》，是清代史学史上的一件大事。《明史》修纂过程中关于是否设立“理学传”的讨论，引起了朝野内外学者的关注。而黄宗羲提出的废置“理学传”的建议，更是直接影响了官修《明史》的体例。由于康熙皇帝推崇程朱理学，贬抑陆王心学，明史馆总裁徐乾学、徐元文兄弟为了迎合康熙皇帝的喜好，体现官方意志，在拟订的《修史条议》中提出仿《宋史》设立“道学传”的编纂方法，在《明史》中设

---

[1] 黄宗羲：《留书·史》，见《黄宗羲全集》第十一册，浙江古籍出版社1993年版，第12页。

[2] 黄宗羲：《留书·史》，见《黄宗羲全集》第十一册，浙江古籍出版社1993年版，第12页。

立“理学传”，以区别于“儒林传”，借以提高程朱理学的地位。“今宜如《宋史》例，以程朱一派另立理学传”[1]，拟收入薛瑄、曹端、吴与弼、陈真晟、胡居仁、周蕙、章懋、吕柟、罗钦顺、魏校、顾宪成、高攀龙、冯从吾等13人。王阳明、刘宗周功业显赫，拟收入《名卿列传》，王门后学及陈献章等人收入《儒林传》。并批评王阳明后学流弊重重，而“学程朱者为切实平正，不至流弊耳”[2]。明显扬程朱理学而贬阳明心学。

在《明史》中设立“理学传”的主张一经提出，就引起了人们的热烈讨论，赞成者有之，反对者亦有之。一时硕学鸿儒如朱彝尊、尤侗、姜宸英、黄宗羲、毛奇龄、张烈、陆陇其、顾炎武、汤斌等人皆发表了自己的看法。其中尤以黄宗羲的意见详尽周备，他对徐乾学《修史条议》提议《明史》设立“理学传”的做法一一进行了驳斥，得到史官们的认可。

首先，黄宗羲认可徐乾学等人把程朱一派作为正统，“以程朱一派为正统，是矣”。但在他看来，拟收入《理学传》中的13人，有不少人与程朱学派的思想并不一致。如罗钦顺“专攻朱子”，“整庵之论理气，专攻朱子。理气乃学之主脑，则非其派下明矣”。魏校仰慕陆九渊和王阳明的学问，“庄渠言象山天资高，论学甚正……若使朱、陆果有异同，则庄渠亦非朱派”。顾宪成对王阳明“致良知”的解释“最为精密”，“若使阳明之学可疑，则泾阳皆可疑矣”。高攀龙对“格物致知”的理解，“颇与阳明之格物相近”。也就是说，徐乾学兄弟所列为程朱嫡派的明代诸儒，并非铁板一块，有不少人都是兼采各家学说，未必恪守程朱之教。“盖诸公不从源头上论，徒以补偏救弊之言，视为操戈入室之事，必欲以水济水，故往往不能尽合也”[3]。黄宗羲批评徐乾学兄弟没有仔细考察入《理学传》诸人的思想，不当入而入，去取予夺之间，义例相当混乱。

其二，徐乾学兄弟《修史条议》中认为陈献章、王阳明、湛若水三家为学宗旨与程朱不同，程朱及后学入《理学传》，陈、湛二人及后学入

[1] 徐乾学：《憺园集》卷十四《修史条议》，清康熙刻冠山堂印本。

[2] 徐乾学：《憺园集》卷十四《修史条议》，清康熙刻冠山堂印本。

[3] 黄宗羲：《移史馆论不宜立理学传书》，见《黄宗羲全集》第十册，浙江古籍出版社1993年版，第212页。

《儒林传》，而王阳明、刘宗周“功名既盛，宜入《名卿列传》”。对此，黄宗羲指出，王阳明、刘宗周与顾宪成、高攀龙都是“功名既盛”之人，但顾、高入《理学传》，而王、刘却入《名卿列传》，如此措置，不合史法。“古来史法，列儒林、文苑、忠义、循吏、卓行诸门，原以处一节之士，而道盛德备者无所俟此。故儒如董仲舒而不入《儒林》，忠如文天祥而不入《忠义》。既于《儒林》之中，推其道盛德备者而揭之为道学，则与前例异矣”。这样编纂《明史》，自然相互抵牾，“高、顾功名，岂不盛乎？朱子之功名，岂不及王、刘二先生乎？”[1] 为了突出程朱理学而在体例上任意措置，是无法让人信服的。

其三，针对徐乾学兄弟“浙东学派，最多流弊”的观点，黄宗羲反应强烈。在他看来，“有明学术，白沙开其端，至姚江而始大明。盖从前习熟先儒之成说，未尝反身理会，推见至隐，此亦一述朱，彼亦一述朱……逮及先师蕺山，学术流弊，救正殆尽。向无姚江，则学脉中绝，向无蕺山，则流弊充塞。凡海内之知学者，要皆东浙之所衣被也。今忘其衣被之功，徒訾其流弊之失，无乃刻乎？”[2] 黄宗羲鸟瞰明代学术发展的全貌，指出有明儒学，浙东为大宗，只看到流弊而看不到浙东学术的全局性的影响力，是一叶障目，不见泰山。《明史》设立“理学传”，专宗程朱而忽视其他学术发展，是无法反映明代学术发展全貌的。

其四，针对徐乾学兄弟“学术流弊，宜归一是”以及“阳明后学，流弊甚多，程朱门人必不至此”的观点，黄宗羲同样进行驳斥。他指出，所谓“学术流弊，宜归一是”，就是试图推尊程朱，排斥阳明等学术，不允许学术上存在异同，“意不欲稍有异同也”。而实际上，仅就《宋史·道学传》所载，邵雍与二程的思想就有很多不同，其他学者思想上也存在不少差异，因此学术上本应百家并存。阳明后学固然流弊甚多，程朱门人也同样流弊重重，不能“以弟子追疑其师”[3]。在这一问题上，黄

[1] 黄宗羲：《移史馆论不宜立理学传书》，见《黄宗羲全集》第十册，浙江古籍出版社1993年版，第213页。

[2] 黄宗羲：《移史馆论不宜立理学传书》，见《黄宗羲全集》第十册，浙江古籍出版社1993年版，第213页。

[3] 黄宗羲：《移史馆论不宜立理学传书》，见《黄宗羲全集》第十册，浙江古籍出版社1993年版，第214页。

宗羲持论相当公允。

在一一批驳了《明史》欲设“理学传”以推重程朱理学之后，黄宗羲又以其深厚的经史素养，通过总结历代史书编纂的得失以及对经学发展的深入了解，进一步指出元人修《宋史》设“道学传”存在诸多弊端。从道义上讲，设“道学传”“于大一统之义乖矣”；从学者的地位上讲，设“道学传”“欲重而反轻，称名而背义”；从体例上讲，设“道学传”“错乱乖谬，无所折衷”。总之是“元人之陋”，清人修《明史》绝不能因袭。“夫十七史以来，止有儒林。以邹、鲁之盛，司马迁但言《孔子世家》《孔子弟子列传》《孟子列传》而已，未尝加以道学之名也。儒林亦为传经而设，以处夫不及为弟子者，犹之传孔子之弟子也。历代因之，亦是此意。周、程诸子，道德虽盛，以视孔子，则犹然在弟子之列，入之儒林，正为允当。今无故而出之为道学，在周、程未必加重，而于大一统之义乖矣。统天地人曰儒，以鲁国而止儒一人，儒之名目，原自不轻。儒者，成德之名，犹之曰贤、曰圣也。道学者，以道为学，未成乎名也，犹之曰志于道，志道可以为名乎？欲重而反轻，称名而背义，此元人之陋也。且其立此一门，止为周、程、张、朱而设，以门人附之。程氏门人，朱子最取吕与叔，以为高于诸公，朱氏门人，以蔡西山为第一，皆不与焉：其错乱乖谬无所折衷可知。圣朝秉笔诸公，不自居三代以上人物，而师法元人之陋，可乎？”[1] 故而他提出在《明史》中去除《理学（道学）传》，把所有学者都归入《儒林传》，“某窃谓道学一门所当去也，一切总归儒林，则学术之异同皆可无论，以待后之学者择而取之”[2]。

由以上论列可以看出，黄宗羲从学术发展和历史编纂两个方面对《明史》设立“理学传”进行了批驳。就学术发展而言，他认为每位学者的学术思想和治学理念都是汲取了诸多学者的思想后形成的，学派归属相当复杂，如果硬要区分彼此，很容易措置失当；就历史编纂而言，他

[1] 黄宗羲：《移史馆论不宜立理学传书》，见《黄宗羲全集》第十册，浙江古籍出版社1993年版，第214—215页。

[2] 黄宗羲：《移史馆论不宜立理学传书》，见《黄宗羲全集》第十册，浙江古籍出版社1993年版，第215页。

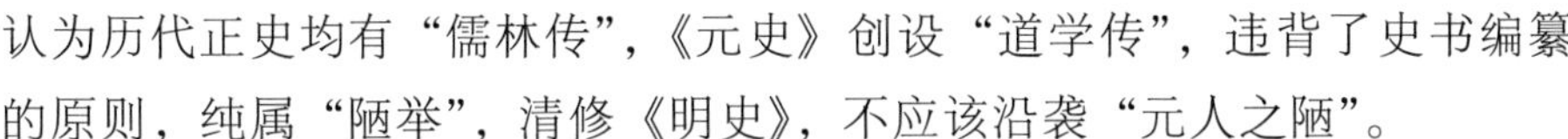

认为历代正史均有“儒林传”,《元史》创设“道学传”,违背了史书编纂的原则,纯属“陋举”,清修《明史》,不应该沿袭“元人之陋”。

黄宗羲的意见提出后,立刻得到史官汤斌的支持,他在史馆中出示黄宗羲书信。“其论《宋史》别立道学传为元儒之陋,《明史》不当仍其例,时朱检讨彝尊方有此议,汤公斌出其书以示众,遂去之”[1]。因为黄宗羲的观点不仅得到陆王后学的赞许,而且得到程朱后学的响应,与朱彝尊、汤斌、毛奇龄、陆陇其等史馆内外学者形成了否定《明史》立“理学传”的呼声。最终,《明史》未立“理学传”。

三、学术宗旨与《明儒学案》的编纂

黄宗羲对中国史书编纂的最大贡献就是完善了学案体史书,《明儒学案》便是代表,该书体现了古代学术史的较高发展形式,在历史编纂学上占有重要地位。梁启超甚至认为黄宗羲是“中国学术史”的创始人,“所著《明儒学案》,中国之有‘学术史’自此始也”[2]。足见该书地位之崇高。

从历史编纂学的角度讲,黄宗羲编纂《明儒学案》,自有其渊源。其以“学案”名书,源于万历间刘元卿《诸儒学案》、刘宗周《论语学案》。在具体的编纂体例上,《明儒学案》除个别学案外,每个学案差不多都是一个三段式的结构,即首冠以总论,接着是案主传略,随后是案主学术资料选编。三段分行,浑然一体,借此展现各家学术风貌。陈祖武曾指出,“黄宗羲之以总论、传略、学术资料选编三位一体,去编纂《明儒学案》,并非文思骤起,奇想突发。就历史编纂学的角度而言,《明儒学案》的出现,正是当时历史学自身的发展状况使然”[3]。周汝登《圣学宗传》、刘宗周《皇明道统录》、孙奇逢《理学宗传》日趋明朗的三段式编纂结构,“都成为黄宗羲《明儒学案》的先导”[4]。如果仅从编纂学上追

[1] 全祖望:《鲒埼亭集》卷十一《梨洲先生神道碑文》,见《全祖望集汇校集注》(上),上海古籍出版社 2000 年版,第 223 页。

[2] 梁启超:《清代学术概论》,东方出版社 1996 年版,第 16 页。

[3] 陈祖武:《清儒学术拾零》,湖南人民出版社 2002 年版,第 30 页。

[4] 陈祖武:《清儒学术拾零》,湖南人民出版社 2002 年版,第 30 页。

溯《明儒学案》的渊源和体例，还不足以说明黄宗羲编纂《明儒学案》所蕴含的思想观念。要想深入体察《明儒学案》的深层观念，还必须跳出历史编纂学的局限，发现隐含在史书体例背后的思想。黄宗羲关于学术宗旨的看法，支配了《明儒学案》的编纂形式。

明清鼎革，社会剧烈变动，明朝的土崩瓦解促使人们从政治、制度、经济、军事、学术等各方面进行反思。在学术方面，由于理学内部日益凸显出思想危机，对理学的反思就成为清初社会思潮的重要特征，人们开始走上批判、总结理学的道路，“他们试图通过对理学的批判和总结寻找出一条使理学摆脱困境的出路”[1]。

在反思理学弊端的思潮中，黄宗羲的见解非常独到。在他看来，理学之所以弊端重重，就是因为容不得不同见解。他说：“盈天地皆心也，变化不测，不能不万殊。心无本体，功力所至，即其本体，故穷理者，穷此心之万殊，非穷万物之万殊也……是以古之君子宁凿五丁之间道，不假邯郸之野马，故其途亦不得不殊！奈何今之君子，必欲出于一途，使美厥灵根者化为焦芽绝港。夫先儒之语录，人人不同，只是印我心体之变动不居。若执定成局，终是受用不得。”[2] 他还说：“学术之不同，正以见道体之无尽也。奈何今之君子，必欲出于一途，剿其成说，以衡量古今，稍有异同，即诋之为离经畔道，时风众势，不免为黄芽白苇之归耳。”[3] 黄宗羲从“一本万殊”的观念出发，特别推崇“一致百虑，殊途同归”的为学之道，极力反对学术一家独尊，赞成学术百家争鸣，强调学术发展多元化的重要性。他认为，理学“必欲出于一途，剿其成说”，必然导致学术墨守成规；“稍有异同，即诋之为离经畔道”，必然导致学术僵化；“好同恶异”，必然导致学术走向绝境。黄宗羲撰作《明儒学案》，一个根本的目的就是打破理学定于一尊、“必欲出于一途”的学术时弊，提倡学术多元化，主张百家并存，树立新的学风。诚如钱穆所言，“梨洲平日讲学精神，早已创辟新局面，非复明人讲心性理气、讲诚意慎独之旧规。苟略其场面，求其底里，则梨洲固不失为新时代学风一

---

[1] 卢钟锋：《论清初的社会思潮与学术史的编修》，《中国史研究》1994 年第 4 期。

[2] 黄宗羲：《明儒学案·原序》，中华书局 1985 年版，第 9 页。

[3] 黄宗羲：《明儒学案·序》，中华书局 1985 年版，第 7 页。

先驱也"[1]。

面对明清之际复杂的历史和思想命题，黄宗羲欲打破理学"出于一途""执定成局"的学术时弊，靠的是坚持不懈揭示不同学派的学术"宗旨"，展现"学术之不同，正以见道体之无尽"的学术风貌，以开学术新风气。黄宗羲学术"宗旨"的含义是："学术宗旨是学术精神的体现，是学术自得之处，学派学脉也由此而分。"[2] 学术宗旨是学者学术思想的核心，也是人们了解与掌握学者学术思想的关键。学者治学的风格可能会千差万别，但只要抓住其"宗旨"，就抓住了其学术精神的实质。

基于对学术宗旨的特殊关注，《明儒学案》选择以"学案体"的编纂形式从根本上对有明一代的政治、学术进行整理和总结，表达其经世思想。

前面说过，《明儒学案》中的每一个学案基本上由三部分组成。黄宗羲利用这样的三段式编纂体例，做了两个方面的工作：其一，提炼学术精要和学术宗旨，以体现案主学术思想的纲领。在每个学案的案主传记中，黄宗羲都要通过简短的语言概括出案主的学术宗旨。如在《崇仁学案》胡居仁传记中指出"先生一生得力于敬，故其持守可观"[3]；在《甘泉学案》湛若水传记中指出"阳明宗旨致良知，先生宗旨随处体认天理"[4]；在《诸儒学案》庄昶传记中指出"先生以无言自得为宗"[5]。诸如此类，黄宗羲对案主学术宗旨的提炼与概括贯穿了整部《明儒学案》。其二，通过辑录案主论著、语录等印证案主的学术宗旨。黄宗羲辑录案主学术资料，取舍的标准就是能否反映案主的学术宗旨，"每见钞先儒语录者，荟撮数条，不知去取之意谓何。其人一生之精神未尝透露，如何见其学术？是编皆从全集纂要钩玄，未尝袭前人之旧本也"[6]。即所选资料能够反映案主学术思想之"得力处"。对此，仇兆鳌也曾指出："吾师梨洲先生纂辑是书，寻源溯委，别统分支，秩乎有条而不紊，于叙传

[1] 钱穆：《中国近三百年学术史》，商务印书馆1997年版，第30—31页。

[2] 王记录：《中国史学思想通史·清代卷》，黄山书社2002年版，第51—52页。

[3] 黄宗羲：《明儒学案》卷二《崇仁学案二》，中华书局1985年版，第29页。

[4] 黄宗羲：《明儒学案》卷三十七《甘泉学案一》，中华书局1985年版，第876页。

[5] 黄宗羲：《明儒学案》卷四十五《诸儒学案上三》，中华书局1985年版，第1081页。

[6] 黄宗羲：《明儒学案·发凡》，中华书局1985年版，第17页。

之后，备载语录，各记其所得力，绝不执己意为去取，盖以俟后世之公论焉尔。”[1] 黄宗羲通过选录能够反映案主核心思想的部分原著，印证案主的学术宗旨。此外，在《明儒学案》的案主传记中，黄宗羲在提炼了案主的学术宗旨后，还常常会阐述自己对案主学术宗旨的理解和评价，也算是对案主学术宗旨的主观理解。

由以上论述可以看出，《明儒学案》围绕学术宗旨这一核心问题，打破既有的理学框架，既非由王返朱，亦非在理学谱系中争立正统，而是尝试着通过对诸多学派、案主学术宗旨的揭示，不再囿于理学而谈理学，而是放宽学术视域，倡导学术平等，摆脱传统理学的束缚，突破传统理学设定的限制，会和朱陆乃至朱王，去异求同，提倡新的学风。恰如陈祖武所言，清初学术发展的基本走向，乃是“以经世思潮为主干，从对明亡的沉痛反思入手，在广阔的学术领域去虚就实，尔后又逐渐向以经学济理学之穷的方向过渡，最终走向经学的复兴和对传统学术的全面总结和整理”[2]。《明儒学案》倡导“学要有宗旨，但不能有门户”的编纂意识与价值取向，正是这种超越清初思想界的思想局限而对传统学术进行全面总结并开拓新风气的最好证明。

[1]《明儒学案》仇兆鳌序，见《明儒学案》，中华书局 1985 年版，第 5 页。

[2] 陈祖武：《清初学术思辨录》，中国社会科学出版社 1992 年版，第 296 页。

第四章 顾炎武的经史之学

顾炎武（1613—1682），字宁人，号亭林，学者称亭林先生，江苏昆山人。他原名绛，字忠清，明亡后，改名炎武，并一度署名蒋山佣。他是明末清初著名史学家、思想家，与黄宗羲、王夫之并称明末清初三大家。

顾炎武一生，"行奇学博"。早年在嗣祖顾绍芾影响下，攻读经史，究心兵家著述，逐渐确立学以致用的经世志向。27 岁时，愤然退出科场，专注于对国计民生之学的探究。明亡后，他家破人亡，于是辗转于太湖沿岸，组织、参与抗清斗争。抗清斗争失败后，特别是看到南明永历政权灭亡，眼见复明无望，决定只身北上，边游历边著述，行万里路，读万卷书，足迹踏遍山东、河南、河北、山西、陕西等地，为其经世之学进行了大量的艰苦细致的实地考察工作，一直到染疾而逝。顾炎武一生，学术造诣广博深湛，在经学、史学、方志舆地、音韵文字、金石考古以及诗文等众多学术领域都取得了卓越成就。他著述繁富，其中最重要的有《天下郡国利病书》《肇域志》《音学五书》《亭林文集》《日知录》等。黄汝成评论顾炎武的学问说："昆山顾亭林先生，质敏而学勤，谊醇而节峻，出处贞亮，固已合于大贤。虽遭明末丧乱，迁徙流离，而撰述不废，先后成书二百余卷。闳廓奥赜，咸职体要，而智力尤瘁者此也。其言经史之微文大义、良法善政，务推礼乐德刑之本，以达质文否泰之迁嬗，错综其理，会通其旨。至于赋税、田亩、职官、选举、钱币、权量、水利、河渠、漕运、盐铁、人才、军旅，凡关家国之制，皆洞悉其所由盛衰利弊，而慨然著其化裁通变之道，词尤切至明白。"[1] 把顾炎武的学

[1] 《日知录》黄汝成叙，见《日知录集释》，岳麓书社 1994 年版。

行和精神揭示了出来。

第一节 顾炎武的经学见解和史学批评[1]

顾炎武的学术批评针砭时弊，开一代学术新风气。他在经学上的见解，与他的史学主张紧密相连，是他经世致用史学思想的反映。

一、从抑理扬经到六经皆史

顾炎武对明末理学末流进行了批判。他对理学的态度，可以用四个字来概括，那就是“抑理扬经”。他提出的“理学，经学也”的论断，既是对明末陆王心学的否定，也包含对程朱理学的不满，他要抬高由于理学兴盛而导致衰落的经学的地位。在这样的思想指导下，顾炎武提出了“理学，经学也”这一重要命题。他说：“理学之传，自是君家弓治。然愚独以为理学之名，自宋人始有之。古之所谓理学，经学也，非数十年不能通也。故曰：‘君子之于《春秋》，没身而已矣。’今之所谓理学，禅学也，不取之五经而但资之语录，校诸帖括之文而尤易也。又曰：‘《论语》，圣人之语录也。’舍圣人之语录，而从事于后儒，此之谓不知本矣。”[2]

对这段话的理解，学者们有分歧。全祖望在重述顾炎武的这一观点时说：“谓古今安得别有所谓理学者，经学即理学也。自有舍经学以言理学者，而邪说以起，不知舍经学则其所谓理学者，禅学也。”[3] 全祖望的复述，是符合顾炎武的原意的。顾炎武没有一概地否定理学，但他认为理学的内容是指经学，舍经学，理学就流于禅学。这样，理学和经学在顾炎武那里，就是趋于等同的概念。全祖望的表述，不过是更突出了

[1] 该节主要采用了周文玖的相关研究，特此说明。

[2] 顾炎武：《亭林文集》卷三《与施愚山书》，见《顾亭林诗文集》，中华书局 1983 年版，第 58 页。

[3] 全祖望：《鲒埼亭集》卷十二《亭林先生神道表》，见《全祖望集汇校集注》（上），上海古籍出版社 2000 年版，第 227 页。

顾炎武的这一思想。

顾炎武的“理学，经学也”，意在纠正空疏之学的流弊，使理学回到经学的轨道上。他树立经学，提高经的地位，而抑制理学，说舍经学而言理学就导致禅学。他的这一论断对理学的打击是沉重的。然而，矫枉未免过正，“理学，经学也”的命题虽然没有否定理学，却抹去了理学的独立性。事实上，理学不应等同于经学，它是经学发展到一定阶段的产物，它比原始的经学更为理论化，它以儒家思想为本位，吸收了道家和佛家的一些思想，使儒家思想体系进行了一次自我更新、自我完善。所以，梁启超对之评论说：“‘经学即理学’一语，则炎武所创学派之新旗帜也。其正当与否，且勿深论——以吾侪今日眼光观之，此语有两病。其一，以经学代理学，是推翻一偶像而别供一偶像。其二，理学即哲学也，实应离经学而为一独立学科。”[1]

然而，顾炎武在理学盛行，特别是在陆王心学控制整个学术领域的情况下提出这一命题，就具有解放思想的作用，梁启超对此同样给予了肯定：“有清一代学术，确在此旗帜下而获得一新生命。昔有非笑六朝经师者，谓‘宁说周、孔误，不言郑、服非’。宋、元、明以来谈理学者亦然，宁得罪孔、孟，不敢议周、程、张、邵、朱、陆、王。有议之者，几如在专制君主治下犯大不敬律也；而所谓理学家者，盖俨然成一最尊贵之学阀而奴视群学。自炎武此说出，而此学阀之神圣，忽为革命军所粉碎，此实四五百年来思想界之一大解放也。”[2]

“理学，经学也”也是顾炎武提倡实学的依据。强调经学，抑制理学使得他的实学不仅与陆王心学势不两立，就是与程朱理学，也有不少差别。

顾炎武对陆王心学进行抨击。首先，他认为陆王心学空谈误国。明朝的灭亡，陆王心学要负主要责任。其次，他认为陆王心学实为禅学。他说宋自程氏之后，学道而入于禅学者有三家：谢良佐、张九韶、陆九渊。[3]

---

[1] 梁启超：《清代学术概论》，东方出版社 1996 年版，第 11 页。

[2] 梁启超：《清代学术概论》，东方出版社 1996 年版，第 11 页。

[3] 顾炎武：《亭林文集》卷六《下学指南序》，见《顾亭林诗文集》，中华书局 1983 年版，第 131—132 页。

为了进一步说明心学的禅学实质，他把孔子学说与心学对比。他说圣人之道没有专用心于内的："古之圣人所以教人之说，其行在孝弟、忠信，其职在洒扫、应对、进退，其文在《诗》《书》《易》《礼》《春秋》，其用之身在出处、去就、交际，其施之天下在政令、教化、刑罚。虽其和顺积中，而英华发外，亦有体用之分，然并无用心于内之说。"[1] 他还借黄震的话对心学进行了批评："近世喜言心学，舍全章本旨而独论人心道心，甚者单摭道心二字，而直谓即心是道。盖陷于禅学而不自知，其去尧、舜、禹授受天下之本旨远矣。"[2] 顾炎武把陆王心学彻底排斥在孔门之外，没有在孔门中给它留一点位置。

对程朱理学，他没有正面批评，而且还维护程朱在儒学道统上的地位。王阳明作《朱子晚年定论》，说朱陆早异晚同。顾炎武对此进行了驳斥，认为是"颠倒早晚，以弥缝陆学而不顾矫诬朱子，诳误后学之深"，斥责王阳明作"舞文之书"，称赞对王阳明《朱子晚年定论》进行辩难的罗钦顺的《困知记》和陈建的《学蔀通辨》是"今日中流之砥柱矣"。[3] 对宋理宗在淳祐元年定"周、程、张、朱五子之从祀"进行了肯定的评价，说："由此之后，国无异论，士无异习。历元至明，先王之统亡，而先王之道存，理宗之功大矣。"[4] 这说明，他肯定程朱在儒学道统上的地位。顾炎武晚年移居关中，亲自组织修建朱子祠并主持考亭书院。可见，他对程朱是非常崇敬的。

清代许多学者都认为顾炎武学宗程朱，从章学诚、全祖望、江藩直到梁启超，都是如此，他们正确地指出了顾炎武的学术倾向，但没有指出顾炎武与程朱理学的分歧。对于相同之处，也没有解释其相同的原因。

关于顾炎武与程朱的分歧，从本质上来讲还是对"经学和理学"的

---

[1] 顾炎武：《日知录》卷十八《内典》，见《日知录集释》，岳麓书社 1994 年版，第 652 页。

[2] 顾炎武：《日知录》卷十八《心学》，见《日知录集释》，岳麓书社 1994 年版，第 654 页。

[3] 顾炎武：《日知录》卷十八《朱子晚年定论》，见《日知录集释》，岳麓书社 1994 年版，第 666 页。

[4] 顾炎武：《日知录》卷十四《从祀》，见《日知录集释》，岳麓书社 1994 年版，第 530 页。

认识问题。顾炎武认为理学本质是经学，经学的本质在于实学，即通经致用。在他看来，下学与上达是不可分割的。所谓“‘形而上者谓之道，形而下者谓之器’。非器则道无所寓”[1]。顾炎武更注重“下学”，更注重“器”，“道”存在于“器”中，离开“器”，就不能谈什么“道”。程朱也讲下学，这是顾炎武赞赏程朱的地方。他对程、朱从传注的角度阐发儒家经典也给予了很高的评价：“惟绝学首明于伊洛，而微言大阐于考亭，不徒羽翼圣功，亦乃发挥王道，启百世之先觉，集诸儒之大成。”[2]而顾炎武与程朱不同的地方也是上面讲的“下学与上达”“器与道”的关系。在很多情况下，程、朱是离开“下学”而谈“上达”的。如他们认为“道”和“理”是独立存在的，并支配自然和社会。程颐说：“道则自然生万物。”[3] 朱熹说：“未有天地之先，毕竟是先有此理。”[4] 对社会和自然的运动，程、朱都有自己抽象的思考。

关于顾炎武与朱熹在“下学与上达”认识上的分歧，有一个明显的例子可以说明，即对“一贯”的认识。

朱熹在《论语集注》中认为“忠恕”和“一贯”并不是一回事。“忠恕”不能代表“一贯”。他认为孔子所说的“一贯”，就是“一本”“一理”，他说：“圣人之心，浑然一理。”又说：“夫子之一理浑然，而泛应曲当，譬则天地之至诚无息，而万物各得其所也……曾子有见于此而难言之，故借学者尽己、推己之目以著明之，欲人之易晓也。盖至诚无息者，道之体也，万殊之所以一本也。万物各得其所者，道之用也，一本之所以万殊也。由此观之，一以贯之之实可见矣。”[5] 照这样解释，孔子所讲的“一贯”，就是应酬万事，使之各得其所的“理”，这个“理”与使万物存在、繁衍、生长的“道”是一样的。“忠恕”，不过是曾子为

[1] 顾炎武：《日知录》卷一《形而下者谓之器》，见《日知录集释》，岳麓书社 1994 年版，第 23 页。

[2] 顾炎武：《亭林文集》卷五《华阴县朱子祠堂上梁文》，见《顾亭林诗文集》，中华书局 1983 年版，第 121 页。

[3] 程颢、程颐：《河南程氏遗书》卷十五《伊川先生语一》，见《二程集》，中华书局 1981 年版，第 149 页。

[4] 朱熹：《朱子语类》卷一《理气上》，中华书局 1986 年版，第 1 页。

[5] 朱熹：《四书集注·论语·里仁》，岳麓书社 1985 年版，第 97 页。

了使之便于理解而做的比喻罢了。

顾炎武不同意这种看法，他认为“一贯”就是指的“忠恕”：“‘夫子之道，忠恕而已矣。’忠也者，天下之大本也；恕也者，天下之达道也。子贡问曰：‘有一言而可以终身行之者乎？’子曰：‘其恕乎！’夫圣人者，何以异于人哉，知终身可行，则知一以贯之之义矣。”[1] 顾炎武不承认“一贯”有什么“上达”的抽象性，认为一贯是指一生的道德行为准则，而这个行为准则就是“忠恕”。也就是说，“忠恕”是“一贯”的内涵。之所以出现这种分歧，就在于顾炎武是个“下学”论者，而朱熹虽讲下学，但更是一个“上达”论者。

顾炎武对朱熹学说有赞同，有批评，如对朱熹的《周易本义》给予了很高的评价，对《周易本义》遭到后儒的支裂而不完整，甚感惋惜。[2] 但如果仔细分析顾炎武关于《易》的思想会发现，他并不完全赞同朱熹的观点。朱熹在《周易本义》中用了北宋刘牧、邵雍的河图、洛书所谓的象数之说，并列有九图。顾炎武《日知录》卷一《朱子周易本义》，对此一字未提，而在另外一些条目中，对图象进行了猛烈的批评：“希夷之图，康节之书，道家之《易》也，自二子之学兴，而空疏之人，迂怪之士，举窜迹于其中以为《易》，而其《易》为方术之书，于圣人寡过反身之学去之远矣。”[3] 这段话后有一句批注云：“此论与朱子异。”[4] 显然，顾炎武对《周易》的认识与朱熹不同，其批评图、书之说，把朱子也包括在内。顾炎武还说：“黄氏《日钞》曰：‘夫子述六经，后来者溺于训诂，未害也；濂洛言道学，后来者借以谈禅，则其害深矣。’”又说：“孔门弟子不过四科，自宋以下之为学者，则有五科，曰‘语录科’。”[5] 这话中虽然没有明确批评程朱理学，但对其不满情绪也显而易见。

---

[1] 顾炎武：《日知录》卷七《忠恕》，见《日知录集释》，岳麓书社 1994 年版，第 238 页。

[2] 顾炎武：《日知录》卷一《朱子周易本义》，见《日知录集释》，岳麓书社 1994 年版，第 3—6 页。

[3] 顾炎武：《日知录》卷一《孔子论易》，见《日知录集释》，岳麓书社 1994 年版，第 27 页。

[4] 顾炎武：《日知录》卷一《孔子论易》，见《日知录集释》，岳麓书社 1994 年版，第 27 页。

[5] 顾炎武：《日知录》卷七《夫子之言性与天道》，见《日知录集释》，岳麓书社 1994 年版，第 240 页。

顾炎武倡导经学，不是为经学而经学，其目的是“通经致用”。他讲求六经，与思考“当世之务”紧密相连。他说：“文之不可绝于天地间，曰明道也，纪政事也，察民隐也，乐道人之善也。若此者有益于天下，有益于将来，多一篇，多一篇之益矣。若夫怪力乱神之事，无稽之言，剿袭之说，谀佞之文，若此者，有损于己，无益于人，多一篇，多一篇之损矣。……凡文之不关于六经之旨、当世之务者，一切不为。”[1] 又说：“国家之所以取生员而考之以经义、论、策、表、判者，欲其明六经之旨，通当世之务也。”[2] 也就是说，经学的归宿是实学。对六经的研究，是他实学中的一部分。

顾炎武之所以对经义进行深入研究，与他的历史盛衰思想有关。他认为，治乱之关必在人心风俗，而整顿人心风俗，教化纪纲不能缺。也就是说，整顿人心风俗要有依据，要有标准。这个标准，不是别的，就是孔子的六经。他对百余年来孔子儒学遭到歪曲以致流于禅学痛心疾首，他把心学与清谈并提，认为其罪“深于桀、纣”[3]。在这种形势下，拨乱反正自然是当务之急。顾炎武用大量的篇幅研究经旨，积三十年之力写成《音学五书》，就是欲通过自己的著述，来扭转这种世风。潘耒评价《日知录》：“至于叹礼教之衰迟，风俗之颓败，则古称先，规切时弊，尤为深切著明。”可谓抓住了其师的经世要领。顾炎武对孔子删订的六经，给予了很高的评价，但并没有神秘化。他认为六经也是史。他说：“《孟子》曰：‘其文则史。’不独《春秋》也，虽六经皆然。今人以为圣人作书，必有惊世绝俗之见，此是以私心待圣人也。”[4] 对《易》《诗》《春秋》等，他进行了十分平易的解释，如他说：“圣主之所以学《易》者，不过庸言庸行之间，而不在乎图书、象数也。”“夫子平日不言《易》而

[1] 顾炎武：《日知录》卷十九《文须有益于天下》，见《日知录集释》，岳麓书社 1994 年版，第 674 页。

[2] 顾炎武：《亭林文集》卷一《生员论中》，见《顾亭林诗文集》，中华书局 1983 年版，第 23 页。

[3] 顾炎武：《日知录》卷十八《朱子晚年定论》，见《日知录集释》，岳麓书社 1994 年版，第 662—667 页。

[4] 顾炎武：《日知录》卷三《鲁颂商颂》，见《日知录集释》，岳麓书社 1994 年版，第 106 页。

其言《诗》《书》、执礼者，皆言《易》也”[1]。他认为孔子删《诗》，在于存列国之风，使人听之，知其国之兴衰。也就是说，《诗》不过是史书的特殊表现形式。“孔子删《诗》，所以存列国之《风》也。有善有不善，兼而存之。犹古之太师陈诗以观民风，而季札听之，以知其国之兴衰。正以二者之并存，故可以观，可以听”。对后儒将《诗》神秘化提出了批评：“后之拘儒不达此旨，乃谓淫奔之作，不当录于圣人之经。是何异唐太子弘谓商臣弑君，不当载于《春秋》之策乎?”[2]《春秋》是孔子编订的史书，并且是一部阙疑之书。“‘多闻阙疑，慎言其余。’岂特告子张乎？修《春秋》之法亦不过此”[3]。对它的作用，顾炎武说：“夫《春秋》之作，言焉而已，而谓之行事者，天下后世用以治人之书，将欲谓之空言而不可也。”[4] 后来，章学诚提出“六经皆史也”“六经皆先王之政典也”。其实，顾炎武对六经的认识，已含有这一思想。

顾炎武抑制理学，宣扬经学，进而提出六经皆史的观点，是他经世致用的史学思想在经学认识上的反映，表明他对经学价值的认识比前人深入了一步。

二、鉴往训今的史学价值论

顾炎武治学，重“器识”，求“实学”，认为做学问要以天下为己任，对社会有益处。他说：“君子之为学，以明道也，以救世也。徒以诗文而已，所谓‘雕虫篆刻’，亦何益哉!”[5] 他不做空虚无用之文，“凡文之不关于六经之指、当世之务者，一切不为。而既以明道救人，则于当今

[1] 顾炎武：《日知录》卷一《孔子论易》，见《日知录集释》，岳麓书社 1994 年版，第 27 页。

[2] 顾炎武：《日知录》卷三《孔子删诗》，见《日知录集释》，岳麓书社 1994 年版，第 81 页。

[3] 顾炎武：《日知录》卷四《春秋阙疑之书》，见《日知录集释》，岳麓书社 1994 年版，第 112 页。

[4] 顾炎武：《亭林文集》卷四《与人书三》，见《顾亭林诗文集》，中华书局 1983 年版，第 91 页。

[5] 顾炎武：《亭林文集》卷四《与人书二十五》，见《顾亭林诗文集》，中华书局 1983 年版，第 98 页。

之所通患，而未尝专指其人者，亦遂不敢以辟也”[1]。他以“博学于文”“行己有耻”概括自己的行为准则，正学风，讲气节，诚如侯外庐所言：“炎武所提出的这两个节目，所谓‘博学于文，行己有耻’，看来好像不相关联，但仔细地加以研究，就知道他是针对了明末的士风来讲的。‘知耻’是在消极方面所不为，在积极方面对于天下国家的人类事业，耻躬之不逮。”[2]

顾炎武治学，实事求是，虚怀若谷，严谨不苟。他探究学问，不存门户之见，指出圣人之道，仁者见仁，智者见智，不能只存一家之论，否则，“排斥众说，以申一家之论，而通经之路狭矣”[3]。他善于吸收别人的长处，且重视游历和实地调查，不主张闭门读书。他中年弃家北游，直到逝世，同现实密切结合。故而时人这样评价顾炎武：“先生之学博矣，而无考据家傅会穿凿、蔓引琐碎之病；先生之行修矣，而无讲学家分门别户、党同伐异之习；先生之才识优矣，而无纵横家矜才逞智、剑拔弩张之态。所著《日知录》一书，举经史子集之要，统修齐治平之全。择精语详，扶世翼教。其学为有用之学，其言皆有本之言。孔子所谓‘博学于文，约之以礼’，孟子所谓‘守先王之道，以待后之学者’，若先生者，庶乎足以当之矣。”[4]

史学为经世之大端，顾炎武重视学以致用，故而非常重视史学。“五十以后，笃志经史”。关于史学的价值，他有很精辟的论述。他说：“夫史书之作，鉴往所以训今……身当史局，因事纳规，造膝之谟，沃心之告，有急于编摩者，固不待汗简奏功，然后为千秋金镜之献也。”[5] 这里的意思是，史书的编著，不仅仅为了让后人了解历史，以史为鉴，更重要的是对于现实社会的意义，即要从“训今”的角度“鉴往”。就是

---

[1] 顾炎武：《亭林文集》卷四《与人书三》，见《顾亭林诗文集》，中华书局 1983 年版，第 91 页。

[2] 侯外庐：《中国思想通史》第五卷，人民出版社 1956 年版，第 219 页。

[3] 顾炎武：《亭林文集》卷三《与友人论易书》，见《顾亭林诗文集》，中华书局 1983 年版，第 41 页。

[4] 凌扬藻：《蠡勺编》卷三十七《国初名儒之最》，商务印书馆 1936 年版，第 601 页。

[5] 顾炎武：《亭林文集》卷六《答徐甥公肃书》，见《顾亭林诗文集》，中华书局 1983 年版，第 138 页。

说，撰写史书，要有时代感，要为现实服务。他还说：“子曰：‘述而不作，信而好古。’又曰：‘好古敏以求之。’又曰：‘君子以多识前言往行，以畜其德。’先圣后圣，其揆一也。不学古而欲稽天，岂非不耕而求获乎？”[1] 这又指出了历史与现实的联系，认为处理好现实问题，不能离开对历史的总结。可见，顾炎武是着重从经世的角度来认识史学的价值的。

顾炎武批评轻视史学的人，认为科举选拔人才，不仅要通经，还要通史，只有“通经知古今”又懂当世之务的人才可能成为国家的有用之才。“必选夫五经兼通者而后充之，又课之以二十一史与当世之务而后升之……如此而国有实用之人，邑有通经之士，其人材必盛于今日也”[2]。他还认识到史学对于当政者的制约功能，说：“古之人君，左史记事，右史记言，所以防过失而示后王。记注之职其来尚矣。唐太宗通晓古典，尤重其事……其后许敬宗、李义甫用权，多妄论奏，恐史官直书其短，遂奏令随仗便出，不得备闻机务，因为故事。”[3] 历史记载对君主的行为是一种约束，如果破坏了史学的“监督”功能，国家就会陷入混乱。

基于对史学经世致用功能的认识，顾炎武借王世贞的话对明末的空疏学风进行了批评：“今之学者偶有所窥，则欲尽废先儒之说而驾其上，不学则借一贯之言以文其陋，无行则逃之性命之乡，使人不可诘。”[4] 认为当时空谈心性完全抛弃了学术的经世传统，离开了圣人之道，是“禅学”。他说，孔子的学说不外乎是“出处、去就、辞受、取与之辨”，没有离开日常生活准则而空谈什么心、性之类的东西。故而他对明代的学术，基本上持否定的态度：“若有明一代之人，其所著书，无非窃盗而已。”[5]

---

[1] 顾炎武：《日知录》卷二《其稽我古人之德》，见《日知录集释》，岳麓书社 1994 年版，第 58 页。

[2] 顾炎武：《亭林文集》卷一《生员论上》，见《顾亭林诗文集》，中华书局 1983 年版，第 21 页。

[3] 顾炎武：《日知录》卷十八《记注》，见《日知录集释》，岳麓书社 1994 年版，第 648 页。

[4] 顾炎武：《日知录》卷十八《朱子晚年定论》，见《日知录集释》，岳麓书社 1994 年版，第 666 页。

[5] 顾炎武：《日知录》卷十八《窃书》，见《日知录集释》，岳麓书社 1994 年版，第 670 页。

与此相对应，他对宋元史学却很推崇，他说：“宋人书如司马温公《资治通鉴》、马贵与《文献通考》，皆以一生精力成之，遂为后世不可无之书。”[1] 又说：“今以天下之大，而未有可与适道之人。如炎武者，使在宋、元之间，盖卑卑不足数，而当今之世，友今之人，则已似我者多，而过我者少。”[2] 他引用孟子的话感叹道：“孟子曰：‘天下之生久矣，一治一乱。’拨乱世反之正，岂不在于后贤乎!”[3] 在他看来，宋、元的学风是“正”，明代的学风是“乱”，拨乱反正，就是要回到宋元的学术轨道上去。

顾炎武极力反对明正德以来束书不观、空谈无根的学风，而力倡扎实的学问。他把治学比作采铜于山，说：“尝谓今人纂辑之书，正如今人之铸钱。古人采铜于山，今人则买旧钱，名之曰废铜，以充铸而已。所铸之钱既已粗恶，而又将古人传世之宝，舂剉碎散，不存于后，岂不两失之乎？承问《日知录》又成几卷，盖期之以废铜，而某自别来一载，早夜诵读，反复寻究，仅得十余条，然庶几采山之铜也。”[4] 《日知录》是他“采铜于山”，销冶熔炼而锻铸的无粗恶之弊的“新钱”。与王应麟的《困学纪闻》、钱大昕的《十驾斋养新录》相比，《日知录》虽然也具有强烈的考据色彩，但具有自己的特点。《日知录》除第三部分“博闻”具有考据这一特点外，其他两部分则重在阐释和论证，特别是“治道”部分，总是先提出论点，然后一条材料一条材料地证明。每个条目，基本上都是独立成篇的小论文。顾炎武对条目的选择、编排都是有用心的。《救文格论》《亭林杂录》是顾炎武的札记作品，其内容经过修改，大都编入《日知录》。《五经同异》中许多条目的内容与《日知录》的“经义”部分相同，有些经过了删削或凝练。三十二卷本《日知录》比八卷本不

[1] 顾炎武：《日知录》卷十九《著书之难》，见《日知录集释》，岳麓书社 1994 年版，第 677 页。

[2] 顾炎武：《亭林余集·与潘次耕札》，见《顾亭林诗文集》，中华书局 1983 年版，第 166 页。

[3] 顾炎武：《日知录》卷十八《朱子晚年定论》，见《日知录集释》，岳麓书社 1994 年版，第 667 页。

[4] 顾炎武：《亭林文集》卷四《与人书十》，见《顾亭林诗文集》，中华书局 1983 年版，第 93 页。

仅分量增加了，而且原八卷本的一些条目，有的被删除，有的被加长，有的被缩短，改动挺大。顾炎武在给他外甥徐元文的一封信中说：“《日知录》二集想是八九年前之书，已不可用。今所著三四十卷，前十卷诠五经者，已录送原一（按，即徐乾学），其四书尚未全，而以后所谓兴革之故，须俟阅完实录，并崇祯邸报一看，然后古今之事，始大备而无憾也。”[1] 也就是说，顾炎武作《日知录》，反复修改，“经义”部分还没有做完，已有十卷之数，“治道”部分尚须待实录、邸报读完才能动手。可见，《日知录》成书之前，作者即有定识，制定了体例，并有草稿，之后不断修改、提炼，最后定稿。其中，每一条皆“博赡而能通贯，每一事必详其始末，参以证佐而后笔之于书”[2]，具有“通”的特点。条目的长短也很灵活，多者如《苏松二府田赋之重》达 5000 多字，短者如《召杀》仅 9 字。《日知录》有考据的特点，但重点不在这里，而在论证。如他说的：“引古筹今，亦吾儒经世之用。”[3] 考据是手段，目的还是探索和论证他的经世思想。《日知录》是他力反空疏学风，倡导经世致用的史学在实践上做出的表率。对此，潘耒的评价非常精到：“先生著书不一种，此《日知录》，则其稽古有得，随时札记，久而累次成书者。凡经义史学、官方吏治、财赋典礼、舆地艺文之属，一一疏通其源流，考正其谬误。至于叹礼教之衰迟，伤风欲之颓败，则古称先，规切时弊，尤为深切著明，学博而识精，理到而辞达。是书也，意惟宋元名儒能为之，明三百年来殆未有也。”[4]

第二节　《春秋》学与顾炎武的经史互释

在顾炎武看来，《春秋》既是经，又是史。顾炎武曾说：“孔子之删

[1] 顾炎武：《蒋山傭残稿》卷一《答公肃甥》，见《顾亭林诗文集》，中华书局 1983 年版，第 191 页。

[2] 永瑢：《四库全书总目》卷一一九，“日知录”条，中华书局 1965 年版，第 1029 页。

[3] 顾炎武：《亭林文集》卷四《与人书八》，见《顾亭林诗文集》，中华书局 1983 年版，第 93 页。

[4] 《日知录》潘耒序，见《日知录集释》，岳麓书社 1994 年版。

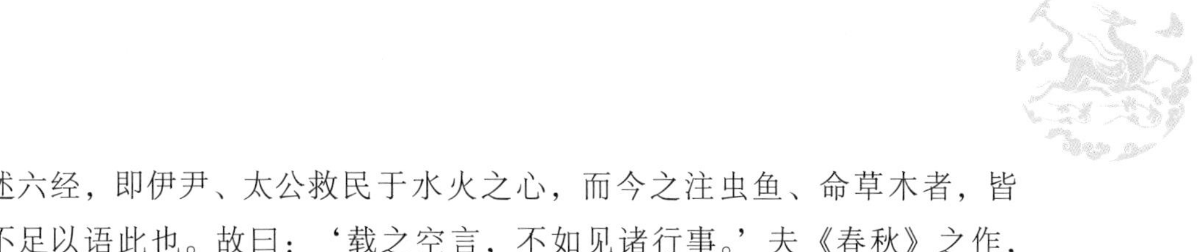

述六经，即伊尹、太公救民于水火之心，而今之注虫鱼、命草木者，皆不足以语此也。故曰：‘载之空言，不如见诸行事。’夫《春秋》之作，言焉而已，而谓之行事者，天下后世用以治人之书，将欲谓之空言而不可也。愚不揣，有见于此，故凡文之不关于六经之指、当世之务者，一切不为。而既以明道救人，则于当今之所通患，而未尝专指其人者，亦遂不敢以辟也。”[1] 很显然，顾炎武认为《春秋》是一部“天下后世用以治人之书”，寄寓了孔子的“救民于水火之心”和经世大义。《春秋》符合顾炎武明道救世、明经旨通世务的治学旨趣，因此他对《春秋》经义尤为重视。但同时，顾炎武又认为《春秋》是史书。他说：“孟子曰：‘其文则史。’不独《春秋》也，虽六经皆然。今人以为圣人作书，必有惊世艳俗之见，此是以私心待圣人。”[2] 在这里，他又强调要用史家的眼光去看待圣人经典。顾炎武对待《春秋》的态度看似矛盾，实际上并不矛盾。从顾炎武的《春秋》研究上，可以很清楚地看出他统摄经史以求真求实、经世致用的学术特点。

一、以史解经：对《春秋》义例的祛魅

在中国古代史学发展史上，正统儒家绝大多数都认为《春秋》具有寓褒贬、正名分、为尊者讳的“笔削大义微言”。《春秋》在书写年月、爵位、称号等史事时，总是通过“义例”“笔法”等手段进行褒贬。对此，顾炎武不以为然，他通过大量史料印证，认为《春秋》就是一部“多闻阙疑”的史书，其书法义例都是史书编纂的基本要求，并没有什么过深的含义寓于其中。

孔子作《春秋》，首书“元年春王正月”六字，历代正统儒家据此大做文章，申说“微言大义”，发挥出一整套的所谓“《春秋》大一统理论”和“孔子作新王之法”。《公羊传》云：“王者孰谓？谓文王也……何言乎

[1] 顾炎武：《亭林文集》卷四《与人书三》，见《顾亭林诗文集》，中华书局1983年版，第91页。

[2] 顾炎武：《日知录》卷三《鲁颂商颂》，见《日知录集释》，岳麓书社1994年版，第106页。

王正月？大一统也。”董仲舒进一步发挥说：“正次王，王次春。春者，天之所为也；正者，王之所为也。其意曰，上承天之所为，而下以正其所为，正王道之端云尔……《春秋》谓一元之意，一者万物之所从始也，元者辞之所谓大也。谓一为元者，视大始而欲正本也。”[1] “《春秋》大一统者，天地之常经，古今之通谊也。”[2] 胡安国则明确说这是圣人寓有大义的地方：“元即仁也，仁人心也，《春秋》深明其用当自贵者始，故治国先正其心，以正朝廷与百官，而远近莫不一于正矣……正次王，王次春，乃立法创制，裁自圣心，无所述于人者，非史册之旧文矣。”[3] 朱熹则认为《春秋》具有“诛乱臣，讨贼子，内中国，外夷狄，贵王贱霸”的“《春秋》大旨”。[4] 对此，顾炎武不以为然，他努力剥去人们附着在《春秋》之上的政治伦理观念，试图恢复《春秋》的史学面目，彰显《春秋》作为史书所具有的据事直书、实事求是的优秀传统。

顾炎武看待《春秋》，强调“圣人之经平易正大”[5]，认为《春秋》“其文则史也，史之所无，夫子不得而益也”[6]，指出《春秋》并无前儒所说的深奥而繁杂的义例，孔子只是在鲁史的基础上进行删削，很多时候是“直书而义自见者也”[7]。孔子作《春秋》，落实的是求实的史笔而非“微言大义”。顾炎武讨论《春秋》中“时月并书”时，就特意指出这是史笔，“《春秋》独并举时月者，以其为编年之史，有时有月有日，多是义例所存，不容于阙一也”。又自注说：“或疑夫子特笔，是不然。旧史既以‘春秋’为名，自当书时……是知谓以时冠月出于夫子者，非也。”[8] 认为这只是《春秋》作为编年史的体例要求，并非孔子有什么

[1] 班固：《汉书》卷五十六《董仲舒传》，中华书局1962年版，第2501—2502页。

[2] 班固：《汉书》卷五十六《董仲舒传》，中华书局1962年版，第2523页。

[3] 胡安国：《春秋胡氏传》，浙江古籍出版社2010年版，第2页。

[4] 朱熹：《朱子语类》卷八十三《春秋》，中华书局1986年版，第2144页。

[5] 顾炎武：《日知录》卷四《阙文》，见《日知录集释》，岳麓书社1994年版，第128页。

[6] 顾炎武：《日知录》卷四《王入于王城不书》，见《日知录集释》，岳麓书社1994年版，第135页。

[7] 顾炎武：《日知录》卷四《夫人孙于齐》，见《日知录集释》，岳麓书社1994年版，第131页。

[8] 顾炎武：《日知录》卷四《春秋时月并书》，见《日知录集释》，岳麓书社1994年版，第118页。

微言大义而有意进行的笔削。

对于前面提到的《春秋》"春王正月"，顾炎武认为就是一种编年体的记事方式。他在《日知录》中运用大量历史资料，借李梦阳的话指出："以是观之，《春秋》'王正月'，必鲁史本文也。言王者，所以别于夏、殷，并无他义。刘原父以'王'之一字为圣人新意，非也。子曰：'述而不作，信而好古。'亦于此见之。"[1] 在顾炎武看来，《春秋》首书"春王正月"，所本乃鲁史旧文，不过是当时史书的一种通行写法，并没有任何微言大义可言。所谓"《春秋》大一统"，所谓"孔子作新王之法"，所谓"圣人尊君抑臣之旨"，等等，完全是后儒的杜撰，并不合乎孔子"述而不作"的治学宗旨。顾炎武以史家的眼光，对正统儒家借诠释《春秋》之名而发挥出的一整套为专制政治服务的理论，进行了釜底抽薪式的廓清。

对于《春秋》中有关诸侯爵位名号的书写，传统观点认为皆有褒贬之意寓于其中。褒者，书直其爵；贬者，降其爵。对此，顾炎武从春秋时期的历史实际出发，指出《春秋》称爵与否与道德上的褒贬没有关联，而是与各国所承担的贡赋相关。他说："滕侯之降而子也，薛侯之降而伯也，杞后之降而伯而子也，贬之乎？贬之者，人之可也，名之可也；至于名尽之矣！降其爵非情也。古之天下犹今也……然则三国之降焉者何？沙随程氏以为是三国者，皆微困于诸侯之政而自贬焉……故鲁史因而书之也。小国贫，则滕、薛、杞降而称伯、称子；大国强，则齐世子光列于莒、邾、滕、薛、杞、小邾上，时为之也。"[2] 他认为，春秋时期，滕、薛、杞等小国，国弱民贫，贡纳给周天子的赋税较少，因而自贬其爵位，降而称伯、称子，《鲁史》是根据这些小国的自称而书写的，孔子因《鲁史》而作《春秋》，不过是沿袭了《鲁史》的写法而已。因此，所谓《春秋》于诸侯爵位名号的书写皆有褒贬之意的说法，也是后儒的主观臆断，并没有历史根据。

---

[1] 顾炎武：《日知录》卷四《王正月》，见《日知录集释》，岳麓书社1994年版，第117页。

[2] 顾炎武：《日知录》卷四《滕子薛伯杞伯》，见《日知录集释》，岳麓书社1994年版，第126—127页。

顾炎武并不完全否认《春秋》中某些地方确有尊周室、为国讳及寓褒贬的意味，但总体而言，他反对所谓“《春秋》笔削大义微言”的传统，力图把《春秋》还原为一部“阙疑”“纪实”的史书，把《春秋》的史学方法还原为“多闻阙疑，慎言其余”的纪实方法。

顾炎武反复引证孔子所说的“吾犹及史之阙文也”这句话，认为孔子当时所能接触到的不过是一些残缺不全的历史资料，对于史料中所缺失的内容，孔子是不敢随意增益的。对于因文献不足而搞不清楚的历史内容，他宁可阙疑也不敢杜撰。所谓“史文之误而无从取正者”“列国之事得之传闻而登于史策者”，孔子只好不写而阙疑了。顾炎武举例说：“若乃改葬惠公之类，不书者，旧史之所无也。曹大夫、宋大夫、司马、司城之不名者，阙也。郑伯髡顽、楚子麇、齐侯阳生之实弑而书卒者，传闻不胜简书，是以从旧史之文也。”[1] 显然，对于《春秋》何者书、何者不书以及如何书写都有微言大义在内的传统观点，顾炎武是不赞同的。他的观点是：有的史事、人名、时间，《春秋》之所以不书，是因为“旧史所无”，既没有文献记载的依据，又难以确考，只能“阙如”。至于有些诸侯王被弑而书“卒”，乃是因为其被弑之事得自传闻，而这些传闻又没有经过证实，所以也就姑且“从旧史之文”而书之了。如桓公四年、七年缺秋冬二时，定公十四年缺冬一时，昭公十年十二月无冬，僖公二十八年冬有日无月，桓公十四年有夏五而无月，桓公三年至九年、十一年至十七年不书“王”，桓公五年甲戌有日而无事，等等，顾炎武认为“皆《春秋》之阙文，后人之脱漏也”[2]。其中并没有任何微言大义，而只是抱着实事求是的态度，对难以确证的史事“阙疑”而已。

顾炎武认为，孔子作《春秋》的方法是“多闻阙疑，慎言其余”，所谓《春秋》具有“笔削大义微言”的说法不过是对孔子作《春秋》的误读，纯属“郢书燕说”。顾炎武指出：“今人学《春秋》之言皆郢书燕说，而夫子之不能逆料者也。子不云乎：‘多闻阙疑，慎言其余。’岂特告子

[1] 顾炎武：《日知录》卷四《春秋阙疑之书》，见《日知录集释》，岳麓书社 1994 年版，第 112 页。

[2] 顾炎武：《日知录》卷四《阙文》，见《日知录集释》，岳麓书社 1994 年版，第 127 页。

张乎，修《春秋》之法亦不过此。”[1] 顾炎武指出，后儒发挥《春秋》所谓“笔削大义微言”，犹如郢书燕说。他们不知道孔子的史学方法乃是“多闻阙疑，慎言其余”，根本没有什么“笔削大义”。

因此，顾炎武认为只有从史学的角度，按照孔子作《春秋》时所使用的史学方法去理解《春秋》，才是正确的方法，“甚易而实是”；如果斤斤于以一字寓褒贬，从《春秋》中寻找所谓的“笔削大义微言”，则是错误的方法，“甚难而实非”。顾炎武深谙《春秋》，以史学家的眼光对《春秋》所见、所闻、所传闻进行了深刻分析。他说：“孔子生于昭、定、哀之世，文、宣、成、襄则所闻也，隐、桓、庄、闵、僖则所传闻也。国史所载策书之文，或有不备，孔子得据其所见以补之，至于所闻则远矣，所传闻则又远矣。虽得之于闻，必将参互以求其信，信则书之，疑则阙之，此其所以为异辞也。公子益师之卒，《鲁史》不书其日，远而无所考矣。以此释经，岂不甚易而实是乎？何休见桓公二年会稷之传，以恩之浅深，有‘讳’与‘目言’之异，而以书日不书日，详略之分，为同此例，则甚难而实非矣。窃疑‘所见异辞，所闻异辞，所传闻异辞’，此三语必有所本。而齐、鲁诸儒述之，然其义有三：阙文，一也；讳恶，二也；言孙，三也。从前之一说，则略于远而详于近；从后之二说，则晦于近而章于远。读《春秋》者，可以得之矣。”[2] 在顾炎武看来，《春秋》所记载的史实，可按年代远近分为三个阶段，即“所见”“所闻”“所传闻”。“所见”乃孔子所亲见者，可以理解为当代史；“所闻”乃孔子未见而闻于同时代的长者，可以理解为近代史；“所传闻”离孔子更远，乃孔子闻于长辈、而长辈亦得自传闻者，可以理解为古代史。孔子对于其所亲见的鲁昭公、定公、哀公三朝之事，可以运用所掌握的资料直接补国史所缺；而对于“所闻”和“所传闻”的史事，因资料匮乏，就不得不采取十分慎重的态度，“必将参互以求其信，信则书之，疑则阙

[1] 顾炎武：《日知录》卷四《春秋阙疑之书》，见《日知录集释》，岳麓书社 1994 年版，第 112 页。

[2] 顾炎武：《日知录》卷四《所见异辞》，见《日知录集释》，岳麓书社 1994 年版，第 158 页。

之”，疑则传疑，信则传信。正因为如此，才会有“异辞”之说，即对于“所见”“所闻”“所传闻”的史事分别采取不同的记事方法：所见者可以言之凿凿；所闻及所传闻者，则按照史料的多少来书写，史实不清楚之处就阙疑以存信。这样理解《春秋》的书法就平易而又实在了。如果在“书日不书日”和“详略之分”中去寻找《春秋》的“笔削微言”，只能走向歧途。

总之，对于像《公羊传》及后儒对《春秋》“笔削大义微言”等牵强附会的理解，顾炎武一言以蔽之曰：“《春秋》之失乱。”[1] 为了澄清这一混乱，顾炎武以历史考证为手段，站在史家的立场上一一剥除后儒强加给《春秋》的种种谬说，恢复《春秋》作为史书的本来面目。

二、以经衡史：《春秋》之义与史学价值论

顾炎武以史家之眼光观照《春秋》，以史事论《春秋》，把《春秋》看作史书。但同时，顾炎武又不否认《春秋》经义。他所理解的《春秋》经义，不是所谓的“书法义例”和“笔削大义微言”，而是《春秋》中所包含的思想观念，也就是《春秋》的义理。

顾炎武坚持的是一条由训诂文字、厘清史事而通经的治学路径，他认为文字、史事梳理清楚了，大义自然明了。他的《春秋》学就是要在通训诂、明史法的基础上，讲清大义。因此，他既宣称“六经之所传，训诂为之祖”，同时也感慨“微言既以绝”，推崇汉代首倡《春秋》大义的公羊大师董仲舒“不有董夫子，大道何由明”[2]。只是他所理解的《春秋》经义与“微言大义”极为不同。他对凿空言经极为不满。在他看来，自宋以后，人们对经义的理解存在很大问题，空谈义理、明心见性等不切实际的学风让顾炎武极为厌恶，认为其“不习六艺之文，不考百王之典，不综当代之务，举夫子论学、论政之大端一切不问，而曰‘一

[1] 顾炎武：《日知录》卷四《所见异辞》，见《日知录集释》，岳麓书社1994年版，第158页。

[2] 顾炎武：《亭林诗集》卷四《述古》，见《顾亭林诗文集》，中华书局1983年版，第383页。

贯’，曰‘无言’，以明心见性之空言，代修己治人之实学”[1]。面对理学空言“心”“性”之弊端，顾炎武提出了“理学，经学也”的观点，以期重明经学真实之义理。在顾氏看来，经学所言义理不能只是穿凿而论、空言心性，而必须言之有据，说之有实。就《春秋》来说，更是如此。

《春秋》之义理，一直为人们所倡导，不管是庄子所言“《春秋》以道名分”，还是司马迁所言“《春秋》以道义”，都让我们知道《春秋》之中必蕴含着圣人的思想。但随着时间的推移，言《春秋》之义者愈多，连篇累牍，其义也丛生，令人不知所措。《春秋》之义悬空高挂，触摸不到实处，空、凿之害深入其中。有鉴于此，顾炎武反对一切“横生意见、巧出义理”的《春秋》之义，他以贯通经史的宏大气魄，出入经史，重新审视《春秋》经义以衡史学之价值。他强调对经文的解读必须真实，“五经得于秦火之余，其中固不能无错误。学者不幸，而生乎二千余载之后，信古而阙疑，乃其分也”[2]。倡导破除《春秋》义理空凿之害，以《春秋》经本身为其标准，重新阐释《春秋》经义。

顾炎武十分重视历史学在民族文化的保存和延续以及人类自我完善方面所具有的人文价值。顾炎武重视历史学习，他引述傅说“学于古训，乃有获”，引述周武王诰康叔“先之以稽我古人之德，而后进之以稽谋自天”，引述“君子以多识前言往行，以畜其德”等言论，指出在学习历史、培养人文情怀方面，“先圣后圣，其揆一也。不学古而欲稽天，岂非不耕而求获乎?”[3] 不研究历史而空谈“性与天道”，是没有任何依据的空谈，于人类自身有害而无益。基于这样的认识，顾炎武认为，在反映历史真实的意义上，《春秋》是一部纪实之书、阙疑之书；但在讲到史学的价值论时，顾炎武也讲“《春秋》之义”。

在中国史学史上，抛却“笔削大义微言”，关于《春秋》之义有三种说法：一是孟子所说的“孔子作《春秋》而乱臣贼子惧”，二是司马迁所

---

[1] 顾炎武：《日知录》卷七《夫子之言性与天道》，见《日知录集释》，岳麓书社 1994 年版，第 240 页。

[2] 顾炎武：《日知录》卷二《丰熙伪尚书》，见《日知录集释》，岳麓书社 1994 年版，第 75 页。

[3] 顾炎武：《日知录》卷二《其稽我古人之德》，见《日知录集释》，岳麓书社 1994 年版，第 58 页。

说的“贬天子，退诸侯，讨大夫”，三是“尊王攘夷”。顾炎武在谈到《春秋》之义时，也讲到了这三种意义。《日知录》卷七“夫子之言性与天道”条说：“夫子之文章莫大乎《春秋》。《春秋》之义，尊天王，攘戎翟，诛乱臣贼子，皆性也，皆天道也。”[1] 尊王攘夷、诛乱臣贼子，是顾炎武最为重视的《春秋》大义。顾炎武拎出《春秋》尊王攘夷、诛乱臣贼子之义，既有对史学研究价值的深刻反思，更有明清易代之际王朝更替、以夷变夏的社会现实对自己的强烈刺激。可以说，顾炎武阐发《春秋》之义，是历史与现实双重作用的结果。

顾炎武彰扬《春秋》尊王之义，对《春秋》三传阐释《春秋》而不知《春秋》尊王之义之处都进行了驳斥：“‘王使荣叔来锡桓公命’，不书‘天’，阙文也。若曰以其锡桓而贬之，则桓之立，《春秋》固已公之矣。商臣而书楚子，商人而书齐侯，五等之爵无所可贬，孰有贬及于天王邪?”[2] 又说：“名不正则言不顺，言不顺则事不成。而《左氏》之记周事曰‘王贰于虢’，‘王叛王孙苏’，以天王之尊而曰贰，曰叛，若敌者之辞，其不知《春秋》之义甚矣!”[3] 何休《公羊解诂》认为庄公元年“王使荣叔来锡桓公命”，书“王”而不书“天王”，是由于“桓行实恶，而乃追锡之，尤悖天道”，因而去掉“天”字来贬斥天王。而顾炎武却以为何休没有理解《春秋》尊王之义。在顾炎武看来，天王不书“天”，实际上是史之阙文，并不是对王的贬斥。天王至尊，是绝对不能贬斥的，“孰有贬及于天王邪!”顾炎武对《左传》以“贰”“叛”之辞加之于天王极为不满，认为是以“敌者之辞”对待天王，属于“不知《春秋》之义甚矣”。在顾炎武这里，“事莫大于天王之入”[4]，尊王是《春秋》首要之事。

[1] 顾炎武：《日知录》卷七《夫子之言性与天道》，见《日知录集释》，岳麓书社 1994 年版，第 239 页。

[2] 顾炎武：《日知录》卷四《阙文》，见《日知录集释》，岳麓书社 1994 年版，第 127—128 页。

[3] 顾炎武：《日知录》卷四《王贰于虢》，见《日知录集释》，岳麓书社 1994 年版，第 145 页。

[4] 顾炎武：《日知录》卷四《王入于王城不书》，见《日知录集释》，岳麓书社 1994 年版，第 135 页。

顾炎武推重《春秋》的尊王思想，还有着以“天王”为正统的观念。他说：“《尚书》之文但称‘王’，《春秋》则曰‘天王’，以当时楚、吴、徐、越皆僭称王，故加‘天’以别之也。赵子曰‘称天王，以表无二尊’是也。”[1]《春秋》将王称“天王”，是为了区别于僭伪，是为了表明无二尊。顾炎武的尊王思想，强调的是王的正统性。这不难理解。顾炎武以明遗民进入清朝，早年参与抗清，晚年以研究华夏文化自处，他实际上是借“尊王”否定清朝的正统性。

如果把尊王与攘夷联系起来，我们可以更清楚地看到顾炎武的内心世界。顾炎武说：“君臣之分所关者在一身，华夷之防所系者在天下，故夫子之于管仲，略其不死子纠之罪，而取其一匡九合之功，盖权衡于大小之间，而以天下为心也。夫以君臣之分犹不敌华夷之防，而《春秋》之志可知矣。”[2] 顾炎武认为“君臣之分所关者在一身，华夷之防所系者在天下”，华夷之防显然要重于君臣之分。换言之，尊王攘夷两相比较，攘夷狄，严夷夏之防，要重于尊天王。顾炎武曾有“亡国”与“亡天下”的论述，“亡国”乃一姓之亡，“亡天下”乃民族文化之亡，联系尊王攘夷之论，很显然尊王与“亡国”相对应，攘夷与“亡天下”相对应。顾炎武生活在明清易代之际，在他看来，明清易代，绝非一般意义上的朝代更替，而是“率兽食人”“人将相食”的“亡天下”。因此他要高举攘夷的大旗，大声疾呼“保国者，其君其臣，肉食者谋之；保天下者，匹夫之贱，与有责焉耳矣”[3]，号召人们在清朝统治之下，严夷夏之防，不失中国之道。顾炎武内心所念念不忘的是华夏历史文化的复兴。

顾炎武对《春秋》夷夏之义有很详尽的阐述，并以之衡评史书记载。他在《日知录》中论“楚吴书君书大夫”：“《春秋》之于吴、楚，斤斤焉，不欲以其名与之也。”然后细举楚、吴每次见录于《春秋》时的称谓，并认为《春秋》如此书法的目的就是：“圣人之意，使之不得遽同于中夏也”，“使之终不得同于中夏也”。最后又发挥说：“是知书君、书大

[1] 顾炎武：《日知录》卷四《天王》，见《日知录集释》，岳麓书社 1994 年版，第 121 页。

[2] 顾炎武：《日知录》卷七《管仲不死子纠》，见《日知录集释》，岳麓书社 1994 年版，第 245 页。

[3] 顾炎武：《日知录》卷十三《正始》，见《日知录集释》，岳麓书社 1994 年版，第 471 页。

夫，《春秋》之不得已也，政交于中国矣。以后世之事言之，如刘、石十六国之辈，略之而已。至魏、齐、周，则不得不成之为国，而列之于史。辽、金亦然。此夫子所以录楚、吴也。然于备书之中而寓抑之之意，圣人之心盖可见矣。”[1] 顾炎武认为，孔子在《春秋》之中非常注意夷夏之辨，因为夷狄与中国有交往，故不能不记夷狄事迹，但每次记载夷狄之国时，对其称谓都非常谨慎，并寓贬抑之意，体现出孔子的良苦用心。后世少数民族入主中原，见于史书记载，亦同《春秋》之例，要体现华夷之别。顾炎武特别举出辽、金，认为记载辽、金事迹也要遵循《春秋》攘夷之义，其拒斥清朝的潜台词呼之欲出。顾炎武以《春秋》尊王攘夷之义衡史，有其历史的局限性，但反观他所处的时代，其高举夷夏之辨的现实意义也就展露无遗了。知人论世，我们不能苛求顾炎武。

除了尊王攘夷之外，诛讨乱臣贼子为《春秋》之一大义。孟子说：“孔子作《春秋》而乱臣贼子惧。”[2] 讨贼之义往往又与复仇之义联系在一起，所谓“君弑，臣不讨贼，非臣也。子不复仇，非子也”[3]，“臣子于君父有讨贼复仇之义”[4]，皆是以讨贼复仇为臣子不可推卸的责任和义务。对此，顾炎武也进行了阐发。

就明朝遗民而言，关涉君父大仇的事情有两件：一是李自成攻陷北京，崇祯皇帝殉国，这对于明朝的臣子而言就是君父大仇。二是清军入关，顺治帝在北京称帝，以少临众，建立少数民族中央集权制度。从南明开始，讨贼复仇之说就不绝于耳。到了清朝，人们虽然不敢多言此事，但在顾炎武这些明朝遗老眼里，清亦无异于贼。

在这样的历史背景下，顾炎武屡屡提及《春秋》复仇之义，所谓“缟素称先帝，《春秋》大复仇”“千秋悬国耻，一旦表军功”。[5] 他在《日知录》中论“夫人孙于齐”云：“《庄公元年》：‘三月，夫人孙于齐。’

[1] 顾炎武：《日知录》卷四《楚吴书君书大夫》，见《日知录集释》，岳麓书社 1994 年版，第 131—132 页。

[2] 《孟子·滕文公下》，诸子集成本，中华书局 1954 年版。

[3] 《公羊传·隐公十一年》，《十三经注疏》本，中华书局 1980 年版。

[4] 胡安国：《春秋胡氏传·隐公十一年》，浙江古籍出版社 2010 年版，第 37 页。

[5] 顾炎武：《亭林诗集》卷一《感事》，见《顾亭林诗文集》，中华书局 1983 年版，第 260 页。

不称姜氏，绝之也。《二年》：‘十有二月，夫人姜氏会齐侯于禚。’复称姜氏，见鲁人复以小君待之，忘父而与仇通也。先孙后会，其间复归于鲁，而《春秋》不书，为国讳也。此夫子削之矣。”[1] 又论“公及齐人狩于禚”云：“《庄公四年》：‘二月，夫人姜氏享齐侯于祝丘。冬，公及齐人狩于禚。’夫人享齐侯，犹可书也；公与齐侯狩，不可书也。故变文而曰‘齐人’，‘人’之者，仇之也。杜氏以为‘微者’，失之矣。”[2] 顾炎武举此两例是想说明，《春秋》这样书写，就是为了揭示君父之仇不可忘之大义。这两件史事，前者《春秋》三传皆未作复仇解，后者《左传》无传而《公》《榖》作复仇解，顾炎武则全部解释为复仇之义，足以说明顾炎武对《春秋》经义的理解注入了自己的民族感情。

由于民族的义愤，顾炎武在为君父讨贼复仇方面所持的立场非常严苛。《左传》解释“赵盾弑其君”时，有“越境乃免”说，顾炎武对此极为不满，认为这是“妄述孔子之言”，并提出：“君臣之义无逃于天地之间，而可逃之境外乎?”[3] 强调臣子为君父复仇的责任是不可推卸的。对那些不讨贼复仇，甚至投降而助纣为虐的臣子，顾炎武更是痛加贬斥。他在《日知录》中专列“降臣”条，历数降臣之不齿，彰扬忠臣之高节，他说：“《记》言：‘孔子射于矍相之圃，贲军之将、亡国之大夫不入。’《说苑》言：‘楚伐陈，陈西门燔，使其降民修之。孔子过之，不轼。’《战国策》安陵君言：‘先君手受太府之宪，宪之上篇曰：国虽大赦，降城、亡子不得与焉。’下及汉魏，而马日磾、于禁之流，至于呕血而终，不敢腼于人世，时之风尚从可知矣。后世不知此义，而文章之士多护李陵，智计之家或称谯叟。此说一行，则国无守臣，人无植节，反颜事仇，行若狗彘，而不之愧也。何怪乎五代之长乐老，序平生以为荣，灭廉耻而不顾者乎！《春秋·僖十七年》：‘齐人歼于遂。’《穀梁传》曰：‘无遂则何以言遂？其犹存遂也。’故王蠋死而田单复齐，弘演亡而桓公救卫，

[1] 顾炎武：《日知录》卷四《夫人孙于齐》，见《日知录集释》，岳麓书社1994年版，第130页。

[2] 顾炎武：《日知录》卷四《公及齐人狩于禚》，见《日知录集释》，岳麓书社1994年版，第131页。

[3] 顾炎武：《日知录》卷四《赵盾弑其君》，见《日知录集释》，岳麓书社1994年版，第149页。

此足以树人臣之鹄，而降城、亡子不齿于人类者矣。”[1] 顾炎武列举了从孔子至汉魏时期人们对降臣的态度，批判了后世为降臣开脱的说法，大力褒扬忠君而死的王蠋、弘演和孤忠复国的田单为“人臣之鹄”，贬斥降臣“行若狗彘，而不之愧”，“不齿于人类”。所谓“国无守臣，人无植节，反颜事仇”，所指乃明亡之时“降将如毛，降官如潮”的真实历史。正是这些降臣导致偌大的明王朝迅速崩溃。顾炎武通过彰显《春秋》“诛乱臣贼子”之义，反思历史，观照现实，期望历史记载能够继承《春秋》之义，将降臣降将钉在历史的耻辱柱上。

清廷入主中原取代明朝，却声称自己是为明讨贼复仇，对此，顾炎武进行了揭露。《日知录》论“纳公孙宁仪行父于陈”云：“孔宁、仪行父从灵公宣淫于国，杀忠谏之泄冶，君弑不能死，从楚子而入陈，《春秋》之罪人也，故书曰：‘纳公孙宁、仪行父于陈。’杜预乃谓二子托楚以报君之仇。灵公成丧，贼讨国复，功足以补过。呜呼！使无申叔时之言，陈为楚县矣，二子者，楚之臣仆矣，尚何功之有？幸而楚子复封，成公反国。二子无秋毫之力，而杜氏为之曲说，使后世诈谖不忠之臣得援以自解。呜呼！其亦愈于已为他人郡县而犹言报仇者与？”[2] 这是春秋时期的一个历史故事，夏徵舒弑陈灵公，陈灵公的大臣孔宁、仪行父跑到楚国，引楚师讨夏徵舒，杜预认为孔宁、仪行父“托楚以报君之仇”，是有功的。但顾炎武认为二人是罪人，因为楚庄王诛杀夏徵舒后差点就把陈国变成楚国的一个县，多亏申叔时劝谏，才得以复国。引狼入室，国家被灭，自己差点成为别国的臣仆，这还谈什么为君主报仇。杜预这样解释历史，就为“后世诈谖不忠之臣”找到了推托罪责的借口。至于“已为他人郡县而犹言报仇者”，则明显是指灭亡的明朝。可见，顾炎武的《春秋》学绝非埋头训诂，也绝非空讲义理，而是紧密结合历史，关注现实。

总之，在明清易代的特殊历史条件下，顾炎武重点阐释了《春秋》

[1] 顾炎武：《日知录》卷十三《降臣》，见《日知录集释》，岳麓书社1994年版，第508页。

[2] 顾炎武：《日知录》卷四《纳公孙宁仪行父于陈》，见《日知录集释》，岳麓书社1994年版，第136页。

尊王攘夷、讨贼复仇的意蕴，具有特殊的历史内涵和鲜明的时代特点。所谓“尊王攘夷”，就是维持华夏正统文化，贬抑和抵抗异族入侵；所谓“诛乱臣贼子”的讨贼复仇，就是要张扬民族气节，贬斥那些投降清廷、为虎作伥的贰臣。顾炎武把这些内容上升到“性与天道”的高度来认识，正体现着他所说的历史学的“稽天成德”的价值属性。

顾炎武晚年全身心投入经史研究中，以求发明大义，明道救世。他一再强调所著《日知录》乃为后王而作：“若其所欲明学术，正人心，拨乱世，以兴太平之事，则有不尽于是刻者。须绝笔之后，藏之名山，以待抚世宰物者之求。”[1] 又说：“有王者起，将以见诸行事，以跻斯世于治古之隆，而未敢为今人道也。”[2] 不与今人道，是今人无知音，这与孔子于获麟之后，自叹“吾道穷矣”，然后“制《春秋》之义，以俟后圣”何等相似！顾炎武此时可谓与孔子心有戚戚焉，孔子当年作《春秋》之事成为他效仿的对象。

第三节　《周易》与顾炎武的历史盛衰变易观

顾炎武研治经史，对《周易》用功尤深。他极力推尊《周易》在中国学术史上的地位，认为“尽天下之书皆可以注《易》，而尽天下注《易》之书，不能以尽《易》”[3]。在顾炎武眼里，易学是统摄一切的学问，《易》不仅是六经之首，而且是六经的核心。“《诗》《书》、执《礼》之文，无一而非《易》也。下而至于《春秋》二百四十二年之行事，秦、汉以下史书百代存亡之迹，有一不该于《易》者乎?”[4] 正因为此，他对《周易》的版本、流传、性质以及易学史上的重要人物、易学思潮和

[1] 顾炎武：《日知录》初刻自序，见《日知录集释》，岳麓书社 1994 年版。

[2] 顾炎武：《亭林文集》卷四《与人书二十五》，见《顾亭林诗文集》，中华书局 1983 年版，第 98 页。

[3] 顾炎武：《亭林文集》卷三《与友人论易书》，见《顾亭林诗文集》，中华书局 1983 年版，第 42 页。

[4] 顾炎武：《亭林文集》卷三《与友人论易书》，见《顾亭林诗文集》，中华书局 1983 年版，第 43 页。

易学观点等都进行过深入考辨。不仅如此，顾炎武认为易学是“圣人寡过反身之学”，反对把《周易》看成是占筮、方术之书，倡导治《易》要切于人伦日用。由于对《周易》有深入的体认和研究，顾炎武精研易理，将“惟物”“惟变”的哲学认识特别是关于事物辩证发展的观念运用于社会历史领域，吸纳《周易》变通的思想，形成了自身“顺势因时”“变而适时”的历史观。

一、“变通”与“适时”

顾炎武对社会历史的盛衰变化充满了兴趣，有着“通变宜民”的变革思想。他精研易理，体察自然与社会的变化，坚信“变”是历史发展的普遍法则，相应地，在历史的变化面前，一切社会治理都要随之适时变化。当社会“居不得不变之势”时，变革便不可阻挡。顾炎武从《周易》中汲取变通的思想，又从“百王之治至殊”的历史事实中总结出“通变宜民”“唯变所适”[1]的辩证法则，形成了通达而变易的历史观念。

顾炎武认为，变化是自然与社会的基本属性，世界万物都在发生变化，而《周易》就是一部讲求变易之书，必须掌握其中的奥妙。他说：“日往月来，月往而日来，一旦之昼夜也。寒往暑来，暑往寒来，一岁之昼夜也。小往大来，大往小来，一世之昼夜也。子在川上曰：‘逝者如斯夫，不舍昼夜！’通乎昼夜之道而知，则‘终曰乾乾，与时偕行’，而有以尽乎《易》之用矣。”[2]这就是说，万物的变化就像白天黑夜、寒暑交替一样普遍。人只有掌握变化的规律才能获得智慧，“终日乾乾”，因时而变，按照事物变化的规律办事，才是遵循了《周易》的原则，掌握了《周易》的奥妙。

基于对自然变化与社会历史发展的考察，顾炎武从《周易》中发挥

[1] 顾炎武：《亭林文集》卷三《与友人论易书二》，见《顾亭林诗文集》，中华书局1983年版，第43页。

[2] 顾炎武：《日知录》卷一《通乎昼夜之道而知》，见《日知录集释》，岳麓书社1994年版，第22页。

出“过中则变”的“时”与“变”之义。具体来说，就是既要变革，又要适时。顾炎武认为，历史发展不是一帆风顺的，总是在某些时候表现出特殊性，所谓“道之污隆，各以其时”[1]。而人的历史活动，总是受到特定社会条件的制约，他举例说：“武王当日诛纣伐奄，三年，讨其君，而宝龟之命曰：有大艰于西土，殷之顽民迪屡不静。商俗靡靡，利口惟贤，余风未殄。视舜之从欲以治四方风动者何如哉。故《大武》之乐虽作于周公，而未至于世变风移之日，圣人之时也，非人力之所能为矣。”[2] 历史发展有自己的特点，人们进行历史活动，要善于审时度势，把握变革的时机，也就是要看准“世变风移之日”。顾炎武阐释《周易》“变”与“时”的思想云：“《革》：‘已日乃孚。六二，已日乃革之。’朱子《发读》为‘戊己’之己。天地之化，过中则变，日中则昃，月盈则食，故《易》之所贵者中。十干则戊己为中，至于己则过中，而将变之时矣，故受之以庚。庚者，更也，天下之事当过中而将变之时，然后革而人信之矣。”[3] 通过对“革”卦的训解，顾炎武指出只有在事物发展到一定程度时，比如“日中”“月盈”之时，事物开始向其相反方面转化，这个时候才是变革最成熟的时机，也就是“过中则变”，“将变之时”即主动变革，就能赢得人心，取得信任。“当过中而将变之时，然后革而人信之。”因此，他坚信：“斯道之在天下，必有时而兴。”[4]

顾炎武通过对历史的考察，指出历史上从来就没有一成不变的制度，所谓“百王之治至殊”，他说：“‘殷因于夏礼，周因于殷礼，虽百世可知。’百王之治，至殊也。”[5] 他从历史与社会的变化和“百王之治至殊”的历史事实中看到，“天下之变无穷，举而措之天下之民者

---

[1] 顾炎武：《亭林文集》卷三《与友人论门人书》，见《顾亭林诗文集》，中华书局1983年版，第47页。

[2] 顾炎武：《日知录》卷七《武未尽善》，见《日知录集释》，岳麓书社1994年版，第236页。

[3] 顾炎武：《日知录》卷一《己日》，见《日知录集释》，岳麓书社1994年版，第16页。

[4] 顾炎武：《亭林文集》卷三《与友人论门人书》，见《顾亭林诗文集》，中华书局1983年版，第47页。

[5] 顾炎武：《日知录》卷七《予一以贯之》，见《日知录集释》，岳麓书社1994年版，第246页。

亦无穷”[1]。顾炎武对中国历史有深入的研究，看到了中国历史上改革、变法的艰难，他在《日知录》“立言不为一时”条中开篇便说：“天下之事，有言在一时，而其效见于数十年之后者。”并列举了历史上许多当时不能实行、而后世却不得不实行的改革措施，十分感慨地说：“呜呼，天下之事，有其识者，不必遭其时；而当其时者，或无其识。然则开物之功，立言之用，其可少哉!”[2] 也就是说，历史的变革进步总是遭遇曲折，或具有识之士，但时机不成熟，或时机成熟，却无有识之士。但不管怎样，建言献策，倡导变革，是必不可少的，尽管这些建议可能要在几十年后才被人采纳。顾炎武吸收《周易》“穷则变，变则通，通则久”的思想，指出：“而穷则变，变则通，通则久，天下之理固不出乎此也。”[3] 在他看来，当事物发展到穷途末路、不得不变之时，就会发生变革。在此之前的任何曲折，也就不足为意了。

“变通”与“适时”是顾炎武易学思想的两翼，也是他深研历史而结出的思想果实。顾炎武看到，任何“变革”都要“适时”，只有历史变革的时机成熟了，才有可能变革成功，除旧布新，做到有利无弊或利大于弊。顾炎武研究任何问题，都是面对社会现实和学术现实的，从不回避现实社会问题。明末社会的严重危机，使顾炎武认识到专制制度已“居不得不变之势”，由此他表达了变革的强烈愿望，指出：“法不变，不可以救今已。居不得不变之势，而犹讳其变之实，而姑守其不变之名，必至于大弊……而上下相与守之至于极，而因循不改，是岂创制之意哉……请于不变之中，而寓变之之制，因已变之势，而复创造之规……不及时之宜一为变通……则物力乌得不诎？军政乌得不窳？又何以兆谋敌忾，成克复之勋哉？”[4] 他指出，身处“不得不变”之时，讳言变革，

[1] 顾炎武：《亭林文集》卷三《与友人论易书》，见《顾亭林诗文集》，中华书局 1983 年版，第 42—43 页。

[2] 顾炎武：《日知录》卷十九《立言不为一时》，见《日知录集释》，岳麓书社 1994 年版，第 680 页。

[3] 顾炎武：《日知录》卷十九《立言不为一时》，见《日知录集释》，岳麓书社 1994 年版，第 680 页。

[4] 顾炎武：《亭林文集》卷六《军制论》，见《顾亭林诗文集》，中华书局 1983 年版，第 122—123 页。

不愿变革，都会造成“大弊”。适时而变，是历史变革的最佳状态。

顾炎武对“适时而变”非常推崇，但他所处的时代却不允许他这样做，因此他对适时而变进行了理想化的理解，即寄托于后世之人。他宣称自己的那些“引古筹今，亦吾儒经世致用”的改革措施，“不欲令在位之人知之”，理由是：“今日之事，兴一利便是添一害，如欲行沁水之转般，则河南必扰；开胶、莱之运道，则山东必乱矣。”[1] 顾炎武不与清廷合作，故而“不欲令在位之人知之”。他还在一首诗里写道：“天道有盈虚，智者乘时作。取果半青黄，不如待自落。始皇方侈时，土宇日开拓。海上标东门，长城绕北郭。欲传无穷世，更乞长生药。子房天下才，是时无所托。东见仓海君，用计亦疏略。狙击竟何为，烦彼十日索。譬之虎负嵎，矜气徒手搏。归来遇赤精，奋戈起榛薄。崤关一战破，蓝田再麾却。啧啧轵道旁，共看秦王缚。既已报韩仇，此志诚不怍。遂赴赤松要，无负圯桥诺。”[2] 在清朝统治日益巩固、任何反抗都只能遭到镇压的情况下，顾炎武无可奈何地发出了“取果半青黄，不如待自落”的哀吟，颇有生不逢时的感叹。但是，顾炎武始终对民族的复兴充满信心，他说：“子不见夫五星之丽天，或进或退，或留或疾。大运之来，固不终日。盈而罚之，动而蹶之……汤降文生自不迟，吾将翘足而待之。”[3] 他认为，按照《周易》盛衰变易的历史观，清朝的统治终将有盛极而衰的一天。顾炎武寄希望于社会发展的未来，但他强调，不应只是消极地等待时势的到来，时势毕竟是由人所造成的，人力所至，或可回天。他说：“天下之事，盛衰之形，众寡之数，不可以一定，而君子则有以待之。所以抚盛而合众者，中人以上之所能，若夫为盛于衰，治众于寡，孑然一身之日，而有万人百世之规，非大心之君子莫克为之矣……《易》曰：‘可大则贤人之业。’《传》曰：‘人定能胜天。’”[4] 他认为，人在

---

[1] 顾炎武：《亭林文集》卷四《与人书八》，见《顾亭林诗文集》，中华书局 1983 年版，第 93 页。

[2] 顾炎武：《亭林诗集》卷五《子房》，见《顾亭林诗文集》，中华书局 1983 年版，第 396 页。

[3] 顾炎武：《亭林诗集》卷三《羌胡引》，见《顾亭林诗文集》，中华书局 1983 年版，第 349 页。

[4] 顾炎武：《亭林文集》卷五《杨氏祠堂记》，见《顾亭林诗文集》，中华书局 1983 年版，第 107—108 页。

历史的盛衰变化中，不能委天任运、无所作为，而是要不断创造条件，制造“时势”，努力奋进，要有“天行健，君子以自强不息”的气概，要相信“人定胜天”，通过人的作为促成历史盛衰的转化。他在给黄宗羲的信中进一步表达了这样的看法：“天下之事，有其识者未必遭其时，而当其时者，或无其识。古之君子所以著书待后，有王者起，得而师之。然而《易》‘穷则变，变则通，通则久’。圣人复起，不易吾言，可预信于今日也。”[1] 生不逢时的顾炎武晚年一直致力于思想文化的研究，提出对专制君主的批判，积极参与历史的创造活动，为我们留下了一笔丰厚的文化遗产。

二、“顺数已往”和“逆推将来”

顾炎武研究《周易》，十分重视通过对以往历史事物的认识和总结，归纳出历史发展的法则，然后预测社会历史发展前景。《日知录》卷一“易逆数也”条说：“数往者顺，造化人事之迹有常而可验，顺以考之于前也；知来者逆，变化云为之动日新而无穷，逆以推之于后也。圣人神以知来，知以藏往，作为《易》书，以前民用。所设者，未然之占，所期者，未至之事，是以谓之逆数。虽然，若不本于八卦已成之迹，亦安所观其会通而系之爻象乎？是以天下之言性也，则故而已矣。”[2] 他又引用刘汝嘉之言曰：“象者，体也，象其已然者也；占者，用也，占其未然者也。已然者为往，往则有顺之之义焉；未然者为来，来则有逆之之义焉。如象天而画为《乾》，象地而画为《坤》……此皆观变于阴阳而立卦，发挥于刚柔而生爻者也，不谓之数往者顺乎？如筮得《乾》，而知‘乾，元亨利贞’，筮得《坤》，而知‘坤，元亨利牝马之贞’……此皆通神明之德，类万物之情者也，不谓之知来者逆乎？夫其顺数已往，正所以逆推将来也。孔子曰：‘殷因于夏礼，周因于殷礼，所损益可知也。’

[1] 顾炎武：《亭林佚文辑补·与黄太冲书》，见《顾亭林诗文集》，中华书局1983年版，第238—239页。

[2] 顾炎武：《日知录》卷一《易逆数也》，见《日知录集释》，岳麓书社1994年版，第24—25页。

数往者顺也；‘其或继周者，虽百世可知也。’知来者逆也。故曰：‘易，逆数也。’”[1] 顾炎武根据《周易》“知以藏往”“神以知来”的思想和卦象的变化，结合孔子的历史损益观，参以历史发展的实际，在这里提出了认识历史发展的过去、现在与未来的方法。他认为，根据既往历史的发展变化，可以找到历史发展的“常”，也就是规律，而根据这种历史发展的“常”，又可以预测历史发展的大势及未来社会历史的“变”。社会的发展变化虽然“日新而无穷”，但都遵循着事物发展的辩证法则，“顺数已往”便可以“逆推将来”。

顾炎武通过总结历史事实，发现历史的发展总是先进与落后、前进与后退、上升与下降、正义与邪恶相互伴随，显示出复杂性的一面。所谓“不能使四方之风有贞而无淫”，“邪说之作与世升降”，等等。一句话，历史的发展没有坦途，盛与衰、治与乱、善与恶总是相伴而生。他说：“天下之生久矣，一治一乱。盛治之极，而乱萌焉，此一阴遇五阳之卦也。孔子之门四科十哲，身通六艺者七十有二人，于是删《诗》《书》，定《礼》《乐》，赞《周易》，修《春秋》，盛矣，而《老》《庄》之书即出于其时。后汉立辟雍，养三老，临白虎，论五经，太学诸生至三万人，而三君、八俊、八顾、八及、八厨为之称首，马、郑、服、何之注，经术为之大明，而佛、道之教即兴于其世。是知邪说之作与世升降，圣人之所不能除也……呜呼，岂独君子小人之辨而已乎。”[2] 从对历史的深入考察中，顾炎武看出了宋儒的道德理想主义的虚妄，看到了人和社会都不可能“止于至善”，历史的发展是复杂的，有主流，也有逆流。儒学兴盛之时，老庄之书随之而出；五经昌明之时，佛道之教随之而兴。历史变化的复杂性是任何人无法改变的，但人们可以认识到它，从而在历史变革面前伸缩有余。

顾炎武汲取《周易》的思想营养，隐隐认识到在历史发展的过程中，似乎有一个肯定、否定、否定之否定的变化规则在起着作用。他所提出的“寓封建于郡县”的社会改革方案，就深含此意。顾炎武认为，从封

---

[1] 顾炎武：《日知录》卷一《易逆数也》，见《日知录集释》，岳麓书社1994年版，第24—25页。

[2] 顾炎武：《日知录》卷一《姤》，见《日知录集释》，岳麓书社1994年版，第14页。

建制到郡县制是历史发展的大势所趋，但在“郡县之弊已极”的情况下，就将出现一个“寓封建之意于郡县之中”的更高的发展阶段。他说：“封建之废，非一日之故也，虽圣人起，亦将变而为郡县。方今郡县之敝已极，而无圣人出焉，尚一一仍其故事，此民生之所以日贫，中国之所以日弱而益趋于乱也”。“知封建之所以变而为郡县，则知郡县之敝而将复变。然则将复变而为封建乎？曰：不能。有圣人起，寓封建之意于郡县之中，而天下治矣”。[1] 在顾炎武看来，封建制产生弊端，郡县制否定了封建制，取而代之，这是第一次否定；郡县制也出现了弊端，但否定郡县制的不是封建制，不是复古，而是在更高的基础上完成否定之否定，所谓“寓封建之意于郡县之中”。也就是说，在未来的社会管理体制的设置中，将包含着历史上先后出现过的各种行政体制的合理因素。

顾炎武还纵观古今，认识到社会历史的发展经历了一个由“质”到“文”、并在一个更高的基础上向着“质”复归的倾向。他说：“‘垂衣裳而天下治’，变质而之文也，自黄帝、尧、舜始也，故于此有通变宜民之论。”[2] 又说：“‘民之质矣，日用饮食。’夫使机智日生，而奸伪萌起，上下且不相安，神奚自而降福乎？有起信险肤之族，则高后崇降弗祥；有诪张为幻之民，则嗣王罔或克寿。是故有道之世，人醇工庞，商朴女童，上下皆有嘉德，而至治馨香感于神明矣。然则祈天永命之实，必在于观民。而斫雕为朴，其道何由？则必以厚生为本。”[3] 顾炎武认为，中国历史从黄帝、尧、舜时代开始，由“质”而转变为“文”，亦即以文明取代了原始的质朴。然而，随着文明社会的发展，“机智日生”“奸伪萌起”“上下且不相安”，到了明朝万历年间，更呈现出“世变日新，人情弥险”的状况。[4] 在这种情况下，怎样才能使民风重返质朴淳厚呢？

[1] 顾炎武：《亭林文集》卷一《郡县论一》，见《顾亭林诗文集》，中华书局 1983 年版，第 12 页。

[2] 顾炎武：《日知录》卷一《垂衣裳而天下治》，见《日知录集释》，岳麓书社 1994 年版，第 23 页。

[3] 顾炎武：《日知录》卷三《民之质矣日用饮食》，见《日知录集释》，岳麓书社 1994 年版，第 92—93 页。

[4] 顾炎武：《日知录》卷十三《田宅》，见《日知录集释》，岳麓书社 1994 年版，第 499 页。

顾炎武的回答是“必以厚生为本”。在这里，顾炎武似乎已经意识到，只有通过发展经济，使社会的物质财富极大地丰富起来，从而使得民众不需要“机智”和“奸伪”就可以满足其对于“厚生”的要求。在这种情况下，人类的精神境界就会在更高的基础上提升，重新回归“淳朴”，而社会也可以长治久安，即“祈天永命之实，必在于观民”。而且，其“通变宜民”之论与司马迁的“承敝易变，使民不倦”又有极相似之处，反映了顾炎武变通中的重民思想。可以推断，顾炎武不仅具有历史进化的思想，而且已经猜测到社会发展进化的某些辩证规律。

三、“古今之变”与“势有相因”

顾炎武的历史盛衰变易观，以《周易》为宗，充满了辩证发展的观念。他深刻体察《周易》，从历史发展的共时性和历时性两个方面论述历史发展的变化。

从事物发展的共时性方面，顾炎武看到了历史发展的不平衡性，认识到事物间的差异和矛盾具有普遍性。他认为，一部《周易》，正是对事物的差异和矛盾的认识：“物之不齐，物之情也。六十四卦岂得一一齐同。”[1] 他认为事物的差异和矛盾是具有普遍必然性的客观存在，历史发展总是不平衡的，不能用一种尺度去要求事物一一齐同，事物的差异和对立不可能消解，“必欲执一说以概全经”[2]，是非常荒谬的。

从事物发展的历时性方面，顾炎武看到了天地、四时以及天地间一切事物的变化日新：“天地则已易矣，四时则已变矣，其在天地之中者，莫不更始焉。”事物的静止状态是相对的，而运动发展变化则是绝对的：“《易》不可为典要，唯变所适。”[3] 他不仅以发展变化的观点去看自然，而且也以发展变化的观点去看人类社会。他认为无论是自然界还是人类

---

[1] 顾炎武：《亭林文集》卷三《与友人论易书二》，见《顾亭林诗文集》，中华书局1983年版，第43页。

[2] 顾炎武：《亭林文集》卷三《与友人论易书二》，见《顾亭林诗文集》，中华书局1983年版，第43页。

[3] 顾炎武：《亭林文集》卷三《与友人论易书二》，见《顾亭林诗文集》，中华书局1983年版，第43页。

社会的发展都是有法则可循的，“造化人事之迹有常而可验……变化云为之动日新而无穷”[1]。

任何事物的发展都是共时性存在和历时性存在的统一，顾炎武继承了《周易》的阴阳变易观和张载的哲学观，在“和实生物，同则不继”的辩证发展观基础上，进行了“天地之化，专则不生，两则生”[2]的新的哲学概括。他把“两”——即构成万物之原质的“气”所具有的阴与阳两种属性——看作是“天地之化”的源泉，把事物自身所固有的矛盾性看作是事物存在的依据与运动变化的内在动力，并把孔子关于“君子和而不同”的观点上升到“天地之化”的规律性的高度来认识，主张兼容差异和对立。顾炎武运用《周易》阴阳两爻交错变化的观念提出对事物发展的对立统一规律的朴素认识，颇为深刻。

顾炎武在观察社会历史的发展变化时，还引入了“势”的概念。顾炎武发现，在人类社会盛衰变化中起决定作用的，不是宋儒的先验的“理”，而是客观存在的“势”。他不再以宋儒先验的天理史观来论说历史，而是从人类社会自身的实践去探寻历史发展变化的法则，提出了“势有相因”的历史演化观。

在中国思想史上，“势”是一个著名的范畴。先秦兵家讲军事辩证法，注重“势”，即战场上的态势和实力对比；法家讲政治哲学，也注重“势”，即政治上的威势和力量对比。司马迁在《史记·平准书》中提出了“事势之流，相激使然”的命题，把“势”与历史发展结合起来，使“势”具有了历史哲学的意义。此后，高明的思想家在论说历史发展变化时，总会提到“势”。刘知幾论历史变化与史书体裁时，提出“事势当然，非矫枉也”[3]。柳宗元在《封建论》中提出了“封建非圣人意，势也”的命题，以“势”的概念来解释社会历史的演变，并把“势”看成是与“圣人之意”及神秘“天意”相对立的历史哲学概念，使“势”的

[1] 顾炎武：《日知录》卷一《易逆数也》，见《日知录集释》，岳麓书社1994年版，第24页。

[2] 顾炎武：《日知录》卷六《娶妻不娶同姓》，见《日知录集释》，岳麓书社1994年版，第208页。

[3] 刘知幾：《史通》卷二《世家》，见《史通通释》，上海古籍出版社1978年版，第42—43页。

内涵更加丰富。

顾炎武自觉继承了前贤用“势”来解释社会历史发展的思想，并在深研易理的基础上加以发展，鲜明地提出了“天下势而已矣”“势有相因而天心系焉”的历史哲学概括。在顾炎武这里，“势”有多重含义。“势”或指在事物的发展过程中一定要贯彻下去的趋势或必然性。如他曾用“势”来说明人皆有私、人必有私，这种私心会驱使人们不择手段地追求经济政治特权，“人之情孰不为其身家者？故日夜求之，或至行关节，触法抵罪而不止者，其势然也”[1]。“势”或指对人的行为起决定作用的某种特定的社会历史条件。如他用“势”来说明何以德州无“火耗之为虐”这一社会现象：“愚尝久于山东，山东之民，无不疾首蹙额而诉火耗之为虐者。独德州则不然。问其故，则曰：州之赋二万九千，二为银八为钱也。钱则无火耗之加，故民力纾于他邑也。非德州之官皆贤，里胥皆善人也，势使之然也。”[2]

更为重要的是，顾炎武常常把“势”与历史发展变化的转折结合起来论述，深刻指出矛盾双方在一定的历史条件下向其相反方面转化的态势，具有丰富而具体的历史辩证法内容。如他论述春秋至战国之间一百多年的风俗变化时，指出从春秋到战国是历史的转折时期，其中也有着“势”这一不可抗拒的必然性在起着作用。“春秋时，犹尊礼重信，而七国则绝不言礼与信矣。春秋时，犹宗周王，而七国则绝不言王矣。春秋时，犹严祭祀，重聘享，而七国则无其事矣。春秋时，犹论宗姓氏族，而七国则无一言及之矣。春秋时，犹宴会赋诗，而七国则不闻矣。春秋时，犹有赴告策书，而七国则无有矣。邦无定交，士无定主，此皆变于一百三十三年之间。史之阙文，而后人可以意推者也。不待始皇之并天下，而文武之道尽矣”[3]。顾炎武论社会风俗，特别注意辨析从春秋到战国的风俗变化，认为这是“礼崩乐坏”的关键时期，一切固有的礼乐

---

[1] 顾炎武：《亭林文集》卷一《生员论上》，见《顾亭林诗文集》，中华书局 1983 年版，第 21 页。

[2] 顾炎武：《亭林文集》卷一《钱粮论下》，见《顾亭林诗文集》，中华书局 1983 年版，第 19—20 页。

[3] 顾炎武：《日知录》卷十三《周末风俗》，见《日知录集释》，岳麓书社 1994 年版，第 467 页。

文化被打破，文化不存，制度也就是个空壳了，大势已去，“不待始皇之并天下，而文武之道尽矣”。同样，政治上的兴亡治乱，也有其历史的必然性。顾炎武以秦朝的灭亡来说明这一道理：“盖自汉以下之人，莫不谓秦以孤立而亡。不知秦之亡，不封建亡，封建亦亡；而封建之废，固自周衰之日而不自于秦也。”[1] 顾炎武看到了历史之“势”，认为是“势”在历史的转折变化中起着推动作用，任何事物的消亡都有一个逐渐变化的过程。

顾炎武不仅看到了“势”在历史发展变化中的作用，而且把“势”与人的活动结合起来，没有把它看成神秘力量或历史宿命。顾炎武认为，人类社会的发展变化是人类自觉活动的结果。他曾以社会风俗的发展变化为例告诉人们，人可以造成某种风俗，也可以改变某种风俗。“呜呼！观哀、平之可以变而为东京，五代之可以变而为宋，则知天下无不可变之风俗也。《剥》上九之言硕果也，阳穷于上，则复生于下矣！”[2] 所谓“天下无不可变之风俗”，所谓“阳穷于上，则复生于下矣”，都是在讲事物的发展无不在一定的条件下向着它的对立面转化。而决定社会风俗之变化的，乃是人的力量。在顾炎武看来，人的历史活动造成了某种时势，同样，人的历史活动也可以改变时势，使之向着更有利于人类生存和发展的方面转化，从这个意义上讲，“天下势而已矣”。

顾炎武还指出，“势有相因”，“势”的形成有一个慢慢积累的过程。他以废封建、立郡县为例，论证了自己的这一观点。《汉书·地理志》云：“秦并兼四海，以为周制微弱，终为诸侯所丧，故不立尺土之封，分天下为郡县，荡灭前圣之苗裔，靡有孑遗。”后世之人祖述其说，以为废封建、立郡县皆秦始皇所为。而顾炎武不同意这一看法，他以大量的历史事实证明，早在秦始皇统一中国以前，郡县制就已经在各诸侯国中普遍存在了。“当春秋之世，灭人之国者，固已为县矣”，“当七国之世，而固已有郡矣”，“六国之未入于秦，而固已先为守令长矣。故史言乐毅下

[1] 顾炎武：《亭林文集》卷一《郡县论一》，见《顾亭林诗文集》，中华书局 1983 年版，第 12 页。

[2] 顾炎武：《日知录》卷十三《宋世风俗》，见《日知录集释》，岳麓书社 1994 年版，第 473 页。

齐七十余城，皆为郡县……安得谓至始皇而始罢侯置守邪?”[1] 顾炎武进一步从通观中国历史进程的观点立论，指出郡县制的形成乃是中国历史长期发展的结果，是“势之所必至”。他说：“传称禹会诸侯，执玉帛者万国，至周武王仅千八百国，春秋时见于经传者百四十余国，又并而为十二诸侯，又并而为七国，此因其势之所必至。秦虽欲复古之制，一一而封之，亦有所不能。而谓罢侯置守之始于秦，则儒生不通古今之见也。”[2] 顾炎武关于历史发展之“势”的论述，既来源于《周易》的变通思想，又来源于自身对历史的深入研究，他不仅看到历史的过去，还试图预测历史的未来，并天才地猜测到了历史发展中的量变与质变的转化。

---

[1] 顾炎武：《日知录》卷二十二《郡县》，见《日知录集释》，岳麓书社 1994 年版，第 775 页。

[2] 顾炎武：《日知录》卷二十二《郡县》，见《日知录集释》，岳麓书社 1994 年版，第 775 页。

第五章　王夫之贯通经史的思想

王夫之是明末清初王朝更替、文化转轨的动荡时期涌现出来的思想巨人，其博大精深的思想体系使之成为中国思想史上的一代巨擘。他以“六经责我开生面，七尺从天乞活埋”的气概，以“史之为书，见诸行事之征也”的认知，出入经史，构建自己的思想体系，恣肆汪洋，气魄宏大。他贯通经史，在深研《周易》《春秋》《尚书》等经书的基础上，结合中国历史实际，以经说史，以史论经，表达了深刻的历史见解，其思想遗产值得反复诠释和认知。

第一节　易学与王夫之的史学思想

研究王夫之的史学思想，不能离开他的易学见解，王夫之深究于《易》而出入于史，援史入《易》，以《易》说史，易学成为他史学思想的哲学基础，而史学又是其易学观用之于历史研究的具体体现。他抓住《周易》之变通的思想特点来研究《周易》，并将这种变通的观念引进历史研究之中，论证人类社会历史的盛衰变动、治乱更替，解说人类社会历史的发展。同时，通过对人类历史发展变化的研究，王夫之扬弃了《周易》的变化观，提出了中国历史治乱更替的三个阶段论，建立了以变化和进化为中心的历史哲学体系。但是，由于王夫之坚持“《易》兼常变，礼惟贞常”，他的历史变易观又受到很大局限，他承认历史的变动性，但不敢否认专制制度的永恒性。

一、援史入《易》，以《易》说史：王夫之《易》史结合的特点

王夫之一生，深究于《易》而出入于史，易学研究和史学研究成为他学术生涯中不可分割的两部分。王夫之自青年时起就有志于易学研究，并终生孜孜以求，老而弥笃，先后写出《周易考异》《周易稗疏》《周易外传》《周易大象解》《周易内传》《周易内传发例》等多种易学著作，并以《易》说理、评史、论政、言志，精义迭出，启人深思。同样，王夫之也以毕生精力从事史学研究，他“自少喜从人间问四方事，至于江山险要、士马食货、典制沿革，皆极意研究”[1]。尤其关注历史盛衰、王朝兴亡，先后写成《春秋家说》《春秋世论》《续春秋左氏博议》《诗广传》《永历实录》《读通鉴论》《宋论》等史论著作和历史著作，评史论史，发人深省。

王夫之不仅在易学研究和史学研究方面有精深的造诣，而且他的易学研究和史学研究又是密切相关的。他以史证《易》，引证历史上的众多史实以验证易理，同时又以《易》论史，以《周易》的变通观、矛盾观来解说历史，阐发自己对历史兴盛衰亡的看法。可以这样说，《周易》是王夫之历史思想的哲学基础，《周易》的通变思想、古史观念以及关心国家民族前途命运的忧患意识和历史变革理论对他的史学都产生了深远的影响。

王夫之注重援史入《易》以及以《易》说史，花费巨大精力从事易学和史学的研究，不仅仅是个人的兴趣，而是有深层的社会原因的。他身处明清易代、民族危亡之“天崩地解”的时代。一生出入险阻，充满了对民族命运的深深的忧虑和对社会变动的深深的思索。他有感于《周易》的忧患之情、通变之思以及“立于易简而知险阻”的精神，将其作为自己思考历史盛衰治乱变动的理论依据之一。他说，《易》之所作，乃“体三才之道，推性命之原，极物理人事之变，以明得吉失凶之故，而《易》作焉”[2]。研究《周易》则要“明于忧患之故，而为通志

[1] 王敔：《大行府君行述》，见《船山全书》第十六册，岳麓书社 2011 年版，第 73 页。

[2] 王夫之：《周易内传》卷一上《上经乾卦》，见《船山全书》第一册，岳麓书社 2011 年版，第 41 页。

成务之道"[1]。可以说，明清易代之际国破家亡、政治变革的社会现实在王夫之心中激起的忧患意识与通变思想，是促使王夫之致力于易学和史学研究的两大重要因素。

王夫之以《易》论史，主要吸纳了《周易》的变的思想。变化思想是《周易》作者认识自然、社会、历史时最富特色的观点。《周易》的爻，就是讲变化的，"爻者，言乎变者也"，变化是世界万物的普遍法则，"一阖一辟谓之变"，"刚柔相推，变在其中矣"，"在天成象，在地成形，变化见矣"[2]。世界万物都由变化生成，"天地变化，草木蕃"[3]，"日月得天而能久照，四时变化而能久成"[4]，"《易》穷则变，变则通，通则久"[5]。世界万物在变化中取得永恒。对此，王夫之有深刻认识，他在解释"易"时说："易，象蜥易之形。以蜥易能变，故为阴阳变化之义，而《周易》以之立名。"[6] 张载释《周易》的"变"与"化"，指出："变，言其著，化，言其渐。"[7] 显著的变化为"变"，逐渐变化为"化"。王夫之据以阐述："变者，阴变为阳；化者，阳化为阴。六十四卦互相变易而象成。"[8] 阴阳变化形成"易"。并指出研究《易》必须"从其变而观之，以审进退升降于几微，穷人情物理之致，《易》之所为屡迁而忧其介也"[9]。可见，抓住《易》之变化特点来研究《周易》，是王夫之易学研究的重要方面。

从《周易》的变通思想出发，王夫之认为世界万物都处在不断的运动变化之中，他创造性地继承发展了《周易》"穷则变，变则通，通则

---

[1] 王夫之：《周易内传发例》十五，见《船山全书》第一册，岳麓书社 2011 年版，第 671 页。

[2] 《周易·系辞上》。

[3] 《周易·坤·文言》。

[4] 《周易·恒·象》。

[5] 《周易·系辞上》。

[6] 王夫之：《说文广义》卷三，见《船山全书》第九册，岳麓书社 2011 年版，第 383 页。

[7] 丁原明：《横渠易说导读·上经·乾》，齐鲁书社 2004 年版，第 52 页。

[8] 王夫之：《张子正蒙注》卷七《大易篇》，见《船山全书》第十二册，岳麓书社 2011 年版，第 313 页。

[9] 王夫之：《周易内传发例》十，见《船山全书》第一册，岳麓书社 2011 年版，第 663 页。

久”的思想，提出“变必通，穷必变”的见解，用以概括世界万物变化的形态。所谓“变必通”乃是指事物在同一形态的量变过程，特点是“内成通而自成”；所谓“穷必变”，则是指一事物转化为他事物的质变过程，特点是“外生变而生彼”[1]。王夫之认为，世界上的一切事物无时无处不在发生变化，变化是物质存在的普遍现象。而且，他由《周易》的变通观念出发，提出了“变化日新”的主张。他说：“天地之德不易，而天地之化日新。今日之风雷非昨日之风雷，是以知今日之日月非昨日之日月也……守其故物而不能日新，虽其未消，亦槁而死……故曰‘日新之谓盛德。’”[2] 事物运动变化并非旧东西不断循环往复，而是“推故而别致其新”[3]。他在解释“革”卦之义时说：革，“治皮之事”，就是通过各种手段鞣制动物之毛皮，“使坚韧而成用”，“其义为改也，变也……其故质虽存而文异，物之不用其已然而以改革为用者也。故曰‘革故’也”。“殷、周革命有其象焉”。若“商、周之革命也，非但易位而已，文质之损益俱不相沿，天之正朔、人之典礼、物之声色臭味，皆惩其敝而易其用，俾可久而成数百年之大法”。“‘革’者，非常之事，一代之必废，而后一代以兴；前王之法已敝，而后更为制作”。[4] 显然，承敝易变，革故鼎新，事物在变化中不断前进，是王夫之变通思想的重要内容。

由《周易》的变通思想出发，王夫之用变化的眼光来看待人类社会的历史，认为古往今来，人类社会发生过许许多多的大小变化，“盖天之大命，有千百年之大化，有数十年之时化，有一时之偶化，有六合之大化，有中土之时化，有一人一事之偶化”[5]。这种变化表现为治乱、离合、损益的变化，“天下之势，一离一合，一治一乱而已。离而合之，合

[1] 王夫之：《周易外传》卷五《系辞上传第六章》，见《船山全书》第一册，岳麓书社2011年版，第1009—1010页。

[2] 王夫之：《思问录外篇》，见《船山全书》第十二册，岳麓书社2011年版，第434页。

[3] 王夫之：《周易外传》卷二《无妄》，见《船山全书》第一册，岳麓书社2011年版，第888页。

[4] 王夫之：《周易内传》卷四上《革》，见《船山全书》第一册，岳麓书社2011年版，第396页。

[5] 王夫之：《周易内传》卷二下《无妄》，见《船山全书》第一册，岳麓书社2011年版，第237页。

者不继离也；乱而治之，治者不继乱也”[1]。“合极而乱，乱极而离，离极而又合……自然之节，不得已之数也，天且弗能违，而况于人乎！”[2]“拨乱反治之天下，必无不损不益之理，其损非所损，益非所益者，乱世也”[3]。在他看来，国家的统一就是治，分裂就是乱，任何朝代和社会都不可能永远维持统一、稳定的局面，相对稳定中蕴含着动乱的因素，积累到一定程度就必然会打破稳定，破坏原有的平衡。同样，任何动乱也不可能永远不息，否则人类必将灭绝。经过一定的动乱之后，社会又将重建其秩序，出现新的统一与稳定。所谓“乱极而治，非一旦之治也；治极而乱，非一旦之乱也。方乱之终，治之几动而响随之……方治之盛，乱之几动而响随之”[4]。历史就是在一治一乱的更替中不断向前演进的。对于王夫之的这一思想，有学者认为，王夫之的历史变化观“是天命支配的”，天命是“王船山的历史发生变化的最根本的依据”，[5] 这其实是没有读懂王夫之。王夫之说：“三代而下，吾知秦、隋之乱，汉、唐之治而已；吾知六代、五季之离，唐、宋之合而已。治乱合离者，天也；合而治之者，人也。”[6] 他还说：“一合而一离，一治而一乱，于此可以知天道焉，于此可以知人道焉。”[7] 很显然，王夫之借助《周易》论历史变化，既重视“天道”，又重视“人道”，所谓“合而治之者，人也”，从来没有忽视人在历史发展变化中的作用。譬如他特别重视君主在历史变化中的作用，“夫人主立臣民之上，生杀在己，取与在己，兴革在己”[8]。

---

[1] 王夫之：《读通鉴论》卷十六，见《船山全书》第十册，岳麓书社2011年版，第610页。

[2] 王夫之：《黄书·离合》，见《船山全书》第十二册，岳麓书社2011年版，第535页。

[3] 王夫之：《四书训义》（上）卷六，见《船山全书》第七册，岳麓书社2011年版，第314页。

[4] 王夫之：《诗广传》卷四《论瞻印一》，见《船山全书》第三册，岳麓书社2011年版，第479页。

[5] 萧平汉：《王船山史学思想的矛盾》，见《王船山研究论文选集·史学卷》，湘潭大学出版社2011年版，第84页。

[6] 王夫之：《读通鉴论》卷十六，见《船山全书》第十册，岳麓书社2011年版，第611页。

[7] 王夫之：《读通鉴论》卷十六，见《船山全书》第十册，岳麓书社2011年版，第611页。

[8] 王夫之：《读通鉴论》卷二十九，见《船山全书》第十册，岳麓书社2011年版，第1127页。

君主是国家治乱兴亡的关键，是神圣不可侵犯之“大宝”，他在《读通鉴论》卷十三中说：“天下之极重而不可窃者二：天子之位也，所谓治统；圣人之教也，所谓道统。”君主是治统所系，故而必须尊君。只要保住君位的神圣，等级名分人人不敢逾越，天下就不会大乱，国家就不会由治而入于乱。王夫之尊君，但并非封建专制主义的拥护者，为保证国家的长治久安，不致因君主的一言一行而丧邦，他曾提出分君权于宰相的建议。[1] 除君主之外，王夫之还看到了人民群众在历史发展中的作用，他受《周易》“承敝易变”“使民不倦”思想的影响，认为民心向背同样关涉到国家的治乱兴亡。在对待民众的态度上，王夫之是矛盾的。一方面，他引《尚书》“天视自我民视，天听自我民听”之语，认为要重民，“重民以天”，并反复强调用民尤慎，察民以情。“言民而系之天，其用民也尤慎矣”，“援天以观民，而民之情伪不可不深知而慎用之矣”。[2] 明主治天下，总是战战兢兢，有所畏惧，“明主之于天下，无不惧也”，原因之一就是“饥馑系生民之命”。[3] 另一方面，他又把民众称之为“禽兽”，对农民起义痛加指责，提出要防民、控民，对农民起义进行无情镇压。总之，由于民心向背关涉国家兴亡，所以必须对民众既要同情，兴利除弊，又要控制，以防不测。

二、“治乱之变不尽同”：王夫之对易学变化观的超越

在研究王夫之历史思想的过程中，不少学者认为王夫之的治乱更替的历史观陷入了循环论，认为王夫之把历史的变化看作是一治一乱一离一合的往返循环。这实际上是只注意到王夫之的一些词句而没有注意分析这些词句背后的深刻内涵。王夫之受《周易》变化思想的影响很深，但他对《周易》“物极必反”“盛极必衰”的命题有自己的看法。他认为

---

[1] 见张怀承：《王夫之评传——民族自立自强之魂》，广西教育出版社 1997 年版，第 55—65 页。

[2] 王夫之：《尚书引义》卷四《泰誓中》，见《船山全书》第二册，岳麓书社 2011 年版，第 327—328 页。

[3] 王夫之：《读通鉴论》卷二十九，见《船山全书》第十册，岳麓书社 2011 年版，第 1127 页。

不可将此作为一个具有普遍意义的范畴到处乱用。他曾批评程颐《伊川易传》说："其尤异者，于《泰》则曰泰极且否，于《否》则曰否极而泰，于《畜》则曰畜极而通。然则《明夷》之终夷极而必无伤；《解》之终解极而复悖乎？以天下治乱、夫人进退而言之，泰极而否，则尧、舜之后当即继以桀、纣，而禹何以嗣兴？否极而泰，则永嘉、靖康之余，何以南北瓜分，人民离散，昏暴相踵，华夷相持，百余年而后宁？畜极而通，则苟怀才抱德者愤起一旦，不必问时之宜否，可以唯所欲为，而志无不快。以天化言之，则盛夏炎风酷暑之明日，当即报以冰雪，山常畜而必流，水常通而必塞矣。"[1] 在他看来，人类社会绝非乱而治、治而乱的简单的往复循环。他认为，世间确有这种治乱往复的简单循环，但这绝不是普遍现象，尤其是由人的活动构成的人类社会的复杂运动，更是如此。"两间之化，人事之几，往来吉凶，生杀善败，固有极其至而后反者，而岂皆极其至而后反哉！"[2] 人事变化、社会运动，绝非一治一乱简单的更替、承继。他说："治乱循环，一阴阳动静之几也。今云乱极而治，犹可言也。借曰治极而乱，其可乎？乱若生于治极，则尧、舜、禹之相承，治已极矣，胡弗即报以永嘉、靖康之祸乎？"[3] 又说："离而合之，合者不继离也；乱而治之，治者不继乱也。明于治乱合离之各有时，则奚有于五德之相禅，而取必于一统之相承哉。"[4] 治乱离合是历史以断续形式表现出来的发展状况，它们之间不存在简单的继承关系，更非机械的重复与循环。

王夫之之所以打破了循环论历史观的桎梏，原因就是他看到了人在历史中的作为。他说："方乱而治，人生治法未亡，乃治。方治而乱，人生治法弛，乃乱。"[5] 在他看来，人们创立的治国良法得以实施，天下就能达于治；人们创立的治国良法松弛，天下就会陷于混乱。在历史治

[1] 王夫之：《周易内传发例》十二，见《船山全书》第一册，岳麓书社 2011 年版，第 667 页。

[2] 王夫之：《思问录外篇》，见《船山全书》第十二册，岳麓书社 2011 年版，第 430 页。

[3] 王夫之：《思问录外篇》，见《船山全书》第十二册，岳麓书社 2011 年版，第 431 页。

[4] 王夫之：《读通鉴论》卷十六，见《船山全书》第十册，岳麓书社 2011 年版，第 610 页。

[5] 王夫之：《思问录外篇》，见《船山全书》第十二册，岳麓书社 2011 年版，第 431 页。

乱兴亡关头，高明的政治家会根据具体情况对治国方略进行因革损益，防止历史弊端反复出现。王夫之以夏、商、周三代的制度损益为例阐述了自己的观点。夏亡殷起，殷衰周兴，都是后代统治者汲取了前代“所以治与所以乱”的教训，“改制度以立政教”，才使得国家治理不断完善，“虽或兴或亡至于百世，而所因者必因也，所损益者必损其不得不损、益其不得不益者也”[1]，通过对前代制度的因革损益，推动历史向前发展。所谓“承治者因之，承乱者革之，一定之论也”[2]。正是因为看到了人在历史发展中的能动性，王夫之才超越《周易》，走出了衰极而盛、盛极而衰、乱极而治、治极而乱的机械历史变化观的泥淖。

由以上看法出发，王夫之把中国历史发展的治乱更替划分为三个阶段，所谓“上推数千年中国之治乱以迄于今，凡三变矣”[3]。第一阶段是唐虞至三代，诸侯国各有其权，但天下有共主，“其时万国各有其君，而天子特为之长，王畿之外，刑赏不听命，赋税不上供，天下虽合而固未合也。王者以义正名而合之……而汤之代夏，武之代殷，未尝一日无共主焉”[4]。第二阶段是春秋至宋以前，社会处于经常的治乱更替，“一合一离”。“离”则天下分裂，各自为政，无所统属；“合”则虽有共主，但社会并没有实现真正的稳定，只能是“苟合”或“乍合”。“及乎春秋之世，齐、晋、秦、楚各据所属之从诸侯以分裂天下；至战国而强秦、六国交相为从衡，赧王朝秦，而天下并无共主之号……此一合一离之始也。汉亡，而蜀汉、魏、吴三分；晋东渡，而十六国兴，拓拔、高氏、宇文裂土以自帝；唐亡，而汴、晋、江南、吴越、蜀、粤、楚、闽、荆南、河东各帝制以自崇。土其土，民其民，或迹示臣属而终不相维系也，无所统也。六国离，而秦苟合以及汉；三国离，而晋乍合之，非固合也。

[1] 王夫之：《四书训义》（上）卷六，见《船山全书》第七册，岳麓书社2011年版，第315页。

[2] 王夫之：《尚书引义》卷五《酒诰梓材》，见《船山全书》第二册，岳麓书社2011年版，第369页。

[3] 王夫之：《读通鉴论》卷末《叙论一》，见《船山全书》第十册，岳麓书社2011年版，第1176页。

[4] 王夫之：《读通鉴论》卷末《叙论一》，见《船山全书》第十册，岳麓书社2011年版，第1176页。

五胡起，南北离，而隋苟合之以及唐；五代离，而宋乃合之”[1]。第三阶段是宋以后，社会处于长期的统一局面。这一阶段的治乱特点，表现为社会发展之乱并不以分裂的形式表现出来，乱与离也不完全相等。“至于宋亡以迄于今，则当其治也，则中国有共主；当其乱也，中国无君，而并无一隅分据之土。盖所谓统者绝而不续，此又一变也”[2]。王夫之把这一时期的某些统一也称为乱，是因为其中有非汉族政权的建立。在他看来，汉族受异族统治，天下无论如何统一，都是乱而不治。这反映了王夫之的某些民族偏见。王夫之关于中国历史治乱更替的三个阶段论，即“三变”论，是对中国历史治乱变易的深刻总结。他揭示了中国历史各阶段治乱的差别，第一阶段为人类社会秩序的初步建立阶段，诸侯各有其权，但天下有共主；第二阶段治乱不断更替，治虽然是“苟合”“乍合”，但毕竟表现为天下统一、稳定，乱表现为天下分裂、动乱；第三阶段的治乱区别不在统一与分裂，而在于天下共主是汉族还是异族。显然，这里的治乱不具有同一性、重复性，它们随着时代的发展而变化。历史既非万世一统的直线发展，亦非治乱循环的简单重复，而是有着极其复杂的治乱离合的运动发展过程。

从“气化日新”的思想出发，王夫之还指出人类社会的变化表现为一种进化。他认为，阴阳絪缊，气化流行，生生不息，人日受其气以生，故日以新其性命。个人的生命不断变化发展，人类的历史也不断向前进化。他批判邵雍的道、德、功、力“四会”说和朱熹的三代天理流行、后世人欲横流说，指斥他们“泥古过高，而菲薄方今以蔑生人之性”[3]，提出了“世益降、物益备”[4]的命题，认为随着时代的发展，物质进

[1] 王夫之：《读通鉴论》卷末《叙论一》，见《船山全书》第十册，岳麓书社 2011 年版，第 1176—1177 页。

[2] 王夫之：《读通鉴论》卷末《叙论一》，见《船山全书》第十册，岳麓书社 2011 年版，第 1177 页。

[3] 王夫之：《读通鉴论》卷二十，见《船山全书》第十册，岳麓书社 2011 年版，第 764 页。

[4] 王夫之：《读通鉴论》卷十九，见《船山全书》第十册，岳麓书社 2011 年版，第 697 页。

步，精神提高，后世胜于往古。王夫之还认识到，人类自身是由动物进化发展而来的，他说："故吾所知者，中国之天下，轩辕以前，其犹夷狄乎！太昊以上，其犹禽兽乎！禽兽不能全其质，夷狄不能备其文。文之不备，渐至于无文，则前无与识，后无于传，是非无恒，取舍无据，所谓饥则呴呴，饱则弃余者，亦植立之兽矣。"[1] 今天文明的人类是由古时的"夷狄"发展而来的，"夷狄"又是由"植立之兽"即两足直立的动物发展而来的。尽管王夫之在论述这一问题时，认为"魏、晋之降，刘、石之滥觞，中国之文，乍明乍灭，他日者必且陵蔑以之于无文，而人之返乎轩辕以前，蔑不夷矣"[2]，对少数民族政权持有严重的偏见，但毕竟包含着一种辩证的进化观点，尽管这种观点还缺乏科学的论证，但在达尔文进化论输入中国二百多年前提出这样的论断，不能不说是一个接近唯物主义的见解。在对中国历史进程问题的论述中，王夫之更详尽指出，人类社会初期，即"唐、虞以前"，人们处在一种野蛮蒙昧的状态，当时"衣裳未正，五品未清，婚姻未别，丧祭未修，狉狉獉獉，人之异于禽兽无几也"[3]。到三代春秋时期，文明程度有所提高，社会财富积聚，统治者荒淫无度，开始利益争夺，"当纣之世，朝歌之沈酗，南国之淫奔，亦孔丑矣……至于春秋之世，弑君者三十三，弑父者三，卿大夫之父子相夷、兄弟相杀、姻党相灭，无国无岁而无之，蒸报无忌，黩货无厌，日盛于朝野"[4]。鉴于这种情况，圣人提出礼乐文明，使人们有所遵循，"孔子成《春秋》而乱臣始惧，删《诗》《书》，定《礼》《乐》，而道术始明"，于是"春秋之民，无以异于三代之始，帝王经理之余，孔子垂训之后，民固不乏败类，而视唐、虞、三代帝王初兴、政教未孚之日，其愈也多矣"[5]。到了唐代，在唐太宗和魏征的努力下，"聊修仁义

[1] 王夫之：《思问录外篇》，见《船山全书》第十二册，岳麓书社 2011 年版，第 467 页。

[2] 王夫之：《思问录外篇》，见《船山全书》第十二册，岳麓书社 2011 年版，第 467 页。

[3] 王夫之：《读通鉴论》卷二十，见《船山全书》第十册，岳麓书社 2011 年版，第 763 页。

[4] 王夫之：《读通鉴论》卷二十，见《船山全书》第十册，岳麓书社 2011 年版，第 763 页。

[5] 王夫之：《读通鉴论》卷二十，见《船山全书》第十册，岳麓书社 2011 年版，第 764 页。

之文，而天下已帖然受治，施及四夷，解辫归诚，不待尧、舜、汤、武也”[1]。王夫之通过对中国社会历史的研究，指明中国历史发展的总趋向是由野蛮而日趋文明，由万国分立而日趋于统一，随着历史的每一个进步，“风教日趋于画一，而生民之困亦以少衰”[2]。在这一发展过程中，逐渐形成了以“华夏”为中心的我国民族独立的政治传统——治统和文化传统——道统。王夫之还在《读通鉴论》中对一些具体的社会制度，诸如封建、学校、乡里选举、土地制度、兵农合一及至肉刑、职田、什一之税等进行了分析，认定政治制度随时代条件的变化必然发生变化，“事随势迁而法必变”，不能机械照搬古人之法，“以古之制，治古之天下，而未可概之今日者，君子不以立事；以今之宜，治今之天下，而非可必之后日者，君子不以垂法”。[3] “汉以后之天下”，只能“以汉以后之法治之”。[4] 根据“无其器则无其道”的原则，他深刻指出：“洪荒无揖让之道，唐、虞无吊伐之道，汉、唐无今日之道，则今日无他年之道者多矣。”[5] 历史在发展，“器”在变化，依存于“器”的“道”也必然随之而变，“道之所行者时也……时之所承者变也……道因时而万殊也”[6]。因此，从事任何活动，都必须“就事论法，因其时而酌其宜”[7]。历史就是在“趋时更新”“革命改制”中前进的。

[1] 王夫之：《读通鉴论》卷二十，见《船山全书》第十册，岳麓书社 2011 年版，第 764 页。

[2] 王夫之：《读通鉴论》卷二十，见《船山全书》第十册，岳麓书社 2011 年版，第 754 页。

[3] 王夫之：《读通鉴论》卷末《叙论四》，见《船山全书》第十册，岳麓书社 2011 年版，第 1182 页。

[4] 王夫之：《读通鉴论》卷五，见《船山全书》第十册，岳麓书社 2011 年版，第 191 页。

[5] 王夫之：《周易外传》卷五《系辞上传第十二章》，见《船山全书》第一册，岳麓书社 2011 年版，第 1028 页。

[6] 王夫之：《周易外传》卷七《杂卦传》，见《船山全书》第一册，岳麓书社 2011 年版，第 1112 页。

[7] 王夫之：《读通鉴论》卷末《叙论四》，见《船山全书》第十册，岳麓书社 2011 年版，第 1182 页。

三、“《易》兼常变，礼惟贞常”：王夫之史学思想的矛盾

王夫之注重考察历史的治乱盛衰，提出过很多极有理论价值的见解，但同时，王夫之又在“变”的概念之外提出“常”的看法，使自己的人类史观的常变论中又有了一个特殊的思想矛盾，那就是“易兼常变，礼惟贞常”。他说：“《易》全用而无择，礼慎用而有则。礼合天经地纬，以备人事之吉凶，而于《易》则不敢泰然尽用之，于是而九卦之德著焉。《易》兼常变，礼惟贞常，易道大而无惭，礼数约而守正。故《易》极变而礼惟居常。”[1] 这里的“礼”是专制政治伦理原则，是“常”，只能“慎守”。对于“变”与“常”的关系，王夫之有自己的看法，“时有常变，数有吉凶。因常而常，因变而变，宅忧患者每以因时为道，曰‘此《易》之与时盈虚而行权’者也。夫因常而常，气盈而放逸；因变而变，情虚而诡随；则常必召变，而变无以复常”[2]。世界万物有常态，更有变化，变化是绝对的，常态是相对的。所有的历史变革都应该是“因常而常，因变而变”，总之是要“以因时为道”，不能脱离历史的实际。这是极具唯物辩证论的看法。可惜的是，王夫之所说的“常”，并非物质世界的常态，而是专制社会的礼教。“圣人之教，有常有变。礼乐，道其常也。有善而无恶，矩度中和而侀成不易，而一准之于《书》，《书》者，礼乐之宗也”[3]。“常”就是专制社会的礼乐教化，这是不可变动的。“故圣人于常治变，于变有常，夫乃与时偕行，以待忧患。而其大用，则莫若以礼”[4]。

王夫之不敢把《周易》的“极变”思想全面运用于“礼”的原则，

[1] 王夫之：《周易外传》卷六《系辞下传第七章》，见《船山全书》第一册，岳麓书社2011年版，第1057页。

[2] 王夫之：《周易外传》卷六《系辞下传第七章》，见《船山全书》第一册，岳麓书社2011年版，第1056页。

[3] 王夫之：《周易外传》卷七《说卦传》，见《船山全书》第一册，岳麓书社2011年版，第1091页。

[4] 王夫之：《周易外传》卷六《系辞下传第七章》，见《船山全书》第一册，岳麓书社2011年版，第1056页。

《易》之“极变”，也只能在礼的原则制约下讲变，所谓“天下亦变矣，变而非能改其常，则必有以为之主。无主则不足与始，无主则不足与继，岂惟家之有宗庙，国之有社稷哉”[1]，“圣人反变以尽常，常立而变不出其范围”[2]。这里的“常”即专制社会的礼法制度。所谓“圣人贞其大常，存神以御气，则为功于变化屈伸之际，物无不感而天亦不能违之，此圣道之所自立，而异于异端之徇有以私一已，灭有以忘天下之诐辞也”[3]。正因为有这样的认识，他借《周易》发挥说：“君子常其所常，变其所变，则位安矣。常以治变，变以贞常，则功起矣。象至常而无穷，数极变而有定。无穷，故变可治；有定，故常可贞。”[4] 王夫之看到了事物的稳定性和变动性，认为作为一个君子，应当该常就常，该变就变，用常来制变，在变中维护常，只有这样，才能“位安”“功起”。但“变”的核心是“时亟变而道皆常，变而不失其常，而后大常贞终古以协于一”[5]，只有这样，专制伦理制度这个“大常”才能得到维护。王夫之历史思想中治乱变易的辩证法的思辨锋芒，终于被局限在“礼惟贞常”的范围内。承认了社会历史的变动性，而不敢否认专制制度的永恒性，这是王夫之社会历史观中不可能摆脱的历史局限。

第二节 《春秋》学与王夫之的历史评论

王夫之一生深研《春秋》，成果甚丰，有《春秋稗疏》《春秋家说》《春秋世论》《续春秋左氏传博议》等。王夫之研究《春秋》，来自父亲王

[1] 王夫之：《周易外传》卷四《震》，见《船山全书》第一册，岳麓书社 2011 年版，第 946 页。

[2] 王夫之：《周易外传》卷六《系辞下传第七章》，见《船山全书》第一册，岳麓书社 2011 年版，第 1057 页。

[3] 王夫之：《张子正蒙注》卷一《太和篇》，见《船山全书》第十二册，岳麓书社 2011 年版，第 44 页。

[4] 王夫之：《周易外传》卷五《系辞上传第二章》，见《船山全书》第一册，岳麓书社 2011 年版，第 994 页。

[5] 王夫之：《周易外传》卷七《杂卦传》，见《船山全书》第一册，岳麓书社 2011 年版，第 1112 页。

朝聘教诲，王夫之曾回忆说："先征君武夷府君早受《春秋》于酉阳杨氏，进业于安成刘氏。毕业而疑，疑帖经之术已疏，守传之述未广也。已乃研心旷目，历年有得，惜无传人。夫之夙赋钝怠，欲请而不敢。"时至明朝灭亡，其父授以《春秋》之旨，"夫之受命怵惕，发蒙执经而进，敢问其所未知。府君更端博说，浚其已浅，疏其过深，折其同三传之未广，诘其异三传之未安，始于元年统天之非，终于获麟未应之诞，明以详者不复伸，略以晦者弗有诎也，几于备矣"。[1] 由此可见，王夫之的《春秋》学有着家学渊源。而且王夫之是在"岁在丙戌，大运倾覆"，其父"悲天悯道"的情况下研习《春秋》的，[2] 这就使得他的《春秋》学多了一层国破家亡之恨，有了更加深刻的历史内涵。

一、王夫之的《春秋》大义观

从史学的角度看，王夫之研究《春秋》，其义至少有二：一是体悟《春秋》内蕴，探讨王朝离乱盛衰；二是阐述"《春秋》大义"，以"《春秋》大义"评史论人。王夫之在《春秋世论·叙》中纵论历史盛衰演变："即春秋之世，沿夏商，循西周，极七国，放秦汉。源流所自，合离之势，盛衰之迹，本于王道之通塞，堙邪说之利害，旁引兵略，画地形，订国是，粗陈其得失，具矣。"[3] 随后讨论两汉魏晋各种割据势力与春秋时期诸侯争霸性质不同，不能以古衡今。最后又深入阐述《春秋》的意义："虽然，一王之臣有合离焉，一姓之主有盛衰焉。王道之塞，得其意者通之也；邪说之害，弃其利者远之也；兵略之诡，从其正者常之也。地无异形，国无两是。故曰不知《春秋》之义者，守经事而不知宜，遭变事而不知权。知其义，酌其理，纲之以天道，即之以人心，揣其所以失，远其所以异，正之以人禽之类，坊之以君臣之制，策之以补救之宜。《世论》者，非直一世之论者也。治不一君均乎治，乱不一族均乎乱。莅

---

[1] 王夫之：《春秋家说·叙》，见《船山全书》第五册，岳麓书社2011年版，第105—107页。

[2] 王夫之：《春秋家说·叙》，见《船山全书》第五册，岳麓书社2011年版，第105—107页。

[3] 王夫之：《春秋世论·叙》，见《船山全书》第五册，岳麓书社2011年版，第385页。

广土、抚万民而不缺；匹夫行于家，幽人潜于野，知进退、审存亡而不溢。观诸天下，揆诸心，即今日以印合于春秋之世而不疑。”[1] 王夫之关于《春秋》的认知，继承了前人的一些看法，但关注点又有所不同。司马迁《太史公自序》高度评价《春秋》：“夫《春秋》，上明三王之道，下辨人事之纪，别嫌疑，明是非，定犹豫，善善恶恶，贤贤贱不肖，存亡国，继绝世，补敝起废，王道之大者也……拨乱世反之正，莫近于《春秋》……故有国者不可以不知《春秋》，前有谗而弗见，后有贼而不知。为人臣者不可以不知《春秋》，守经事而不知宜，遭变事而不知其权。为人君父而不通于《春秋》之义者，必蒙首恶之名。为人臣子而不通于《春秋》之义者，必陷篡弑之诛，死罪之名。其实皆以为善，为之不知其义，被之空言而不敢辞。夫不通礼义之旨，至于君不君，臣不臣，父不父，子不子。夫君不君则犯，臣不臣则诛，父不父则无道，子不子则不孝。此四行者，天下之大过也。以天下之大过予之，则受而弗敢辞。故《春秋》者，礼义之大宗也。”[2] 对比王夫之和司马迁对《春秋》的评论，我们可以看到，王夫之既继承了司马迁的一些观点，又有自己的侧重。司马迁说《春秋》是“上明三王之道，下辨人事之纪……存亡国，继绝世，补弊起废，王道之大者”。王夫之也说：“王道衰而《春秋》作。《春秋》者，以续王道之绝也。”[3] 还说：“《春秋》，天下之公史，王道之大纲也。”[4] 都肯定《春秋》既是史书，又是宣扬“王道”之义的纲领。正是在这一点上，王夫之赞成不知《春秋》便会“守经事而不知宜，遭变事而不知权”。但是，司马迁重视《春秋》中的“君臣之义”，提出为人君、为人臣、为人父、为人子者均应以《春秋》为标准衡量自己的行为。而王夫之在重视“君臣之义”的同时，更重视“华夷之辨”，所谓“正之以人禽之类”。这也是王夫之身处清初民族矛盾激烈之社会背景下民族思想高涨的表现。

对《春秋》进行诠释，不能回避《春秋》的“微言大义”。王夫之治

[1] 王夫之：《春秋世论・叙》，见《船山全书》第五册，岳麓书社 2011 年版，第 386 页。
[2] 司马迁：《史记》卷一百三十，中华书局 1959 年版，第 3297—3298 页。
[3] 王夫之：《春秋世论》卷一，见《船山全书》第五册，岳麓书社 2011 年版，第 387 页。
[4] 王夫之：《春秋家说》卷下，见《船山全书》第五册，岳麓书社 2011 年版，第 293 页。

《春秋》，同样要面对这一问题。对此，王夫之看重“大义”，不看重“微言”。故而在诠释《春秋》时，他把重心放在了“大义”上。他说：“《春秋》有大义，有微言。义也者，以治事也；言也者，以显义也。非事无义，非义无显，斯以文成数万而无余辞。若夫言可立义，而义非事有，则以意生言而附之以事。强天下以传心，心亦终不可得而传。”[1] 王夫之认为，“微言”和“大义”既有联系又有区别，在他看来，“大义”的内涵是纲常，直接与国家治理、个人处世等密切相连，是用来处理各类事务的规则。而“微言”则是对经典言辞的解说，目的是显示义理，但由于微言只是对文辞的分析，有可能成为空谈。也就是说，人们在解说经典时，有可能脱离实际，从一己之私出发阐释某一文辞，谎称此为“大义”，从而导致空疏无当。

“大义”既然是最主要的纲常。那么“义”的具体内涵是什么呢？王夫之常常将“义”与“仁”“智”“礼”并提，以显示其间的密切联系。他说：“天地之大德曰生，而亲亲之仁出；圣人之大宝曰位，而尊尊之义立。斯二者同出而异建，异建则并行，同出则不悖，并行不悖而仁义合矣。”[2] 在此，王夫之提到了“亲亲”和“尊尊”，提到了“仁”和“义”，认为“亲亲”为“仁”，“尊尊”为“义”，二者虽有不同，但并行不悖。他还说：“立人之道，仁智而已矣。仁显乎礼，智贞乎义。”[3] 又把义与仁、礼、智联系在一起。在王夫之眼里，“义”成了人们遵守纲常的规则，是处理事务的原则，表明一个人的行为是否适宜、合度与正当。那么，《春秋》“大义”又是什么呢？王夫之说：“说《春秋》者，贵王贱霸，王之贵，以伯之贱贵之也；伯之贱，以王之贵贱之也。”[4] 又说：“王道衰而《春秋》作。《春秋》者，以续王道之绝也。”[5] 还说：“《春秋》之义何义也？嫡庶明，长幼序，尊卑别，刑赏定，重农抑末，进贤远奸，贵义贱利，端本清源，自治而物正之义也。”[6] 可见，王夫之认

[1] 王夫之：《春秋家说》卷上，见《船山全书》第五册，岳麓书社 2011 年版，第 109 页。
[2] 王夫之：《春秋家说》卷上，见《船山全书》第五册，岳麓书社 2011 年版，第 121 页。
[3] 王夫之：《春秋家说》卷上，见《船山全书》第五册，岳麓书社 2011 年版，第 145 页。
[4] 王夫之：《春秋家说》卷下，见《船山全书》第五册，岳麓书社 2011 年版，第 296 页。
[5] 王夫之：《春秋世论》卷一，见《船山全书》第五册，岳麓书社 2011 年版，第 387 页。
[6] 王夫之：《读通鉴论》卷二十，见《船山全书》第十册，岳麓书社 2011 年版，第 768 页。

为《春秋》之义就是分嫡庶、序长幼、别尊卑、明王道、进贤远奸、贵义贱利等，似乎与传统看法没有太大区别。事实上，综观王夫之的《春秋》学及其史论，我们就会发现，在明清之际特殊的历史背景下，王夫之的阐释又有新的内涵和创新，那就是他深入论述过的“一人之正义”“一时之大义”和“古今之通义”。

王夫之把“义”分为“正义”“大义”和“通义”三义，对此，他有一段论述：“有一人之正义，有一时之大义，有古今之通义；轻重之衡，公私之辨，三者不可不察。以一人之义，视一时之大义，而一人之义私矣；以一时之义，视古今之通义，而一时之义私矣。公者重，私者轻矣，权衡之所自定也。三者有时而合，合则亘千古、通天下，而协于一人之正，则以一人之义裁之，而古今天下不能越。有时而不能交全也，则不可以一时废千古，不可以一人废天下。执其一义以求伸，其义虽伸，而非万世不易之公理，是非愈严，而义愈病。”[1] 在王夫之眼里，“正义”“大义”和“通义”密切相连但又是不同层面的范畴。“一人之正义”与“一时之大义”相比较，“一人之正义”为私，“一时之大义”与“古今之通义”相比较，“一时之大义”亦为私，这中间的关系必须搞清楚，否则就是对“义”的极大伤害，所谓“执其一义以求伸，其义虽伸，而非万世不易之公理，是非愈严，而义愈病”。那么，“一人之正义”“一时之大义”和“古今之通义”的内涵又是什么呢？

对于“一人之正义”，王夫之说：“事是君而为是君死，食焉不避其难，义之正也。”[2] 臣子忠君，慷慨为君而死是“一人之正义”。但是，这种“正义”存在严重问题，如果所忠于的君主是“乱主”或“割据之主”，所谓“正义”不仅变成了“一人之私”，而且还搞乱了“义”之含义。“然有为其主者，非天下所共奉以宜为主者也，则一人之私也……推此，则事偏方割据之主不足以为天下君者，守之以死，而抗大公至正之主，许以为义而义乱”[3]。在王夫之看来，“君臣者，义之正者也，然而

[1] 王夫之：《读通鉴论》卷十四，见《船山全书》第十册，岳麓书社2011年版，第535页。

[2] 王夫之：《读通鉴论》卷十四，见《船山全书》第十册，岳麓书社2011年版，第535页。

[3] 王夫之：《读通鉴论》卷十四，见《船山全书》第十册，岳麓书社2011年版，第535页。

君非天下之君，一时之人心不属焉，则义徙矣。此一人之义，不可废天下之公也”[1]。为乱主或割据之主效忠，对抗“天下所共奉之主”，损害大公至正之义，所谓“一人之正义”就变成了“一人之私”。

对于“一时之大义”，王夫之说：“为天下所共奉之君，君令而臣共，义也。”[2] 君主是天下共奉之君主，臣子为之效忠，乃“一时之大义”。因为“天下共奉之君”施行仁政，关乎“生民之生死”，所谓“以在上之仁而言之，则一姓之兴亡，私也，而生民之生死，公也”[3]。重视“生民”即为“一时之大义”。“天下者，非一姓之私也，兴亡之修短有恒数，苟易姓而无原野流血之惨，则轻授他人而民不病。魏之授晋，上虽逆而下固安，无乃不可乎！然而三代王者建亲贤之辅，必欲享国长久而无能夺，岂私计哉！”[4] 从道德评判的角度讲，魏之授晋是“逆”，但对百姓有好处，“上虽逆而下固安”，因此也没有什么不可以的。“生民之生死”高于一姓之私，维护君主“一姓之兴亡”的“一人之正义”，相比于维护“生民之生死”的“一时之大义”，显然属于私的层面。

对于“古今之通义”，王夫之说：“夷夏者，义之尤严者也。五帝、三王，劳其神明，殚其智勇，为天分气，为地分理，以绝夷于夏，即以绝禽于人，万世守之而不可易，义之确乎不拔而无可徙者也。”[5] 抵抗夷狄入侵，保护华夏民族自存自固，乃“古今之通义”。这里面显然包含“夷夏之防”的内容。王夫之以《春秋》书法阐述自己的这一思想，“《春秋》者，精义以立极者也，诸侯不奉王命而擅兴师则贬之；齐桓公次陉之师，晋文公城濮之战，非奉王命，则序其绩而予之；乃至楚子伐陆浑之戎，犹书爵以进之；郑伯奉惠王之命抚以从楚，则书逃归以贱之；不

[1] 王夫之：《读通鉴论》卷十四，见《船山全书》第十册，岳麓书社 2011 年版，第 536 页。

[2] 王夫之：《读通鉴论》卷十四，见《船山全书》第十册，岳麓书社 2011 年版，第 536 页。

[3] 王夫之：《读通鉴论》卷十七，见《船山全书》第十册，岳麓书社 2011 年版，第 669 页。

[4] 王夫之：《读通鉴论》卷十一，见《船山全书》第十册，岳麓书社 2011 年版，第 416 页。

[5] 王夫之：《读通鉴论》卷十四，见《船山全书》第十册，岳麓书社 2011 年版，第 536 页。

以一时之君臣，废古今夷夏之通义也”[1]。《春秋》对于讨伐、抵抗蛮夷之事，均看作是“通义”，即便他们违背了君臣之义，也不加以贬黜。王夫之还以刘裕伐南燕为例说：“刘裕抗表以伐南燕，南燕，鲜卑也。慕容氏世载凶德以乱中夏，晋之君臣弗能问，而裕始有事，暗主不足与谋，具臣不足与议，裕无所可奉也。论者亦援温以责裕，一时之义伸，而古今之义屈矣。如裕者，以《春秋》之义予之，可也。若其后之终于篡晋，而后伸君臣之义以诛之，斯得矣。”[2] 刘裕私自伐南燕，虽不合君臣之义，但合“古今之通义”，按照《春秋》大义，应该予以表彰，至于他后来篡夺君位，可以按君臣之义贬黜，二者不能混淆。在明清鼎革、清兵入主中原的时代背景下，王夫之特别重视发挥《春秋》“固我族类”和“保类卫群”的思想，认为这是最大的“义”，他说：“故仁以自爱其类，义以自制其伦，强干自辅，所以凝黄中之絪缊也。今族类之不能自固，而何他仁义之云云也哉?”[3] “智小一身，力举天下，保其类者为之长，卫其群者为之邱。故圣人先号万姓而示之以独贵，保其所贵，匡其终乱，施于孙子，须于后圣，可禅可继可革而不可使夷类间之”[4]。“攘夷复中原，大义也”[5]。在他眼里，“一人之正义”“一时之大义”在这种“古今之通义”面前都属于“私义”。

王夫之所阐发的《春秋》之义，由个人立身处世，到君主治国理政，再到整个民族利益，环环相扣，忠君与仁政相比，仁政是最重要的；尊王与攘夷相比，攘夷是最重要的；君位与国族相比，国族是最重要的。换言之，“生民之生死”高于“一姓之兴亡”，“夷夏之通义”高于“君臣之正义”，反之，所谓的“大义”就变成了“私义”。

[1] 王夫之：《读通鉴论》卷十四，见《船山全书》第十册，岳麓书社 2011 年版，第 536 页。

[2] 王夫之：《读通鉴论》卷十四，见《船山全书》第十册，岳麓书社 2011 年版，第 536 页。

[3] 王夫之：《黄书·后序》，见《船山全书》第十二册，岳麓书社 2011 年版，第 538 页。

[4] 王夫之：《黄书·原极第一》，见《船山全书》第十二册，岳麓书社 2011 年版，第 503 页。

[5] 王夫之：《读通鉴论》卷末《叙论四》，见《船山全书》第十册，岳麓书社 2011 年版，第 1183 页。

二、《春秋》大义与历史评论

王夫之的史论内涵丰富，其《读通鉴论》《宋论》《春秋世论》《春秋家说》《黄书》等，均出入经史，是以经说史、以史证经、经史互参的杰作。在对王朝盛衰、人物功过的评判过程中，王夫之有诸多标准，而《春秋》大义始终是王夫之手持的最锐利武器。

前面说过，王夫之对《春秋》大义有自己的理解和定义，基于这样的理解，他特别重视对历史上的夷夏关系进行评论。王夫之的夷夏关系论，有两个方面的内涵，一是强调“夷夏之防”，夷夏不能相混；二是反对夷夏之间的争斗，倡导夷夏间的和平相处。王夫之说：“天下之大防二：中国、夷狄也，君子、小人也。”[1]“天下之大防”原是儒家旧有之范畴，也是王夫之《春秋》大义观的最高标准。王夫之认为“中国”与“夷狄”所处地理环境不同，文化传统不同，风俗习惯不同，行为方式自然也就不同，“中国之与夷狄，所生异地，其地异，其气异矣；气异而习异，习异而所知所行蔑不异焉”[2]。所谓“夷夏之防”，就是保证夷不能乱夏，如果出现夷之乱夏，就会造成生灵涂炭，后果不堪设想，王夫之说：“乱则人极毁，中国之生民亦受其吞噬而憔悴。防之于早，所以定人极而保人之生，因乎天也。”[3]正因为这样，他倡导夷夏之间互不相扰，相安无事，他说：“谓沙漠而北，河、洮而西，日南而南，辽海而东，天有殊气，地有殊理，人有殊质，物有殊产，各生其所生，养其所养，君长其君长，部落其部落，彼无我侵，我无彼虞，各安其纪而不相渎耳。”[4]由此，王夫之认为对于夷狄，只能阻止他们为害华夏，而不可主动营求以图其利，否则后果不堪设想，“王者不治夷狄，谓夫非所治者

[1] 王夫之：《读通鉴论》卷十四，见《船山全书》第十册，岳麓书社2011年版，第502页。

[2] 王夫之：《读通鉴论》卷十四，见《船山全书》第十册，岳麓书社2011年版，第502页。

[3] 王夫之：《读通鉴论》卷十四，见《船山全书》第十册，岳麓书社2011年版，第502页。

[4] 王夫之：《宋论》卷六，见《船山全书》第十一册，岳麓书社2011年版，第174页。

也。代之北，粤之南，海之东，碛之西，非所治也。故汉之涉幕北，隋之越海东，敝已以强求于外，与王道舛而速祸。非所治而治之则自敝，所治而不治则自溃"[1]。同时他主张对夷狄要区别对待，乱华之夷狄要惩诛，归顺华夏者要安抚，要"全其生"，不能滥杀无辜，"故王者之于夷狄，暴则惩之，顺则远之，各安其所，我不尔侵，而后尔不我虐，《旅獒》之戒，白雉之却，圣人之虑，非中主具臣所测也"[2]。

王夫之以自己的《春秋》大义对各个朝代的得失进行了评论，尤其重点抨击了秦与宋。王夫之把秦称为"孤秦"，把宋称为"陋宋"。秦是中国第一个专制集权的皇朝，王夫之对之极为仇视，甚至发挥《春秋》义旨，把秦看作是"夷狄"[3]。"秦之俗戎，其来旧矣"，"非其君之独狄，臣与民之胥狄也"，"秦擅天下则中国化于西戎，以其主戎者主天下，而天下戎"[4]。王夫之认为秦违背"公天下"之义，独断专行，残暴猜忌，结果导致迅速败亡，"迄于孤秦，家法沦坠，胶胶然固天下于揽握，顾盼惊猜，恐强有力者旦夕崛起，效己而劫其藏。故翼者翦之，机者撞之，腴者割之，贰人主者不能藉尺土，长亭邑者不能橐寸金。欲以凝固鸿业，长久一姓，而偾败旋趾"[5]。秦把天下当作一己之私，谋求一姓政权之长久稳固而不顾生民之休戚，遭到后世帝王的斥责，但后世帝王斥秦的目的是想让自己的子孙后代长存，考虑的仍然是自身利益，违背了大公至正之义。"秦之所以获罪于万世者，私己而已矣。斥秦之私，而欲私其子孙以长存，又岂天下之大公哉!"[6] 正因为这样，"秦、汉以降，天子孤立无辅，祚不永于商、周"[7]。专制帝王只考虑一己之私，必然使自己陷入孤立，成为短命王朝。总之，由于秦的夷狄身份和专制暴虐的本性，王夫之称秦为"孤秦"，予以猛烈抨击。

---

[1] 王夫之：《春秋世论》卷一，见《船山全书》第五册，岳麓书社2011年版，第390页。

[2] 王夫之：《读通鉴论》卷七，见《船山全书》第十册，岳麓书社2011年版，第286页。

[3] 张学智：《王夫之〈春秋〉学中的华夷之辨》，《中国文化研究》2005年夏之卷。

[4] 王夫之：《春秋家说》卷上，见《船山全书》第五册，岳麓书社2011年版，第191—192页。

[5] 王夫之：《黄书·古仪第二》，见《船山全书》第十二册，岳麓书社2011年版，第504—505页。

[6] 王夫之：《读通鉴论》卷一，见《船山全书》第十册，岳麓书社2011年版，第68页。

[7] 王夫之：《读通鉴论》卷一，见《船山全书》第十册，岳麓书社2011年版，第68页。

王夫之称宋为“陋宋”，他评论赵宋王朝云：“宋以藩臣，暴兴鼎祚，意表所授，不寐而惊。赵普斗宵菲姿，负乘铉器，贡谋苟且，肘枕生猜。于是假杯酒以固欢，托孔云而媚下，削节镇，领宿卫，改易藩武，建置文弱，收总禁军，衰老填籍，孤立于强虏之侧，亭亭然无十世之谋。纵佚文吏，拘法牵縶，一传而弱，再传而靡。赵保吉之去来，刘六符之恫喝，玩在廷于偶线之中而莫之或省。城下受盟，金缯岁益，偷息视肉，崇以将阶，推毂建牙，遗风澌灭。狄青以枢副之任，稍自掀举，苟异一切，而密席未温，嫌疑指斥，是以英流屏足，巨室寒心。降及南渡，犹祖前谋，蕲、循仅存于货酒，岳氏遽陨于风波，挠栋触藩，莫斯为甚！夫无为与者，伤之致也；交自疑者，殊俗之所乘也。卒使中区趋靡，形势解散，一折而入于女直，再折而入于鞑靼，以三、五、汉、唐之区宇，尽辫发负笠，澌丧残剐，以溃无穷之防，生民以来未有之祸，秦开之而宋成之也。”[1] 王夫之指出，宋从杯酒释兵权到岳飞被杀，所采取的一系列政策，都是在玩弄权术，为赵宋一姓王朝之稳固，怀疑天下之人，将天下权力收于帝王之手，重文抑武，一弱再弱，甚至为夷狄所祸乱。宋之灭亡，一方面亡于君主昏庸、大臣挟私，另一方面亡于华夷不分、措置不当。“汉、唐之亡，皆自亡也。宋之亡，则举黄帝、尧、舜以来道法相传人禽纪别之天下而亡之也。是岂徒徽、钦以降之多败德，蔡、秦、贾、史之挟奸私，遂至于斯哉？其所来者渐矣”[2]。“狡夷不可信而信之，叛臣不可庸而庸之，逞志于必亡之契丹，而授国于方张之女直。其后理宗复寻其覆轨，以讫其大命。垂至于后，犹有持以夷攻夷之说取败亡者，此其自蹈于凶危之阱，昭然人所共喻矣”[3]。

无论是“孤秦”还是“陋宋”，其灭亡就在于把天下视为私有，违背了“天下者，非一人之私”的《春秋》大义，“秦私天下而力克举，宋私天下而力自诎。祸速者绝其胄，祸长者丧其维，非独自丧也，抑丧天地分建之极”[4]。那么，要想维持华夏民族的长治久安，必须革除“孤秦”

---

[1] 王夫之：《黄书·古仪第二》，见《船山全书》第十二册，岳麓书社 2011 年版，第 506—507 页。

[2] 王夫之：《宋论》卷十五，见《船山全书》第十一册，岳麓书社 2011 年版，第 335 页。

[3] 王夫之：《宋论》卷八，见《船山全书》第十一册，岳麓书社 2011 年版，第 195 页。

[4] 王夫之：《黄书·古仪第二》，见《船山全书》第十二册，岳麓书社 2011 年版，第 507 页。

“陋宋”之弊，不以天下私一人，“圣人坚揽定趾以救天下之祸，非大反孤秦、陋宋之为不得延，固以天下为神器，毋凝滞而尽私之”[1]。“不以一人疑天下，不以天下私一人，休养厉精，士佻粟积，取威万方。濯秦愚，刷宋耻，此以保延千祀，博衣弁带、仁育义植之士甿，足以固其族而无忧矣”[2]。唯其如此，国家才能长治久安。

王夫之对很多历史人物都进行过评论，批评者多，赞扬者少。和“一人之正义”“一时之大义”和“古今之通义”相对，王夫之把天下的罪人划分为“一时之罪人”“一代之罪人”和“万世之罪人”。他说：“谋国而贻天下之大患，斯为天下之罪人，而有差等焉。祸在一时之天下，则一时之罪人，卢杞是也；祸及一代，则一代之罪人，李林甫是也；祸及万世，则万世之罪人，自生民以来，唯桑维翰当之。”[3] 卢杞是唐德宗时大臣，他忌能妒贤，陷害忠良，搜刮财货，严刑峻法，导致民怨沸腾，祸害的是一时之天下。李林甫为唐玄宗时权臣，为人阴险狡诈，勾结宦官，排斥异己，致使朝政日益败坏，最终酿成“安史之乱”，祸害的是一代之天下。桑维翰是后晋大臣，曾为石敬瑭出谋划策，割让幽云十六州，向契丹称儿，换取契丹用兵，建立了后晋。其后，桑维翰一直力主臣服契丹，不仅使契丹长驱直入，而且为后来的女真、蒙古入侵中原开了坏头，其行为酿成了严重的后果，给华夏民族带来了莫大的耻辱，“于是而生民之肝脑，五帝三王之衣冠礼乐，驱以入于狂流。契丹弱而女直乘之，女直弱而蒙古乘之，贻祸无穷，人胥为夷，非敬瑭之始念也，维翰尸之也”[4]。桑维翰的行为“贻害无穷”，祸害的是万世之天下。王夫之对混淆“夷夏”、出卖华夏利益的历史人物都予以指责，他称投奔拓跋氏的刘昶和萧宝寅是“败类”和“匪人”，称宋高宗和秦桧屈服女真为

[1] 王夫之：《黄书·宰制第三》，见《船山全书》第十二册，岳麓书社 2011 年版，第 508 页。

[2] 王夫之：《黄书·宰制第三》，见《船山全书》第十二册，岳麓书社 2011 年版，第 519 页。

[3] 王夫之：《读通鉴论》卷二十九，见《船山全书》第十册，岳麓书社 2011 年版，第 1133 页。

[4] 王夫之：《读通鉴论》卷二十九，见《船山全书》第十册，岳麓书社 2011 年版，第 1133 页。

“不知耻”。凡此等等，只要出卖华夏利益，王夫之都予以贬斥。

王夫之评价历史人物不同流俗。如他认为赵普是千古罪人，赵普献计宋太祖“杯酒释兵权”，玩弄权术，上下猜忌，削弱了宋朝的武力，把宋推向积贫积弱的不堪境地。“以天子而争州郡之权，以全盛而成贫寡之势，以垂危而不求辅车之援……岳飞诛死，韩世忠罢，继起无人，阃帅德短长于文吏，依然一赵普之心也。于是举中原以授蒙古，犹掇之矣。岂真天骄之不可向迩哉？有可藉之屏藩，高宗犹足嗣唐肃之平安、史；无猜忌之家法，高宗犹足似唐德之任李晟。故坏千万世中夏之大闲者，赵普也”[1]。王夫之对苏轼的评价极低，他曾将苏轼与贾谊、陆贽相比，认为苏轼包藏祸心，不如贾谊、陆贽：“若夫轼者，恶足以颉颃二子乎！酒肉也，佚游也，情夺其性者久矣。宠禄也，祸福也，利胜其命者深矣。志役于雕虫之技，以耸天下而矜其慧。学不出于揣摩之术，以荧天下而售其能。习于其父仪、秦、鞅、斯之邪说，遂欲以揽天下而生事于平康之世。文饰以经术，而自曰吾谊矣；诡测夫利害，而自曰吾贽矣；迷失其心而听其徒之推戴，且曰吾孟子矣。俄而取道于异端，抑曰吾老聃矣，吾瞿昙矣。若此者，谊之所不屑，抑贽之所不屑也。绛、灌之非谊曰：‘擅权纷乱。’于谊为诬，于轼允当之矣。藉授以幼主危邦，恶足以知其所终哉！乃欲推而上之，列于谊与贽之间，宋玉所云‘相者举肥’也。”[2] 在王夫之看来，苏轼的过失在于率性任情，近于声色，习邪说，溺异端，迷惑天下，擅权纷乱。有鉴于此，王夫之主张毁灭苏轼学说：“眉山之学不熄，君子之道不伸，祸迄于人伦，败贻于家国，禁讲说，毁书院，不旋踵而中国沦亡，人胥相食。”[3] 王夫之对李纲的评价也不高，原因就是李纲死守《春秋》君臣之义而不知变通，忘记了“固我族类”的《春秋》“通义”，力主抗金，导致徽、钦二宗被俘，属于“愚”。“守《春秋》之义而不知别，挟天子以为孤注，骈首都邑而就敌禽，寒万方之胆而不可卒收，则甚矣李纲之愚也”[4]。又云：“呜呼，祸宋君民者，非

---

[1] 王夫之：《宋论》卷十，见《船山全书》第十一册，岳麓书社 2011 年版，第 219 页。

[2] 王夫之：《读通鉴论》卷二，见《船山全书》第十册，岳麓书社 2011 年版，第 99—100 页。

[3] 王夫之：《宋论》卷十三，见《船山全书》第十一册，岳麓书社 2011 年版，第 296 页。

[4] 王夫之：《春秋家说》卷上，见《船山全书》第五册，岳麓书社 2011 年版，第 143 页。

纲而谁耶？悲夫纲一奋其诐说，以虚名钳人主，灭裂大义，以陨获中原，而死之残之，贼之亡之。”[1] 他驳斥那些替李纲辩护的人说：“彼为纲者之说者且曰：‘《春秋》之义，国君死社稷。’蒙其文，不知其别，以是而读圣人之书，不如其无读也。”[2]

王夫之不仅以《春秋》大义为标准评价历史人物，而且评价历史上的思想和理论。他评价道、佛、法，指出“古今之大害有三：老庄也，浮屠也，申韩也”[3]。把道、佛、法看作是思想史上的三大害。王夫之论老庄，把玄学、道教及老庄之学三者视而为一，称其为社会一大害，并指出玄学使人丧志，道教则是巫鬼，习老庄之学不能成王道。王夫之论佛教，指出佛教初入中国，为害尚小，但随着它的一步步发展，思想影响亦步步加深，与老庄结合，与君子之道抗衡，人们受其毒害日益加深，甚至那些自称儒者的人，竟也研习佛学，将佛学的思想杂入儒学伦理纲常之中，害人心，伤国脉。所谓“自晋以后，清谈之士，始附会之以老、庄之微词，而陵蔑忠孝、解散廉隅之说，始熺然而与君子之道相抗。唐、宋以还，李翱、张九成之徒，更诬圣人性天之旨，使窜入以相乱。夫其为言，以父母之爱为贪痴之本障，则既全乎枭獍之逆，而小儒狂惑，不知恶也，乐举吾道以殉之。于是而以无善无恶、销人伦、灭天理者，谓之良知；于是而以事事无碍之邪行，恣其奔欲无度者，为率性而双空人法之圣证；于是而以廉耻为桎梏，以君父为萍梗，无所不为为游戏，可夷狄，可盗贼，随类现身为方便。无一而不本于庄生之绪论，无一而不印以浮屠之宗旨”[4]。与老庄、浮屠惑乱人心不同，申韩之害在于严刑峻法，祸害百姓，所谓“损其心以任气，贼天下以立权，明与圣人之道背驰而毒及万世者，申、韩也”[5]。后来的儒者喜欢阳儒阴法，“自宋以来，为君子儒者，言则圣人而行则申韩也，抑以圣人之言文申韩

[1] 王夫之：《春秋家说》卷上，见《船山全书》第五册，岳麓书社 2011 年版，第 143 页。

[2] 王夫之：《春秋家说》卷上，见《船山全书》第五册，岳麓书社 2011 年版，第 144 页。

[3] 王夫之：《读通鉴论》卷十七，见《船山全书》第十册，岳麓书社 2011 年版，第 651 页。

[4] 王夫之：《读通鉴论》卷十七，见《船山全书》第十册，岳麓书社 2011 年版，第 652 页。

[5] 王夫之：《姜斋文集》卷一，见《船山全书》第十五册，岳麓书社 2011 年版，第 85 页。

而为言也”[1]。更为可怕的是，申韩佛老往往结合在一起，为害社会。王夫之说：“其教佛、老者，其法必申、韩。故朱异以亡梁，王安石、张商英以乱宋。何也？虚寂之甚，百为必无以应用，一委于一切之法，督责天下以自逸，而后心以不操而自遂。其上申、韩者，其下必佛、老。”[2] 老庄、浮屠坏人心，申韩贼人心，三者结合，儒家伦理纲常惨遭破坏，严刑峻法遍施天下，百姓得不到仁爱，人人“可夷狄，可盗贼”，中国固有的理性精神失去了它的光辉。

佛、老、申韩，皆为思想意识领域的东西，因为与正统的儒家思想不合，王夫之将它们称之为“异端”，并自觉担当“辟异端”之重任，对之严加痛斥，想要消除其恶劣影响，“辟异端者，学者之任，治道之本也。乃所谓异端者，诡天地之经，叛先王之宪，离析六经之微言，以诬心性而毁大义者也”[3]。凡沾染异端之学者，如苏轼，如陆九渊，如王守仁等，王夫之一律加以攘辟，绝不留情。

王夫之的《春秋》学内涵丰富，但其核心却是《春秋》大义观。他秉持自己对《春秋》大义的理解来评论历史，有其独到之处，亦有自我障蔽之处。其对夷夏关系的认知，对历史人物的评价，对非儒家思想的评论等，由于过分胶执于“经”而削弱了对“史”的判断，这也是我们在研究王夫之经史关系时应予以注意的。

第三节　《尚书》学与王夫之的君臣观

王夫之治《尚书》，主要体现在《尚书稗疏》和《尚书引义》两部书中，这两部著作“以史证经”，内中有丰富的史论、政论资源，对往圣先王之治道有精妙独到的阐发。《尚书稗疏》以疏解《尚书》字句为主，《四库全书总目》评论云：“是编诠释经文，亦多出新意……大抵词有根

---

[1] 王夫之：《姜斋文集》卷一，见《船山全书》第十五册，岳麓书社2011年版，第86页。

[2] 王夫之：《读通鉴论》卷十七，见《船山全书》第十册，岳麓书社2011年版，第653页。

[3] 王夫之：《读通鉴论》卷七，见《船山全书》第十册，岳麓书社2011年版，第279页。

据，不同游谈。虽醇疵互见，而可取者较多焉。”《尚书引义》以发挥其思想和政治理论为主，《四库全书总目》评论云：“此复推阐其说，多取后世事，纠以经义……议论驰骋，颇根理要。”《尚书稗疏》注重字词考证，凸显《尚书》的学术价值，《尚书引义》贯通经史，诠释《尚书》的经世思想，二者相得益彰，把《尚书》考辨字句与义理发挥结合在一起，成为王夫之经史互证、经史互参的又一代表性成果。

一、君权与治道论

王夫之身处乱世，明亡清兴的历史变局使他的经史之学有着强烈的现实关怀。其钻研《尚书》，主要表现在对德治的向往和对君权的反思上。专制集权体制下，国家治理的好坏，与君主有莫大的关系，王夫之以经衡史，以史证经，在风雨飘摇的时代背景下思考中国古代的君权、治道等问题，别有一番深刻的寓意蕴含其中。

在王夫之看来，《尚书》所载乃圣王之治，为统治者治理国家树立了规则，君权、治道是其核心，所谓“治道之极致，上稽《尚书》，折以孔子之言，而蔑以尚矣。其枢，则君心之敬肆也；其戒，则怠荒刻核，不及者倦，过者欲速也；其大用，用贤而兴教也；其施及于民，仁爱而锡以极也。以治唐、虞，以治三代，以治秦、汉而下，迄至于今，无不可以此理推而行也；以理铨选，以均赋役，以诘戎兵，以饬刑罚，以定典式，无不待此以得其宜也”[1]。王夫之借助《尚书》探讨“治道”，并围绕这一核心，对君权问题、德治问题、专制政治的本质问题等进行了反思。在反思的过程中，王夫之从现实关怀出发，吸取《尚书》的思想资源，借助《尚书》中的话语与问题，以史解经，经史互证，试图建构一种理想政治的思想体系。

王夫之对君权的合法性进行过讨论，他的君权合法性论述没有摆脱“天”与“人（民）”两个因素，所谓“以天为宗”与“以人为归”[2]。

[1] 王夫之：《读通鉴论》卷末《叙论四》，见《船山全书》第十册，岳麓书社 2011 年版，第 1181—1182 页。

[2] 王夫之：《尚书引义》卷五《多士》，见《船山全书》第二册，岳麓书社 2011 年版，第 381 页。

王夫之之所以将“天”与“民”两个因素纳入君权合法性的讨论中，就是想利用“天”的权威，使统治者对于“佑下民”的道德义务有所敬畏。在他看来，把民众利益放在首位的政治就是好的政治，否则就是愚政。他多次批判商纣，认为“夫纣，愚也”，原因就是商纣“以天为微而置之”，“以民不足祇而虐之”，[1] 没有敬天保民之心。王夫之把“天”与“民”联系在一起，目的是希望统治者“以事天而与民同患”[2]。君权合法性的最重要表现就是“佑民”或“保民”，了解并满足人民的基本需求，“天民敬德，德惟民极；俊民敬事，事惟民用；凡民敬政，政奠民生；罢民敬刑，刑戒民死”[3]。王夫之发挥《尚书》“天视自我民视，天听自我民听”之奥义，对“天”与“民”的关系有比较深刻的论述，他认为“天”的地位至高无上，而“民”的地位可与“天”比。他说：“尊无与尚，道弗能逾，人不得违者，惟天而已。曰：‘天视自我民视，天听自我民听。’举天而属之民，其重民也至矣。虽然，言民而系之天，其用民也尤慎矣。”[4] 因为“民”与“天”齐，所以君主必须小心权衡民众利益，“征天于民，用民以天，夫然后大公以协于均平，而持衡者慎也”[5]。王夫之反复强调“民重以天”，其落脚点是统治者要“用民以慎”。他说：“由乎人之不知重民者，则即民以见天，而莫畏匪民矣。由乎人之不能审于民者，则援天以观民，而民之情伪不可不深知而慎用之矣。”[6] 还说：“夫重民以天，而昭其视听为天之所察，曰‘匹夫匹妇之德怨，天之赏罚也’，俾为人上者之知所畏也……若夫用民而必慎之者，

[1] 王夫之：《尚书引义》卷五《多士》，见《船山全书》第二册，岳麓书社 2011 年版，第 383 页。

[2] 王夫之：《尚书引义》卷五《多士》，见《船山全书》第二册，岳麓书社 2011 年版，第 384 页。

[3] 王夫之：《尚书引义》卷五《多士》，见《船山全书》第二册，岳麓书社 2011 年版，第 383 页。

[4] 王夫之：《尚书引义》卷四《泰誓中》，见《船山全书》第二册，岳麓书社 2011 年版，第 327 页。

[5] 王夫之：《尚书引义》卷四《泰誓中》，见《船山全书》第二册，岳麓书社 2011 年版，第 327 页。

[6] 王夫之：《尚书引义》卷四《泰誓中》，见《船山全书》第二册，岳麓书社 2011 年版，第 327—328 页。

何也？民之重，重以天也。”[1] 在王夫之看来，《尚书》把民众疾苦与上天联系在一起，就是要让统治者像畏惧上天一样畏惧民众，从而达到“慎用民”的目的。

王夫之虽然希望君主能够护佑百姓，但他又认为满足民众基本需求是以维护统治者权威为前提的，那就是要“以天为宗”，统治者不能听任民意泛滥，更不能让民众自治。可以这样说，“以天为宗”和“以人为归”是王夫之证成君权合法性的两个方面，“以天为宗”是君权的权威性基础，它来自上天的安排；“以人为归”是君权的有效性基础，它取决于民意，“顺天应人”者为合法，“逆天虐人”者为非法。王夫之思考君权合法性问题，有着浓厚的“民本主义”色彩，其思想资源正是来源于《尚书》所描述的三代的圣王之治。他从“天人关系”的高度丰富与发展了孟子“民贵君轻”的思想，站在“君子”本位的立场，从“合法性”的角度对君权问题多有反思，虽有超越前人之处，但由于其关注点仍在公天下的“圣王之治”上，其对待民情之复杂和人性之自私，没有像顾炎武、黄宗羲那样正视人性的自私，并顺应人性自私而提出一套理论与解决办法，而是一味防范。从这一点看，王夫之的君权合法性论述，并没有跳出传统儒家的君民关系论。

王夫之从“天人关系”的角度论述了君权的合法性问题，随即又讨论了君主的职责问题。在王夫之看来，君主的职责是“重天”与“安民”。王夫之反对割裂天人而论治道，“唯天”与“唯民”都不可取，“即民见天”是最佳选择。王夫之认为，圣人并非全知全能，“圣人之知，智足以周物而非不虑也；圣人之能，才足以从矩而非不学也”[2]。并非全知全能之圣人面对“天道”之无限性和“民情”之复杂性，必然会产生困惑。而圣智之下的统治者，为了达到其统治目的，也难免做出有悖于王道之事。由此，王夫之指出有两种治理国家的情况需要注意，一种是“非己之必胜者”，一种是“惟己之所胜而无不安者”。前者对天道过度敬

[1] 王夫之：《尚书引义》卷四《泰誓中》，见《船山全书》第二册，岳麓书社 2011 年版，第 328 页。

[2] 王夫之：《尚书引义》卷一《尧典一》，见《船山全书》第二册，岳麓书社 2011 年版，第 237 页。

畏，认为“道不可尽，圣人弗尽；时不可一，圣人弗一”，主观努力在天道面前不起作用，于是放弃了对天道神圣意义的追求，而用刑名法术治理天下，“操之以刑，画之以名，驱之以法，驭之以术，中主具臣守之而可制天下”。后者过度相信自己的聪明，无视往圣先贤的治国经验，认为通过个人主观努力就可以胜任统治，“天无与授，地无与制，前古无与诏，天下无与谋。可以为而为之，圣人已为矣。可以为而为之，我亦为也。其未为者，彼之未为而非不可为也。非不可为，而我可以为矣”。[1]这两种情况的共同点都是割裂“天”与“人”，忽视了自身的有限性。王夫之主张君主在治理国家时应该躬行正道，经常像圣人一样自我反思，“圣人所忧者，仁不足以怀天下，义不足以绥天下，虑所以失之，求所以保之”[2]。君主就应该以“仁”“义”治天下，其理想境界就是：“夫宪天者，不废天之常而弛其所必忧，不窥天之变而防其所不可知；简官慎爵，虑动事事；闭宠革非，厘祀饰礼；进德贤，正纲纪；非僻远，地天绝；亘古今，讫四维；通幽隐，一强弱；圣以是宪天，臣以是奉圣，民以是从臣，久安长治之道，尽其所可为。”[3]

《尚书》曾记录了上古的禅让制度，这引起了王夫之的关注。在中国古代政治史上，帝王传授，有禅让，有世袭，何者为优呢？王夫之有自己的思考。王夫之认为尧舜禅让值得肯定，“尧、舜之以天下为公者，秩然于天理之别，使中国恒有明王而兢中国也”[4]，但是，禅让并非唯一的“必治不乱之道”，所谓“固不得以尧之授舜、舜之授禹，为必治不乱之道”[5]。禅让与世袭各有利弊，但问题的核心是何者能更好地履行“佑民”义务。帝王传授的目的除了维护“家天下”世代相承之外，还要

[1] 王夫之：《尚书引义》卷一《尧典一》，见《船山全书》第二册，岳麓书社 2011 年版，第 238—239 页。

[2] 王夫之：《尚书引义》卷三《说命中一》，见《船山全书》第二册，岳麓书社 2011 年版，第 309 页。

[3] 王夫之：《尚书引义》卷三《说命中一》，见《船山全书》第二册，岳麓书社 2011 年版，第 311 页。

[4] 王夫之：《尚书引义》卷五《立政周官》，见《船山全书》第二册，岳麓书社 2011 年版，第 400 页。

[5] 王夫之：《尚书引义》卷一《尧典二》，见《船山全书》第二册，岳麓书社 2011 年版，第 244—245 页。

考虑是否有利于民众。

王夫之是历史学家，他从历史发展的角度对帝王传授问题进行了梳理。三代以前之帝王传授并非禅让，而是传位于“亲而贤者”：“古之有天下者，皆使亲而贤者立乎辅相之位，储以为代。”[1] 这样做的好处是权力交接比较便利，不易生出事端，所谓“亲以贤者近取之兄弟子姓，而前可以相，后可以帝，地迩势易”[2]。尧舜禅让是对三代以前古制的权变性修正，原因就是“亲而贤者”不可得，迫不得已只能传贤。“尧之在位七十载，而亲以贤者未有其人，亦迟之七十载而未有相也。而尧已耄期矣，故不获已而命之四岳。使微舜，四岳虽欲终让而不得矣”[3]。由此可见，禅让也存在很大风险，假如找不出像舜这样的“贤者”，岂不是后无来者，江山无主？正因为这样，后世传亲与传贤逐渐分离，尧舜传贤，而三代传亲，“五帝之援立也夙，三王之建储也早……故曰：‘天视自我民视，天听自我民听。’四海翕从而莫有异志，斯以谓之天矣”[4]。不论哪种传位形式都要顺应“天意”，都要实现权力交接后的有效治理，从而于民有利。

王夫之讨论禅让与世袭，总是与治道联系在一起，即特别重视治理的有效性问题。他不纠缠于禅让与世袭哪个更好，而是坚持“传位无定法”，关键要看能否“位得其人”，实现国家治理的目标。他说：“虽然，法岂有定邪？知人之哲如尧、舜，不易得也。教胄有恒而中主可守也。则试而后命，立而后教，义协于一而效亦同。迨其敝也，秦失本于后，而胡亥速亡；汉、魏乱其末于先，而逆臣继篡。所必尽者人也，不可恃者法也。”[5] “试而后命，立而后教”，防止弊端出现，才是根本。他还

[1] 王夫之：《尚书引义》卷一《尧典二》，见《船山全书》第二册，岳麓书社 2011 年版，第 243 页。

[2] 王夫之：《尚书引义》卷一《尧典二》，见《船山全书》第二册，岳麓书社 2011 年版，第 243 页。

[3] 王夫之：《尚书引义》卷一《尧典二》，见《船山全书》第二册，岳麓书社 2011 年版，第 243 页。

[4] 王夫之：《尚书引义》卷一《尧典二》，见《船山全书》第二册，岳麓书社 2011 年版，第 243—244 页。

[5] 王夫之：《尚书引义》卷一《尧典二》，见《船山全书》第二册，岳麓书社 2011 年版，第 244 页。

说："古之帝王，顾大位之将有托也，或命相而试以功，或立子而豫以教。立子以嫡不以贤，立而后教之。故三代崇齿胄之礼。命相以德而不以世，故唐虞重百揆之任。试而命之，以重其望也；立而教之，以成其德也。定民志者存乎望，堪大业者存乎德。德其本也，望其末也。本末俱举，则始于无疑，而终于克任矣。"[1] 在集权制政治条件下，能否实现对国家的有效治理取决于被选任的君主是否具备相应的修养和能力。对此，王夫之提出了"教"与"试"两个概念。对于世袭制，要"立而后教之"，也就是要教会继任者具有相应的道德修养和治国能力，这是根本。对于禅让制，要"试而命之"，也就是要测试继任者在民众中的威望与影响，但由于如尧舜一样具备知人能力的后世君主少之又少，故而准确考察一个人的德行并非易事，所以"立而后教"更简便易行。禅让必须以"公天下"为基础，没有这个基础，禅让只能是泡影。

王夫之还指出，无论是禅让还是世袭，在"家天下"的情况下都弊端重重。三代以来的中国历史，类似于禅让的传位方式几乎都没有达到对国家的有效治理，王莽受禅，曹丕得位等，都未能使得政治走向清明有序。相比之下，君主世袭反倒更为安全可靠。但是，没有了三代"天下为公"的政治环境，后世的传亲、传贤其实都是自私之举，一味地比较传亲、传贤哪个更好，就没有什么意义了。王夫之基于深刻的历史观察所展开的对禅让与世袭的讨论，充满了现实关怀，其统摄《尚书》而进行的君权与治道的诠释和理论建构，是对明清之际"公天下"理论的再反思。

二、君臣关系论

王夫之曾描绘过他理想中的国家治理方式，即"天无私覆，地无私载，王者无私以一人治天下"[2]。王夫之认识到个人能力的有限性，认

[1] 王夫之：《尚书引义》卷一《尧典二》，见《船山全书》第二册，岳麓书社2011年版，第244页。

[2] 王夫之：《黄书·宰制第三》，见《船山全书》第十二册，岳麓书社2011年版，第508页。

为帝王要想把国家治理好，必须分权臣下，以君臣共治来达到安邦定民的统治目的。他这样看待君臣职责："代天理民者君也，承君分治者臣也，此天下之通义也。"[1] 君主"代天理民"，权力是上天赋予的，合法性毋庸置疑。大臣依附于君主，替君主分担治权。君臣共同治理国家，是"天下之通义"。

在君臣关系上，王夫之主要对臣权进行了辨析。前面已经探讨过，王夫之通过"天""人"两个方面论证了君权的合法性，所谓"天"，就是"以天为宗""代天理民"，是君权来源的合法性；所谓"人"，就是"以人为归"，是国家治理的有效性。来源正当，治理有效，君权就具有合法性地位。在对臣道的探讨中，王夫之则把君臣的义务分开来讲，他以父子喻君臣，但前提是君主必须有所作为，必须"作民父母"，君主"以有为之德业配天地"，臣子就必须"以有心之忠孝报君亲"[2]，反之，臣子就可"易君"。王夫之把君臣关系放在"承天治民"的语境中进行论述，在这样的语境中，君臣地位具有一致性。君主有"作"，臣子必须效忠，协助君主实现有效的治理；君主无道，臣子可以直承天命，"叛弃其君亲而莫之恤"[3]。

王夫之阐发《尚书》的思想，对君臣在国家治理中的具体分工提出了自己的看法。王夫之认为君臣各有职责："君人者之独制二，其他则可责之大臣，大臣勿容辞也。二者何？用人也，听言也。黜陟者一人之大权，从违者一心之独断。"[4] 君主有两项最主要的职责，一是"用人"，二是"听言"，其他事情可以让臣子去做。所谓用人，就是君主要善于选拔人才，大臣具有举荐人才的职责；听言就是君主要从谏如流，大臣具有直言敢谏的精神。君臣分工不同，都应各尽其职。王夫之还进一步论

[1] 王夫之：《尚书引义》卷五《立政周官》，见《船山全书》第二册，岳麓书社 2011 年版，第 398 页。

[2] 王夫之：《尚书引义》卷四《泰誓上》，见《船山全书》第二册，岳麓书社 2011 年版，第 327 页。

[3] 王夫之：《尚书引义》卷四《泰誓上》，见《船山全书》第二册，岳麓书社 2011 年版，第 325 页。

[4] 王夫之：《尚书引义》卷六《冏命》，见《船山全书》第二册，岳麓书社 2011 年版，第 415—416 页。

述君臣之间可以相互“指责”，“君可以用人之失责之大臣，大臣亦可以听言之失上责之君”[1]。君臣之间相互责难，实际上就是一种权力的相互制约，以防止君权过大。当然，王夫之是赞成君主“独制”的，但他又指出这种“独制”的基础是君主知人善任，有兼听之明，同时臣下不能太过自私，要建立一种相互制约的制度，否则一旦出现“主暗臣奸”“上下交猜”，君臣之职责便无法发挥效力，理想的职责分工就成了“交委之实害”[2]。王夫之在强调君主重要性的同时，也意在突出君主对于政治清浊负有不可推卸的责任，为防止君主出现问题，必须赋予大臣一定的责任，对君主的权力有所制约，达到限制君权的目的，所谓“君臣交责以交儆，固守成之中主恃以定倾者也”[3]。王夫之提出“君臣交责以交儆”，有以臣子制衡君权的内涵在其中。王夫之很清楚，无论是传贤还是世袭，其实都无法保障君主的德行，如果能从经典中汲取智慧，以古代圣主名相为榜样，形成一种“交责以交儆”的政治氛围，给君主施以道德压力，庶几可以达到政治清明。王夫之提出限制君权、尊重臣权的主张，主要是基于对明代历史的考察。明代君主极端专制，动辄以极刑对待大臣，使大臣不敢言、不敢为，而君主自己却腐败无道，无人能够约束。君臣之间、官僚集团之间相互倾轧，任人唯亲，言路不通，君主真正变成了孤家寡人，一旦出现风吹草动，专制政权便立刻土崩瓦解。王夫之主张君臣互责，正是对明代弊政反思的结果。

王夫之能够在专制集权的历史背景下讨论臣权的问题，蕴含着对政治公正性的辨析，尽管我们不能拔高他的思想，但其中的思想精华还是存在的。

王夫之主张君臣关系应该是主宾、朋友关系，大臣应该以“宾友之礼”事君，“夫君子出身以任国家之事，进以当宾友之礼，退以保明哲之

[1] 王夫之：《尚书引义》卷六《冏命》，见《船山全书》第二册，岳麓书社2011年版，第418页。

[2] 王夫之：《尚书引义》卷六《冏命》，见《船山全书》第二册，岳麓书社2011年版，第418页。

[3] 王夫之：《尚书引义》卷六《冏命》，见《船山全书》第二册，岳麓书社2011年版，第419页。

身；所守者道也，所重者耻也，所惜者名也”[1]。把君臣关系看作是主宾、朋友关系，这是先秦时期的普遍观念，[2] 孔子说：“君使臣以礼，臣事君以忠。”[3] 孟子更进一步指出：“君之视臣如手足，则臣视君如腹心；君之视臣如犬马，则臣视君如国人；君之视臣如土芥，则臣视君如寇仇。”[4] 孔、孟认为君主在修养、人格、能力诸方面并不必然凌驾于臣子之上，其关系是互动的，必须相互尊重。从某种意义上讲，君臣关系具有相对平等性，臣子对于君主，合则留，不合则去，有一定的自由度，君主要留住忠贤之臣，必须以宾友之礼真诚相待。但是，西汉董仲舒打破了这一观念，他适应专制皇权的需要，从“阳尊阴卑”角度重新阐释君臣关系，[5] 把君主凌驾于臣子之上，树立了君主的绝对权威，自此以后，言君臣关系者均承袭了董仲舒的观点。

可是，明清鼎革的社会巨变使得这一时期的思想家打破董仲舒的观点，重新思考君臣关系。黄宗羲就指出“臣之与君，名异而实同”，君臣因“天下之责”联系在一起，共同理事，具有平等的地位。[6] 王夫之的观点与黄宗羲相类，他超越董仲舒，从先秦的思想资源中汲取营养，提出臣子事君“当宾友之礼”，退避“保明哲之身”，不管怎样，臣子要“守道”“重耻”“惜名”，就是要保持自身的道德与尊严，不可奉无道之君。他批评秦代君臣，君主残暴、猜忌，“谋以得志于天下”，这样的君主“皆非人臣所当进谋于君者”，但臣子却“结恩故、保功名于安忍雄猜之主”，[7]

[1] 王夫之：《尚书引义》卷六《秦誓》，见《船山全书》第二册，岳麓书社 2011 年版，第 435 页。

[2] 参见查昌国《友与两周君臣关系的演变》（《历史研究》1998 年第 2 期）、李志刚《周代礼制度中的“宾道”观念》（《泰山学院学报》2013 年第 2 期）、张节末、吴壁群《“君臣”“兄弟”与“朋友”——〈诗经〉中的人伦关系考察》（《浙江大学学报》2014 年第 1 期）等。

[3]《论语·八佾》，诸子集成本，中华书局 1954 年版。

[4]《孟子·离娄下》，诸子集成本，中华书局 1954 年版。

[5] 董仲舒：《春秋繁露·阳尊阴卑第四十三》，河南大学出版社 2009 年版，第 281—282 页。

[6] 黄宗羲：《明夷待访录》，见《黄宗羲全集》第一册，浙江古籍出版社 1985 年版，第 5 页。

[7] 王夫之：《尚书引义》卷六《秦誓》，见《船山全书》第二册，岳麓书社 2011 年版，第 434 页。

失去了“守道”“重耻”“惜名”的原则，实属可惜。于是他指出，《尚书》之所以录《秦誓》，用意就在说明如何为君、怎样为臣，所谓“为人君得失之衡，抑为人臣生死之纽也”[1]。

“周初之君臣”是王夫之心目中理想的君臣关系，他说：“君若臣早夜其勤，谋之于华屋之下者，无不可正告天下以无惭。即或有所未效，亦终不拢其谋之不臧，而诵言以分己之谤。君以不回而干百禄，臣以无过而保功名。”[2]王夫之对三代君臣关系有理想化的理解，认为那时的君臣关系不欺不诈，无论事业成败都堂堂正正，他是想用那时的君臣关系批评后世君主的专权，“故君子乐论其世，观于君臣之际以劝忠也”[3]。

王夫之在《尚书引义》中反复讨论君臣关系问题，说明他清楚地认识到，在专制集权体制下，君主的权力无法制约，其道德修养、治国能力无法得到保证，以臣子制约君主就成为国家保持长治久安的重要手段了。尤为可贵的是，王夫之论述君臣关系，有历史发展变化的眼光，他能够根据历史条件的变化论述君臣关系的变化。他在《立政周官》中讨论先秦及后代的君臣关系时就指出，古代对君权的制约，形式不同。唐虞时期，“内有四岳，外有州牧侯伯”，商周时期，“三公论道，六官分政”，对君权均有制约。周文王“不置相”，目的是要君主“不敢自逸”，好处是避免了权臣乱政，相互推诿扯皮，弊端是导致“恃一人之耳目以弱天下”，形成了春秋、战国的分裂混战。周文王的出发点是好的，但后世君主“罢相”，则是为了维护一家一姓之私利。时代不同，同样的制度所导致的结果完全不同。“秦、汉以降，封建易而郡县一，万方统于一人，利病定于一言，臣民之上达难矣。编氓可弋大命，夷狄可窃神皋，天子之与立者孤矣”[4]。王夫之对君臣关系的论述固然有很多理想化的

[1] 王夫之：《尚书引义》卷六《秦誓》，见《船山全书》第二册，岳麓书社2011年版，第435—436页。

[2] 王夫之：《尚书引义》卷六《秦誓》，见《船山全书》第二册，岳麓书社2011年版，第432—433页。

[3] 王夫之：《尚书引义》卷六《秦誓》，见《船山全书》第二册，岳麓书社2011年版，第433页。

[4] 王夫之：《尚书引义》卷五《立政周官》，见《船山全书》第二册，岳麓书社2011年版，第401页。

成分，但是，他能认识到三代以后，随着君主世袭制的建立，要保证政权的稳固，选臣或者说“立相”非常重要。

王夫之对《尚书》所记上古三代制度基本是持赞扬态度的，认为“顺天应人”“大公至正”。但同时，王夫之能够认识到任何所谓的圣王之制都只能在一定的时空中具有有效性，超出一定时空，治道就必须加以损益，他说：“孔子曰：‘殷因于夏礼，所损益可知也。周因于殷礼，所损益可知也。’……千圣之教，百王之治，因天因人，品之节之，分之合之，以立一代之规模者，不度其终而善其始，乃曰吾固以前王为师，是犹操舟者见上游之张帆，而张之于下游，不背于彼之道而背于其道矣。”[1] 他还说：“以古之制，治古之天下，而未可概之今日者，君子不以立事；以今之宜，治今之天下，而非可必之后日者，君子不以垂法。”[2] 古今异世，治道异术，亦步亦趋效仿古人是不可取的。但同时，古人的经验又具有超越时空的借鉴价值，其精神或者思想对后世国家治理具有启发作用。他说：“承治者因之，承乱者革之，一定之论也。虽然，有病。所病者，以愔愔之情继治而偷，以悻悻之心惩乱而诐也。何也？圣人之仁天下也无已，而不能不有待焉。故以一日之治概之百年，而初终异理，必有以节宣焉。身可待，待之他日，身不可待，待之其人，而后各随时而协于中。”[3] 在王夫之看来，尽管后世与前代相隔甚远，社会也发生了极大变化，但国家治理之道——或者说国家治理的基本精神，仍然要损益前代，不可能无中生有。古代圣王所具有的“仁天下”之心、“顺天应人”之意、君臣共治之术，虽然在后人的借鉴中不断创新，以适应时代发展，但在核心旨趣上却具有一致性。

王夫之从先秦“公天下”的思想武库中拿来思想武器，希望建立一种君臣分权的政治格局，但残酷的现实却是专制集权不断加剧，导致他的理想与现实严重冲突，一代思想家只能扼腕长叹，无可奈何！

[1] 王夫之：《尚书引义》卷五《立政周官》，见《船山全书》第二册，岳麓书社 2011 年版，第 395—396 页。

[2] 王夫之：《读通鉴论》卷末《叙论四》，见《船山全书》第十册，岳麓书社 2011 年版，第 1182 页。

[3] 王夫之：《尚书引义》卷五《酒诰梓材》，见《船山全书》第二册，岳麓书社 2011 年版，第 369—370 页。

第六章　宋学、汉学及西学与康乾时期的官方史学

讨论清代经史关系，不能不讨论经学与官方史学的关系。因为有清一代，尤其是康雍乾时期，官方史学甚为发达。[1] 设馆修史是政治与学术相结合的活动，清廷不仅要借修史表达自己的政治意志，还要借修史影响学术的发展。清代帝王，尤其是康、雍、乾三位帝王，都有较高的学术修养，他们深知学术研究对政治、文化、人心、世风所产生的潜移默化的作用和影响，故而他们在关乎治国平天下的经学——尤其是宋学和汉学领域都发表自己的看法，同时打通经史，利用史馆修史这一方便条件，通过具体史籍的编修，在义理发挥和严密考证两个方面占尽先机，既垄断了对历史的解释权，又披上了一层学术的外衣。

对于宋学、汉学，康、雍、乾三帝都极为关注，一直在汉学和宋学之间参酌互取，持平解说。他们重视以阐发义理见长的宋学，是因为宋学提倡正纲常之道、严君臣之别；他们重视以考据见长的汉学，是因为汉学言必有据、求真务实。二者在政治统治的筹码上具有同样的重量，不可偏废。乾隆帝曾说："夫典章制度，汉唐诸儒有所传述考据，固不可废；而经术之精微，必得宋儒参考而阐发之，然后圣人之微言大义，如揭日月而行也。"[2] 在乾隆看来，汉宋学术各有短长，不可偏废，"稽古"乃汉学所长，"通今"乃宋学所长，二者最好能够统一起来。由此，康乾时期既设馆编纂纲目体史籍，阐发君臣大义，又在修纂其他史籍时进行严密考证，借修史有意引导学术的发展方向。汉学和宋学走着两种

[1] 王记录：《清代史馆与清代政治》，人民出版社2009年版，第23—33页。

[2] 中国第一历史档案馆：《乾隆朝上谕档》第一册，档案出版社1991年版，第648页。

不同的治经路径，贯穿整个清代学术史，而作为清代史学重要组成部分的官方史学，既注重借微言大义宣扬阐发自己的统治思想，又注重求真求实，提倡考据。前者与宋学关系密切，后者则直接刺激了考据学的发展。

第一节　宋学与官方纲目体史籍的编纂

康熙、乾隆二帝对于宋学的代表——程朱理学，非常推崇，着力提倡。他们之所以尊崇程朱，极力提倡性理之学，按萧一山的说法，主要是因为“朱子主张尊君大一统，便于统治者利用”[1]。何兆武也认为他们“表彰理学，意在强化尊君大一统的思想”[2]。可见是有所为而为之。

考察清代宋学与官方史学的关系，不能不考察帝王的经学思想和史学见解。这是因为“有清一代，官方修史活动都要仰承‘圣裁’‘钦定’，举凡修史的各个环节，大到修史项目的确定、修史指导思想的确立，小到史书体例的安排、字词的推敲，再到史馆的管理，都要听从皇帝的安排，所谓‘夫章程一秉夫鉴裁，即字体一尊夫指示’”[3]。在这种情况下，帝王的经、史观念势必影响到官方史学的经学特质。

一、“经史俱关治理”与康熙的经史观

康熙一生，以理学治国，尊孔重儒，推崇程朱，“在康熙的执政生涯中，理学是康熙念念不忘的思想根基和决策指南，他努力钻研儒家经典，并求得融会贯通。他深深地谙服朱熹对儒学的注释和阐发，亦厌弃和揭露那些伪道学，还坚持不懈地把理学的理想原则一步步地化为现实的存在”[4]。康熙推崇宋学——即理学，采取了一系列措施，如下令编纂

[1] 萧一山：《清代史》，辽宁教育出版社 1997 年版，第 52 页。

[2] 何兆武：《中西文化交流史论》，中国青年出版社 2001 年版，第 134 页。

[3] 王记录：《清代史馆与清代政治》，人民出版社 2009 年版，第 259 页。

[4] 蒋兆成、王日根：《康熙传》，人民出版社 1998 年版，第 387 页。

《朱子全书》《性理大全》，把朱熹从祀孔庙的位置由两庑先贤之列提升到大成殿十哲之次，把一批身居显宦的理学家——诸如汤斌、李光地、张伯行等树立为“理学名臣”，在当时反响很大。昭梿云：“仁皇夙好程、朱，深谈性理，所著《几暇余编》，其穷理尽性处，虽夙儒耆学，莫能窥测。所任李文贞光地、汤文正斌等皆理学耆儒。尝出《理学真伪论》以试词林，又刊定《性理大全》《朱子全书》等书，特令朱子配祠十哲之列。故当时宋学昌明，世多醇儒耆学，风俗醇厚，非后所能及也。”[1]

康熙重视经学的学习，设立经筵讲官为自己讲解经义。作为帝王，他不仅重视对经义的理解，更重视经学在治国安邦中的作用。他曾对经筵讲官说：“尔等进讲经书，皆内圣外王、修齐治平之道。朕亦孜孜详询，每讲之时，必专意以听；但学问无穷，不在徒言，惟当躬行实践，方有益于所学。”[2] 由重视经学的致用功能出发，康熙极力倡导理学，把理学确定为官方统治哲学，实际上就是看上理学在维护自身统治秩序中的重要作用。理学中人，康熙最推崇朱熹，他说：“朕自冲龄，笃好读书，诸书无不览诵，每见历代文士著述，即一句一字于义理稍有未安者，辄为后人指摘。惟宋儒朱子，注释群经，阐发道理，凡所著作及编纂之书，皆明白精确，归于大中至正。经今五百余年，学者无敢疵议。朕以为孔孟以后，有裨斯文者，朱子之功，最为弘巨。”[3] 由于朱熹的著作“明白精确，归于大中至正”，所以清廷特别注意在修纂史书时模仿朱熹的史著《资治通鉴纲目》来编纂纲目体史籍。在中国史学史上，朱熹的《通鉴纲目》一书具有特别的历史地位，它不仅是一部历史书，更是一部政治教科书。在这部书中，朱熹把天理、纲常、名分等理学观念转化为历史的论证，通过辨正闰、明顺逆、严篡弑之诛等笔法义例把理学思想融会到历史之中，把历史当作格物穷理的手段之一，阐扬纲常名分的合理。清代统治者提倡理学，依照朱熹《通鉴纲目》设馆修纂纲目体史籍，实际上就是看到了这种史书体裁最适合表达统治者的思想，最适合从思

[1] 昭梿：《啸亭杂录》卷一《崇理学》，中华书局1980年版，第6页。
[2] 《清圣祖实录》卷六十七，“康熙十六年五月癸卯”条，中华书局1985年版。
[3] 《清圣祖实录》卷二四九，“康熙五十一年二月丁巳”条，中华书局1985年版。

想深处论证现行统治的合理性。可以说，纲目体史籍的编纂，是清代官方史学与宋学发生联系的桥梁，通过这个桥梁，统治者褒贬议论、抑扬人物、评断史事，阐释微言大义，淋漓尽致地表达了自己的史学观念和政治意志。他们的这种做法，在理学式微的清代，显得特别引人注目。

康熙皇帝一生都非常注重经史的学习，常说自己"《春秋》《礼记》，朕在内每日讲阅"[1]，并且把经学的原理与史学的致用结合起来，经史结合，以"发明心性"，"裨益政治"。所谓"自古经、史书籍，所重发明心性，裨益政治，必精览详求，始成内圣外王之学。朕披阅载籍，研究义理，凡厥指归，务期于正"[2]。由此，除了对六经极度推崇外，康熙对司马光的《资治通鉴》和朱熹的《资治通鉴纲目》非常感兴趣，在倡导经筵日讲的同时，要求经筵讲官进讲该书。"经书屡经讲读，朕心业已熟晓。《通鉴》一书事关前代得失，甚有裨于治道，作何撰拟讲章进讲，尔等奏议"[3]，结果议定进讲朱熹的《资治通鉴纲目》。在康熙看来，经史同等重要，"经史俱关治理，自宜进讲"[4]，于是把讲解经书与讲解《资治通鉴》结合起来。对于经史关系，康熙皇帝这样看待："朕惟治天下之道莫详于经，治天下之事莫备于史。人主总揽万机，考证得失，则经以明道，史以征事，二者相为表里，而后郅隆可期。"[5] 还说："经学、史乘，实有关系修齐治平，助成德化者，方为有用。"[6] 由于康熙皇帝认识到经史之学在治理天下之中所起的重要作用，故而加紧研习，亲手点定朱熹《资治通鉴纲目》，"朕喜观书史，遍阅圣贤经传，而《通鉴》一书，关于治道尤为切要，虽不时翻阅，恐有阙略，故将《资治通鉴纲目》《大全》诸书，皆以朱笔手自点定"[7]，并发表心得评论。此后史馆即据此编辑成《御批通鉴纲目》及前编和续编。不仅如此，康熙还

[1]《清圣祖实录》卷一二六，"康熙二十五年闰四月己未"条，中华书局 1985 年版。
[2]《清圣祖实录》卷一二六，"康熙二十五年闰四月庚申"条，中华书局 1985 年版。
[3]《圣祖仁皇帝圣训》卷五，"康熙十五年丙辰十月癸酉"，文渊阁《四库全书》本。
[4]《清圣祖实录》卷八十九，"康熙十九年四月己巳"条，中华书局 1985 年版。
[5]《圣祖仁皇帝御制文集》卷十九《文献通考序》，文渊阁《四库全书》本。
[6]《清圣祖实录》卷一二六，"康熙二十五年闰四月庚申"条，中华书局 1985 年版。
[7]《清圣祖实录》卷一二一，"康熙二十四年六月己酉"条，中华书局 1985 年版。

号召文武百官多读经史之书，“凡文武官员皆须读书，于古今得失，加意研究”[1]。并要求他们阅读自己点定的《资治通鉴纲目》诸书，“朕所点定之书，尔等亦试观之”[2]。

由于重视《资治通鉴》和《资治通鉴纲目》，康熙皇帝还要求以解经的方式讲解《资治通鉴》，“仿胡安国之体，法《春秋》之义，撰次为文，依日进讲”[3]。对于朱熹《资治通鉴纲目》，谕令翻译成满文，颁赐给满族大臣，并在序言中自称“自古帝王御世，大经大法，莫备于史。唐虞三代之史，《尚书》所载，典、谟、训、诰皆是也。自仲尼因鲁史作《春秋》，始编年系月，记载之中，褒贬寓焉。大要归于扶持纲常，阐扬道法，后之言史者必宗之。宋司马光奉诏纂修《资治通鉴》，论者以为博而得其要，简而周于事。朱熹本之为《纲目》，纲仿《春秋》，目仿《左氏》，义例森严，首尾条贯，足以示劝惩而昭法戒，煌煌乎典章之总会，而治道之权衡也……朕于万机之暇，潜心六经，大义微言，孜孜殚究，以讲求古帝王治天下之道。于《纲目》一书，朝夕起居之时，循环披览，手未释卷，以是考前代君臣得失之故，世运升降之由，纪纲法度之所以立，人心风俗之所由纯，事有关乎典常，言有裨乎治体者，靡不竟委穷源，详加论断，如是者有年矣。爰于内廷，设立书局，命翻译呈览，朕躬亲裁定，为之疏解，务期晓畅无遗，归于至当而后止……朕念是编所记述，皆有关治天下国家之务，非等于寻常记载之书，法戒昭然，永为金鉴。凡我臣工，其各殚心观摩，以体朕黾勉法古之意”[4]。对于这两部书在史学上的地位与特点，康熙这样认为：“史之有传，其体有二，纪事编辞，发凡起例，而褒贬之意寓于言外，俟观者深思而自得，此左氏之传也，涑水之《资治通鉴》宗之。据事以断是非，原心以定功罪，予夺之不可假，如折狱然，此公、穀之传也，崇安之《春秋传》宗之。二者缺其一，则史学不备。朱子作《通鉴纲目》，纲仿《春秋》，目仿丘明，

[1] 《清圣祖实录》卷一二一，“康熙二十四年六月己酉”条，中华书局1985年版。

[2] 《清圣祖实录》卷一二一，“康熙二十四年五月己酉”条，中华书局1985年版。

[3] 鄂尔泰、张廷玉：《国朝宫史》卷二十八《书籍七》，北京古籍出版社1987年版，第581页。

[4] 《清圣祖实录》卷一五〇，“康熙三十年三月戊子”条，中华书局1985年版。

罗十七代记载之文，治以二百四十年褒贬之法，论者谓接统《春秋》，不虚也。”[1] 给《资治通鉴纲目》以很高的评价。

正因为注重学习经史，康熙朝设馆编纂了很多经书和史籍，[2] 使官方史学发展到一个新阶段。其中《御批通鉴纲目》及前编、续编和《鉴古辑览》的编纂，则直接承袭了程朱理学的思想。对于《御批通鉴纲目》的编纂目的，康熙帝说：“千百年来，微言大义，昭揭天壤，必以尼山笔削为断，所从来尚矣。粤自龙门而降，累朝国乘，体制略同。涑水司马氏易分类为合编，盖尤左氏法也。紫阳朱子特起而振举之，纲以提要，目以备详。岁时列于上而天统明，章程系于下而人纪立。增损精切，予夺谨严，庶几《春秋》大居正之宗指欤……朕几务之暇，留神披阅，博稽详考，纤悉靡遗。取义必抉其精，征辞必搜其奥，析疑正陋，厘疑阐幽，务期法戒昭彰，质文融贯……不特天人理欲之微，古今治忽之故，一一胪如指掌，即子朱子祖述宣尼维持世教之苦衷，并可潜孚默契于数千载之下。是则朕敦崇古学、作新烝民之至意也。”[3] 《鉴古辑览》一书，由陈廷敬等人奉敕编纂，内容为“古昔圣贤、忠臣、孝子、义士、大儒、隐逸，凡经史所记载，卓然有关于世运者，详察里居、名字、谥号、官爵及所著作，纂成一书，历代奸邪亦附于后，以备稽考”[4]。对这些历史人物的评判，执行的也是理学的标准。

由此可见，康熙皇帝由推崇程朱理学而广而大之，将理学的思想渗透到历史学领域，强调经史合一，“体之身心，验之政事”[5]，并将这些

[1] 鄂尔泰、张廷玉：《国朝宫史》卷二十八《书籍七》，北京古籍出版社 1987 年版，第 581 页。

[2] 除史籍外，康熙皇帝曾命儒臣编纂了一批日讲解义类的书籍，诸如《御纂周易折中》《日讲易经解义》《御纂周易述义》《钦定书经传说汇纂》《日讲书经解义》《钦定诗经传说汇纂》《日讲诗经解义》《钦定春秋传说汇纂》《日讲春秋解义》《日讲礼记解义》《日讲四书解义》《御纂性理精义》等，阐发微言大义，倡导学习程朱理学，其中有不少也是论述历史内容的，尤其是有关《尚书》和《春秋》的解义类书籍，讨论的主要是历史内容。见《国朝宫史》卷二十七，北京古籍出版社 1987 年版。

[3] 鄂尔泰、张廷玉：《国朝宫史》卷二十八《书籍七》，北京古籍出版社 1987 年版，第 580 页。

[4] 陈廷敬：《午亭文编》卷三十二《进鉴古辑览表》，人民出版社 2017 年版，第 479 页。

[5] 鄂尔泰、张廷玉：《国朝宫史》卷二十七《书籍六》，北京古籍出版社 1987 年版，第 576 页。

书籍“颁布宇内，俾士子流传诵习，开卷瞭然”[1]，把自己对经书与历史的理解用官修图书的方式，颁示天下，与学术界理学潮流汇合，对当时学术文化的演进起了导向作用。

二、乾隆的宋学观与官方纲目体史籍的修纂

和康熙皇帝一样，乾隆皇帝对宋学也情有独钟。梳理乾隆思想发展的脉络，我们发现他对待宋学和汉学的态度有一个逐渐转变的过程：在修《四库全书》之前，他的思想主要倾向于宋学，极力表彰程朱理学；在《四库全书》修纂过程中及其后，他的思想逐渐发生了一些变化，在继续张扬程朱理学的同时，对汉学的肯定越来越多，甚至开始批评程朱，提倡汉学。但是，程朱理学在乾隆心目中一直占据最主要的位置，具有“‘兼采汉、宋’而‘尤尊朱子’的经学取向”[2]。乾隆自青少年时期就深受程朱理学影响，饱读四书、五经、《性理大全》、《资治通鉴纲目》、《大学衍义》等书。他认为，“经术之精微，必得宋儒参考而阐发之，然后圣人之微言大义，如揭日月而行也”[3]。他对宋学极尽赞美，指出：“夫治统原于道统，学不正则道不明。有宋周、程、张、朱子于天人性命大本大原之所在，与夫用功节目之详，得孔孟之心传，而于理欲、公私、义利之界，辨之至明。循之则为君子，悖之则为小人。为国家者，由之则治，失之则乱，实有裨于化民成俗、修己治人之要。所谓入圣之阶梯，求道之涂辙也。学者精察而力行之，则蕴之为德行，学皆实学；行之为事业，治皆实功。此宋儒之书所以有功后学，不可不讲明而切究之也。”[4] 在乾隆眼里，宋学“得孔孟之心传”，乃“天人性命大本大原之所在”，就个人而言，要想求道入圣、成为君子，必须循宋学而入；要想

---

[1] 鄂尔泰、张廷玉：《国朝宫史》卷二十八《书籍七》，北京古籍出版社 1987 年版，第 580 页。

[2] 邓国光：《经学义理》，上海古籍出版社 2011 年版，第 465 页。

[3] 中国第一历史档案馆：《乾隆朝上谕档》第一册，档案出版社 1991 年版，第 648 页。

[4] 中国第一历史档案馆：《乾隆朝上谕档》第一册，档案出版社 1991 年版，第 648 页。

治理国家、建立实功，必须深研宋学义理。[1]

由于对宋学精义的推崇，乾隆依据《资治通鉴纲目》谕令编纂的史籍又远远超过康熙。乾隆喜欢评点历史，对于褒贬史学的一套法则极为谙熟。他在没有即位时，就推崇朱熹的《资治通鉴纲目》，认为该书“祖《春秋》之笔削”，“善善恶恶，是是非非，具于一篇之中，而无不备矣……彰善瘅恶，比事属辞，虽不足以尽《春秋》之义，抑其大略则可谓同揆矣……忠奸贤佞，褒嘉贬斥，凛若衮钺，人知有所惩劝，惧见诛于后世也。如是而谓之《纲目》修而乱臣贼子惧，其谁曰不然?”[2] 即位以后，乾隆帝称道该书尤力，认为“纂述相承，莫精于《纲目》”[3]。乾隆帝重视该书，主要在两个方面：其一，体裁方面。虽然编年体始自《春秋》，但是“编年之善，则自司马光《通鉴》始，《通鉴》本《春秋》之法，至朱子则纲仿《春秋》，目仿左氏”[4]，创造出一种新的史书体例，从而为后人继承。其二，书法方面。本来，《资治通鉴》一书“年经月纬，事实详明”，朱熹无非“因之成《资治通鉴纲目》”[5]。但在乾隆皇帝看来，《资治通鉴纲目》“书法谨严，得圣人褒贬是非之义”，是“编年正轨”。[6] 《资治通鉴》所载只不过“关于前代治乱兴衰之迹”，而“《纲目》祖述麟经，笔削惟严，为万世公道所在”。[7]《资治通鉴纲目》的书法是乾隆皇帝最感兴趣的，他说：“编年之书，奚啻数十百家，而必以朱子《资治通鉴纲目》为准。《资治通鉴纲目》盖祖述《春秋》之义，虽取裁于司马氏之书，而明天统、正人纪、昭鉴戒、著几微，得《春秋》

[1] 应该指出的是，乾隆晚年对朱熹的学说也多有质疑，多次批评过程、朱等理学家学问未精。这是乾隆独断经义的“帝王经学”的重要表现，是由乾隆极度专制的权力话语所决定的。参见邓国光：《经学义理》，上海古籍出版社 2011 年版，第 447—503 页。

[2]《御制乐善堂全集定本》卷七《朱子资治通鉴纲目序》，文渊阁《四库全书》本。

[3] 汪由敦：《松泉文集》卷五《恭进通鉴纲目三编表》，文渊阁《四库全书》本。

[4]《御制文初集》卷十四《史论问》，文渊阁《四库全书》本。

[5]《清高宗实录》卷九十八，“乾隆四年八月辛巳”条，中华书局 1986 年版。

[6]《清高宗实录》卷六八五，“乾隆二十八年四月戊申”条，中华书局 1986 年版。

[7]《御制文二集》卷九《命皇子及军机大臣订正通鉴纲目续编谕》，文渊阁《四库全书》本。

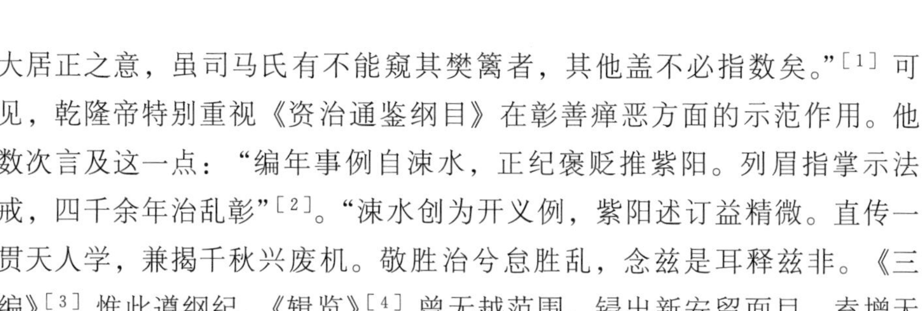

大居正之意，虽司马氏有不能窥其樊篱者，其他盖不必指数矣。”[1] 可见，乾隆帝特别重视《资治通鉴纲目》在彰善瘅恶方面的示范作用。他数次言及这一点：“编年事例自涑水，正纪褒贬推紫阳。列眉指掌示法戒，四千余年治乱彰”[2]。“涑水创为开义例，紫阳述订益精微。直传一贯天人学，兼揭千秋兴废机。敬胜治兮怠胜乱，念兹是耳释兹非。《三编》[3] 惟此遵纲纪，《辑览》[4] 曾无越范围。锓出新安留面目，弆增天禄有光辉。外王内圣斯诚备，勿失服膺永敕几”[5]。

由于乾隆帝看重《资治通鉴纲目》在褒贬史事和应用现实方面的重要作用，所以在乾隆四年（1739 年）《明史》尚未完全刊刻告成的情况下，就谕令“仿朱子义例，编纂《明纪纲目》，传示来兹”，以与《明史》“相为表里”。[6] 乾隆皇帝编纂《明史纲目》，目的是仿朱熹“褒贬是非之义”，运用春秋笔法，进一步对明代历史予以评定。总裁官对这种意图心领神会，在义例、书法、编排上颇费心机，而史事则一仍《明史》。乾隆七年五月，《明史纲目》即将告成，但副总裁周学健又提出该书的起始问题，指出该书记事起于洪武元年（1368 年），但“明祖起兵濠梁，定鼎江东，颁定官制，设科取士，详考律令诸政，皆在未即位以前，而《续纲目》（按，即《续资治通鉴纲目》）所修元顺帝纪，于明兴诸事，不核不白。今《明纪纲目》，既始自洪武元年，若于分注之下补叙前事，不特累幅难尽，且目之所载，与纲不符。与编年之体未协。若竟略而不叙，则故明开国创垂之制缺然，而自洪武元年以后，一切治政事迹，皆突出无根，亦大非《春秋》先事起例之义”[7]。经总裁官们议定、乾隆皇帝

[1] 鄂尔泰、张廷玉：《国朝宫史》卷二十八《书籍七》，北京古籍出版社 1987 年版，第 582 页。

[2] 《钦定南巡盛典》卷二《天章·诗·读通鉴纲目》，文渊阁《四库全书》本。

[3] 即《通鉴纲目三编》，体例一准朱熹《资治通鉴纲目》，乾隆皇帝亲为裁定。

[4] 即《御批通鉴辑览》，所纂上自唐虞，下迄明末，凡有关政治得失者，巨细咸载。其中书法大旨亦仿朱熹《资治通鉴纲目》之例。

[5] 《御制诗四集》卷二十六《题宋版朱子资治通鉴纲目》，文渊阁《四库全书》本。

[6] 《清高宗实录》卷九十八，“乾隆四年八月辛巳”条。在清代各类文献中，对《明纪纲目》的叫法颇不一致，有《明纪纲目》《明史纲目》《明鉴纲目》《明通鉴纲目》《御撰资治通鉴纲目三编》等，实则为一书。

[7] 《清高宗实录》卷一七〇，“乾隆七年七月庚申”条，中华书局 1986 年版。

批准，将元朝至正十五年（1355 年）朱元璋起兵以后至至正二十八年元顺帝始奔沙漠止，编为“前纪”，列于《明史纲目》洪武元年八月以前，仍用元朝纪年，在书法上体现“明虽兴王，何逃名分”的原则，或称朱元璋名讳，或称吴王，或称吴国公，皆仿朱熹《资治通鉴纲目》书汉高祖未即位以前之例，这样，“一代开创之事实既详，千古之名义亦正，既不轻改成书，且可变通旧例，似于传世立教之意更为慎重”[1]。《明史纲目》正文的编纂宗旨与前纪有所不同，“自洪武元年以后纲目正文，事关胜国遗踪，盛朝殷鉴，凡主德之隆替、国是之善政、物力之衰旺、民风士习之淳漓，记载并务详明，褒贬尤宜矜重”[2]。乾隆皇帝对《明史纲目》这种重视书法的做法非常满意，云：“盖大君臣子，名分不可逃于天地间。僭号兴王，予夺严乎辞语内，敢曰继《春秋》之翼道，以此昭来兹之鉴观，我君臣其共勉之。”[3] 乾隆十一年三月，全书告成，共 20 卷，乾隆皇帝写诗表达自己的心情：“直道惟凭信史留，斯民三代理无偷。学探司马治平要，书慕文公体例优。亦曰此心无予夺，敢云我志在《春秋》……义例纤毫毋或爽，劝惩一字必期安。”[4] 由于此次所修书籍内容非常简略，到乾隆四十年，又命大学士舒赫德等重修，乾隆五十六年修成，为 40 卷。这次内容增加许多，在体例上又增加“发明”，“以阐衮钺之义”，增“质实”，“以资考证之功”。修改后的《明史纲目》定名为《通鉴纲目三编》，重点仍然在于褒贬史事，并且成为当时士子应试的必读之书。

有清一代，特别是康乾时期，朱熹学说被确定为官方哲学，清廷取法朱熹《资治通鉴纲目》修纂纲目体史籍，是与自身所提倡的程朱理学这一官方学术形态相适应的，是清廷文化政策的重要组成部分，是清代“崇儒重道”基本国策的具体体现。康熙皇帝曾明确指出：“朱子注释群经，阐发道理，凡所著作及编纂之书，皆明白精确，归于大中至正。经今五百余年，学者无敢疵议。朕以为孔孟之后，有裨斯文者，朱子之功

[1] 齐召南：《宝纶堂诗文钞》卷六《纲目馆议》，清嘉庆二年刻本。
[2] 《清高宗实录》卷一七八，“乾隆七年十一月丙辰”条，中华书局 1986 年版。
[3] 《清高宗实录》卷一七八，“乾隆七年十一月丙辰”条，中华书局 1986 年版。
[4] 《御制诗初集》卷三十一《明史纲目书成有述并序》，文渊阁《四库全书》本。

最为弘巨。”[1] 清廷借《资治通鉴纲目》把虚幻的性理之说具体化为历史的论说，借具体史事阐发统治者对历史及现实的看法，裁量人物，评判史事，为自身各项政策的实施寻找历史的和理论的依据。在编纂纲目体史籍的过程中，官方对史实的叙述并不太在意，他们在意的是书法和评论，因为这两者最有利于表达统治者的意愿。由于肩负这样的重要任务，除上面提到的《明史纲目》外，乾隆时期还编纂有《御批历代通鉴辑览》，嘉庆时期编纂有《明鉴》。前者为纲目体通史，乾隆帝在许多重要事件和人物下撰写批注，对史事进行裁断，特别是对南明正统地位的论述，影响官私史学甚巨，成为此后官私明史著作论断明清之际正统归属问题的理论依据。后者在体例上仿宋代范祖禹的《唐鉴》，依时代顺序，摘取明代有关政治得失的事迹加以评论，内容和观点均取材于《御批历代通鉴辑览》等官方史书。《明鉴》曾编纂两次，嘉庆十八年（1813年）命曹振镛为总裁官，设馆修纂，二十三年全书修成。但嘉庆帝非常不满，认为没有按自己的意旨修纂，未把清朝开国事迹编入、按语议论极为荒谬等。[2] 于是任命托津为总裁重新进行修纂，只重议论，不重史实，一准理学标准对明史进行评断，持平之论甚少，价值不高。

三、纲目体史籍的编纂与官私史学思想的冲突

清廷设馆修纂纲目体史籍，大肆利用春秋笔法，把理学作为评断一切的标准，议论纵横，无形中又加强了理学在文化领域的影响。可以说，官方纲目体史籍的编纂因清廷提倡理学而兴起，这种编纂同时又对理学的宣扬起了推波助澜的作用。这大概是尽管乾嘉汉学兴盛，但理学仍然不绝如缕的一个重要原因，也是乾嘉时期汉、宋学术门户相争但又能有一些持平之见的一个重要原因。四库馆臣在评论汉、宋学术时说：“夫汉学具有根柢，讲学者以浅陋轻之，不足服汉儒也。宋学具有精微，读书者以空疏薄之，亦不足服宋儒也。消融门户之见，而各取所长，则私心祛而公理出，公理出而经义明矣。盖经者非他，即天下之公理而已。”[3]

---

[1]《清圣祖实录》卷二四九，“康熙五十一年正月丁巳”条，中华书局1985年版。

[2]《清仁宗实录》卷三四二，“嘉庆二十三年五月戊戌”条，中华书局1986年版。

[3] 永瑢：《四库全书总目》卷一《经部总叙》，中华书局1965年版，第1页。

他们在评论刁包的《易酌》时这样说："（刁包）著书一本于义理，惟以明道为主，绝不为程式之计。是书推阐易理，亦大抵明白正大，足以羽翼程朱，于宋学之中实深有所得。"[1] 承认宋学具有自身的长处，而且认为"经者乃天下之公理"。在专制社会中，朝廷的"公理"就是天下的"公理"，朝廷提倡理学，学界就会有附和之声，尽管"自四库馆启之后，当朝大老，皆以考博为事，无复有潜心理学者，至有称颂元明以来儒者，则相与诽笑"[2]，但理学一直没有完全退出历史舞台。四库馆是汉学的大本营，但仍然不能完全否定理学，原因就在于朝廷的提倡。论乾嘉时期汉、宋学术的关系，不考虑官方的立场，是不全面的。

有一种现象应引起注意，那就是清廷着力编纂了一些纲目体史籍，发挥朱熹等人的思想，但在民间却极少有纲目体史籍的编纂。这主要是因为清廷以宋学为依据所进行的对于历史的评判，只能由官方做出，私人的议论是不允许的。清廷借这种最能发挥官方思想的纲目体，对历史上的正统问题、历代善恶是非问题单方面做出裁定，以利于自己的统治。乾隆年间，清廷还将帝王讨论历史的言论编纂成《评鉴阐要》一书，认为"千古之是非，系于史氏之褒贬，史氏之是非则待于圣人之折衷……编辑史评，敬录是编，不特唐、宋以来偏私曲袒之徒无所容其喙，即千古帝王致治之大法，实已包括无余"[3]。这里的"圣人"，显然是暗指乾隆皇帝，所谓"我皇上综括古今，折衷众论，钦定《评鉴阐要》及《全韵诗》，昭示来兹，日月著明，爝火可息，百家谰言，原可无存"[4]。很清楚，清廷要垄断对历史的评论，不容那些"偏私曲袒之徒"置喙，一切由皇帝来"折衷"，此其一；否定历史上不利于专制统治的史评，通过钦定的方式，把帝王的历史观上升到意识形态，使之与日月齐明，从而使那些"百家谰言"自行消失，此其二。在这样的思想指导下，再加上大开文字狱、对私家治史触及时讳者给予严厉打击，私家只能在修纂纲目体史籍前止步，别无选择。这实际上就是清廷设馆修史所要达到的根

[1] 永瑢：《四库全书总目》卷六，"易酌"条，中华书局1965年版，第36页。

[2] 姚莹：《东溟文集·文外集》卷一《覆黄又园书》，中复堂全集本。

[3] 永瑢：《四库全书总目》卷八十八，"御制评鉴阐要"条，中华书局1965年版，第756页。

[4] 永瑢：《四库全书总目》卷八十八，"史评类"小序，中华书局1965年版，第750页。

本目的。

还有一种现象也要引起注意，那就是在汉、宋学术与史学的关系方面，官方与私家的态度有微妙的差别。前面已经说过，清廷试图通过设馆修史，在褒贬议论与考证求实两方面取得绝对发言权，事实上它已经做到了这一点，尤其通过纲目体史籍的修纂，褒贬议论，压制了民间的历史言论。但是，私家对官方修史的种种行径还是表现了极大的不满。其一，私家对注重发挥义理而不甚关注史实的著史方法提出委婉批评。所谓“大抵史家所记典制，有得有失，读史者不必横生意见，驰骋议论，以明法戒也。但当考其典制之实，俾数千百年建置沿革，了如指掌。而或宜法，或宜戒，待人之自择焉可矣。其事迹则有美有恶，读史者亦不必强立文法，擅加与夺，以为褒贬也。但当考其事迹之实，俾年经月纬、部居州次，纪载之异同，见闻之离合，一一条析无疑，而若者可褒，若者可贬，听之天下之公论焉可矣”[1]。在清代文字狱高压政策下，私家不敢点名直接批评官方“著史者”，而是通过批评“读史者”来批评“著史者”，指出他们通过“驰骋议论”“强立文法”所进行的“明法戒”“别善恶”的活动不可取。并指出，对历史的褒贬，并不是官方所能垄断的，要“听之天下之公论”。其二，对《资治通鉴纲目》中的春秋笔法提出严厉批评。钱大昕认为这样做既掩盖了历史的真实，又褒贬不当，给读史者造成极大困难，提出“史家纪事唯在不虚美，不隐恶，据事直书，是非自见。若各出新意，掉弄一两字以为褒贬，是治丝而棼之也”[2]。与钱大昕一样，王鸣盛也批评《资治通鉴纲目》意主褒贬的著史宗旨，认为记载事实乃史之天职，妄加予夺，实不可取。钱大昕更对朱熹在《资治通鉴纲目》中虚引中宗年号以记载武氏事迹，以明正统归李唐的写史方法表示不满，指出“史者，纪实之书也。当时称之，吾从而夺之，非实也；当时无之，吾强而名之，亦非实也”[3]。从史以纪实的角度否定正闰之争的不合理。这实际上就是借批评朱熹来批评官方纲目体史籍中

---

[1] 王鸣盛：《十七史商榷》自序，凤凰出版社 2008 年版。

[2] 钱大昕：《十驾斋养新录》卷十三《唐书直笔新例》，见《嘉定钱大昕全集》（七），江苏古籍出版社 1997 年版，第 350 页。

[3] 钱大昕：《潜研堂文集》，见《嘉定钱大昕全集》（九），江苏古籍出版社 1997 年版，第 20 页。

的正统之辨和君臣之义。私家无法在“褒贬议论”这一史学话语权上与官方争锋，于是就只有采取迂回的方式表达自己的思想。清廷有意提倡的某些观念，恰恰可能是一些在野学者有意抵抗的东西。

第二节　汉学与官方史学的考证之风

清朝虽然一直把以程朱理学为代表的宋学定为官方哲学，但对汉学也不排斥，相反，由于汉学注重考订，不轻易议论，更有利于清朝的统治，故而清廷还逐渐提高汉学的地位，何兆武先生指出：“清初文化政策……一方面表彰理学，一方面又崇尚所谓实学。”[1] 所言为清代文化政策的实情。

一、汉宋兼采与官私学术的发展

按皮锡瑞的说法，清初学术是汉、宋兼采之学，并没有明显的门户之争。雍乾时期，汉学的地位逐渐上升，并达于鼎盛。之所以出现这样的局面，除了学术自身的内在的发展理路外，也与清统治者既倡导理学之义理发挥，又重视汉学之严谨考证分不开。康熙时期编纂《日讲书经解义》，康熙撰序云：“取汉、宋以后诸家之说，荟萃折衷，著为讲义一十三卷。”[2] 此处所言荟萃折衷汉宋学说，明显具有“兼采汉宋”的倾向。钱穆曾举出清初御撰之《书经传说汇纂》《春秋传说汇纂》《周易折中》等说明清初学术的汉宋兼采：“举出这几本书来证明顺治、康熙、雍正三代那时候的人不分汉学、宋学的，而且比较上看重宋学，不过也兼采汉学。”[3]

到了乾隆时期，情况稍有变化。由于修纂《四库全书》，一批汉学家集中京师，乾隆思想受此影响，开始重视汉学。不过总体来看，乾隆还

[1] 何兆武：《中西文化交流史论》，中国青年出版社 2001 年版，第 135 页。
[2] 《日讲书经解义》康熙御制序，文渊阁《四库全书》本。
[3] 钱穆：《经学大要》，兰台出版社 2000 年版，第 571 页。

是持平汉、宋的。乾隆曾说："夫典章制度，汉唐诸儒有所传述考据，固不可废。而经术之精微，必得宋儒参考而阐发之，然后圣人之微言大义，如揭日月而行也。"[1] 在这里，乾隆把汉学、宋学做了一个比较，认为汉学重视名物制度的考证，"固不可废"，宋学阐发圣人微言大义，"如揭日月而行也"，更值得珍视。二者各有特长，不能任意轩轾，强分高下。他在《读董江都贤良三策》一文中还说："世之论者谓：汉儒通晓经术，宋儒深于理学。夫穷经即所以明理，而理学未尝不衷之于经术。汉之董子，宋之程、朱，又岂可以经术、理学限哉?"[2] 显然，乾隆认为汉学、宋学不仅各有所长，而且殊途同归，"穷经"是为了"明理"，"理学"要折衷于"经术"，不能以经术、理学强分汉、宋。这些都是相当持平的看法。

因为持平看待汉、宋学术，在充分肯定宋学的同时，清代帝王对汉学的评价也日益抬高。乾隆在《题朱彝尊〈经义考〉诗》中写道："秦燔弗绝代如绳，未丧斯文圣语曾。疑信虽滋后人议，述传终赖汉儒承。天经地纬道由托，一贯六同教以兴。"诗中对汉儒传经之功给予极高评价，并大力赞赏朱彝尊编纂《经义考》，"编辑之勤，考据之审，网罗之富，实有裨于经学"[3]。他还表彰郑玄，认为史书中评价郑玄"括囊大典，网罗众家，删裁繁诬，刊改漏失，自是学者略知所归"，是非常确当的，称赞"康成在汉儒中最有功经学"，再次强调汉儒传经的功劳，"秦火之余赖汉儒"[4]。他认为，汉学"发挥传注，考窍典章，旁暨九流百家之言，有裨实用"[5]。由于乾隆对汉学考证有这样的认识，当乾隆三十八年（1773 年）开馆修《四库全书》时，四库馆更是聚集了一批长于考证的汉学家，"乾隆三十八年四库开馆……清廷宣称稽古右文，大力提倡考据之学，影响遍及全国，一度呈现'家家许郑，人人贾马'的盛况"[6]。汉学的彰显，必然投射到官方史学上，官方修史带有明显的时代特色。

---

[1] 中国第一历史档案馆：《乾隆朝上谕档》第一册，档案出版社 1991 年版，第 648 页。

[2] 《御制乐善堂全集定本》卷九，文渊阁《四库全书》本。

[3] 《御制诗四集》卷四十三，文渊阁《四库全书》本。

[4] 《御制诗四集》卷六十七，文渊阁《四库全书》本。

[5] 中国第一历史档案馆：《纂修四库全书档案》，上海古籍出版社 1997 年版，第 1—2 页。

[6] 司马朝军：《四库全书总目编纂考》，武汉大学出版社 2005 年版，第 738 页。

前面说过，清廷设馆修史，一切仰承圣裁。那么，研究清代官方史学与汉学的关系，也要首先考察帝王在这方面的见解。而要考察帝王的见解，不能不考察当时学界运用汉学治经方法以治史的情况。清代学者，尤其是康乾时期的学者，绝大多数都精通汉学考证，同时又精熟史事，故而很容易将汉学考证的方法运用到历史研究中去。汉学治经，注重文字训诂，提倡考究典制名物，这种正文字、辨音读、释训诂、通传注的汉学治经方法被运用到史学上，就是究版本、校文字、阐释字句、洞察事迹，考证天文、地理、职官、名物、史事等问题，在专门和精深上做学问。这种学术风气与清代帝王——特别是康、雍、乾三帝的学术思想是互动的关系，民间汉学考证风气会对帝王汉学考证观念产生影响，而帝王对汉学考证的肯定，必然直接影响了民间汉学考证之风的进一步兴盛。事实上也是如此，当时很多学者能够客观公允地看待汉、宋学术的优劣短长，诸如惠士奇、江永、程晋芳、程瑶田、纪昀、戴震、刘台拱、钱馥、胡培翚、崔述、翁方纲、丁晏、阮元、焦循、许宗彦、黄式三等学者，或不以汉、宋论是非，或治学兼采汉、宋，或为学尊汉、修身尊宋，或反对汉、宋门户，[1] 其实在很大程度上都是受了上述官方学术立场的影响。那么，就汉学与官方史学的关系而言，康、乾二帝顺应潮流，不仅做考证文章，而且将这种经学的方法运用到官方史籍的修纂中，使得这一时期的官方史学带有明显的时代特征。

二、康、乾二帝的汉学观念与实践

前面说过，康熙皇帝尊崇程朱理学，不仅积极提倡宋学，而且以“钦定”“御纂”名义汇刊编纂了诸多经书，诸如《春秋传说汇纂》《周易折中》《书经传说汇纂》《诗经传说汇纂》等，这些“钦定”“御纂”之书在经义的理解方面仍然以宋学为主，但也表现出新的趋向，那就是在编纂这些经书时进行了甄别整理，如《周易折中》，就以程颐的《易传》、朱熹的《周易本义》为主，其考证整理的迹象已经初露端倪。康熙还曾称赞胡渭“耆年笃学”、阎若璩“一字无假”。康熙晚年，还对注释整理

[1] 周积明：《乾嘉时期的汉宋之“不争”与“相争”》，《清史研究》2004 年第 4 期。

经史之书提出自己的看法："注书一事，所系匪轻，必深识古人之意，得其精要，乃可注解。若学力未到，妄自注辑，则意义反晦矣。"[1] 这种对待汉学考据态度的微妙变化，表现在康熙在面对史书编纂时，主张"凡纂核史书，务宜考核精详，不可疏漏"[2]，把记载是否真实、考证是否精确当作评价史书的一个重要标准。他非常关心《明史》的修纂，多次指出明代史籍存在的问题，比如《明实录》，康熙帝曾"详悉披览"，指出"宣德以前，尚觉可观，至宣德后，颇多讹谬，不可不察"[3]。"朕自冲龄即在宫中，披览经史，《明实录》曾阅数过，见其间立言过当，记载失实者甚多。纂修《明史》，宜加详酌"[4]。不仅是《明实录》，很多史书，包括《史记》《汉书》等千古名作，错误也在所难免，在运用时要小心甄别，"朕遍览明代《实录》，未录实事。即如永乐修京城之处，未记一字。史臣但看野史，记录错误甚多。朕又览《史记》《汉书》，亦仅文词之工，记事亦有不实处。即如所载项羽坑秦卒二十万，夫二十万卒，岂有束手待毙之理乎"[5]。明末史事，距清初不远，很多传闻都需要考订甄别，康熙曾举例说："传闻李自成兵到，京师之人，即以城献。又闻李自成麾下之将李定国，在西便门援城而上，由此观之，仍是攻取，岂云献乎？"所以"此等载入史书，甚有关系，必得其实方善"，指示馆臣"纂修《明史》，其万历、天启、崇祯之间之事，应详加参考，不可忽略"。[6] 正是因为看到史书修纂中可能存在谬误，康熙提出在《明史》修成后还要保存《明实录》等资料，不能销毁，要使后人有所考证，"俟《明史》修成之日，应将《实录》并存，令后世有所考据"[7]，"明代《实录》及纪载事迹诸书，皆当搜罗藏去，异日《明史》告成之后，新史与诸书俾得并观，以俟天下后世之公论焉"[8]。

---

[1]《清圣祖实录》卷三六二，"康熙五十四年三月癸亥"条，中华书局1985年版。
[2]《清圣祖实录》卷一四四，"康熙二十九年二月乙丑"条，中华书局1985年版。
[3]《清圣祖实录》卷一四四，"康熙二十九年二月乙丑"条，中华书局1985年版。
[4]《清圣祖实录》卷一五四，"康熙三十一年正月己卯"条，中华书局1985年版。
[5]《清圣祖实录》卷二七三，"康熙五十六年八月乙酉"条，中华书局1985年版。
[6]《清圣祖实录》卷二五四，"康熙五十二年四月丁卯"条，中华书局1985年版。
[7]《清圣祖实录》卷一三〇，"康熙二十六年四月己未"条，中华书局1985年版。
[8]《清圣祖实录》卷一五四，"康熙三十一年正月丁丑"条，中华书局1985年版。

和康熙相比，乾隆对汉学更有兴趣。尤其是四库馆开设以后，他喜好辨真伪、考故实的学术倾向随着汉学的兴盛显露无遗。上节说过，乾隆对程朱理学极为推崇，虽然晚年经常批评朱子，但程朱理学作为清代官方哲学的地位在乾隆时期从没有动摇过。乾隆对汉学感兴趣，主要是出于他本人的兴趣爱好，再加上乾嘉时期汉学风气的熏染。当时的朝廷和民间遥相呼应，崇汉学蔚为风气。位居庙堂之高的乾隆说："汉以传经著，诸儒授受资。"[1] 充分肯定在经学发展过程中汉儒传经的贡献。乾隆还"命大臣保荐经术之士，辇至都下，课其学之醇疵。特拜顾栋高为祭酒，陈祖范、吴鼎等皆授司业，又特刊《十三经注疏》颁布学宫，命方侍郎苞、任宗丞启运等裒辑三礼。故一时耆儒宿学，布列朝班，而汉学始大著"[2]。身处江湖之远的惠栋更是大倡汉学，"五经出于屋壁，多古字古言，非经师不能辨。经之义存乎训，识字审音，乃知其义。是故古训不可改也，经师不可废也"[3]。不仅大赞汉儒，而且指出他们治经方法是由文字音韵学入手。受自己学术兴趣的驱使，又身处汉学兴盛的学术氛围之中，乾隆皇帝对汉学的推崇具体到官修史书方面就是对史书记载失实之处多有指摘。他在《御批通鉴辑览》的批语中，有大量指摘史书记事失实的论断。例如，对于楚国欲以地七百里封孔子的记载[4]，对于齐国田单运用火牛阵破燕军的记载[5]，对于南宋岳飞大破金兵"拐子马"的记载[6]，对于诸葛亮征孟获七擒七纵的记载[7]，对于唐太宗怀鹞的记载[8]，乾隆皇帝都有相当中肯的辨疑，指出史书记载的不足征信。另外，乾隆帝在《读严光传》《读后汉书明德马后传》《读刘琨传》[9]

---

[1] 《御制诗五集》卷二，文渊阁《四库全书》本。

[2] 昭梿：《啸亭杂录》卷一《重经学》，中华书局1997年版，第15—16页。

[3] 惠栋：《松崖文钞》卷一《九经古义述首》，清聚学轩丛书本。

[4] 傅恒等：《御批通鉴辑览》卷八，"楚子将以书社地七百里封孔子事"批语，文渊阁《四库全书》本。

[5] 傅恒等：《御批通鉴辑览》卷十，"田单用火牛阵事"批语，文渊阁《四库全书》本。

[6] 傅恒等：《御批通鉴辑览》卷八十六，"岳飞战金兵于郾城破拐子马事"批语，文渊阁《四库全书》本。

[7] 《御制文二集》卷三十一《书蜀志诸葛亮传七擒七纵事》，文渊阁《四库全书》本。

[8] 《御制文初集》卷十三《书唐太宗怀鹞事后》，文渊阁《四库全书》本。

[9] 《御制文二集》卷三十四，文渊阁《四库全书》本。

等文章中，也指摘了史籍的夸张失实之弊。[1] 乾隆对考证情有独钟，经常撰写一些考证文章，对史事进行考证。如《春秋》三传记述“晋假道伐虢”多有歧异，乾隆帝撰写《三传晋假道伐虢辨》一文，通过考察晋国与虢国的位置，指出晋伐虢没有假道之必要。[2] 再如《三韩订谬》一文，考证《后汉书》中记载“辰韩”生儿令其头扁，皆压之以石之说荒谬，并考证“马韩”“辰韩”“弁韩”所以称韩之义。[3] 其他如《广陵涛疆域辨》[4]《翻译名义集正讹》[5]《夫余国传订讹》[6] 等文，都对历史记载的讹误进行了细密考证。又如《御制文初集》中的《黄子久富春山居图真伪辨》《西域地名考证述概》《茅山正讹》《古泮吃证疑》等，《御制文二集》中的《阳关考》《热河考》《济水考》《滦河濡水源考证》等，《御制文三集》中的《圭瑁说》《搢圭说》《复古说》《像设说》《卜筮说》等，都是乾隆不折不扣的考辨文字，不少都是精于考证的佳作，严谨而认真，颇见功力。

三、官方史学的考证风尚

清代帝王对史书纪实传信、严密考订的充分肯定，以及亲自撰文进行考证的活动，对史馆修史重视考证产生了直接的影响。以乾隆四十七年（1782 年）完成的《西域图志》一书为例。早在乾隆二十一年二月用兵西北的战争尚未结束，乾隆皇帝就命令官员考察西北山川地理、历史渊源、风土民情等，积累资料，严密考证，经过二十余年的编纂，方才成书。《西域图志》一书，将实地勘测考察与历史文献中的记载相互参证，对以往史籍中有关西域的记载勘正考实、辨误订讹，“足以补前朝舆记之遗，而正历代史书之误”[7]。如碎叶城，《新唐书·地理志》记于焉

[1] 见乔治忠：《论清高宗的史学思想》，《中国史研究》1992 年第 1 期。

[2] 《御制文二集》卷二十四《三传晋假道伐虢辨》，文渊阁《四库全书》本。

[3] 《御制文二集》卷二十四《三韩订谬》，文渊阁《四库全书》本。

[4] 《钦定南巡盛典》卷二十四《广陵涛疆域辨》，文渊阁《四库全书》本。

[5] 《御制文二集》卷二十四《翻译名义集正讹》，文渊阁《四库全书》本。

[6] 《御制文二集》卷二十五《夫余国传订讹》，文渊阁《四库全书》本。

[7] 永瑢：《四库全书总目》卷六十八，“钦定皇舆西域图志”条，中华书局 1965 年版，第 605 页。

者都督府下，《西域图志》经过考辨，指出“唐碎叶水，为今之图斯库勒，所谓碎叶城当在今图斯库勒南水丰草饶之地”[1]，考出准确地点。对于本朝官修的其他史书中的错误，比如《大清一统志》等，《西域图志》也予以纠正。书中考辨随处可见，显示了精于考证的扎实学风。此后官方编纂的《日下旧闻考》《热河志》《满洲源流考》《河源纪略》等书，与《西域图志》一样，都贯彻了考证辨伪的精神。《日下旧闻考》“因朱彝尊《日下旧闻》原本，删繁补阙，援古证今，一一详为考核，定为此本”，“原本所列古迹皆引据旧文，夸多务博，不能实验其有无，不免传闻讹舛，彼此互歧，亦皆一一履勘遗踪，订妄以存真，阙疑以传信，所引艺文，或益其所未备，或删其所可省，务使有关考证，不漏不支”。[2] 乾隆皇帝在为《日下旧闻考》题词时，也强调该书的考证价值，所谓“挂漏岂无补所阙？淆讹时有校从精”[3]。《热河志》也重视考证，“爰披志籍以研搜，更集图经而校勘”[4]，“并考古证今，辨疑传信，既精且博，蔚为舆记之大观”[5]。《满洲源流考》同样重视考据，因为满洲“年祀绵长，道途修阻，传闻不免失真。又文字互殊，声音屡译，记载亦不能无误。故历代考地理者多莫得其源流。是编仰禀圣裁，参考史籍，证以地形之方位，验以旧俗之流传，博征详校，列为四门”。“部落”一门，“并一一考订异同，存真辨妄”，“疆域”一门，“并考验道里，辨正方位”，“山川”一门，“今古异名者，皆详为辩证”，“国俗”一门，“妄诞无稽者，则订证其谬”。[6]《河源纪略》同样贯彻了考证的思想，因为“从来叙述河源，率多失实”[7]，所以专门设立“证古”“辨讹”两门，考证史书讹误，精到之处甚多。这和乾隆帝所一再强调的重视考证的史学思想是一致的，所谓“事不再三精核，率具耳食以为实，君子弗为也；言不求于至是，已觉其失，护己短而莫之改易，君子弗为也。必知斯二

[1] 刘统勋等：《皇舆西域图志》卷十三《疆域六》，新疆人民出版社2002年版，第224页。
[2] 永瑢：《四库全书总目》卷六十八，“日下旧闻考”条，中华书局1965年版，第603页。
[3] 于敏中等：《日下旧闻考》卷首，北京古籍出版社1983年版。
[4] 和珅、梁国治等：《钦定热河志》卷首《进表》，天津古籍出版社2003年版。
[5] 永瑢：《四库全书总目》卷六十八，“钦定热河志”条，中华书局1965年版，第604页。
[6] 永瑢：《四库全书总目》卷六十八，“满洲源流考”条，中华书局1965年版，第604页。
[7] 纪昀等：《河源纪略·凡例》，文渊阁《四库全书》本。

者，然后可以秉史笔，以记千载之公是公非”[1]。这成了官修史书的指导思想。可以看到，由于皇帝的提倡和社会上考据学风的影响，在官修史书中，重视考证是非常值得注意的方面，这使得官修史书增强了学术性，保存了大量可靠的资料。

由于清代帝王对于汉、宋学术的持平看法，官方史学对考据求实的倡导与当时民间兴盛的历史考据学风相汇合，相互影响，互相促进，共同促成了一代学术潮流的转换。黄爱平认为“清廷开展的大规模的修书活动，不仅使诸多汉学家有了充分施展才干的用武之地，而且使汉学也上升为统治阶级认可的官方学术”[2]，揆诸汉学与官修史书的关系，洵非虚言。

第三节　西学对官方史学的冲击

考察清代史馆修史在清代学术发展中的地位和作用，既要看到它与宋学、汉学的关系，又要看到它与西学的关系。汉学、宋学是本土学术，自然与史学关系密切。西学是从西方传入中国的异质文化，它对宋学、汉学和官方史学的影响也不容忽视。

一、西学东渐与康乾时期汉、宋学术的回应

中国本土文化与外来文化的交流，古已有之。但是，16 世纪以降，随着西方资本主义的形成与发展，西欧国家率先跨洋过海，通过探险、殖民、传教、贸易等各种形式，打破了国家、民族之间的隔阂，把整个世界都纳入资本主义的扩张体系之中，中国也不可避免地被卷进这一历史潮流。明清时期大量西方传教士的来华，成为“中西关系史上一段最令人陶醉的时期：这是中国和文艺复兴之后的欧洲高层知识界的第一次

[1] 刘统勋等：《皇舆西域图志》卷三十七《御制土尔扈特部纪略》，新疆人民出版社 2002 年版，第 498 页。

[2] 黄爱平：《朴学与清代社会》，河北人民出版社 2003 年版，第 205 页。

接触和对话”[1]。自此以后，西方文化就不断传入中国，与中国本土文化碰撞、摩擦，给长期以来相对独立发展的中国传统文化带来了深刻的影响，同时也与独立发展的中国传统学术（包括官方史学）遭遇，其间的相容与相斥，饶有趣味。

西学东渐始于明代中叶耶稣会士来华传教。耶稣会士要传教，首先面临的就是如何对待中国固有的儒家文化，处理好天主教与儒学的关系。为了能够让中国人接受天主教，他们采取了“合儒”“补儒”的策略，以博取最高统治者和士大夫的支持，在中国顺利传教。

耶稣会士所谓的“合儒”“补儒”，实际上就是以天主教义诠释儒家学说，试图打破作为官方哲学的程朱理学在思想文化领域的统治地位。如法国耶稣会士白晋站在天主教立场上，用天主教义与中国的四书五经交互阐释，以证明儒家上古典籍蕴含了天主教的真理启示，所谓“南北东西四方之人，同为上天一大父母君师所生养，治教皆原属一家，惟一天学之人。中华经书所载，本天学之旨，奈失其传之真。西土诸国存天学本义，天主《圣经》之真传，今据之以解中华之经书，深足发明天学之微旨”[2]。同样，法国耶稣会士马约瑟也用这种互证方法，把儒家经典中的“圣人”“大人”等文字与“天主”等同起来，以诠释儒家经典的方式来传播天主教义理。其他如意大利耶稣会士利类思、捷克耶稣会士严嘉乐、法国耶稣会士李明、西班牙方济各会士利安当、比利时耶稣会士卫方济等人都有类似言论，虽然他们的论证方式存在差异，但其主题没有变化，那就是以“合儒”“补儒”为手段，以传教为目的，把理学的“天理”与天主教的“教义”等同起来，达到思想渗透的目的。但实际上，他们对中国儒家文化的认识比较肤浅，“他们既不能把握理学的本体理论，也不能很好地认识理学的伦理本质，更不能较准确地理解理学家天人合一的思维模式和理想境界，而是只能从天主教出发作想当然的阐

[1] （荷）许理和：《17—18世纪耶稣会研究》，见《国际汉学》第4辑，大象出版社1999年版，第429页。

[2] （法）白晋：《古今敬天鉴》序，见《明末清初耶稣会思想文献汇编》第19册，北京大学宗教研究所2000年印本，第21页。

释，妄图强行把中国文化纳入西方文化之中”[1]。

很显然，西学东渐，传教士们试图用西方宗教文化同化儒学，必然与清廷推行的“崇儒重道”政策发生冲突。为解决西学与儒学、天主教与程朱理学的矛盾，清廷自然要对传教士的观念有所回应。

顺治对耶稣会士及西学采取了宽容政策，但也只是让他们在天文、历算领域发挥作用。从文献记载看，西学对顺治的影响极其有限，他曾说：“夫朕所服膺者，尧舜周孔之道；所讲求者，精一执中之礼。至于玄笈贝文，所称《道德》《楞严》诸书，虽尝涉猎，而旨趣茫然。况西洋之术，天主之教，朕素未阅览，焉能知其说哉。”[2] 顺治坚持儒家本位的立场，对西学“教义”兴趣不大。康熙对待西学，主要是“拿来主义”，关注的是那些能够为专制皇朝所利用的科学技术，如天文历法、数学、地理以及火炮技术等。由于传教士采取了“合儒”的政策，康熙便“以儒识教，从儒学的基本立场来看待天主教”[3]，站在儒学的立场评判天主教。他多次说道：“尔天主教徒敬仰天主之言与中国敬天之语虽异，但其意相同。”[4] 认为在华耶稣会士所讲的天主，一定程度上符合儒学的天道观念。但是，由于中西文化冲突严重，康熙晚年采取禁教措施，打击传教士。他尊奉程朱，认为“理学之书，为立身根本，不可不学，不可不行”[5]，自然就容不得天主教义的存在。其后，无论是雍正还是乾隆，都坚持儒学本位，排斥西教而节取西法。如乾隆时官方修纂《四库全书》，代表官方儒学观念的四库馆臣就对西学著述中具有积极思想意义的一面，完全持否定态度，认为它们“大旨多剽窃释氏”[6]，“大旨主于使人尊信天主”[7]。所谓“西学所长在于测算，其短则在于崇奉天主以炫惑人心，所谓自天地之大以至蠕动之细，无一非天主所手造，悠谬姑不深辨，即欲人舍其父母而以天主为至亲；后其君长而以传天主之教者

---

[1] 龚书铎主编，史革新著：《清代理学史》上册，广东教育出版社 2007 年版，第 456 页。
[2] 黄伯禄：《正教奉褒》，光绪三十年上海慈母堂本，第 31 页。
[3] 吴伯娅：《康雍乾三帝与西学东渐》，宗教文化出版社 2002 年版，第 139 页。
[4] 《康熙朝满文朱批奏折全译》，中国社会科学出版社 1996 年版，第 424 页。
[5] 《康熙起居注》第 3 册，中华书局 1984 年版，第 2222 页。
[6] 永瑢：《四库全书总目》卷一二五，“二十五言”条，中华书局 1965 年版，第 1080 页。
[7] 永瑢：《四库全书总目》卷一二五，“天主实义”条，中华书局 1965 年版，第 1080 页。

执国命。悖乱纲常，莫斯为甚，岂可行于中国者哉!”[1] 这些思想“悖乱纲常”，必须完全摒弃。所谓“欧逻巴人天文推算之密，工匠制作之巧，实逾前古。其议论夸诈迂怪，亦为异端之尤”[2]。要取其长而弃其短，最好的做法就是“节取其技能，而禁传其学术”[3]。就在清廷最高统治者对西学采取宽容态度而又谨慎对待的同时，康乾时期的士大夫也从理学的角度出发对西学进行了评论，有对西教、西法一概排斥者，有排斥西教而节取西法者。[4] 如杨光先认为，耶稣会士的“合儒”“补儒”是对儒家学说的歪曲篡改，程朱理学认为宇宙万物的主宰是“天理”而非西教的“天主”，耶稣会士“合儒”的实质是要以天主教毁弃儒家学说，尽废纲常名教。天主教“不尊天地”“不尊君”“不尊亲”“不尊师”，“乾坤俱汩，五伦尽废，非天主教之圣人学问断不至此”。[5] 这是全盘排斥西学。而同时代学者张伯行、陆陇其、陆世仪、李光地等人，却没有全盘否定西学，而是排斥西教而节取西法。如陆世仪治学注重经世致用，对西方的科学技术极感兴趣，认为中国的数学“未若西学之精”[6]，中西天文图相比较，“西图为精密，不可以其为异国而忽之也”[7]。

由此可见，自西学传入中国以来，从朝廷到民间都对西学进行了回应。其中帝王的西学观最有代表性，影响了康、雍、乾三朝官方和私家对西学的看法。帝王的西学观，是在治理国家的实践中，在学习、反思和批判地吸收西学的过程中形成的。可以看出，康乾时期的帝王始终把西学作为有用的“器”来看待，他们对西学的价值取向首先是实用。在他们看来，西学的实用性可以“补益王化”，有利于政治统治和推动社会的发展。但是，西学在意义层面上的内容，诸如天主教教义、哲学思想、

---

[1] 永瑢：《四库全书总目》卷一三四，“天学初函”条，中华书局 1965 年版，第 1136 页。

[2] 永瑢：《四库全书总目》卷一二五，“寰有铨”条后案语，中华书局 1965 年版，第 1081 页。

[3] 永瑢：《四库全书总目》卷一二五，“寰有铨”条后案语，中华书局 1965 年版，第 1081 页。

[4] 龚书铎主编，史革新著：《清代理学史》上册，广东教育出版社 2007 年版，第 460 页。

[5] 杨光先：《辟邪论中》，见《不得已》(附二种)，黄山书社 2000 年版，第 25 页。

[6] 陆世仪：《思辨录辑要》卷十五《治平类》，文渊阁《四库全书》本。

[7] 陆世仪：《思辨录辑要》卷十五《治平类》，文渊阁《四库全书》本。

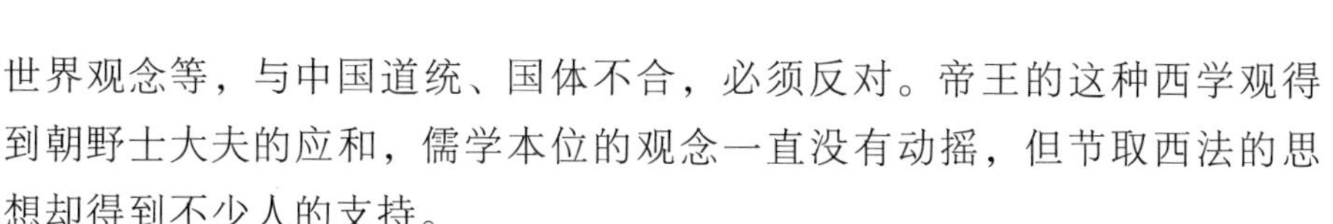

世界观念等，与中国道统、国体不合，必须反对。帝王的这种西学观得到朝野士大夫的应和，儒学本位的观念一直没有动摇，但节取西法的思想却得到不少人的支持。

二、西学冲击与官方史学思想的变化

明末清初西方传教士的来华，给中国带来了西方的科学技术和文化知识，在崇奉人伦道德的中国知识界引起了很大的反响，特别是天文学、数学、地理学等，对传统儒学产生了冲击，不少儒士开始学习西方的科学技术，并成就了自己的事业，如薛凤祚、王锡阐、梅文鼎等人，都成为当时著名的自然科学家。康熙末年，康熙皇帝还谕令设馆修纂了《律历渊源》《律吕正义》《数理精蕴》《历象考成》等书籍，融会西法、中法，代表了清代天文算学研究的新水平。其他如医学、解剖学、化学、光学、力学、水利、机械制造等，都程度不同地影响了当时的中国知识界。

西方文化的东来必然要和东方文化产生摩擦，加上传教士的本意是传教而不是传播科学知识，西学与中学的冲突与矛盾在所难免。由经入史，官方史学受此影响，也在史学思想层面上对西学进行了回应。

其一，西学中源说。本来，中西文化各有其源，世界文化的发展是多样的。可是，由于长期以来的自我封闭以及自身文化的发达，当受到异质文化冲击时，多数人的反应是不加分析地拒斥。清代官方组织编纂的自然科学的书籍，在中西文化的看法上就持“西学本于中学”的观点，《数理精蕴》云：“粤稽古圣，尧之钦明，舜之濬哲，历象授时，闰余定岁，璇玑玉衡，以齐七政，推步之学，孰大于是？至于三代盛时，声教四讫，重译向风，则书籍流传于海外者，殆不一矣。周末，畴人子弟失官分散，嗣经秦火，中原之典章既多缺佚，而海外之支流反得真传，此西学之所以有本也。”[1] 这样的看法在当时得到大多数知识分子的认同。在论述这一问题时，官方史学又从历史发展的角度进行“考察”，以历史学所特有的求实求真的品性，进一步加强人们的这种看法。清代官修的

[1]《数理精蕴》上编卷一《周髀经解》，文渊阁《四库全书》本。

《明史》，其修纂历时近百年，参与编纂者都是当时的学界精英，书中对徐光启和利玛窦的交往以及西学的传播有所记载，但是在谈到西方科技时却这样说："西洋人之来中土者，皆自称欧罗巴人，其历法与回回同，而加精密。尝考前代，远国之人言历法者多在西域，而东南北无闻。盖尧命羲、和仲叔分宅四方，羲仲、羲叔、和叔则以嵎夷、南交、朔方为限，独和仲但曰'宅西'，而不限以地，岂非当时声教之西被者远哉。至于周末，畴人子弟分散。西域、天方诸国，接壤西陲，非若东南有大海之阻，又无极北严寒之畏，则抱书器而西征，势固便也。欧罗巴在回回西，其风俗相类，而好奇喜新竞胜之习过之。故其历法与回回同源，而世世增修，遂非回回所及，亦其好胜之俗为之也。羲、和既失其守，古籍之可见者，仅有《周髀》。而西人浑盖通宪之器，寒热五带之说，地圆之理，正方之法，皆不能出《周髀》范围，亦可知其源流之所自矣。"[1]这段看似严密谨慎的论述，实际上是把上古历史上的一些传说或并没有多少文献支持的说法当作信史来看待，极尽绵密曲折，彰显出官方修史在对待西学问题上的虚妄。

乾嘉时期，考据之学发达，人们又通过绵密的考证，反复"证明"西学源于中国的观点是正确的。官修的《四库全书总目》在多处肯定西学中源说的正确，比如关于西方数学的借根方与中国数学中的天元术的关系，《总目》经过苦心考证，指出中国的天元术出自宋朝秦九韶的《数学九章》，后来元朝的郭守敬将其用之于弧矢，李冶将其用于勾股方圆，而"欧逻巴新法易其名曰借根方，用之于九章八线，其源实开自九韶"[2]。再如《周髀算经》，《总目》认为"其本文之广大精微者，皆足以存古法之意，开西法之源"[3]。实际上，这样的看法不仅来源于官方，私家持此种说法者亦不乏其人，像戴震、阮元等都有此论。可以看到，自康熙以后，在清廷实施的禁教政策的影响下，西方传教士惨遭贬逐，传教活动也被迫停止，与之共生的中西文化交流活动也受到沉重打击。在这种政治文化形势之下，儒家正统地位借助于政治的力量更加巩固，

[1] 《明史》卷三十一《历志一》，中华书局1974年版，第544页。

[2] 永瑢：《四库全书总目》卷一〇七，"数学九章"条，中华书局1965年版，第906页。

[3] 永瑢：《四库全书总目》卷一〇六，"周髀算经"条，中华书局1965年版，第891页。

异质文化受到批判和质疑，传统文化中的虚骄心理使得官私学术领域对西学产生各种不正确的看法，这些看法经过人们的苦心论证，被官方史学以钦定的姿态写进《明史》等史书之中，并得到知识界的认同，成为风靡一时的主流观点。

其二，华夏中心观。从文明发展的角度看，在远古社会，各文明国家都相对隔绝、独立地发展，并都把自己活动的区域看作世界的中心，古希腊、罗马、阿拉伯以及中国，都是如此。中国在长期的发展过程中，产生了自身先进的文明，并把自己生活的中原地区视为世界的中心，即“夏”，把周边文化落后的诸族称为“夷”。中原地区声乐礼教、典章制度独具，而周边诸族则缺乏教化礼仪，这就是早期的“华夏中心论”和“华夷之辨”的观念。但是随着世界交往的频繁，自我中心主义的思想在很多文明区域内大都有所淡化，唯有在中国，这一思想还在不断加强。其中的原因颇为复杂，强盛的国家政权、辽阔的疆域国土、丰饶的物产、先进的文化、灿烂的文明等。都使中国特出于周围各国之上。长期以来周边没有第二个文明可以与之抗衡，很容易养成天朝上国的优越感和封闭自大的心理，始终把其他国家和民族看作落后的野蛮的夷狄。这样的民族心理体现在方方面面，包括史学在内，尊夏贬夷成了论述历史问题时经常被提起的概念。由于有这样的思想基础，当西学传入中国，向中国人打开一个观察世界的窗口时，官方史学对此的反应不是积极迎接、分析这些学说，更不是积极地去认识外部世界，而是固守传统史学思想中“华夷之辨”的观念，虚骄的文化优越感显露无遗。

最明显的，就是史馆修史缺乏应有的世界观念，据利玛窦讲述，明朝人的世界观念“仅限于他们的十五个省，在它四周所绘出的海中，他们放置上几个小岛，取的是他们所曾听说的各个国家的名字。所有的这些岛屿都加在一起还不如一个最小的中国省大。因为知识有限，所以他们把自己的国家夸耀成整个世界，并把它叫作天下，意思是天底下的一切”[1]。这样的观念在清代并没有多少改变，特别是在官修史书中，表现特别明显。三通馆所修《清朝文献通考》在谈到中国与世界的关系时

[1] （意）利玛窦著，何高济译：《利玛窦中国札记》（上册），中华书局1983年版，第179页。

这样说："大地东西七万二千里，南北如之。中土居大地之中，瀛海四环，其缘边滨海而居者，是谓之裔，海外诸国亦谓之裔。裔之为言，边也。"[1] 对于当时的世界地理知识以及各国情势，《清朝文献通考》这样认为："所称天下为五大洲，盖沿于战国邹衍裨海之说。第敢以中土为五洲之一，又名之曰亚细（亚）洲，而据其所称第五洲曰墨瓦蜡泥加洲者，乃以其臣墨瓦兰辗转经年，忽得海峡亘千余里，因首开此区，故名之曰墨瓦蜡泥加洲。夫以千余里之地名之为一洲，而以中国数万里之地为一洲，以矛刺盾，妄谬不攻自破矣。又其所自述彼国风土物情政教，反有非中华所及者，虽荒远狉獉，水土奇异，人性质朴，似或有之，而即彼所称五洲之说，语涉诞诓，则诸如此类，亦疑为剿说躛言，故其语之太过者，今俱刊而不纪云。"[2] 这样的世界观念和历史观念，与18世纪西方学术界的认知水平相比，其落后程度就不用多言了。就连当时聚集了一大批学界精英的四库馆，对南怀仁《坤舆图说》中所讲的世界地理知识，也疑信参半，所谓"疑其东来以后，得见中国古书，因依仿而变幻其说，不必皆有实迹。然核以诸书所记，贾舶之所传闻，亦有历历不诬者。盖虽有所粉饰，而不尽虚构。存广异闻，固亦无不可也"[3]。对待西学的态度不是认真研究，而是以"存广异闻"的探奇心态来对待，这种官方世界地理、历史知识的匮乏和史学思想的偏颇，必然要在其后的历史进程中付出沉重的代价。

到了晚清，随着中外交往的加深，中西双方的了解也在加深，但是，即使是在这样的情况下，官方修史在史学思想上依然故我，表现出极其保守落后的一面，《筹办夷务始末》对中外交涉进行了记载，但在史学思想上却不知变通，依然认为清廷乃天朝上国，把清廷与西方各国的外交说成是万国来朝，对积贫积弱、亡国在即的现实视而不见，所谓清廷"仁义兼施，恩威并用，体天地好生之德，扩乾坤无外之模，率俾遍于苍生，闿泽流于华裔。较之汉家盛德，呼韩向化而款关；唐室中兴，回纥

[1] 嵇璜等：《清文献通考》卷二九三《四裔考一》，文渊阁《四库全书》本。

[2] 嵇璜等：《清文献通考》卷二九八《四裔考六》，文渊阁《四库全书》本。

[3] 永瑢：《四库全书总目》卷七十一，"坤舆图说"条，中华书局1965年版，第634页。

输诚而助顺，有其过之，无不及焉”[1]。在晚清国破家亡的时代，官修史书还沉浸在“华夏中心观”的美梦之中，并毫无愧色地与汉、唐鼎盛王朝相比，以这样的思想和心态应对西方帝国主义的侵略，岂能有正确的策略？

好在并不是所有的知识分子都这样认识中国和世界，私家治史的表现令人欣喜。林则徐主持翻译的《四洲志》、姚莹的《康辅纪行》、魏源的《海国图志》、梁廷枏的《海国四说》、徐继畬的《瀛环志略》等，都是为迎接社会变局而产生的史学著作。可以说，晚清历史的变局，特别是鸦片战争的失败彻底暴露了清廷统治的腐败，强烈震撼了知识界，“赫赫天朝”竟大挫于“区区岛夷”，这一方面使人们深感奇耻大辱，另一方面也刺激了一批士人，激起他们探讨外部世界的决心。在这样的社会政治背景之下，私家修史的敏感和官方修史的迟钝形成鲜明对比，颟顸而又迟钝的官方修史机构在社会大变动的潮流中面临被淘汰的可能。自此以后，史学潮流已完全被私家治史者引领。

三、西学冲击与传统治史方法的变化

如果说史馆修史在思想上对西学拒斥，表现出不知变通的僵化特点的话，在治史方法上却有得益于西学的地方。

中国传统的治史方法，主要是利用历史文献进行比勘、分析、考证等，然后编纂成书，多数走的是从文献到文献的路子。至于亲身的调查、寻访等方法，虽有应用者，一则用者不多，二则多属随机调查和零星寻访，缺乏系统性。但是，由于受到西学的影响，清代的官修史书在治史方法上运用了新的科学技术手段，体现出科学的方法与态度。

明末清初西方传教士东来，带来了近代的地理学知识，特别是新的科学的测绘地图方法以及先进的测量工具，引起了清廷的极大兴趣，并导致了清廷大规模测绘全国疆域地理工作的展开。官修史书注重吸收西方实地测量的方法，来源于康熙的提倡。比如关于长江源头问题，康熙在征讨噶尔丹进军西藏时，就注意实地考察，证明长江发源于巴颜哈拉

[1] 贾桢等：《筹办夷务始末（咸丰朝）》卷首《进书表》，中华书局1979年版。

岭东南麓，纠正了中国传统的“岷山导江”之说，并且指出之所以有“岷山导江”之说，是因为“未得其真，惑于载籍，以意悬揣而失之”[1]。皇帝的倡导使得官修史书纷纷采用西方实测技术来确定山川河流之位置。西学实用性的一面在官方史学中屡被应用，取得很好的效果。康熙年间，多次组织传教士以及中国学者分赴全国各地实地勘测当地疆域地理等各地情形，白晋、雷孝思、杜德美、费隐、麦大成、潘如、汤尚贤等传教士与中国学者何国宗、明安图等都先后参与其事。康熙五十六年（1717 年），将各地测量结果制成地图，五十七年进呈，是为《皇舆全览图》。这是我国首次利用近代科学方法，即以三角测量为主，辅以天文测量而制成的地图。[2] 其后，雍正朝绘制了十排《皇舆图》，乾隆朝绘制了《乾隆内府舆图》，运用的都是西方传教士传入的西方近代测量、绘图的方法。这种绘制地图的近代的测量、勘察方法，被运用到官方修史中，成为官方史学治史方法的一个重要组成部分。

乾隆年间修纂《皇舆西域图志》，在官修史地著作中率先运用了这种科学的测量、考察的方法。乾隆二十年（1755 年）至二十四年，乾隆数次对西北地区叛乱分子用兵，在平叛的过程中，乾隆两次派人进入西北地区进行疆域测绘，为修纂《皇舆西域图志》做准备。乾隆二十年，谕令何国宗、明安图带领两名西洋人进入西北地区进行地理测绘[3]。何国宗率领钦天监西洋人傅作霖、高慎思等进入新疆，与驻守巴里坤军营的刘统勋会合，踏遍天山以北各地，足迹远至巴尔喀什湖以西的塔拉斯河，获得了大量的、第一手的、系统的实地考察资料。乾隆二十四年，乾隆再次派员进入新疆测绘地理，人员有明安图、傅作霖、高慎思、刘松龄等，这次不仅对前次测量进行校对，而且测绘了天山以南地区。这两次测绘，采用了西方先进的仪器和技术，掌握了相对准确的地理状况，使《皇舆西域图志》的纂修有了一个较为科学的方法基础。

编纂《皇舆西域图志》所进行的实地勘察，有着明确的目的、严密的组织和先进的仪器，这和以前史地著作编纂主要依靠文献而甚少实地

[1]《圣祖仁皇帝御制文集（第四集）》卷三十一《江源》，文渊阁《四库全书》本。

[2] 关于测量方法等，可参见方豪所著《中西交通史》下册（岳麓书社 1987 年重印本）。

[3]《清高宗实录》卷四九〇，“乾隆二十年六月癸丑”条，中华书局 1986 年版。

考察的情况很不相同，显示出一种严密的科学精神，诚如乾隆皇帝所言："所有山川、地名，按其疆域、方隅，考古验今，汇为一集。咨询睹记，得自身所亲历，自非沿袭故纸者可比，数千年来疑误，悉为是正，良称快事，比当成于此时，亦千载会也。"[1] 显然，在史地著作的编纂中，历史记载和实地勘察都不能忽视，而实地勘察更值得重视。这样的治史方法，是非常值得肯定的。

这种由西方传入中国的实地勘察的方法，还对中国传统的"分野"的史地观念产生了冲击。所谓"分野"之说，始于《周礼》，即以天空的星区比附各个地区，包含统合天地、宇宙一体、天人相应的思想意识。但是，近代地理测量重视的是"晷度"，何国宗等人在新疆实地勘察时，就已经得出各地方位、北极高度、东西偏度、距京师的里程以及夏至、冬至的昼夜长短等数据，精确而严谨，有极为清晰的地理概念。正因为如此，当《皇舆西域图志》被收进《四库全书》时，进行了修订，摒弃"分野"，设立"晷度"二卷，使之更为科学。对此，史官有言："若分野之法，始于《周礼》，以星分辨九州之地，而不及九州以外。其在四裔外藩，即以附近分野之星，牵连统属……今西域拓地二万余里，欲以秦属井鬼之说统之，则井鬼之次，晰之至于无可晰，非通论也……因灼然于古来分野之说之不可信，既数有所穷，亦理原难据，未敢因仍傅会，致滋岐误。爰举极度晷景，高卑赢缩之数著于篇。"[2] 又说："惟测晷影，定北极高度，距京师定偏西度，斯为准确，兹编所载高、偏度，皆命使遄往，随处测量，高下远近，略无爽漏……至分野之说，空虚揣测，依据为难，故不赘及。"[3] 这种由"分野"向"晷度"的转变，是清代官方史学科学态度的一次闪光，值得格外关注。

这种源于西学的实地勘测方法，在清代官方史学中被屡次使用，比如设馆修纂《河源纪略》，即组织实地考察，然后将"所有两汉迄今，自正史以及各家河源辩证诸书"，"通行校阅，订是正讹"，[4] 把实地调查

---

[1] 刘统勋等：《皇舆西域图志》卷首，新疆人民出版社 2002 年版。

[2] 刘统勋等：《皇舆西域图志》卷六《晷度·按语》，新疆人民出版社 2002 年版，第 147 页。

[3] 刘统勋等：《皇舆西域图志·凡例》，新疆人民出版社 2002 年版。

[4] 庆桂：《国朝宫史续编》卷九十一《书籍十七》，北京古籍出版社 1994 年版，第 895 页。

与文献记载结合起来。其他如官修的《热河志》《日下旧闻考》等，都采取了立足实地调查，参订历代记载的治史方法，究其所自，与西学的传入关系密切。

光绪年间修纂《大清会典》，为使图例准确，命令各省重新绘制舆图，限期呈交会典馆，以备修史之用，由此进行了更大规模的勘察测量。由于这次实地勘测的任务巨大，各省又缺乏掌握近代测量技术的人才，所谓“非平日留心舆地、谙悉中西算法之人，不能措手”[1]。故而会典馆不得不从接受新式教育的人中调取修史之人，如从同文馆、天津水师学堂、广方言馆等新式学堂中调取教习、学生等，并给予相应待遇。[2]这些新式人才，很多都是接受西学的教育，他们被征调为史官参与史馆修史，必然会把西方近代科学知识、严谨的治史方法带入史馆，从而影响史馆修史的面貌。

总之，西学的传入对官方史学产生了很大的影响。在思想层面上，官方史学表现出保守落后的一面，固守传统史学中的一些糟粕而不知变通，在与西方文化的碰撞中缺乏对对方的深入考察与分析。这是在中西文化汇合的大背景下官方史学必然衰落的一个重要因素。在方法层面上，官方史学受西方科学技术影响较大，在治史方法上增添了新的因素，使不少官修史书的科学性加强，并影响到私家修史。

从官方史学与西学的关系我们还可以看出，明末清初西学的传入确实对清代学术产生了影响。那种认为西学对清代学术影响不大，甚至认为西学对中学没有什么启发作用的观点，显然是站不住脚的。但同时，那种认为西学在学术范围、知识结构、方法论甚至世界观层面上都对清代学术产生了重大影响的观点，也不免有夸大之嫌。就官方史学而言，在西学的刺激之下，接受西学的“用”，摒弃其意义层面的内容，将西学之“用”用于修史，取得了很大成就。但是，帝王立场的作用和史官的保守，决定了西学对官方史学的影响是有限的。至少在道咸以前，西学并没有动摇和改变整个中国社会的意识形态，西学的传入并未影响到包括官方史学以及私家史学在内的清代学术所固有的传统文化品格和治学

[1] 朱寿朋：《光绪朝东华录》（三），中华书局1958年版，总第3252页。

[2] 《会典馆行移档》，国家图书馆分馆藏。

格调，其核心价值体系依然是“中式”的。就像英国学者李约瑟所指出的，西学东渐虽然使中国接触到西学，但“这种接触从来没有多到足以影响它所特有的文化及科学的格调”[1]。法国汉学家谢和耐在谈到西方数学对中国的影响时也说：“西方的数学知识甚至在两个世纪中导致了有关中国数学史上的一场大运动，这些新鲜事物并没有动摇实质性的内容，即他们自己的世界观。”[2] 通过前面的考察，笔者认为这样的评价庶几符合历史事实。

然而，这种情况到晚清发生了变化。中国人真正重视西学、认识到西学的先进性并主动向西方学习，是在鸦片战争后国家面临亡国灭种危机的情况下出现的。在这样的社会背景下，私家史学纷纷把目光投向域外，出现了一大批研究外国史的著作。不幸的是，官方史学由于自身的保守和迟钝，对当时的社会变化不能及时做出反应，依然走着“节取其技能，而禁传其学术”的老路，最终让位于私家史学。从此，中国史学开始了近代化的历程。

---

[1] 李约瑟：《中国科学技术史》第二分册，科学出版社 1978 年版，第 337 页。

[2] 安田朴、谢和耐：《明清间入华耶稣会士和中西文化交流》，巴蜀书社 1993 年版，第 84—85 页。

第七章　乾嘉汉学的兴盛与考证史学

历史发展到乾嘉时期，随着清廷统治的稳固，统治者对思想的控制逐渐加强。在这种社会、文化背景下，乾嘉时期的学术思潮也发生了相应的变化，浓厚的法古倾向发展起来，以考证经史为特征的汉学占了上风。

第一节　乾嘉汉学的治学特征

清初学者在批判理学时，主要以经学济理学之穷，也就是走回归儒家原典的道路，以挽救理学的空疏，而汉代经学中朴实考证经史的方法正是反对理学空虚之风的最好武器，于是人们便开始重视考据，在方法论上逐渐抛弃宋明理学的哲学思辨，朝着朴实考证经史、注重日用人伦的道路走去。清初对理学的总结和批判，本是以考证经史为方法，以经世致用为宗旨，以挽救社会危机为目的的一股学术思潮，但随着清廷统治的稳固以及文化专制的加剧，朴实考证经史的方法成为学术的主导，而其他方面则受到抑制。清初学者提倡经世致用、实事求是之学，为学不分汉、宋，他们治学，既重视求实求真，下一番辨析资料的功夫，又重视理论思考，不把考据与义理相对立。后来学风开始转向，由汉、宋兼采到汉、宋分化，考证校勘经书之风兴起。稍晚于顾炎武、黄宗羲诸人的阎若璩、胡渭等人推波助澜，“考订校勘，愈推愈密”[1]，进一步走

[1] 皮锡瑞：《经学历史》，中华书局2015年版，第88页。

向训诂名物、辨伪考证，向汉学靠拢，成为“由清初思想过渡到十八世纪汉学的中间环节”[1]。到乾嘉时期，汉学特起，一枝独秀，宋学沉寂，汉学考据成为时会，学者多肆力服郑，综核名实，以义理思辨为其特长的宋学已渐衰微。

一、推尊汉儒：乾嘉汉学的治学取向

乾嘉时期，汉学蒸蒸日上，家家许郑，人人贾马，学者推崇东汉经学考证之学。段玉裁极力推尊郑玄，说：“六经，犹日月星辰也。无日月星辰则无寒暑昏明，无六经则无人道。为传注以阐明六经，犹羲、和测日月星辰，敬授民时也。孔子既没，七十子终，而经多歧或。汉初，儒者各述所闻，言之详矣，而书不尽传。迨郑康成氏，囊括百家，折衷一是，其功最钜。”[2] 又说：“而千古之大业，未有盛于郑康成氏者也。《七略》必衷六艺，删定必归素王。康成氏其亦汉之素王乎？盖一书流传既久，彼此乖异，势所必有也。墨守一家，以此攻彼，夫人而自以为能也。而郑君之学，不主于墨守，而主于兼综；不主于兼综，而主于独断。其于经字之当定者，必相其文义之离合，审其音韵之远近，以定众说之是非，而以己说为之补正。”[3] 洪亮吉则对许慎评价甚高：“盖许君生及东汉之初，亲从贾逵、卫宏等问受，其于西汉诸儒张敞、刘向、扬雄、郑兴等，不啻亲承提命，其学既专，故其说独博而谛，又非他儒之所可及也。”[4] 王鸣盛也说：“汉儒说经，必守家法，亦云师法。”他治学取法郑玄、马融，其作《尚书后案》，“以郑、马为主，不得已间采伪孔、王肃，而唐宋诸儒之说，概不取焉”[5]。钱大昕则推崇整个汉儒经说：

[1] 王俊义、黄爱平：《清代学术与文化》，辽宁人民出版社 1993 年版，第 77 页。

[2] 段玉裁：《经韵楼集》卷一《十三经注疏释文校勘记序》，上海古籍出版社 2008 年版，第 1 页。

[3] 段玉裁：《经韵楼集》卷八《经义杂记序》，上海古籍出版社 2008 年版，第 188 页。

[4] 洪亮吉：《洪亮吉集》卷八《汉魏音序》，见《洪亮吉集》第一册，中华书局 2001 年版，第 179 页。

[5] 江藩：《汉学师承记》卷三《王鸣盛》，见《汉学师承记笺释》，上海古籍出版社 2006 年版，第 263—264 页。

"汉儒说经，遵守家法，诂训传笺，不失先民之旨。"[1] 总之，乾嘉学界，治学推尊汉儒，已成风气。正因为如此，人们便以"汉学"命名自身所从事的学术。江藩作《国朝汉学师承记》，也以"汉学"之名记述清朝汉学派学者的学行。对此书的价值，阮元曾有评述，认为"读此可知汉世儒林家法之承授，国朝学者经学之渊源"[2]，重点指出了乾嘉学者与汉儒的"渊源"关系。可见，乾嘉学者治学取法汉儒，是当时学者的共识，也是乾嘉时期学术发展的潮流。

乾嘉学者推尊汉儒，是为了贬低宋儒，其提出"汉学"，也是为了和"宋学"对立。"汉学"一词在乾嘉时被叫响，"清初学者，亦称汉学，但并未强调'汉学'者即自己从事之学术，将自己从事之学术标举为'汉学'与'宋学'相对，始于惠栋，后人将清代考据学称为'汉学'，亦因此之故"[3]。他们推尊汉儒，主要有两个方面的原因：一是汉儒去古未远，所得多七十子大义，宋儒去古已远，难得孔门真义；二是汉儒在治学上重视家法师承，通训诂，源流清晰，宋儒无家法师承，不通训诂，杂入佛老，源流不明。对此，惠栋说得非常明白："栋四世咸通汉学，以汉犹近古，去圣未远故也。"[4] 又说："汉人通经有家法，故有五经师，训诂之学，皆师所口授，其后乃著竹帛。"[5] 惠栋的说法得到后人认可。钱大昕说："诂训必依汉儒，以其去古未远，家法相承，七十子之大义犹有存者，异于后人之不知而作也。"[6] 阮元说："两汉经学所以当尊行者，为其去圣贤最近，而二氏之学尚未起也。"[7] 四库馆臣云："汉代传经，专门授受，自师承以外，罕肯旁征。故治此经者，不通诸别经。即一经之中，此师之训诂，亦不通诸别师之训诂，专而不杂，

[1] 钱大昕：《潜研堂文集》卷二十四《经籍纂诂序》，见《嘉定钱大昕全集》（九），江苏古籍出版社 1997 年版，第 377 页。

[2]《汉学师承记》阮元序，见《汉学师承记笺释》，上海古籍出版社 2006 年版。

[3] 漆永祥：《汉学师承记笺释》前言，上海古籍出版社 2006 年版，第 19 页。

[4] 惠栋：《松崖文钞》卷一《上制军尹元长先生书》，清聚学轩丛书本。

[5] 惠栋：《松崖文钞》卷一《九经古义述首》，清聚学轩丛书本。

[6] 钱大昕：《潜研堂文集》卷二十四《臧玉林〈经义杂识〉序》，见《嘉定钱大昕全集》（九），江苏古籍出版社 1997 年版，第 375 页。

[7] 阮元：《研经室集一集》卷十一《国朝汉学师承记序》，见《研经室集》（上），中华书局 1993 年版，第 248 页。

故得精通。”[1] 汉儒离孔子时代最近且治学有严格家法，能得圣人真义，这是乾嘉学者推尊汉儒的重要原因。

乾嘉时期汉学昌明，学者遥接东汉学统，重视小学训诂与名物典制，治学以考据为尚，涌现出一大批考据名家，在经学、史学、文献学诸学科领域取得了超越前人的成就。再加上乾隆时期开四库馆修《四库全书》，聚集了一大批崇尚汉学的饱学之士，汉学进一步发展，天下之士“多易其诗赋举子艺业，而为名物考订，与夫声音文字之标，盖骎骎乎移风俗矣”[2]，“向之空谈性命及从事帖括者，始骎骎然趋实学矣”[3]。整个学术领域似乎被汉学笼罩，恰如梁启超所说：“乾隆、嘉庆两朝，汉学思想正达于最高潮，学术界全部几乎被它占领。”[4] 如今研究学术史，往往把清代汉学与先秦诸子学、两汉经学、魏晋玄学、隋唐佛学、宋明理学相媲美，足见其影响之大。

二、实事求是：乾嘉汉学的治学宗旨

“实事求是”一语最早见于《汉书·景十三王传》，传中说河间献王刘德“修学好古，实事求是”[5]。从传文看，河间献王的所谓“修学”，指的是“举六艺”“修礼乐”；所谓“好古”，指的是喜欢收集图书，“所得书皆古文先秦旧书”；所谓“实事求是”，颜师古注云：“务得事实，每求真是也。”指河间献王作为古文经学的倡导者，在文献搜求和图书版本校勘上采用实证的治学态度和方法。乾嘉时期，人们崇尚汉儒治学的方法，把这一治学的观念也继承了下来。

乾嘉汉学秉承“实事求是”的原则，把“实事求是”当作学者治学的根本宗旨，钱大昕说：“通儒之学，必自实事求是始。”[6] 汪中也说：

---

[1] 永瑢：《四库全书总目》卷三十三，“经稗”条，中华书局 1965 年版，第 278 页。

[2] 章学诚：《章氏遗书》卷十八《周书昌别传》，见《章学诚遗书》，文物出版社 1985 年版，第 181 页。

[3] 洪亮吉：《洪亮吉集》卷九《邵学士家传》，见《洪亮吉集》第一册，中华书局 2001 年版，第 192 页。

[4] 梁启超：《中国近三百年学术史》，东方出版社 1996 年版，第 27 页。

[5]《汉书》卷五十三《景十三王传》，中华书局 1962 年版，第 2410 页。

[6] 钱大昕：《潜研堂文集》卷二十五《卢氏群书拾补序》，见《嘉定钱大昕全集》(九)，江苏古籍出版社 1997 年版，第 403 页。

“尝推六经之旨，以合于世用。乃为考古之学，实事求是，不尚墨守。”[1] 洪亮吉推崇邵晋涵，指出邵氏治学，“于学无所不窥，而尤能推求本原，实事求是”[2]。戴震治学同样主张“实事求是，不偏主一家”[3]。凌廷堪也说：“昔河间献王实事求是。夫实事在前，吾所谓是者，人不能强辞而非之，吾所谓非者，人不能强辞而是之也，如六书、九数及典章制度之学是也。”[4] 阮元承戴震学术之绪，更是将“实事求是”列为治学最高追求，自始至终贯彻在自己的经史研究之中，他说：“余之说经，推明古训，实事求是而已，非敢立异也。”[5] 又说：“元之论格物，非敢异也，亦实事求是而已。”[6] 阮元还进一步指出“实事求是”是乾嘉时期的普遍学风：“《汉书》云：修学好古，实事求是。后儒之自遁于虚而争是非于不可究诘之境也，岂河间献王竟逆料而知之乎。我朝儒者，束身修行，好古敏求，不立门户，不涉二氏，似有合于实事求是之教。”[7] 王引之更是直接点出代表性人物：“昆山顾氏、宣城梅氏、太原阎氏、婺源江氏、元和惠氏，其学皆实事求是，先生（按，指钱大昕）生于其后而集其成。”[8] 晚清曾国藩也说：“近世乾嘉之间，诸儒务为浩博。惠定宇、戴东原之流，钩研故训，本河间献王实事求是之旨，薄宋贤为空疏。”[9] 总之，“实事求是”是乾嘉时期普遍张扬的学

[1] 汪中：《文集》第五辑《与巡抚毕侍郎书》，见《新编汪中集》，广陵书社 2005 年版，第 428 页。

[2] 洪亮吉：《卷施阁文甲集》卷九《邵学士家传》，见《洪亮吉集》第一册，中华书局 2001 年版，第 192 页。

[3] 钱大昕：《潜研堂文集》卷三十九《戴先生震传》，见《嘉定钱大昕全集》（九），江苏古籍出版社 1997 年版，第 672 页。

[4] 凌廷堪：《校礼堂文集》卷三十五《戴东原先生事略状》，中华书局 1998 年版，第 317 页。

[5] 阮元：《研经室集》自序，见《研经室集》（上），中华书局 1993 年版，第 1 页。

[6] 阮元：《研经室集一集》卷二《大学格物说》，见《研经室集》（上），中华书局 1993 年版，第 55 页。

[7] 阮元：《研经室集三集》卷五《惜阴日记序》，见《研经室集》（下），中华书局 1993 年版，第 687—688 页。

[8] 王引之：《王文简公文集》卷四《詹事府少詹事钱先生神道碑铭》，见《高邮王氏遗书》，江苏古籍出版社 2000 年版，第 211 页。

[9] 曾国藩：《曾文正公全集·文集》，文海出版社 1974 年版，第 12487 页。

风，是乾嘉学者品量学术价值、评价学人水平的最重要标准。

因为坚持“实事求是”的治学精神，乾嘉汉学反对两种治学风气，一是凿空之论，二是株守之说。所谓凿空之论，实际上是对宋儒空衍义理的批评。凌廷堪就说：“虚理在前，吾所谓是者，人既可别持一说以为非，吾所谓非者，人亦可别持一说以为是也，如理义之学是也。”[1] 在他看来，宋儒强调义理，而义理的正确与否，并没有什么客观标准，不像考据之学那样有理有据，因此宋儒的义理之学多是“虚理”。以此说经，只能是凿空之论。钱大昕指出，宋儒以义理说经，不重视求证，一味求新求异，是对经义的破坏，必须“亟辞而辟之”。他说：“宋儒说经，好为新说，弃古注如土苴……夫经与注相辅而行，破注者，荒经之渐也……实事求是之儒少，而喜新趋便之士多，不亟辞而辟之，恐有视郑学为可取而代者，而成周制作之精意益以茫昧。”[2] 又说：“元、明以来，学者空谈名理，不复从事训诂，制度象数，张口茫如。”[3] 以“实事求是”为治学宗旨，就必须杜绝“凿空”，考事实、重证据，由文字音韵入手求经书义理。所谓株守之说，实际上是对乾嘉时期学术“求古”的纠偏。乾嘉时期，因为遵信汉学，有学者就认为“求古”就是“求是”，比如惠栋治学，凡汉皆好，凡古必真，坚持“古训不可改也，经师不能废也”[4]。针对这一不良学风，人们本着实事求是的原则，提出了自己的见解。《四库全书总目》批评惠栋说：“其长在博，其短亦在于嗜博；其长在古，其短亦在于泥古也。”[5] 王引之也说惠栋“株守汉学而不求是者，爽然自失”[6]。王鸣盛比较惠栋和戴震，认为“惠君之治经

[1] 凌廷堪：《校礼堂文集》卷三十五《戴东原先生事略状》，中华书局 1998 年版，第 317 页。

[2] 钱大昕：《潜研堂文集》卷二十四《仪礼管见序》，见《嘉定钱大昕全集》（九），江苏古籍出版社 1997 年版，第 373—375 页。

[3] 钱大昕：《潜研堂文集》卷二十六《重刻孙名复小集序》，见《嘉定钱大昕全集》（九），江苏古籍出版社 1997 年版，第 411 页。

[4] 惠栋：《松崖文钞》卷一《九经古义述首》，清聚学轩丛书本。

[5] 永瑢：《四库全书总目》卷二十九，“左传补注”条，中华书局 1965 年版，第 242 页。

[6] 王引之：《王文简公文集》卷四《与焦里堂先生书》，见《高邮王氏遗书》，江苏古籍出版社 2000 年版，第 205 页。

求其古，戴君求其是”[1]。阮元则指出：“余以为儒者之于经，但求其是而已矣，是之所在，从注可，违注亦可，不必定如孔、贾义疏之例也。”[2] 钱大昕进一步指出，汉儒去古未远，训诂较为可靠，但不能泥古株守。他说：“后儒之说胜于古，从其胜者，不必强从古可也。一儒之说而先后异，从其是焉者可也。”[3] 对于优劣是非问题，不论古人今人，应该“从其胜”“从其是”。由此他提出：“以古为师，师其是而已矣。夫岂陋今荣古，异趣以相高哉！”[4] 治学应该“斟酌古今，不专主一家言，义有可取，虽迩言必察，若与经文违戾，虽儒先训诂，亦不曲为附和”[5]。乾嘉别派章学诚也对当时墨守汉儒家法的学术风气进行了批评，指出：“世之学者，喜言墨守。墨守固专家之习业，然以墨守为至诣，则害于道矣。昔人谓‘宁道周、孔误，勿言马、郑非’，墨守之弊，必至乎此。”倡导“学当求其是，不可泥于古”[6]。“实事求是”的核心是“求是”而不是“求古”，治学应以求是为核心，以获得学术真谛。

乾嘉学者还明确指出了“凿空”与“株守”的弊端。戴震认为“凿空之弊有二：其一，缘词生训也；其一，守讹传谬也”[7]。同时指出“株守”乃信古而愚，希望人们治学“但宜推求，勿为株守”[8]。钱大昕则认为“株守”是俗，“凿空”是妄，“近代言经术者，守一先生之言，

---

[1] 洪榜：《戴先生行状》引王鸣盛语，见《戴震全书》（七），黄山书社1997年版，第8页。

[2] 阮元：《研经室集一集》卷十一《焦里堂循群经宫室图序》，见《研经室集》（上），中华书局1993年版，第250页。

[3] 钱大昕：《潜研堂文集》卷九《答问六》，见《嘉定钱大昕全集》（九），江苏古籍出版社1997年版，第116页。

[4] 钱大昕：《潜研堂文集》卷二十四《臧玉林〈经义杂识〉序》，见《嘉定钱大昕全集》（九），江苏古籍出版社1997年版，第375页。

[5] 钱大昕：《潜研堂文集》卷二十四《虞东学诗序》，见《嘉定钱大昕全集》（九），江苏古籍出版社1997年版，第369页。

[6] 章学诚：《文史通义》外篇二《〈郑学斋记〉书后》，见《文史通义新编新注》，浙江古籍出版社2005年版，第581页。

[7] 戴震：《东原文集》卷十《古经解钩沉序》，见《戴震全书》（六），黄山书社1995年版，第378页。

[8] 戴震：《东原文集》卷三《与王内翰凤喈书》，见《戴震全书》（六），黄山书社1995年版，第278页。

无所可否，其失也俗；穿凿附会，自出新意，而不衷于古，其失也妄。唯好学则不妄，唯深思则不俗，去妄与俗，可以言道”[1]。王念孙极力反对“凿空”和“株守”，他说：“自元明以来，说经者多病凿空，而矫其失者，又蹈株守之陋。”[2] 阮元认为“株守”与“凿空”对学术的破坏是一样的：“株守传注，曲为附会，其弊与不从传注凭臆空谈者等。夫不从传注凭臆空谈之弊，近人类能言之，而株守传注曲为附会之弊，非心知其意者未必能言之也。”[3] 为避免“凿空”和“株守”，乾嘉学者在治学上多坚持博求实证，言必有据，无征不信。

三、博求实证：乾嘉汉学的治学原则

博求实证源于清初，顾炎武治学，“学有本原，博赡而能通贯，每一事必详其始末、参以证佐而后笔之于书，故引据浩繁而抵牾者少”[4]。黄宗羲治学，“其持论皆有依据”，“辩论精详”。[5] 胡渭治学，“考究精密”，“精核典赡”。[6] 阎若璩治学，务求融会贯通，“事必求其根柢，言必求其依据，旁参互证，多所贯通”[7]。这一学风发展到乾嘉时期，更成为学者的普遍追求。

乾嘉学者论博求实证，有两个方面的含义：一是指学者要有广博的知识积累和储备，二是指研究学问要有多种手段和方法。唯此，才能避免蹈虚，使学问建立在坚实的基础上，并臻于完善。

---

[1] 钱大昕：《潜研堂文集》卷二十三《赠邵冶南序》，见《嘉定钱大昕全集》（九），江苏古籍出版社 1997 年版，第 361 页。

[2] 王念孙：《王石臞先生遗文》卷二《汪容甫述学序》，见《高邮王氏遗书》，江苏古籍出版社 2000 年版，第 132 页。

[3] 阮元：《研经室集一集》卷十一《焦里堂循群经宫室图序》，见《研经室集》（上），中华书局 1993 年版，第 250 页。

[4] 永瑢：《四库全书总目》卷一一九，“日知录”条，中华书局 1965 年版，第 1029 页。

[5] 永瑢：《四库全书总目》卷六，“易学象数论”条，中华书局 1965 年版，第 36 页。

[6] 永瑢：《四库全书总目》卷十二，“禹贡锥指”条，中华书局 1965 年版，第 103 页。

[7] 永瑢：《四库全书总目》卷三十六，“四书释地”条，中华书局 1965 年版，第 305—306 页。

乾嘉学者普遍强调治学要“以博学为先”[1]，认为“博学”是做学问的基本修养。吴派创始人惠士奇“博通六艺、九经、诸子及《史》《汉》《三国志》，皆能暗诵”[2]。其子惠栋“自经、史、诸子、百家、杂说及释、道二藏，靡不穿穴”[3]。戴震也是博学多识的学者，凌廷堪评价戴震：“先生之学，无所不通。而其所由以至道者则有三：曰小学，曰测算，曰典章制度。”[4] 其他如朱筠，“博闻宏览，于学无所不通。说经宗汉儒，不取宋元诸家之说。十七史、涑水《通鉴》诸书，皆考其是非，证其同异；泛滥诸子百家，而不为异说所惑。古文以班、马为法，而参以韩、苏；诗歌出入唐、宋，不名一家。先生之学，可谓地负海涵、渊渟岳峙矣”[5]。如王昶，“天资过人，于学无所不窥，尤邃于《易》。诗宗杜少陵、玉谿生而参以韩、柳，古文则以韩、柳之笔发服、郑之蕴。功业文章，炳著当代，求之古人中，亦岂易得者哉”[6]。如纪昀，“于书无所不通，尤深汉《易》，力辟图书之谬。《四库全书提要简明目录》皆出公手。大而经史子集，以及医卜词曲之类，其评论抉奥阐幽，词明理正，识力在王仲宝、阮孝绪之上，可谓通儒矣”[7]。如邵晋涵，“晋涵虽长于史学，而分撰《四库提要》，除史部诸书外，于经、子、文集，皆各有数种，有以见其学问之博”[8]，等等，均为博通经史百家杂说之辈。

---

[1] 钱大昕：《潜研堂文集》卷二十一《抱经楼记》，见《嘉定钱大昕全集》（九），江苏古籍出版社 1997 年版，第 336 页。

[2] 江藩：《汉学师承记》卷二《惠士奇》，见《汉学师承记笺释》（上），上海古籍出版社 2006 年版，第 144 页。

[3] 江藩：《汉学师承记》卷二《惠松崖》，见《汉学师承记笺释》（上），上海古籍出版社 2006 年版，第 168 页。

[4] 凌廷堪：《校礼堂文集》卷三十五《戴东原先生事略状》，中华书局 1998 年版，第 313 页。

[5] 江藩：《汉学师承记》卷四《朱笥河先生》，见《汉学师承记笺释》（上），上海古籍出版社 2006 年版，第 428—429 页。

[6] 江藩：《汉学师承记》卷四《王兰泉先生》，见《汉学师承记笺释》（上），上海古籍出版社 2006 年版，第 372 页。

[7] 江藩：《汉学师承记》卷六《纪昀》，见《汉学师承记笺释》（下），上海古籍出版社 2006 年版，第 584 页。

[8] 张舜徽：《清人文集别录》卷九《南江文钞》，华中师范大学出版社 2004 年版，第 228 页。

当然，乾嘉时期博学多识的代表当推钱大昕。钱大昕曾说："胸无万卷书，臆决唱声，自夸心得，纵其笔锋，亦足取快一时，而沟浍之盈，涸可立待。"[1] 他本人博学多识，为时贤所公认。段玉裁说他："凡文字、音韵、训诂之精微，地理之沿革，历代官制之体例，氏族之流派，古人姓字、里居、官爵、事实、年齿之纷繁，古今石刻画篆隶可订六书故实、可裨史传者，以及古《九章算术》，自汉迄今中西历法，无不瞭如指掌。至于累朝人物之贤奸，行事之是非疑似难明者，大典章制度昔人不能明断其当否者，皆确有定见。盖先生致知格物之功可谓深矣。夫自古儒林，能以一艺成名者罕；合众艺而精之，殆未之有也。若先生于儒者应有之艺，无弗习，无弗精。"[2] 阮元评价他："国初以来，诸儒或言道德，或言经术，或言史学，或言天学，或言地理，或言文字音韵，或言金石诗文，专精者固多，兼擅者尚少，惟嘉定钱辛楣先生能兼其成。"[3] 江藩评价他："先生不专治一经，而无经不通；不专攻一艺，而无艺不精。经史之外，如唐宋元明诗文集、小说、笔记，自秦汉及宋元金石文字，皇朝典章制度，满洲、蒙古氏族，皆研精究理，不习尽功……先生学究天人，博综群籍，自开国以来，蔚然一代儒宗也。"[4] 钱大昕是乾嘉学者博学的代表人物，其他如王念孙、王引之、江声、余萧客、王鸣盛、程瑶田等，亦均博学多识。他们在治学上触类旁通，经史之学，无所不窥。治学尚博，又能严核是非，勤于考订。他们的学问，"如百尺楼台，实从地起，其功非积年工力不可"[5]。

如上所述，乾嘉学者治学，要求自身掌握各种知识，淹贯通博。淹贯博通的目的是综合运用各学科的知识和方法，在经史等研究上博求实证。如戴震认为，治经必先明训诂、通小学，而这些还不够，还必须掌

---

[1] 钱大昕：《潜研堂文集》卷二十五《严久能娱亲雅言序》，见《嘉定钱大昕全集》（九），江苏古籍出版社1997年版，第405页。

[2] 《潜研堂文集》段玉裁序，见《嘉定钱大昕全集》（九），江苏古籍出版社1997年版，第1—2页。

[3] 《十驾斋养新录》阮元序，见《嘉定钱大昕全集》（七），江苏古籍出版社1997年版。

[4] 江藩：《汉学师承记》卷三《钱大昕》，见《汉学师承记笺释》（上），上海古籍出版社2006年版，第321页。

[5] 阮元：《经史问答序》，见《全祖望集汇校集注》（下），上海古籍出版社2000年版，第2735页。

握天文、典制、舆地、名物、算术、律吕等学科知识和方法，这些知识与方法，“儒者不宜忽置不讲”[1]。因为汉学考据涉及的学科众多，举凡文字、音韵、训诂、天算、地理、名物、典制、乐律、金石、目录、版本、校勘、辨伪、辑佚等，无所不涉。这些知识与方法之间相互关联，需要博求与综合，没有博学多识，就不能交互使用这些知识和方法，泛览博涉，遍为搜讨，穷尽一切证据，归纳义例，反复比较。做不到这些，就无法在学问上博求实证，得出可靠的结论。要之，没有博求，怎能实证。

乾嘉学者治学，在方法上强调渊综和贯通，也就是博求实证。戴震、段玉裁、王念孙父子治小学，钱大昕、王鸣盛之治史学都有渊综和贯通的特点。戴震主张：“一字之义，当贯群经、本六书，然后为定。”[2] 王引之指出：“经之有说，触类旁通。不通全书，不能说一句；不通诸经，亦不能说一经。”[3] 在乾嘉学者看来，无论研究什么学问，哪怕是一字一句，都要博采广讨，参伍错综，触类旁通，以求的解。除了知识与方法上的博求，乾嘉学者还强调在博求基础上的专精与识断。江永《古韵标准·凡例》云：“淹博难，识断难，精审难。”戴震认为：“君子于书，惧其不博也；既博矣，惧其不审也；既博且审矣，惧其不闻道也。”[4] 在淹博的基础上进一步识断和专精，是乾嘉汉学考据求实的重要治学方法。一代学风如是，特点极其鲜明。

四、由字以通词，由词以达道：乾嘉汉学的治学方法

乾嘉学者治学的主要范围是经和史，而经又是其中的核心。在他们眼里，经书蕴含圣贤之道，要想获得圣贤之道，就必须深入研究经典，

[1] 戴震：《东原文集》卷九《与是仲明论学书》，见《戴震全书》（六），黄山书社 1995 年版，第 371 页。

[2] 戴震：《东原文集》卷九《与是仲明论学书》，见《戴震全书》（六），黄山书社 1995 年版，第 371 页。

[3] 王引之：《王文简公文集》卷三《中州试牍序》，见《高邮王氏遗书》，江苏古籍出版社 2000 年版，第 203 页。

[4] 戴震：《东原文集》卷十一《序剑》，见《戴震全书》（六），黄山书社 1995 年版，第 389 页。

而要深入研究经典，文字、音韵、训诂等小学手段是必取之路径。

既然经义与圣人之道蕴含在经书之中，通经就显得非常重要。这是乾嘉学者的普遍看法。我们可以举出很多例证，钱大昕说："夫六经定于至圣，舍经则无以为学；学道要于好古，蔑古则无以见道。"[1] 戴震说："六经者，道义之宗而神明之府也。"[2] 段玉裁说："六经，犹日月星辰也。无日月星辰则无寒暑昏明，无六经则无人道。为传注以阐明六经，犹羲、和测日月星辰，敬授民时也。"[3] 又说："尝闻六经者，圣人之道之无尽藏，凡古礼乐制度名物之昭著，义理性命之精微，求之六经，无不可得。"[4] 王引之说："儒者言义理、言治法，必溯源于经史。"[5] 崔述说："圣人之道，在六经而已矣……六经以外，别无所谓道也。"[6] 阮元说："圣贤之道存于经。"[7] 在乾嘉学者看来，经是载道之书，欲求圣人之道，必求之经书，也就是通经以明道。那么，通过怎样的手段才能通经明道呢？在乾嘉汉学家看来，小学是通经明道最主要的手段。

乾嘉汉学家取法汉儒重小学训诂与名物典制的治学传统，高扬汉帜，识字审音，由字以通词，由词以通意，由文字训诂以求经书义理。乾嘉学者把小学当作通经明道的工具，远取诸东汉群儒，近法乎清初顾炎武。在清代，顾炎武最早提出以文字音韵手段治经，他说："读九经自考文始，考文自知音始。以至诸子百家之书，亦莫不然。"[8] 自此以后，阎

[1] 钱大昕：《潜研堂文集》卷二十四《经籍纂诂序》，见《嘉定钱大昕全集》（九），江苏古籍出版社1997年版，第378页。

[2] 戴震：《东原文集》卷十《古经解钩沉序》，见《戴震全书》（六），黄山书社1995年版，第377页。

[3] 段玉裁：《经韵楼集》卷一《十三经注疏释文校勘记序》，上海古籍出版社2008年版，第1页。

[4] 段玉裁：《经韵楼集》卷六《江氏音学序》，上海古籍出版社2008年版，第125页。

[5] 王引之：《王文简公文集》卷四《詹事府少詹事钱先生神道碑铭》，见《高邮王氏遗书》，江苏古籍出版社2000年版，第210页。

[6] 崔述：《考信录提要》卷上《释例》，见《崔东壁遗书》，上海古籍出版社1983年版，第2页。

[7] 阮元：《研经室集二集》卷七《西湖诂经精舍记》，见《研经室集》上，中华书局1993年版，第547页。

[8] 顾炎武：《亭林文集》卷四《答李子德书》，见《顾亭林诗文集》，中华书局1983年版，第73页。

若璩、臧琳、宋鉴等人均高度重视文字训释在治经中的重要作用，臧琳甚至说："不识字，何以读书！不通训诂，何以明经！"[1] 及至乾嘉时期，从文字音韵入手治经，成为一时风会，并波及史学、子学等诸多领域。

我们看一下乾嘉学者的相关言论。惠栋认为："经之义存于训，识字审音，乃知其义。"[2] 钱大昕指出："六经皆载于文字者也，非声音则经之文不正，非训诂则经之义不明。"[3] 又说："夫六经皆以明道，未有不通训诂而能知道者。"[4] 还说："有文字而后有诂训，有诂训而后有义理。训诂者，义理之所由出，非别有义理出乎训诂之外者。"[5] 王鸣盛指出："经以明道，而求道者不必空执义理以求也。但当正文字、辨音读、释训诂、通传注，则义理自见，而道在其中矣。"[6] 戴震指出："经之至者，道也；所以明道者，其词也；所以成词者，未有能外小学文字者也。由文字以通乎语言，由语言以通乎古圣贤之心志，譬之适堂坛之必循其阶，而不可以躐等。"[7] 又说："治经先考字义，次通文理。志存闻道，必空所依傍……我辈读书，原非与后儒竞立说，宜平心体会经文，有一字非其的解，则于所言之意必差，而道从此失。"[8] 段玉裁则说："经之不明，由失其义理。义理所由失者，或失其句度，或失其训诂，或失其音读，三者失而义理能得，未之有也。"[9] 所以他认为"治经莫重

---

[1] 江藩：《汉学师承记》卷四《臧琳》，见《汉学师承记笺释》（上），上海古籍出版社2006年版，第473页。

[2] 惠栋：《松崖文钞》卷一《九经古义述首》，清聚学轩丛书本。

[3] 钱大昕：《潜研堂文集》卷二十四《小学考序》，见《嘉定钱大昕全集》（九），江苏古籍出版社1997年版，第378页。

[4] 钱大昕：《潜研堂文集》卷三十三《与晦之论尔雅书》，见《嘉定钱大昕全集》（九），江苏古籍出版社1997年版，第574页。

[5] 钱大昕：《潜研堂文集》卷二十四《经籍籑诂序》，见《嘉定钱大昕全集》（九），江苏古籍出版社1997年版，第377页。

[6] 王鸣盛：《十七史商榷》自序，凤凰出版社2008年版。

[7] 戴震：《东原文集》卷十《古经解钩沉序》，见《戴震全书》（六），黄山书社1995年版，第378页。

[8] 戴震：《戴东原先生文·与某书》，见《戴震全书》（六），黄山书社1995年版，第495页。

[9] 段玉裁：《经韵楼集》卷三《在明明德在亲民说》，上海古籍出版社2008年版，第59页。

于得义，得义莫切于得音”[1]。洪亮吉认为：“古之训诂即声音……汉儒言经，咸臻斯义……声音之理通，而六经之旨得矣。”[2] 阮元也说：“圣贤之道存于经，经非诂不明……然则舍经而文，其文无质，舍诂求经，其经不实。为文者尚不可以昧经诂，况圣贤之道乎？”[3] 又说：“圣贤之言，不但深远者非训诂不明，即浅近者亦非训诂不明也。”[4] 还说：“夫穷经之道，必先识字；识字之要，又在审音。”[5] 焦循也说：“训诂明乃能识羲、文、周、孔之义理。”[6] 由小学以通经明道的思想影响巨大，四库馆臣亦往往从此出发，评经论史，认为“读古人之书，则当先通古人之字，庶明其文句而义理可以渐求”[7]。总之，在他们看来，音韵训诂是究明经书义理的最重要工具，是通向义理的必由之径。他们以小学的方法治经，强调博学，讲求博证，注重归纳，长于考据，有着一套严格的治学路数，特色鲜明，自成一体。正如有学者所指出的：“推明古训、溯求本原、实事求是，正为乾嘉学术之重要特色。”[8]

总之，反对空谈，崇尚务实，实事求是，反对盲目蹈袭前人成说，几乎是乾嘉汉学家们的一致口径。重事实，重考据，强调“我注六经”，学者普遍重视文字、音韵、训诂的研究，并由此入手来究明经书义理，是乾嘉学者们治学的一大特色。由经及史，乾嘉学者把治经的方法用于治史，在历史考证领域取得了超越前代的成就，由此，乾嘉时期的史学也就有了不同于清初的特色，一则，文献的整理与考订硕果累累，人们

[1] 段玉裁：《经韵楼集》卷八《王怀祖广雅疏证序》，上海古籍出版社 2008 年版，第 187 页。

[2] 洪亮吉：《洪亮吉集》卷八《汉魏音序》，中华书局 2001 年版，第 177 页。

[3] 阮元：《研经室集二集》卷七《西湖诂经精舍记》，见《研经室集》（上），中华书局 1993 年版，第 547—548 页。

[4] 阮元：《研经室集一集》卷二《论语一贯说》，见《研经室集》（上），中华书局 1993 年版，第 53 页。

[5] 阮元：《十三经音略序》，转引自《乾嘉学术编年》，河北人民出版社 2005 年版，第 605 页。

[6] 焦循：《雕菰集》卷十三《寄朱休承学士书》，见《焦循诗文集》，广陵书社 2009 年版，第 236 页。

[7] 永瑢：《四库全书总目》卷三十三，“九经古义”条，中华书局 1965 年版，第 277 页。

[8] 漆永祥：《乾嘉考据学研究》，中国社会科学出版社 1998 年版，第 99 页。

转向对文献典籍的总结和清理。二则，学者移治经之法以治史，丰富了史学研究的方法，尤其完善了传统历史考据法。三则，形成了博采慎择，征实存信，严谨考证，直书史事，反对书法褒贬，力戒驰骋议论的治史原则。

第二节　汉学考证对史学的影响

乾嘉时期，汉学考证之风盛行，人们以此治经，取得了很大成绩。其流风所及，影响到史学，丰富了历史研究的理论与方法。

一、史学领域重考据、轻议论学风的形成

乾嘉时期，汉学对宋明理学空疏学风的批评，导致了史学领域重考证、轻议论的治史风格的形成。自顾炎武对宋明理学空疏学风进行批评、提倡健实学风以后，乾嘉汉学由此推衍，进一步批评宋儒“舍故训而凭胸臆”。他们指出，宋儒释经，连经书中的文字句读、名物典制都没有搞清楚，甚至连经书的真伪都没有考察，就猜度臆说，以言心言性之空言而取代圣经之本意，空发议论而于世无补，学风虚浮而没有根柢，所谓“自晋代尚空虚，宋贤喜顿悟，笑问学为支离，弃注疏为糟粕，谈经之家，师心自用，乃以俚俗之言诠说经典”[1]，“学者空谈名理，不复从事训诂，制度象数，张口茫如”[2]。于是人们纷纷舍义理而转向名物训诂，主张以考文知音之功夫治经，以治经之功夫明道，“训故明则古经明，古经明则贤人圣人之理义明”[3]，要下一番切实的考证功夫，将字、词、句的本意搞清楚，才有可能正确理解经义。譬如段玉裁就从文字音韵训

[1] 钱大昕：《潜研堂文集》卷二十四《经籍纂诂序》，见《嘉定钱大昕全集》（九），江苏古籍出版社 1997 年版，第 377 页。

[2] 钱大昕：《潜研堂文集》卷二十六《重刻孙明复小集序》，见《嘉定钱大昕全集》（九），江苏古籍出版社 1997 年版，第 411 页。

[3] 戴震：《戴氏杂录·题惠定宇先生授经图》，见《戴震全书》（六），黄山书社 1995 年版，第 505 页。

诂入手，批评朱熹对《大学》中“大学之道，在明明德，在亲民，在止于至善”的解释。朱熹在《四书章句集注》中把“明明德”这个叠音词断为两个词来解释，所谓“明，明之也，明德者，人之所得乎天，而虚灵不昧，以具众理而应万事者也。但为气所拘，人欲所蔽，则有时而昏，然本体之明，则有未尝息者。故学者当因其所发而遂明之，以复其初也”。把整个句子的含义付以理学的解释。对此，段玉裁云：“‘明明’之故训，见于《尔雅·释训》，曰：‘明明、斤斤，察也。’察者，宣著之谓。郑康成氏曰：‘明明德者，谓显明其至德也。’凡言显明者，皆谓明之至……重言‘明’者，其德自小至于大，自内至于外，自微至于著，自近至于远，自尔室屋漏至于家国天下。下文云‘明明德于天下’，谓大明极于天下，即书之‘光被四表，格于上下’。”段玉裁通过对“明明德”的训释，从文字训诂的角度对朱熹进行了批驳：“虚灵不昧，语近佛氏‘本来面目’之云，特以‘理’字易‘心’字，谓吾儒本天，释氏本心耳。‘复初’之云，始见于《庄子》。《大学》言‘充积’，非言‘复初’也。失古经句度故训，以私定之句度故训释经，非《大学》之旨也。”[1]汉学这种反对空发义理，重视文字名物之训诂的思想，直接导致了史学思想上的反对任情褒贬和驰骋议论，主张考证求实。经学上反对空言义理，主张训诂明而义理明，与史学上反对横生议论，主张史实真而是非见，在思维模式上是一样的，遵循的是相同的法则。对此，王鸣盛的一段话颇有说服力：“读史之法与读经小异而大同，何以言之？经以明道，而求道者不必空执义理以求之也，但当正文字、辨音读、释训诂、通传注，则义理自见，而道在其中矣……读史者不必以议论求法戒，而但当考其典制之实，不必以褒贬为与夺，而但当考其事迹之实，亦犹是也。故曰同也。”[2]义理不可凭虚而得，必须经考据实证而得，影响到史学，那就是注重考典制事迹之实，反对未考史实便驰骋议论、任情褒贬。

在此之下，清代史家对受理学影响的宋明史学注重发挥义理而不甚关注史实的做法进行了批评。认为他们褒贬议论是“颠倒是非，颇亦荧

---

[1] 段玉裁：《经韵楼集》卷三《在明明德在亲民说》，上海古籍出版社2008年版，第59—60页。

[2] 王鸣盛：《十七史商榷》自序，凤凰出版社2008年版。

听”，并反其道而行之，张扬重考证、轻议论的史学观念。在经史关系上，王鸣盛虽然坚持“经史有异”，“治经断不敢驳经，而史则虽子长、孟坚，苟有所失，无妨箴而砭之”[1]。但是，王鸣盛认为在“务求切实”这一根本点上，经与史却是相同的，“要之二者虽有小异，而总归于务求切实之意则一也”。也就是说，治经和治史都要“归于务求切实”。基于这样的认识，王鸣盛说：“大抵史家所记典制，有得有失，读史者不必横生意见，驰骋议论，以明法戒也。但当考其典制之实，俾数千百年建置沿革，了如指掌。而或宜法，或宜戒，待人之自择焉可矣。其事迹则有美有恶，读史者亦不必强立文法，擅加与夺，以为褒贬也。但当考其事迹之实，俾年经月纬、部居州次，纪载之异同，见闻之离合，一一条析无疑，而若者可褒，若者可贬，听之天下之公论焉可矣。”[2] 从这段议论可以看出，王鸣盛主张读史“当考其事迹之实”，反对“横生意见，驰骋议论”“强立文法，擅加与夺”。他进一步申论自己的主张，认为作史、读史都要重事实、轻议论，所谓“大抵作史者宜直叙其事，不必弄文法、寓予夺；读史者宜详考其实，不必凭意见、发议论”[3]。一句话，“学问之道，求于虚不如求于实，议论褒贬，皆虚文耳。作史者之所记录，读史者之所考核，总期于能得其实而已矣，外此又何多求邪”[4]。王鸣盛受经学名物训诂等考证方法的影响，对任意褒贬、肆情议论的治史方法非常不满：“大凡人学问精实者必谦退，虚伪者必骄矜。生古人后，但当为古人考误订疑，若凿空翻案，动思掩盖古人以自为功，其情最为可恶。”[5] 他标榜自己“如所谓横生意见，驰骋议论，以明法戒，与夫强立文法，擅加与夺褒贬，以笔削之权自命者，皆予之所不欲效尤者也”[6]。钱大昕治学，也以言心性、发空论为虚，以考事实、重证据为实，由反对经学上的褒贬蹈空之论，提倡史学研究的考据征实之风。他

---

[1] 王鸣盛：《十七史商榷》自序，凤凰出版社 2008 年版。

[2] 王鸣盛：《十七史商榷》自序，凤凰出版社 2008 年版。

[3] 王鸣盛：《十七史商榷》卷九十二《唐史论断》，凤凰出版社 2008 年版，第 673 页。

[4] 王鸣盛：《十七史商榷》自序，凤凰出版社 2008 年版。

[5] 王鸣盛：《十七史商榷》卷一〇〇《通鉴与十七史不可偏废》，凤凰出版社 2008 年版，第 731 页。

[6] 王鸣盛：《十七史商榷》自序，凤凰出版社 2008 年版。

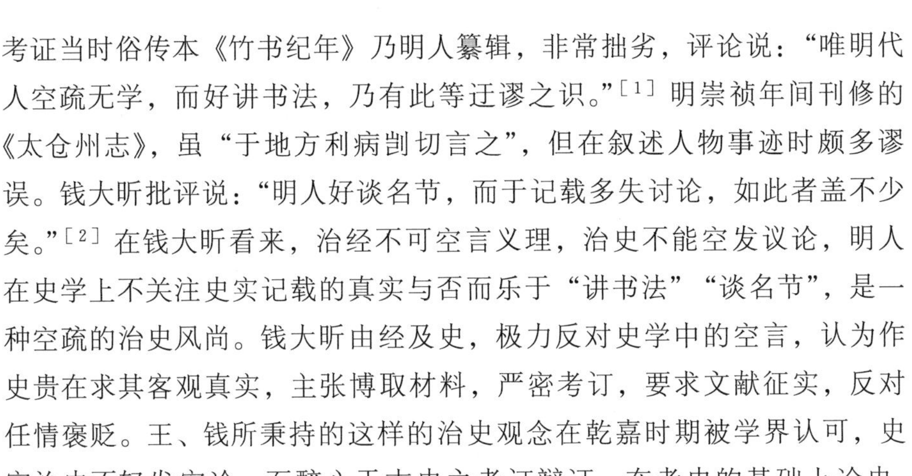

考证当时俗传本《竹书纪年》乃明人纂辑，非常拙劣，评论说：“唯明代人空疏无学，而好讲书法，乃有此等迂谬之识。”[1] 明崇祯年间刊修的《太仓州志》，虽“于地方利病剀切言之”，但在叙述人物事迹时颇多谬误。钱大昕批评说：“明人好谈名节，而于记载多失讨论，如此者盖不少矣。”[2] 在钱大昕看来，治经不可空言义理，治史不能空发议论，明人在史学上不关注史实记载的真实与否而乐于“讲书法”“谈名节”，是一种空疏的治史风尚。钱大昕由经及史，极力反对史学中的空言，认为作史贵在求其客观真实，主张博取材料，严密考订，要求文献征实，反对任情褒贬。王、钱所秉持的这样的治史观念在乾嘉时期被学界认可，史家治史不轻发宏论，而醉心于古史之考订辩证，在考史的基础上论史，言必有据，无征不信，学风敦实。

二、治史方法：以治经之方法治史

汉学治经的方法被运用到史学上，丰富了治史方法。考据作为一种治史的基本方法，并非始自清代，但很明显，清代考史方法的缜密完备和丰富多彩，却非仅仅依靠史学方法自身的积累，它主要渊源于汉学治经的方法。清初，经顾炎武、阎若璩、胡渭等人的提倡和实践，考证方法日趋完备，尤其是顾炎武“博学于文”，阎若璩“一物不知，以为深耻”等观念的提出，人们开始将治经的一套方法扩展到各个学科领域，史学便是重要阵地。

乾嘉学者，多数兼通经史，以治经方法治史，事属必然。譬如钱大昕精于文字音韵训诂之学，他以此治史，考释史书中的字词，取得了很大成绩。我们略举几例来说明问题。钱大昕利用自己发现的古声纽知识考释史书字词，如他指出，古读“文”如“门”、如“岷”、如“涽”。《水经注》称“文水”为“门水”，《尚书》的“岷山”，《史记》作“文

[1] 钱大昕：《十驾斋养新录》卷十三《竹书纪年》，见《嘉定钱大昕全集》（七），江苏古籍出版社1997年版，第347页。

[2] 钱大昕：《十驾斋养新录》卷十四《太仓州志》，见《嘉定钱大昕全集》（七），江苏古籍出版社1997年版，第371—372页。

山”，《史记·鲁周公世家》中的“平公子文公”，《世本》作“湣公”。经过钱大昕的考释，人们就不会把这些地名、人物搞错了。在音韵学上，钱大昕提出著名的“古无轻唇音”，“凡轻唇之音古读皆读重唇”，“六朝以后转重唇为轻唇，后世不知有正音，乃强为类隔之说，谬矣”[1]。钱大昕利用这一手段考订六朝以前史事，收获巨大。如他对“秃发”和“拓跋”的考证，“秃发之先，与元魏同出，‘秃发’即‘拓跋’之转，无二义也。古读轻唇音如重唇，故赫连佛佛即勃勃，‘发’从‘友’得声，与‘跋’音正相近。魏伯起书尊魏而抑凉，故别而二之，晋史亦承其说”[2]。钱大昕利用古韵学知识指出“秃发氏”与“拓跋氏”同出一源，只是因为魏收作《魏书》，“尊魏而抑凉”，才有意把二者分开，成为二氏。这样的考证，对我们正确理解历史问题，甚有帮助。利用小学的方法考订史书记载的谬误，在《廿二史考异》中占有很大比重。

和钱大昕一样，王鸣盛也贯串经史，移治经之法以治史，在进行历史考据时，小学同样是他惯用的方法。王氏对文字音韵的重要性有清醒的认识，他曾引用许慎《说文》自序中的话说：“文字者，经艺之本，王政之始，前人所以垂后，后人所以识古。”并说：“欲通古今，赖有字，亦赖有史，故字不可不识，史不可不读。”[3] 文字是一切历史信息的载体，从传统文字音韵入手，识字明句，弄清文本，通晓篇章之义，窥见全书之旨，当然是考史的重要方法。王鸣盛反复论证过小学与史学、经学以及其他学业的关系，指出：“未通小学，不可说五经、《史》、《汉》。”[4] 语言文字，总是随着历史的发展而不断变化，“声音文字，随时而变，此势所必至”。对此，王鸣盛认为，治史者既要洞察这种变化的趋向与特点，更应探本溯源，从通晓许慎的《说文》入手，“声音、文字，学之门也”，“能通《说文》，得其门而入”，则“可与言学矣”。[5]

[1] 钱大昕：《十驾斋养新录》卷五《古无轻唇音》，见《嘉定钱大昕全集》（七），江苏古籍出版社 1997 年版，第 125—137 页。

[2] 钱大昕：《廿二史考异》卷二十二《晋书五·秃发乌孤载记》，见《嘉定钱大昕全集》（二），江苏古籍出版社 1997 年版，第 501 页。

[3] 王鸣盛：《十七史商榷》卷六十七《通古今》，凤凰出版社 2008 年版，第 437 页。

[4] 王鸣盛：《十七史商榷》卷二十五《终阳》，凤凰出版社 2008 年版，第 138 页。

[5] 王鸣盛：《十七史商榷》卷八十二《唐以前音学诸书》，凤凰出版社 2008 年版，第 564—565 页。

在他看来，《说文》是训诂的门径，小学的渊薮，“欲读书必先求识字；欲识字必先通《说文》”[1]。由《说文》入门，倡明文字，进而考订史实，是王鸣盛由文字音韵考史的门径。《尚书后案》一书，即运用正文字、辨音读、释训诂、通传注的方法，汇集大量资料而成。王氏即谙熟这一方法，于是移此以治史，通过对疑文晦义的厘清，阐明典章制度、地理沿革、天文历法等问题。

张之洞曾说：“由小学入经学者，其经学可信；由经学入史学者，其史学可信；由经学史学入理学者，其理学可信；以经学史学兼词章者，其词章有用；以经学史学兼经济者，其经济成就远大。”[2] 这就点出了清代史家取得成绩的途径和方法以及由此在其他领域的扩展。经学家治经着重文字训诂，反对主观武断发明经义，以小学为工具，进行校勘，以究典制名物。从小学入手以治经，是清代汉学的首要法门，这种正文字、辨音读、释训诂、通传注的方法运用到史学上，就是究版本、校文字、阐释字句、洞察事迹，考证天文、地理、职官、名物等问题，在专门和精深上做文章，形成了一套可以操作的，涉及文字、音韵、训诂、版本、校勘、辨伪等众多学科的庞大的方法体系，具有一定的可靠性和有效性。他们运用这些方法，考证文献，克服了以往史家依靠个人的学识主观先验地凭事理推测、鉴别史料方法的局限，构建了一套行之有效的操作程序，对于史学的科学化、客观化起了推动作用。

另外，汉学研究中常用的通例归纳法也被运用到史学研究上。清人治经，特别认识到读书必明其例的重要性，将其视为治学的重要方法之一，所谓“学者欲读其书，宜先知其例，书例既明，则其义可依类而得矣”[3]，

---

[1] 王鸣盛：《十七史商榷》卷二十二《三苍以下诸家》，凤凰出版社 2008 年版，第 125 页。

[2] 张之洞著、范希曾补正：《书目答问补正》，上海古籍出版社 2001 年版，第 258 页。

[3] 《经解入门》卷六《体例不可不熟第四十六》。《经解入门》旧题江藩撰，经过司马朝军考证，该书实际上是假托江藩之名，并非江藩所作，其真正编者为晚清凌赓飏。凌氏，字陛卿，一云佩卿，浙江钱塘人。光绪十一年（1885 年）乙酉科举人，光绪十三年在上海四马路胡家宅西首创办鸿文书局。该书将清初至晚清汉学诸大师的代表作抄撮于一起，又作了一点改造加工，非常便于当时的初学者。见司马朝军：《〈经解入门〉整理与研究》，武汉大学出版社 2017 年版。

他们认为“读古人书，先须寻其义例，乃能辨其句读，非可妄议”[1]。卢文弨对古书行款版式通例之归纳，段玉裁对汉儒旧注通例之归纳，凌廷堪对《仪礼》通例之归纳，顾广圻对《释名》《易林》等书通例之归纳，洪亮吉校《石经》归纳二十四法，王念孙、王引之对发疑致误之归纳，江藩对古书通例集大成式之归纳等，[2] 都是当时以通例归纳治经的显例。这种方法波及史学，戴震、钱大昕、王鸣盛、赵翼等人均不同程度地在治史过程中运用义例归纳法，取得了显著成就。譬如戴震治《水经注》，就归纳三项义例，所谓“独举、复举之不同”“‘过’‘迳’之不同”、“‘某县’及‘某县故城’之不同”[3]。他运用此义例校勘《水经注》，删妄正臆，纠谬补缺，取得了前所未有的成就。再如钱大昕考证《三国志》中徐庶的姓氏，就是通过归纳义例解决了问题。《三国志·诸葛亮传》记诸葛亮与徐庶的关系，裴松之注云：“《魏略》曰：‘庶先名福，本单家子。’”世俗习惯读“单”为“善”，把“单家子”理解为单家的后代，因此怀疑徐庶本姓单，后改姓徐。钱大昕通过归纳《魏略》义例，指出《魏略》一书，“凡云单家者，犹言寒门，非郡之著姓耳。徐庶为单家子，与此一例”[4]。“单家”指“寒门”，“单家子”就是寒门的后代，徐庶出身寒门，与姓氏无涉。钱大昕通过归纳史书义例，破除了人们的误解。

三、历史编纂学：重史实、轻笔法

在历史编纂学上，史家反对春秋笔法，反对以正统论著史，也是受了汉学的影响。春秋笔法是对传统史学影响很深的一种观念。宋代理学家研究、解说《春秋》，形成《春秋》学。这种研究又渗透到史学中，在

[1] 钱大昕：《潜研堂文集》卷十一《答问八》，见《嘉定钱大昕全集》（九），江苏古籍出版社 1997 年版，第 173 页。

[2] 见漆永祥：《乾嘉考据学研究》，中国社会科学出版社 1998 年版，第 88—98 页。

[3] 段玉裁：《经韵楼集》卷七《与梁耀北书论戴赵二家〈水经注〉》，上海古籍出版社 2008 年版，第 172 页。

[4] 钱大昕：《诸史拾遗》卷一《蜀志·诸葛亮传》，见《嘉定钱大昕全集》（四），江苏古籍出版社 1997 年版，第 8 页。

治史中形成了重《春秋》褒贬，重正统论，重《春秋》义例的现象。[1]清代汉学家一反宋儒重心性义理，好阐发议论的作风，变而为重文字训诂，好考证求实，张扬实事求是的学术个性。在史学上，则是轻史义，重史实，反对只重褒贬大义，而于史实却不甚理会的作史态度，尤其反对在历史编纂上搞春秋笔法，辨正统闰位。

钱大昕通过归纳、剖析《春秋》义例，指出《春秋》并不在文字上搞褒贬，《春秋》天子书崩、诸侯书薨、大夫书卒，体现的只是一种等级观念，并不存在什么褒贬。如果说《春秋》有褒贬的话，直书史事，善恶无隐，就是褒贬。他说："《春秋》，褒善贬恶之书也。其褒贬奈何？直书其事，使人之善恶无所隐而已矣。"[2]《春秋》是一部直书史事的史书，君臣事迹善恶无隐，褒贬自然就得到体现，褒贬就在直书之中。钱氏对《春秋》义例的论述，无疑是对那些在历史编纂中运用春秋笔法的人的釜底抽薪。他还批评欧阳修编纂《新唐书》、朱熹编纂《资治通鉴纲目》使用春秋笔法的做法，指出《新唐书·宰相表》用薨、卒、死来体现善恶褒贬，是"科条既殊，争端斯启，书死者固为巨奸，书薨者不皆忠谠，予夺之际，已无定论"。《资治通鉴纲目》在这点上又远远超过了《新唐书》，"设例益繁，或去其官，或削其爵，或夺其谥。书法偶有不齐，后人复以己意揣之，而读史之家，几同于刑部之决狱矣"[3]。欧、朱二人之书既掩盖了历史的真实，又褒贬不当，还给读史者造成极大困难。基于此，钱氏主张史书编纂要抛弃春秋笔法那一套，据实而书，"史家纪事唯在不虚美，不隐恶，据事直书，是非自见。若各出新意，掉弄一两字以为褒贬，是治丝而棼之也"[4]。与钱大昕一样，王鸣盛也反对治史模仿春秋笔法，他说："夫《春秋》大义，炳如日星，而其微词变例，美恶不嫌同辞，则有非浅近之所能推测者。后人修史辄从而拟之，

[1] 参见吴怀祺：《宋代史学思想史》，黄山书社1992年版。

[2] 钱大昕：《潜研堂文集》卷二《春秋论》，见《嘉定钱大昕全集》（九），江苏古籍出版社1997年版，第17页。

[3] 钱大昕：《廿二史考异》卷四十六《唐书·宰相表中》，见《嘉定钱大昕全集》（三），江苏古籍出版社1997年版，第950页。

[4] 钱大昕：《十驾斋养新录》卷十三《唐书直笔新例》，见《嘉定钱大昕全集》（七），江苏古籍出版社1997年版，第350页。

不失之迂妄，则失之鄙陋。”[1] 他认为“《春秋》书法，去圣久远，难以揣测，学者但当阙疑，不必强解，唯考其事实可耳……究之是非，千载炳著，原无须书生笔底予夺，若固弄笔，反令事实不明，岂不两失之”[2]。王氏认为，客观叙述，不加褒贬，“真叙事良法，可以翼赞天命天讨之权者也”[3]。他同样批评《新唐书》和《资治通鉴纲目》效法春秋笔法，意主褒贬的著史宗旨，“欧公手笔诚高，学《春秋》却正是一病。《春秋》出圣人手，义例精深，后人去圣人久远，莫能窥测，岂可妄效？且意主褒贬，将事实一意删削，若非《旧史》复出，几叹无征”[4]。可见，王鸣盛认为，史为纪实，记载事实乃史之天职，无论什么样的书法，都不能损害这一基本前提，否则便非良史。《四库全书总目》也批评欧阳修以春秋笔法著史，“事实不甚经意”，“传闻多谬”[5]。总之，以《春秋》褒贬大义治史的观念受到了批判。宋人由重义理而重春秋笔法，清人由重考实而反对春秋笔法，反映了宋清间史学由重阐发向重事实的转变。

与春秋笔法相联系的是正统观念。宋人著史重正统、闰位之辨，清人这一观念比较淡漠。尽管在清代史学史上，由于宋学的不绝如缕，正统观念也时隐时显，但总的趋向是受到批评。清初，王夫之即对正统论作了反思，认为以正统解说历史，真伪混淆，无法自圆其说，故而他评论历史，“不言正统”[6]。乾嘉时期，钱大昕对朱熹在《资治通鉴纲目》中虚引中宗年号以记载武氏事迹，以明正统归李唐的写史方法表示不满，对于后儒推演其例，主张去除王莽年号，以存刘氏之统更是不以为然，说：“此亦极笔削之苦心，而称补天之妙手矣”，“愚窃未敢以

[1] 王鸣盛：《十七史商榷》卷九十三《欧法春秋》，凤凰出版社 2008 年版，第 676 页。

[2] 王鸣盛：《十七史商榷》卷七十一《李昭德来俊臣书法》，凤凰出版社 2008 年版，第 474—475 页。

[3] 王鸣盛：《十七史商榷》卷七十一《李昭德来俊臣书法》，凤凰出版社 2008 年版，第 474 页。

[4] 王鸣盛：《十七史商榷》卷九十三《欧法春秋》，凤凰出版社 2008 年版，第 676 页。

[5] 永瑢：《四库全书总目》卷四十六，“新五代史”条，中华书局 1965 年版，第 411 页。

[6] 王夫之：《读通鉴论》卷末《叙论一》，见《船山全书》第十册，岳麓书社 2011 年版，第 1176 页。

为然也”。[1] 指出对于朝代改换、君主更替，不应该在正闰上做文章，而应该根据当时的实际情况进行编纂，“史者，纪实之书也。当时称之，吾从而夺之，非实也；当时无之，吾强而名之，亦非实也”[2]。钱大昕从史以纪实的角度否定正闰之争的不合理。凌廷堪对正统论也持反对意见，他回顾了历史上的正闰之争后指出：“正闰之说，迄无定论也。”他一针见血地指出正统论就是“以私意尊己贬人”，所谓“自宋人正统之论兴，有明袭之，率以私意，独尊一国，其余则妄加贬削，不以帝制予之”[3]。凌廷堪剖析欧阳修《新五代史》，指出欧阳修本想以春秋笔法和正统论书写五代历史，但在褒贬朱温、朱友珪等历史人物的时候，矛盾百出，与他一直提倡的正统原则相违背，“以子之矛陷子之盾”[4]。在凌廷堪看来，欧阳修所谓的正统论不过是作史者满足自已私心的一个借口，是对史学求实的破坏，真正的史书编纂应该是“其实为君矣，书其为君，其实篡也，书其篡，而后世信之，其罪自不可掩”[5]。这些，都可以看出汉学求实精神的渗透。

四、历史理论：慎言“天理”

乾嘉汉学因与宋学对立，在进行经史研究时，对宋明理学的很多概念进行了否定性解释。比如戴震作《孟子字义疏证》，从《孟子》一书中选出“理”“天道”“性”“道”“仁义礼智”等与理学相关的概念，引经据典，加以疏证。在宋代，“理”“天理”成为理学的核心内容和重要概念，理学家构建出一个独立于物质世界的永恒存在的“理”，并与“欲”

---

[1] 钱大昕：《潜研堂文集》卷二《春秋论二》，见《嘉定钱大昕全集》（九），江苏古籍出版社1997年版，第19页。

[2] 钱大昕：《潜研堂文集》卷二《春秋论二》，见《嘉定钱大昕全集》（九），江苏古籍出版社1997年版，第20页。

[3] 凌廷堪：《校礼堂文集》卷三十一《书黄氏通史发凡后》，中华书局1998年版，第285页。

[4] 凌廷堪：《校礼堂文集》卷三十一《书五代史梁家人传后》，中华书局1998年版，第276页。

[5] 凌廷堪：《校礼堂文集》卷三十一《书五代史梁家人传后》，中华书局1998年版，第275页。

对立起来，宣扬“存天理，灭人欲”。戴震首先对“理”进行了辨析，“理者，察之而几微必区以别之名也，是故谓之分理；在物之质，曰肌理，曰腠理，曰文理；得其分别有条不紊，谓之条理”[1]。这样解释“理”，完全消解了宋明理学之“理”所承载的至高无上的伦理道德内涵。戴震还进一步把理与欲统一起来，明确提出：“人伦日用，圣人以通天下之情，遂天下之欲，权之而分理不爽，是谓理。”并尖锐批评了宋儒“截然分理欲为二”，将理欲对立起来的作法。经过戴震的重新诠释，“理”已失去了理学的意义，而变成戴震思想体系的一部分。除戴震外，其他如凌廷堪的“以礼代理”说，阮云的“仁”论，等等，都通过文字音韵训诂的研究，瓦解理学的概念，批判理学的思想。

受这种汉学考据的影响，乾嘉时期的史家在解释历史的发展时，也很少使用“天理”“心性”这些宋儒惯常使用的概念，他们多数已不再执着于用“天理”这种纲常名分的标准评价历史事物，议论历史人物的功过，讨论历史的盛衰盈虚，而是就历史事物本身发论，冲破先验的“理”来评说历史。如王鸣盛论史，往往能从分散的材料中钩稽贯串，找出历代重要历史问题，考其流变，分析利弊。如《十七史商榷》卷十二“常平仓”“敛散即常平”条，就抓住汉代经济生活中颇为重要的一个问题，并论及唐宋的社仓，考察了它们的兴废利弊，指出，常平仓之设，谷贱买入，谷贵卖出，平抑物价，接济百姓，稳定社会，是于官于民都有利的事，但是由于“猾吏贪胥上下其手”，结果弊端丛生，成了与民争利的工具。最后，王鸣盛总结说：“自古积粟之法，莫善于在民，莫不善于在官。”发人深思。王鸣盛还指出，耿寿昌的常平法与桑弘羊的均输法是不同的，常平是为了利民，而均输“尽笼天下货物，贵卖贱买，则直与民争利矣”。在这里，王鸣盛纵横贯串，抓住汉代经济生活中的重要问题发论，表达了自己关心民生、反对朝廷与民争利的思想。赵翼论史，能抓住历代治乱兴衰之大事进行评论。如论西汉的兴亡，即抓住西汉政治制度的演变、汉儒的特征及其对政局的影响、西汉选举制度的本质、汉武帝用人的特点、外戚集团的发展、王莽的发迹与败亡等，作为评论的重

[1] 戴震：《孟子字义疏证》卷上《理》，见《戴震全书》（六），黄山书社 1995 年版，第 151 页。

点。论唐宋元明的盛衰，则抓住唐代宦官出使及监军的弊端、唐代节度使之祸、五代枢密使权势之重，宋代制禄与恩赏之厚、恩荫之滥、宋代冗官冗费、宋代军律之驰、王安石变法、秦桧及史弥远擅权，金代猛安谋克散处中原，元代百官皆以蒙古人为之长、宋元交钞的发展演变，明言路先后不同、内阁首辅之权最重、乡官虐民之害、万历中矿监税使之害、明代宦官专权等。这些均为历代重要历史问题，赵翼一一将其提出，进行评论，反映了他开阔的历史视野以及洞察历史演变发展的能力。赵翼的史论，重联系，探因由，“观世变”[1]。抓出历代历史的特点，尽力寻找历史表象背后的深刻意义和教训，发掘隐藏在大量分散史实中的底蕴，分析历史事件发生的原因以及可以吸取的经验教训。

在思考历史盛衰变动时，乾嘉学者在哲理上发明不多。赵翼有历史变易的思想，认为历史变动有一个必然的趋向，也就是所谓“势”。社会发展乃“势之必然”，社会变动也是“其势不得不变”。《廿二史札记》一书，多次出现“势”“事势”“时势”等，体现出赵翼对社会发展中某些规律的把握，如他曾说：“上古之时，人之视天甚近，迨人事繁兴，情伪日起，遂与天日远一日，此亦势之无可如何也。”[2] 这就是说，上古之时，生产力低下，对自然界的认识不足，因而人们比较相信天命，敬天畏天。随着社会发展，人事变动日益繁杂，人在与天的联系方面开始疏远，事天不如事人，这就是社会发展的客观规律。在分析了汉初诸侯王自置官属的变化后，赵翼概括说：“盖法制先疏阔而后渐严，亦事势之必然也。”[3] 由此可见，赵翼所讲的“势”，乃是历史之势，是一种历史发展必然产生的趋向。赵翼还用“气运观”解释历史兴盛衰亡的变动。他认为，在很大程度上，是“气运”之盛衰决定历史之成败。赵翼在论述汉初历史变局时，认为汉初群雄崛起乃“气运为之”。很明显，赵翼认为“气运”是一种超越“人力”的力量。那么，“气运”到底是什么呢？赵翼没有明说。在中国哲学史上，“气”一直是被当作一种能运动、占有空

[1] 赵翼：《廿二史札记》卷二十《唐前后米价贵贱之数》，凤凰出版社 2008 年版，第 296 页。

[2] 赵翼：《廿二史札记》卷二《汉儒言灾异》，凤凰出版社 2008 年版，第 25 页。

[3] 赵翼：《廿二史札记》卷二《汉初诸侯王自置官属》，凤凰出版社 2008 年版，第 25 页。

间的客观存在而对待的，自宋以降，更以“理”“气”相对。清初王夫之以“气”为唯一的实在，与赵翼同时代的戴震，以“气”作为世界的本原，用“气化”来指称物质实体的不断运动变化。赵翼的“气运”史观，极有可能是从这种“气化”的哲学范畴演变而来，赵翼将这种“气运”用于历史研究，并将此作为人类历史发展的重要原因，这在当时是极有特色的。

崔述撰作《考信录》，除考辨古史虚实真伪外，还特别注意论治理得失、考历史盛衰。他说：“《三代考信录》共十有二卷，惟辨其虚实真伪，使圣王之事不至为传记所诬，未及详其政事之得失也。夏、商之政，不可详考，固已；若周，则典籍存于世者尚多，可以考而知之，故复作《周政通考》以究其盛衰之由。”[1] 这段话说得非常明白，夏、商二代，文献记载甚少，盛衰变化之由无法考察清楚，而周代典籍存于世者尚多，故而可以考察其盛衰变化之原因，因此崔述在《丰镐考信录》之后又作《丰镐考信别录》，专考周政之盛衰。他又说：“文、武所以创业，成、康所以守成，幽、厉所以失政，其治乱兴衰之故有非纪事之文所能尽者。故统其前后而考之，庶学者可以一目了然。”[2] 目的很明确，就是要考察周代的盛衰变化，使人们得知一代盛衰之过程。在论述历史演化发展时，崔述将“势”的概念引入，认为“势”乃历史发展的趋势和程度，是人力所不能改变的，人们只有顺应“势”，社会才会发展。他说：“天下之事固有斤斤焉求其如是而反不如是者，有不必斤斤焉求其如是而自能如是者，势为之而已矣。”[3] 他在《考信录》中还多次谈到“理势”“事势”“时势”等，如“夏于唐、虞之政其必因之而不改者，理势之自然也”[4]。又说：“自有生民以来，莫不有讼。讼也者，事势之所必趋，

[1] 崔述：《丰镐考信别录》卷一，见《崔东壁遗书》，上海古籍出版社 1983 年版，第 336 页。

[2] 崔述：《丰镐考信别录》卷一，见《崔东壁遗书》，上海古籍出版社 1983 年版，第 327 页。

[3] 崔述：《无闻集》卷一《救荒策三》，见《崔东壁遗书》，上海古籍出版社 1983 年版，第 687 页。

[4] 崔述：《夏考信录自序》，见《崔东壁遗书》，上海古籍出版社 1983 年版，第 107 页。

人情之所断不能免者也。"[1] 他还指出，揖让之变为征诛，也是历史发展必然之"势"。总之，"势"使得历史上任何事物的出现都具有不得不然的情景和条件。从此出发，崔述提出论得失须考时势的论史原则。他认为，要想真正总结王朝的盛衰得失经验，必须深入考察当时的历史趋势和环境条件，也就是要有历史主义的眼光和原则。他多次批评后世之人以己度人、以今度古的脱离环境和条件的历史评论。比如，汉唐之人多有认为周之灭亡是因为封建诸侯者，对此，崔述一一进行辨析，指出周之衰亡并不是因为封建，汉唐之人"好议论古人得失而不考其时势"[2]，才得出可笑的结论。崔述重"势"的社会历史观，虽然不如历史上的韩非、柳宗元、刘知幾、王夫之等思想家深刻和系统，但他能在大量考证辨伪工作的基础上提出这一看法，认识到历史现象背后存在着"势"这样一种制约性力量，说明他并非只会"下学"，他还能由"下学"而"上达"，求真实不沉溺于纯考据，能超越一事一物零散的考证而进行宏观思考。

以上这些都是乾嘉时期较有价值的历史思想。但总起来看，由于受汉学名物训诂、重文献考实之风的影响，这一时期的史家在历史哲学上没有大的建树，论史而蔽于理。倒是受公羊今文学影响的一批人，在历史哲学上有一套宏通的系统看法。

总之，汉学对史学的影响，有积极的一面，也有消极的一面。从积极的一面看，它培养了中国史学的求实精神和理性精神，创造了一套行之有效的考证辨析史料的方法，扭转了长期以来史学著作资料选择的主观性和论点的直觉性。从消极的一面讲，由于汉学过分强调考证辨伪为"实"，分析评论为"虚"，从而严重限制了史家宏观把握历史的能力。他们对历史的盛衰运动、历史运动的支配力量等历史哲学问题思考甚少，无法对历史进程、历史运动这一历史客观性的问题做出系统解释，缺乏自己的哲学体系。又由于汉学崇古，有愈往前古，愈得其真的儒学求本思想，影响到史学，"博古"现象严重。我们不能说乾嘉学者都博古而不

---

[1] 崔述：《无闻集》卷二，见《崔东壁遗书》，上海古籍出版社 1983 年版，第 701 页。

[2] 崔述：《丰镐考信别录》卷二，见《崔东壁遗书》，上海古籍出版社 1983 年版，第 345 页。

通今，但“博古”思想影响到他们上下贯穿的通识眼光，也是事实。

由于汉学对史学的影响主要在治史态度、研究方法以及历史编纂等史学客观性这一层面上，无法对历史进程、历史运动这一历史客观性的问题做出系统解释。因此，当外部社会发生动荡，需要人们预见历史发展趋势时，汉学就无能为力了。而注重哲理思辨的宋学就有可能抬头，站出来论证历史之发展变化。但宋学的过分虚妄也使人生厌，于是有人就试图将汉学的求真务实与宋学的思辨议论结合起来，汇合汉、宋，摒弃汉学的琐细和宋学的虚妄，在史学上做到事实真和义理明，以便更好地适应社会的发展。这也是为什么晚清以后史学逐步摆脱经学束缚而独树一帜的重要原因。

第三节　以史事证经典：史学对经学的作用

在清代，经学固然对史学产生较大影响，但史学绝非完全被动地受制于经学潮流。由于传统史学本身在发展演化中形成了一整套的思想、原则和方法，因此，在清代学术发展中，史学的思想原则和治学方法对汉学、宋学乃至今文经学等也都产生了一定的影响，在某种程度上起到了扭转学风偏向的作用。传统史学思想所固有的经世观念、信史原则、直书精神等思想内涵对汉学、宋学、今文经学等各种学术思潮的弊端起着砭谬纠偏的作用。宋学的空谈性理与史学求真相矛盾，汉学的考证求实与历史哲学的思辨相凿枘，今文经学的微言大义与秉笔直书也不尽一致。这样，有着深厚思想积淀的史学便自觉不自觉地在清代学术思潮的演变中发挥作用，用通古今、察盛衰、求史实、研治乱等史学眼光看待一切，把史学的精神渗透到各家经说之中，将理学的蔽真、汉学的蔽理、今文经学的蔽实等弊端扭转过来，将所有学说都与对历史盛衰兴亡的思考结合起来。此种情况，不可不察。

一、以史学挽经学颓势

清代学者在治学上打通经史之间的间隔，从经史结合的角度思考问

题，一方面使当时兴盛一时的经学对史学起作用，另一方面史学对经学也同样有影响。

就“六经皆史”而言。明清时期“六经皆史”思想高涨，和专制社会后期封建思想走上绝路是有关系的，同时又是宋代以来“疑古”“惑经”思想的继续。明后期，无论是程朱理学还是陆王心学都陷入了空谈性理、于世无补的境地。如何挽救这种思想上的颓势，就成了当时的一个重要问题。史学是一门经世的学问，于是有见识的思想家们开始将史学与经学打通，用史学的经世功能来补充空谈性理所造成的空疏学风，摆脱人们对儒家经典的曲解，以复原六经本来面目的形式为儒学的继续发展寻找出路。“六经皆史”在某种意义上讲就是“以史救经”“以史补经”。在中国这样一个以经史为治国之理论依据的国家里，每当思想发展陷入困境时，人们总是想到能够资治和借鉴的史学，总是要从史学中寻找治国安邦之术，从而为思想的继续发展找出突破口。史学是挽救经学颓势的最有力武器，没有史学这个根基，经学的说教永远是空中楼阁，无法很好地操作和运用。

明清之际，顾炎武、黄宗羲等人面对剧烈的历史变动和理学末流回天乏术的状况，开始由虚返实，高扬经世致用的大旗，重振思想雄风。在这一过程中，他们进一步认识到史学研究对于社会发展和学术发展的意义。所以，在顾、黄等人的思想体系中，尊经重史就成了无法分割的一个问题。他们在构建经世致用的实学思想时，把史学放在了一个极其重要的地位，在他们看来，没有历史经验的总结，任何有关国家治理的思想，最终都会走向发展的困境。

乾嘉时期，众多学者从事于经籍、史籍的考订、辨伪等工作。这种理性精神很强的工作，势必使人们认识到，经籍与史籍一样，同样存在很多问题，经书屡经后人改篡，并非神圣到一点错误都没有。于是，经学开始史学化，不断被人们当作寻常的历史材料来运用。在这种情况下，“六经皆史”再被人重提，其所具有的意义与明清之际又有所不同。美国汉学家艾尔曼曾指出：“知识阶层对帝国正统学术的批判早在18世纪已达到高潮。传统儒家经典一度拥有的不容置疑的权威性，在那时即受到知识阶层尖锐的挑战。这种挑战明显反映于他们的语言、数学、天文、地理、金石实证性研究之中。18世纪的知识分子，运用这些研究成果，重新审视儒学众多理论的合理性，对宋明理学解释儒家经典所充斥的空疏学风极为不满。儒家经典受到全面的怀疑，并经由史学化，变成了寻常的史学研究对象和材料。这是知识阶层思想变化最显著的标志。”[1]乾嘉学者从道不离事、道不离器、体用同原的角度出发，认为经史互补，谈经必须究史，论史必须考经。他们认为，经史是统一的，是一个事物的两个方面，经这个“道”不能离开史的这个“事”或“器”，否则就是空谈性理；史这个“事”不能离开经这个“道”，否则就是失去应有的价值标准。经史相分会使思想走上绝境，国家缺乏治术。“六经皆史”就是要使经史统一起来，造就一种“有体有用”“体用综合”的学问，以期有补于社会与民生。

我们说以史学挽经学颓势，主要是从史学经世的角度来认识这一问题的。清初学者通经致用、以史经世，主要是社会变革、学术求新的结果。乾嘉时期，经世致用的思想则主要来源于史学。众所周知，传统史学自产生之日起就有强烈的致用色彩，就是资治与垂训的大本营，所有从事史学研究的古代史家，均高悬资治、垂训、经世的治史目标，积极入世。清代乾嘉学者长于治经，从事文献整理与考证，却继承了史学经世致用的优良传统，并继续发扬。钱大昕是乾嘉时期的著名经史学家，他继承经世致用的思想传统，提倡“明道致用”，认为“儒者之学，在乎明体以致用”[2]，提出“为文之旨有四，曰明道、曰经世、曰阐幽、曰正俗”[3]。和钱大昕齐名的王鸣盛在《十七史商榷》中特别留意对米价、赋税、常平仓、钱制、兵制、地方行政、中枢官制、边政、民族等实际问题的考证和议论。他认为，一个学者作史的最重要因素就是胸中要有“经国远图”，要关注“民生疾苦，国计利害”。[4]赵翼更是一位以经世

[1] （美）艾尔曼：《从理学到朴学——中华帝国晚期思想与社会变化面面观》著者初版序，江苏人民出版社1997年版。

[2] 钱大昕：《潜研堂文集》卷二十五《世纬序》，见《嘉定钱大昕全集》（九），江苏古籍出版社1997年版，第403页。

[3] 钱大昕：《潜研堂文集》卷三十三《与友人书》，见《嘉定钱大昕全集》（九），江苏古籍出版社1997年版，第575页。

[4] 王鸣盛：《十七史商榷》卷六十《宋书有关民事语多为南史删去》，凤凰出版社2008年版，第368页。

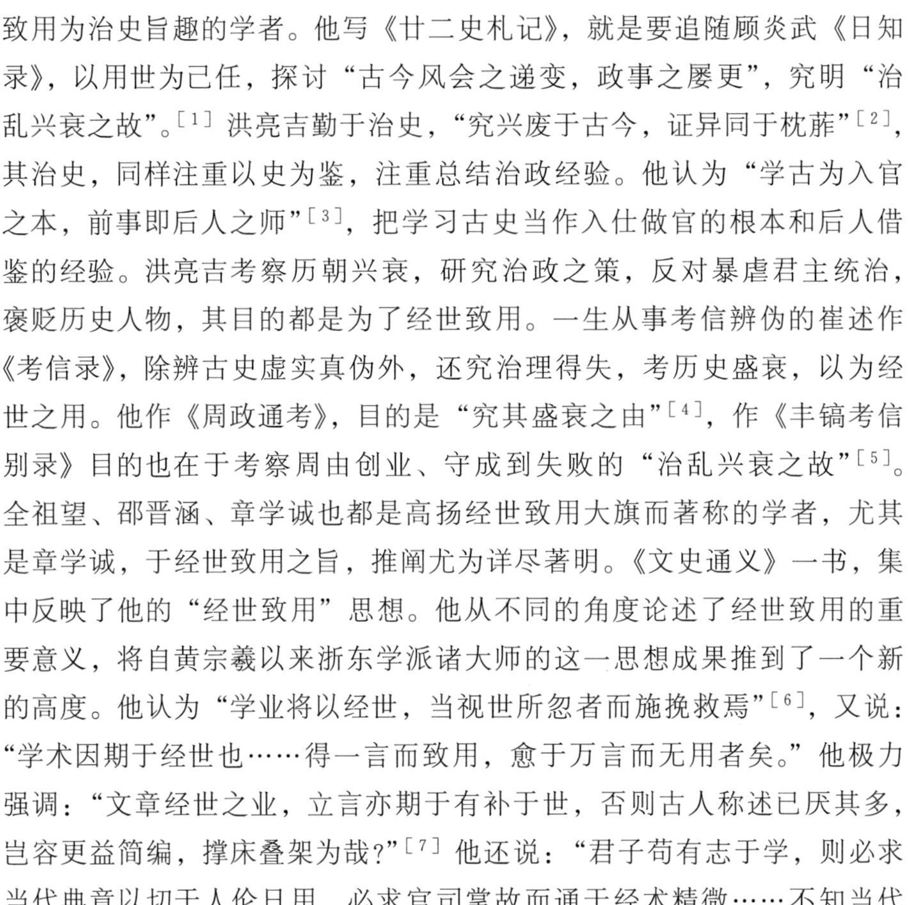
致用为治史旨趣的学者。他写《廿二史札记》，就是要追随顾炎武《日知录》，以用世为已任，探讨“古今风会之递变，政事之屡更”，究明“治乱兴衰之故”。[1] 洪亮吉勤于治史，“究兴废于古今，证异同于枕葄”[2]，其治史，同样注重以史为鉴，注重总结治政经验。他认为“学古为入官之本，前事即后人之师”[3]，把学习古史当作入仕做官的根本和后人借鉴的经验。洪亮吉考察历朝兴衰，研究治政之策，反对暴虐君主统治，褒贬历史人物，其目的都是为了经世致用。一生从事考信辨伪的崔述作《考信录》，除辨古史虚实真伪外，还究治理得失，考历史盛衰，以为经世之用。他作《周政通考》，目的是“究其盛衰之由”[4]，作《丰镐考信别录》目的也在于考察周由创业、守成到失败的“治乱兴衰之故”[5]。全祖望、邵晋涵、章学诚也都是高扬经世致用大旗而著称的学者，尤其是章学诚，于经世致用之旨，推阐尤为详尽著明。《文史通义》一书，集中反映了他的“经世致用”思想。他从不同的角度论述了经世致用的重要意义，将自黄宗羲以来浙东学派诸大师的这一思想成果推到了一个新的高度。他认为“学业将以经世，当视世所忽者而施挽救焉”[6]，又说：“学术因期于经世也……得一言而致用，愈于万言而无用者矣。”他极力强调：“文章经世之业，立言亦期于有补于世，否则古人称述已厌其多，岂容更益简编，撑床叠架为哉？”[7] 他还说：“君子苟有志于学，则必求当代典章以切于人伦日用，必求官司掌故而通于经术精微……不知当代而言好古，不通掌故而言经术……虽极精能，其无当于实用也审矣”[8]。

[1] 赵翼：《廿二史札记》，小引，凤凰出版社2008年版。

[2] 吴锡麒：《清故奉直大夫翰林院编修洪君墓碑》，见《洪亮吉集》第五册，中华书局2001年版，第2366页。

[3] 洪亮吉：《历朝史案》序，见洪亮吉编《历朝史案》，巴蜀书社1992年版。

[4] 崔述：《丰镐考信别录》卷一，《崔东壁遗书》，上海古籍出版社1983年版，第336页。

[5] 崔述：《丰镐考信别录》卷一，《崔东壁遗书》，上海古籍出版社1984年版，第327页。

[6] 章学诚：《文史通义》外篇三《答沈枫墀论学》，见《文史通义新编新注》，浙江古籍出版社2005年版，第714页。

[7] 章学诚：《文史通义》外编三《与史余村》，见《文史通义新编新注》，浙江古籍出版社2005年版，第686页。

[8] 章学诚：《文史通义》内篇五《史释》，见《文史通义新编新注》，浙江古籍出版社2005年版，第271页。

“史学所以经世，固非空言著述也。且如六经同出于孔子，先儒以为其功莫大于《春秋》，正以切合当时人事耳。后之言著述者，舍今而求古，舍人事而言性天，则吾不得而知之矣。学者不知斯义，不足言史学也”[1]。可见，章学诚于史学经世致用之旨，可谓阐发无遗。

另外，当时一些以经学考据著称的学者，也有着强烈的经世意识。他们倡导学以致用，力主积极入仕。如段玉裁要其外孙龚自珍“博闻强记，多识畜德，努力为名儒，为名臣，勿愿为名士。何谓有用之书？经史是也”[2]。凌廷堪则认为《资治通鉴》“乃史家之绝业，治乱成败，瞭如指掌。读之则眼界日扩，识见日超……由此而措之，且可成为有用之学”[3]。汪中“有志于用世，而耻为无用之学。故于古今制度沿革，民生利病之事，皆博问而切究之，以待一日之遇”[4]。王念孙父子也是“真能以实学、实心而行实政者”[5]。其他如朱筠、纪昀、王昶、毕沅、郝懿行、孙星衍、钱塘、黄丕烈、顾广圻、臧庸等都有学以致用、经史经世的言论。总之，乾嘉学者以治经见长，长于考据，但他们中的多数人并没有斤斤于一事一物的细密考证，只见树木，不见森林，而是从史学中汲取营养，以考据见思想，以考据表达自己的入世观念，有着通达的历史眼光。

嘉道以降，天下多事，任何学说也只有在其能经世的层面才能兴盛，其纯粹学理的一面，都处在不同程度的衰落之中。这种经世风气的高涨，也很容易把各种思潮导向史学一途，士人要走经世致用之路，自然便会避汉学之琐屑、舍宋学之空谈、戒今文经学之虚妄，从而转向可以资治的史学。可以这样说，当经学不能解决历史及现实问题时，总会出现史学的身影。

---

[1] 章学诚：《文史通义》内篇五《浙东学术》，见《文史通义新编新注》，浙江古籍出版社2005年版，第122页。

[2] 段玉裁：《经韵楼集》卷九《与外孙龚自珍札》，上海古籍出版社2008年版，第222页。

[3] 凌廷堪：《校礼堂文集》卷二十五《与张生其锦书》，中华书局1998年版，第226页。

[4] 汪中：《文集》第五辑《与朱武曹书》，见《新编汪中集》，广陵书社2005年版，第442页。

[5] 臧庸：《拜经堂文集》卷三《与王怀祖观察书》，民国十九年宗氏石印本。

二、以史事证经典

有清一代，经学和史学都很发达，学者在治学上打通经史之间的间隔，从经史结合的角度思考问题，这一方面使当时兴盛一时的经学对史学起作用，另一方面史学对经学也同样有影响。人们“以史证经”“以史说经”“以史解经”，影响到经学的研究。经学所研究的许多东西，与上古史密不可分，经学家为了解决经书中的典制名物问题，常常要借助史学，史学为经学研究提供背景知识和印证材料。清初顾炎武究治六经，完全以历史学家的眼光去看待古代经典，如他研究《周易》，认为“《易》本《周易》，故多以周之事言之”[1]。指出《周易》中所记载的多是周代的史事。他还认为《周礼》成于史官，记载的全是“朝觐、会同、征伐之事”，所谓“当日之盛，朝覲、会同、征伐之事皆在焉，故曰‘周礼’，而成之者，古之良史也”[2]。通观顾炎武的治学，融经学于史学、以史学统摄经学的特点非常明显。正像有学者所说的：“与传统的以政治伦理的需要去诠释经典的治学态度根本不同，顾炎武论证六经皆史，乃是一种历史学家的态度……表现出一种历史学家的眼光……明显地具有从古代文献记载所展示的历史进程中去探寻其规律性的意味。”[3] 再如清初钱澄之在研究《周易》的过程中，引史实以证易理，其解释“随”卦，就大量引用两汉三国史事证成己说。吴怀祺先生认为：“《田间易学》以史事解释义理处，触目皆是……用历史上的经验教训，用以理解易理，说明钱澄之易学具有的特点，与他‘纵谈经世之略’的学术旨趣是一致的。”[4] 钱澄之通过引述大量的相关史料，把《周易》转化为经世致用之书，使多言天道的《周易》更关注人事。

到了乾嘉时期，汉学家利用自己的专长，几乎把儒家所有的经典都重新加以整理、考证、疏解，像江永的《仪礼释例》，张惠言的《仪礼

---

[1] 顾炎武：《日知录》卷一《妣》，见《日知录集释》，岳麓书社1994年版，第20页。

[2] 顾炎武：《日知录》卷四《鲁之春秋》，见《日知录集释》，岳麓书社1994年版，第110页。

[3] 许苏民：《顾炎武史学思想新探》，《学习与探索》2003年第6期。

[4] 吴怀祺：钱澄之《田间易学》整理说明，见《田间易学》，黄山书社1998年版。

图》，沈彤的《周官禄田考》，程瑶田的《通艺录》，戴震的《考工记图》，惠栋的《易汉学》《周易述》，阎若璩的《尚书古文疏证》，焦循的《孟子正义》，王鸣盛的《尚书后案》，陈奂的《诗毛氏传疏》，孙星衍的《尚书今古文注疏》，秦蕙田的《五礼通考》，孙诒让的《周礼正义》，刘宝楠的《论语正义》等，都从不同的方面对古代经书进行考证，广泛引证史实以助经说。在宋儒那里，史学思想是理学家构建体系的必不可少的“半壁江山”，天理体现在纲常礼制上，离开历史，无法证明这一点。在清儒这里，史学又是汉学考据的重要方面，离开了历史事件、人物、典制等历史的说明，经学考证只能是个空壳。再加上乾嘉汉学本身特重史实，不虚言说经，许多汉学家治经实际上也是考史。

我们举几个例子来说明问题。戴震在《毛郑诗考证》中，考据务求言而有据，引用书目不再局限于《尔雅》《说文》《周礼》《经典释文》等几本字书、训诂专著，而是扩大至经史子集。据统计，《毛郑诗考证》中所引书目有：《仪礼》《礼记》《春秋传》《离骚》《汉书》《韩诗外传》《五经异议》《晋语》《方言》《史记》《论语》《释名》《国语》《杂问志》《文选》《魏都赋》《思玄赋》《穀梁春秋》《曲礼》《孟子》《淮南鸿烈》《后汉书》《考工记》《读韩诗》《尚书古文疏证》，等等。史书占有一定的比例。焦循作《孟子正义》，涉及名物考证，其“稼穑五谷”的考释，引程瑶田《九谷考》一文，涉及的文献除《周礼》《诗经》《说文解字》《楚辞》《淮南子》《管子》《素问》《月令》《疾医》等之外，史书就有《国语》《史记》《汉书》《汲冢竹书》等。[1] 再如考释“襁褓”，引用二十余种文献，史书就有《战国策》《史记》《汉书》《博物志》等。[2] 阮元考释《考工记车制图解》，引以考证的材料遍及经、史、子、集各部，其中史书就有《史记》《汉书》《后汉书》。[3] 洪亮吉的《春秋左传诂》，也大量运用史籍考证经书，如哀公十一年传“使于齐，属其子于鲍氏，为王孙氏”。此处出使到齐国的人，杜预认为是伍子胥“私使人至齐”，而不是他亲自出

[1] 焦循：《孟子正义》，中华书局 1987 年版，第 383—385 页。

[2] 焦循：《孟子正义》，中华书局 1987 年版，第 898—899 页。

[3] 阮元：《研经室集一集·考工记车制图解》，见《研经室集》，中华书局 1993 年版，第 127—175 页。

使于齐国。洪亮吉根据《史记》《说苑》《吴越春秋》之“吴王使子胥于齐，子胥属其子于齐鲍氏，而还报吴”的记载，认为伍子胥确实是自己到了齐国。[1] 总之，史书为经学考证提供了材料和证据，以史证经，成为乾嘉汉学家治经的最有力手段。

乾嘉学者所治经书，多为两千年专制社会奉为圭臬的经典，具有思想上的绝对权威性，却被一一考出谬误。尽管乾嘉学者一直宣称他们是考辨宋明儒学之非，寻求圣人经书本旨，但或多或少仍然动摇了人们对这些经典的信任度。面对这些错谬百出甚至是伪书的“经典”，人们不能不对由此阐发的义理产生怀疑。而这种怀疑，恰恰是思想解放的先声。

乾嘉汉学家的经史考证，还将“六经皆史”的理论推上新层面。他们在将经典还原为历史文献方面起了至关重要的作用。经书和史书一样，在他们手里都变成了必须“考信”的内容，经书所蕴含的史料价值，所具有的解经方法，在清儒的考证之下，都转化为史学的内容。经与史之间不可逾越的畛域，在经史考证之下已不复存在。尽管阐发“六经皆史”最为系统的章学诚对汉学繁琐学风和宋学虚浮的学风都有批评，试图通过“六经皆史”的提出将他经世致用的主张赋予实实在在的意义，带有超越汉宋二学的意味。但不容置疑的是，“六经皆史”的命题中确实包含有六经是史料的含义。汉学家通过考证将儒家经典的史料价值揭示出来，客观上为章学诚“六经皆史”理论中具有理性色彩的内容提供了佐证。

---

[1] 洪亮吉：《春秋左传诂》，中华书局1987年版，第868页。

第八章　乾嘉时期的经史关系论

明清时期，经史关系以及“六经皆史”的问题受到学者们普遍注意，并形成一股思潮，从明代思想家王阳明、王世贞、李贽到清初思想家钱谦益、顾炎武、黄宗羲等人，都对经史关系提出了自己的看法，他们从虚与实、学问与事功相统一的理论基础出发，泛滥经史，打通“事”与“道”、“史”与“经”的严格界限，认为经史无异、经史一物、经史互为表里。尤其是清初思想家顾炎武、黄宗羲等人，有感于当时政治、文化与学术发展的现状，极力倡导打通经史，提倡尊经重史的经史之学，把史学当作经世致用之大端，号召学者“穷经读史”，以经术为本，以史学为用，“引古筹今”，[1] 以经史经世，应对现实社会的变化。

清初思想家的这些极有价值的思想虽然在乾嘉时期发生了一些变化，但“六经皆史”依然是备受关注的课题。袁枚、崔述、钱大昕、章学诚等人又对这一问题进行了深入探讨，使中国传统“六经皆史”理论得到进一步丰富，并成为当时最富理论价值和社会意义的论题之一。

第一节　“古有史而无经”：袁枚的经史关系论

作为乾嘉时期的文学家和思想家，袁枚出入诗文经史之间，其一生大半时间致力于诗文创作，为乾嘉诗坛盟主、性灵派主将。与此同时，

[1] 顾炎武：《亭林文集》卷四《与人书八》，见《顾亭林诗文集》，中华书局 1983 年版，第 93 页。

他又受晚明以来思想启蒙之风的影响，对于经学、史学以及经史关系都发表了自己的看法，在评经论史、贬抑汉宋中显示了他勇于质疑经典、不同流俗的思想个性。

一、“古有史而无经”及其对经书的质疑

作为当时著名的文学家和思想家，袁枚对经史关系的理解有自己的独到之处。他以史家的眼光提出“古有史而无经”的命题，并进行阐述：“古有史而无经。《尚书》《春秋》，今之经，昔之史也；《诗》《易》者，先王所存之言；《礼》《乐》者，先王所存之法。其策皆史官掌之。”[1]袁枚认为“古有史而无经”，当今所谓的六经——《诗》《书》《礼》《易》《乐》《春秋》，在昔日无非是先王的历史、言行和法度，都是由当时的史官负责记载和保存的，经由史而产生，这比明代学者的认识深入了一步。对此，他又进一步进行了论证，“刘道原曰：历代史出于《春秋》，刘歆《七略》、王俭《七志》皆以《史》《汉》附《春秋》而已，阮孝绪《七录》才将经、史分类。不知古有史而无经，《尚书》《春秋》皆史也，《诗》《易》者，先王所传之言，《礼》者，先王所立之法，皆史也；故汉人引《论语》《孝经》皆称传不称经也。‘六经’之名始于《庄子》，经解之名始于戴圣，历考‘六经’并无以‘经’字作书名解者”[2]。在这里，袁枚从古代图书发展及其分类的角度对经史关系的演变进行了梳理，指出在刘歆的《七略》和王俭的《七志》中，《史记》《汉书》都附于《春秋》之后，《春秋》实际上就是史书之鼻祖，只是后世有了“六经”和“经解”之名，才将最初的“史”变成了“经”，经与史本身就是一体的，史是经的源头。

袁枚还从古代圣人修身治国之本出发，再一次指出今之所谓经，当初只不过是“圣人之文章耳”，所谓“六经”“九经”之名，都是后人强

---

[1] 袁枚：《小仓山房文集》卷十《史学例议序》，见《袁枚全集》（二），江苏古籍出版社 1993 年版，第 186 页。

[2] 袁枚：《随园随笔》卷二十四《古有史无经》，见《袁枚全集》（五），江苏古籍出版社 1993 年版，第 414 页。

加的，并非圣人本意。“夫德行本也；文章末也。六经者，亦圣人之文章耳，其本不在是也。古之圣人，德在心，功业在世，顾肯为文章以自表著耶？孔子道不行，方雅言《诗》《书》《礼》以立教，而其时无六经名。后世不得见圣人，然后拾其遗文坠典，强而名之曰经，增其数曰六，曰九，要皆后人之为，非圣人意也”[1]。袁枚认为古代圣人强调的最根本的问题是“德行”和“功业”，即内圣外王之道，而不是“文章”，而六经恰恰是圣人留下来的文章，并非圣人所强调的根本之道。袁枚还指出，圣人文章称经，也不是圣人本意，因为“三代以上无经字，及武帝与东方朔引《论语》称传不称经，成帝与翟方进引《孝经》称传不称经”[2]，后世之人拉大旗作虎皮，把圣人所作之文章命名为“经”，“震其名而张之”，实际上就像那些“托足权门者”，“以为不居至高之地，不足以躏轹他人之门户”，[3] 非常浅薄和无聊。

正是因为经是后人收集圣人“遗文坠典”而成，故而“真伪杂出而醇驳互见”，[4] 错谬较多。既然经书存在这样那样的问题，也就不必过分迷信经书，完全可以把它们当作史书进行参究和讨论，“六经者，文章之祖，犹人家之有高、曾也。高、曾之言，子孙自宜听受，然未必其言之皆至当也。六经之言，学者自宜参究，亦未必其言皆醇也”[5]。经与史一样，并非“至当”“皆醇”之物，同样存在各种错误，需要参究讨论。

袁枚勇于怀疑经典，惠栋在给他的信中指责“疑经者非圣无法”，袁枚以“经”为武器来驳斥惠栋，认为怀疑精神恰恰是圣人的根本精神。他说：“六经中惟《论语》《周易》可信，其他经多可疑。疑，非圣人所

[1] 袁枚：《小仓山房文集》卷十八《答惠定宇书》，见《袁枚全集》（二），江苏古籍出版社 1993 年版，第 305 页。

[2] 袁枚：《小仓山房文集》卷十八《答定宇第二书》，见《袁枚全集》（二），江苏古籍出版社 1993 年版，第 306 页。

[3] 袁枚：《小仓山房文集》卷十八《答惠定宇书》，见《袁枚全集》（二），江苏古籍出版社 1993 年版，第 305 页。

[4] 袁枚：《小仓山房文集》卷十八《答惠定宇书》，见《袁枚全集》（二），江苏古籍出版社 1993 年版，第 305 页。

[5] 袁枚：《小仓山房文集》卷十八《答定宇第二书》，见《袁枚全集》（二），江苏古籍出版社 1993 年版，第 307 页。

禁也。孔子称‘多闻阙疑’，又称‘疑思问’。仆既无可问之人，故宜长阙之而已。且仆之疑经，非私心疑之也，即以经证经而疑之也。其疑乎经，所以信乎圣也。”[1] 袁枚坦言自己的疑经，“非私心之疑”，是“以经证经而疑之也”，疑经绝不是“非圣无法”，相反，恰恰是继承了圣人的求是精神，“疑乎经，所以信乎圣”。通过这样的一番论述，袁枚把自己“六经皆史”的理论安置到了圣人的理论范畴内，从而取得了“合法”的地位。

需要指出的是，袁枚不仅论证了“六经皆史”，而且从史的角度出发，对六经的史料价值进行了剖析。比如他曾剖析《春秋》的史料价值，指出《春秋》记事简略，没有三传的帮助，根本搞不清《春秋》在说什么。他说：“今治《春秋》者，从经乎？从传乎？必曰从经。然从经者，果束三传于高阁，试问《春秋》第一篇‘郑伯克段于鄢’，郑为何伯？段为何人？克为何事？鄢为何地？开卷茫然，虽鬼不知也。必曰不得不考于传矣。”[2] 从史学的角度看，真正有价值的是记事翔实的《春秋》三传而不是《春秋》经。袁枚曾说过“六经中惟《论语》《周易》可信”的话，但他对《论语》仍有怀疑，“大抵《论语》记言，不出一人之手，又其人非亲及门墙者，故不无所见异词、所传闻异词之累。即如论管仲，忽而褒，忽而贬；学不厌，诲不倦，忽而自认，忽而不居。皆不可解。其叙事笔法，下论不如上论之朴老”[3]。袁枚从《论语》成书的情况、内容的矛盾以及文风的前后不一等方面质疑《论语》，对《论语》不盲目迷信，大胆“疑乎经”，胆识非凡。

基于这样的认识，袁枚在《随园随笔》中列举诸多实例来说明经书存在造伪、缺略等问题。如《古书伪托》一文，指出《周礼》非周公所作；《中庸》为汉儒所作，伪托子思；《本草》有汉代地名，等等。在《今书缺略》一文中，指出流传至今的儒家经典多所缺略，如《士相见

[1] 袁枚：《小仓山房文集》卷十八《答定宇第二书》，见《袁枚全集》（二），江苏古籍出版社1993年版，第307页。

[2] 袁枚：《小仓山房文集》卷二十四《策秀才文五道》，见《袁枚全集》（二），江苏古籍出版社1993年版，第415页。

[3] 袁枚：《小仓山房尺牍》卷八《又答叶书山庶子》，见《袁枚全集》（五），江苏古籍出版社1993年版，第163页。

礼》贾疏引《论语·乡党》云“孔子与君图事于庭，图政于堂”，今之《论语》并无此言。也就是说，经书比较普遍地存在伪、讹、缺、略等问题，不可深信。

要之，袁枚从“古有史无经”出发，论述了经史之间的关联及演变，对儒家经典提出了质疑，所谓“双目自将秋水洗，一生不受古人欺”[1]，“六经虽读不全信，勘断姬孔追微茫”[2]，闪现出“疑经”思想的光辉。当然，袁枚是专制社会的士大夫，他对六经的质疑是有限度的，从某种意义上讲，袁枚尊孔，凡事“折衷于孔子”[3]，认为“孔子之道大而博”[4]，他只是不过分迷信儒家经典而已。

二、对史书褒贬与讳饰的批判

经与史的重要区别在于，经是经纬天地之学问，任务是明大道、正人伦、道名分，其影响史学，便导致史书喜正名、寓褒贬、讲正统。在袁枚看来，这些都不是作史之正道，作史之正道在于据事直书，还历史本来面目。因此他主张在作史时要自觉剔除经学的影响，所谓“作史者只须据事直书，而其人之善恶立见，以己意定为奸臣、逆臣，原可不必”[5]。这全然是一个史学家的看法。

对于史家的褒贬，袁枚是极力反对的。后代史家极力推崇《春秋》书法，认为其中蕴含了善恶褒贬之深意。对此，袁枚极为反感，他说：“《春秋》本鲁史之名，未有孔子，先有《春秋》，孔子‘述而不作’，故‘夏五’‘郭公’，悉仍其旧，宁肯如舞文吏，以一二字为抑扬，而真以素

[1] 袁枚：《随园诗话补遗》卷三，二十七，见《袁枚全集》（三），江苏古籍出版社1993年版，第617页。

[2] 袁枚：《小仓山房诗集》卷十五《子才子歌示庄念农》，见《袁枚全集》（一），江苏古籍出版社1993年版，第271页。

[3] 袁枚：《小仓山房文集》卷十七《答沈大宗伯论诗书》，见《袁枚全集》（二），江苏古籍出版社1993年版，第284页。

[4] 袁枚：《小仓山房文集》卷十九《答尹似村书》，见《袁枚全集》（二），江苏古籍出版社1993年版，第329页。

[5] 袁枚：《随园随笔》卷四《作史》，见《袁枚全集》（五），江苏古籍出版社1993年版，第58页。

王自居耶?"[1] 在袁枚看来，孔子据鲁史而作《春秋》，自称"述而不作"，并没有什么褒贬深意。后世舞文弄墨者把褒贬强加于孔子，纯属多事。他还根据《春秋》经传的矛盾，指出《春秋》褒贬失当："然则传所载桓公、隐公皆被弑，而经书皆书'公薨'，隐弑者之冤，灭逆臣之迹，岂非作《春秋》而乱臣贼子喜欤?若曰为国讳，小恶书，大恶不书；毋乃戒人为小恶，而劝人为大恶欤?"[2] 孟子认为"孔子作《春秋》而乱臣贼子惧"，袁枚却认为《春秋》自相矛盾，褒贬失当，不是"乱臣贼子惧"，而是"乱臣贼子喜"。由此他赞成《尚书》之史法，"《尚书》无褒贬，直书其事，而义自见"。

对于史书中的正名分，袁枚也从据事直书的角度进行了批评。在袁枚看来，《公羊传》"于外大恶书，于内大恶讳"，结果措置失当，导致"内之乱臣贼子无忌惮矣"。[3] 同样，"《穀梁》纰缪处稍逊于《公羊》，而亦不少"[4]。班固著《汉书》，为尊者、贤者讳，被袁枚指出"有为贤者讳，而以过失散见于他传者，如周勃之汗流见于《王陵传》"，"有为尊者讳，如戚夫人被杀，不载《高后纪》而载《外戚传》是也"。[5]《新唐书》《新五代史》多用春秋笔法，《新唐书》于昭帝书"崩"，于哀帝则书"弑"，《新五代史》于梁、唐、晋、汉之君见弑者亦书"崩"，属于"俱不当讳而讳也"，根本起不到"正名分"的作用，遭到袁枚批评。陆游、马令皆宋人，作《南唐书》曰"某伐我""我师败绩"，此等"我"字，袁枚认为"俱属无谓"。[6] 其他如《宋史》"仿《汉书》之例为贤者

---

[1] 袁枚：《小仓山房文集》卷十《史学例议序》，见《袁枚全集》(二)，江苏古籍出版社 1993 年版，第 186 页。

[2] 袁枚：《小仓山房文集》卷二十四《策秀才文五道》，见《袁枚全集》(二)，江苏古籍出版社 1993 年版，第 415 页。

[3] 袁枚：《随园随笔》卷一《〈公羊〉之非》，见《袁枚全集》(五)，江苏古籍出版社 1993 年版，第 16 页。

[4] 袁枚：《随园随笔》卷一《〈穀梁〉之非》，见《袁枚全集》(五)，江苏古籍出版社 1993 年版，第 17 页。

[5] 袁枚：《随园随笔》卷二《班氏史例》，见《袁枚全集》(五)，江苏古籍出版社 1993 年版，第 26 页。

[6] 袁枚：《随园随笔》卷三《史家避讳无谓》，见《袁枚全集》(五)，江苏古籍出版社 1993 年版，第 48 页。

讳过”，如寇准“诋讦求进”，不见本传而散见他传，显然是为贤者讳，也受到袁枚批评。[1] 袁枚还认为《资治通鉴纲目》“非朱子所作，盖朱子方责文中子作《元经》拟《春秋》之妄，岂肯躬自蹈之？书中舞文弄字之弊，不可枚举”，如“凡偏安之主称‘殂’，不知《尚书》之‘帝乃落殂’，尧非偏安之主也。凡小人卒称‘死’，不知《尚书》之‘五十载陟方乃死’，舜非小人也”。“郭威弑湘隐王书弑，弑隐帝则书杀，所谓自乱其例也”。[2] 袁枚指出《纲目》非朱熹所作，是否正确，我们不用费笔墨辨析，这里要指出的是袁枚批评《纲目》借作史而正名分，导致自乱其例，实际上是违背了据实直书的原则，不值得提倡。

袁枚反对史家借修史而正名分，反对那些为“为尊者讳，为贤者讳，为亲者讳”的春秋笔法，极力提倡作史须据事直书。但是，袁枚毕竟生活在现实社会之中，故而他又能够理解史家作史因政治立场的不同，必然会出现为本朝正名和回护的情况，所谓“因作史者立身其朝，不得不讳也”。譬如“《南齐书》以萧衍为‘义师’，《隋书》以李渊为‘义兵’”[3]。皆因《南齐书》是南朝梁萧子显撰，《隋书》乃唐朝魏征主撰，他们各司其主，必然在史书中尊崇各自之主萧衍、李渊，属于不得不如此。袁枚还指出：“开创之际，必有驱除，两《汉》、《三国志》、《唐书》俱以窃号群雄列于诸臣列传之前，所以著创业之始基也。南唐诸国，《宋史》竟列于叛臣之后，误矣。”[4] 在袁枚看来，王朝创始，必先收拾山河、荡灭群雄，《汉书》等把窃号群雄列于诸臣之前，“著创业之始基”，是可行的。但《宋史》将之列于诸臣之后，颠倒了顺序，反而不妥。袁枚还认识到史家记史会受到个人感情的影响，譬如李延寿作《北史》，因个人感情而为历史人物回护，“高岳为邺中四贵之一，其恃权放

[1] 袁枚：《随园随笔》卷三《〈宋史〉为贤者讳过》，见《袁枚全集》（五），江苏古籍出版社 1993 年版，第 40 页。

[2] 袁枚：《随园随笔》卷三《〈纲目〉非朱子所作》，见《袁枚全集》（五），江苏古籍出版社 1993 年版，第 51 页。

[3] 袁枚：《随园随笔》卷三《史家避讳无谓》，见《袁枚全集》（五），江苏古籍出版社 1993 年版，第 48 页。

[4] 袁枚：《随园随笔》卷四《窃号》，见《袁枚全集》（五），江苏古籍出版社 1993 年版，第 58 页。

纵，《北史》传中不言，以士廉故讳也。薛聪、薛孝通《魏书》所载寥寥，而《北史》详书之，盖延寿与其孙薛收交好故耳”。《北史》不书高岳之恶，是因为李延寿与高士廉交好，替其先人高岳回护；详书薛聪、薛孝通事迹，也同样是因为李延寿与薛收交好，表彰其先祖言行。这些因史家感情而产生的问题，袁枚倒是能够理解，认为是不可避免的。

三、对正统与道统理论的否定

正统与道统问题是中国古代经学与史学、思想与历史领域的重要问题，备受古代思想家、史学家关注，在长期的讨论与争辩过程中，形成了系统的观点，成为古人认识中国历史与思想的重要理论与方法。“正统”是专制时代王朝体系的一种解释方式，旨在说明专制王朝在历史上的合法性与合理性，推重正统王朝，摒除异端王朝。正统观念长期影响着中国古代的政治文化、历史哲学和历史解释。“道统”，即儒家之道在传授过程中形成的系统，指儒家文化的传承统续。道统鼓吹儒家思想源远流长，承续不断，具有不可置疑的崇高地位，是中国古代正宗的思想体系。倡导道统旨在神化儒学，排斥异端思想，从某种意义上说具有思想专制的意蕴。正统主要揭示王朝演替的正与闰，道统主要辨析思想发展的正与异，目的都是树立正统，排斥异端。因为思维上的一致性，在中国古代，正统问题与道统问题往往纠葛在一起。以儒家经义为本，王朝正统即儒家道统，所谓“国之统也，犹道之统也”[1]。王夫之曾说：“儒者之统，与帝王之统并行于天下，而互为兴替，其合也，天下以道而治，道以天子而明；及其衰，而帝王之统绝，儒者犹保其道以孤行而无所待，以人存道，而道可不亡。”[2] 王夫之把“儒者之统”（道统）和“帝王之统”（正统）放在一起考量，二者相合则是国之大美，二者相离，正统绝但道统不绝。在古人看来，正统源于《春秋》。欧阳修云：“正统

[1] 杨慎：《升庵全集》卷五《广正统论》，商务印书馆1937年版，第71页。

[2] 王夫之：《读通鉴论》卷十五，见《船山全书》第十册，岳麓书社2011年版，第568页。

之论，肇于谁乎？始于《春秋》之作也。”[1] 杨慎说：“正统之说，起于《春秋》，信乎？曰：信也。”[2] 方孝孺也说：“正统之名，何所本也？曰：本于《春秋》。”[3]《春秋》正名分、辨华夷、明天统、倡礼仪，既是道统的内涵，也蕴含了正统之义。换言之，正统的法理基础源于《春秋》。道统之论与正统之说是相辅相成的。

在正统和道统问题上，袁枚坚持经、史分离，对正统之说和道统之论都持反对意见，极力论证二者之非。他说：“夫所谓正统者，不过曰有天下云尔。其有天下也，天与之；其正与否，则人加之也。所谓道统者，不过曰为圣贤云尔。其为圣贤也，共为之；其统与非统，则又私加之也。夫人心不同，各如其面，或曰正，或曰不正，或曰统，或曰非统。果有定欤？无定欤？”[4] 在袁枚看来，所谓正统，就是拥有天下，天下是上天赐予，至于是否为“正”，完全是人们主观强加的，并非客观存在。所谓道统，就是成为圣贤，圣贤是人们共同拥戴的，至于是否有“统”，则是私下加上的，也非人们公认。由于人心不同，对于同一个帝王取得天下的合理性和正当性，认识也就不同，或曰正，或曰不正；对于儒家之道传承谱系的正宗性和主导性，认识也不同，或曰统，或曰非统。总之，无论是对正统的认识还是对道统的认识，并没有一个统一的标准，而是人言人殊，徒生迷惑，“自正统、道统之说生，而人不能无惑”[5]。

袁枚坚持“古帝王无正统之说”的观点，指出欧阳修、杨维桢在正统问题上的种种言论，都属于无谓之争，“欧公、杨铁厓诸人澜翻千言，互相争论。又有有正无统，有统无正之说，不知古帝王无正统之说”[6]。正统论斤斤于“有正无统”“有统无正”的脱离历史实际的论述，就是用

[1] 欧阳修：《居士外集》卷九《正统论七首》，见《欧阳修全集》上册，中国书店1986年版，第414页。

[2] 杨慎：《升庵全集》卷五《广正统论》，商务印书馆1937年版，第71页。

[3] 方孝孺：《逊志斋集》卷二《后正统论》，四部丛刊初编本。

[4] 袁枚：《小仓山房文集》卷二十四《策秀才文五道》，见《袁枚全集》（二），江苏古籍出版社1993年版，第417页。

[5] 袁枚：《小仓山房文集》卷二十四《策秀才文五道》，见《袁枚全集》（二），江苏古籍出版社1993年版，第417页。

[6] 袁枚：《随园随笔》卷四《古无正统之说》，见《袁枚全集》（五），江苏古籍出版社1993年版，第53页。

僵硬的道德标准去衡量历史，而不是客观地反映历史事实。

袁枚以史学家的身份，从历史的角度讨论正统问题，指出正统之说实际上是那些称王称霸者为满足自己欲望的一种说辞，无非是挖空心思以“正统”之名为自己的政权寻求合法地位而已，根本不存在所谓的“正”与“不正”。“王猛谏苻坚伐晋曰：‘司马氏正朔相承。’高欢谓杜弼曰：‘江右有萧衍老公，事事衣冠礼乐，人以为正统。’石勒临死忧曰：‘恐后世不以吾为受命之君。’盖惟苻坚、石勒、高欢皆不能得天下，故隐然欲窃附于正统耳”[1]。袁枚还指出，正统论前后矛盾，令人迷惑。

袁枚从历史发展的实际出发，指出按照正统理论，如果把“篡弑得国”视为“不正”，把“诛无道”视为“正”，那么中国历史上就很少有“正统”王朝了，中国历史的进程就会被割断，就会变得无法解释。“试问：以篡弑得国者为不正，是开辟以来，惟唐、虞为正统，而其他皆非也。以诛无道者为正，则三代以下，又惟汉高为正统，而其他皆非也。此说之必穷者也”[2]。袁枚想要告诉人们，史书要纪实求真，无谓的正统之争并不能解决任何历史问题。

袁枚坚持以史学家的态度对待正统问题，坚持通过据实直书，扫除正统论的影响，使史学昌明。他说：“唐以前作史者，时而三国则《三国》之，时而南、北则《南》《北》之。某圣人也，从而圣之，某贤人也，从而贤之。其说简，其义公，论者亦无异词。”[3] 他认为唐以前作史，不受正统论的干扰，是三国就记述三国，是南北朝就记述南北朝，是圣人就记载圣人，是贤人就记载贤人，没有什么正闰之分和道统之论，所作史书，史事清楚明了，意蕴客观公正，不存在无聊的争论。由此，袁枚认为“废正统之说而后作史之义明”[4]。

---

[1] 袁枚：《随园随笔》卷四《古无正统之说》，见《袁枚全集》（五），江苏古籍出版社1993年版，第53页。

[2] 袁枚：《小仓山房文集》卷二十四《策秀才文五道》，见《袁枚全集》（二），江苏古籍出版社1993年版，第417页。

[3] 袁枚：《小仓山房文集》卷二十四《策秀才文五道》，见《袁枚全集》（二），江苏古籍出版社1993年版，第417页。

[4] 袁枚：《小仓山房文集》卷二十四《策秀才文五道》，见《袁枚全集》（二），江苏古籍出版社1993年版，第417页。

如果说袁枚批判正统论是要恢复历史发展的实际，那么他批判道统论则是要恢复思想发展的实际。他说："论正统者，犹有山河疆宇之可考，而道者乃空虚无形之物，曰某传统，某受统，谁见其荷于肩而担于背欤？尧、舜、禹、皋并时而生，是一时有四统也。统不太密欤？孔、孟后直接程、朱，是千年无一统也，统不太疏欤？甚有绘旁行斜上之谱，以序道统之宗支者；倘有隐居求志之人，遁世不见知而不悔者，何以处之？或曰：以有所著述者为统也；倘有躬行君子，不肯托诸空言者，又何以处之？"[1] 在袁枚看来，与论证历史发展的正统论相比，论证思想发展的道统之说更加"空虚无形"，难以捉摸。他指出，所谓的"传统"和"受统"，都是臆想之物，人们是无法看到的。按照道统论，尧、舜、禹时期道统太密，而孔孟之后道统又太疏，那些隐居求志的遁世之人、躬行实践而不托空言之人，在道统谱系上应该怎么"处之"？所有这些都说明道统之论前后失据，不能自圆其说。和论证正统论一样，袁枚运用归谬法论证道统的虚无，揭露道统的虚假性。因此他提出只有废除道统，才能光大儒教，所谓"废道统之说而后圣人之教大欤"[2]！

袁枚还从思想发展的实际来批评程、朱直接孔、孟道统的荒谬。他说："三代之时，道统在上，而未必不在下；三代以后，道统在下，而未必不在上。合乎道，则人人可以得之；离乎道，则人人可以失之。昔者秦烧《诗》《书》，汉谈黄老，非有施雠、伏生、申公、瑕丘之徒负经而藏，则经不传；非有郑玄、赵岐、杜子春之属琐琐笺释，则经虽传不甚明。千百年后，虽有程、朱奚能为？程、朱生宋代，赖诸儒说经都有成迹，才能参己见成集解，安得一切抹杀，而谓孔孟之道直接程、朱也？"[3] 袁枚梳理了秦汉以来儒学发展的历史，指出儒家经学是经过一代又一代学者的研究才传承下来的，没有秦汉时期学者对经典的保存和笺释，经义自然晦暗不明，千百年后的二程、朱熹等人说经必然陷于

[1] 袁枚：《小仓山房文集》卷二十四《策秀才文五道》，见《袁枚全集》（二），江苏古籍出版社1993年版，第417页。

[2] 袁枚：《小仓山房文集》卷二十四《策秀才文五道》，见《袁枚全集》（二），江苏古籍出版社1993年版，第417页。

[3] 袁枚：《小仓山房文集》卷十七《代潘学士答雷翠庭祭酒书》，见《袁枚全集》（二），江苏古籍出版社1993年版，第295—296页。

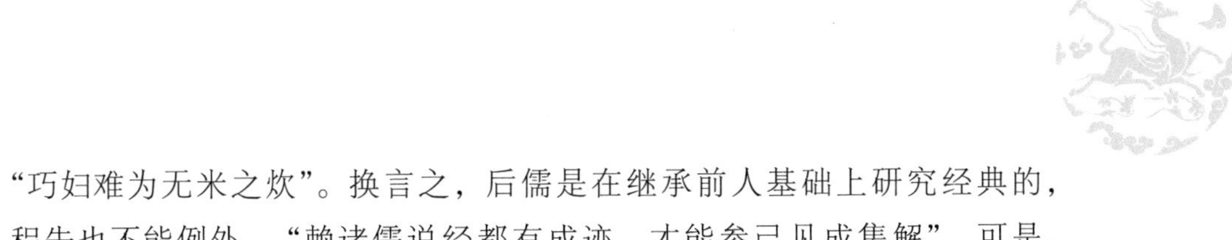

“巧妇难为无米之炊”。换言之，后儒是在继承前人基础上研究经典的，程朱也不能例外，“赖诸儒说经都有成迹，才能参己见成集解”。可是，道统论者不顾学术思想发展的实际，硬是抹杀前代诸儒之功，声称程朱直接孔孟，有悖学术发展的规律，于理未安。

总之，袁枚批判正统论，是要恢复历史发展的实际；批判道统论，是要恢复思想史或学术史发展的实际。他反对在历史发展实际之上加上“正统”，认为历史发展本没有什么正统和闰位；他反对在思想发展实际之上加上“道统”，认为思想发展也没有什么正宗和异端。袁枚剥去“正统”与“道统”的外衣，于经史之间做出取舍，摒弃微言大义，一切还原于历史，其思想的激进于此可见一斑。

第二节 “经与史岂有二学哉”：钱大昕的经史观念

提倡经史并重，批判“经精而史粗”“经正而史杂”的观点，为学术发展纠偏，是钱大昕史学思想中极富时代意义的方面。和当时其他学者的经史关系论所不同的是，钱大昕的经史关系论更注重对所谓“经”的批评，显示出一种批判的锋芒。

一、“史学与经并重”

如前所述，清初思想家们对重经轻史的社会现实进行了批判，尽管如此，重经轻史的学术局面并没有得到改善。到乾嘉时期，学者仍以肆经为宗，治经成风，史学依然被视为低一等的学问。“经精而史粗”“经正而史杂”的说法相当流行。[1] 即便是在史学领域，重经轻史的观念也极普遍，赵翼说自己“资性粗钝，不能研究经学，惟有历代史书，事显而义浅，便于浏览”[2]。王鸣盛也说：“治经断不敢驳经，而史则虽子

[1] 钱大昕：《潜研堂文集补编·廿二史札记序》，见《嘉定钱大昕全集》（十），江苏古籍出版社1997年版，第8页。

[2] 赵翼：《廿二史札记·小引》，凤凰出版社2008年版。

长、孟坚，苟有所失，无妨箴而砭之。”[1] 他们虽然研治历史，但心中仍然认为经书意蕴深远，史书意蕴浅显，不敢驳经而敢驳史，视经为神圣不可侵犯。钱大昕对这种重经轻史的学术现实非常不满，他说：“自惠、戴之学盛行于世，天下学者，但治古经，略涉三史。三史以下，茫然不知，得谓之通儒乎？”[2] 在他看来，只知治经而不知读史，就称不上是“通儒”，这可说已得黄宗羲诸人之心于其后了。

钱大昕不满当时重经轻史的学术局面，提出了自己对经史关系的看法。他指出经与史同出一辙，经即史，史也是经。“经与史岂有二学哉。昔宣尼赞修六经，而《尚书》《春秋》实为史家之权舆。”[3] 更应引起我们注意的是，钱大昕还从目录学的角度历史地分析了经与史的分离，认为这只是学科的分合，并不存在经尊史卑的说法。他说：“汉世刘向父子校理秘文为《六略》，而《世本》《楚汉春秋》《太史公书》《汉著纪》列于春秋家。《高祖传》《孝文传》列于儒家。初无经史之别。厥后兰台、东观，作者益繁，李充、荀勖等创立四部，而经史始分，然不闻陋史而荣经者也。”但自宋明以降，“王安石以猖狂诡诞之学要君窃位，自造《三经新义》，驱海内而诵习之，甚至诋《春秋》为断烂朝报。章、蔡用事，祖述荆、舒，屏弃《通鉴》为元祐学术，而十七史皆束之高阁矣”，史学地位开始下降，“嗣是道学诸儒，讲求心性，惧门弟子之泛滥无所归也，则有诃读史为玩物丧志者，又有谓读史令人心粗者，此特有为言之，而空疏浅薄者，托以藉口，由是说经者日多，治史者日少”。[4] 政治上的排挤与学术思想上的压抑造成史学地位的下降。在揭露了经尊史卑产生的根源后，钱大昕针锋相对地对“经精史粗”“经正史杂”的言论进行了批判，他说：“彼之言曰，经精而史粗也，经正而史杂也。予谓经以明

[1] 王鸣盛：《十七史商榷》自序，凤凰出版社 2008 年版。

[2] 江藩：《汉学师承记》卷三《钱大昕》，上海书店出版社 1983 年版。

[3] 钱大昕：《潜研堂文集补编·廿二史札记序》，见《嘉定钱大昕全集》（十），江苏古籍出版社 1997 年版，第 7 页。

[4] 钱大昕：《潜研堂文集补编·廿二史札记序》，见《嘉定钱大昕全集》（十），江苏古籍出版社 1997 年版，第 7—8 页。

伦，虚灵玄妙之论，似精实非精也。经以致用，迂阔刻深之谈，似正实非正也。”[1]

这里需要说明的是，钱大昕所批评的经学，并非原始经学，而是宋、明以来俗儒所讲的空谈性理的“经学”，他不止一次地说：“宋、元以来，说经之书盈屋充栋，高者蔑弃古训，自夸心得；下者剿袭人言，以为己有。儒林之名，徒为空疏藏拙之地”[2]。“元、明言经者，非抄袭稗贩，则师心妄作，即幸而厕名甲部，亦徒供后人覆瓿而已，奚足尚哉”[3]。钱大昕认为，宋、明儒者以己意说经，师心自是，篡改了经书原义，把体现在日用人伦之间的实实在在的圣人之道搞得“虚灵玄妙”，既不精，亦不正。至于那些抄袭贩卖前人言论的经书，更不足道。这种玄虚空洞的学风不仅损害了经学本身的发展，也严重危害了史学。钱大昕说：“即一部《晋书》论之，纪传之文，无有与志相应者。以矛刺盾，当不待鸣鼓之攻矣。而千二百年来，曾无一人悟其失者。甚矣，史学之不讲也！”[4] 空谈性理的学风严重影响了史学的发展。钱大昕指出，史书考核精审、意蕴深厚，完全可与六经一样并传于世，他说：“太史公尊孔子为世家，谓：‘载籍极博，必考信于六艺。’班氏《古今人表》尊孔、孟而降老、庄，皆卓然有功于圣学，故其文与六经并传而不愧。”[5] 宋代李彦章把经学比作“先王之学”，而视秦汉隋唐之史为“流俗之学”，钱氏斥其“妄诞无忌惮若此”[6]。他把经学大师和史学大家放在一起论述，

---

[1] 钱大昕：《潜研堂文集补编·廿二史札记序》，见《嘉定钱大昕全集》（十），江苏古籍出版社 1997 年版，第 8 页。

[2] 钱大昕：《潜研堂文集》卷三十九《惠先生栋传》，见《嘉定钱大昕全集》（九），江苏古籍出版社 1997 年版，第 667 页。

[3] 钱大昕：《潜研堂文集补编·廿二史札记序》，见《嘉定钱大昕全集》（十），江苏古籍出版社 1997 年版，第 8 页。

[4] 钱大昕：《十驾斋养新余录》卷中《晋书地理志之误》，见《嘉定钱大昕全集》（七），江苏古籍出版社 1997 年版，第 578 页。

[5] 钱大昕：《潜研堂文集补编·廿二史札记序》，见《嘉定钱大昕全集》（十），江苏古籍出版社 1997 年版，第 8 页。

[6] 钱大昕：《十驾斋养新录》卷七《李彦章言史学》，见《嘉定钱大昕全集》（七），江苏古籍出版社 1997 年版，第 200 页。

云：“孔郑经师宗，固彪史学最。”[1] 钱大昕以六经为指归，替史学争地位，于此可窥一斑。不仅如此，钱大昕晚年主讲紫阳书院时，一直教育学生读书要“史学与经并重”[2]，并以为“读经易，读史难”[3]。在自己的学术实践中，他也是以精于史学而闻名当世的。

钱大昕之所以认为史学堪与经学比肩，除史学“有功于圣学”外，还在于史学能总结历史经验以为资治之鉴，是经世致用之学。他赞赏司马光的《资治通鉴》多采修身治国之善言，指出所采多“古今不易之论”，“以‘资治’名其书，斯无愧矣”[4]。在他的历史编纂学思想中，他一直主张史书应多记载有关国计民生的事，要集中突出史书的社会作用，要在重大史事上下重笔，否则，便可删去。他说：“事无系乎兴亡，语不关于劝戒，准之史例，似可从删。”[5] 又说“史以纪治忽之迹，非取词章之工”，“经国名言，所宜备录”，“文虽工而无裨于政治，亦可从删”。[6] 钱大昕经史经世的思想由此可窥一斑，同时这也正是他有别于当时的“古学”者和“俗学”者的地方。

钱大昕在乾嘉治经成风，“学者群舍史学而趋于经学之一途”，[7] 以肆经相标榜的学术风气下，不为风会所趋，倡言史学，高树史帜，敢于批判重经轻史的学术偏向，努力提高史学的学术地位，论述史学研究的社会意义，为学术发展纠偏，是有时代意义的。

---

[1] 钱大昕：《潜研堂诗续集》卷五《谒北岳庙》，见《嘉定钱大昕全集》（十），江苏古籍出版社 1997 年版，第 93 页。

[2] 钱大昕：《竹汀先生日记钞》卷三《策问》，见《嘉定钱大昕全集》（八），江苏古籍出版社 1997 年版，第 53 页。

[3] 钱大昕：《潜研堂文集补编·元史本证序》，见《嘉定钱大昕全集》（十），江苏古籍出版社 1997 年版，第 8 页。

[4] 钱大昕：《十驾斋养新录》卷十八《通鉴多采善言》，见《嘉定钱大昕全集》（七），江苏古籍出版社 1997 年版，第 501 页。

[5] 钱大昕：《廿二史考异》卷十六《三国志二·郤正传》，见《嘉定钱大昕全集》（二），江苏古籍出版社 1997 年版，第 384 页。

[6] 钱大昕：《潜研堂文集》卷十八《续通志列传总叙》，见《嘉定钱大昕全集》（九），江苏古籍出版社 1997 年版，第 284 页。

[7] 陈寅恪：《陈垣〈元西域人华化考〉序》，见《金明馆丛稿二编》，生活·读书·新知三联书店 2001 年版，第 269 页。

二、对春秋笔法与正统论的批判

钱大昕继承中国传统史学直书史事的优良传统，坚持史为纪事传信之书，必须善恶俱书，认为“史者，纪实之书也”[1]，“史者所以传信后世也”[2]，“史家以不虚美、不隐恶为良，美恶不掩，各从其实”[3]。在钱氏看来，纪实是作史的最基本要求，按事情的原貌客观地记载下来，这样才能传信于后世，才有自身的价值。而作为良史，客观记载历史，不存偏见，不虚美，不掩恶，也是最基本的要求。

钱大昕主张直书，反对曲笔的编纂思想，既与清代乾嘉时期的整个学术思潮相适应，又有自己的独特之见，即将批判的矛头直指春秋笔法和正统理论。

“春秋笔法”是对传统史学影响较深的一套理论，讲求“以一字寓褒贬”，注重“微言大义”，通过遣词用句来体现作者的褒贬态度和对史事的看法。钱大昕通过对《春秋》史法义例的剖析、归纳，指出《春秋》并不在文字上搞褒贬。他说：“《春秋》，褒善贬恶之书也。其褒贬奈何？直书其事，使人之善恶无所隐而已矣。”[4]《春秋》是一部直书史事的史书，君臣事迹善恶无隐，褒贬自然就得到体现，褒贬就在直书之中。他归纳《春秋》义例，“《春秋》之例，书崩，书薨，书卒，而不书死。死者，庶人之称，庶人不得见于史，故未有书死者。此古今史家之通例，非褒贬之所在，圣人不能以意改之也”。“书薨者，内诸侯与小君之例也，非褒之也，《春秋》不夺之也”。“书卒者，内大夫之例也，非褒之也，《春秋》不夺之也”。“书卒者，外诸侯之例也，非褒之也，《春秋》亦不

[1] 钱大昕：《潜研堂文集》卷二《春秋论二》，见《嘉定钱大昕全集》（九），江苏古籍出版社 1997 年版，第 20 页。

[2] 钱大昕：《潜研堂文集》卷三十三《与友人书》，见《嘉定钱大昕全集》（九），江苏古籍出版社 1997 年版，第 577 页。

[3] 钱大昕：《潜研堂文集》卷二十四《史记志疑序》，见《嘉定钱大昕全集》（九），江苏古籍出版社 1997 年版，第 380 页。

[4] 钱大昕：《潜研堂文集》卷二《春秋论》，见《嘉定钱大昕全集》（九），江苏古籍出版社 1997 年版，第 17 页。

夺之也”。[1] 在钱大昕看来，《春秋》书崩、书薨、书卒，只是一种史法义例，天子书崩、诸侯书薨、大夫书卒，体现的只是一种等级观念，“以其位为之等”[2]，并不存在什么主观的褒贬。如果说《春秋》有褒贬的话，直书史事，善恶无隐，就是褒贬。对于那种模仿《春秋》，认为《春秋》“以一字寓褒贬”的书法有所未备，而补充以“小人书死”的人，钱大昕从两方面进行了驳斥，其一，“古书未有以死为贬词者”。他举《尚书》《论语》《庄子》为例，指出“死”字在圣贤身上“屡书不一书”，并非贬词。其二，违背了《春秋》义例。“弑逆之罪大矣，以庶人之例斥之曰死可乎？曰不可。是诸人者，论其罪当肆诸市朝，仅仅夷诸庶人，不足以蔽其辜。论其位，则彼固诸侯也、大夫也、夫人也，未尝一日降为庶人，而我以庶人书之，非其实矣。”[3] 最后他归结说：“稽之于古，书死未足为贬词。即以其例求之，则予夺之际，殊未得其平，而适以启后人之争端。”搞一字寓褒贬，危害史界大矣。故而钱大昕指出：“明乎《春秋》之例，可与言史矣。”[4]

钱大昕反对那种不知《春秋》义例，而又模仿《春秋》，在史书中通过一字一句搞褒贬的做法，认为那样不但不能对历史事物做出正确评价，而且还破坏了史书的统一性和整体性，为读史增加了困难。他批评欧阳修编纂《新唐书》、朱熹编纂《资治通鉴纲目》使用春秋笔法的做法，说：“《春秋》之法，内诸侯称薨，内大夫称卒，外诸侯也称卒，虽宋文公、鲁桓公、仲遂、季孙意如之伦，书薨书卒无异辞，所谓直笔而善恶自见也。欧公修《唐书》，于本纪亦循旧史之例，如李林甫书薨，田承嗣、李正己书卒，初无异辞。独于《宰相表》变文，有书薨、书卒、书死之别，欲以示善善恶恶之旨。然科条既殊，争端斯启，书死者固为巨

[1] 钱大昕：《潜研堂文集》卷二《春秋论》，见《嘉定钱大昕全集》（九），江苏古籍出版社 1997 年版，第 17—18 页。

[2] 钱大昕：《潜研堂文集》卷二《春秋论》，见《嘉定钱大昕全集》（九），江苏古籍出版社 1997 年版，第 17 页。

[3] 钱大昕：《潜研堂文集》卷二《春秋论》，见《嘉定钱大昕全集》（九），江苏古籍出版社 1997 年版，第 18 页。

[4] 钱大昕：《潜研堂文集》卷二《春秋论》，见《嘉定钱大昕全集》（九），江苏古籍出版社 1997 年版，第 19 页。

奸，书薨者不皆忠谠，予夺之际，已无定论。”《资治通鉴纲目》在这点上又远远超过了《新唐书》，“设例益繁，或去其官，或削其爵，或夺其谥，书法偶有不齐，后人复以己意揣之，而读史之家，几同于刑部之决狱矣”[1]。欧阳修等人作史“颇慕《春秋》褒贬之法，而其病即在此”[2]。可见，以春秋笔法编纂史书，既掩盖了历史的真实，又褒贬不当，还给阅读史书的人造成了困难。基于此，钱氏主张史书编纂要抛弃春秋笔法那一套，据实而书，“史家纪事唯在不虚美，不隐恶，据事直书，是非自见。若各出新意，掉弄一两字以为褒贬，是治丝而棼之也”[3]。宋儒曾以春秋笔法讥讽《左传》书“周、郑交质”，把周、郑当作两个平等的国家，是不明上下之分。钱大昕通过研究当时的历史实际，指出：“古者封建之世，王畿千里为天子之国。自畿以外为列国，天子不自治之，故曰‘古之欲明明德于天下者，先治其国，国治而后天下平’。又曰‘天下之本在国。’王国与诸侯，皆国也。天子有道而天下诸侯朝之，谓之有天下。否则，位号仅存，所有者唯王国而已。殷之有天下旧矣，而孟子言‘武丁朝诸侯有天下，犹运之掌也’。战国之世，周鼎未改，而孟子书言三代之失天下，又云‘王者之迹熄而《诗》亡’，可证平王东迁以后，周仅有其国，不得云有天下。此王之所以为《风》，而《左氏》以周、郑为二国，亦纪其实耳。对郑而言，故不言王而言周……后儒去古日远，不考封建之制，强立议论，要于经义无当也。”[4]钱大昕的分析是符合历史实际的，当时周天子大权旁落，已不能拥有天下，和诸侯没有什么差别。《左传》书“周、郑交质”，反映的是历史的真实。宋儒以春秋笔法论史，不仅迂阔，而且扭曲历史真相。

“正统”与“闰位”的观念是中国经史之学中的一种深层的观念，是

---

[1] 钱大昕：《廿二史考异》卷四十六《唐书六·宰相表中》，见《嘉定钱大昕全集》（三），江苏古籍出版社 1997 年版，第 950 页。

[2] 钱大昕：《十驾斋养新录》卷十三《唐书直笔新例》，见《嘉定钱大昕全集》（七），江苏古籍出版社 1997 年版，第 350 页。

[3] 钱大昕：《十驾斋养新录》卷十三《唐书直笔新例》，见《嘉定钱大昕全集》（七），江苏古籍出版社 1997 年版，第 350 页。

[4] 钱大昕：《潜研堂文集》卷七《答问四》，见《嘉定钱大昕全集》（九），江苏古籍出版社 1997 年版，第 86 页。

儒家道德伦理与专制政治统治相结合的产物，对传统史学的内容及形式均有深刻的影响。很多史家在历史编纂中有意区分正闰，严重影响了史学纪实的真实性。[1] 钱大昕一贯反对正统论。如唐代史家吴兢撰《天后本纪》，把武则天事迹写在高宗后面，沈既济对此不满，认为应该把武则天的事迹合于中宗纪，“请每岁书‘皇帝在房陵，太后行某事’。纪称中宗而事迹太后，所以正名而尊王室也”。后来朱熹编《资治通鉴纲目》采用这一说法，“每岁首书帝所在，又嫌于用武氏纪元，乃虚引嗣圣年号，自二年讫二十一年，至神龙反正而止。于是唐无君而有君，中宗无年号而有年号”。后儒更有推衍其例者，主张去除王莽年号，以存刘氏之统。对此，钱大昕不以为然，说“此亦极笔削之苦心，而称补天之妙手矣”，“愚窃未敢以为然也”。[2] 他分析《春秋》，指出《春秋》并未搞虚称年号这一套，“昭（鲁昭公）虽失国而未失位，故生称‘公’，葬称‘我君’。自二十六年至三十二年，皆昭在位之年也，非《春秋》强加之也。昭之丧至自乾侯，而嗣君始即位于柩前，明乎鲁人犹公之也。公之号未替，故《春秋》据实而书之，非已降而虚尊之也”。唐中宗的情况与此不同，“唐之中宗，尊号已去，此山阳公、陈留王之类也。武氏篡夺已成，其纪元也，犹晋泰始、宋永初之类也”。用此比附《春秋》昭公之事，是不对的。接着钱大昕说明了自己的思想：“史者，纪实之书也。当时称之，吾从而夺之，非实也；当时无之，吾强而名之，亦非实也。”[3]

钱大昕还从史法的角度，针对武则天立本纪之事，谈了自己的看法，认为对于君主更替，不应在年号上做文章，人之善恶美丑与是否正统毫不相干，那种以纪年来维系正统的做法是荒唐的。“叙一国之事，用其本国之元，自古良史之法固如此。嗣圣纪元止一年耳，自二年以至二十一年，皆后人强名之而非其实也，非史法也。自古攘夺而立国者多矣，幸而统一寰宇，则不得不纯以天子之制予之。要其篡夺之恶自不可掩，不系乎年号之大书与否也。若云绌其年号以贬之，则书其年号者，即为褒

[1] 参见饶宗颐：《中国史学上之正统论》，上海远东出版社 1996 年版。

[2] 钱大昕：《潜研堂文集》卷二《春秋论二》，见《嘉定钱大昕全集》（九），江苏古籍出版社 1997 年版，第 19 页。

[3] 钱大昕：《潜研堂文集》卷二《春秋论二》，见《嘉定钱大昕全集》（九），江苏古籍出版社 1997 年版，第 19—20 页。

之也。如晋如隋，又何褒焉？武氏之恶极矣，后世小夫妇人无不丑之，不待绌其纪元而后乱臣贼子惧也。纪嗣圣之年，不能不纪武氏之篡，唐祚之中绝，非后人之笔得而存之也审矣”。钱大昕在驳斥了以纪年维系正统的做法以后，更进一步指出，如果真要褒贬的话，该贬斥的恰恰是唐中宗，“彼中宗者，以嫡嗣而承大统，不能防闲其母，使国祚移于外家，此唐之罪人也。论《春秋》之义，当在贬斥之例”。因此他说：“（沈）既济唐臣，恶周之厕唐而为中宗讳，尚为有说；后儒遂以为《春秋》之例如此，是诬经也。”[1] 可见，不在史书中辨正闰，据实直书是钱大昕的一贯思想。司马迁在《史记》中为项羽立本纪，历来许多史家，包括班固、刘知幾，都指责司马迁的这一做法。钱大昕则从史以纪实的角度出发，指出项羽在秦汉之际“主天下命”，“大权在楚”，[2] 乃历史事实，司马迁据实直书，应予充分肯定。

历史人物的功过、历史事物的真伪绝不会因为正闰而有所改变。钱大昕能跳出传统的正闰之辨来谈论史书编纂，在历史见识上确实高人一筹。

三、史家眼光与经学批评

有清一代，汉学和宋学时而斗争，时而合流，斗争之中有合流，合流之中又有斗争。具体来讲，清初学者提倡经世致用、实事求是之学，为学不分汉、宋，他们治学，既重视求真求实，下一番辨析资料的功夫，又重视理论思考，不把考据与义理对立。但是，到乾嘉时期，汉学鼎盛，宋学衰落，考据成为时会，学者多肆力服郑，综核名实，而义理思辨则“竭而无余华”，没有任何创新。此时，不少学者开始反思汉学与宋学，为学术发展寻找出路。钱大昕生当其时，以史家的眼光对汉学、宋学以及清学进行了评论，有很多精辟之见。

[1] 钱大昕：《潜研堂文集》卷二《春秋论二》，见《嘉定钱大昕全集》（九），江苏古籍出版社 1997 年版，第 20—21 页。

[2] 钱大昕：《潜研堂文集》卷三十四《与梁耀北论史记书》，见《嘉定钱大昕全集》（九），江苏古籍出版社 1997 年版，第 592 页。

1. 评汉学。

钱大昕治经，远受顾炎武“读九经自考文始，考文自知音始”[1] 的治经方法论的影响，近受惠栋“五经出于屋壁，多古字古言，非经师不能辨。经之义存乎训，识字审音，乃知其义。是故古训不可改也，经师不可废也”[2] 的治经宗旨的启发，遵循由训诂以明义理的原则。在他看来，文字是六经的载体，只有先识字审音，才能真正弄懂经书所蕴含的义理，训诂明，义理才能明。他说：“六经皆载于文字者也，非声音则经之文不正，非训诂则经之义不明。”[3] 又说：“有文字而后有诂训，有诂训而后有义理，训诂者，义理之所由出，非别有义理出乎训诂之外者也。”[4] 因为重视音韵训诂在获取经书义理中的重要作用，钱大昕对汉儒的训诂考订之学有极大的兴趣，对汉儒的治学非常欣赏，给汉学以较高的评价。钱大昕云：“六经者，圣人之言，因其言以求其义，则必自诂训始；谓诂训之外别有义理，如桑门以不立文字为最上乘者，非吾儒之学也。诂训必依汉儒，以其去古未远，家法相承，七十子之大义犹有存者，异于后人之不知而作也。三代以前，文字、声音与训诂相通，汉儒犹能识之。”[5] 钱大昕还说：“夫穷经者必通训诂，训诂明而后知义理之趣，后儒不知训诂，欲以乡壁虚造之说求义理所在，夫是以支离而失其宗。汉之经师，其训诂皆有家法，以其去圣人未远。魏晋而降，儒生好异求新，注解日多，而经益晦。”[6] 可以看出，钱大昕在治经的理念和方法上，是推崇汉儒的。其推崇汉儒的理由，不外三个方面，一是汉儒以小学训诂和名物考辨为自身学术特质，言必有据；二是汉儒去古未远，

[1] 顾炎武：《亭林文集》卷四《答李子德书》，见《顾亭林诗文集》，中华书局 1983 年版，第 73 页。

[2] 惠栋：《松崖文钞》卷一《九经古义述首》，清聚学轩丛书本。

[3] 钱大昕：《潜研堂文集》卷二十四《小学考序》，见《嘉定钱大昕全集》（九），江苏古籍出版社 1997 年版，第 378 页。

[4] 钱大昕：《潜研堂文集》卷二十四《经籍纂诂序》，见《嘉定钱大昕全集》（九），江苏古籍出版社 1997 年版，第 377 页。

[5] 钱大昕：《潜研堂文集》卷二十四《臧玉林经义杂识序》，见《嘉定钱大昕全集》（九），江苏古籍出版社 1997 年版，第 375 页。

[6] 钱大昕：《潜研堂文集》卷二十四《左氏传古注辑存序》，见《嘉定钱大昕全集》（九），江苏古籍出版社 1997 年版，第 371 页。

文字音韵训诂与经典相通；三是汉儒治经，训诂皆有家法师承，不失经典本旨。也正是认识到汉儒治经去古未远、家法师承的情况，钱大昕在遇到后儒与汉儒训释有矛盾时，多数情况下是倾向于汉儒之说的。

钱大昕所言“汉儒”，为东汉诸儒，许慎、郑玄、贾逵、马融、服虔、卢植等人是其代表。东汉时期，古文经学兴盛，异字异音与经师传授之本各有不同，又《诗》《礼》等经籍多名物典制，故以上诸儒解经，极重小学训诂。他们在小学方面有很深的修养。王国维就认为东汉古文学家精通小学，所谓：“后汉之末，视古文学家与小学家为一……原古文学家之所以兼小学家者，当缘所传经本多用古文，其解经须得小学之助，其异字亦足供小学之资，故小学家多出其中。”[1] 东汉古文经学兴盛的重要原因正是由于这些学者有较好的小学素养。这一优良传统为钱大昕所继承并发扬光大，自觉取法汉儒重小学训诂与名物典制的治学传统，丰富自身的学术素养。

钱大昕虽然推崇治古文经的东汉儒者，但对于治今文经的西汉学者也不排斥。对于古文经与今文经，他有开明的看法。他说：“汉儒传经各有师承，文字训诂多有互异者”，“伏、郑所传，有古今文之别，要未必郑是而伏非也”。[2] 在中国学术史上，今古文经学曾势同水火，互相抵斥，钱大昕有如此持平的看法，实属难得。钱大昕评西汉公羊学大师董仲舒的《春秋繁露》，说：“董生说《春秋》，多引《论语》为证，如‘道千乘之国，敬事而信’，‘管仲之器小哉’，‘内省不疚，何忧何惧’，‘当仁不让’，‘苟志于仁，无恶’，‘大德不逾闲，小德出入可也’，‘礼云，礼云，玉帛云乎哉！乐云，乐云，钟鼓云乎哉’，‘政逮于大夫四世矣’，皆取以证《春秋》之指……盖宣尼作《春秋》，其微言大义，多见于《论语》，西京去古未远，犹有传其学者。今所存惟东汉诸儒之说，而《春秋》之微言绝矣。”[3] 很显然，钱大昕在评论汉代学术时，没有预设一

---

[1] 王国维：《观堂集林》卷七《两汉古文学家多小学家说》，河北教育出版社 2003 年版，第 164 页。

[2] 钱大昕：《潜研堂文集》卷五《答问二》，见《嘉定钱大昕全集》（九），江苏古籍出版社 1997 年版，第 64 页。

[3] 钱大昕：《潜研堂文集》卷九《答问六》，见《嘉定钱大昕全集》（九），江苏古籍出版社 1997 年版，第 119 页。

个所谓今古文门户之见。这与他的治经目的是一致的。钱大昕治经，目的是要求得儒学本真，即剔除后儒附会在经书上的谬说，以得圣人微言大义之真面目。换言之，在钱大昕看来，圣人经典在流传的过程中，由于文字的错讹、音读的遗失以及后儒主观的附会，经典本义日晦于世。这不仅影响到人们对经典的正确理解，甚至影响到政治统治的理论基础。因此，“刊落浮词，独求真解”[1]，是钱大昕，同时也是乾嘉时期多数学者的共同观念。本着这样的观念，凡能求得儒学真解的学术，钱大昕都给以赞扬。不论是今文派还是古文派，他们的学说只要对揭示儒学真谛有意义，钱大昕都是推挹有加的。钱氏之所以屡次提及东汉诸儒，是因为东汉以前之说，传世者罕有，求之汉以前人之说则大不易，故退而求之东汉。东汉诸儒，学有本原，去古未远，和后世无知妄作者大不相同，故钱大昕极为重视。

钱大昕评论汉儒经学，主要在方法层面上，换言之，主要在工具层面上。对于汉儒治经的思想，钱氏鲜有涉及，这也是我们要注意的。

以肯定汉儒治经重训诂考订为基准，钱大昕对清以前学术发展的状况进行了研究，钱大昕说：“汉儒说经，遵守家法，诂训传笺，不失先民之旨。自晋代尚空虚，宋贤喜顿悟，笑问学为支离，弃注疏为糟粕，谈经之家，师心自用，乃以俚俗之言诠说经典。若欧阳永叔解‘吉士诱之’为‘挑诱’，后儒遂有诋《召南》为淫奔而删之者。古训之不讲，其贻害于圣经甚矣。”[2] 又说：“尝病后之儒者，废训诂而谈名理，目记诵为俗生，诃多闻为丧志，其持论甚高，而实便于束书不观游谈无根之辈。有明三百年，学者往往蹈此失。圣朝文教日兴，好古之士，始知以通经博物相尚，若昆山顾氏、吴江陈氏、长洲惠氏父子、婺源江氏，皆精研古训，不徒以空言说经，其立论有本，未尝师心自用，而亦不为一人一家之说所囿。”[3] 显然，钱大昕认为汉儒学术醇正，魏晋直到宋明，治学以阐发义理为主，不讲训诂注疏，学风空虚。到清代，人们开始对宋明

[1] 顾广圻：《顾千里集》卷七《与阮云台制府书》，中华书局2007年版，第126页。

[2] 钱大昕：《潜研堂文集》卷二十四《经籍籑诂序》，见《嘉定钱大昕全集》（九），江苏古籍出版社1997年版，第377页。

[3] 钱大昕：《潜研堂文集》卷三十三《与晦之论尔雅书》，见《嘉定钱大昕全集》（九），江苏古籍出版社1997年版，第574页。

空疏之习进行反拨，学风丕变，学术研究始又走向敦实之途。钱大昕对魏晋至宋明学术特征的分析，失之笼统，也存在偏颇，尤其是他以汉儒治经的方法为标准衡评后世学术，未能结合时代背景、学术发展的内在理路来认识问题，充分显示出他汉学家的立场。当然，我们也应看到，钱大昕在论述学术发展时，也贯穿着一个明确的意旨，那就是反对空谈，崇尚实学，反对师心自用，崇尚立论有本。

2. 批宋学。

对于宋、明学术，钱大昕从两个层面上进行了驳难：在工具层面上，钱大昕对宋明人研究学术的方法进行了抨击，他说："自宋、元以经义取士，守一先生之说，敷衍傅会，并为一谈，而空疏不学者，皆得自名经师；间有读汉、唐注疏者，不以为俗，即以为异，其弊至明季而极矣。"[1] 又说："宋儒说经，好为新说，弃古注如土苴。"[2] 在钱大昕看来，宋人治经，不通训诂，率意改经，重视发挥，喜与前人立异，好为惊世骇俗之论，实际上流于空谈，没有根柢。这也是钱大昕往往以汉学与宋学对举，扬汉学而抑宋学的原因。

在思想层面上，钱大昕对宋、明理学中的很多范畴都进行了驳难。如他论"性即理"云："宋儒谓性即理，是也；谓天即理，恐未然。'获罪于天，无所祷'，谓祷于天也，岂祷于理乎？《诗》云：'敬天之怒，畏天之威。'理岂有怒与威乎？又云：'敬天之渝。'理不可言渝也。谓理出于天则可，谓天即理则不可。"[3]

"性即理"是程朱理学关于人性的一个重要范畴，由程颐提出，朱熹进行了完善。在二程的哲学逻辑结构中，"理"与"道""天"为相同的范畴，"理"成之在人为"性"，则"天道"亦然。"性与天道，一也。天道降而在人，故谓之性。性者，生生之所固有也"[4]。在二程看来，"天

[1] 钱大昕：《潜研堂文集》卷二十四《臧玉林经义杂识序》，见《嘉定钱大昕全集》（九），江苏古籍出版社 1997 年版，第 375 页。

[2] 钱大昕：《潜研堂文集钱》卷二十四《仪礼管见序》，见《嘉定钱大昕全集》（九），江苏古籍出版社 1997 年版，第 373 页。

[3] 钱大昕：《十驾斋养新录》卷三《天即理》，见《嘉定钱大昕全集》（七），江苏古籍出版社 1997 年版，第 62—63 页。

[4] 程颢、程颐：《河南程氏经说》卷八《中庸解》，见《二程集》，中华书局 1981 年版，第 1152 页。

道”下降在人称为“性”，“性即理”，“性”与“天道”一。钱大昕对程朱的论述，有赞同，有驳难，他同意宋儒“性即理”之说，同意理为纯粹至善的道德标准，但不同意“天即理”之说。在程朱那里，“性”“理”“天”是统一的，他们把封建道德提高到天理、天道的高度来认识，具有宇宙本体的意义。钱大昕则将“天”从中排除，认为“性即理”，但“理出于天”。钱大昕意在剥去宋儒“性”论中神圣化、神秘化的内容，反对把那种抽象缥缈的形而上的“天”与“人性”联系在一起。

由“性即理”出发，钱大昕反对李之才、邵雍所谓“义理之学”之外有“物理之学”，“物理之学”之外有“性命之学”的说法，指出：“夫性命之学有出于义理之外者乎？天下之理一而已。自天言之，谓之命；自人言之，谓之性；而性即理也。穷理斯可以观物，区物理与义理而二之，而谓物理之学转高出于义理之上，有是理乎？《中庸》，言性之书也，曰‘天命之谓性，率性之谓道，修道之谓教。道也者，不可须臾离也，可离非道也’，故曰‘道不远人’。凡离乎人而言物，离乎理而言性命者，非吾所谓道也。”[1] 很显然，钱大昕批评那种把“理”玄学化，“离理而言性命”的所谓“道”，反对那种玄远空虚的所谓“性命之道”。他说：“圣人之道，至切近而可循，后人舍其易知易从者，而求诸幽深玄远之间，故其说支离而难信。”[2]

对于程颐所谓“性”的内容为仁、义、礼、智的说法，钱大昕也进行了批判。程颐曾说：“性中只有个仁、义、礼、智四者而已，曷尝有孝弟来。”朱熹解释这段话说：“天下无性外之物，岂性外别有一物名孝弟乎？但方在性中，则但见仁、义、礼、智四者而已，仁便包摄了孝弟在其中。”对于这样的解释，钱大昕批评说：“《孟子》曰：‘尧舜之道孝弟而已矣。’又曰：‘仁之实，事亲是也；义之实，从兄是也。’又曰：‘人之所不学而能者，其良能也；所不虑而知者，其良知也。亲亲，仁也；敬长，义也。’与有子之言相表里。宋儒以孝弟为庸行粗迹，而别于空虚

---

[1] 钱大昕：《潜研堂文集》卷十六《李之才邵尧夫问答辨》，见《嘉定钱大昕全集》（九），江苏古籍出版社 1997 年版，第 249 页。

[2] 钱大昕：《潜研堂文集》卷十六《李之才邵尧夫问答辨》，见《嘉定钱大昕全集》（九），江苏古籍出版社 1997 年版，第 249 页。

处求性，故其言往往有过高之弊。”[1]

钱大昕批判宋儒学说，往往追寻先秦儒家经典中的原始说法，以此辨驳宋儒远离经典本旨。就上面一段而言，程颐在“性”中不列孝弟，朱熹为其弥缝，认为“仁”就包含了“孝弟”，钱大昕直接引用孟子的“孝弟”观和“良知良能”说，指出孟子只在纯粹道德层面上论述问题，而宋儒将其进一步发挥，朝认识论和本体论方向发展，把最能体现人伦的“孝弟”看作是凡庸俗事，在形而上的层次上探求人性，这样的做法是钱大昕所不能同意的。

在中国思想发展史上，“道”一直是一个重要的理论范畴。老子曾赋予“道”以宇宙本原和事物发展规律的意义，宋儒又把“理”看作“道”。钱大昕对“道”有新的解释，他认为“道”不外乎就是“五伦”，即君臣、父子、夫妇、昆弟、朋友等，这些东西就体现在人们的日常生活中，它就像大路一样摆在人们面前，没有什么玄虚不可及的。他说：“《中庸》，言道之书也。曰：‘天命之谓性，率性之谓道。’是道本于天也。又曰：‘天下之达道五：君臣也，父子也，夫妇也，昆弟也，朋友之交也。’是道不外乎五伦也。唯道不外乎五伦，故曰‘道不远人’，又曰‘道也者，不可须臾离也’。道不虚行，有天地而后有天地之道，有圣人而后有圣人之道。学圣人者，为君子之道；反是，则小人之道，非吾所为道矣。孟子曰：‘夫道若大路然，岂有索之虚无以为道哉！’唯老氏五千言始尊道于天地之上，其言曰：‘有物浑成，先天地生。吾不知其名，强名之曰道。人法天，天法道，道法自然。’于是求道于窈冥晃忽、不可名象之中，与孔、孟之言道，枘凿不相入矣。”[2] 钱大昕把老子宇宙本体论的“道”解释成孟子的道德伦理，将哲学伦理化，一方面说明钱大昕对老子学说不感兴趣，对道家思想精蕴不甚了解，另一方面也说明钱大昕所坚持的是儒家日用人伦的思想，他试图把所有的哲理思辨的思想成分都落实成人与人之间的伦理关系。他还说：“老氏云：‘失道而后德，

---

[1] 钱大昕：《十驾斋养新录》卷三《程子言性中无孝弟》，见《嘉定钱大昕全集》(七)，江苏古籍出版社 1997 年版，第 61 页。

[2] 钱大昕：《十驾斋养新录》卷十八《道》，见《嘉定钱大昕全集》(七)，江苏古籍出版社 1997 年版，第 482 页。

失德而后仁，失仁而后义。’又云：‘大道废，有仁义。’所谓‘去仁与义’言之也。孟子曰：‘尧、舜之道，孝弟而已矣。仁之实，事亲是也；义之实，从兄是也。道在迩而求诸远，事在易而求诸难：人人亲其亲，长其长，而天下平。’所谓‘合仁与义’言之也。退之《原道》一篇，与孟子言仁义同功。‘仁与义，为定名；道与德，为虚位’，二语胜于宋儒。”[1] 在这里，钱大昕再次指出“道”就是“仁义”，就是“孝弟”等人伦道德。老子及后来的宋儒把这种人伦关系上升到本体论的角度论述问题，使实实在在的伦理道德变成了一种人们无法实质感受到的东西，这是钱大昕所坚决反对的。他曾引用张无垢的话说：“道非虚无也，日用而已矣。以虚无为道，足以亡国；以日用为道，则尧、舜、三代之勋业也。”[2]

清初，顾炎武对宋明心性之学进行猛烈批判，指出：“昔之清谈谈老、庄，今之清谈谈孔、孟。”[3] 理学末流流于空谈，于六艺之文、百王之典、当代之务，统统不去考究，只坐而明心见性，所以误国伤教。钱大昕对宋、明空谈心性的学风也非常反感，对顾炎武的论述深表赞同，多次引述以明己志。他说：“魏、晋人言老、庄，清谈也；宋、明人言心性，亦清谈也。孔子言‘吾道一以贯之，忠恕而已矣’。孟子言‘良知良能，孝弟而已矣’，故曰‘道不远人’。后之言道者，以孝弟忠信为浅近，而驰心于空虚窈远之地，与晋人清谈奚以异哉？”[4] 由于历史条件的变化，钱大昕批判宋明理学末流的空谈，与顾炎武有所不同。顾炎武的目的是总结明亡的历史教训，提倡经世实学，而钱大昕更关注辨明学术是非，恢复儒家忠孝节义的伦理学说。很清楚，钱大昕对宋明理学一套哲理化的理论是不满的，他所极力倾向的，是把理学家大力鼓吹的儒家伦

[1] 钱大昕：《十驾斋养新录》卷十六《原道》，见《嘉定钱大昕全集》（七），江苏古籍出版社 1997 年版，第 456 页。

[2] 钱大昕：《十驾斋养新录》卷十八《道》，见《嘉定钱大昕全集》（七），江苏古籍出版社 1997 年版，第 482—483 页。

[3] 顾炎武：《日知录》卷七《夫子之言性与天道》，见《日知录集释》，岳麓书社 1994 年版，第 240 页。

[4] 钱大昕：《十驾斋养新录》卷十八《清谈》，见《嘉定钱大昕全集》（七），江苏古籍出版社 1997 年版，第 502 页。

理纲常的说教，具体化为人们日常生活的准则。可以说，他对理学“性”“道”等范畴的驳难，贯穿的都是这样的思想。从积极意义上讲，钱大昕是为了进一步扭转学风偏向，改玄远为浅近，变空虚为敦实，号召人们真正去接触儒家原典，体会圣人思想的真实含义；从消极方面看，钱大昕对理学的哲理性思辨不甚了解，他以日常伦理批驳理学的思辨，在某种意义上限制了理学在理论上的进一步发展。

钱大昕抨击宋明理学，还因为宋儒引佛入儒。理学本来就是儒、释、道三者结合的产物，学者既修儒籍又归心释道也是平常之事。钱大昕由于从小受到祖父钱王炯影响，对佛道没有好感，在日常生活中，他反对信从释道，为仙为幻，劝说人们“仙佛都虚幻，休寻不死方”[1]。在理论上，他认为佛教六业轮回说败坏人伦，佛教徒抛弃父母兄弟而出家，更是有违人伦。他说：“人之所以异于禽兽者，以其有五伦也。唯人皆有孝弟之心，故其性无不善……释氏弃其父母昆弟而不知养，虽日谈心性何益?”[2] 宋儒将佛教与儒学结合起来，破坏了儒学的精蕴，钱大昕说：“释子之语录，始于唐；儒家之语录，始于宋。儒其行而释其言，非所以垂教也。君子之‘出辞气，必远鄙倍’。语录行，而儒家有鄙倍之词矣。”[3]

我们也应看到，尽管钱大昕与宋、明理学在很多问题上认识不同，但他对宋、明儒者正心诚意、躬行自修十分推崇，且树为楷模，如他称赞朱熹：“孔孟已远，吾将安归？卓哉紫阳！百世之师。主敬立诚，穷理致知。由博返约，大醇无疵。山高海深，日丽星垂。浩然元气，入人心脾。庆元党禁，守正靡移。立德不朽，斯文在兹。”[4] 他称赞王阳明：“半壁南天一战收，蛮中更借伏波筹。功名已上麒麟阁，德望真悬泰华

---

[1] 钱大昕：《潜研堂诗续集》卷十《辛酉新年作二首》，见《嘉定钱大昕全集》（十），江苏古籍出版社 1997 年版，第 154 页。

[2] 钱大昕：《十驾斋养新录》卷十八《五伦》，见《嘉定钱大昕全集》（七），江苏古籍出版社 1997 年版，第 483 页。

[3] 钱大昕：《十驾斋养新录》卷十八《语录》，见《嘉定钱大昕全集》（七），江苏古籍出版社 1997 年版，第 488 页。

[4] 钱大昕：《潜研堂文集》卷十七《朱文公三世像赞》，见《嘉定钱大昕全集》（九），江苏古籍出版社 1997 年版，第 263—264 页。

疏。信有文章兼道学，漫因门户快恩仇。蚍蜉撼树嗟何益，试看姚江万古流。”[1] 正心修身、主敬立诚，正是钱大昕认同于宋、明儒学的地方。这也反映了钱大昕注重道德修养的思想倾向。

3. 论清学。

钱大昕不仅对汉学、宋学进行了评判，而且颇留意于当代学术史，熟悉康熙到乾隆时代的学术源流，为许多学者写作传记或墓志铭，包括阎若璩、胡渭、万斯同、惠士奇、惠栋、陈祖范、王懋竑、江永、秦蕙田、王峻、戴震、王鸣盛、曹仁虎、李文藻、邵晋涵、钱塘等人，这些人都是清代学术界的翘楚，他们的学术成就实则代表了清代乾嘉时期学术的主流。

对钱大昕来讲，清代学术的发展，他身处其中，又推波助澜。他为清代学术人物立传，以自己的学术眼光进行取舍，记述其言行著作，评论其学术成就，均深入切要，俨然一部清中前期学术发展史。

在钱大昕看来，清代学术是对宋、明学术的反拨。明清易代，天崩地解，学者们有感于宋、明理学末流的空疏无当，开始由反思政治得失而推原学术精神，由历史的批判总结而进行学术的批判总结。人们开始对宋、明以来占统治地位的程朱理学和陆王心学在学理上的种种失误进行反思，陆王心学之“游谈无根”，程朱理学之“专己守残”，成为众矢之的。一大批进步的思想家，如黄宗羲、顾炎武、王夫之、陈确、费密、唐甄、方以智、傅山、颜元等，对整个宋明理学进行了全面的清算、修正和批判。可以说，清初批判理学思潮的崛起，标志着以往学术演变的终结，而新的学术也以此为起点，孕育、发展起来。

钱大昕看到清初学者对理学的清算之功，但他更重视 18 世纪一批“好古之士”的学术成就。钱大昕注意到清初学术向 18 世纪朴学的过渡，他说：“国朝通儒，若顾亭林、陈见桃、阎百诗、惠天牧诸先生，始笃志古学，研覃经训，由文字、声音、训诂而得义理之真。”[2] 他们以自己

[1] 钱大昕：《潜研堂诗续集》卷五《王阳明祠》，见《嘉定钱大昕全集》（十），江苏古籍出版社 1997 年版，第 82 页。

[2] 钱大昕：《潜研堂文集》卷二十四《臧玉林经义杂识序》，见《嘉定钱大昕全集》（九），江苏古籍出版社 1997 年版，第 375 页。

的学术研究，“一洗明季空疏之陋”[1]。钱大昕注重对18世纪学者治学特征的揭示，从钱大昕论述这些学者的内容以及他的注目点，我们可以看到18世纪清代学术的基本状况，其中有钱大昕自己的看法，也反映了当时学术发展的实际。

其一，崇尚古学，注重考证。钱大昕在研究清代学术人物时，特别注目于此。他评论阎若璩“平生长于考证，遇有疑义，反复穷究，必得其解乃已”[2]，评胡渭“博稽载籍及古今经解，考其同异而折衷之”[3]，认为万斯同“专意古学，博通诸史”[4]，指出惠栋“世守古学”，“校勘精审，于古书之真伪，瞭然若辨黑白”，[5] 称江永“于经传制度名物，考稽精审”[6]，赞扬戴震“长于考辩，每立一义，初若创获，及参互考之，果不可易”[7]，指出曹仁虎“博极群书，精于证据”[8]。如此等等，说明乾嘉时期学人在治学上确实有注重考证的特点。钱大昕看到这些，并将其指出，对于我们认识清代学术，有很大的帮助。

其二，实事求是，深造自得。清代学者，治学不尚空谈，所有结论，皆从读书中出，不因袭前人。钱大昕在各个学者的传中，特意指出这一点。他认为阎若璩“研究经史，深造自得”[9]，胡渭治学“卓然有得，

---

[1] 钱大昕：《潜研堂文集》卷二十四《经籍纂诂序》，见《嘉定钱大昕全集》（九），江苏古籍出版社1997年版，第377页。

[2] 钱大昕：《潜研堂文集》卷三十八《阎先生若璩传》，见《嘉定钱大昕全集》（九），江苏古籍出版社1997年版，第642页。

[3] 钱大昕：《潜研堂文集》卷三十八《胡先生渭传》，见《嘉定钱大昕全集》（九），江苏古籍出版社1997年版，第643页。

[4] 钱大昕：《潜研堂文集》卷三十八《万先生斯同传》，见《嘉定钱大昕全集》（九），江苏古籍出版社1997年版，第645页。

[5] 钱大昕：《潜研堂文集》卷三十九《惠先生栋传》，见《嘉定钱大昕全集》（九），江苏古籍出版社1997年版，第661页。

[6] 钱大昕：《潜研堂文集》卷三十九《江先生永传》，见《嘉定钱大昕全集》（九），江苏古籍出版社1997年版，第671页。

[7] 钱大昕：《潜研堂文集》卷三十九《戴先生震传》，见《嘉定钱大昕全集》（九），江苏古籍出版社1997年版，第674页。

[8] 钱大昕：《潜研堂文集》卷四十三《日讲起居注官翰林院侍讲学士曹君墓志铭》，见《嘉定钱大昕全集》（九），江苏古籍出版社1997年版，第739页。

[9] 钱大昕：《潜研堂文集》卷三十八《阎先生若璩传》，见《嘉定钱大昕全集》（九），江苏古籍出版社1997年版，第638页。

非异趣以为高者”[1]，陈祖范治学“务求心得，不喜驰骋其说与古人争胜，尤耻剿袭成言以为己有”[2]，王懋竑“于诸史皆有考证，实事求是，不为抑扬过当之论”[3]，邵晋涵的学说“皆实事求是，有益于学者”[4]，钱塘的学说也是“实事求是之学”[5]，江永“读书好深思，长于比勘”[6]，戴震“研精汉儒传注及《方言》《说文》诸书，由声音文字以求训诂，由训诂以寻义理，实事求是，不偏主一家，亦不过骋其辨以排击前贤”[7]，李文藻治学“不傍人门户”，“口不道前辈之短”。[8] 乾嘉学者及其前辈治学崇尚实事求是，注重读书，讲求自得，这种学风是由每位学者身体力行、共同倡导而形成的。

其三，重视治经，兼及治史。经学研究是清代学者所擅长的，众多学者把治经放在治学的首位，并由此拓展，兼及其他。钱大昕本人也是兼治经史的，只不过他更重视史学罢了。钱大昕指出，胡渭“笃志经义，尤精于舆地之学”[9]，惠士奇治学坚持“以通经为先”，其“盛年兼治经史，晚岁尤邃于经学”[10]，王懋竑也是“笃志经史，耻为标

[1] 钱大昕：《潜研堂文集》卷三十八《胡先生渭传》，见《嘉定钱大昕全集》（九），江苏古籍出版社1997年版，第644页。

[2] 钱大昕：《潜研堂文集》卷三十八《陈先生祖范传》，见《嘉定钱大昕全集》（九），江苏古籍出版社1997年版，第648页。

[3] 钱大昕：《潜研堂文集》卷三十八《王先生懋竑传》，见《嘉定钱大昕全集》（九），江苏古籍出版社1997年版，第659页。

[4] 钱大昕：《潜研堂文集》卷四十三《日讲起居注官翰林院侍讲学士邵君墓志铭》，见《嘉定钱大昕全集》（九），江苏古籍出版社1997年版，第744页。

[5] 钱大昕：《潜研堂文集》卷三十九《溉亭别传》，见《嘉定钱大昕全集》（九），江苏古籍出版社1997年版，第681页。

[6] 钱大昕；《潜研堂文集》卷三十九《江先生永传》，见《嘉定钱大昕全集》（九），江苏古籍出版社1997年版，第668页。

[7] 钱大昕：《潜研堂文集》卷三十九《戴先生震传》，见《嘉定钱大昕全集》（九），江苏古籍出版社1997年版，第672页。

[8] 钱大昕：《潜研堂文集》卷四十三《李南涧墓志铭》，见《嘉定钱大昕全集》（九），江苏古籍出版社1997年版，第742页。

[9] 钱大昕：《潜研堂文集》卷三十八《胡先生渭传》，见《嘉定钱大昕全集》（九），江苏古籍出版社1997年版，第643页。

[10] 钱大昕：《潜研堂文集》卷三十八《惠先生士奇传》，见《嘉定钱大昕全集》（九），江苏古籍出版社1997年版，第652页。

榜声誉”[1]，惠栋治学亦“专心经术，尤邃于《易》”，其易学研究，“皆推演古义，针砭俗说，有益于学者”[2]，江永治学，“博通古今，尤专心于十三经注疏”[3]，秦蕙田更是“夙精三礼之学”，“以穷经为主”，“尝慨《礼经》名物制度，诸儒诠解互异，鲜能会通其说，故于郊社、宗庙、宫室、衣服之类，尤究心焉”。[4] 乾嘉学者，治经成风，以治经之方法治史，亦为当时学者所共有。

其四，经世致用，涉猎广博。乾嘉学者治学，于经史之学中寓经世思想，广泛涉猎各个学科领域。钱大昕生在当时，与很多学者都有过交往，对他们的经世情怀有很深刻的认识。比如地理之学乃经世之学，因为山川险易、道里远近、疆域变迁、天下形胜，深切关系到战守安危、国计民生。胡渭著《禹贡锥指》，对于“九州山川形势及古今郡国分合同异、道里远近夷险”，极尽论述，并对黄河“历代决溢改流之迹”，详加考证，所论都是“民生国计所系”。[5] 阎若璩“于地理尤精审，凡山川形势、州郡沿革，瞭若指掌”[6]。同样，王峻也精地理之学，“谈九州山川形势，曲折向背，虽足迹所未到，咸瞭如指掌”[7]。对山川形势、州郡沿革深入研究的背后，是明确的经世意图。不仅如此，乾嘉学者治学领域宽广，天象、律吕、声韵、算法、礼制等，多能贯通。典章制度为治国之器，研究典章制度本身就深含经世之意。

钱大昕对乾嘉学术的复古特征的认识也是相当深刻的。他敏锐地意

[1] 钱大昕：《潜研堂文集》卷三十八《王先生懋竑传》，见《嘉定钱大昕全集》（九），江苏古籍出版社 1997 年版，第 655 页。

[2] 钱大昕：《潜研堂文集》卷三十九《惠先生栋传》，见《嘉定钱大昕全集》（九），江苏古籍出版社 1997 年版，第 665 页。

[3] 钱大昕：《潜研堂文集》卷三十九《江先生永传》，见《嘉定钱大昕全集》（九），江苏古籍出版社 1997 年版，第 668 页。

[4] 钱大昕：《潜研堂文集》卷四十二《光禄大夫经筵讲官太子太保刑部尚书秦文恭公墓志铭》，见《嘉定钱大昕全集》（九），江苏古籍出版社 1997 年版，第 713 页。

[5] 钱大昕：《潜研堂文集》卷三十八《胡先生渭传》，见《嘉定钱大昕全集》（九），江苏古籍出版社 1997 年版，第 643—644 页。

[6] 钱大昕：《潜研堂文集》卷三十八《阎先生若璩传》，见《嘉定钱大昕全集》（九），江苏古籍出版社 1997 年版，第 641 页。

[7] 钱大昕：《潜研堂文集》卷四十三《江西道监察御史王先生墓志铭》，见《嘉定钱大昕全集》（九），江苏古籍出版社 1997 年版，第 728 页。

识到在汉学旗帜下清代学术的流弊，那就是过分泥古，特别重经。钱大昕在自己的研究中有意扭转这种学风，提倡求是，高树史帜，具有一种理性主义的光彩。

第三节 “经史不分”：崔述的经史关系论与考信辨伪的两难

崔述在考信辨伪的过程中，也提出了对经史关系的看法，为乾嘉史学界增添了新的思想因素。崔述的经史关系论与袁枚、钱大昕不同，他讨论经史关系，是要为考信辨伪寻找一个理论基点。然而，也正是因为这样的考虑，他的考信辨伪陷入了两难境地。

一、“体用同原”与“经史不分”

崔述的经史关系论是与他的考信辨伪思想密切相连的，其鲜明的特点就是从“圣人之道体用同原”的角度看待经史关系，为乾嘉时期经史之学增添了新的思想因素。他说：“夫经史者，自汉以后分别而言之耳，三代以上所谓经，即当日之史也。《尚书》，史也，《春秋》，史也，经与史恐未可分也。”[1] 又说：“三代以上，经史不分，经即其史，史即今所谓经者也。后世学者不知圣人之道体用同原，穷达一致，由是经史始分。其叙唐、虞、三代事者，务广为记载，博采旁搜，而不折衷于圣人之经。其穷经者，则竭才于章句之末务，殚精于心性之空谈，而不复考古帝王之行事。”[2] 在崔述看来，三代以上，根本没有经史相分这一说，今人所谓经，就是当时的史。《尚书》《春秋》等，既是经，又是史。至汉代及其以后，“经史始分”，人们将经史分开来谈，遂有经是经，史是史，

[1] 崔述：《洙泗考信余录》卷三，见《崔东壁遗书》，上海古籍出版社 1983 年版，第 395 页。

[2] 崔述：《洙泗考信录提要》卷下，见《崔东壁遗书》，上海古籍出版社 1983 年版，第 20 页。

经史不能相混的说法。

上述崔述的言论，至少包含两层含意：第一，从学术发展史的角度来看，经与史经历了一个由三代以上经史不分到汉代以后经史相分的过程。学术由简到繁，由混沌到逐步清晰，由一支分为多支，是必然的规律。第二，经史之所以相分，实际上是后人没有体察“圣人之道体用同原”的本质精神所致。在崔述看来，经是“体”，史是“用”，在圣人眼里，“体用同原”，五经既是“体”，又是“用”，既是“经”，又是“史”，本来就是一个统一体。但后世之人忘记了这一点，治史者博采旁搜、广为记载，“而不折衷于圣人之经”；穷经者溺于章句、空谈心性，“而不复考古帝王之行事”。其结果必然导致治史失去了灵魂，治经没有了依据。对此，崔述曾以《左传》为例进行了较为深入的说明：“朱子以《左氏》为史学，《公》《穀》为经学，‘《左氏》纪事详赡而是非多谬，《公》《穀》纪事虽疏而多得圣人之意’。余按：左氏之不尽合于经意，诚有然矣，谓公、穀之能得经意则未见也。公、穀之说，大抵多取月日名字穿凿附会，以为圣人书法所在。且事实者，义理之根柢，苟事实多疏，安望义理之反当乎！《左传》虽多不合于经，然二百余年之事备载简册，细心求之，圣人之意自可窥测。《左传》之远胜于二家者正不在义理而在事实也。”[1] 崔述认为朱熹把《左传》看作史书，把《公羊传》和《穀梁传》看作经书是不对的。在崔述看来，历史事实与经书义理相互依存，“事实者，义理之根柢，苟事实多疏，安望义理之反当乎”。崔述这里所说的事实和义理，有类于体和用。《公羊传》《穀梁传》虽为经书，其实并未得经意，原因就是只会穿凿附会圣人书法，却没有史实根据。而《左传》不同，虽然看上去“多不合于经”，但“二百余年之事备载简册”，圣人之意就蕴含在这些历史事实之中。崔述从“圣人之道体用同原”以及“事理合一”的角度谈论经史关系，所论既有对前人经史关系学说的继承，又和自己的考信辨伪工作密切相连，值得深入探究。

明代大学者王阳明就曾认为经以载“道”，史以记“事”，同样是五经，从载道的角度讲，五经是经，从记事的角度讲，五经是史。他说：

---

[1] 崔述：《洙泗考信余录》卷三《左子》，见《崔东壁遗书》，上海古籍出版社 1983 年版，第 395 页。

"以事言谓之史，以道言谓之经。事即道，道即事。《春秋》亦经，五经亦史。《易》是包牺氏之史，《书》是尧舜以下史，《礼》《乐》是三代史。其事同，其道同，安有所谓异。"[1] 很显然，在王阳明看来，五经皆史，是说它们既是载道之书，又是记事之书，道与事统一于五经之中，经与史是一而二、二而一的关系。明末思想家李贽论述经史关系时，虽然没有明说经载道、史记事，但明显具有这样的思维方式。不仅如此，李贽还深入一步，论述了经史的相互依存关系。他说："经、史一物也。史而不经，则为秽史矣，何以垂戒鉴乎？经而不史，则为说白话矣，何以彰事实乎？故《春秋》一经，春秋一时之史也。《诗经》《书经》，二帝三王以来之史也。而《易经》则又示人以经之所自出，史之所从来，为道屡迁，变易匪常，不可以一定执也。故谓六经皆史也。"[2] 李贽认为，经史互为表里，史如果没有经的武装，就是胡乱堆砌，无法"垂戒鉴"；经如果没有史作依据，就是"说白话"，不能"彰事实"。明末清初钱谦益的经史关系论与王阳明和李贽有所不同，他从经史致用的角度看待经史关系，他说："经犹权也，史则衡之有轻重也。经犹度也，史则尺之有长短也……有人曰：我知轻重，我明长短。问之以权度，茫如也，此无目而诤目，不通经而学史之过也。有人曰：我知权，我知度。问之以轻重长短，亦茫如也，此执籥而为日，不通史而执经之过也。经不通史，史不通经，误用其偏诐蒐琐之学术，足以杀天下，是以古人慎之。"[3] 钱谦益认为，经蕴含圣人之道，就是判断是非的标准和原则，史就是客观历史事实，是被衡量的对象。经与史就是一种权与衡、度与尺的关系，相辅相成，互为表里，不可分割。他极力反对经不通史、史不通经的学术倾向，指出只有打通经史，才能"明体达用，为通天地人之大儒"[4]。

[1] 王守仁：《传习录》上，见《王阳明全集》（上），上海古籍出版社 1992 年版，第 10 页。

[2] 李贽：《焚书》卷五《经史相为表里》，见《李贽文集》，社会科学文献出版社 2000 年版，第 201—202 页。

[3] 钱谦益：《有学集》卷十四《汲古阁毛氏新刻十七史序》，见《钱牧斋全集》（五），上海古籍出版社 2003 年版，第 679—680 页。

[4] 钱谦益：《有学集》卷十四《汲古阁毛氏新刻十七史序》，见《钱牧斋全集》（五），上海古籍出版社 2003 年版，第 680 页。

王阳明、李贽、钱谦益的经史关系论因学术传承和时代背景的不同，明显存在内涵差异。当我们观照崔述的经史关系论时，可以看出崔述与王阳明、李贽、钱谦益等人的经史关系论有某些联系。王阳明从“道”与“事”的角度论述经史关系，认为道事合一、经史一物，崔述从“体”与“用”的角度论述经史关系，认为体用同原、经史不分。很显然，崔述在经史关系上的学理论证与思维模式与王阳明如出一辙。李贽坚持经史互依，认为史不注入经义，就不能垂戒鉴，经不验之史实，便不能彰事实。钱谦益通过比喻来形容经史之间的密切关系，认为经与史犹如权与衡、度与尺，不可分离，因此他反对“经不通史、史不通经”的学术倾向。比他们晚出的崔述同样强调经史互依，批评了学术界作史不折衷于经、穷经不验之于史的现象。很清楚，崔述的经史互依说与李贽、钱谦益的论证有极为相似的地方。崔述生王阳明、李贽和钱谦益之后，虽然并未明言其经史关系论与王、李、钱有何关系，但从学理角度看，应该说受到了三人的影响，甚至深得三人经史关系之论之深意，这也说明了经史关系思想具有继承性。

还需要指出的是，崔述的经史关系论与章学诚所提倡的“六经皆史”也有相通之处，章学诚有言：“六经皆史也。古人不著书，古人未尝离事而言理，六经皆先王之政典也。”[1] 章学诚同样从事理不分、体用同原的角度来谈经史问题，可能正因为此，崔述、章学诚都反对宋明以来空谈性理的学风，反对脱离实际、脱离历史而谈天说道。认为只有通过“事”，即通过历史，方有可能真正了解“道”。但他们之间又有很大差别，章学诚倡言“六经皆史”，是为了变革旧史学，建立他的史学理论体系。而崔述提出经史一物，注目点不在理论方面，而在考史实真伪、明圣王之道上。

崔述谈论经史关系的本意确实与前人不同，他是要为自己的考信辨伪找一个理论基点。换言之，崔述所考乃上古史事，考上古史事必然离不开六经这些最基本的史料，对这些史料如果没有一个正确的把握，其考信辨伪也就成了空谈。在崔述看来，经史一物，事理一致，体用同原。

[1] 章学诚：《文史通义》内篇一《易教上》，见《文史通义新编新注》，浙江古籍出版社2005年版，第1页。

后世之人不懂得这一点，认为经所载为道之体，史所载为道之用，遂将本是一物的经史分开来。致使后儒研究经学者，穷力于章句末务，殚精于心性空谈，而不注意六经中所记载的古圣王之行事；研究史学者，广搜博采，只叙古圣王之行事，而不能揭示圣王之道。这些都失之偏颇。崔述认为，六经既载道又记事，古代圣王之道本身直接体现在圣王的政教之中，蕴藏圣王之道的经也就是记载圣王之事的史。他说："圣人之道，在六经而已矣。二帝、三王之事，备载于《诗》《书》；孔子之言行，具于《论语》。文在是，道即在是。故孔子曰：'文王既没，文不在兹乎？'六经以外，别无所谓道也。"[1] 崔述考信辨伪，一是求古史之真，廓伪托附会；二是明圣王之道，正儒家之说。求古史之真，就必然要寻找记述古史最可靠、最原始的资料作基础，而六经恰恰就是这样的资料，而圣王之道、儒家之说也恰恰就在六经之中，所谓"六经载道"，"《尚书》所载皆帝王经世之大法"[2]，"政以治民正俗为要，《尚书》所言乃朝廷兴革之大端，至于民情之忧喜，风俗之美恶，则《诗》实备之"[3]。"《易》者，圣人致用之书，无事不包罗于其内"[4]。他还说："穷经所以致用，果能通经，何所用之不宜。"[5] 总之，六经全是治国修身之器。当崔述从史的角度进行考信辨伪时，六经就是他据以立论的基本史料，而且是最原始、最可信的史料。如他在考周代正朔时，就说过这样的话："《周官》封建之制、田赋之法，皆与《诗》《书》《春秋》《孟子》不合，安在正朔之独能得其实？惟《尚书》《春秋》乃圣人之经，当时纪事之史，学者不此之信而反取《周官》《月令》滋其疑，亦可谓颠矣。"[6] 崔述完全用史学的方法来考论古史，与汉学家以治经之训诂方法考史很不

[1] 崔述：《考信录提要》卷上，见《崔东壁遗书》，上海古籍出版社 1983 年版，第 2 页。

[2] 崔述：《读风偶识》卷四《通论读诗》，见《崔东壁遗书》，上海古籍出版社 1983 年版，第 577 页。

[3] 崔述：《读风偶识》卷四《通论读诗》，见《崔东壁遗书》，上海古籍出版社 1983 年版，第 577 页。

[4] 崔述：《易卦图说》，见《崔东壁遗书》，上海古籍出版社 1983 年版，第 679 页。

[5] 崔述：《易卦图说》，见《崔东壁遗书》，上海古籍出版社 1983 年版，第 679 页。

[6] 崔述：《王政三大典考》卷一，见《崔东壁遗书》，上海古籍出版社 1983 年版，第 494 页。

相同。当崔述要明圣王之道时，他马上就回到经的立场上，六经成了圣人的代表，指传注之失，黜百家之妄，排佛道之说，表现出强烈的崇经尊圣的倾向。正如张维屏所说："（崔述）历代史传无不览，而义必以经为宗；诸家论说靡不观，而理必以圣为准。斥异端之谬毒，不欲使圣贤受诬于后；抉伪书之欺蒙，不欲使名教致淆于杂说。"[1] 总之，因为六经记事，故可当作史料来考信，又因为六经载道，故可用来明"道统"。记事与载道都统一在六经之中，故而六经既是经又是史，不能相分。有的学者未见及此而认为崔述的经史关系论有剥掉经书神圣外衣的作用，这实际上是没有体会崔述经史关系论的实质。在经史关系问题上，崔述是个二元论者。

二、考信求实与尊经卫道

从学术研究方法上来看，考信求实是事实（历史）判断，尊经卫道是价值（道德）判断。崔述由于秉持体用同原、事理一致的原则，认为经史本为一物，譬如《尚书》《春秋》等，从"体"和"理"的角度看，是经；从"用"和"事"的角度看，是史。正是由于有了以上认识，崔述在考信辨伪时往往在事实（历史）判断和价值（道德）判断之间陷入深深的矛盾，处于两难境地。也就是说，崔述对经史关系的看法，从理论上讲，能够自圆其说，且多有新意，可一旦付诸实施，矛盾抵牾之处便明显呈现出来。崔述"考信于六艺"，以六经为依据，进行事实判断，考证先秦史事，厘清了缠绕在古史上的诸多错误认识，很多结论已经接近历史的真相。然而，只要事涉古代圣王，尊经卫道的价值判断又让他不顾事实，强作解释，远离了历史的真相。横亘在崔述心中的"卫道"思想阻碍了他走向真正疑古考信的脚步，而真正的疑古考信也只能在近代破除了经典迷信和道统观念以后才正式走上历史舞台。

崔述治学，重在"疑古"，他对"古书"和"古事"都有怀疑，其《考信录》之作，就是要通过对古书古事的考证，寻求"信史"。崔述考信古史，采用的方法主要有两点：一是把六经当作最基本、最可信的资

[1] 张维屏：《崔述》，见《崔东壁遗书》，上海古籍出版社 1983 年版，第 1072—1073 页。

料来考辨古史，宗信六经而怀疑传注和诸子百家。二是采用历史的方法寻求上古史事产生讹误的来龙去脉。这些考信方法与专注于文字音韵训诂及名物制度考证的汉学家不同，与阐发微言大义的宋学家更不同。这是一种独特的具有历史主义特征的用证方法和辨伪方法。

在崔述的心目中，六经与传记、注疏、百家之言的地位和价值是不可同日而语的。他曾说："自读书以来，奉先人之教，不以传注杂于经，不以诸子百家杂于经传；久之始觉传注所言有不尽合于经者，百家所记往往有与经相悖者。"[1] 很显然，在崔述心目中，六经所记最为可靠，其次为传注，再次为诸子百家言。其作《考信录》，即"以经为主，传注之与经合者则著之，不合者则辨之，而异端小说不经之言咸辟其谬而删削之"[2]。"故《考信录》但取信于经，而不敢以战国、魏、晋以来度圣人者遂据之为实也"[3]。这样，就使得经与传注、百家之言不相混杂，"把各人的见解还给各人，要各人自己负责任"[4]。由于崔述认为"经文皆可信"[5]，而"秦、汉以来传注之言往往与经抵牾，不足深信"[6]，故而他考证古史真伪，往往以六经为依据，把六经当作考辨古史真伪的最可靠的资料。崔述还认为经书是距离上古历史最近的记载，较少有人附会，比较接近历史的真实，故而最为可靠。从这个意义上讲，崔述确实没有把六经当作经，而是当成了考辨古史真伪的史料。

崔述在读书的过程中，以经书为准看出了历代传注、诸子、杂说中有许多可疑的地方，于是产生出对经以外诸书关于古史说法的怀疑，由怀疑而辨伪，由辨伪而考信。他说："余少年读书，见古帝王圣贤之事往往有可疑者，初未尝分别观之也。壮岁以后，抄录其事，记其所本，则

[1] 崔述：《考信录自序》，见《崔东壁遗书》，上海古籍出版社 1983 年版，第 921 页。

[2] 崔述：《考信录自序》，见《崔东壁遗书》，上海古籍出版社 1983 年版，第 921 页。

[3] 崔述：《考信录提要》卷上，见《崔东壁遗书》，上海古籍出版社 1983 年版，第 4 页。

[4] 顾颉刚：《崔东壁遗书序》，见《崔东壁遗书》，上海古籍出版社 1983 年版，第 61 页。

[5] 崔述：《考信录提要》卷下，见《崔东壁遗书》，上海古籍出版社 1983 年版，第 16 页。

[6] 崔述：《与董公常书》，见《崔东壁遗书》，上海古籍出版社 1983 年版，第 705 页。

向所疑者皆出于传记，而经文皆可信，然后知六经之精粹也。”[1] 他在《考信录提要》中多次申论这一点，指出“今为《考信录》，悉本经文以证其失，并为抉其误之所由”[2]。对于这种以经证史的方法，顾颉刚很是欣赏，称之为崔述考信辨伪的“基础方法”，认为“从前人以为传记即是经，注、疏必得经意，把二千余年陆续发生的各家学说视为一件东西”，而崔述的这一方法，“完全要把材料分析，使各时代、各个人、各本子均分了开来，而不浑作一团”。[3] 崔述把各类不同文献的价值分开来看，具有打破蒙昧的意义。比如，崔述在辨析五德终始说时就首先看到《诗》《书》等“二帝之典、三王之誓诰”中没有记载，然后层层推剥，指出五德终始乃邹衍妄造，后世君主假此以欺天下、愚民众。[4] 崔述以经书为基本史料，剥去了在汉代流传甚广的这一谬说的伪装，极有功于古史研究。这些，不仅在古史辨伪上，而且在历史认识上，都是有价值的。

对于先王事迹及上古史事何以在后世出现种种谬误，崔述进行了历时性的考察，这种考察完全是历史主义的态度。他认为，时代的变迁、政治环境的影响、师承的不同、书写工具的变化等，都可能导致史事失真。他说：“顾自秦火以后，汉初诸儒传经者各有师承，传闻异辞，不归于一，兼以战国之世，处士横议，说客托言，杂然并传于后，而其时书皆竹简，得之不易，见之亦未必能记忆，以故难于检核考正，以别其是非真伪。东汉之末，始易竹书为纸，检阅较前为易；但魏、晋之际，倘尚词章，罕治经术，旋值刘、石之乱，中原陆沉，书多散佚，汉初诸儒所传《齐诗》《鲁诗》《齐论》《鲁论》陆续皆亡，惟存《毛诗序传》及张禹更定之《论语》，而伏生之《书》，田何之《易》，邹、夹之《春秋》，

---

[1] 崔述：《考信录提要》卷下，见《崔东壁遗书》，上海古籍出版社 1983 年版，第 16 页。

[2] 崔述：《考信录提要》卷上，见《崔东壁遗书》，上海古籍出版社 1983 年版，第 9 页。

[3] 顾颉刚：《崔东壁遗书序》，见《崔东壁遗书》，上海古籍出版社 1983 年版，第 60—61 页。

[4] 崔述：《补上古考信录》卷之下《后论一则》，见《崔东壁遗书》，上海古籍出版社 1983 年版，第 49—50 页。

亦皆不传于世。于是复生妄人，伪造《古文尚书经传》《孔子家语》，以惑当世。二帝、三王、孔门之事于是大失其实。"[1] 又说："今之去二帝、三王远矣，言语不同，名物各异，且易竹而纸，易篆而隶，递相传写，岂能一一之不失真。"[2] 很显然，政治环境的变迁、学术传承的混乱、后人假托圣贤编造史事、好事者伪造杜撰以及书写工具、字体的变化，都会导致史料真伪杂糅，造成古史篡乱。也就是说，上古史事在流传中会被人附会展延，出现"世益晚则其采择益杂""世愈后则其传闻愈繁"的情况。他说："孔子序《书》，断自唐、虞，而司马迁作《史记》，乃始于黄帝。然犹删其不雅驯者。近世以来，所作《纲目前编》《纲鉴捷录》等书，乃始于庖羲氏，或天皇氏，甚至有始于开辟之初盘古氏者，且并其不雅驯者亦载之。故曰世益晚则其采择益杂也。"[3] 又说："夫《尚书》但始于唐虞，及司马迁作《史记》乃起于黄帝，谯周、皇甫谧又推之于伏栖氏，而徐整以后诸家遂上溯于开辟之初，岂非其识愈下，则其称引愈远；其世愈后，则其传闻愈繁乎。"[4] 也就是说，随着历史的发展，人们在古史上的附会越来越多，而且不断将古史的开端向前推。这是崔述的卓识。顾颉刚提出"层累地造成的中国古史"，极可能是受了崔述这些话的影响。

另外，崔述指出，战国时期的说客辩士好借物以喻其意，孟子书中也往往讲一些寓言，而实际上并非实有其事，但"汉晋著述者往往误以为实事而采之入书，学者不复考其所本，遂信以为真有而不悟者多矣"[5]。他还指出，传闻异辞或记忆失真也可能导致史事讹误，"传记之文，有传闻异辞而致误者，有记忆失真而致误者。一人之事，两人分言

[1] 崔述：《考信录提要》卷上，见《崔东壁遗书》，上海古籍出版社 1983 年版，第 2 页。

[2] 崔述：《考信录提要》卷上，见《崔东壁遗书》，上海古籍出版社 1983 年版，第 10 页。

[3] 崔述：《考信录提要》卷上，见《崔东壁遗书》，上海古籍出版社 1983 年版，第 13 页。

[4] 崔述：《补上古考信录》卷上，见《崔东壁遗书》，上海古籍出版社 1983 年版，第 28 页。

[5] 崔述：《考信录提要》卷上，见《崔东壁遗书》，上海古籍出版社 1983 年版，第 4 页。

之，有不能悉符者矣。一人之言，数人递传之，有失其本意者矣。是以三传皆传《春秋》，而其事或互异。此传闻异辞之故也。古者书皆竹简，人不能尽有也，而亦难于携带，纂书之时无从寻觅而翻阅也。是以《史记》录《左传》文，往往与本文异，此记忆失真之故也”[1]。还有，后世之人“好以己度人，以今度古”[2]，无视古今之别，结果改纂了历史。“后世之儒所以论古之多谬者，无他，病在于以唐宋之事例三代，以三代之事例上古”[3]。他们碰到不理解的上古史事，要么“强不知以为知”[4]；要么附会弥缝，“因前人小失而曲全之，或附会之，遂致大谬于事理者”[5]；要么囿于见闻，判断失当，“凡人多所见则少所误，少所见则多所误”[6]。客观上的历史变迁以及主观上的蒙昧，势必导致古史的真面目越来越模糊，越来越脱离真实。

以上所论，虽形式不同，但都可用一句话概括：“去圣益远则其诬益多，其说愈传则其真亦愈失。”[7] 可以看出，崔述将古史谬误的出现当作一个有机联系的历史过程来对待，进行动态的把握。在经史考证时，注意到时代变迁、名物移换、语言文字不同以及个人见识高低等因素对历史上流传下来的古书古事之内容的影响，往往能从流动性、过程性的宏观角度把握问题，是一种历史的考察。

正是因为崔述有以上认识，所以他在考辨古史时提出要“平心”，不存成见，要“论时势”，不能脱离具体历史环境来看问题，更不能以今度

[1] 崔述：《考信录提要》卷上，见《崔东壁遗书》，上海古籍出版社 1983 年版，第 8 页。

[2] 崔述：《考信录提要》卷上，见《崔东壁遗书》，上海古籍出版社 1983 年版，第 4 页。

[3] 崔述：《补上古考信录》卷上，见《崔东壁遗书》，上海古籍出版社 1983 年版，第 32 页。

[4] 崔述：《考信录提要》卷上，见《崔东壁遗书》，上海古籍出版社 1983 年版，第 9 页。

[5] 崔述：《考信录提要》卷上，见《崔东壁遗书》，上海古籍出版社 1983 年版，第 9 页。

[6] 崔述：《考信录提要》卷上，见《崔东壁遗书》，上海古籍出版社 1983 年版，第 3 页。

[7] 崔述：《丰镐考信录》卷二，见《崔东壁遗书》，上海古籍出版社 1983 年版，第 177 页。

古。他说："夫论古之道，当先平其心而后论其世，然后古人之情可得。若执先入之见，不复问其时势而但揣度之，以为必当然，是'莫须有'之狱也，乌足为定论乎？"[1] 他数次申言自己是持"平心"、弃"成见"而考辨古史的。他认为，"学者于古人之书，虽固经传之文，贤哲之语，犹当平心静求其意旨所在，不得泥其词而害其义"[2]。"余生平不好有成见，于书则就书论之，于事则就事论之，于文则就文论之，皆无人之见存"[3]。"说经欲其自然，观理欲其无成见"[4]。在他看来，要求得古史之真，消弭门户，排除主观成见，不"以汉唐之情形例商周之时势"[5]，是最基本的要求。另外，崔述还提倡慎言阙疑，反对强作解事。他说："今为《考信录》，凡无从考证者，辄以不知置之，宁缺所疑，不敢妄言以惑世也。"[6] 又说："与其误断而颠倒之，不若阙疑而姑置之之为愈也。"[7] 故《考信录》中言"俟考""事之有无不可知""俟夫好古之士考焉""今亦阙之"者甚多。这些，都反映了崔述实事求是的精神。

从以上基本思想出发，崔述由辨伪书进而辨伪史，对上古史事进行了系统考辨，廓除了以往古史记载中大量的附会和谬误，提出了自己的古史新说。

前面说过，崔述有历史发展的眼光，他知道古史真相的迷失有一个历史过程，于是他在考信辨伪时，就追随这个过程，追踪它们在历史上一步步的演变，以求古史古说之真。如太皞与包牺、神农与炎帝是否为

[1] 崔述：《丰镐考信录》卷一，见《崔东壁遗书》，上海古籍出版社 1983 年版，第 166 页。

[2] 崔述：《考信录提要》卷上，见《崔东壁遗书》，上海古籍出版社 1983 年版，第 12 页。

[3] 崔述：《考信录提要》卷下，见《崔东壁遗书》，上海古籍出版社 1983 年版，第 16 页。

[4] 崔述：《考信附录》卷一《赠陈履和序》，见《崔东壁遗书》，上海古籍出版社 1983 年版，第 477 页。

[5] 崔述：《丰镐考信录》卷一，见《崔东壁遗书》，上海古籍出版社 1983 年版，第 169 页。

[6] 崔述：《考信录提要》卷上，见《崔东壁遗书》，上海古籍出版社 1983 年版，第 9—10 页。

[7] 崔述：《补上古考信录》卷下，见《崔东壁遗书》，上海古籍出版社 1983 年版，第 43 页。

一人，这一问题因流传至久，淆乱复杂，崔述首先寻找出有关太皞与包牺、神农与炎帝的最早记载，然后一步步追索其流变。指出：在《易大传》和《左传》中，太皞非包牺，神农也非炎帝；在《战国策》《国语·晋语》中，炎帝与神农尚未混为一人，直到《史记·封禅书》，亦未将炎帝与神农混为一人；战国以后，阴阳之术兴，始以五行配五帝，《吕氏春秋》《月令》均受此影响，开始杜撰五帝之“德”，但仍未将太皞与包牺、炎帝与神农相混；西汉宣、元以后，谶纬之学日盛，刘歆以五行相生来排五帝先后顺序，为了弥缝其说，遂将太皞指为包牺，炎帝指为神农；《汉书·律历志》全用刘歆说，以太皞为包牺，神农为炎帝；杜预、司马贞再据刘歆、班固之说来解《左传》和《史记》，后之学者编纂古史皆遵之无异辞。[1]“这个问题，崔述先看《易大传》怎么说，《左传》怎么说，《战国策》《国语》《史记》分别怎么说，然后依时间先后，看这一问题在《吕氏春秋》《礼记·月令》、刘歆、班固、杜预、司马贞那里的流传和衍变”[2]，所论清清楚楚，令人豁然开朗。

崔述在考信时所用的方法相当多，有据文字、语言而考辨者，如否定史官之职始设于黄帝，否定神农作《本草》、黄帝作《素问》及《灵枢》等；有据史实考辨者，如考辨《孔子家语》所列孔子世次不可信，孔子弟子无三千等；有据时间或空间因素考辨者，如考辨檀弓殡衢封墓之说，陈侯问孔子楛矢之说等；有以资料来源可疑考辨者，如考辨孔子具左右司马之说等；有据名、实而考辨者，如考辨《古文尚书》为伪作等；有以思想体系不合而考辨者，如考辨鲁庙欹器之说，等等。这些方法交互使用，均能言之成理，在一定程度上廓除了后人对古史的附会和谬说，成绩斐然。崔述否定三皇五帝之说，否定太昊伏牺氏、炎帝神农氏之说，指斥河图洛书之荒谬，批驳五德终始之虚妄，论定《周礼》《仪礼》非周公所作，而是战国时期的作品，论“井田”的附会，论定《古文尚书》为伪作，等等，新见迭出，对于廓清古史迷雾，起了重要作用。

[1] 崔述：《补上古考信录》卷下，见《崔东壁遗书》，上海古籍出版社1983年版，第38—39页。

[2] 路新生：《崔述与顾颉刚》，《历史研究》1993年第4期。

陈履和称《考信录》“真不朽之业，天壤间不可少之书也”[1]。萧元桂也称“是书黜百家之妄，存列圣之真，诚古今不可无之书”[2]。洵非虚语。

如果讨论到此为止，崔述就是一个富有理性精神的考辨伪书伪史的大家。因为他把六经当作史料来考辨古史，以求将真正的古史面目传之于后，“史也者，所以传信也”[3]。但是，崔述的问题在于，他内心一直有严重的尊经卫道意识。从某种意义上讲，崔述考辨古史，是为了维护儒家道统。这就使他本来大放异彩的古史考信工作大打折扣，陷入卫道的泥淖里不能自拔。

自唐朝韩愈明确提出儒家有一个“道统”传授谱系以后，历来讨论道统，未有出其右者。崔述承继这一理论体系，极力强调道统的重要性，并从考信辨伪的角度赋予道统论新的意义。他说：“道统即治法也，治法即道统也。圣人之道非徒自治其身而已，必将上体天心而使天下民物皆得其所也。故言道统者必始于尧、舜，而后继以汤、文，迨于孔子；《孟子》末章言之明矣。但孔子不得位，不能绍尧、舜之盛治，故不得已而传《诗》《书》，修《春秋》，发明尧、舜之道以教授诸弟子而使不坠于地。故凡孔子所言之理即尧、舜所行之事，非有二也。是以韩子论道，必自尧、舜推而下之，而谓周公、孔子之所书于册者即尧、舜之道，后人不能尽知先王之事则二帝、三王群圣人之道大坏。诚深明乎圣道之本原也。乃近世儒者但知宗孔子而不知述尧、舜，但知谈理而多略于论事，以致唐、虞、三代之事多失其真；甚至异端迭起，各尊其始为教之人而视尧、舜若秕糠然。呜呼，使自古无尧、舜，人何以自异于禽兽，如之何其可以忘所本也！故今于《考信录》成之后，以韩子之论冠《续说》之始，学者观之，其尚知所本乎?”[4] 对崔述的这番话，很多学者只是

[1] 陈履和：《崔东壁先生行略》，见《崔东壁遗书》，上海古籍出版社1983年版，第944页。

[2] 萧元桂：《崔东壁先生遗书序》，见《崔东壁遗书》，上海古籍出版社1983年版，第924页。

[3] 崔述：《无闻集》卷二《鲁隐公不书即位论下》，见《崔东壁遗书》，上海古籍出版社1983年版，第698页。

[4] 崔述：《考古续说》卷一，见《崔东壁遗书》，上海古籍出版社1983年版，第440页。

指出了崔述强调道统的重要，从尧、舜至于孔、孟，形成了一个道统的传承体系，承载着儒家的仁义道德，不能宗孔子而忽视尧舜。这种理解并未体察崔述的真正用心。实际上，崔述的这段话与他体用同原、事理不分的经史关系论联系密切。在崔述看来，在道统问题上，后人但知宗法孔子而不知祖述尧舜，是因为没有理解事理不分的深意，“但知谈理而多略于论事”。孔子实际上并没有尧、舜等古代圣王的功业，但孔子之所以继承了尧舜，是道统的重要传人，就是因为孔子所言之理就是尧舜所行之事。“自由天地以来，其德之崇，功之广，莫过于尧、舜。孔子以尧、舜之道教天下后世，是以其圣与尧、舜齐”[1]。崔述之所以卫道，就是基于体用同原、事理不分的经史观，针对人们“多谈理而略于论事”的情况，通过《考信录》，打通儒家道统中的事与理，让人们看到道统谱系不仅仅是一种理论（理）的存在，而是事功与理论共同交织的存在。

这种道统上的“卫道”思想，就势必影响到他考辨古史的成就。他曾明确说：“居今日而欲考唐虞三代之事，是非必折衷于孔孟，而真伪必取信于《诗》《书》，然后圣人之真可见而圣人之道可明也”[2]。如他曾正确地指出了三代天子诸侯与后代君臣关系不尽相同，但却从维护周文王的名誉出发，极力否认殷周之间存在君臣关系，说：“周固未尝叛商，亦未尝仕于商，商自商，周自周。”他之所以这样做，理由就是“圣人之事本自磊磊落落”[3]。文王既然是圣人，就不会对商不守臣节而自行称王。又如，他通过考辨，否定周公曾代成王摄政并称王，并斩钉截铁地说：“周公不但无南面之事，并所称成王幼而摄政者亦妄矣。”[4] 实际上，经过王国维、徐中舒、顾颉刚、刘起釪等人的考证，周公确有摄政称王之事。崔述之所以否定周公摄政称王，无非是为了维护道统。在崔述心中，周公是圣贤，是周代礼乐制度的制定者和维护者，不可能是先

[1] 崔述：《唐虞考信录》卷四，见《崔东壁遗书》，上海古籍出版社1983年版，第104页。

[2] 崔述：《考信录自序》，见《崔东壁遗书》，上海古籍出版社1983年版，第921页。

[3] 崔述：《丰镐考信录》卷一，见《崔东壁遗书》，上海古籍出版社1983年版，第169页。

[4] 崔述：《丰镐考信录》卷四，见《崔东壁遗书》，上海古籍出版社1983年版，第200—201页。

摄政后篡位的始作俑者，如王莽、曹操般不堪。这与否认周文王非商臣一样，完全是“卫道”观念在起作用。再如，他否认孔子曾应佛肸之召这一事实，其根据是：“佛肸以中牟畔，是乱臣贼子也；孔子方将作《春秋》以治之，肯往而助之乎？”[1] 他在考辨《论语》时，还否认“子见南子”一事，坚定认为“其事固未必有”[2]。这显然是置历史事实于不顾，完全为圣人辩护。可见，崔述在古史考证时，一方面想实事求是地求古史之真，排除心中的成见，另一方面又被尊圣卫道的极大成见所束缚，其许多考证成果都一直在历史判断与道德判断之间游移。横亘在崔述心目中的严重的“卫道”“卫圣”思想影响了他实事求是地考辨古史。

另外，崔述在考信辨伪时以六经为最可信之材料，而摒弃后世之书，所谓“但取信于经，而不敢以战国、魏、晋以来度圣人者遂据之为实也”[3]。对此，需要一分为二来看。六经最为近古，且出于当时史官之手，保存的史迹当然会比秦汉以后诸书更确切。后代之书对上古史事进行追述，必然会展延附会，以六经为标准剥去后世附会，应当说是合理的。但是，凡事都有个限度，崔述过分尊信经书，导致很多考证不能服人。如他对《史记》记载“申侯与弑幽王”一事进行考证，指出此事不载于《诗》《书》，稍后的《左传》也没有记载，司马迁采《国语》材料入《史记》，始有“申侯与弑幽王”。既然作为经书的《诗》《书》和《左传》没有记载，那么晚出的《国语》和《史记》记载的“申侯与弑幽王”之事就不存在。这纯粹是“但取信于经”所造成的偏见。我们说，六经由于距离上古最近，所记固然较为可信，但后世之说也会保存大量的上古传统，这对于后人重构古史来说是必不可少的，忽视这一点也是不明智的。崔述的错误不仅仅在于“尊经”，还在于没有重视战国秦汉以后的历史记载。《考信录》本来是先考而后信的，结果由于尊经卫道思想作祟，变成了先信而后考，在涉及圣王道统等诸多问题上与考信辨伪的初

[1] 崔述：《洙泗考信录》卷二，见《崔东壁遗书》，上海古籍出版社 1983 年版，第 291—292 页。

[2] 崔述：《洙泗考信录》卷二，见《崔东壁遗书》，上海古籍出版社 1983 年版，第 291 页。

[3] 崔述：《考信录提要》卷上，见《崔东壁遗书》，上海古籍出版社 1983 年版，第 4 页。

衷大相径庭。

当然，崔述所做的毕竟是考信求实的工作，尽管他未能跳出儒家道统思想体系，而且口头一再声称“本之六经”，但也并非处处泥经不化，他对经传之文的一些错误照样有较为清醒的认识，提醒人们“读经不必以经之故浮尊之”[1]，指出“经传之文亦往往有过其实者”，要人们于“古人之书，虽固经传之文，贤哲之语，犹当平心静气求其意旨所在，不得泥其词而害其义”[2]。他对《尚书》《周官》《礼记》《论语》之伪乱进行过考证，颇得其要。这些，也都足以说明崔述于蒙昧中也有相当深刻的理性精神。

[1] 崔述：《考信录提要》卷上，见《崔东壁遗书》，上海古籍出版社1983年版，第11页。

[2] 崔述：《考信录提要》卷上，见《崔东壁遗书》，上海古籍出版社1983年版，第12页。

第九章　章学诚的“六经皆史”说与史学变革论

乾嘉时期，倡导“六经皆史”最有成就、影响最大的当数章学诚。“六经皆史”是章学诚学术思想体系中的一个重要命题，他在《文史通义》开篇第一句就提出“六经皆史也”的论断。在书中的很多地方，他又一再申论“六经皆史”“六经皆先王之政典”的观点。可见，“六经皆史”实为把握章氏学术思想和史学思想的关键。

对于章学诚的这一学术见解，学术界长期以来反复诠释，众说纷纭，歧见迭出，成为学术研究的“热点”。我们说，章氏在专制社会后期史学发展的过程中提出“六经皆史”，所包含的内容异常丰富，从不同的角度出发，可能会有不同的理解，分歧与争议在所难免。但是，我们要看到，章学诚一生致力于史学研究，并自负于此。他撰《文史通义》，纵论史学，“拙撰《文史通义》，中间议论开辟，实有不得已而发挥，为千古史学辟其蓁芜”[1]。他还说：“吾于史学，盖有天授，自信发凡起例，多为后世开山。”[2] 说明章学诚思考问题，都是紧紧围绕史学这一中心而进行的。不仅如此，章学诚研究史学，还具有探索史学发展出路的特征，所谓“为千古史学辟其蓁芜”“发凡起例，多为后世开山”，目的都是为了变革史学。他的“六经皆史”论，实际上是在为他的史学变革主张提供理论依据。我们认为，章学诚“六经皆史”论包含三个方面的内容：

[1] 章学诚：《文史通义》外篇三《与汪龙庄书》，见《文史通义新编新注》，浙江古籍出版社 2005 年版，第 693 页。

[2] 章学诚：《文史通义》外篇三《家书二》，见《文史通义新编新注》，浙江古籍出版社 2005 年版，第 817 页。

一是融通经史，探讨了经与史在经世致用这一精神实质上的一致性；二是从《春秋》中引发出“史义”的理论，从《周易》中引发出“变通”的思想，作为变革史学的理论核心和依据，并考察了《周礼》《尚书》所蕴含的史学价值；三是在史书体裁上，提出效法《尚书》“体圆用神”的撰述形式，打破后世史体僵化的局面，对新的综合性史书体裁进行了探索。

第一节　融通经史与经世致用

吴怀祺曾指出，说“经”是“史”，或者说“经”是后世“史”的渊源，“这主要不是从历史编纂学上说，也不是着重从史料学上说，应当从历史意识上，从史学思想上来理解这个问题。中国的史学思想的主要思潮，溯源探流，都可以追寻到六经那里”[1]。这是极富启发的论断。章学诚的“六经皆史”论，首先就探讨了经与史在精神实质上的一致性。

虽然章学诚不是“六经皆史”的首倡者，但他论“六经皆史”，阐释详明，极有特色。他以此立论，融通经史，道器合一，成为其经世致用思想最有力的支撑和理论来源。

一、“史之原起，实先于经”与“经之流变，必入于史”

章学诚指出，从图书分类的角度看，“史之部次后于经”，史部排在经部的后面，但“史之原起，实先于经。《周官》外史，掌三皇五帝之书，仓颉尝为黄帝之史，则经名未立，而先有史矣”[2]。“古无经史之别，六艺皆掌之史官，不特《尚书》与《春秋》也”[3]。在章学诚看来，六经皆掌之史官，“经”是晚于“史”而出现的概念，“《易》之为书，所

---

[1] 吴怀祺：《中国史学思想史》，安徽人民出版社1996年版，第15页。

[2] 章学诚：《文史通义》外篇一《论修史籍考要略》，见《文史通义新编新注》，浙江古籍出版社2005年版，第432页。

[3] 章学诚：《文史通义》外篇一《论修史籍考要略》，见《文史通义新编新注》，浙江古籍出版社2005年版，第433页。

以开物成务，掌于《春官》太卜，则固有官守而列于掌故矣。《书》在外史，《诗》领太师，《礼》自宗伯，《乐》有司成，《春秋》各有国史。三代以前，《诗》、《书》、六艺，未尝不以教人，非如后世尊奉六经，别为儒学一门而专称为载道之书者”[1]。“三代学术，知有史而不知有经，切人事也。后人贵经术，以其即三代之史耳”[2]。章学诚认为，从学术演化发展来看，经史都是“切人事”的学问，古代先有史、后有经。后世所谓经，在古代都是史，是先王之政典，记载那些有关政教行事的典章法度，切于民生日用。

在章学诚看来，这些先王之“政典”演化为“经”，有一个逐渐发展的过程。“夫子之时，犹不名经也”，也就是说，孔子并未将《诗》《书》《礼》《易》《乐》《春秋》等称经。“古无经史之分，圣人亦无私自作经以寓道法之理。六经皆古史之遗，后人不尽得其渊源，故觉经异于史耳”[3]。“六经”之名是孔子后学“制造”出来的，“儒家者流乃尊六艺而奉以为经”，“六经之名起于孔门弟子”。[4] 随着时代的发展，称“经”的书越来越多，经的家族成员不断扩大，“圣如夫子而不必为经，诸子有经以贯其传，其义各有攸当也。后世著录之家，因文字之繁多，不尽关于纲纪，于是取先圣之微言与群经之羽翼皆称为经，如《论语》《孟子》《孝经》与夫大小《戴记》之别于《礼》，《左氏》《公》《穀》之别于《春秋》，皆题为经，乃有九经、十经、十三、十四诸经以为专部，盖尊经而并及经之支裔也”[5]。随着儒家思想逐步成为中国思想的主流，经书不断被人抬高，其地位的尊崇便非其他书籍所能比了，“儒者著书，始严经名，不敢触犯，则尊圣教而慎避嫌名，盖犹三代以后非人主不得称我

---

[1] 章学诚:《文史通义》内篇二《原道中》，见《文史通义新编新注》，浙江古籍出版社 2005 年版，第 100—101 页。

[2] 章学诚:《文史通义》内篇二《浙东学术》，见《文史通义新编新注》，浙江古籍出版社 2005 年版，第 121 页。

[3] 章学诚:《章氏遗书外编》卷三《丙辰札记》，见《章学诚遗书》，文物出版社 1985 年版，第 387—388 页。

[4] 章学诚:《文史通义》内篇一《经解上》，见《文史通义新编新注》，浙江古籍出版社 2005 年版，第 76 页。

[5] 章学诚:《文史通义》内篇一《经解上》，见《文史通义新编新注》，浙江古籍出版社 2005 年版，第 77 页。

为朕也”[1]。章学诚较为细致地梳理了“先王政典”演化为“经”的过程，穷原竟委，旨在说明“经”之尊崇，乃是后人有意为之，其最初就是记载先王言行典制的“史”，六经只不过是孔子对先王“旧典”的整理而已。章学诚的这番清理，“把六经的老底与称‘经’的来历一一揭了出来。这在历史上恐怕还找不出第二个学者”[2]。

然而，章学诚“六经皆史”论还有另外一个方面，那就是“经之流变，必入于史”[3]。既然“经入于史”，那自然是经先于史而存在了。相似的言论还有：“六艺本书，即是诸史根源。”[4] 直接把六经看成是诸史的根源了。不仅如此，章学诚还把六经看作子部之书的根源，“战国之文……其源皆出于六艺”[5]。甚至说“后世文字，必溯源于六艺”[6]。既如前面所论，章学诚认为“史之原起，实先于经”，先有史、后有经，何以此处又说“六艺本书，即是诸史根源”呢？

我们知道，除《文史通义》外，章学诚还有另外一部影响深远的著作——《校雠通义》，在该书中，章学诚专辟“宗刘”篇，阐述自己的目录学思想。所谓“宗刘”，就是宗法刘向、刘歆的《七略》。如所周知，《七略》（或《汉书·艺文志》）中没有史部，史书是依附在“六艺略”《春秋》经之后的。“经之流变，必入于史”和“六艺本书，即是诸史根源”显然是受到《七略》的影响或者启发，因为章学诚还说过“陆贾、史迁诸书，刘、班部于《春秋》家学得其本矣”[7]，“二十三史，皆《春

[1] 章学诚：《文史通义》内篇一《经解上》，见《文史通义新编新注》，浙江古籍出版社2005年版，第77页。

[2] 仓修良、叶建华：《章学诚评传》，南京大学出版社1996年版，第173页。

[3] 章学诚：《文史通义》外篇三《与汪龙庄书》，见《文史通义新编新注》，浙江古籍出版社2005年版，第693页。

[4] 章学诚：《文史通义》外篇一《论修史籍考要略》，见《文史通义新编新注》，浙江古籍出版社2005年版，第433页。

[5] 章学诚：《文史通义》内篇一《诗教上》，见《文史通义新编新注》，浙江古籍出版社2005年版，第45页。

[6] 章学诚著，王重民通解：《校雠通义通解》卷一《原道第一》，上海世纪出版集团2009年版，第2页。

[7] 章学诚：《文史通义》外篇一《史考释例》，见《文史通义新编新注》，浙江古籍出版社2005年版，第439页。

秋》家学也"[1]。那么，章学诚提出"经入于史"以及"六艺本书，即是诸史根源"的含义又是什么呢？其实，章学诚在此是想说明"诸史皆具经之'意'、皆承经之'教'"[2]。也就是说，史在意义层面上承袭了经。章学诚云："古无私门之著述，六经皆史也。后世袭用而莫之或废者，惟《春秋》《诗》《礼》三家之流别耳。纪传正史，《春秋》之流别也；掌故典要，官《礼》之流别也；文征诸选，风《诗》之流别也。获麟绝笔以还，后学鲜能全识古人之大体，必至积久然后渐推以著也。马《史》、班《书》以来，已演《春秋》之绪矣。刘氏《政典》、杜氏《通典》，始演官《礼》之绪焉。吕氏《文鉴》、苏氏《文类》，始演风《诗》之绪焉。"[3] 后世史书流变，皆始于六经，从六经中来。此乃"六艺本书，即是诸史根源"。章学诚讨论列传撰写问题，云："列传包罗巨细，品藻人物，有类从如族，有分部如井。变化不拘，《易》之象也；敷道陈谟，《书》之质也；抑扬咏叹，《诗》之旨也；繁曲委折，《礼》之伦也；比事属辞，《春秋》之本义也。具人伦之鉴，尽事物之理，怀千古之志，撷经传之腴，发为文章，不可方物。故马、班之才，不尽于本纪、表、志，而尽于列传也。"[4] 这段话与章学诚反复强调自己重视"史意"颇为相符。史书列传书写，竟然承受了六经中《易》之"变化不拘"、《书》之"敷道陈谟"、《诗》之"抑扬咏叹"、《礼》之"繁曲委折"、《春秋》之"比事属辞"等蕴意，融会于诸史之中，或者就是"史意"之所从来。此乃"经之流变，必入于史"。

章学诚还指出，从目录学的角度看，"史离经"后，"史书有专部"[5]。尽管史部从经部中独立出来，但由于六经与史"类例深思相

---

[1] 章学诚著，王重民通解：《校雠通义通解》卷一《宗刘第二》，上海世纪出版集团2009年版，第8页。

[2] 章益国：《从"六经皆史"到"四部皆通"——论章学诚的知识分类学》，《学术月刊》2017年第11期。

[3] 章学诚：《文史通义》外篇四《方志立三书议》，见《文史通义新编新注》，浙江古籍出版社2005年版，第827—828页。

[4] 章学诚：《文史通义》外篇五《〈永清县志·政略〉序例》，见《文史通义新编新注》，浙江古籍出版社2005年版，第972页。

[5] 章学诚：《文史通义》外篇一《史考释例》，见《文史通义新编新注》，浙江古籍出版社2005年版，第439页。

通”，六经中的诸多内容都融汇于史之中了。“盖史有律历志，而卦气通于律历，则《易》之支流通于史矣。史有艺文志，而《诗》《书》篇序为校雠目录所宗，则《诗》《书》支流通于史矣。史有职官志，而《周官》可通，有礼仪志，而《礼》《乐》二经可通，后儒攻《春秋》于讲义者，不通于史，若《春秋》地理、国名之考，《长历》灾变之推，世族卿联之谱，则天文、地理、五行、谱牒，何非史部之所通乎？故六经流别，为史部所不得不收者也”[1]。此亦为“经之流变，必入于史”。

由此看来，章学诚论经史源流及其关系，首先提出“六经皆先王之政典”“史之原起，实先于经”，是要从源头上说明经史一物，都是先王治国安邦之政典。其次提出“经之流变，必入于史”和“六艺即诸史根源”，是要说明古之政典演化为经后，特出于诸史之上，史部之书在意义层面上又承受了经之意蕴。从经、史源流来看，章学诚的“六经皆史”蕴含着“史”——“经”——“经史融合”的正、反、和的逻辑思考。

另外，在“六经皆史”这一问题上，章学诚还有泛化的倾向，他不仅倡言“六经皆史”，而且认为“子、集皆史”，声称“凡涉著作之林，皆是史学”。他说：“六经皆史也。古人不著书；古人未尝离事而言理，六经皆先王之政典也。”[2] 又说：“愚之所见，以为盈天地间，凡涉著作之林，皆是史学，六经特圣人取此六种之史以垂训者耳。子集诸家，其源皆出于史。”[3] 结合上面的分析，细绎章学诚的这段论述，我们说章学诚所谓“六经皆史”，不仅包含“史义”之史，而且包含“史料”之史。六经、子、集既含有经世致用之义，又是史学研究最基本的史料。

二、“官师合一”与“道不离器”

章学诚论“六经皆史”，有一个逻辑上的推演，即从三代官师合一、

---

[1] 章学诚：《文史通义》外篇一《史考释例》，见《文史通义新编新注》，浙江古籍出版社 2005 年版，第 439 页。

[2] 章学诚：《文史通义》内篇一《易教上》，见《文史通义新编新注》，浙江古籍出版社 2005 年版，第 1 页。

[3] 章学诚：《文史通义》外篇三《报孙渊如书》，见《文史通义新编新注》，浙江古籍出版社 2005 年版，第 721 页。

政教合一之史实出发，推断经书乃事理合一、道器合一，最后归于“六经皆史”。章学诚说：“六经皆史也。古人不著书；古人未尝离事而言理，六经皆先王之政典也。”[1]“古之所谓经，乃三代盛时，典章法度见于政教行事之实，而非圣人有意作为文字以传后世也”[2]。章学诚认为，从六经最初的性质来看，它们都是古代先王的典章制度。由于古代官师合一、政教合一，所流传的六经不过是官府记载当时政典史事之书而已。他说：“后世文字，必溯源于六艺。六艺非孔氏之书，乃周官之旧典也。《易》掌太卜，《书》藏外史，《礼》在宗伯，《乐》隶司乐，《诗》领于太师，《春秋》存乎国史。夫子自谓‘述而不作’，明乎官司失守，而师弟子之传业，于是判焉。秦人禁偶语《诗》《书》，而云‘欲学法令者，以吏为师’。其弃《诗》《书》非也；其曰‘以吏为师’，则犹官守学业合一之谓也。由秦人‘以吏为师’之言，想见三代盛时，《礼》以宗伯为师，《乐》以司乐为师，《诗》以太师为师，《书》以外史为师，三易、《春秋》亦若是则已矣，又安有私门之著述哉?”[3]章学诚反对后世儒者空言著述，主张要像三代那样官师合一、政教合一，所著述文字要像六经一样事理合一、道器不分。有鉴于此，在章学诚看来，后人崇尚六经，实际上并没有真正体察六经的本质。“先王道法，非有二也……道不可以空诠，文不可以空著。三代以前，未尝以道名教，而道无不存者，无空理也；三代以前，未尝以文为著作，而文为后世不可及者，无空言也。盖自官师治教分，而文字始有私门之著述，于是文章学问，乃与官司掌故为分途，而立教者可得离法而言道体矣……学者崇奉六经，以谓圣人立言以垂教，不知三代盛时，各守专官之掌故，而非圣人有意作为文章”[4]。章学诚还说：“事有实据而理无定形，故夫子之述六经，皆取先

[1] 章学诚：《文史通义》内篇一《易教上》，见《文史通义新编新注》，浙江古籍出版社2005年版，第1页。

[2] 章学诚：《文史通义》内篇一《经解上》，见《文史通义新编新注》，浙江古籍出版社2005年版，第77页。

[3] 章学诚著、王重民通释：《校雠通义通释》卷一《原道第一》，上海世纪出版集团2009年版，第2—3页。

[4] 章学诚：《文史通义》内篇五《史释》，见《文史通义新编新注》，浙江古籍出版社2005年版，第270—271页。

王典章，未尝离事而著理。”[1]“六艺皆周公之旧典，夫子无所事作”[2]。后世之人对六经有误解，认为六经所蕴含的都是形而上的“道”，殊不知六经还是形而下的“器”，“道不离器，犹影不离形。后世服夫子之教者自六经，以谓六经载道之书也，而不知六经皆器也”[3]。在六经那里，道与器是合一的。对于当时“经文简约，以道法胜；史文详尽，以事辞胜”的说法，章学诚提出批评，指出“六经不以事辞为主，圣人岂以空言欺世者耶……岂有截分道法与事辞为二事哉……然则事辞犹骸体也，道法犹精神也，苟不以骸体为生人之质，则精神于何附乎”[4]。因此，章学诚对“儒家者流，守其六籍，以为是特载道之书耳”的认识给予严厉驳斥，指出“夫天下岂有离器言道，离形存影者哉！彼舍天下事物人伦日用，而守六籍以言道，则固不可与言夫道矣”[5]。

三、“世教民彝”与“以吏为师”

章学诚从不就学术而谈学术，他与别人进行学术上的争论，反复阐述“六经皆史”的精蕴，还有更深刻的含义，那就是要借经史之学来解决具体政事，或者为解决具体政事进行理论上的清理工作。他说自己“读书著文，耻为无实空言”，多次谈到撰作《文史通义》的意图，云：“所述《通义》，虽以文史标题，而于世教民彝，人心风俗，未尝不三致意。”[6] 撰述《文史通义》，讨论经史问题，关注点却是“世教民彝，人

[1] 章学诚：《文史通义》内篇一《经解中》，见《文史通义新编新注》，浙江古籍出版社 2005 年版，第 80 页。

[2] 章学诚：《文史通义》内篇四《言公上》，见《文史通义新编新注》，浙江古籍出版社 2005 年版，第 200 页。

[3] 章学诚：《文史通义》内篇二《原道中》，见《文史通义新编新注》，浙江古籍出版社 2005 年版，第 100 页。

[4] 章学诚：《章氏遗书外编》卷三《丙辰札记》，见《章学诚遗书》，文物出版社 1985 年版，第 388 页。

[5] 章学诚：《文史通义》内篇二《原道中》，见《文史通义新编新注》，浙江古籍出版社 2005 年版，第 101 页。

[6] 章学诚：《章氏遗书》卷二十九《外集二·上尹楚珍阁学书》，见《章学诚遗书》，文物出版社 1985 年版，第 330 页。

心风俗”，这不能不引起我们的思考。可以这样说，章学诚以“六经皆史”为依托讨论经世致用，还受到乾嘉时期吏治问题的影响，是由“吏治问题衍生出的治学反思”[1]。章学诚关注时事，对乾隆时期的社会问题发表自己的看法，曾写“论时务书”，讨论吏治问题。他在《上韩城相公书》中提到，“小子不揣，拟为论时务书，反复三千余言，无门可献，敢以被采纳也”。对于教匪、民心、赋税等问题，章学诚都甚为关切，而且指出教匪猖獗、民心浮动、赋税加重，全都是由于“吏治之坏”。[2]官吏是国家治理的重要人群，而在三代，官师为一，治教不二，三代王官“各守专官之掌故”[3]，人们以治为教，以吏为师，官吏既是国家治理的执行者，又是政典的制订者和解释者。最初的经典实际上既包含了吏治的实践，又包含了吏治的理论，而这恰恰是三代吏师合一的结果。

章学诚对三代时期的“以吏为师”比较推崇，他说：“以吏为师，本三代之良法。秦人之所以为世诟者，禁《诗》《书》尔。后代设官，上下相统，但知纠察举劾，而不知有教育裁成之责，则吏才之受枉者多矣。盖其教见诸实事，既异儒师之空言。而其权得以举劾，则所教又易于遵律。”[4]又说：“‘以吏为师’，三代之旧法也。秦人之悖于古者，禁《诗》《书》而仅以法律为师耳。三代盛时，天下之学，无不以吏为师。《周官》三百六十，天人之学备矣。其守官举职而不坠天工者，皆天下之师资也。东周以还，君师政教之不合于一，于是人之学术，不尽出于官司之典守。”[5]《诗》《书》《礼》等经典，在三代都出自官吏之手，掌握在官吏之手，见诸实事，非空言著述。章学诚受到现实社会吏治问题的刺激，借“以吏为师”提出自己对学术的反思，其“六经皆史”理论实

[1] 王晨光：《重返经史之教——章学诚释经学手法发微》，《福建师范大学学报》2017年第2期。

[2] 章学诚：《章氏遗书》卷二十九《外集二·上韩城相公书》，见《章学诚遗书》，文物出版社1985年版，第328—329页。

[3] 章学诚：《文史通义》内篇五《史释》，见《文史通义新编新注》，浙江古籍出版社2005年版，第271页。

[4] 章学诚：《章氏遗书》卷二十一《文集六·赠张燮君知府序》，见《章学诚遗书》，文物出版社1985年版，第204页。

[5] 章学诚：《文史通义》内篇五《史释》，见《文史通义新编新注》，浙江古籍出版社2005年版，第271页。

际上还是他“治教不二”“官师合一”理念在学术研究中的学理展开，包含着他对乾嘉时期吏治问题的思考，其落脚点还是反对空言、经世致用。有学者认为章学诚的这些见解是主张“天下学术，只应有官学，不应有私学”，“极力推崇秦王朝‘以吏为师’的文化专制主义政策”，[1] 显然是错会了章氏的意思。

章学诚关注“世教民彝”，从“以吏为师”的角度为自己的“六经皆史”论作注脚，是有着深刻的历史原因的。清初顾炎武把“习六艺之文”“考百王之典”“综当代之务”并提提倡研究经、史要与解决现实结合起来，以扎扎实实的学术研究“施于有政”。[2] 但是，顾炎武所提倡的这一治学精神并没有被很好地继承下来。到了乾嘉时期，经术与治术分离、治史与经世分离的现象越来越严重。当时学者已经看出这一弊端，如段玉裁说：“今之言学者，身心伦理不之务，谓宋之理学不足言，谓汉之气节不足尚，别为异说，簧鼓后生，此又吾辈所当大为之防者。”于是提出考证之学要融入经世观念，“考核在身心性命伦理族类之间”[3]。但是，由于乾嘉学者注重考证的学风使然，人们多通过考古经而论古制，与现实“治道”脱节现象比较严重。章学诚搬出古代“官师合一”之旧典，论证“六经皆史”之新意，无非是要实现文献典章与政教人伦的结合，“贵约六经之旨而随时撰述以究大道”[4]，实现“经世”的责任担当。

四、“经世致用”：经与史精神本质的一致性

章学诚纵论古无经史之分，从官师政教合一的角度进一步强调经史无别，并从以吏为师的史实出发，反思经史关系，从而提出“六经乃先王之政典”“六经皆史”之论断。从六经是史出发，章学诚指出，研究六

[1] 姜广辉、钟华：《章学诚“六经皆史”论批判》，《哲学研究》2018 年第 8 期。

[2] 顾炎武：《日知录》卷七《夫子之言性与天道》，见《日知录集释》，岳麓书社 1994 年版，第 240 页。

[3] 段玉裁：《经韵楼集》卷八《娱亲雅言序》，上海古籍出版社 2008 年版，第 192—193 页。

[4] 章学诚：《文史通义》内篇二《原道下》，见《文史通义新编新注》，浙江古籍出版社 2005 年版，第 104 页。

经应从六经的具体事实记载中去领会其经世的精神实质，六经不是空言，要从六经中学习其“切于人伦日用”的精神，他说：“若夫六经，皆先王得位行道，经纬世宙之迹，而非托于空言”[1]，“但切入于人伦之所日用，即圣人之道也”[2]。又说“学者但诵先圣遗言而不达时王之制度，是以文为鞶帨絺绣之玩而学为斗奇射覆之资，不复计其实用也。故道隐而难知，士大夫之学问文章，未必足备国家之用也；法显而易守，书吏所存之掌故，实国家之制度所存，亦即尧、舜以来因革损益之实迹也。故无志于学则已，君子苟有志于学，则必求当代典章以切于人伦日用，必求官司掌故而通于经术精微，则学为实事而文非空言，所谓有体必有用也”。“故舍器而求道，舍今而求古，舍人伦日用而求学问精微，皆不知府史之史通于五史之义者也”。[3] 章学诚认为，孔子删订六经，目的在于“明道”“训世”，让后人从先王政典中得知治国平天下的道理。“夫子述六经以训后世，亦谓先圣先王之道不可见，六经即其器之可见者也。后人不见先王，当据可守之器而思不可见之道，故表章先王政教，与夫官司典守以示人，而不自著为说，以致离器言道也。夫子自述《春秋》之所以作，则云‘我欲托之空言，不如见诸行事之深切著明’。则政教典章人伦日用之外，更无别出著述之道，亦已明矣”[4]。由此，章学诚指出，史学的根本宗旨与六经是一致的，即经世致用。他说：“作史贵知其意，非同于掌故，仅求事文之末也。夫子曰：‘我欲托之空言，不如见诸行事之深切著明也。’此则史氏之宗旨也。”[5] 失却了这一宗旨，也就失却了史学的精神。章学诚提出“六经皆史”，阐发治经治史在精神实质上没有区别，都是要经世致用，这是有学术背景的。作为浙东史学的殿军，

[1] 章学诚：《文史通义》内篇一《易教上》，见《文史通义新编新注》，浙江古籍出版社2005年版，第2页。

[2] 章学诚：《文史通义》内篇一《易教下》，见《文史通义新编新注》，浙江古籍出版社2005年版，第17页。

[3] 章学诚：《文史通义》内篇五《史释》，见《文史通义新编新注》，浙江古籍出版社2005年版，第271页。

[4] 章学诚：《文史通义》内篇二《原道中》，见《文史通义新编新注》，浙江古籍出版社2005年版，第101页。

[5] 章学诚：《文史通义》内篇四《言公上》，见《文史通义新编新注》，浙江古籍出版社2005年版，第202页。

章学诚继承了自黄宗羲以来治学打破门户的思想，力主经世致用，对宋学的空谈和汉学的流弊都进行了批评。他批判汉学繁琐考据，多数人埋头故纸而不关心时事，将考索目为莫大之学问。他批判宋学，则主要针对宋学言心言性，舍器求道，“空谈义理以为功”的现象而发，他说：“天人性命之学，不可以空言讲也。故司马迁本董氏天人性命之说而为经世之书。儒者欲尊德性，而空言义理以为功，此宋学之所以见讥于大雅也。夫子曰：‘我欲托之空言，不如见诸行事之深切著明也。’此《春秋》之所经世也。圣如孔子，言为天铎，犹且不以空言制胜，况他人乎！故善言天人性命，未有不切于人事者。”[1] 由此可以看出，章学诚的“六经皆史”论，具有针砭汉学专务考索和宋学崇尚空谈两种不良学风的含义，而要改变这样的学风，融通经史特别重要。当然，章学诚对汉学和宋学学风的理解可能存在偏差，但这是另外一个问题了，此处不论。

由此可见，在经史关系上，章学诚贯通经史思考问题，从精神实质上找寻经与史的一致之处，所谓“古人之于经史，何尝有彼疆此界，妄分孰轻孰重哉！小子不避狂简，妄谓史学不明，经师即伏、孔、贾、郑，只是得半之道。《通义》所争，但求古人大体，初不知有经史门户之见也”[2]。在章学诚眼里，经与史没有“彼疆此界”，也难分“孰轻孰重”，其中最重要的原因就是二者在经世致用这一精神实质上是一致的。所谓“但求古人大体”之“大体”，其实就是古人道器合一、经史无别，经史都是治国安邦之具。他作《文史通义》，“题似说经，而文实论史，议者颇讥小子攻史而强说经，以为有意争衡，此不足辨也”[3]。可见，章学诚谈论经史，不是要在经、史之间争高下，而是体察经、史之间精神上的相通处。

“六经皆史”从古代学术的源头说起，指出六经皆古代经世致用之作，是切合时事，记载时事，用于时事的史，其中所蕴含的“切合人事”

---

[1] 章学诚：《文史通义》内篇二《浙东学术》，见《文史通义新编新注》，浙江古籍出版社2005年版，第121页。

[2] 章学诚：《文史通义》外篇三《上朱中堂世叔》，见《文史通义新编新注》，浙江古籍出版社2005年版，第760页。

[3] 章学诚：《文史通义》外篇三《上朱中堂世叔》，见《文史通义新编新注》，浙江古籍出版社2005年版，第759页。

的“明道”“经世”精神，正是史学的精神。吴怀祺先生曾说：“章氏的‘六经皆史’说，无论就命题的用意，还是就命题的哲理属性，抑或是章学诚为史的内涵作的界定，都是与前人的‘五经皆史’‘六经皆史’说，有很大的差异。章学诚的经世思想，在当时的实学思潮中，具有自己的哲学特征。”[1] 可以说，在章学诚的史学理论体系中，“六经皆史”是他在精神实质上融通经史，冲破长期以来经与史、事与道相互隔离的学术局面而做的全新尝试，其命题的用意，与前人的“六经皆史”说有很大的差异。

第二节 “六经皆史”与史学变革

章学诚的“六经皆史”论，不仅探索经、史源流及经、史在精神实质上的一致，而且从六经这一精神武库中取来武器，探索史学变革的出路。在探索史学发展出路时，有三项内容是章学诚极为重视的，一是重视“史义”，二是重视“变通”，三是重视效法《周官》《尚书》以变革史体。而这三点，第一点与《春秋》相关，第二点与《周易》相关，第三点与《周官》《尚书》精神相通。这是章氏史学思想中至关重要的一部分，是章氏融通经史、探索史学出路的重要一环。

一、“《春秋》家学”与“史义”

在章学诚眼里，《春秋》是一部意义非凡的著述，他数次论说《春秋》与史学的关系，“纪传正史，《春秋》之流别也”[2]，“《春秋》流为史学”[3]，“史学本于《春秋》”[4]，如此等等，不一而足。章学诚重视

[1] 吴怀祺：《中国史学思想史》，安徽人民出版社 1996 年版，第 296—297 页。

[2] 章学诚：《文史通义》外篇四《方志立三书议》，见《文史通义新编新注》，浙江古籍出版社 2005 年版，第 827 页。

[3] 章学诚：《文史通义》外篇三《上朱大司马论文》，见《文史通义新编新注》，浙江古籍出版社 2005 年版，第 768 页。

[4] 章学诚：《文史通义》外篇一《立言有本》，见《文史通义新编新注》，浙江古籍出版社 2005 年版，第 358 页。

《春秋》，其史学思想深受《春秋》影响，他对经史关系的看法，很多都是基于他对《春秋》的认识。

《礼记·经解》对六经的特点和意蕴都有一个概括，其概括《春秋》云：“属辞比事，《春秋》教也。”章学诚认为《春秋》“属辞比事”恰恰是史学的源头活水，他说：“古文必推叙事，叙事实出史学，其源本于《春秋》‘比事属辞’，左、史、班、陈家学渊源，甚于汉廷经师之授受”[1]。“史家渊源，必自《春秋》比事属辞之教”[2]。这两段话的意思是，史学源于《春秋》属辞比事，属辞比事是《春秋》“家学”之一，也就是源于《春秋》的史家传统，这一传统在左丘明、司马迁、班固、陈寿等人身上得到延续。基于这样的看法，章学诚认为：“古无史学，其以史见长者，大抵深于《春秋》者也。”[3]

“属辞比事”本是《春秋》所树立的史书撰写与编纂的原则与方法，属辞即遣词用字，比事即编排史事。《左传》对《春秋》属辞比事的含义有一番解释：“《春秋》之称，微而显，志而晦，婉而成章，尽而不污，惩恶而劝善。”[4] 司马迁在《史记·孔子世家》中对此有更具体的说明：“因史记作《春秋》，上至隐公，下迄哀公十四年，十二公。据鲁、亲周、故殷，运之三代。约其文辞而指博。故吴、楚之君自称王，而《春秋》贬之曰‘子’；践土之会实召天子，而《春秋》讳之曰‘天王狩于河阳’。推此类以绳当世。贬损之义，后有王者举而开之。《春秋》之义行，则天下乱臣贼子惧焉。”[5] 可见，属辞比事并非简单地连缀辞藻、排列史实，而是蕴含着孔子对历史和现实的深刻理解，深含“史家微言奥旨”[6]。

---

[1] 章学诚：《文史通义》外篇三《上朱大司马论文》，见《文史通义新编新注》，浙江古籍出版社2005年版，第767页。

[2] 章学诚：《章氏遗书外编》卷三《丙辰札记》，见《章学诚遗书》，文物出版社1985年版，第389页。

[3] 章学诚：《文史通义》外篇一《史考释例》，见《文史通义新编新注》，浙江古籍出版社2005年版，第439页。

[4]《左传·成公十四年》“君子曰”，见《春秋左传集解》第二册，上海古籍出版社1988年版，第735页。

[5] 司马迁：《史记》卷四十七《孔子世家》，中华书局1959年版，第1943页。

[6] 章学诚：《章氏遗书外编》卷三《丙辰札记》，见《章学诚遗书》，文物出版社1985年版，第388页。

换言之，圣人的历史思想通过属辞比事的方式表达出来，以体现“惩恶劝善”之意。

章学诚对《春秋》“属辞比事之教”的意蕴视之甚高，认为这是“《春秋》家学”，是经与史纠葛的关键问题之一。他认为司马迁、班固等人均能领会其中深意，“马曰‘好学深思，心知其意’，班曰‘纬六经，缀道纲，函雅故，通古今’者”，皆祖述《春秋》属辞比事之教，即便是南北朝时期的沈约、魏收，也还能承继“春秋家学”之精神，“《春秋》家学，递相祖述，虽沈约、魏收之徒，去之甚远，而别识心裁，时有得其仿佛”[1]。但是，到唐宋时期，韩愈、欧阳修已经无法领会《春秋》“属辞比事之教”的意蕴了。

章学诚借批评韩愈、欧阳修之史学，进一步阐述了《春秋》“属辞比事之教”对于史学的意义。章学诚对韩愈的评价很高，认为韩愈是中国文化史上的泰山北斗，是后世学者的楷模，“昌黎道德文辞，并足泰山北斗”[2]，“其文出于孟、荀，渊源《诗》《礼》，真六经之羽翼，学者自当楷范”[3]。但是，对于韩愈的史学，章学诚是瞧不起的。他认为韩愈对《春秋》属辞比事的理解仅限于叙事之文辞，相当肤浅。究其原因，就在于韩愈没有理解属辞比事的准确含义，“昌黎之于史学，实无所解。即其叙事之文，亦出辞章之善，而非有‘比事属辞’‘心知其意’之遗法也”[4]。《春秋》属辞比事，不仅仅是表面的遣词用字、编排史事，更隐含了经史之间的内在关联，对此，韩愈并不能“心知其意”，“史家渊源，必自《春秋》比事属辞之教，韩子所不能也”[5]。对于“经之流变，必入于史”所蕴含的经学在意义层面上——经之义、教——对史学的影响

[1] 章学诚：《文史通义》外篇三《上朱大司马论文》，见《文史通义新编新注》，浙江古籍出版社2005年版，第767页。

[2] 章学诚：《文史通义》外篇三《上朱大司马论文》，见《文史通义新编新注》，浙江古籍出版社2005年版，第767页。

[3] 章学诚：《章氏遗书外编》卷三《丙辰札记》，见《章学诚遗书》，文物出版社1985年版，第388页。

[4] 章学诚：《文史通义》外篇三《上朱大司马论文》，见《文史通义新编新注》，浙江古籍出版社2005年版，第767页。

[5] 章学诚：《章氏遗书外编》卷三《丙辰札记》，见《章学诚遗书》，文物出版社1985年版，第389页。

和渗透，韩愈并没有搞明白，“盖韩子之学，宗经而不宗史，经之流变，必入于史，又韩子之所未喻也”[1]。对于“不愧为千古宗师”的欧阳修，章学诚批评的立足点也在于欧公不能理解《春秋》属辞比事之宗旨，“虽欧阳手修《唐书》与《五代史》，其实不脱学究《春秋》与《文选》史论习气，而于《春秋》、马、班诸家相传所谓比事属辞宗旨，则概未有闻也”[2]。欧阳修作《新五代史》，本想效法《春秋》和《史记》，但弄得似是而非、貌合神离，原因就在于欧阳修没有深研《春秋》《史记》之元典，而是以后世讲义、选本为据，自然无法体察经典深意，“其《五代史记》，实无足矜。盖欧阳命意，则云笔削折衷《春秋》，而文章规仿司马，其说甚得其似而非其是也。盖笔削自当折衷《春秋》，而欧阳所见之《春秋》，乃是村荒学究之《春秋》讲义，非《左》《国》经纬贾诂杜解之《春秋》。文章自当规仿司马，而欧阳所见之司马，乃是俗师小儒之《史记》评选，而非藏之名山传之其人之司马”[3]。也就是因为这些，章学诚认为欧阳修作《新唐书》与《新五代史》，“非不竭尽心力，而终不可与语史家之精微也”[4]。当然，章学诚也指出，欧阳修作史并非一无是处，其《新五代史》本纪部分就深得《春秋》法度，“欧阳之病，在逐文字而略于事实，其有佳处，则本纪笔削深得《春秋》法度，实马、班以来所不能及，此其质于尹师鲁氏而有得者，较之列传标题之误法《春秋》，相去远矣”[5]。

章学诚借批评韩愈、欧阳修阐述了《春秋》“属辞比事”与史学的关系以及对史学的影响，在强调“笔削”旨意的同时，章学诚又论述了《春秋》之“义”对史学的意义。

---

[1] 章学诚：《文史通义》外篇三《与汪龙庄书》，见《文史通义新编新注》，浙江古籍出版社2005年版，第693页。

[2] 章学诚：《文史通义》外篇三《与汪龙庄书》，见《文史通义新编新注》，浙江古籍出版社2005年版，第693页。

[3] 章学诚：《文史通义》外篇一《史学例议上》，见《文史通义新编新注》，浙江古籍出版社2005年版，第421—422页。

[4] 章学诚：《章氏遗书外编》卷三《丙辰札记》，见《章学诚遗书》，文物出版社1985年版，第389页。

[5] 章学诚：《文史通义》外篇一《史学例议上》，见《文史通义新编新注》，浙江古籍出版社2005年版，第422页。

如所周知，“史义”是贯穿章学诚史学思想始终的问题。当时有人把章学诚比作唐代史学评论家刘知幾，他出来辩解说：“人乃拟吾于刘知幾，不知刘言史法，吾言史意；刘议馆局纂修，吾议一家著述；截然两途，不相入也。”[1] 明确说明自己与刘知幾不同，自己所讨论的核心问题是“史义”。在章学诚看来，史家作史“贵知其意”，“史义”是关系到“史氏之宗旨”的重要问题。他说：“夫子因鲁史而作《春秋》，孟子曰：其事齐桓、晋文，其文则史，孔子自谓窃取其义焉耳。载笔之士，有志《春秋》之业，固将惟义之求，其事与文，所以藉为存义之资也……作史贵知其意，非同于掌故，仅求事文之末也。夫子曰：‘我欲托之空言，不如见诸行事之深切著明也。’此则史氏之宗旨也。”[2] 撰写史书，不仅要“事具始末，文成规矩”，更重要的是史家在历史事实和历史书写方面要有“独断于一心”的卓越见识。他特别推崇孔子作《春秋》以“义”贯通之笔法，批评后世史家作史“徒在其事其文”，却失去了“史义”，“孔子作《春秋》，盖曰其事则齐桓、晋文，其文则史，其义则孔子自谓有取乎尔。夫事即后世考据家之所尚也，文即后世词章家之所重也，然夫子所取，不在彼而在此，则史家著述之道，岂可不求义意所归乎？自迁、固而后，史家既无别识心裁，所求者徒在其事其文。惟郑樵稍有志乎求义，而缀学之徒，嚣然起而争之”[3]。在章学诚眼里，真正能继承《春秋》之“义”的史家是司马迁和郑樵。他评价司马迁说：“夫史迁绝学，《春秋》之后一人而已。其范围千古、牢笼百家者，惟创例发凡，卓见绝识，有以追古作者之原，自具《春秋》家学耳。”[4] 章学诚认为，司马迁“范围千古、牢笼百家者，惟创例发凡，卓见绝识”，所作《史记》蕴含深刻历史哲理，是继承《春秋》家学的结果，亦即吸收了《春秋》重

---

[1] 章学诚：《文史通义》外篇三《家书二》，见《文史通义新编新注》，浙江古籍出版社 2005 年版，第 817 页。

[2] 章学诚：《文史通义》内篇四《言公上》，见《文史通义新编新注》，浙江古籍出版社 2005 年版，第 202 页。

[3] 章学诚：《文史通义》内篇四《申郑》，见《文史通义新编新注》，浙江古籍出版社 2005 年版，第 250 页。

[4] 章学诚：《文史通义》内篇四《申郑》，见《文史通义新编新注》，浙江古籍出版社 2005 年版，第 249—250 页。

视“史义”的精神，而后“创立发凡”。他评价郑樵云：“若郑氏《通志》，卓识名理，独见别裁，古人不能任其先声，后代不能出其规范；虽事实无殊旧录，而辨名正物，诸子之意寓于史裁，终为不朽之业矣。”[1]章学诚认为，郑樵之所以值得肯定，也是因为效法《春秋》之“义”，有“卓识明理，独见别裁”。在史书撰述所必须具备的事、义、文三个方面，章学诚认为“史义”最重要，他说：“史所贵者义也，而所具者事也，所凭者文也。”[2]刘知幾所谓才、学、识“史家三长”，正对应事、义、文三项内容。章学诚认为，“非识无以断其义，非才无以善其文，非学无以练其事”[3]，史家只有具备“史识”，才能赋予史著以深刻的意义，只有具备“史才”，才能增加史书的文采，只有具备“史学”，才能把复杂的史事连缀起来，所谓“记诵以为学也，辞采以为才也，击断以为识也”[4]。辞采、记诵、击断对应才、学、识，才、学、识对应文、事、义，而以“击断、学识、史义”为核心，这是一部优秀史著撰述的完整的体系。舍此，中国史学只能走向僵化和程式。

由此可以看出，章学诚所说的“史义”，上承孔子修《春秋》之“义”而又有所发展。在他看来，史事和文采是反映一定历史思想的途径和形式，是存义的材料和工具。史义是史学研究中头等重要的大事，代表着史家的思想体系。对此，他有一个详尽的说明：“史之大原本乎《春秋》，《春秋》之义昭乎笔削。笔削之义，不仅事具始末、文成规矩已也。以夫子义则窃取之旨观之，固将纲纪天人，推明大道，所以通古今之变而成一家之言者，必有详人之所略，异人之所同，重人之所轻，而忽人之所谨，绳墨之所不可得而拘，类例之所不可得而泥，而后微茫秒忽之际有以独断于一心。及其书之成也，自然可以参天地而质鬼神，契前修

---

[1] 章学诚：《文史通义》内篇四《释通》，见《文史通义新编新注》，浙江古籍出版社2005年版，第240页。

[2] 章学诚：《文史通义》内篇五《史德》，见《文史通义新编新注》，浙江古籍出版社2005年版，第265页。

[3] 章学诚：《文史通义》内篇五《史德》，见《文史通义新编新注》，浙江古籍出版社2005年版，第265页。

[4] 章学诚：《文史通义》内篇五《史德》，见《文史通义新编新注》，浙江古籍出版社2005年版，第265页。

而俟后圣，此家学之所以可贵也。”[1] 章学诚本孔子修《春秋》之“义”加以发挥，指出“史义”的内涵是纲纪天人，推明大道，力主通变，重视独创。在他看来，“史义”的消失，导致了史学的“放绝”。章学诚在《文史通义》中多次提到“《春秋》家学”，而每次提到，总是要和“史义”联系在一起，可见章学诚对孔子作《春秋》“以义窃取之”是多么推崇。

章学诚指出，“史义”不能统领“史事”和“史文”，致使史学在长期的演变过程中，失去了早期那种创造性的活力，更失去了蕴含其中的“别识心裁”和“独断”，各种弊端暴露出来。章学诚认为，《春秋》之后，司马迁、班固、陈寿、范晔尚能继承《春秋》家学，作史重视“别识心裁”与“笔削独断”，其后之史家则渐渐远离“经旨”，“记注纂辑”，只是“整齐故事”罢了。“陈、范以来，律以《春秋》之旨，则不敢谓无失矣。然其心裁别识，家学具存。纵使反唇相议，至谓迁书退处士而进奸雄，固书排忠节而饰主阙，要其离合变化，义无旁出，自足名家学而符经旨；初不尽如后代纂类之业，相与效子莫之执中，求乡愿之无刺，侈然自谓超迁轶固也。若夫君臣事迹，官司典章，王者易姓受命，综核前代，纂辑比类，以存一代之旧物，是则所谓整齐故事之业也”[2]。由此，章学诚把史籍分为撰述（著作之书）和记注（资料汇编）两大类，撰述之作“标别家学，决断去取”，上面所说“心裁别识，家学具存”即属此类；记注之作“及时纂辑所闻见”，上面所说“纂辑比类”“整齐故事”则属于此类。二者对于史学发展均有贡献，但境界不同，“守先待后之故事与笔削独断之专家，其功用足以相资而流别不能相混”[3]。章学诚批评唐以后史学“不知《春秋》之家学”，走向僵化，凡有创新，必遭詈骂，“唐后史学绝而著作无专家，后人不知《春秋》之家学，而猥以集众官修之故事，乃与马、班、陈、范诸书并列正史焉。于是史文等于科

---

[1] 章学诚：《文史通义》内篇四《答客问上》，见《文史通义新编新注》，浙江古籍出版社 2005 年版，第 252 页。

[2] 章学诚：《文史通义》内篇四《答客问上》，见《文史通义新编新注》，浙江古籍出版社 2005 年版，第 252—253 页。

[3] 章学诚：《文史通义》内篇四《答客问上》，见《文史通义新编新注》，浙江古籍出版社 2005 年版，第 253 页。

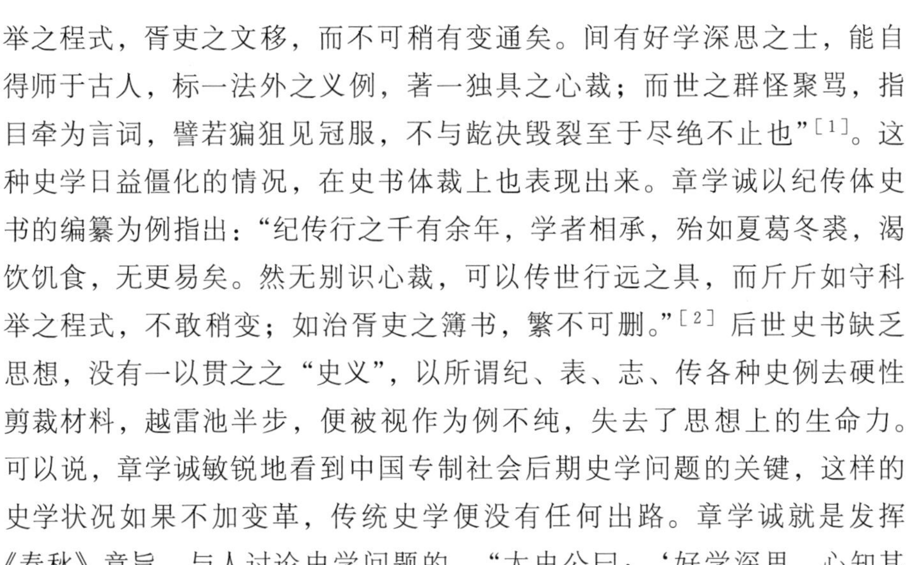
举之程式，胥吏之文移，而不可稍有变通矣。间有好学深思之士，能自得师于古人，标一法外之义例，著一独具之心裁；而世之群怪聚骂，指目牵为言词，譬若猵狙见冠服，不与龁决毁裂至于尽绝不止也”[1]。这种史学日益僵化的情况，在史书体裁上也表现出来。章学诚以纪传体史书的编纂为例指出：“纪传行之千有余年，学者相承，殆如夏葛冬裘，渴饮饥食，无更易矣。然无别识心裁，可以传世行远之具，而斤斤如守科举之程式，不敢稍变；如治胥吏之簿书，繁不可删。”[2] 后世史书缺乏思想，没有一以贯之之“史义”，以所谓纪、表、志、传各种史例去硬性剪裁材料，越雷池半步，便被视作为例不纯，失去了思想上的生命力。可以说，章学诚敏锐地看到中国专制社会后期史学问题的关键，这样的史学状况如果不加变革，传统史学便没有任何出路。章学诚就是发挥《春秋》意旨，与人讨论史学问题的，“太史公曰：‘好学深思，心知其意。’当今之世，安得知意之人而与论作述之旨哉”[3]！

二、《周易》与史学的“变通”

如果说“史义”是章学诚变革史学的核心，而《周易》的“变通”思想，则是章学诚变革史学的理论依据。章学诚在易学史上有重要的地位，他提出过很多富有创见性的易学见解，其易学思想对史学思想有重大影响。“章学诚的《文史通义》不是论《易》之书，而是用《易》之书……章学诚以《易》哲学统帅学术思想”[4]。

在改变史学僵化局面这一点上，章学诚就首先论说“易”之精义在变易，然后提出“变通”史学的见解。他说：“孔仲达曰：‘夫《易》者，变化之总名，改换之殊称。’先儒之释《易》义，未有明通若孔氏者也。

---

[1] 章学诚：《文史通义》内篇四《答客问上》，见《文史通义新编新注》，浙江古籍出版社 2005 年版，第 253 页。

[2] 章学诚：《文史通义》内篇一《书教下》，见《文史通义新编新注》，浙江古籍出版社 2005 年版，第 37 页。

[3] 章学诚：《文史通义》内篇四《答客问上》，见《文史通义新编新注》，浙江古籍出版社 2005 年版，第 253 页。

[4] 李叔毅：《读章学诚和〈文史通义〉》，《信阳师范学院学报》1986 年第 2 期。

得其说而进推之，《易》为王者改制之巨典，事与治历明时相表里，其义昭然若揭矣。”[1] 章学诚认定“变”与“改”是《周易》的精髓，他在《三史同姓名录序》中说：“夫穷则必变，变必求通，而后可垂久，凡事莫不然也。”[2] 这成了他改变当时史学僵化局面的理论根据。他在《书教》篇中多次提到史书体裁的变化，指出每次变化总会给史学发展注入新的活力，“历法久则必差，推步后而愈密，前人所以论司天也；而史学亦复类此。《尚书》变而为《春秋》，则因事命篇，不为常例者，得从比事属辞为稍密矣。《左》《国》变而为纪传，则年经事纬不能旁通者，得从类别区分为益密矣”[3]。但是，自从纪传体产生以后，人们不知变通，“斤斤如守科举之程式”，既做不到“方以智”，更做不到“圆而神”，“迁书所创纪传之法，本自圆神，后世袭用纪传成法不知变通，而史才、史识、史学，转为史例拘牵，愈袭愈舛，以致圆不可神，方不可智”[4]。“以云方智，则冗复疏舛，难为典据；以云圆神，则芜滥浩瀚，不可诵识”[5]。面对纪传体史书体裁发展的困境，章学诚从《周易》中拿来“变易”的思想武器，倡导史学变革，“《易》曰‘穷则变，变则通，通则久。’纪传实为三代以后之良法，而演习既久，先王之大经大法，转为末世拘守之纪传所蒙，曷可不思所以变通之道欤?”[6] 章学诚吸纳了《周易》“穷则变，变则通，通则久”的变易思想，并以此作为变革史学的理论依据，“思所以变通之道”，寻找史学变革的途径。

章学诚受《周易》“蓍之德圆而神，卦之德方以智”的论断的启发，

[1] 章学诚：《文史通义》内篇一《易教中》，见《文史通义新编新注》，浙江古籍出版社 2005 年版，第 12 页。

[2] 章学诚：《文史通义》外篇二《〈三史同姓名录〉序》，见《文史通义新编新注》，浙江古籍出版社 2005 年版，第 507 页。

[3] 章学诚：《文史通义》内篇一《书教下》，见《文史通义新编新注》，浙江古籍出版社 2005 年版，第 37 页。

[4] 章学诚：《文史通义》外篇三《与邵二云论修〈宋史〉书》，见《文史通义新编新注》，浙江古籍出版社 2005 年版，第 671 页。

[5] 章学诚：《文史通义》内篇一《书教下》，见《文史通义新编新注》，浙江古籍出版社 2005 年版，第 37 页。

[6] 章学诚：《文史通义》内篇一《书教下》，见《文史通义新编新注》，浙江古籍出版社 2005 年版，第 37—38 页。

把史书撰述旨趣分为“圆神”、“方智”两种，“以圆神方智定史学之两大宗门”[1]，“圆而神”对应撰述，“方以智”对应记注。也就是说，“章学诚把古往今来的史书划分成两大系列，一是撰述，一是记注，而圆神、方智分别是撰述、记注的特点”[2]。“《易》曰：‘筮之德圆而神，卦之德方以智。’间尝窃取其义以概古今之载籍，撰述欲其圆而神，记注欲其方以智也。夫智以藏往，神以知来，记注欲往事之不忘，撰述欲来者之兴起，故记注藏往似智，而撰述知来拟神也。藏往欲其赅备无遗，故体有一定而其德为方，知来欲其决择去取，故例不拘常而其德为圆”[3]。章学诚认为，在中国史学史上，有些史著偏重“圆而神”，有些史著倾向“方以智”，如“迁书体圆用神”，“班氏体方用智”，显示出自身的特点。但不管怎样，任何历史撰述都必须在一定成法的基础上进行变通，否则就是僵化。他称赞班固作《汉书》能够变通，卓然成家。“固《书》本撰述而非记注，则于近方近智之中，仍有圆且神者以为之裁制，是以能成家而可以传世行远也”[4]。后世史家“谨守绳墨”“拘守成法”，完全失去了《周易》变通的精神，导致史学“于记注撰述两无所似”，史学的旨趣和宗旨日益隐晦，“成一家之言”者寥若晨星。“后史失班史之意，而以纪表志传，同于科举之程式，官府之簿书，则于记注撰述两无所似，而古人著书之宗旨不可复言矣。史不成家而事文皆晦，而犹拘守成法，以谓其书固祖马而宗班也，而史学之失传也久矣”[5]。基于这样的认识，章学诚对于那种不理解《周易》变通之旨，反以后世史书体例为标准批评古人著述的做法给予了严厉批评。他以司马迁《史记》为例指出，“迁书纪、表、书、传，本左氏而略示区分，不甚拘拘于题目也”，但后世之人“或且讥其位置不伦，或又摘其重复失检”，没有体会“迁书体圆而用

---

[1] 章学诚：《文史通义》外篇三《与邵二云论修〈宋史〉书》，见《文史通义新编新注》，浙江古籍出版社 2005 年版，第 671 页。

[2] 瞿林东：《中国史学史纲》，北京出版社 2005 年版，第 721 页。

[3] 章学诚：《文史通义》内篇一《书教下》，见《文史通义新编新注》，浙江古籍出版社 2005 年版，第 36 页。

[4] 章学诚：《文史通义》内篇一《书教下》，见《文史通义新编新注》，浙江古籍出版社 2005 年版，第 37 页。

[5] 章学诚：《文史通义》内篇一《书教下》，见《文史通义新编新注》，浙江古籍出版社 2005 年版，第 37 页。

神”的旨意，就妄加批评，“不知古人著书之旨，而转以后世拘守之成法，反訾古人之变通”[1]，是不可取的。

章学诚不仅以《周易》的“变易”思想观照史学发展和变革，而且还由“变”求“通”，在阐释易理时数言“通”之意蕴，提示史家要有通识精神，作史“贵通”。章学诚认为，《易》象广大，通于六艺，“雎鸠之于好逑，樛木之于贞淑，甚而熊蛇之于男女，象之通于《诗》也。五行之征五事，箕毕之验雨风，甚而傅岩之入梦赉，象之通于《书》也。古官之纪云鸟，《周官》之法天地四时，以至龙翟章衣，熊虎志射，象之通于《礼》也。歌协阴阳，舞分文武，以至磬念封疆，鼓思将帅，象之通于《乐》也。笔削不废灾异，左氏遂广妖祥，象之通于《春秋》也。《易》与天地准，故能弥纶天地之道，万事万物，当其自静而动，形迹未彰而象见矣。故道不可见，人求道而恍若有见者，皆其象也”[2]。《易》象与六经相通，六经皆史，经与史亦相通，史自身亦通。章学诚作《释通》一文，开篇即云：“《易》曰：‘惟君子为能通天下之志。’说者谓君子以文明为德，同人之时，能达天下之志也。”[3] 章学诚由《易》之通识出发，赞同通史修纂，指出通史之修，有六便二长三弊。“通史之修，其便有六：一曰免重复，二曰均类例，三曰便铨配，四曰平是非，五曰去牴牾，六曰详邻事。其长有二：一曰具剪裁，二曰立家法。其弊有三：一曰无短长，二曰仍原题，三曰忘标目”[4]。章学诚由易象通六艺而倡导史学通识，其“通”，不仅是形式上的贯通，更是一种通史家风。“通者，所以通天下之不通也”，“夫通史人文，上下千年，然而义例所通，则隔代不嫌合撰”[5]。他做《申郑》篇，驳斥戴震等人对郑樵的诋毁，

[1] 章学诚：《文史通义》内篇一《书教下》，见《文史通义新编新注》，浙江古籍出版社2005年版，第37页。

[2] 章学诚：《文史通义》内篇一《易教下》，见《文史通义新编新注》，浙江古籍出版社2005年版，第16页。

[3] 章学诚：《文史通义》内篇四《释通》，见《文史通义新编新注》，浙江古籍出版社2005年版，第236页。

[4] 章学诚：《文史通义》内篇四《释通》，见《文史通义新编新注》，浙江古籍出版社2005年版，第238—239页。

[5] 章学诚：《文史通义》内篇四《释通》，见《文史通义新编新注》，浙江古籍出版社2005年版，第240—241页。

极力赞扬的就是郑樵的“会通精神”和“通史家风”，指出郑樵“独取三千年来遗文故册，运以别识心裁，盖承通史家风，而自为经纬，成一家言者也”[1]。没有“范围千古，牢笼百家”之“通”，“创例发凡，卓见绝识”之“识”，[2] 何来史家一家之言？在中国史学史上，郑樵最重视“会通”，提出“天下之理，不可以不会；古今之道，不可以不通。会通之义大矣哉”[3]。章学诚表彰郑樵，深得郑樵“会通之义”，认为并不是把前后相承的若干朝代连接起来就叫“通史”，“通史”应该有自己的内涵，那就是“刚纪天人”“推明大道”“判别家学”“自为义例”“变通古今”“成一家言”。“通史各出义例，变通亘古以来，合为一家记载，后世如郑樵《通志》之类，足以当之”[4]，“通史……必须判别家学，自为义例”[5]，“纲纪天人，推明大道，所以通古今之变而成一家之言”[6]。那种把几个朝代连接在一起的只能叫“集史”，“集史虽合数朝”，但由于没有“会通”的精神，“与通史判若天渊者也”。[7]

在章学诚看来，史学研究的是过去，其旨趣却指向未来。他借易理阐述自己的观点：“《易》曰：‘神以知来，智以藏往。’知来，阳也；藏往，阴也。一阴一阳，道也。文章之用，或以述事，或以明理。事溯已往，阴也；理阐方来，阳也。其至焉者，则述事而理以昭焉，言理而事以范焉，则主适不偏，而文乃衷于道矣。迁、固之史，董、韩之文，庶

---

[1] 章学诚：《文史通义》内篇四《申郑》，见《文史通义新编新注》，浙江古籍出版社2005年版，第249页。

[2] 章学诚：《文史通义》内篇四《申郑》，见《文史通义新编新注》，浙江古籍出版社2005年版，第249—250页。

[3] 郑樵：《夹漈遗稿》卷三《上宰相书》，见《郑樵文集》，书目文献出版社1992年版，第37页。

[4] 章学诚：《章氏遗书外编》卷三《丙辰札记》，见《章学诚遗书》，文物出版社1985年版，第391页。

[5] 章学诚：《章氏遗书外编》卷三《丙辰札记》，见《章学诚遗书》，文物出版社1985年版，第391页。

[6] 章学诚：《文史通义》内篇四《答客问上》，见《文史通义新编新注》，浙江古籍出版社2005年版，第252页。

[7] 章学诚：《章氏遗书外编》卷三《丙辰札记》，见《章学诚遗书》，文物出版社1985年版，第391页。

几哉有所不得已而言者乎！不知其故而但溺文辞，其人不足道已。”[1]可见，章学诚的学术思想具有“藏往知来”的特性，“事溯已往”的目的是要“理阐方来”。他曾说自己“吾于史学，盖有天授，自信发凡起例，多为后世开山”[2]。还说自己作《文史通义》“其言实有开凿鸿濛之功，立言家于是必将有取”[3]。如此自信和期许，其学术见解终于在近代得到变法求新之士的呼应。

三、“本《周官》之法”与“师《尚书》之意”

章学诚除了论述《春秋》之“义”、《周易》之“变”之外，对《周礼》《尚书》等经典中所蕴含的史学价值以及对史学的影响也进行了探讨。

章学诚认为，《周礼》（又常常称《周官》《官礼》）表现最突出的是政教礼治的观念。在章学诚看来，以之为代表的政典的产生有深刻的历史原因，是适应历史发展的“不得不然”的产物，“或曰：周公作《官礼》乎？答曰：周公何能作也！鉴于夏、殷而折衷于时之所宜，盖有不得不然者也”[4]。周公借鉴夏、殷灭亡的经验教训，又根据周时的具体情况，建官制典，事关王朝休戚，是适应王朝统治需要而不得不做出的选择。正因为如此，以《周官》为代表的国家典制就成为国家治理的经世大典，“明体达用，辨名正物，皆《礼》教也”[5]。“夫一朝制度，经纬天人，莫不具于载籍，守于官司。故建官制典，决非私意可以创造，历代必有沿革，厥初必有渊源。溯而上之，可见先王不得已而制作之心，

[1] 章学诚：《文史通义》内篇二《原道下》，见《文史通义新编新注》，浙江古籍出版社2005年版，第104页。

[2] 章学诚：《文史通义》外篇三《家书二》，见《文史通义新编新注》，浙江古籍出版社2005年版，第817页。

[3] 章学诚：《文史通义》外篇三《再答周筤谷论课蒙书》，见《文史通义新编新注》，浙江古籍出版社2005年版，第734页。

[4] 章学诚：《文史通义》内篇一《礼教》，见《文史通义新编新注》，浙江古籍出版社2005年版，第69页。

[5] 章学诚：《章学诚遗书佚篇·论课蒙学文法》，见《章学诚遗书》，文物出版社1985年版，第686页。

初非勉强，所谓‘道之大原出于天’也”[1]。

在搞清了以《周礼》为代表的政典的产生及其意义后，章学诚借《周易》“藏往知来”的精神，以《周礼》为例，表达了自身以学术研究谋求经世的思想观念。“夫名物制度，繁文缛节，考订精详，记诵博洽，此藏往之学也；好学敏求，心知其意，神明变化，开发前蕴，此知来之学也。可以藏往而不可以知来，治《礼》之尽于五端也。推其所治之《礼》，而折衷后世之制度，断以今之所宜，则经济人伦，皆从此出，其为知来，功莫大也”[2]。名物制度本属“藏往之学”，但只要紧密结合现实，“断以今之所宜”，就会变成“知来之学”。

作为“先王政典”之一的《周礼》进入章学诚的视野后，不仅被赋予经世致用的意义，还被赋予史学变革的意义。

前面提到的“藏往之学”和“知来之学”，实际上是章学诚划分古今史籍为记注和撰述两大类的引申。记注（比类、纂辑）是历史资料的整理汇编，特点是“方以智”，属于“藏往之学”；撰述（著述、著作）是有观点的撰著活动，特点是“圆而神”，属于“知来之学”。从史例角度讲，《周礼》属于记注，按一定的格式，汇集、排比资料，所谓“《官礼》制密而后记注有成法，记注有成法而后撰述可以无定名”[3]。

对于《周官》的“记注成法”，章学诚有自己的理解。其一，《周官》作为记注之书，纂辑比类有一定之法，较为齐备。“《周官》三百六十，具天下之纤析矣。然法具于官而官守其书，观于六卿联事之义，而知古人之于典籍，不惮繁复周悉，以为记注之备也”[4]。“藏往欲其赅备无遗，故体有一定而其德为方……《周官》三百六十，天人官曲之故，可谓无不备矣”[5]。他高度评价了杜佑的《通典》，其原因就是《通典》继

---

[1] 章学诚：《文史通义》内篇一《礼教》，见《文史通义新编新注》，浙江古籍出版社2005年版，第71—72页。

[2] 章学诚：《文史通义》内篇一《礼教》，见《文史通义新编新注》，浙江古籍出版社2005年版，第70—71页。

[3] 章学诚：《文史通义》内篇一《书教上》，见《文史通义新编新注》，浙江古籍出版社2005年版，第21页。

[4] 章学诚：《文史通义》内篇一《书教上》，见《文史通义新编新注》，浙江古籍出版社2005年版，第20页。

[5] 章学诚：《文史通义》内篇一《书教下》，见《文史通义新编新注》，浙江古籍出版社2005年版，第36页。

承了“《周官》遗法”，“杜氏《通典》，为卷二百，而《礼典》乃八门之一，已占百卷。盖其书本《官礼》之遗，宜其于礼事加详也。然叙典章制度，不异诸史之文，而礼文疑似，或事变参差，博士经生，折中详议，或取裁而径行，或中格而未用，入于正文，则繁复难胜，削而去之，则事理未备。杜氏并为采辑其文，附著礼门之后，凡二十余卷，可谓穷天地之际而通古今之变者矣”[1]。杜佑《通典·礼典》纂辑礼制详备周悉，深得《官礼》编纂之妙法。近代以来，人们多批评《通典》中“礼典”分量过重，出发点和章学诚有很大的不同。章学诚还指出，《周官》记注之法在后世遭到破坏，“后世之文章典故，杂乱而无序也哉”，“可谓无成法矣”。[2]“至《官礼》废，而记注不足备其全”[3]。其二，《周官》是记注而隐含撰述的作品，不能把它看作是“掌故专书”，因为《周官》蕴含“人官纲领”，具有“藏往知来”之意。后世作史志，要“师法其意”，才不至于流入“策括”和“掌故专书”的泥潭。他有“《易》为周礼”“《书》为周礼”、“《诗》为周礼”的说法，殊难理解。实际上章学诚是要说明，《周礼》为官守之书，有着提纲挈领的意义，与“掌故专书”迥然有别。他说：“《易》为周礼，见于太卜之官，三易之名，八卦之数，占揲之法，见于《周礼》，所谓人官之纲领也。然三易自有专书，则掌故也，岂能尽述乎！《书》亦周礼也，见于外史之官，三皇五帝之名，见于《周官》，所谓人官之纲领也。百篇自有专书，则掌故也，岂能尽述乎！《诗》亦周礼也，见于太史之官，风雅颂之为经，赋兴比之为纬，见于《周官》，所谓人官之纲领也。三百篇自有专书，则掌故也，岂能尽述乎！”[4]《周官》荟萃的是“人官之纲领”而非无益之“掌故”，寓有治国安邦之深意。章学诚推崇《周官》记注之法，就是因为《周官》“有心

[1] 章学诚：《文史通义》内篇一《书教中》，见《文史通义新编新注》，浙江古籍出版社2005年版，第28页。

[2] 章学诚：《文史通义》内篇一《书教上》，见《文史通义新编新注》，浙江古籍出版社2005年版，第20—21页。

[3] 章学诚：《文史通义》内篇一《书教上》，见《文史通义新编新注》，浙江古籍出版社2005年版，第21页。

[4] 章学诚：《文史通义》内篇一《礼教》，见《文史通义新编新注》，浙江古籍出版社2005年版，第72页。

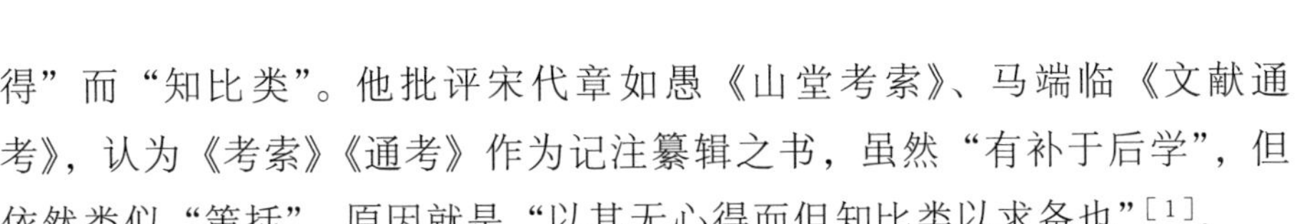

得”而“知比类”。他批评宋代章如愚《山堂考索》、马端临《文献通考》，认为《考索》《通考》作为记注纂辑之书，虽然“有补于后学”，但依然类似“策括”，原因就是“以其无心得而但知比类以求备也”[1]。

章学诚还指出，纪传体正史中的书志、典制体的专书，均源于《周官》，“史家书志之原，本于《官礼》”[2]。如何写好这类著述呢？那就必须遵循《周官》记注之法，“师法其意”，“史家书志，自当以一代人官为纲领矣”，而不是“屑屑求详”，“始可为得《官礼》之意，而明于古人之大体也”。[3]“史志存其纲领，而掌故别具其详，后史自宜师法其意，庶不至于繁简失当矣”[4]。

章学诚论《周官》时，总是与《尚书》对举，评《尚书》时，又常常与《春秋》连称，这说明章学诚的“六经皆史”是要打通六经、融通经史看问题。如他说：“三代以上，记注有成法而撰述无定名；三代以下，撰述有定名而记注无成法。夫记注无成法，则取材也难，撰述有定名，则成书也易。成书易，则文胜质矣；取材难，则伪乱真矣。伪乱真而文胜质，史学不亡而亡矣……《周官》之法亡而《尚书》之教绝，其势不得不然也。”[5]又说“《周官》之法废而《书》亡，《书》亡而后《春秋》作”，“王者迹息而《诗》亡，见《春秋》之用；《周官》法废而《书》亡，见《春秋》之体也”。[6]由《周官》而《尚书》，章学诚又提出了史学发展的新见。

《尚书》中蕴含的最突出的史学思想是总结历史盛衰的意识，从史书

[1] 章学诚：《文史通义》内篇一《礼教》，见《文史通义新编新注》，浙江古籍出版社2005年版，第71页。

[2] 章学诚：《文史通义》内篇一《礼教》，见《文史通义新编新注》，浙江古籍出版社2005年版，第72页。

[3] 章学诚：《文史通义》内篇一《礼教》，见《文史通义新编新注》，浙江古籍出版社2005年版，第72页。

[4] 章学诚：《文史通义》内篇一《礼教》，见《文史通义新编新注》，浙江古籍出版社2005年版，第72页。

[5] 章学诚：《文史通义》内篇一《书教上》，见《文史通义新编新注》，浙江古籍出版社2005年版，第20页。

[6] 章学诚：《文史通义》内篇一《书教上》，见《文史通义新编新注》，浙江古籍出版社2005年版，第20—21页。

体例上讲，它“因事命篇，本无成法”，有“体圆用神”、灵活多变的特点。“《尚书》《春秋》，皆圣人之典也，《尚书》无定法而《春秋》有成例”[1]。六经不仅在史学上各有侧重，它们还不断相互推移融合，向后世史学发展。对此，章学诚也从不同的侧面进行过论述，他说：“《周官》之法废而《书》亡，《书》亡而后《春秋》作。”又说：“六艺并立，《乐》亡而入于《诗》《礼》，《书》亡而入于《春秋》，皆天时人事，不知其然而然也。”[2] 还说：“《尚书》《春秋》，皆圣人之典也。《尚书》无定法而《春秋》有成例。故《书》之支裔折入《春秋》，而《书》无嗣音。”[3] 这种推移融合，对后世史学产生了很大影响。司马迁作《史记》，班固作《汉书》，都先后吸纳了其中合理的成分，“马迁绍法《春秋》，而删润典、谟以入纪传；班固承迁有作，而《禹贡》取冠《地理》，《洪范》特志《五行》”[4]。二者都融《尚书》《春秋》于一体，进行了新的创造。“迁书体圆用神，多得《尚书》之遗，班氏体方用智，多得《官礼》之意”[5]。总之，后世史学的发展变化，都不同程度地从六经中承受了很多东西。从编纂形式上讲，有的体例灵活，体现了《尚书》“圆而神”的特点，如司马迁的《史记》；有的体例规整，体现了《周官》“方以智”的特点，如班固的《汉书》等。总之，六经在史学变革上的意义是多方面的，章学诚以崇经的心态探索史学的出路，以经为标准论述史学的发展状况，在复古的旗帜下创新，富有特色。

在具体的史学变革上，章学诚提出“师《尚书》之意”，就是依《尚书》因事命篇，体圆用神的精神，打破史体僵化的局面。在他看来，“经为解晦，当求无解之初；史为例拘，当求无例之始”，“事屡变而复初，

[1] 章学诚：《文史通义》内篇一《书教下》，见《文史通义新编新注》，浙江古籍出版社 2005 年版，第 36 页。

[2] 章学诚：《文史通义》内篇一《书教上》，见《文史通义新编新注》，浙江古籍出版社 2005 年版，第 21 页。

[3] 章学诚：《文史通义》内篇一《书教下》，见《文史通义新编新注》，浙江古籍出版社 2005 年版，第 36 页。

[4] 章学诚：《文史通义》内篇一《书教上》，见《文史通义新编新注》，浙江古籍出版社 2005 年版，第 21 页。

[5] 章学诚：《文史通义》内篇一《书教下》，见《文史通义新编新注》，浙江古籍出版社 2005 年版，第 36 页。

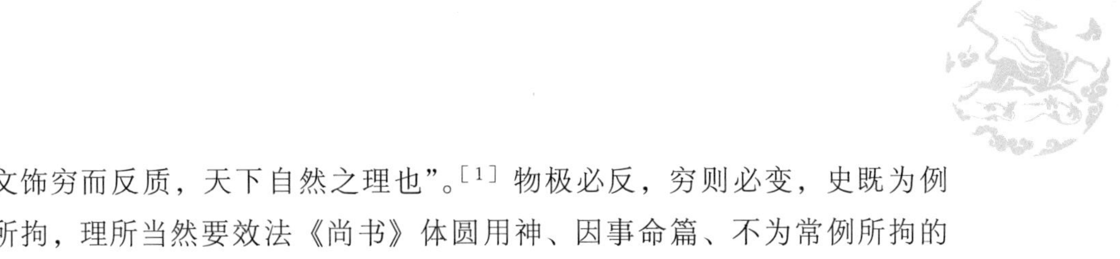

文饰穷而反质，天下自然之理也”。[1] 物极必反，穷则必变，史既为例所拘，理所当然要效法《尚书》体圆用神、因事命篇、不为常例所拘的撰述形式来变革史体。章学诚对《尚书》“圆而神”的撰述形式及其在史学上的地位，给予了高度评价，他说：“《尚书》圆而神，其于史也，可谓天之至矣。”[2] 又说《尚书》“因事命篇，本无成法，不得如后史之方圆求备，拘于一定之名义者也”[3]。由于内容不受形式限制，体例较为灵活，所以《尚书》可以比较自如地表达见解，比如《尚书》中经世致用的史学思想，就是通过这种灵活的著述形式体现出来，“典、谟、训、诰、贡、范、官、刑之属，详略去取，惟意所命，不必著为一定之例焉，斯《尚书》之所以经世也”[4]。随着历史的发展，《尚书》这种撰述形式虽然被融合到其他史体中了，但它“体圆用神”“因事命篇”的撰述精神却一直对后世史学产生巨大影响。史学史上有创见性的史学著作，都吸纳了这一点。《尚书》“折入左氏，而又合流于马、班”，司马迁将上古史著融会贯通，首创纪传体通史《史记》，“体圆用神，犹有《尚书》之遗”。其后，“司马《通鉴》病纪传之分，而合之以编年”，作了变通。接着“袁枢《纪事本末》，又病《通鉴》之合，而分之以事类”，又作了变通。袁枢作《通鉴纪事本末》，首创纪事本末体，“因事命篇，不为常格”，同样是吸取了《尚书》的精神，“文省于纪传，事豁于编年，决断去取，体圆用神，斯真《尚书》之遗也”[5]。由此，章学诚提出了变革史学的一个总的原则，那就是：“夫史为记事之书，事万变而不齐，史文屈曲而适如其事，则必因事命篇，不为常例所拘，而后能起讫自如，无

[1] 章学诚：《文史通义》内篇一《书教下》，见《文史通义新编新注》，浙江古籍出版社 2005 年版，第 38 页。

[2] 章学诚：《文史通义》内篇一《书教下》，见《文史通义新编新注》，浙江古籍出版社 2005 年版，第 38 页。

[3] 章学诚：《文史通义》内篇一《书教上》，见《文史通义新编新注》，浙江古籍出版社 2005 年版，第 20 页。

[4] 章学诚：《文史通义》内篇一《书教上》，见《文史通义新编新注》，浙江古籍出版社 2005 年版，第 21 页。

[5] 章学诚：《文史通义》内篇一《书教下》，见《文史通义新编新注》，浙江古籍出版社 2005 年版，第 38 页。

一言之或遗而或溢也。"[1] 对于纪传体史书，当"斟酌古今之史，而定文质之中，则师《尚书》之意，而以迁史义例通左氏之裁制焉。所以救纪传之极弊，非好为更张也"[2]。恢复古代史学以"史义"为中心，以"圆神"为准则的创作精神，是章学诚变革史学的目标。

章学诚认为，如果以《尚书》之义改造史体，就没有必要像《史记》那样强分列传、世家和书志。实际上，列传是传，世家和书志也同样是传，"或考典章制作，或叙人事终始，或究一人之行，或合同类之事，或录一时之言，或著一代之文，因事命篇，以纬本纪"[3]。由此他提出"仍纪传之体而参本末之法，增图谱之例而删书志之名"[4]，这样处理史书编纂，其优点是"较之左氏翼经，可无局于年月先后之累，较之迁史之分列，可无歧出互见之烦。文省而事益加明，例简而义益加精，岂非文质之适宜，古今之中道欤?"除此之外，书中还应有表与图，"人名事类，合于本末之中，难于稽检，则别编为表以经纬之；天象、地形、舆服、仪器，非可本末该之，且亦难以文字著者，别绘为图以表明之"[5]。章学诚以《周易》变通思想为依据，本着《尚书》"圆而神"的原则，试图将纪传体与纪事本末体糅合在一起，带有探索新综合体的特点。他曾自负地讲，"盖通《尚书》《春秋》之本原，而拯马《史》、班《书》之流弊，其道莫过于此"[6]。点明了自己探索新体裁是与六经有密切关系的。对于章学诚在史书编纂上的这些有价值的探索，章氏好友邵晋涵曾评价说："纪传史裁，参仿袁枢，是貌同心异。以之上接《尚书》家言，是貌

[1] 章学诚：《文史通义》内篇一《书教下》，见《文史通义新编新注》，浙江古籍出版社2005年版，第38页。

[2] 章学诚：《文史通义》内篇一《书教下》，见《文史通义新编新注》，浙江古籍出版社2005年版，第39页。

[3] 章学诚：《文史通义》内篇一《书教下》，见《文史通义新编新注》，浙江古籍出版社2005年版，第39页。

[4] 章学诚：《文史通义》外篇三《与邵二云论修〈宋史〉书》，见《文史通义新编新注》，浙江古籍出版社2005年版，第671页。

[5] 章学诚：《文史通义》内篇一《书教下》，见《文史通义新编新注》，浙江古籍出版社2005年版，第39页。

[6] 章学诚：《文史通义》内篇一《书教下》，见《文史通义新编新注》，浙江古籍出版社2005年版，第39页。

异心同。是篇（按，即《书教下》）所推，于六艺为支子，于史学为大宗，于前史为中流砥柱，于后学为蚕丛开山。”[1] 也指出章学诚是从“六经”引发出史体的创新。

通过以上分析，我们可以断言，章学诚的“六经皆史”说与他的史学变革论是联系在一起的。他探索史学变革的出路，有一个完整的理论体系，那就是贯通经史，以《春秋》“史义”为中心，以《周易》“变通”思想为理论依据，以恢复《尚书》《春秋》《周礼》等“圆神”“方智”的撰述形式为旨归，在复古的旗帜下创新，重新构想新的史书编纂形式。联系千余年中国史学批评一直纠缠在史体史例的诉讼之中、注重正统思想和宗圣观念的学术背景来看，章学诚通过对六经的理解，阐发史学通变的思想，别具一格，自有蹊径，反映了专制社会末期史学求新的新特点。

[1] 章学诚：《文史通义》内篇一《书教下》，见《文史通义校注》，中华书局 2014 年版，第 63 页。

第十章　晚清经学的转向与新史学的出现

清代学术上演了宋学、汉学和今文经学等流派兴衰起伏的变迁过程，深层致因是社会变动，内在逻辑则是学术精神的不断反思。清代中后期，社会危机的加剧和国内外环境的变化，催发出新的时代思潮。受时代思潮的影响，晚清学术思想有很大变化，空疏的“宋学”与脱离社会现实的乾嘉考据学积弊深重，强调经世致用的今文经学开始复兴，史学经世功能受到重视，进而形成经世致用史学繁盛的局面。梁启超在《清代学术概论》中称：“凡文化发展之国，其国民于一时期中，因环境之变迁，与夫心理之感召，不期而思想之进路，同趋于一方向，于是相与呼应汹涌，如潮然。”[1] 这既是对时代思潮形成机理的总结，也是学术风气演变的一般规律。学术的演变趋势与历史的变迁密切相关，面对时代的转换和政治的变动，学者们常常“由反思政治得失而推原学术精神，由历史的批判总结而进行学术的批判总结”[2]。这种学术现象在各个转型时期不断出现。

第一节　今文经学的复兴与晚清经世致用史学

今文经学在清代中期以后的复兴，既是对当时社会变迁的回应，也

[1] 梁启超：《清代学术概论》，东方出版社 1996 年版，第 1 页。

[2] 王记录：《中国史学思想通论·历史文献学思想卷》，福建人民出版社 2011 年版，第 267 页。

是对乾嘉汉学积弊的反思。乾隆末年，各种社会问题开始出现，表面繁荣的盛世之下潜伏着诸多矛盾。及至嘉道时期，吏治腐败、财政亏空、军队腐化、农民困苦等积弊渐趋严重。当时社会矛盾尖锐，内忧频仍，除此之外，嘉道之际还面临着外患日逼的巨大压力。

嘉道时期的社会危机触动了知识分子敏感的神经，使一代学人开始呼唤一种能解决危机、力图救世的学术。乾嘉时期，考据之学风靡天下，汉学如日中天。不过，汉学重在小学训诂、名物考证、章句注疏、佚文钩辑，往往抱小遗大、流于琐碎，容易陷于泥古墨守的窠臼。方东树在《汉学商兑》中痛批其流弊，认为汉学家毛举细故，“弃本贵末”，违背圣人修齐治平的教旨，对国计民生有害无益。恽敬称：“先王之道，因时适变，为法不同，而考之无疵，用之无弊，此权衡乎前二说，而知其重轻俯仰者也……彼诸儒博士者，过于尊圣贤而疏于察凡庶，敢于从古昔而怯于赴时势，笃于信专门而薄于考通方，岂足以知圣人哉!”[1] 针对汉学的“琐屑散乱”。“不务高托”，疏离现实社会，不能呼应时代需求等问题，一些有识之士另辟蹊径，由东汉上溯到西汉，转而研究具有经世色彩的今文经学。由于这一学术转向既符合当时的尊古之风，也适应时代的需要，逐渐发展壮大，形成今文经学复兴的局面。

一、今文经学的复兴

今文经学盛行于西汉，在西汉哀帝、平帝以前，官学的五经，全是今文；西汉末年，刘歆发现并系统提出《古文尚书》《逸礼》《左氏春秋》等各种古文经传，今古文之争开始出现，一直延续到东汉末年。东汉末年古文经学家郑玄遍注群经、兼采今古文经说，经学内部之争暂时归于沉寂。在郑学确立优势以后，今文经学长期湮没无闻，以致许多经籍的注释失传。但千年的流传中，东汉今文经学家何休的《春秋公羊经传解诂》完整保存了下来，延续着今文经学的薪火，被今文经学家奉为经典。

清代今文经学的开山是江苏武进的庄存与。庄存与，字方耕，号养恬，是与汉学家戴震同时代的学者。他博通六艺，学贯群经，对《春秋》

[1] 恽敬：《三代因革论八》，见《大云山房文稿》，国学整理社 1937 年版，第 11—12 页。

用力尤多。梁启超在《清代学术概论》中称："今文学启蒙大师，则武进庄存与也。存与著《春秋正辞》，刊落训诂名物之末，专求所谓'微言大义'者，与戴、段一派所取途径，全然不同。"[1]《春秋正辞》是庄存与最重要的今文经学著作，依据西汉董仲舒和东汉何休的公羊学，专力阐发《春秋》的"微言大义"，以经世致用为旨归。"清代今文经学复兴的出发点是《春秋公羊传》，这是不足怪的，因为当时所谓十三经，只有何休《公羊解诂》是今文家说"[2]。庄存与依据何休的公羊学，发挥《春秋公羊传》的义理，成为清代公羊学的开创者。

庄存与生活在汉学盛行的时期，受当时学风影响，治学从汉学入手。他曾致力于《周礼》的研究，著有《周官记》《周官说》等。不过，庄存与不重古文经学的名物训诂，而是力求通六经，对于天文、舆地、河渠、水利、算术之学，莫不覃思殚究。他不拘泥于汉学、宋学的门户之见，求其融通，因而能以古文经的《周礼》济之于今文经的公羊学。

清代今文经学兴起时，恰值汉学鼎盛，宋学式微。有学者认为，庄存与"晚年政治上失意后转向今文经学"，是在"寻找一种战胜现实腐败的武器"，[3] 实际上，从学术演进的内在理路上来说，庄存与显然"是不满清代汉学的现状，带有尊今文而去古文的倾向"[4]。他首先起来提倡公羊学，对今文经学的复兴有开创之功。周予同认为："复兴今文学的首倡者，当推庄存与。他和戴震同时，但治学的方向完全和震不同。他著《春秋正辞》一书，不讲汉学家所研究的名物训诂，而专讲所谓'微言大义'，可以说是清代今文学的第一部著作。"[5] 除《春秋正辞》外，庄存与还著有《春秋要旨》《春秋举例》《易说》等书。家族中的后辈庄述祖、刘逢禄、宋翔凤等人传承了他的学说，带动一大批学者俯身今文

---

[1] 梁启超：《清代学术概论》，东方出版社 1996 年版，第 67 页。

[2] 周予同：《经今古文学》，见《周予同经学史论著选集》（增订本），上海人民出版社 1996 年版，第 19 页。

[3] 艾尔曼：《经学、政治和宗族——中华帝国晚期常州今文学派研究》，江苏人民出版社 1998 年版，第 48 页。

[4] 张昭军：《从复"义理之常"到言"义理之变"——清代今文经学家与程朱理学关系辨析》，《清史研究》2010 年第 2 期，第 95 页。

[5] 周予同：《经今古文学》，见《周予同经学史论著选集》（增订本），上海人民出版社 1996 年版，第 19 页。

经学，对清代今文经学的复兴产生了重要影响。

在今文经学复兴过程中，庄存与的侄子庄述祖是一位起着承接作用的重要学者。庄述祖，字葆琛，号珍艺，其父亲曾任翰林院侍讲学士。庄述祖没做过什么大官，更多的时间是从事学术研究。他称许《公羊》、赞赏何休，推崇今文经学、贬斥古文经学。他受伯父庄存与的影响，研治《夏小正》重在阐发义例。他读《夏时》经传，必先条其等例、正其文字，与庄存与研读《春秋》颇为相似。庄述祖探求等例的特征也可以说是步趋何休，他认为："《春秋》之义以三传而明，而三传之中又以《公羊》家法为可说。其所以可得而说者，实以董大中综其大义，胡毋生析其条例，后进遵守，不失家法。至何邵公作《解诂》，悉隐括就绳墨，而后《春秋》非常异义可怪之论皆得其正。凡学《春秋》者，莫不知《公羊》家诚非《穀梁》所能及，况《左氏》本不传《春秋》者哉!"[1]在他看来，《左传》不传《春秋》，《穀梁》不及《公羊》，极力抬高公羊学的地位。

庄述祖具有汉学文字音韵训诂的坚实基础，治学方法上又注重阐发经书的微言大义，最终得以在今文经学研究中沿波而起、卓然成家。他在厘正经文、考证音义的基础上，另辟蹊径，大力阐发经书的微言大义，对今文经学的复兴起了推波助澜的作用。后辈中的刘逢禄、宋翔凤受他影响，治学上尊崇公羊学的家法，又将今文经学向前推进了一大步。刘逢禄，字申受，号思误居士，江苏常州人。他出身于书香门第，祖父为大学士刘纶，外祖父是礼部侍郎庄存与。刘逢禄幼时由母亲庄氏传授家学。庄存与对外孙的学业进步极其欣赏，刘逢禄仅 11 岁时，他就预言这个小外孙将来能够传其学。刘逢禄继承家学，勤奋读书，对今文经学十分感兴趣。后来跟随舅舅庄述祖研读经书，承继《夏时》学，深得前辈的学术要旨。刘逢禄遍阅群经，著有《尚书今古文集解》《春秋公羊何氏释例》《公羊何氏解诂笺》等，其中最为用心且成就卓著的要数《春秋》公羊学。他阐发公羊学说的同时，进一步严立今文、古文界限，认为"学者莫不求知圣人，圣人之道备乎五经，而《春秋》者五经之管钥也。

[1] 徐世昌：《清儒学案》卷七十四《方耕学案中》，中华书局 2008 年版，第 2830—2831 页。

先汉师儒略皆亡阙，唯《诗》毛氏，《礼》郑氏，《易》虞氏，有义例可说，而拨乱反正，莫近《春秋》。董、何之言，受命如响，然则求观圣人之志，七十子之所传，舍是奚适焉！”[1] 刘逢禄治经崇奉《春秋》，在《春秋》三传中又特别重视《公羊传》，所著《春秋公羊何氏释例》是清代春秋公羊学的奠基之作。

刘逢禄把今文经学强调社会进化的传统运用到当时的社会现实，阐发今文经学经世和关注现实变革的思想。他说：“经世，先王之志，圣人议而勿辨，其言弥微，其旨弥显，使人属辞比事，而辨惑崇德，斯善学矣。”[2] 面对嘉道年间社会危机的加深和统治局面日益衰败的困境，刘逢禄强调要从皇帝做起，清除弊端，巩固大一统，“《春秋》欲攘蛮荆，先正诸夏；欲正诸夏，先正京师；欲正士庶，先正大夫；欲正大夫，先正诸侯；欲正诸侯，先正天子、京师”[3]。这实际上是针对当时的社会危机，希望从最高统治者做起，采取有效措施，实行自上而下的改革，以应对危机，稳定社会秩序。刘逢禄阐发经世变革思想、重视今文经学的倾向不仅影响到同时代的学者，而且为后继的龚自珍、魏源借助今文经学大力倡导经世变革提供了思想源泉。梁启超在《清代学术概论》中对刘逢禄的公羊学成就给予了很高评价，他在肯定庄存与的今文学成就后说：“其同县后进刘逢禄继之，著《春秋公羊经传何氏释例》，凡何氏所谓非常异义可怪之论，如‘张三世’‘通三统’‘绌周王鲁’‘受命改制’诸义，次第发明。其书亦用科学的归纳研究法，有条贯，有断制，在清人著述中，实最有价值之创作。”[4] 从这个意义上说，刘逢禄可以称得上是清代今文经复兴的真正奠基人。

刘逢禄的表兄弟宋翔凤对今文经学的光大也有重要贡献。宋翔凤与刘逢禄同岁，也曾随舅父庄述祖治今文经学，学术上受庄氏的影响。与其他今文家有所不同，宋翔凤重视《论语》，并认为它与《春秋》相通，《论语》二十篇包含着孔子的微言大义，如能“寻其条理，求其旨趣，则

[1] 刘逢禄：《刘礼部集》卷三《春秋公羊何氏释例·叙》，上海古籍出版社 1995 年版，第 23 页。

[2] 刘逢禄：《刘礼部集》卷四《释九旨例上》，上海古籍出版社 1995 年版，第 7 页。

[3] 刘逢禄：《刘礼部集》卷四《释九旨例下》，上海古籍出版社 1995 年版，第 16 页。

[4] 梁启超：《清代学术概论》，东方出版社 1996 年版，第 67 页。

天下之治，素王之业备焉”[1]。马宗霍在《中国经学史》中说：“翔凤之学，略次于刘，而饰说过之。作《拟汉博士答刘歆书》，又作《汉学今文古文考》，以《公羊》义说群经，以古籀证群籍。以为微言之存，非一事可该。大义所著，非一端足竟。会通众家，自辟蹊径，而精力所贯，尤在《论语》(撰《论语说义》《论语发微》)，至是今文经学遂以大明。”[2]

宋翔凤今文经学的主要成就体现在《论语》微言大义的阐发上。他对《论语》的探求，用力尤多，时间也极长，《论语说义》是其代表作。宋翔凤认为，孔子受命作《春秋》，其微言载于《论语》。他重视道德伦理，突出中庸、孝悌以及仁等观念。宋翔凤还以孔子素王说来统宗孔子微言，强调孔子著《春秋》与素王的联系，很容易使人联想到《公羊》学的孔子改制说或素王改制说。

宋翔凤突出孔子素王说，使人们可以利用孔子的素王地位以孔子改制说为基础建立起适合时代需要的理论。在历史急剧变动的时期，孔子改制说成为后世学者附会新理论的形式，后来的康有为就以孔子改制说为戊戌变法提供理论依据。透过晚清的历史，可以看到宋翔凤今文说的影子。宋翔凤以《论语》阐发孔子素王说的微言大义，在嘉道时期与刘逢禄一起把今文经学向前推动了一大步。庄述祖曾有“刘甥可师，宋甥可友”的说辞，称赞二人的学术成就。

清代今文经的复兴以庄存与为开派祖师，庄述祖、刘逢禄、宋翔凤等在继承中进一步发扬光大，演变成独具特色的学派。由庄存与发轫的这一派今文经学家在地域上以江苏常州为中心，被世人称为“常州学派”。由于他们独崇公羊学，也有“公羊学派”之称。

常州学派的异军突起，成为清代今文经学复兴的重要标志。他们举起今文经学的大旗，发挥经书的微言大义，提倡经世致用，将治经与治世结合起来，积极关注社会，呼应了时代的需要，转变了当时脱离现实的学风，为后来的今文经学家借经言政、倡导改革奠定了思想基础。常州学派并不限于常州人，后来龚自珍、魏源“讲今文，讲经世”，继承了这一派的思想。

[1] 吴枫、宋一夫：《中华儒学通典》，南海出版公司1992年版，第1329页。
[2] 马宗霍：《中国经学史》，上海书店1984年版，第149页。

龚自珍家学渊源深厚，祖辈和父辈都是精通文史的饱学之士，外祖父段玉裁是著名的朴学大师。龚自珍自幼勤奋好学，十二岁随外祖父读书，在经文训诂、音韵、典章制度等方面受到严格训练。当时政治腐朽、社会衰败的迹象日益显露，少有大志的龚自珍不为文字考据所囿，在学习中积极阅读经世之书。龚自珍治学兴趣广泛，对经学、史学、诸子学、文字学、地理学等都有研究，主要著作有《六经正名》《五经大义终始论》《春秋决事比答问》等。龚自珍二十八岁参加会试后留京，期间结识今文经学家刘逢禄，随其学习《公羊传》。与此同时，他还结识了宋翔凤，在学术思想上受到宋翔凤的影响。由此，龚自珍被今文经学深深吸引，他把今文经学视为“绝学”，决心要敬承其“微言”。龚自珍崇尚今文，发挥微言大义，既是治学旨趣所在，也有深刻的现实需要。他目睹社会危机的深重，清晰地看到政治的腐败，认为当时的社会已经“日之将夕，悲风骤至”[1]，预感这种现状如果持续下去，“乱亦竟不远矣”[2]。他希望通过改革解决这些问题，提出限制皇权、提高官权，废除八股、放宽用人标准，均贫富等改革措施。

龚自珍怀着强烈的社会责任感，把治学与经世结合起来，力主经世致用，发挥今文经学的“微言大义”，将公羊学改造成变革社会的思想武器。龚自珍以前，庄存与、刘逢禄等今文经学家借经言政，还只是从经书中找出经世致用的方案。龚自珍除了寻求微言议论政事外，还利用今文经学多发新奇议论的特点，根据当时社会的需要加入某些新的因素。[3] 他勇于批评社会弊病，主张打破现状、改例更法，树立起将今文经学与经世致用相统一的新风。梁启超对龚自珍的功绩评价很高，他说：“晚清思想之解放，自珍确与有功焉。光绪间所谓新学家者，大率人人皆经过崇拜龚氏之一时期。”[4] 龚自珍在经世致用思想指导下进行的讥切时政、倡言改革的实践，对晚清思想的解放产生了积极的影响。

龚自珍的好友魏源在借经议政、倡导改良方面与之齐名，二人并称

[1] 龚自珍：《尊隐》，见《龚自珍全集》，中华书局 1959 年版，第 87 页。

[2] 龚自珍：《乙丙之际箸议第九》，见《龚自珍全集》，中华书局 1959 年版，第 7 页。

[3] 参见吴雁南：《清代经学史通论》，云南大学出版社 2001 年版，第 165 页。

[4] 梁启超：《清代学术概论》，东方出版社 1996 年版，第 67 页。

龚魏。魏源于道光六年（1826年）与龚自珍同年参加会试，虽然没有考中，但与龚自珍一起得到刘逢禄的赏识，后来从刘逢禄学公羊学，与龚自珍有同门之谊。

魏源强调经学的经世功能，注重探求经学的“微言大义”，在学术实践中常常援经议政。魏源经历了鸦片战争，不仅看到了国内政治的腐败，而且意识到西方资本主义国家科技的先进，对民族危亡有更深刻的感受，他认为找出应对危局的良策迫在眉睫。魏源尊崇今文经学、注重阐发微言大义的治学路向，与反对西方列强的侵略、改革社会的严峻现实密切相连，这样的出发点使魏源治今文经学时表现出极为实用的特点，在援经议政方面更为肆意，只要能够为现实所用，便极力进行发挥。

魏源提出“以经术为治术”的主张，强调经术与治术的统一。他推崇“通经致用”，提倡治经应阐发经中蕴涵的微言大义，为社会现实服务，达到经世目的。他反对割裂经术与治术，对宋学只知谈心性义理的空疏学风进行猛烈批评：“王道至纤至悉，井牧、路役、兵赋，皆性命之精微流行其间。使其口心性，躬礼义，动言万物一体，而民瘼之不求，吏治之不习，国计边防之不问；一旦与人家国，上不足制国用，外不足靖疆圉，下不足苏民困，举平日胞与民物之空谈，至此无一事可效诸民物，天下亦安用此无用之王道哉?”[1] 对那些只知从烦琐考证、名物训诂角度治经的汉学鄙儒，他也不遗余力地进行贬斥：“鄙儒之博学也，务于物名，详于器械，矜于志训，摘其章句，而不能统其大义，以获先王之心，此无异乎女史诵诗，内竖传令也。使学者劳思虑而不知道，费日月而无成功，故君子必择师焉。”[2] 在竭力提倡“经术为治术”主张的同时，魏源坐言而起行，把“贯经术、故事、文章于一”作为自己经世致用的行动指南。他受江苏布政使贺长龄聘请编辑《皇朝经世文编》，著录近两百年间的两千余篇经世文章，涉及吏政、户政、兵政、刑政、工政等诸多方面的内容，对总结和发扬经世思想发挥了重要作用。魏源还参与陶澍、林则徐等试行南漕海运和票盐等改革。鸦片战争时期，他还投入两江总督裕谦的幕府之中，参加抗英斗争。战争失败后，魏源奋力

[1] 魏源：《默觚下·治篇一》，见《魏源集》，中华书局1976年版，第36页。

[2] 魏源：《武进庄少宗伯遗书序》，见《魏源集》，中华书局1976年版，第237页。

著述，激励国人发愤图强，倡导学习西方，达到“师夷长技以制夷”的目的。他在漕运、盐政、治河等方面都提出了改革主张，并在自己任职时付诸实践。

今文经学的复兴既有学术演进的内在逻辑，也与当时的社会政治状况紧密相连。在积弊深重的嘉道时期，今文经学发挥微言大义，关注时政，具有经世色彩，契合社会矛盾日益尖锐的现实需要。面对国内社会危机的加深和外国势力的入侵，龚自珍和魏源积极关注现实问题，迫切希望从经学中寻找变革社会的有用理论。他们继承常州学派的学术思想，发挥今文经学的微言大义，把治经与议政紧密结合起来，宣扬社会变革，将今文经学推进到一个全新的境界。正如梁启超在《清代学术概论》中称：“今文学之健者，必推龚、魏。龚、魏之时，清政既渐陵夷衰微矣。举国方沉酣太平，而彼辈若不胜其忧危，恒相与指天画地，规天下大计……自珍、源皆好作经济谈，而最注意边事。自珍作《西域置行省议》，至光绪间实行，则今新疆也，又著《蒙古图志》，研究蒙古政俗而附以论议（未刻）。源有《元史》，有《海国图志》。治域外地理者，源实为先驱。故后之治今文学者，喜以经术作政论，则龚、魏之遗风也。”[1]

与之前的庄存与、刘逢禄等今文经学家相比，龚自珍、魏源亲历了千年未有之变局，对当时的社会危机有更强烈的感受，对社会现实的批评更为深刻，改革建议也更为直接。龚自珍的论述涉及君臣关系、边防制度、人才选任、经济调节等内容，魏源的建议包括漕运、河防、盐政、军事等许多具体问题，他们的改革方案对当时迫切需要解决的社会问题基本上都有所回应。在应对社会大变局的实践中，龚、魏等人援经议政，高扬今文经学的政治历史哲学，批判现实，倡导变革，为人们提供了远比古文经学更加适应社会实际的世界观和历史观，开创了近代思想解放运动的先河。

二、晚清经世致用史学的繁盛

今文经学的理论特色在于阐发经典的“微言大义”，通经致用。今文

[1] 梁启超：《清代学术概论》，东方出版社1996年版，第69页。

经学的复兴使经世思想广泛传播开来，在社会上形成关注现实、呼唤变革的热潮。面对鸦片战争带来的千年未有之变局，经世致用的风气高涨，一时成为思想界的主流。龚自珍认为治学不应泥古守旧，而应该古今相通，经、史相通，注意通当世之务，实现有益于时的目的。龚自珍和魏源的学术深深烙下了援经议政、经世致用的时代印痕，他们将今文经学经世致用的价值发展到一个全新的阶段。在龚、魏等人的带动下，许多学者前后响应，相互砥砺，他们以经世自任，不仅倡导经世，而且付诸实践，注重研究现实问题。经世思潮由理论到实践，有了更深厚的根基，日益深入人心，对学术界产生了重要影响。

龚自珍在《对策》一文中称："人臣欲以其言裨于时，必先以其学考诸古。不研乎经，不知经术之为本源也；不讨乎史，不知史事之为鉴也。不通乎当世之务，不知经、史施于今日之孰缓、孰亟、孰可行、孰不可行也。"[1] 既强调了经学与现实的联系，也指出了经与史的联系，把史学放到了与经学相等的地位。龚自珍借助经史，对吏治败坏、文人堕落等社会现象进行批判，他甚至把矛头直接指向专制皇权，说皇帝权力至高无上，专横独断，"一人为刚，万夫为柔，以大便其有力强武"[2]。相比龚自珍，魏源目睹鸦片战争后的外敌入侵，有了更强烈的亲身感受。他发奋研究对策，由过去专注盐政、漕运、水利等内政的改革，扩展到国防、军事以至外交方面。他撰成《海国图志》百卷，介绍世界各国情况，给闭塞已久的中国人以全新的世界概念，对日本思想界也产生了很大的影响。魏源抛弃了华夷之辨的价值观和九州八荒、天朝上国等传统思想，明确提出"师夷长技以制夷"的主张。他还在《筹海篇》中提出"以守为战""以逸待劳"的战略思想，以及"诱其深入""坚壁清野""出奇设伏""水陆夹攻""草木皆兵"等战术原则，为中国的防御战出谋划策。《海国图志》是一部世界史地著作，在特定的时代却蕴涵深刻的思想意义，堪称魏源经世致用的最重要成果，将他经世致用的思想提升至更高的境界。

具体的学术形态总是受到主流学术思想的影响，学术思潮及社会形

[1] 龚自珍：《对策》，见《龚自珍全集》，中华书局1959年版，第114页。
[2] 龚自珍：《古史钩沉论一》，见《龚自珍全集》，中华书局1959年版，第20页。

势的变动引起经史之学的变动。经世思潮的特点在“忧国忧民”，关心民族危机、关注现实问题、关切当下社会。侯外庐认为：“中国思想史有一个优良传统。每到社会发展的一定阶段，随着社会历史的变化和发展，思潮也就有了转向和进步，这个阶段的中国哲人便做出他们自己时代所能做出的总结。”[1] 鸦片战争前后经世致用、爱国主义思潮正是社会历史发生变化后思潮的一种转向。随着经世思潮的高涨，经世致用史学在晚清开始繁盛。

早在清初批判袭空蹈虚、张扬经世致用的学术风气下，求实的史学作为与尚空谈的理学相对立的学科，就受学者的重视。黄宗羲、顾炎武、王夫之等人倡导尊经的同时，注重史地研究，以大量具有经世意义的史地著作实践着史学经世的理论。他们以经世致用为旨归的学术实践，进一步彰显了史学的经世作用，使史学成为“明道救世”“经纬天地”的学术重镇。乾嘉学者继承清初学者的学术旨趣和精神，治学上兼通经史，此时汉学走向鼎盛的同时，史学成就也蔚为可观。在史学观念上，“六经皆史”成为当时最富理论价值和社会意义的论题之一，史学被放在一个与经学同等重要的地位。尤其是章学诚对“六经皆史”这一命题的系统阐释，进一步破除了经学的神秘色彩，经学开始史学化，不断被当作历史的资料来使用。“由于重考实、轻诠释，乾嘉时期的史学常常论史而蔽于理，在历史哲学上建树不大”[2]。而清后期复兴的今文经学则与之相对，极力张扬的正是公羊学的政治历史哲学，其历史变易思想和朴素进化观对史学的影响主要表现在历史哲学上。与汉学相比，今文经学探索历史发展规律、阐发历史哲学的特点更为突出，对形成新的历史观有促进作用。另外，今文经学复兴之时有兼容并蓄的特点，龚自珍、魏源在时代巨变面前，采取以经世为目的的治学策略，对经世有用的学问兼而采之。在经学经世能力捉襟见肘的情况下，学界重史的倾向日益明显，史学的地位得以提升。

龚、魏等人在批评汉学的同时，十分重视史学，重史的目的是借史

[1] 侯外庐：《论明清之际的社会关系与启蒙思潮的特点》，见《侯外庐史学论文选集》（下），人民出版社 1998 年版，第 65 页。

[2] 参见王记录著：《中国史学思想通史·清代卷》，黄山书社 2002 年版，第 15 页。

学的经世作用来应对社会危机。白寿彝说："龚自珍和魏源，作为史学家，首先表示了对民族危机的迫切的时代感。"[1] 龚自珍对史学的重视达到空前的程度，并以实际行动开创了史学经世的新学风。他在多篇文章中谈及史学之重要，说："灭人之国，必先去其史；隳人之枋，败人之纲纪，必先去其史；绝人之材，湮塞人之教，必先去其史；夷人之祖宗，必先去其史。"[2] 在他看来，历史记载是关乎国家生死存亡的大事，"史"存在，国家文化、民族精神就存在，"史"不存，便会有亡国灭种的危险。路新生评价道："龚自珍在《江子屏所作书序》中提出了'圣人之道，有知来藏往以为之神'。'知来藏往'之学即是史学。它被定庵冠为'圣人之道'的'神'，可见定庵对史学的重视。我们看定庵的《古史钩沉论》《尊史》等文论，他已将史学提升到了无以复加的崇高地位。定庵自己则以史氏自许自律，并因欲治'天地东西南北之学'，也就是因欲治史学而将早年的'写定群经'的夙愿予以舍弃。这种由经学向史学的转移在时代将变未变、大厦即倾未倾之际，具有某种重要的表征意义。"[3]

龚自珍的"重史"既与清代以来史学地位的上升一脉相承，又与当时的经世思潮紧密相连。他继承章学诚"史以载道"的说法，提出"史以明道"的观点，强调史学的社会价值。同时，龚自珍治"天地东西南北之学"，把社会现实政治问题作为重点。由此，他把重史与应对社会现实结合起来，由历史到现实，实践着史学的致用功能。龚自珍这种由"经以明道"向"史以明道"，从"通经致用"到"通史致用"的转向，绝非个人主体选择所能实现的过程，其后蕴藏的经学内部变动、学术形态变动以及社会形势变动的深刻历史背景才真正是"具有某种重要的表征意义"的因素。

魏源的重史也是如此。魏源是一位以"国家兴亡、匹夫有责"为担当的学者，他的《圣武记》《海国图志》《元史新编》等史学著作充满了爱国主义色彩，不可否认，这种爱国主义史学与日益深重的民族危机相

[1] 白寿彝：《中国史学史》第一卷，上海人民出版社 2006 年版，第 58 页。

[2] 龚自珍：《古史钩沉论二》，见《龚自珍全集》，中华书局 1959 年版，第 22 页。

[3] 路新生：《经学的蜕变与史学的"转轨"》，上海古籍出版社 2006 年版，第 125 页。

连，也与经世思潮对学术的影响有关。其实，不只是今文经学家重视史学的价值，此时其他学派也特别强调史学的地位。以复兴理学为己任的曾国藩不仅有重视《史记》《汉书》的立场，甚至有“几乎舍经而言史”的治学取向。这说明重视史学已成为一种普遍的取向，这种取向并不因经学派别的不同而改变。

经世思潮影响下，以经世为旨归的史学地位的变动，恰恰反映出经学经世的功能愈来愈不足，需要借助史学的作用了。这也反映出，真正对史学地位的上升起作用的还是社会的变动和经世思潮的高涨。值得注意的是，在经世思潮高涨的情况下，地位得到加强的并非整个史学，只是史学的一部分，形成了所谓的经世史学。“当时，有识之士提倡公羊变易观，以谋变法；研究当代史，以谋振兴；研究边疆史，以谋筹边；研究域外史，以谋御侮。各种历史研究，无不以有裨现实为旨归”[1]。经世史学在这样的背景下异常活跃，使当时的史学呈现出一些新的风貌：

一是当代历史受到重视。当代历史是现实社会的一部分，与现实问题密不可分。社会危机的加深以及经世思潮的高涨，使一些有识之士开始关注现实问题，学术重心有所转移，由醉心古代到谈论当代。魏源在鸦片战争后发奋完成《圣武记》，正是源于对民族危机的深深忧虑。《圣武记》是探索清朝盛衰的第一部史书，重点记述军事政治历史，并依据历史事实阐述清朝统治盛衰的变化，旨在通过总结历史经验为当时的反抗侵略斗争提供鉴戒。魏源认为“国家极盛于乾隆之六十年”，道出了清朝由盛转衰的转折点，同时揭露统治衰落的内在因素，记载嘉道时期社会矛盾激化以及官军腐败的事实，反映出魏源相当深刻的历史洞察力。这种考察历史盛衰变化的历史观与他推宗今文经学不无关系。他所撰著的《海国图志》《元史新编》《道光洋艘征抚记》等，“皆‘近现代史’，实为激愤时艰，欲借史学挽清廷于颓败既倾而作”[2]。道光年间影响最大的历史事件莫过于鸦片战争，魏源有所见、有所感，在鸦片战争结束后撰成《道光洋艘征抚记》，记述鸦片战争的全过程，呈现了一段“活的历史”，并在书中议论战争得失、褒贬人物，并对统治集团奉行的投降路

[1] 王记录：《中国史学思想通史·清代卷》，黄山书社2002年版，第418页。

[2] 路新生：《经学的蜕变与史学的“转轨”》，上海古籍出版社2006年版，第126页。

线进行批判，表现出巨大的著史勇气和鲜明的爱国思想。

当时对鸦片战争历史的研究成为热点，代表性的著作还有梁廷枏的《夷氛闻记》、夏燮的《中西纪事》等。这些著作大都是根据作者亲身经历或所见所闻写成，内容相对真实可信。他们记述鸦片战争的历史事实，探讨战争的起因和失败的原因，为抵御外侮献计献策，有着强烈的致用色彩。《夷氛闻记》对鸦片战争原因的分析，显示出作者的深思卓见。梁廷枏开篇即强调："英夷狡焉思逞志于内地久矣。"指出英国对中国的侵略是蓄谋已久的，鸦片战争的发生有深刻的历史必然性。书中揭示了英国长期进行鸦片走私贸易的事实，对其因禁烟发动战争的借口给予还击；生动记载和歌颂了中国人民抗击外来侵略的斗争，对那些投降派给予严厉鞭笞。《中西纪事》记载两次鸦片战争的史实，夏燮在书中对鸦片战争爆发的原因发表了自己的看法，他说："今载考前后，乃知衅端之原于互市，而非起于鸦片也。夫互市者，实中西交争之利，而关胥牙侩必欲专之。外洋因利而得害，乃思以害贻中国，而阴收其利。"[1] 夏燮认为英国为了打开中国市场而发动鸦片战争，看到了资本主义国家"争利"的本性，这种认识比较深刻地揭示出了战争的实质。另外，夏燮对陈化成等爱国将领大加赞扬，对屈服于侵略者诬陷姚莹等人的投降派严厉谴责，通过歌颂爱国军民的反抗斗争，鞭挞侵略者的凶残和投降派的软弱无能，高扬爱国主义旗帜。后来的王韬也研究当代历史，目的是从中寻求应对现实社会弊病的良策。王韬曾深受西方文化的影响，具有维新思想，在从事中西文化交流工作时，认为研究历史要"以通今为先"，以当代史为主，经世致用是史学研究的目的，这种观点正是经世思潮推动当代史研究的突出体现。

二是外国史地研究活跃。虽然清代之前的史学也有《明史·外国传》类似的篇章，不过介绍都很浅显。晚清外国史地研究的高涨与外国的侵略紧密联系，呈现出前所未有的新特点。面对民族危机，中国人有空前急切的了解外国的需求，"开眼看世界"的新风勃然而兴，学界出现研究外国史地的热潮。为了寻求"制夷"之策，作为朝廷重臣的林则徐积极

[1] 夏燮：《中西纪事》，岳麓书社1988年版，第53页。

了解外国情况，组织翻译西方论著，编订《四洲志》等书籍。魏源在《四洲志》基础上，撰著了《海国图志》这部内容宏富的世界史地著作。梁启超说："源有《元史》，有《海国图志》。治域外地理者，源实为先驱。"[1] 魏源在《海国图志》中不仅介绍世界各国的情况，阐述自己对政治、经济、海防的见解，而且初步触及了研究世界史地的理论方法。《海国图志》揭开了研究世界史地的崭新篇章，"是第一部具有世界史观念的历史学著作"[2]。徐继畬的《瀛环志略》是与魏源的《海国图志》同时期撰著的介绍外国历史地理知识的著作。该书不仅记述了欧美诸国的地理形势、版图人口、政治宗教、经济财政等，而且记述了亚洲南洋和印度半岛等国的情况，并论述了西方殖民者东来以后亚洲的局势，展示了一幅比较完整的世界图像。这两部世界史著，有着"创榛辟莽，前驱先路"的巨大功绩，长期被赞誉为"国人谈海外知识之嚆矢"[3]。梁廷枏的《海国四说》重点介绍美国和英国的历史。其中的《合省国说》主要记叙从美洲新大陆发现至1844年中美签订《望厦条约》间美国的历史，内容涉及地理、文化、宗教、物产、商业和政治制度等，为中国史学界最早编写的一部美国通史。另一篇《兰崙偶说》类似于杂说性质，范围包括不列颠岛屿的政治沿革、统治世系、古代诸部族兴起衰亡等，对近代英国的外交、贸易、工业科技以及海外殖民等也有介绍和揭露。《海国四说》还详细论述了西方的政治制度，肯定英美等国的民主制度具有巨大的进步性。

在中外交流日益广泛的世界背景下，一大批记载更为翔实、论述更为深入的域外史地著作不断涌现，对中国产生了重大影响。随着对西方资本主义国家的了解和认识不断深化，中国人的世界观和历史观都发生了明显的变化，历史进化观念更为强烈，在学术上有了更开阔的眼界。徐继畬青年时期埋头举业，后长期在福建、广东沿海地区做官，由于时务需要，广泛搜集西学著作，致力于外国史地研究。梁廷枏早年喜诗词

---

[1] 梁启超：《清代学术概论》，东方出版社1996年版，第69页。

[2] 吴怀祺：《题记》，见《中国史学思想通史·近代前卷》，黄山书社2002年版，第5页。

[3] 陈其泰：《中国史学史》第六卷，上海人民出版社2006年版，第100页。

骈文，在广州任职期间，对西学多有接触，开始从事外国史地研究。沉重的现实危机推动着外国史地研究，外国史地研究的开展又刺激着国人观念的变迁。震惊于西方列强的先进与强大，传承千年的“华夷之辨”的优越感荡然无存，天朝上国的迷梦被唤醒，真正的中西比较成为可能。外国史地研究的活跃，体现出晚清史学风气的转变，国内学术不仅由乾嘉时期的崇尚考据史学转变为关注社会现实的经世史学，而且开拓了新的学术领域，尤其是西方学术思想随之引入，使国内学术出现更多新的增长点。

三是边疆史地研究兴盛。鸦片战争前后，边疆危机日益加深，沙俄以及欧美诸国列强不断侵扰和挑衅，西北边疆、西南边陲、东南沿海都面临着严重的边患。龚自珍很早就注意到边疆危机，欲治“天地东西南北之学”来探寻解决边疆问题之策。“注重边疆史地研究和历史地理研究，是龚自珍经世史学思想的具体体现”[1]，他著有《蒙古图志》《西域置行省议》等，提出许多巩固西北边防的建议。魏源在边疆史地方面重在元史的研究，著成《元史新编》，考察西北历史地理。另外在边疆史地研究方面成果突出的还有姚莹、张穆、何秋涛等人。姚莹著有《康輶纪行》，考察西藏和四川等地的风土民情、历史沿革和地理物产等，通过对西南地区历史及地理概况的了解，获得了一些“闻所未闻”的知识。该书还记载了不少关于英、法、俄、印度等国的历史地理知识，绘制了世界和中国西南边疆地图等，并揭露英、俄等国的侵略野心。《康輶纪行》字里行间饱含着炽烈的爱国主义热情，是姚莹经世致用思想的体现。张穆的《蒙古游牧记》也表现出经世致用的主题，作为一部蒙古史志名著，它开创了对内外蒙古广大地区历史地理的研究。张穆希望尽可能明晰地提供当时蒙古各部社会状况的可靠资料，为了解边疆现状和制定边疆民族政策提供参考。何秋涛曾花费多年时间为张穆整理补充《蒙古游牧记》，在边疆史地研究方面与张穆齐名。他的学术精粹集中于《朔方备乘》，该著记述自汉唐至清道光时期内蒙古、新疆和东北地区的历史、地理及中俄关系，探讨中外交涉，总结御侮之道。何秋涛之所以著《朔方

[1] 王记录：《中国史学思想通史·清代卷》，黄山书社2002年版，第481页。

备乘》，是因为中俄边境线长，双方相关交涉的历史也很长，然而当时却没有一部可供参考的专门著作，他撰写这部书作为参证备用，经世致用的愿望是很强烈的。

综观这一时期的边疆史地研究，可以发现，经世致用是共同的主题。从学术流派上来说，边疆史地研究者不尽一致，如龚自珍、魏源力倡今文经学，姚莹、夏燮等人尊崇程朱理学，而张穆、何秋涛等则精于考据学，但大都以经世致用为旨归。“事实上，无论是今文经学、程朱理学，还是乾嘉考据学，在他们那里只不过是经世致用的工具”[1]。他们在治学方法上有很多共同点，不仅将古籍记载和实地考察相结合，而且大多将治经学的方法运用到边疆史地研究之中，体现了史学研究与经学的联系。边疆史地学者中，很多承受的是汉学考据传统，如张穆、何秋涛、俞正燮等人。他们发扬乾嘉汉学严密考证的精神，将精细的考证功夫用在必考之地，使考据学在边疆史地研究中大放异彩，取得了丰硕成果。而走今文经学路子的龚自珍也受过汉学考据的训练，在边疆史地研究中表现出一种严谨求实的学风。姚莹与龚自珍、魏源过从甚密，之间相互交流思想，均以经世致用为学术理想。姚莹反对“浮、率”等文风，撰著《康辖纪行》时曾参考魏源的《海国图志》。这些都说明，在经世致用的主题下，投身边疆史地研究的学者吸收各派治学方法的长处，表现出学术兼采的特点。

可见，晚清史学呈现出的新风貌与经世思潮的高涨和学术风气的转变密不可分。社会形势的转变是今文经学复兴的深层致因，今文经学复兴引起的经学的变动又深深影响着史学。史学地位的上升使晚清学术格局发生改变，以致“今文经学和史学成了近代学人的主要治学取向”[2]。今文经学复兴带来的经世思潮的高涨影响到史学观念的变化，史学的变动与其经世价值的彰显，带来的是经世史学的繁荣。

[1] 章永俊：《清代边疆史地学者对传统学术的认识——以龚自珍、魏源、姚莹为个案》，《中州学刊》2003年第2期。

[2] 路新生：《经学的蜕变与史学的“转轨”》，上海古籍出版社2006年版，第166页。

第二节　今古文经学的转向与近代新史学的出现

面对"天崩地裂式的大变局"，传统时代的士大夫们依然习惯从经学中寻找应对的良策。经学"这种经由童年的阅读、成年后的考试在心中建构起来的一套知识"，"承担着使新的知识、思想与信仰得到理解，并获得合法合理性的责任"。在迎接陌生的新情况时，人们自觉不自觉采取的行动便是"通过这些熟悉的旧知识，来想象和重构那些不熟悉的新知识"，并"经由这样一些传统资源的诠释，来平息遭遇新知识新思想时的心灵震撼"。[1] 从这个意义上来说，经学在前近代一直扮演着重建道统与政统的使命。随着汉学的衰落，今文经的学术地位日益提高，演化成"清代乾嘉学者严辨汉宋，道咸以后的学者严辨今古"[2] 的局面。道咸以后，现实危机日益紧迫。太平天国运动时期，伴随曾国藩等湖湘学派的崛起，理学一度复兴。在晚清动荡不安的形势下，曾国藩以"诚意修身齐家治国平天下"为号召，积极倡导学以致用、经邦济世，强调为学须"实践""用世"，注重"事功"，对洋务运动起到了推动作用。甲午战争的失败使洋务运动广受质疑，"中体西用"的思想频遭诟病，崇尚人心道德、维护传统制度的理学也走向了穷途末路。维新变法运动中，康有为立足今文经学，援引西方先进思想，倡导变法改制，建立维新思想体系的同时，也开创了今文经学的兴盛局面。

一、今文经学的兴盛与今古文之争

甲午战争失败后，外国列强对中国的侵略不断扩大，中国的民族危机日甚一日。有识之士从日本通过"明治维新"走向强盛获得启示：日本强盛起来是因为它不仅引进西方的科学技术，而且学习西方制度，建立起君主立宪政体，走上资本主义发展道路。中国要想摆脱危机，走出

---

[1] 葛兆光：《中国思想史》第二卷，复旦大学出版社 2000 年版，第 610 页。

[2] 陈鹏鸣：《中国史学思想通史·近代前卷》，黄山书社 2002 年版，第 88 页。

困境，也应该进行变法维新。康有为、梁启超等人继承早期维新派的改良思想，通过办报纸、立学会、创办新式学堂，宣传西方资产阶级的政治学说，鼓吹君主立宪，提倡民权，批判封建专制，发起维新变法运动，掀起中国近代第一次思想解放的潮流。

康有为自幼接受严格的传统教育，熟读经书，深受儒家思想的熏陶。1876年，康有为师从岭南大儒朱次琦研习经学。朱次琦为学不分汉宋，主张经世致用，康有为受其影响，秉承汉宋兼采的宗旨，早年习理学、陆王心学，同时治汉学，好《周礼》《说文》，大量阅读古文经书，曾撰写《何氏纠谬》批评何休。不过，经过几年探求，康有为逐渐发现理学十分空疏，心学流于空想，汉学琐碎无用，进而对传统学术思想产生怀疑。康有为到香港、上海等地游历，开始接触和了解西学，思想上受到很大的冲击。其后又浏览介绍外国情况的书籍，对西方社会政治学说和自然科学知识的了解逐渐加深，视野大大开阔。1888年康有为参加顺天府乡试时正值中法战争失败不久，他有感于时局，写下一封五千字左右的上皇帝书，分析了变法图强的必要性和紧迫性，提出“变成法，通下情，慎左右”的主张来挽救民族危机。为了将变革实践推向前进，康有为开始着意研究经世之学，为变法寻求理论依据。康有为曾参阅今文经学，对今古文有了更深的认识，决心创立一种不拘泥于常规的新理论以推动变法。1890年春，康有为向尊今抑古的廖平问学，受到了很大启发，开始“发古文经之伪，明今学之正”[1]。为了将变革实践推向前进，康有为一边讲学，一边创立变法理论，《新学伪经考》和《孔子改制考》这两部著作就在此时完成。《新学伪经考》是促进思想解放的第一部变法理论著作，它把汉代以来历代统治者奉为经典的古文经书《毛诗》《周礼》《左传》等，统统宣布为刘歆为帮助王莽篡夺汉朝政权、建立新朝而编造的“伪经”，从根本上否定了古文经学的理论基础。梁启超认为：“此说一出，而所生影响有二：第一，清学正统派之立脚点，根本摇动。第二，一切古书，皆须从新检查估价。此实思想界之一大飓风也。”[2]《孔子改制

[1] 康有为撰，楼宇烈整理：《康南海自编年谱（外二种）》，中华书局1992年版，第16页。

[2] 梁启超：《清代学术概论》，东方出版社1996年版，第70页。

考》把孔子从“述而不作”的先师改造成了托古改制的素王，并从正面阐发孔子的“微言大义”，称孔子乃是变法的祖师爷，惊世骇俗的新颖议论在知识界引起了更强烈的震动。这两部著作批判旧观点，宣扬孔子改制说为变法张目，有力地冲击了顽固守旧思想，奠定了变法维新的理论基础。康有为依据今文经学阐发维新思想，创立一套适应时代需要的变法理论，今文经学成为康有为变法理论体系的重要思想源泉。

一般认为，康有为的学术思想受到廖平今文经学说的直接影响，梁启超称：“有为早年，酷好《周礼》，尝贯穴之著《政学通议》，后见廖平所著书，乃尽弃其旧说。”[1] 其实，康有为见到廖平之前，已经有了从古文经学向今文经学转变的内在学术思想的准备，受到廖平影响之后则加快了经学立场转变的速度。[2] 廖平是当时著名的经学家，字季平，四川井研人。廖平早年受到任职四川的张之洞的知遇和提拔，与张有师生之谊。受其影响，廖平一度研求宋学。后来，四川总督丁宝桢聘王闿运到四川主持尊经书院。王闿运钦服龚自珍、魏源，学术上崇尚今文经学，主张通经致用，在尊经书院讲授《春秋公羊学》，传授今文经说。受其影响，廖平转治今文经学，主张明经书大义，反对弃根本而求枝叶的繁琐考据，认为文字训诂是通经明义的工具。

廖平一生致力于学术研究，尽瘁经学，著述百余种。他治学独辟蹊径，敢于“离经叛道”，不断“标新立异”，否定前见，经学思想多变。初期专门分析经学中的今文与古文，著有《今古学考》，平分今古，认为《周礼》是古文经学的根本，《王制》是今文经学的根本，今文学和古文学均可“同治中国”。既不排斥今文，也不排斥古文。后来，由于对古文经学的创始人刘歆不满，开始尊今抑古，代表作有《辟刘篇》和《知圣篇》。廖平认为孔子为“素王”，受命创法改制，今文经是孔子的真学，他说：“孔子受命改制，为生知，为素王，此经学微言，传授大义。帝王见诸事实，孔子徒托空言，六艺即其典章制度，与今六部则例相同。素王一义，为六经之根株纲领。”[3] 廖平尊今抑古和孔子改制的学说被康

[1] 梁启超：《清代学术概论》，东方出版社 1996 年版，第 69 页。

[2] 马洪林：《康有为评传》，南京大学出版社 2011 年版，第 129 页。

[3] 廖平：《知圣篇》，见《廖平学术论著选集》(一)，巴蜀书社 1989 年版，第 175 页。

有为在《新学伪经考》和《孔子改制考》中大力发扬。

当时与廖平同时代并参与维新运动的今文经学家还有皮锡瑞。皮锡瑞，字鹿门，湖南善化人。他1873年举拔贡，后多次应乡试和礼部试皆未中，潜心于学术研究。皮锡瑞崇尚今文经学家伏生，遍涉群经，曾在湖南龙潭书院、江西经训书院任教职。皮锡瑞著有《经学历史》《经学通论》《今文尚书考证》《古文尚书冤词平议》等，其中《经学历史》是一部较早从史学的角度对经学的发展演变进行总结和研究的著作。皮锡瑞治经虽尊今文经学，但能够贯通汉、宋，融合中、西。他没有遵循常州学派治《公羊》的路数，而是善于整理旧说，路径清晰，在同辈今文经学家中持论较为公允。皮锡瑞尊孔子而抑周公，虽然认为经书由孔子所定，孔子以前没有经书，同时也主张"学派不齐者，当知汉宋之学，皆出孔门，不可分别门户，同室操戈。即西学非吾人所知，亦足以补中学之所未逮。但有一得，并宜兼收"[1]。皮锡瑞治学上兼收并蓄，其经学论著的学术价值很受重视。

在救亡图存的呼声中，今文经学家大多与维新变法联系紧密。廖平提出古文经的作伪问题，皮锡瑞对清代经学研究进行总结，这些都对康有为与梁启超的改革运动有所助益。康有为按照变法的需要解释经典，发挥今文经学的微言大义，吸收西方的进化论学说，大力宣扬维新思想，不断推动维新变法运动的发展。维新运动时期，今文经学迎来一个新的局面。当时名家辈出，大师云集，除康有为之外，王闿运、廖平、皮锡瑞、崔适等都是今文经学的推崇者。而且，梁启超早年在学海堂接受正统的汉学训练，后来转投康有为门下，成为康门弟子，夏曾佑受同乡龚自珍、邵懿辰的影响，好谈今文经学，且服膺康有为的学说，与梁启超为终生挚友，他们也都算今文家派的成员。在今文派中，王闿运影响了廖平，廖平影响了康有为，康有为又影响了崔适、梁启超等人，形成清末今文经学发展的热烈互动效应。时势的变化和学术思想的转换把今文经学推向了时代的前台，在今文经学家的共同推动下，今文经学兴盛起来。

需要注意的是，今文经学的兴盛局面是在批判古文经学的过程中逐

[1] 皮名振：《皮鹿门年谱》，商务印书馆1939年版，第62页。

步形成的。廖平张扬今文家法，强化今、古文之辨，对晚清今文经学的演变有重要影响。廖平著成《今古学考》《辟刘篇》《知圣篇》等书，“将三千年来之孔子，乃数千年来之经学，与经学所产生之思想言论，根本改造，发前人所未发”。侯堮评价廖平说：“先生在中国经学史上，既具有相当地位，而在晚清思想史上，亦握有严重转捩之革命力量。由先生而康南海，而梁新会，而崔觯甫，迄至今日如疑古钱玄同、马幼渔、顾颉刚诸先生，均能倡言古文学之作伪，更扩大而为辨伪之新运动。近日《辨伪丛刊》照耀人目，凡中国向来今文学家未能做完之余沥，一跃而为新史界所喷喷鼓吹之新问题。前喁后于，当者披靡。回忆四十年来之中国思想界，类似霹雳一声者为康南海之《孔子改制考》《新学伪经考》等等，而廖先生则此霹雳前之特异的电子。”[1] 廖平对传统经学进行改造，使之更符合时代发展的潮流，是廖平在近代思想史上的重大贡献。侯堮把廖平在近代经学史中的地位比喻为霹雳前的“特异的电子”，既形象又恰当。

廖平的“抑古”之论，不仅是近代思想史上怀疑思潮的第一步，也是关键性的一步。康有为受廖平思想的启发，撰成《新学伪经考》和《孔子改制考》，对古文经学发动了总攻击。康有为在此书中极力辨明：汉朝刘歆所争请立于学官的几种古文经书，即《周礼》《逸礼》《毛诗》《左氏春秋》等书，都是伪造的。他指出刘歆伪造古文经书的目的，系为替王莽夺取政权制造理论根据。他认为清朝的古文经学家不辨真伪，高谈汉学，实际上不配称为“汉代之学”，只能称为“新代之学”。康有为“六经皆伪”的论断是对古文经学的致命打击，也是对厚今薄古、怀疑经典思想的奋力张扬。《新学伪经考》将古文经书说成全是刘歆作伪，这种对古文经学一网打尽的做法是对常州今文派疑古传统的发扬。在常州今文一派中刘逢禄疑《左传》，龚自珍疑中古文，魏源疑《诗》，邵懿辰疑《逸礼》，这些对古文经学的怀疑，都还只是就古文经学某一部典籍的怀疑，而康有为则对古文经学施行一网打尽的全面攻击。[2] 梁启超把康有为这部书的作用比喻为“大飓风”，可见它引起的反响。顾颉刚也对此给

[1] 侯堮：《廖季平先生评传》，天津《大公报·文学副刊》1932 年 8 月 1 日。

[2] 路新生：《中国近三百年疑古思潮研究》，上海人民出版社 2001 年版，第 482 页。

予了高度评价，他说："经今文学运动至康有为出，遂呈一极大的进步。他不仅疑及伪经，且疑及在古代经籍上所表现的史实，其托古改制一说实为千古不易的定论。"[1]

康有为的学说直接影响到当时一些人的治学路向，使他们从古文经学的营垒中转到今文经学的领域来。陈千秋、梁启超原在著名汉学家阮元创办的学海堂读书，"夙治考证学"，进行词章训诂的训练。后来被康有为的学说吸引，"尽弃其学"，离开学海堂，投到康有为门下，"《伪经考》之著，二人者多所参与"[2]。梁启超在湖南时务学堂讲学时，秉承康有为改制学说，发挥尊今抑古的思想。他撰《輶轩今语》等作，宣扬经学当推求微言大义、先通《春秋公羊传》等思想。同时又写《读〈春秋〉界说》，说"《春秋》为孔子改定制度以教万世之书"[3]，"《春秋》既为改制之书，故必托王以行天子之事"[4]。还撰有《读西学书法》，宣扬"当知孔子之为教主""当知六经皆孔子改定制度、以治百世之书""当知东汉古文经皆刘歆伪造""当知训诂名物为二千年经学之大蠹，其原皆出于刘歆"等学说。[5] 梁启超扬新弃旧、维新变法等诸多主张的提出都是通过尊今文抑古文来实现的。

廖平、康有为对古文经书的否定，古文学派自然难以接受，从"伪经论"出世起，古文经学家就开始了对今文学派的反驳。治古文经学的守旧派自不必说。王先谦是晚清的守旧派，同时也是湖湘地区重要的经学家，其治学，以古文经学为宗旨，受道光以后湖湘汉学之风和督学江南时江浙考据学派的影响，表现出明显的汉学倾向。王先谦对康梁援今文学倡变法改制极为反感，他斥责梁启超"专以无父无君之邪说教人"，并纠合一批恶棍，煽动岳麓书院一部分人，攻击时务学堂，侮辱梁启超，迫使他无法在时务学堂任教，最后不得不辞职离开长沙。王先谦的门徒叶德辉"讲古文经学，推崇《周礼》《左传》，反对《公羊》《穀梁》"[6]。

---

[1] 顾颉刚：《当代中国史学》，上海古籍出版社2006年版，第40页。

[2] 梁启超：《清代学术概论》，东方出版社1996年版，第70页。

[3] 葛懋春、蒋俊：《梁启超哲学思想论文选》，北京大学出版社1984年版，第19页。

[4] 葛懋春、蒋俊：《梁启超哲学思想论文选》，北京大学出版社1984年版，第27页。

[5] 夏晓虹：《梁启超文选》（下集），中国广播电视出版社1992年版，第373页。

[6] 刘大年：《评近代经学》，见《明清论丛》（第一辑），紫禁城出版社1999年版，第19页。

对于维新派利用今文经学宣传变法思想，他针锋相对地撰著《輶轩今语评》《长兴学记驳义》《非幼学通议》等，对康、梁等人的相关著述逐条批驳，又撰《读〈西学书法〉书后》《正界篇》等，对康、梁民权平等之说大肆攻击。叶德辉认为："微言大义，后世义理之学之所本也；名物训诂，后世考据之学之所本也，二者不可偏废。盖不通名物训诂，无由得其微言大义。"另外，"外患日迫，凡空谈学术、经济者，同归于无用，未见微言大义之致用，即能胜于考据训诂。特微言大义可以比傅近事，故藉此以行其私，此则西汉诸儒闻而痛哭流涕者矣"[1]。叶德辉认为康、梁大肆宣扬今文学说危害极大，他说："康有为乱民也，梁启超诐士也，考据训诂之不明，乃以训诂当破碎之考据，以微言大义统之口说，不知口说，只有微言，斯皆逞一己之私心，侮圣人之制作，其为学术人心之害，何可胜言。"[2] 在其看来，康有为等人激扬的今文经学，并没有真正理解圣人的要旨，发挥微言大义只是为了比附当时的时势，其真实目的是获取私利。戊戌政变后，王先谦的学生苏舆把王、叶等人批驳维新派的文字编成《翼教丛编》，同时收入张之洞、朱一新等人反对变法的奏牍和论说等，指责康有为等维新派"伪六籍，灭圣经也；托改制，乱成宪也；倡平等，堕纲常也；伸民权，无君上也；孔子纪年，欲人不知有本朝也"[3]。王先谦极为推崇这部书，认为它能够昌明学术大义，与康有为等人攘臂而争。

张之洞一贯主张古文经学，充分肯定训诂考证在治经中的作用，强调无论是汉学还是宋学，通训诂之理是读书治学的前提。张之洞撰著《劝学篇》，维护纲常名教，主张"旧学为体，新学为用"，反对维新派的民权之说。《劝学篇》反对今文经学，对康、梁等人倡导的改制变法之说极力批判，"凡讲到与经学有关的地方，都站在古文学的立场上批评今文学"[4]。张之洞督鄂时有弟子记述他的行状，称其"平生学术最恶公羊之学，每与学人言，必力诋之，四十年前已然，谓为乱臣贼子之资。至

[1] 叶德辉：《輶轩今语评》，见《翼教丛编》，上海书店出版社 2002 年版，第 71—72 页。

[2] 叶德辉：《长兴学记驳义》，见《翼教丛编》，上海书店出版社 2002 年版，第 97 页。

[3] 苏舆：《翼教丛编》序，上海书店出版社 2002 年版。

[4] 刘大年：《评近代经学》，见《明清论丛》（第一辑），紫禁城出版社 1999 年版，第 19 页。

光绪中年，果有奸人演公羊之说以煽乱，至今为梗”[1]。张之洞所指正是康有为等人。

古文经学家常常与保守派相联系，“虽然古文经学作为一种反对改良主义的象征，似乎更适合于革命派，但大多数古文经学家却是顽固的保守主义者，他们对正统的古文经典的忠诚也就是对现状的肯定。但章炳麟的思想则具有特殊的复杂性”。“他不是从他革命的政治观点中引申出他保守的经学观点，相反，似乎是从他对保存国粹的关切中引申出了革命的结论。正是在这个问题上，他与他的许多传统主义者朋友分道扬镳了”。[2] 由此，治古文经学的章太炎成为在革新派立场上对今文学派进行批评的代表人物。章太炎最为尊信刘歆，自称“刘子骏之绍述者”。他认为：“刘向父子总结《七略》，入者出之，出者入之，穷其原始，极其短长，此即与正考父、孔子何异？辨次众本，定异书，理讹乱，至于杀青可写，复与子夏同流。故校雠之业广矣，其后官府皆有图书，亦时编次。”[3] 章太炎高度评价刘向、刘歆父子，他们整理古籍，辨次众本，对经学有重要贡献，堪与孔子比肩。刘歆是古文经学家，章太炎尊信刘歆，在经学的立场推崇古文经学，曾自述道：“余治经专尚古文，非独不主齐、鲁，虽景伯、康成亦不能阿好也。先师俞君，曩日谈论之暇，颇右《公羊》，余以为经即古文，孔子即史家宗主。汉世齐学，杂以燕、齐方士怪迂之谈，乃阴阳家之变；鲁学犹近儒流，而成事不符已甚。”[4] 章太炎尚古文、以孔子为史家，与尊今文、以孔子为素王的康有为属于不同的学术阵营。章太炎曾记载：“南海康祖诒长素著《新学伪经考》，言今世所谓汉学，皆亡新王莽之遗。古文经传，悉是伪造。其说本刘逢禄、宋翔凤诸家，然尤恣肆。又以太史多据古文，亦谓刘歆之所羼入。时人以其言奇谲，多称道之。祖诒尝过杭州，以书示俞先生，先生笑谓余曰：‘尔自言私淑刘子骏，是子专与刘氏为敌，正如冰炭矣。’祖诒后

[1] 罗惇曧：《宾退随笔》，《庸言》1912年第2期，第4页。

[2] （美）约瑟夫·列文森：《儒教中国及其现代命运》，广西师范大学出版社2009年版，第72页。

[3] 姚奠中、董国炎：《章太炎学术年谱》，山西古籍出版社1996年版，第166页。

[4] 姚奠中、董国炎：《章太炎学术年谱》，山西古籍出版社1996年版，第44页。

更名有为，以公车上书得名。又与同志集强学会，募人赞助，余亦赠币焉。至是，有为弟子新会梁启超卓如与穗卿集资就上海作《时（务）报》，招余撰述，余应其请，始去诂经精舍，俞先生颇不怿。然古今文经说，余始终不能与彼合也。"[1]

这段话反映出他与康有为等人在学派上存在着尖锐的对立。然而维新变法时期，宣扬新思想是主流，章太炎出于对维新变法思想的认可，依然追随康梁投身维新运动。章太炎是《时务报》的重要撰稿者，也参与该报的编辑工作，1895 年就加入了上海强学会。虽然这段时期章太炎与康有为曾在政治立场上较为一致，但他认同康梁的维新思想并不说明认同他们的治经宗旨。政治运动没有弥合他们学术观点上的分歧，反而使二人的对立更加尖锐。在《时务报》期间，章太炎与康梁一系的矛盾已现端倪，时常因为经今古文及孔教等问题发生争辩。康有为全盘否定古文经学，"专与刘歆为敌"，章太炎无法容忍，二人在学术上形同冰炭，只是由于今文学派人多势众，章太炎颇感"吾道益孤"[2]，后来便辞离《时务报》。

维新变法失败后不久，章太炎转为主张革命排满，他曾对康梁等人进行劝说，然而康有为固守立宪旧说，做起了保皇派的首领，章太炎与康有为在政治理想上彻底分途。"随着政治观念的转变，章太炎的经学思想也发生转变，开始由古今畛域难分到专宗古文，从此开始对今文经学进行了毫无顾忌地批评"[3]。章太炎驳斥廖平尊今抑古的主张，在《今古文辨义》一文中提出"孔子自有独至，不专在六经；六经自有高于前圣制作，而不得谓其中无前圣之成书"[4]的观点，对廖平的今文学说进行辩诘。他也不赞同康有为的新学伪经说、孔子改制说，更反对立孔教为国教，他说："鄙人少年本治朴学，亦唯专信古文经典，与长素辈为道背驰，其后深恶长素孔教之说，遂至激而诋孔。中年以后，古文经典笃

[1] 姚奠中、董国炎：《章太炎学术年谱》，山西古籍出版社 1996 年版，第 42 页。

[2] 喻大华：《晚清文化保守思潮研究》，人民出版社 2001 年版，第 135 页。

[3] 汪高鑫：《古文经学与史学的近代化》，《中国社会科学院研究生院学报》2011 年第 2 期。

[4] 章太炎：《今古文辨义》，见《章太炎政论选集》（上册），中华书局 1977 年版，第 108 页。

信如故，至诋孔则绝口不谈，亦由平情斠论，深知孔子之道，非长素辈所能附会也。”[1] 章太炎对攻击古文经学的今文经学进行猛烈地批驳。在政治理论方面，康有为以公羊三世说为依据，认为只可循序而立宪，不能跨过立宪言革命。章炳麟对此大加批判，说：“长素固言大同公理非今日即可全行。然则今日固为民族主义之时代，而可混淆满、汉以同薰莸于一器哉！时方据乱而言太平，何自悖其三世之说也？长素二说，自知非持之有故，言之成理，不得已复援引《春秋》，谓其始外吴、楚，终则等视。不悟荆、扬二域，《禹贡》既列于九州，国土种类，素非异实。徒以王化陵夷，自守千里，远方隔阂，沦为要荒。而文化语言，无大殊绝，《世本》谱系，犹在史官，一日自通于上国，则自复其故名，岂满洲之可与共论者乎?”[2] 章太炎以康有为的三世说批判他的不可行革命论，旗帜鲜明，言辞激愤。明显可以看出，章太炎对康有为的这种批判不仅仅只是学派之争了。

与章太炎齐名的古文经学家刘师培对今文经学的批评也很激烈。刘师培作《汉代古文学辨诬》，驳康有为的《新学伪经考》，反对今文学家刘歆伪造古文经的观点。刘师培认为：“孔子以前，久有六经。孔子之于六经也，述而不作，此固征之古籍而可信者也。”[3] 在此基础上，刘师培强调古文“优于今文”，古文经内容较之今文经更加真实可靠。在刘歆以前，古文经就已经和今文经并存，然而伪经说却宣称六经皆为刘歆伪造，这种说法有彻底毁灭古文经根基的危险，由此他发出“经学之厄未有甚于今日者也”的感叹，说明他对伪经说的严重危害有清醒地认识。刘师培还撰著《论孔子无改制之事》，对今文经学家特别是康有为的孔子改制说进行系统批判。刘师培指出，六经在孔子以前早已存在，孔子对于六经，不过传授而已。孔子为“素王”、创法改制的说法纯系今文家曲解附会炮制出来的，孔子并不是改革家，而是守旧派，孔子是“从周制

[1] 章太炎：《致柳翼谋书》，见《章太炎政论选集》（下册），中华书局1977年版，第764页。

[2] 章太炎：《驳康有为论革命书》，见《章太炎政论选集》（上册），中华书局1977年版，第195页。

[3] 刘师培：《汉代古文学辨诬》，见《刘师培史学论著选集》，上海古籍出版社2006年版，第323页。

而兼考古制者也。谓之改古制不可，谓之改周制尤不可”[1]。刘师培进而论述了“孔子革周之制”说的由来，认为“其说非出于儒家，实出于阴阳家之言五德”[2]，这种说法只是邹衍辈学人的附会，“以孔子为学者共尊，由是托名为孔子，若董仲舒之人，皆传此说者也”[3]。通过考察改制说的源流，在理清历史事实的同时就从根本上破除了改制说的谬误。

清末的今古文之争划出了今古文经学水火不容的畛域。廖平曾拜访经学大师俞樾，晤谈中俞称赞廖平的《今古学考》一书为“不刊之作”；而当廖平将其新作《知圣篇》和《辟刘篇》呈请俞樾赐教时，俞却“不以为然”。[4] 俞樾的态度之所以有如此大的差别，原因在于，《今古学考》只是平分今古文，并没有明确提出今古文的真假和贵贱，而《知圣篇》和《辟刘篇》指出今文经学是孔子的真学、古文经乃刘歆等人的伪作，具有尊今抑古的特点。今文经学家皮锡瑞是持论较为公允的一类，治学上不刻意排斥古文经。即便如此，他与古文经派的争论也比较激烈。古文经学家尊周公而抑孔子，认为六经不是孔子所作，他只不过传授而已。皮锡瑞则尊孔子而抑周公，认为六经为孔子删定，孔子以前是没有经书的。在六经为谁人所作这样的关键问题上，二者根本没有调和的余地。刘师培治经虽以古文为宗，但并不泥古守旧，而是主张持学术之平，不主门户之见。他认为，今文、古文各有偏长，古文虽优，亦有其短，今文虽劣，亦有其长，“大约古今说经之书，每书皆有可取之处，要在以己意为折衷耳”[5]。然而在今古文争执的环境下，他没能摆脱传统师法、家法的束缚，依恋古文，扬古抑今，甚至发出“笃守师传”的吁请。这样的结果不只是今文经学家个人的因素，而是与当时经学今古文派争辩

---

[1] 刘师培：《论孔子无改制之事》，见《刘师培史学论著选集》，上海古籍出版社 2006 年版，第 281 页。

[2] 刘师培：《论孔子无改制之事》，见《刘师培史学论著选集》，上海古籍出版社 2006 年版，第 284 页。

[3] 刘师培：《论孔子无改制之事》，见《刘师培史学论著选集》，上海古籍出版社 2006 年版，第 288 页。

[4] 马洪林：《康有为评传》，南京大学出版社 2011 年版，第 176 页。

[5] 刘师培：《〈经学教科书〉序例》，见《经学教科书》，上海古籍出版社 2006 年版，第 3 页。

的大环境密切相关。“虽然清末今古文经之争是早年今古文经之争的继续，但争论的并不是纯粹的学术问题”[1]。今古文学派的争辩中还掺杂着政治，“今文学同维新运动联系在一起，古文学同20世纪初的资产阶级政治运动联系在一起”[2]。学术可以调和，政治却不能调和，因此，学术之争也随着政治斗争变得异常尖锐。

二、经学的衰落与新史学的出现

经学今古文之争对经学的影响是严重和深远的。正如美国学者列文森所说：“今文经学家对正统的儒家经典的攻击无疑具有文化上的破坏作用，并为文化的变革开辟了道路。因为一旦经典能被怀疑，那也就没有什么东西不可以被怀疑了。”[3] 学派之争往往通过批判对方来强化自己的影响，这种相互批判的最终结果却造成了经学的自我否定。“章炳麟和康有为，这两位古文经学和今文经学的儒家斗士，围绕着经学这块古老的领域瞎撞乱转，彼此争斗，但最后两人都输掉了这场争论。他们在争论中提出的积极观点没有引起人们的注意，后来的学者从他们两人身上发现的都是消极价值”[4]。五四时期钱玄同正是沿着今古文之争的路子来否定经学的，他曾对顾颉刚说：“今文家攻击古文经伪造，这话对！古文家攻击今文家不得孔子真意，这话也对！我们今天该用古文家的话来批评今文家，又该用今文家的话来批评古文家，把他们的假面目一齐撕破，方好显露出他们的真相。”[5] 当时的经学家们在利用经学议政之时，自然没有这样的目的，但客观上却造成了这样的结果。对此，刘大年曾评论说：“近代经学在很大程度上所做的是破除旧思想桎梏的工作。它的

---

[1] （美）约瑟夫·列文森：《儒教中国及其现代命运》，广西师范大学出版社2009年版，第71页。

[2] 刘大年：《评近代经学》，见《明清论丛》（第一辑），紫禁城出版社1999年版，第44页。

[3] （美）约瑟夫·列文森：《儒教中国及其现代命运》，广西师范大学出版社2009年版，第73页。

[4] （美）约瑟夫·列文森：《儒教中国及其现代命运》，广西师范大学出版社2009年版，第76页。

[5] 顾颉刚：《秦汉的方士与儒生》序，上海古籍出版社1998年版。

鼓吹宣讲，出乎意料的正是自我揭发，自我否定。康有为的《新学伪经考》以及廖平等人的著作都起了这样的作用。《新学伪经考》宣布今文为真，古文为伪，使两千年来意识形态领域的最高权威第一次发生了极大的动摇，以至被形容为大飓风。辛亥革命以前章太炎的著作、刘师培等人的一些文章，也都起了这种作用。他们宣布古文为真，今文为妖妄荒诞，不能不使经学的地位再一次受到打击。”[1]

在刘大年看来，今文经学家破除了古文经的迷信，古文经学家打破了今文经学的神话。“今文学、古文学两派的激烈斗争，暴露了经学的重重矛盾和不合理性。这种矛盾和不合理性，是要由它的自我揭露来实现的，没有其他办法代替。”[2] 可以说，今文经学家和古文经学家共同廓清了经学的迷雾，在这个意义上，其历史作用无疑是值得大加赞扬的。在今文经学家和古文经学家的双重“打击”下，经学的神圣地位不再，其治世功能也受到质疑。尊奉古文经的章太炎写出《订孔》《学度》《论诸子学》等，对孔子大加贬斥，甚至称其是趋时、狡诈的巧伪人，把反正统推向了新的高度。后来顾颉刚发动古史辩，受康有为辨伪经的启发的同时，无疑也得益于章太炎的反正统思想。“在顾颉刚看来，当康有为指出那些公认的经书所记载的历史大多都是可怀疑的时候，康有为是正确的，而当章炳麟宣称，经书是历史，是丰富的、然而有时难以理解的有关中国上古历史的真实记载，而不是具有神秘的宗教性质的预言教科书时，章炳麟是正确的。古文经学家赢得了将置自己于死地的胜利——经书的确都是历史，但从另一个方面看，经书从此不再成其为经书了”[3]。把经书看作古史的资料进行辨伪，不再为了求得“真经”，而是奔向获得“真史”的方向，那时，经学的权威彻底不存了。

当形而上的“道”难以应对危机时，学术的重心再次发生转移。经学越来越受质疑之时，一批学者开始从史学中寻求解答，史学的意义越

---

[1] 刘大年：《评近代经学》，见《明清论丛》（第一辑），紫禁城出版社 1999 年版，第 44 页。

[2] 刘大年：《评近代经学》，见《明清论丛》（第一辑），紫禁城出版社 1999 年版，第 19 页。

[3] （美）约瑟夫·列文森：《儒教中国及其现代命运》，广西师范大学出版社 2009 年版，第 76 页。

来越被重视。晚清的古文经学家本来就认为孔子是史学家，《春秋》是史书，《左传》是正规的记述历史的著作，古文经都是历史。归宗古文经的朱次琦特别重视历史，于历代得失，多有心得，视历史为治经之别径。他认为，“知经而不知史则迂；知史而不知经则笨”，对史学的重视显而易见。朱次琦十分推崇《资治通鉴》，他赞扬《资治通鉴》为“史学之大用”，“经明其理，史证其事”，要了解历史发展的大势，读《通鉴》“其要可知”，因此称《资治通鉴》“虽百世可为王者师矣”。[1] 曾入诂经精舍的朱一新有治经不如治史的观点，他认为考据之所谓“经学”相对于“史学”实为“无用”之学。章太炎称“国之有史久远，则亡灭之难”[2]，还直接提出“孔氏之教，本以历史为宗”的观点，认为“《春秋》而上，则有六经，固孔氏历史之学也；《春秋》而下，则有《史记》《汉书》以至历代书志纪传，亦孔氏历史之学也”。“中国历史，自帝纪、年表而外，犹有书志、列传，所记事迹、论议、文学之属，粲然可观”。[3] 刘师培指出，“史也者，掌一代之学者也。一代之学即一国政教之本，而一代王者所开也”。“学出于史，有明征矣”。“史为一代盛衰之所系，即为一代学术之总归”。[4] 当时的学者强调历史对于国家和种族延续的重要性，史学逐步被提升到关系民族存亡的高度。

朱次琦是康有为青年时期的老师，他推重史学的观点影响到康有为。康有为后来虽然转治今文经学，但重史的习惯并没有改变。康有为倡导《春秋》之学的同时也大倡史学，他说：“历朝经世之学，自廿四史外，《通鉴》著治乱之统，《通考》详沿革之故，及夫国朝掌故，外夷政俗，皆宜考焉。”[5] 对于康有为重视史学的作用，梁启超评价说：“先生于中国史学，用力最深，心得最多，故常以史学言进化之理。”[6] 不只是康

[1] 简朝亮：《朱九江先生传》，见《碑传集》三编第五册，香港大东图书公司1978年版，第1772—1778页。

[2] 章太炎：《原经》，见《国故论衡》，上海古籍出版社2003年版，第63页。

[3] 章太炎：《答铁铮》，见《章太炎学术史论集》，中国社会科学出版社1997年版，第85页。

[4] 刘师培：《古学出于史官论》，见《刘师培儒学论集》，四川大学出版社2010年版，第151页。

[5] 康有为：《长兴学记》，广东高等教育出版社1991年版，第54页。

[6] 梁启超：《康有为传》，团结出版社2004年版，第51页。

有为，晚清的理论家多有重视史学的倾向，“维新派撰写了大量史学著作，强调史学应知国家、知群体、知今务、知理想，宣传了资产阶级的进化史观和英雄史观”[1]。他们借史学抨击旧制度和旧传统，宣传变法维新，由此形成了一个波澜壮阔的新史学思潮。梁启超在维新宣传时，比较关注和吸收西学的思想。梁启超在较多了解西学后，真切认识到：“国民教育之精神，莫急于本国历史。”[2] 在西学各门类中，梁启超对史学的作用给予了特别的重视，他认为：“西政之属，以通知四国为第一义，故史志居首，官制学校政所自出，故次之。”[3] 在谈到读西书问题时，梁启超也主张首先要读史书，他说：“读西书，先读《万国史记》以知其沿革，次读《瀛寰志略》以审其形势，读《列国岁计政要》以知其富强之原，读《西国近事汇编》以知其近日之局。至于格致各艺，自有专门。”[4] 唐才常重视史学的态度很有特点，因为唐才常属于实践派，并不擅长理论，严格来说更算不上“史学家”，不过他在《史学论略》中已经具有明确的六经皆史意识，唐才常说：“儒者以五千年前后之史，镜亿兆人操作灵顽之质”。“古者六经皆史也。《尚书》左史掌之，春秋右史掌之，尚已。《易》为卜筮之史，《诗》叙列国得失之迹，礼乐史氏之制度。经与史相表里者也”。[5] 这说明，“到了19世纪末20世纪初，六经皆史的思想已经深入人心，经退史长则已成为一个不争的事实”[6]。“自从章实斋鼓吹‘六经皆史’以来，到了近代，这一理论早已深入人心。所以，从龚、魏到康、梁，他们在治今文经学的同时无不重‘史’”[7]。原本并非“重史轻经”的“六经皆史”论在近代特殊的学术思潮中发生着质变，最终产生的效果是章学诚始料未及的。

---

[1] 吴廷嘉：《论戊戌思潮的历史作用》，见《戊戌维新运动史论集》，湖南人民出版社1983年版，第143页。

[2] 梁启超：《东籍月旦》，见《饮冰室合集》文集之四，中华书局1989年版，第101页。

[3] 梁启超：《〈西学书目表〉序例》，见《梁启超书话》，浙江人民出版社1998年版，第151页。

[4] 梁启超：《读书分月课程》，见《梁启超书话》，浙江人民出版社1998年版，第180页。

[5] 唐才常：《史学论略》，见《中华传世文选·晚清文选》，吉林人民出版社1998年版，第498页。

[6] 路新生：《经学的蜕变与史学的“转轨”》，上海古籍出版社2006年版，第129页。

[7] 路新生：《经学的蜕变与史学的“转轨”》，上海古籍出版社2006年版，第166页。

在传统中国的学术思维里，经是明道治世的根本，史虽然也可以借鉴明道，大多时候只是作为解经和注经的辅助。因此，在经学兴盛的时期，重“史”并不构成对“经”的威胁，“史的观念对经的观念不可或缺，而作为古代道德评判的标准，经的观念对儒家的智慧生命也必不可少。在20世纪以前，将经称为史，这决不能视为对经的一种限制，而是对经的富有哲理性的形容”[1]。清代以来，学术发展经历汉学鼎盛、今文经学复兴的过程，史学的地位不断提高。可以看出，重史的倾向与清代经学发展相始终，其实是因为史学随清代经学地位的提高而上升。20世纪以后，情况则大有不同。经学的功能受到质疑，人们普遍厌弃乃至于仇视“经”。经学处在尴尬境地，地位日益下降，学术再也不能由经学来垄断了。由于社会环境与学术风气等因素的变化，史学被提升到中国历史上前所未有的高度。“史学在近代被提升到国与种族存亡的高度，实即取代了经学过去曾被赋予而在近代已无力承担的社会角色”[2]。待到1905年科举制被废除，经学赖以生存的最后一根脐带被斩断而走向寿终正寝。经学的衰退为史学脱离经学的羁绊提供了条件，在这种情况下，史学地位的提高具有了真正的历史性意义。

当然，史学走向新生还需要具备更新的基础。这种基础不仅是近代社会提供的新思想、新方法和新的历史观，也包括史学自身摆脱传统束缚的抗争。实际上，为史学摆脱传统的束缚做出努力和贡献的正是清末的经学家们，对旧史学的批判从康有为便已开始了。康有为不仅重史，而且能够对传统旧史学进行认真的反思，提出许多新见。康有为是最早宣传资产阶级“民史”思想的维新派人士，他指出以往的史学仅知有“君史”“国史”而不知有“民史”，以至于遗漏许多珍贵的事迹。康有为还提出发展通俗史学，主张将正史内容译成小说形式，以便其能为普通大众所接受，在史学形态方面有所突破。在史学价值观方面，他认为真正的史学不仅要陈述史实，还要考察历史变更的缘由。只有这样，才能

[1] （美）约瑟夫·列文森：《儒教中国及其现代命运》，广西师范大学出版社2009年版，第74页。

[2] 罗志田：《权势转移：近代中国的思想、社会与学术》，湖北人民出版社1999年版，第338页。

发现历史发展的规律，达到“以史为鉴”的目的。在史学实践上，康有为也值得一书，他编著有《日本变政考》《俄罗斯大彼得变政记》《波兰分灭记》等史书，在史学观念和史学方法上都有所创新。他曾说：“吾既别为《日本改制考》以发明其故，而著其近世史之用，以告吾开新之土焉。”[1] 康有为在《波兰分灭记》中论述波兰被分灭的原因，在《日本变政考》和《俄罗斯大彼得变政记》中强调变易的规律，是把以史为鉴作为史学的生命力之所在的典型体现。

康有为对旧史学的深刻批判，推进了传统史学的转变；他的史学实践，给国内史学界提供了新的作史范本。梁启超受康有为史学思想的启发，在吸收西方先进的史学观念基础上掀起“史界革命”，推进了新史学的诞生和发展。周予同认为：“直接受康有为经今文学的启示，而使中国史学开始转变、开始脱离经学羁绊的是梁启超。”[2] 梁启超早年入学海堂受古文训练，后转至广州万木草堂师从康有为，学习公羊学说和改制变法思想，与康有为一起编撰变法理论著作。在追随康有为求学时，受其影响，梁启超关注西学，阅读了大量西学书籍。随着西学水平的提高，梁启超有了引进西方学术文化以改造中国的主张，并为此广泛进行宣传，这在他早期的《变法通议》等文章中都有所体现。维新变法失败之后，梁启超逃亡海外，一方面变法的失败使他有所醒悟，另一方面随着浸染西学日深，眼界更加开阔，他在学术思想上也有了新的追求和境界。回头再看康有为的孔子改制说，梁启超对其中的问题有了更深刻的认识：“有为谓孔子之改制，上掩百世，下掩百世，故尊之为教主；误认欧洲之尊景教为治强之本，故恒欲侪孔子于基督，乃杂引谶纬之言以实之；于是有为心目中之孔子，又带有‘神秘性’矣。”[3] 作为一位曾投身今文经学运动之中的当事人，梁启超对康有为今文学理论的评价可谓客观公允。梁启超认为，用今文经学的孔子改制说进行倡导变法的依据，足可以自圆其说。以谶纬之言附会孔子，则偏离了变法图强的轨道。梁启超

---

[1] 康有为：《日本书目志》，见《康有为全集》第三集，上海古籍出版社 1992 年版，第 281 页。

[2] 周予同：《五十年来中国之新史学》，见《周予同经学史论著选集》（增订本），上海人民出版社 1996 年版，第 537 页。

[3] 梁启超：《清代学术概论》，东方出版社 1996 年版，第 71—72 页。

因不满于康有为治学态度之武断和论学中的牵强附会，加上反对康氏设立孔教会，故自三十以后，绝口不谈“伪经”，“持论既屡与其师不合，康、梁学派遂分”[1]。

晚清今文经学随着康有为等人发动的维新变法运动走向兴盛，然而维新变法的失败，同时也宣告了康有为今文经学理论的失败。[2] 变法失败后，旅居海外的梁启超经过深刻反思，终于摆脱经学的羁绊，在学术上另辟蹊径。20 世纪伊始，梁启超开创了史学近代化的新局面。1901 年，梁启超在《中国史叙论》中提出了撰述新史的理论，1902 年发表的《新史学》，明确树立起“新史学”的旗帜。在这两部论著中，梁启超强调史学的重要性，指出史学的地位和作用，批判了中国旧史学的弊病，阐述治史的目的和任务，号召掀起“史界革命”，并对新史学的指导思想、内容、体例等理论问题进行了初步系统的阐述，建构起新史学的理论体系，标志着“新史学”的形成。

梁启超强调史学的意义，认为欧洲民族主义所以发达、日进文明，一半是史学之功，相比之下，中国传统史学素称发达，“然而陈陈相因，一丘之貉，未闻有能为史界辟一新天地，而令兹学之功德普及于国民者”，主要因为传统史学存在“四蔽”“二病”：“一曰难读。浩如烟海，穷年莫殚，前既言之矣；二曰难别择。即使有暇日，有耐性，遍读应读之书，而苟非有极敏之眼光，极高之学识，不能别择其某条有用、某条无用，徒枉费时日脑力；三曰无感触。虽尽读全史，而曾无有足以激厉其爱国之心，团结其合群之力，以应今日之时势而立于万国者。”[3]

在梁启超看来，正是以上这些弊端及其造成的恶果导致中国史学萎靡不振。梁启超在批判旧史学的同时对新史学的性质和任务进行界定，以极为精简的篇幅规划出“新史学”的蓝图。《中国史叙论》和《新史学》涉及范围较广，包括中国通史一系列的基本理论问题，如历史研究的范围、中国史的范围、中国史的命名，以及人种、地势、纪年、断限、正统、书法等。对于新史学的任务，主要表现在三个方面：一是叙述进

[1] 梁启超：《清代学术概论》，东方出版社 1996 年版，第 80—81 页。

[2] 郑师渠：《梁启超与今文经学》，《中州学刊》1991 年第 1 期。

[3] 梁启超：《新史学》，见《梁启超史学论著四种》，岳麓书社 1985 年版，第 246 页。

化之现象；二是叙述人群进化之现象；三是叙述人群进化之现象，而求得其公理公例者也。梁启超通过这两部著作，提出了一系列新的史学观点和方法，大致勾勒出了新史学的特征，构建起新史学的理论体系。

梁启超构建新史学理论时有“破”有“立”，在批判旧史学的基础上树立了新史学的旗帜。梁启超提倡史学“叙述进化之现象”，以区别于历史循环的观点，划清了与旧史的界限。历史是进化的，“何谓进化？其变化有一定之次序，生长焉，发达焉，如生物界及人间世之现象是也。循环者，去而复来者也。止而不进者也”[1]。中国传统的历史理论以公羊学的三世说为代表，公羊三世说具有朴素进化观，但同时也有一治一乱的历史循环论色彩。综观历史可以发现，由低级向高级进化是人类社会发展的总体特征。“叙述人群进化之现象”，强调撰著“人群”的发展史，以区别于以帝王将相为主的“君史”。“欲求进化之迹，必于人群。使人人析而独立，则进化终不可期，而历史终不可起。盖人类进化云者，一群之进也，非一人之进也”[2]。梁氏强调人类进化是人群进化之结果，“食群之福，享群之利”，“所重者在一群，非在一人”，这就从根本上否定了传统的“君史”撰著体系。“叙述人群进化之现象，而求得其公理公例者”，强调研求史学的思想、探索历史发展的规律，以区别于传统史学只重记述历史事实的方式。“善为史者，必研究人群进化之现象，而求其公理公例之所在，于是有所谓历史哲学者出焉。历史与历史哲学虽殊科，要之，苟无哲学之理想者，必不能为良史，有断然也”[3]。史家不但要叙述历史的过去现在这一客观事实，而且还必须“有心识”，“怀哲理”，要研究历史的内在哲理、内在联系。尽管做起来困难，但是历史学家绝不能放弃这种努力，而应自加勉励，努力探求。以此为准则，是成为良史的关键所在。梁启超指出，求史之公理公例，不是为了理论的美观，而是为了“得以施诸实用焉，将以贻诸来者焉”，是为了“以过去之进化，导未来之进化”，“使后人循其理、率其例，以增幸福于无疆也”。新史家如能“合人类全体而比较之，通古今文野之界而观察之”，“综是焉

[1] 梁启超：《新史学》，见《梁启超史学论著四种》，岳麓书社1985年版，第247页。
[2] 梁启超：《新史学》，见《梁启超史学论著四种》，岳麓书社1985年版，第249页。
[3] 梁启超：《新史学》，见《梁启超史学论著四种》，岳麓书社1985年版，第250页。

以求”，“取诸学之公理公例，而参伍钩距之，虽未尽适用，而所得又必多矣”。这样，便可逐渐求得史之公理公例。梁启超深有感触地写道：“史乎！史乎！其责任至重，而其成就至难”，“吾愿与同胞国民筚路蓝缕以辟此途也”。[1] 梁启超通过批判旧史学和阐述新史学的方法，把创建新史学提到与社会进步和历史发展必然联系的高度，从而赋予了历史学家一种不可推卸的责任感和使命感，使史学的功能和地位空前彰显，其构建的新史学理论在中国史学发展史留下了浓墨重彩的一笔。

梁启超史学理论的“破”是通过解构传统经史之学来实现的。在梁启超看来，旧史学的“四蔽”“二病”在学术思想上受到君主专制制度的影响，归根到底与辅助专制制度的经学相关。梁启超批判旧史学的正统论是从《春秋》开始的，他说：“中国史家之谬，未有过于言正统者也。言正统者，以为天下不可一日无君也，于是乎有统。又以为天无二日、民无二王也，于是乎有正统。”梁启超则认为“统在国非在君也，在众人非在一人也”，“统字之名词何自起乎？殆滥觞于《春秋》”，然而《春秋》言“大一统”，言“通三统”，指的是“天下为天下人之天下”，“而非一姓之所得私”。后儒论正统者援此为依据，却与《春秋》所说的本义“相反对矣”。[2] 梁启超通过厘清《春秋》的本义来批判后儒的正统论，在此基础上提出新史学必须抛弃旧史学的正统论。另外，梁启超批判旧史学所尊奉的“书法”准则时，也是从经学入手的。“史家之言曰：书法者，本《春秋》之义，所以明正邪，别善恶，操斧钺权，褒贬百代者也。书法善，则为良史。反是，则为秽史”。梁启超对此极不赞成，他认为：“《春秋》之书法，非所以褒贬也。夫古人往矣，其人与骨皆已朽矣，孔子岂其不惮烦，而一一取而褒贬之？《春秋》之作，孔子所以改制而自发表其政见也。生于言论不自由时代，政见不可以直接发表，故为之符号标识焉以代之。”梁启超道出了其中的原因，同时表达了自己的见解，他说：“《春秋》经也，非史也。明义也，非记事也。使《春秋》而史也，而记事也，则天下不完全、无条理之史，孰有过于《春秋》者乎？后人初不解《春秋》之为何物，胸中曾无一主义，摭拾一二断烂朝报，而规

[1] 梁启超：《新史学》，见《梁启超史学论著四种》，岳麓书社1985年版，第251页。
[2] 梁启超：《新史学》，见《梁启超史学论著四种》，岳麓书社1985年版，第260页。

规然学《春秋》，天下之不自量，孰此甚也！吾敢断言曰：有《春秋》之志者，可以言书法。无《春秋》之志者，不可以言书法。”[1]

梁启超在论述《春秋》书法的渊源时，利用的是今文学的观点，一则认为“书法”是孔子改制的需要，二则《春秋》是一部经书，不是史书，不应拿来与旧史学比附。因此，在梁启超看来，所谓“别善恶，寓褒贬于百代”的“书法”，并非孔子之本意，实为后儒推誉不肖之虚妄言论，新史学必须加以摈弃。“对《春秋》学的批判是对传统史学理论的一次破坏，一次解构。由此，他又从《春秋》学回溯所谓《春秋》书法的由来，而这是封建社会历史编纂学的要害”[2]。

梁启超新史学的“立”则借助了西方的学说。“戊戌时期，西学尤其是西方史学的输入，已经对梁启超的史学思想产生多方面的重要影响”[3]。及至变法失败后，梁启超在海外对西方学术有了更直接的接触和更深入的了解，积累了深厚的中西学术思想资源，为批判地吸收传统经史之学提供了方法论指导。梁启超在《新史学》里提出新的纪年方式，他说：“纪年者何义也？时也者，过而不留者也”。“为之立一代数之记号，化无定为有定，然后得以从而指名之，于是乎有纪年”。[4] 梁启超认为，纪年是历史时间的代号，目的是便于记事，所以纪年方式原应该“欲其简，不欲其繁”。然而，“吾国史家之必以帝王纪年也，岂不以帝王为一因之最巨物乎哉！然而帝王在位之久，无过六十年者（康熙六十一年，在中国数千年中实独一无二也）。其短者，或五年，或三年，或二年、一年乃至半年。加以古代一帝之祚，改元十数，瞀乱繁杂，不可穷诘”。因此，梁启超提出，“是故欲去繁而就简者，必不可不合横竖而皆一之”。[5] 这里，梁启超提出新史应以“孔子生年”为纪年元年。这种纪年方式虽然有司马迁的一些踪迹，但更多地还是参考了西方使用的耶稣纪元方式，即公元纪年。另外，梁启超在《中国史叙论》中还探讨了地理环境和历史发展的关系，他认为，“地理与历史，最有紧切之关系，

[1] 梁启超：《新史学》，见《梁启超史学论著四种》，岳麓书社 1985 年版，第 267 页。

[2] 吴怀祺：《史学理论与史学史研究》，福建人民出版社 2006 年版，第 49 页。

[3] 陈鹏鸣：《中国史学思想通史・近代前卷》，黄山书社 2002 年版，第 420 页。

[4] 梁启超：《新史学》，见《梁启超史学论著四种》，岳麓书社 1985 年版，第 271 页。

[5] 梁启超：《新史学》，见《梁启超史学论著四种》，岳麓书社 1985 年版，第 272 页。

是读史者所最当留意也。高原适于牧业，平原适于农业，海滨、河渠适于商业。寒带之民擅长战争，温带之民能生文明。凡此皆地理、历史之公例也”[1]。梁启超这种观点自然是在地理学知识的拓展之后才形成的，其中西方学说的影响不可忽视。当然，梁启超新史学借用西方学说最突出的表现是进化史观。新史学的三项重要任务，都是以探求进化规律为主题的，此时的一系列史学论著，都贯穿着进化史观，“进化观”成为梁启超新史学理论最突出的特点。这说明他已经自觉地运用历史进化理论来指导史学研究，使其新史学具有了鲜明的时代色彩。

通过 1901 年的《中国史叙论》与 1902 年的《新史学》这两部著作，梁启超构建起了新史学的理论体系。通过梁启超的开辟创始之功，新史学融入社会思潮之中成为历史潮流，中国的新史学时代以不可阻挡之势到来了。

章太炎对新史学也有过深入的思考。1900 年，章太炎出版了《訄书》这部重要的学术著作。《訄书》中附有一篇《中国通史略例》，章太炎在其中提出编修一部有别于旧史学的新的中国通史的计划，并设计了具体的著述方案。1902 年，章太炎致信梁启超，提到他计划修撰《中国通史》的事，他说：“酷暑无事，日读各种社会学书，平日有修《中国通史》之志，至此新旧材料，融合无间，兴会勃发。”在他看来，已有条件著述《中国通史》。他进一步阐述了修撰《中国通史》的指导思想和实施办法，他说：“窃以今日作史，若专为一代，非独难发新理，而事实亦无由详细调查。惟通史上下千古，不必以褒贬人物、胪叙事状为贵，所重专在典志，则心理、社会、宗教诸学，一切可以熔铸入之。典志有新理新说，自与《通考》《会要》等书，徒为八面缝策论者异趣，亦不至如渔仲《通志》蹈专己武断之弊。然所贵乎通史者，固有二方面：一方以发明社会政治进化衰微之原理为主，则于典志见之；一方以鼓舞民气、启导方来为主，则亦必于纪传见之。”[2]

[1] 梁启超：《中国史叙论》，见《中国历史研究法》附录二，中华书局 2009 年版，第 165 页。

[2] 章太炎：《致梁启超书》，见《章太炎政论选集》（上册），中华书局 1977 年版，第 167 页。

章太炎这里提出的史学“发明社会政治进化衰微之原理”的宗旨，以及“鼓舞民气、启导方来”的意义，与梁启超“新史学”的思想不谋而合。章太炎比较重视史学的开新，他指出：“史学进化者，非谓其廓清尘翳而已，已既能破，亦将能立。”[1] 史学的发展不仅需要对传统旧史学进行批评，更多的还需要建设新史学。在1904年的《訄书》重订本中，章太炎表现出更为激进的革命思想。而在经史之学上，他重视引述西方各种社会学理论作为自己经学思想与史学思想的立论依据，同时，提出孔子“良史”说，通过对孔子、儒家、六经及其相互关系的梳理，铸古文经为史学。这些学术贡献成为古文经学在近代中国向史学转化的重要标志。[2]

章太炎的通史撰述计划最终没有实现，但其中所蕴含的史学革新意义却不容忽视。尽管章太炎的通史在目录设置和历史编纂形式上与梁启超有很大差异，而且二人在经学上分属不同的流派，然而从史学的任务和目标等构建史学理论方面来说，二人的思想则有殊途同归之感。因此，对于推动20世纪初新史学思潮的高涨，二人俱有功焉！二人分别从今文经学和古文经学的角度，自觉担负起传统经史之学向新史学转化的历史大任，为加速中国史学前进的步伐做出了贡献。

新史学从理论到实践取得突出成果的代表人物要数夏曾佑和刘师培。夏曾佑，字穗卿，浙江杭州人。他读书兴趣广泛、好学深思，在学术上治今文经学，好谈公羊学说。夏曾佑崇尚今文经学，可能受到同乡前辈今文学者龚自珍、邵懿辰等人的影响，也与康、梁等维新人士的感染有关。夏曾佑在京任职期间，与梁启超、谭嗣同等人交往甚密。“接受今文经学的启示，编写普通的历史教本，使转变期的新史学普及于一般青年的，是夏曾佑”[3]。公羊学说与西方进化论成为夏曾佑历史观的重要理论来源。维新运动期间，夏曾佑受到康有为、梁启超的影响，支持和参与维新变法，曾为汪康年、梁启超主持的《时务报》撰稿，也参与了天

---

[1] 章炳麟著，徐复注：《訄书详注》，上海古籍出版社2000年版，第865页。

[2] 汪高鑫：《中国史学思想通论·经史关系论卷》，福建人民出版社2011年版，第323页。

[3] 周予同：《五十年来中国之新史学》，见《周予同经学史论著选集》（增订本），上海人民出版社1996年版，第530页。

津《国闻报》的创办，与严复等人接触频繁，通过严复更多地了解到西方学说，接受了进化论思想。夏曾佑潜心研究中国古代史，20 世纪初，应商务印书馆之约编写《最新中学中国历史教科书》，于 1904 年至 1906 年期间陆续出版三册，内容从上古至隋代。1933 年，商务印书馆将这部书改称为《中国古代史》，作为大学课本列入“大学丛书”重行出版，引起当时学术界的注意。这部新式通史影响很大，在中国近代史学史上有重要地位。吴怀祺评价说：“夏曾佑开史学新风气，他写的历史作品，可以说是我们这个世纪史学变化的最初的标志。他在历史观点上、在历史材料的处理上以及史书编纂形式上，都进行了探索，并且把探索的认识在自己的史著中体现出来。”[1]

夏曾佑以进化史观为指导思想编写的《中国古代史》，把中国历史分成几个不同的发展阶段，“是第一部用近代史观分阶段地叙述中国历史的著作”[2]。在《古今世变之大概》一节中，夏曾佑认为：“中国之史，可分为三大期。自草昧以至周末，为上古之世；自秦至唐，为中古之世；自宋至今，为近古之世。”具体来说，“再区分之，求与世运密合，则上古之世，可分为二期”：“由开辟至周初，为传疑之期”，“由周中叶至战国为化成之期”；“中古之世，可分为三期”：“由秦至三国，为极盛之期”，“由晋至隋，为中衰之期”，“唐室一代，为复盛之期”；“近古之世，可分为二期”：“五季、宋、元、明为退化之期”，“清代二百六十一年为更化之期”。之所以把清代称为“更化期”，因为“此期前半，学问、政治集秦以来之大成，后半世局人心，开秦以来所未有。此盖处秦人成局之已穷，而将转入他局者”。[3] 夏曾佑从大的阶段把中国历史分为“上古”“中古”“近古”，这与康梁等人所阐述的公羊三世说十分相近。他这种分期方法，考虑到国势强弱、文化变迁和民族关系，还注意到“世运”“变局”等因素，以历史进化的客观过程和历史发展的因果关系为标准，蕴涵着深刻的历史进化思想。这种历史进化思想渗入具体章节的论述之中，如阐述春秋战国时代的变化，他说：“古今人群进化之大例，必学说

[1] 吴怀祺：《前言》，见《中国古代史》，河北教育出版社 2000 年版，第 7 页。
[2] 吴怀祺：《前言》，见《中国古代史》，河北教育出版社 2000 年版，第 4 页。
[3] 夏曾佑：《中国古代史》，河北教育出版社 2000 年版，第 12 页。

先开，而政治乃从其后。春秋之季，老子、孔子、墨子兴，新理大明，天下始晓然于旧俗之未善。至战国时，社会之一切情状，无不与古相离，而进入于今日世局焉。"[1] 至于战国时代的变化，夏曾佑用"改革"的主题进行概括，包括："宗教之改革""族制之改革""官制之改革""财政之改革""军政之改革""刑法之改革"等。他既强调先进思想对社会进化的推动作用，又提炼出"改革"的主题，与清末的社会思潮相互呼应，具有为变革张目的作用。另外，他将每一阶段划分成不同的时期，清代为"更化期"，需要"转入他局"，正是指称历史要出现转机，反映出鲜明的变易思想，有倡导社会变革的意味。夏曾佑还把这种变革思想与生存竞争相联系，认为"优胜劣败之理，服从强权，遂为世界之公例。威力所及，举世风靡，弱肉强食，视为公义，于是有具智、仁、勇者出，发明一种反抗强权之学说，以扶弱而抑强"[2]，这里以优胜劣败学说解释社会发展，与严复阐述的进化论思想极为吻合。由此可以看出，夏曾佑以进化史观为指导，是把研究历史与挽救民族危亡联系在一起的。

史书编纂形式上，夏曾佑于传统史体之外，另辟新的途径，首次采用章节体编写中国通史，堪称历史编纂学上的重大突破。传统史学著作虽然种类繁多，内容详备，不过就编纂形式来说，主要有编年体、纪传体、典志体、纪事本末体等几大类，其中又以纪传体正史最为发达。传统史学体裁之所以存在那么长时间，有其自身的优点，也曾发挥积极的作用。然而随着时代的变化，在新的历史条件下这些体裁的不足之处日益显现。夏曾佑没有沿用传统编纂形式，而是以时间为顺序，以事件为纲目来叙述中国历史变迁，用篇、章、节的形式编写中国通史。夏曾佑采用章节体的编纂形式是与他对史学的要求和编著史书的目的相联系的，他在《叙》中称："智莫大于知来，来何以能知，据往事以为推而已矣。故史学者，人所不可无之学也。"夏曾佑重视史学的作用，他把研究历史作为挽救中国危亡的重要内容。因此，"是必有一书焉，文简于古人，而理富于往籍，其足以供社会之需乎。今兹此编，即本是旨"[3]。这种著

---

[1] 夏曾佑：《中国古代史》，河北教育出版社 2000 年版，第 193 页。

[2] 夏曾佑：《中国古代史》，河北教育出版社 2000 年版，第 404 页。

[3] 夏曾佑：《中国古代史》，河北教育出版社 2000 年版，第 3 页。

史目的，传统史学的编纂体例是很难达到的。夏曾佑《中国古代史》“在形式或体裁方面，实受日本东洋史编著者的影响”[1]，其通史结构设计与历史分期相配合，第一篇上古史，下分两章：第一章传疑时代（太古三代），第二章化成时代（春秋战国），章以下再分为若干节目。第二篇写中古史也是如此，依次分“第一章极盛时代（秦汉）”“第二章中衰时代（魏晋南北朝）”等。用这种编纂形式标示全书结构，“使人有心开目朗之感”，给读者一目了然的通史线索。夏曾佑采用的篇章节编纂形式，突破了传统史学编纂体裁的固有框架，适应了新史学内容和特点，在当时具有开创意义。

从学术思想上来看，夏曾佑的《中国古代史》具有鲜明的今文经学的特色。纵观全书内容可以看出，夏曾佑在论述很多学术问题时，思想观念都带有今文经学色彩。吴怀祺认为，夏曾佑的历史进化思想“来自中国今文经学，但又有变化发展”[2]，他是在接受西方的进化思想的基础上，与今文经学相结合，构成了他的历史进行的“世运”说。周予同也认为：夏氏《中国古代史》，“在内容或本质方面是中国经今文学与西洋进化论思想的糅合”[3]。而且又说，在论述古代问题时，“这部书受今文学的影响，采用今文学的学说，更其是康有为的《新学伪经考》与《孔子改制考》二书中的理论，以反抗传统的古文学的见解，更是十分明显”[4]。对于从今文经学出发来编著中国古代史，夏曾佑自己也有清晰的认识，他说：“儒术中有今文古文之争。自东汉至清初，皆用古文学，当世几无知今文为何物者。至嘉庆以后，乃稍稍有人分别今古文之所以然，而好学深思之士，大都皆信今文学。本编亦尊今文经学，惟其命意与国朝经师稍异，凡经义之变迁，皆以历史因果之理解之，不专在讲经

[1] 周予同：《五十年来中国之新史学》，见《周予同经学史论著选集》（增订本），上海人民出版社1996年版，第535页。

[2] 吴怀祺：《前言》，见《中国古代史》，河北教育出版社2000年版，第4页。

[3] 周予同：《五十年来中国之新史学》，见《周予同经学史论著选集》（增订本），上海人民出版社1996年版，第534页。

[4] 周予同：《五十年来中国之新史学》，见《周予同经学史论著选集》（增订本），上海人民出版社1996年版，第533页。

也。"[1] 夏曾佑虽然服膺于今文经学，但"不以公羊学家自居"，不拘束于清代经师的旧说，其实是在剔除今文经学的主观比附和神秘色彩，吸收西方的科学学说，这也是其《中国古代史》能够取得成功的原因之一。

与夏曾佑不同，刘师培倾向于古文经学，但也是撰写新式中国历史书的代表人物之一。刘师培出身于经学世家，自幼受家学传统影响，博涉经史。学术上尊奉古文经学，反对今文经学。刘师培于 1905 至 1906 年间著成《中国历史教科书》，以教科书的形式讲述中国上古历史。全书共分三册，第一册为殷周之前的历史，第二、三册记述西周历史。尽管这部教科书论述的历史很短，但有很重要的地位。

刘师培的《中国历史教科书》以历史进化论观点看待历史的演变，体现出近代史学的特点。为了阐明中国历史进化的特点，他将论述重点放在"一、历代政体之异同。二、种族分合之始末。三、制度改革之大纲。四、社会进化之阶级、五、学术进退之大势"[2] 等方面。关于编著的宗旨，他说："咸以时代区先后，即偶涉制度文物于分类之中，亦隐寓分时之意。庶观者易于瞭然。"[3] 在这个方面，刘师培与夏曾佑的指导思想是相通的。但两者的学术思想渊源有所不同，夏曾佑倾向于今文经学，而"刘师培重视从古经中找寻民族、民主思想，进而通过撰写《中国历史教科书》，系统阐发其新史学基本思想"[4]。在内容上来说，夏曾佑的《中国古代史》以思想文化宗教习俗为主体，尤其突出学术思想的作用，很少涉及经济生活方面。而刘师培的《中国历史教科书》则弥补了夏书的不足，他所阐述的内容范围极广，涉及农业、商业、手工业以及建筑、服饰、饮食等诸多方面。[5] 由此可见，二者虽然在撰述形式上各有千秋，但从新史学发展的角度来说，刘书以更为崭新的面貌出现在

---

[1] 夏曾佑：《中国古代史》，河北教育出版社 2000 年版，第 340 页。

[2] 刘师培：《中国历史教科书》，见《刘申叔遗书》（下），江苏古籍出版社 1997 年版，第 2179 页。

[3] 刘师培：《中国历史教科书》，见《刘申叔遗书》（下），江苏古籍出版社 1997 年版，第 2181 页。

[4] 汪高鑫：《古文经学与史学的近代化》，《中国社会科学院研究生院学报》2011 年第 2 期。

[5] 吴泽、桂遵义等：《中国近代史学史》（修订本下），人民出版社 2010 年版，第 574 页。

读者面前。“《中国历史教科书》是刘师培阐扬史学精神的一次具体实践”[1]，从其论述内容上来看，与当时新史学的很多主张有暗合之处。

刘师培的《中国历史教科书》不仅内容丰富，而且在资料征引方面也很有特点。他注重从经书中找到古史的资料，并在新的历史观的指导下进行解读。如讲古代婚礼，就是以《仪礼》为依据的，他说：“中国前儒以财昏为夷虏之俗，岂知古代之民亦盛行财婚之俗哉！若夫家之财不足酬妇家之值，则赁佣妇家，以身质钱，此即赘婿之制所由起也。(《汉书》注释赘婿为以身质钱，其说甚确。)且据《士昏礼》篇观之，则劫掠妇女之遗义至周亦存，婿行亲迎，必以从车载，从者，此古助人夺妇者也，妇入夫门，有姆有媵咸从妇行，此古助人捍贼者也。(《社会通诠》曰，欧俗嫁娶，为夫傧偿相者称良士，此古助人夺妇者也，为新妇保介者曰扶娘，此古助人捍贼者也，以此制证之，《仪礼》适与相符。)”[2]

刘师培在论述古代礼俗时，除征引经学典籍外，还参考了西方的学术书籍，特别是这种论述宗教社会的书籍，说明他希望通过历史演变窥探人群发展的规律。他运用进化观念解读《仪礼》，古代婚俗被描述的活灵活现，变成了很有趣味的社会史，反映了对进化论的谙熟。新的历史观带给史学研究的变化与旧史观不可同日而语，通过运用新史观，传统经书的内容焕发出异样的学术光辉。正如王汎森所说：“以‘经’的态度看待道德、礼法、制度事物，跟以进化的观点看待它们相比，有一个根本的不同。以‘经’的态度看来，那些道德、礼法、制度、事物是古代圣人有意构作而成的，然而若以进化的眼光看待，则它们都有一个形成的过程，是复杂历史背景下演化的产物，是各种势力交互作用的结果，而且往往出于极不合理的社会力量，是历史之不得不然，而且不一定有正面的道德意义。”[3]刘师培运用进化史观研究古代历史，为古老的经书注入了新的活力，其贡献自然不容小觑。

---

[1] 盛邦和：《解体与重构——现代中国史学与儒学思想变迁》，华东师大出版社2002年版，第41页。

[2] 刘师培：《古政原始论》，见《刘师培清儒得失论》，吉林人民出版社2013年版，第171页。

[3] 王汎森：《近代中国的史家与史学》，复旦大学出版社2010年版，第51页。

刘师培、夏曾佑编写新式历史书之时，正处在新史学渐成一种思潮的时期。20世纪初，历经维新思潮的影响，中国学术界“新思想之输入，如火如荼”，经史之学首当其冲，学术思想发生很大变化，新史学思潮在这种情况下孕育发展。当时一大批学者投入新史学的建设和著述之中，出现很多新的著名成果，史学理论方面有汪荣宝所著《史学概论》、横阳翼天氏所编《中国历史·首篇》、吴渊民编译的《史学通义》等，“这些史学理论著作，都是‘新史学’的产物，又对‘新史学’的发展产生了积极影响”[1]。史学著作方面则以编著新式历史教科书最为突出，著名的有柳诒徵编的《历代史略》，曾鲲化著的《中国历史》，涉园主人的《中国历史教科书》，等等。有学者提出：“判断史学发展的划时代转型，至少应当符合两项标准，一是新的史学理论著述发表并产生了广泛影响，二是与新理论相配合的历史名著流行于社会，特立于史坛。”[2] 从这个意义上来说，20世纪初期，既有以梁启超为代表的新史学理论建设，也有以夏曾佑的《中国古代史》、刘师培的《中国历史教科书》等新式史著为代表的著史实践，这些史学活动的高涨，推进了新史学发展的同时，也实现了中国史学“划时代的转型”。

就这些新史家的经学背景来说，梁启超、夏曾佑是清末经今文学派的重要成员，章太炎、刘师培是清末经古文学派的主要人物。“中国史学的近代化‘转型’，其倡导者和最初的实践者恰恰出自这批人中间”，“尽管经学已经像‘落水狗’一样遭到时人痛责和厌弃，但在探讨中国史学‘近代化’问题时，实际上是绕不开经学这道‘坎’的”。[3] 梁启超、章太炎、夏曾佑、刘师培等人从经学转向史学，说明20世纪初中国史学开始摆脱经学羁绊踏上新的征程，从此跟随世界的步伐迈入了“新史学”的发展阶段。

---

[1] 周文玖：《史学史导论》，学苑出版社2006年版，第355页。

[2] 乔治忠：《中国史学史》，中国人民大学出版社2011年版，第327页。

[3] 路新生：《经学的蜕变与史学的“转轨”》，上海古籍出版社2006年版，第155页。

第十一章　经学与民国新历史考据学

近代以来，经学在民族危机和社会转型中不断衰落。20 世纪初期，随着科举制的废除，经学教育黯然离开历史舞台，经学也逐渐失去了存在的社会基础。民国时期，经学走向终结，不过经学的文化元素并没有消亡。在新旧交替时期，经学和史学的紧密联系依然存在。一方面，经学被分解之后，融入哲学、史学、文学等现代学科中得以重组和保存。另一方面，史学在融会经学内容的同时，亦吸收近代西方史学的营养，逐渐独立发展起来。经学是史学演进的重要因子，其对中国史学转型的影响既深刻又深远。因此，探讨民国史学的发展，亦不能忽视经学的影响。

第一节　重要新历史考据学家的经学背景

白寿彝在论述中国史学近代转型时曾提到中国史学界出现的一些引人注目的新情况，认为在史料方面，利用了一些前所未有的新材料，如古老的文化遗存、出土的文献，还利用了佛教、道教的典籍和档案材料，以及域外的材料和语言学的材料。“其成绩好的，可以改变某一历史时期或某些历史重大问题的研究面貌。‘五四’以后，在史料考订上的成绩，继承了乾嘉考据学的传统，而又大大发展了这个传统，是远非乾嘉考据学所能比的。我们可以称之为新考据学”[1]。这里说的新考据学，就是通常所说的新历史考据学。

[1] 白寿彝：《中国史学史》第一卷，上海人民出版社 2006 年版，第 67 页。

一、经学与新历史考据学家的知识积淀

新历史考据学继承乾嘉学者的考证方法，同时借鉴西方科学的史学观念，从史料入手，以客观、求实的态度，把经学考证纳入史学研究之中，扩展了史学研究的广度和深度，从而将历史考证推向一种全新的境界。从新历史考据学的历史和治学旨趣进行概括，我们对新历史考据学可作如下的定义：以重视治史方法、进化史观和新史料的发现相结合为基本特征，滥觞于20世纪初，在20年代至40年代获得丰硕成果；重考史而轻著史，重方法而轻史观，以学问为目的，为学问而学问。代表性人物有王国维、陈垣、陈寅恪、顾颉刚、傅斯年等。[1] 新历史考据学是20世纪上半叶史学界的一道亮丽风景，代表了中国史学从传统向现代转型的一个重要阶段。[2]

关于新历史考据学的产生以及取得巨大学术成就的原因，过去多从新史料的发现、西方学术理念及学术方法的输入和运用、清代乾嘉考据学的影响等方面进行探讨，这无疑是正确的。然对新历史考据学与经学的关系重视不够，则不能不说是一个遗憾。顾颉刚说："经学，是我国人研究了二千多年的学问，因此一切学问都汇合在经学里……经学在中国文化史里自有其卓绝的地位。"[3] 在中国传统学术中，经史关系密切，二者互为联动。因此，进入20世纪，史学的转型必然有经学的背景和原因，并对经学的地位和研究产生一定的影响。有鉴于此，经学与新历史考据学的关系，就是一个不能回避的问题。

新历史考据学从20世纪初期发端，至20世纪二三十年代达到辉煌，

---

[1] 此所举不过是比较典型的学者而已。持考史为治史手段和目的的学者数量众多，但有的学者在考史的同时也有著史的实践，如朱希祖、邓之诚、钱穆等，他们也应是新历史考据学阵营中的成员。

[2] 中国史学的近代转型，大致经过了这样的几个阶段：早期新史学、新历史考据学、历史解释学或马克思主义史学。参见王汎森：《晚清的政治概念与"新史学"》，见《近代中国的史家与史学》，复旦大学出版社2010年；周文玖：《梁启超、胡适、郭沫若史学特点之比较及其学术关联》，《史学史研究》2011年第3期。

[3] 顾颉刚：《顾颉刚全集》第38册，中华书局2010年版，第416页。

汇聚了众多经史学者的业绩，如章太炎、王国维、朱希祖、钱玄同、刘师培、陈垣、陈寅恪、傅斯年、蒙文通等。这些学者生活在新旧交替的时代，与旧式教育和传统经学的联系有所不同。从教育背景看，章太炎、王国维等人从小就接受家学和私塾的训练，参加科举考试，沿着秀才、举人、进士的科考之路，一步一步地前行。他们在接受科举训练的求学过程中，阅读和背诵了大量的经、史、子、集书籍，在传统学术方面有深厚的积累。到清末维新变法时，他们正处于二三十岁的青年时期，接触过传教士和洋务运动时期翻译的西学书籍，获得了一定的西学知识。既有深厚的旧学修养，又在思想上求变、求新，以至直接参加晚清社会变革的政治活动，是这批学者的一个重要特征。稍晚一些的钱玄同、朱希祖等，在少年时代接受的也是旧式教育，等到他们刚成年，科举废除，转而进入新式学堂，接受新式教育。他们的旧学学历一般来说相当于秀才，如朱希祖、陈垣，都有秀才的资格。科举废除后，他们或进入新式学堂，或出国留学。朱希祖、钱玄同都是留日生，陈垣则入医学院学习医学，接受了较为系统完整的新式教育。而陈寅恪、顾颉刚、傅斯年等这一批学者接受的基本是新式教育。他们的新式教育，也包含中国传统的经史子集课程，但已经不以科考为目的，教学方式也出现了很大的变化。这些学者中，有的家学传统浓厚，源远流长，尽管他们接受的是新式教育，但从小就打定了旧学的根基。他们成年时，国内已经建成了新式的高等教育机构，能够在国内读大学，毕业后到国外留学。

章太炎、王国维等早期的新历史考据学者受到的经学训练一般多于史学训练，在近代史学尚未产生的历史条件下，他们的学问偏重经学，或者说偏重具有综合意义的国学，大都是以经学家的身份而影响学界的。他们可以被称作经学大师或国学大师，但在史学上，似乎并不特别专擅一门，或者说，他们都不自限于历史研究。章太炎计划撰述百万字的《中国通史》，可惜未成，晚年撰写《清建国别记》等历史研究著作，但在他的著述中所占比重很小。王国维在辛亥革命后才转入历史研究。深厚的经学、文字学基础，使他在史学领域游刃有余，成就骄人。其他诸位的研究领域更是集中在经学上面。他们在现代学术分科之后，或转向文学，或转向哲学。钱玄同、陈垣等这一批学者受到廖平、康有为、章太炎、王国维等的学术影响。他们是现代学术分科的主要制定者和实施

者，从国学家向专门家转变，开始体现在他们身上。陈寅恪、顾颉刚、傅斯年等经过五四运动的洗礼，思想解放，崇尚科学精神，又接受了系统的新式教育，在学术分科基本确立的环境下，很快成为新历史考据学的生力军和中坚力量。

二、经学与新历史考据学家的学术特征

中国历史上的经今古文之争，从东汉后沉寂了一千五百年，至乾嘉时期又激烈起来。今文经学经过数代复兴，到清朝末年，声势大涨。经今古文学的争论也明显的反映到新历史考据学的学术思想中。经学对新历史考据学之影响，即由此而显现。章太炎固守古文家法，力斥今文，是经古文派的最后一位大师。柳诒徵、王国维等，没有明确的今古文表态，在他们的著作中都比较注重运用经传研究古史。他们有一个共同的特点，都强调礼在治史中的作用。柳诒徵说："王氏精研周制，谓中国政治文化之变革，莫剧于殷周之际，且究其立制之本意，出于万世治安之大计，其心术与规摹，非后世帝王所能梦见，故其例证，多就周之宗法服术之类言之。实则所谓合天下以成一道德之团体之精髓，周制独隆，而此前必有所因，虽周亡而其精髓依然为后世之所因，不限于有周一代也……吾谓史出于礼，熟察之，莫非王氏所谓精髓之所寄也。"[1] 当时的学者，由于身处经学在学术体系中尚具有重要地位、今古文并存及论争的时代，他们不能不做出经学倾向的抉择。其经学倾向，对他们的古史观念和如何研究古史，具有重要的影响。此后，随着他们的老师辈退出学术前沿，他们就成了学术宗师。他们设坛讲学，教导弟子，使得经学家派有所延续。因而后来学者的治史理念和治学方法都受到经学家派的影响，其在新历史考据学中发挥的作用，以及对历史学近代转型的推动，均体现出明显的经学背景。

朱希祖、钱玄同是章太炎的弟子，二人于20世纪初年在东京留学时拜章太炎为师，在经学、小学、音韵学、史学、文学等方面受章氏陶冶；

[1] 柳诒徵：《国史要义》，华东师范大学出版社2000年版，第341页。

后又在北京大学、北京师范大学等著名高校任教多年，具有学术影响力。他们在经学方面开始时都是主古文的，但后来钱玄同又拜崔适为师，转向今文。朱、钱二人交谊甚好，且都与章太炎保持了深厚的师生情谊，但在经学观点上，却有很大的分歧。朱希祖说："余与玄同颇多相合，惟谈经不相合，而心最莫逆也。"[1] 陈垣早年参加科考，受到扎实的汉学训练。在他研治经史之学的道路上，似未得名师指点，主要依靠自己的坚苦力学而在史学方面成就卓越。但他服膺顾炎武、钱大昕，且受钱大昕治学旨趣和方法的影响更大。[2] 陈寅恪未参与经今古文论争，然从他对疑古派全然否定伪书史料价值的批评中，却能反映出他与今文经学的分歧。如他说，一本托名先秦人物的书，经过考证虽是魏晋时代的人所作，但也可以借此观察魏晋时人对先秦一些事件持何态度或作何评价，并由这种态度和评价了解魏晋时人的精神状况和价值理念。傅斯年在《历史语言研究所工作之旨趣》中，一方面嘲讽和批评了章太炎，云："又坐看章炳麟君一流人尸学问上的大权威。章氏在文字学以外是个文人，在文字学以内做了一部《文始》，一步倒退过孙诒让，再步倒退过吴大澂，三步倒退过阮元，不特自己不能用新材料，即是别人已经开头用了的新材料，他还抹杀着。至于那部《新方言》，东西南北的猜去，何尝寻扬雄就一字因地变异作观察？这么竟倒退过二千多年了。"[3] 另一方面，他又高唱："我们宗旨第一条是保持亭林、百诗的遗训……他们搜寻金石刻文以考证史事，亲看地势以察古地名。亭林以语言按照时和地变迁的这个观念看得颇清楚，百诗于文籍考订上成那末一个伟大的模范著

[1] 朱希祖：《朱希祖日记》，中华书局 2012 年版，第 908 页。

[2] 陈垣的儿子陈乐素回忆道："他后来更多地敬重的是钱大昕。钱大昕博通经史，在史学上以长于考据、校勘著名。钱氏因不满于《元史》的陋略，有志重修，但仅有《元史艺文志》《元史氏族志》和《元诗纪事》，全书未竟成。陈垣同志既重钱大昕的考据学，而专攻元史，也不能说不受钱氏的影响与启发。试看钱作《四史朔闰表》，陈垣同志有《二十史朔闰表》；钱作《古今文人疑年录》，陈垣同志有《释氏疑年录》，这不是偶然的巧合吧！但以成就来说，陈垣同志青胜于蓝，后来居上。"见陈智超编：《励耘书屋问学记》，生活·读书·新知三联书店 2006 年版，第 23 页。

[3] 岳玉玺等：《傅斯年选集》，天津人民出版社 1996 年版，第 176 页。

作，都是能利用旧的新的材料，客观地处理实在问题，因解决之问题更生新问题，因问题之解决更要求多项的材料。这种精神在语言学和历史学里是必要的，也是充足的。”[1] 这实际上是站在国际汉学的高度，宣言要继承清代正统的汉学传统。而这个传统又是与古文家法紧密相连的。傅氏虽然明言章氏之短，而实际上却是走的章氏的治学路数。就经学家派而言，他们尚属同一阵营。[2] 傅氏曾有一生前未发表的手稿《戏论》，以小说的形式讽刺顾颉刚、钱玄同为首的“疑古”派，[3] 反映了他所接受的经学家法与顾、钱之不同。蒙文通在 1912—1913 年于四川国学院从学于廖平、刘师培。廖氏的学问对蒙文通的影响很深。蒙文通 1915 年的《孔氏古文说》及 1923 年的《经学导言》，虽然论旨与老师有所不同，但问题的延续性清晰可见，尤其是按地域把古代儒家学术分成几个群组这一点。[4] 钱穆自学成才，他所写的《刘向歆父子年谱》，是针对今文家指责刘氏父子伪造上古典籍而作的，带有古文经学的倾向。

新历史考据学当然不止上述学者，但上述学者却是新历史考据学的代表人物。他们都有经学的深厚背景，新历史考据学也就因此打上了经学的烙印。

---

[1] 岳玉玺等：《傅斯年选集》，天津人民出版社 1996 年版，第 179 页。

[2] 傅氏在《性命古训辨证》中，采信刘师培《左氏春秋考证》的观点。认为“《左传》《国语》者实为东周第一宝书，其成书虽在战国，其取材则渊源甚早，所举宪典话言或有沿自西周者矣”。见傅斯年：《民族与古代中国史》，河北教育出版社 2002 年版，第 285 页。

[3] 《戏论》：“时宇相对，日月倒行，我昨天在古董铺里搜到半封信，是名理必有者写的，回来一查通用的人名典，只说‘理必有是……三十三世纪的人，好为系统之疑古，曾做《古史续辨》十大册，谓民国初建元时谈学人物颇多，当时人假设之名，有数人而一名者，有一人而数名者，有全无其人者，皆仿汉儒造作，故意为迷阵以迷后人。甚谓孙文是《西游记》孙行者传说之人间化、当时化，黄兴亦本黄龙见之一种迷信而起。此均是由民间传信，后来到读书人手中，一面求雅驯，一面借俗题写其自己理想的。此等议论盛行一时，若干代人都惊奇他是一位精辟的思想家。’”见王汎森、杜正胜编：《傅斯年文物资料选辑》，文渊企业有限公司 1995 年出版，第 86 页；亦见王汎森：《傅斯年：中国近代历史与政治中的个体生命》，生活·读书·新知三联书店 2012 年版，第 238—239 页。

[4] 参见王汎森：《从经学向史学的过渡——廖平与蒙文通的例子》，《历史研究》2005 年第 2 期。

第二节　新历史考据学家的经史关系论

关于经史关系，在中国古代就有很多的讨论。自王阳明提出“《春秋》亦经，五经亦史”之后，王世贞、李贽都说过类似的话。到清代，章学诚更是响亮地提出“六经皆史”，影响所及，直达龚自珍。[1] 在中国史学近代转型的进程中，经史关系也是一个不可绕过的问题，新历史考据家们出于自己的经学见解和史学观念，给予了不同的回答。

一、“六经皆史料”及其讨论

章太炎在多种场合下提到“六经皆史”。他说：“‘经’者，编丝缀属之称，异于译义为‘经’。盖彼以贝叶成书，故用线连贯也；此以竹简成书，亦编丝缀属也”[2]。“六经皆史也，这句话详细考察起来，实在很不错……‘六经’无一非史，后人于史以外，别立为经，推尊过甚”[3]。他还从六经的起源和内容之角度说明为什么六经就是史，说：“《尚书》《春秋》固然是史，《诗经》也记王朝列国的政治，《礼》《乐》都是周朝的法制，这不是史，又是甚么东西？惟有《易经》似乎与史不大相关，殊不知道，《周礼》有个太卜的官，是掌周易的。《易经》原是卜筮的书，古来太史和卜筮测天的官，都算一类，所以《易经》也是史。古人的史，范围甚大，和近来的史部有点不同，并不能把现在的史部，硬去分派古人。这样看来，六经都是古史。所以汉朝刘歆作《七略》，一切记事的史，都归入《春秋》家。可见经外并没有史，经就是古人的史，史就是后世的经。”[4] 对于《周易》的史的性质，他又特别说明：“至于《周

[1] 参见周文玖：《“六经皆史”考论》，见《因革之辨》，北京师范大学出版社2012年版，第142—153页。

[2] 章太炎：《国故论衡》，上海古籍出版社2003年版，第53页。

[3] 章太炎讲演，曹聚仁整理：《国学概论》，上海古籍出版社1997年版，第18—19页。

[4] 章太炎：《论六经皆史》，见《章太炎学术史论集》，中国社会科学出版社1997年版，第26页。

易》，人皆谓是研精哲理之书，似与历史无关，不知《周易》实历史之结晶，今所称社会学是也。”[1] 章太炎的“六经皆史”之论，与章学诚的思想是一脉相承的，他的“史”，是包含了“才、学、识”的历史著作。

“六经皆史”说在民国时期得到广泛认同。梁启超说：“章实斋说‘六经皆史’，这句话我原不敢赞成，但从历史家的立足点看，说‘六经皆史料’，那便通了，既如此说，则何只六经皆史，也可以说诸子皆史，诗文集皆史，小说皆史，因为里头一字一句都藏有极可宝贵的史料，和史部书同一价值。”[2] 也就是说，“六经皆史”，若史指的是史学著作，梁氏不赞同，若指的是史料，他是赞成的。朱希祖在《章太炎先生之史学》一文中，对章太炎的“六经皆史”之论解释道：“先师之意，以为古代史料，具于六经，六经皆史，故治经必以史学治之，此实先师之所以异乎前贤者。且推先师之意，即四部书籍，皆可以史观之，即亦皆可以史料观之，与鄙意实相同也。”[3] 在此之前，朱希祖对章学诚的“六经皆史”曾有批评，认为如果说“六经皆史材”就能讲得通了：“然希祖私心窃谓章氏之学全在‘六经皆史’一语，希祖则谓六经皆史材。史者以明人事之因果为始，六经未足以语此，故不足为史。护章氏者则谓章氏之意，本以六经为史材。”[4] 与朱希祖观点相同的还有胡适。胡适在《章实斋年谱序》云：“先生作《文史通义》之第一篇——《易教》——之第一句即云：‘六经皆史也’。此语百余年来，虽偶有人崇拜，而实无人深懂其所涵之意义……其实先生的本意只是说‘一切著作，都是史料’。如此说法，便不难懂得了……以子集两部推之，则先生所说‘六经皆史也’，其实只是说经部中有许多史料。此种区别似甚微细，而实甚重

[1] 马勇编：《章太炎讲演集》，河北人民出版社 2004 年版，第 150 页。

[2] 梁启超：《治国学的两条大路》，见《饮冰室合集》文集之三十九，中华书局 1989 年版，第 111 页。

[3] 朱希祖：《章太炎先生之史学》，见《朱希祖文存》，上海古籍出版社 2006 年版，第 348 页。

[4] 朱希祖：《〈文史通义札记〉序》，见《朱希祖文存》，上海古籍出版社 2006 年版，第 379 页。

要，故我不得不为辩证。”[1] 梁启超、胡适对章学诚“六经皆史”的解释以及朱希祖对章太炎“六经皆史”的阐释，今天看来，都不准确，都有把自己的观点加到二章的头上之嫌。但是，是否符合二章原意是一回事，把“六经皆史”解释为“六经皆史料”则是另一回事。虽然“六经皆史料”论者未必比“六经皆史”论者正确、高明，但这种解释的出现，却是经学衰落、史学崛起的显著反映，即要把经学纳入史学研究的范畴。

朱希祖甚至提出应捐除“经学”的名称，因为在他看来，“经之本义，是为丝编，本无出奇的意义。但后人称经，是有天经地义，不可移易的意义，是不许人违背的一种名词”[2]。朱希祖“捐除经学之名”的口号逐渐成为人们的广泛共识。吕思勉在 1921 年曾就朱氏之言表示意见：“窃谓经学为一种学问，从此以后，必当就衰，且或并此学之名目，而亦可不立……夫以经学为一种学科而治之，在今日诚为无谓，若如朱君之说，捐除经学之名，就各项学术分治，则此中正饶有开拓之地也。”[3] 朱希祖还深感当时学界对“文学”的界定过于宽泛，“讲授历史，往往与文学不分，所谓‘文史’往往相提并论”，束缚了史学的独立发展，于是他在北京大学开设“本国史学名著”一课时特别说明：“吾国史学文学，自古以来，均混而为一，且往往以史学为文学之附属品。观近代史学名家章学诚尚著《文史通义》，其他可知。惟唐刘知幾深恶文人作史，期史学脱离文学而独立，特著《史通》以表其义。兹故以《史通》20 卷为讲演之书；而以《文史通义》为参考之书。”[4]

---

[1] 胡适著，姚名达订补：《章实斋先生年谱》，商务印书馆 1931 年版，第 137 页。

[2] 朱希祖：《整理中国最古书籍之方法论》，见《朱希祖文存》，上海古籍出版社，2006 年，第 95 页。章太炎在多次演讲中也持这一观点。如他说：“古代记事书于简。不及百名者书于方，事多一简不能尽，遂连数简以记之。这连各简的线，就是‘经’。可见‘经’不过是当代记述较多而常要翻阅的几部书罢了。非但没含宗教的意味，就是汉时训‘经’为常道，也非本意。”见《章太炎国学讲义》，海潮出版社 2007 年版，第 4 页。

[3] 吕思勉：《答程鹭于书》，见《吕思勉遗文集》上册，华东师范大学出版社 1997 年版，第 243 页。

[4] 转引自刘龙心：《学科体制与近代中国史学的建立》，见《20 世纪的中国：学术与社会·史学卷》下册，山东人民出版社 2001 年版，第 535 页。

二、时代变迁与经之为史

梁启超、朱希祖、胡适等人之所以把“六经皆史”解读为六经皆史料，与五四时期的社会大背景有关。五四是倡科学、重理性、破传统的时代。尊孔读经不符合时代潮流，虽有此前袁世凯政府的提倡，但这种提倡实际上因人们对帝制的厌恶而更增加了绝大多数学者对经书的鄙薄，促进了学者们对经学神话的破除。神圣的经学终于被放在了理性的天平上，接受价值的评判。胡适说：“尊经一点，我终深以为疑。儒家经典之中，除《论》《孟》及《礼记》之一部分之外，皆系古史料而已，有何精义可做人模范？……《诗》则以文学眼光读之，《左传》与《书》与《仪礼》则以历史材料读之，皆宜与其他文学历史同等齐观，方可容易了解。”[1] 在回答钱玄同关于《春秋》是一部什么性质的书的问题时，他倾向于把《春秋》说成是孔子所作的史书，而非包含“微言大义”之作：“今本《春秋》不是晚出的书，也许真是孔子仿古书法而作的。”[2] 顾颉刚在论及经学和史学的关系时，说：“窃意董仲舒时代之治经，为开创经学，我辈生于今日，其任务则为结束经学。故至我辈之后，经学自变而为史学。惟如何必使经学消灭，如何必使经学之材料转变为史学之材料，则其中必有一段工作，在此工作中我辈之责任实重。”[3] 又说：“经书与子书及几部古史同是古籍，应在平等的待遇之下为史学家所取材了。”他明确提出要“把经学的材料悉数变成古代史和古代思想史的材料”[4]。至于章太炎1935年发表演说《论读经有利而无弊》《再释读经之异议》等，也不是神化经学，而是看到经书本身的思想文化价值以及保存国性、种姓的作用，是对试图简单抛弃经学的批评。

历史考据学家声言“六经皆史料”，纵然使丰富的经史关系变得简单化、狭隘化，却委实是史学突破经学羁绊、获得独立地位的一个显著标

[1] 胡适：《胡适文存》四集，黄山书社1996年版，第368页。

[2] 胡适：《胡适文存》四集，黄山书社1996年版，第404页。

[3] 顾颉刚：《顾颉刚学术文化随笔》，中国青年出版社1998年版，第294页。

[4] 顾颉刚：《我的治学计划》，见《传统文化与现代化》1993年第2期。

志，也是学术界思想解放的重要象征。此后，经学的地位下沉了，它被作为历史文化遗产，纳入历史学的系统，成为历史研究的一项内容。

第三节　经学对新历史考据学史学观念的影响

新历史考据学的史学观念包括历史观和史学方法论，这二者既受到西方史学观念的影响，又与传统经学的影响密不可分。从某种意义上讲，新历史考据学的史学观念是中国传统经学与西方近代史学观念相结合的产物。

一、今文经学的“三世说”与新历史考据学的历史观

中国史学近代转型的一个突出表现，就是历史观发生了重大变化。退落的、循环的历史观遭到批判和抛弃，[1] 进化史观得到了史学界广泛的认同。进化史观作为一种社会历史观得以确立，是在中西学术交流中实现的。晚清翻译的西学书和严复翻译的《天演论》等，对中国的知识界产生很大的影响。康有为、章太炎、梁启超等人在准备科举考试期间，就阅读过这些书籍。但是，要把西方的进化论真正变成中国人完全接受的观念，还必须与中国固有的文化遗存融合起来。而今文经学的“三世说”与西方进化观能够形成共振共鸣，成为中国人接受和树立进化史观的重要媒介。康有为在完成中西进化观的嫁接和融合方面，是有重要贡献的。《公羊传》中有“三世说”雏形，称孔子修《春秋》“所见异辞，所闻异辞，所传闻异辞”。董仲舒进而提出“张三世”“通三统”之说，“《春秋》今十二世为三等，有见、有闻、有传闻，有见三世，有闻四世，有传闻五世”。“《春秋》当新王”。“《春秋》当新王之事，变周之制，当正黑统”。何休注《公羊传》，进一步演变成“据乱世、升平世、太平世”的“三世说”，成为一套朴素的社会发展阶段论的历史哲学。至龚自珍吸收了“三世说”中“变”的观点，用“治世、衰世、乱世”来说明封建

[1] 参见李大钊：《史观》，见《史学要论》，河北教育出版社 2000 年版，第 294 页。

统治由兴盛走向衰落，“三世说”于是就与讥评时政、变革现实的要求结合起来。康有为在《孔子改制考》《春秋董氏学》《论语注》等书中一再阐发“公羊三世说”，把社会进化学说与建立君主立宪的政治主张结合起来，形成具有资产阶级性质的历史进化理论。梁启超 1902 年撰著《新史学》提出：“历史者，叙述人群进化之现象而求得其公理公例者也。”进化的观念于是成了一种历史理论。20 世纪初期的历史家，都试图根据这种理论，来重新审视和编纂中国历史。

今文经学的历史观念和对上古典籍的大胆怀疑，对 20 世纪 20 年代兴起的古史辨派具有很大的影响。顾颉刚说：“我的推翻古史的动机是受了《孔子改制考》的明白指出上古茫昧无稽的启发，到这时而更倾心于长素先生的卓识。”[1] 他提出的“层累地造成中国古史说”，以及破除传统的古史观，都从康氏的今文经学那里吸取了合理因素，特别是他提出的“要打破把古代看作黄金时代的观念”，认为古人被神化后，古代就被描绘成黄金世界，好像越古越快乐，因此要揭开这种欺骗，更与今文经学的一些说法直接有关。古史辨派在其初期偏重破坏伪的古史系统。其原动力就来自今文经学。可见，“对于思想解放之勇决”，今文家确有力焉。

二、古文经学与新历史考据学的治史方法

古文经学对新历史考据学所产生的影响主要体现在方法论方面。章太炎尊崇的是古文经的治学家法，奉实事求是、无征不信为学术研究之信条，主张“以狱法治经”。他说：“审名实，一也；重佐证，二也；戒妄牵，三也；守凡例，四也；断情感，五也；汰华辞，六也。六者不具，而能成为经师者，天下无有。”[2] 这些治经原则，无疑体现了科学严谨的精神。

新历史考据学家的治学范围多为古史，经学对其古史研究的重要性不言而喻。在他们眼中，经学不仅是作为研究对象的史料，也是借鉴和

[1] 顾颉刚：《古史辨自序》，河北教育出版社 2000 年版，第 59 页。

[2] 章太炎：《说林下》，见《章太炎全集》（四），上海人民出版社 1985 年版，第 119 页。

发展治学方法的源泉。新历史考据学以传统经学考证为本源，在继承经学考证真谛基础上加以光大和发扬，同时吸收 20 世纪新思想、新方法，重视和利用新史料，开拓出史学的新天地。

王国维是新历史考据学的开山鼻祖，他深得文字音韵训诂之学的要领，纯熟地将其运用于经史考证之中。他将地下资料与地上文献资料相互印证，提出二重证据法，实现了“古史新证”。王国维考释新旧史料时，走了一条以文字学治史的路径。许冠三说：“王学的最大建树在古史研究，古史研究的出发点在古文字学，立足点在小学。亦即由小学以通史，正如乾嘉诸老之由小学以通经。”[1] 这一评价准确地指出了王国维学术研究的特点，也道出了王氏史学成就的根基所在。张之洞在《书目答问》中说：“由小学入经学者，其经学可信；由经学入史学者，其史学可信。”[2] 王国维的史学就是运用小学及经书资料来考证古史，故其史学成就举世公认。在以经书考证古史时，王国维今、古文兼采，未对今文、古文有所轩轾，而是择善而从。曾云“移居之后，日读注疏一卷，拟自三礼始，以及他经”，“今年发温经之兴，将三礼注疏圈点一过”。[3] 他在《殷周制度论》中，《左传》《公羊传》都有引用，且多采《公羊传》的说法。

陈垣是新历史考据学的另一位巨擘。陈垣师承清代考证学家的方法和精神，推重顾炎武、全祖望、钱大昕、赵翼、王鸣盛等清代考史大家，在搜集材料方面“竭泽而渔”，在论史方式上列举类例，将“经学考证之法移以治史”，归纳法、演绎法有机结合，创立“史源学”，在历史考证方面取得高出乾嘉考据大家的学术业绩。

新历史考据学在时代要求下把“求真”作为首要目标，以考据为治史的主要手段，以史料的搜集和考证为主要工作对象。他们能够跳出家派之争的旋涡看经学，拥有了更加宽广的学术视野。朱希祖说：“余以史学治经学，以论理学方法解决疑难，最鄙视今古文家门户之见。旧时以

---

[1] 许冠三：《新史学九十年》，香港中文大学出版社 1986 年版，第 104 页。

[2] 张之洞著，范希曾补正：《书目答问补正》，上海古籍出版社 2001 年版，第 258 页。

[3] 王国维：《致缪荃孙》，见《王国维全集·书信》，中华书局 1984 年版，第 36、37 页。

汲冢古文书为晋人伪造，今治晋史知其不然。盖孔壁、汲冢、殷墟甲骨刻辞，实为吾国三大发现，信甲不得不信乙丙。近人或不信甲骨刻辞钟鼎款识而信孔壁古文经，或不信孔壁古文经而信甲骨刻辞钟鼎款识，同是埋藏古物，何以信甲而不信乙，信乙而不信甲？是皆不合于论理方法者也。盖真伪之事，须为客观判断，不得偏任主观，凭空臆说。上列三事，皆客观条件具足，确皆可信，非大言虚说所可推倒者也"[1]。"我们现在讲学问，把古今书籍平等看待，也不是古非今，也不尊今薄古，用治生物学、社会学的方法来治学问。换句话讲，就是用科学的方法来治学问"[2]。吕思勉也说："'发生今文与古文孰为可信'之问题，予谓皆可信也，皆不可信也。皆可信者，以托古改制之人，亦必有往昔之事实，以为蓝本，不能凭空臆造；皆不可信者，以其皆为改制之人所托，而非复古代之信史也。"[3] 在这里，其历史的眼光、求真的态度得到充分反映。

陈寅恪说："清代经学发展过甚，所以转致史学之不振。"[4] 然而，清代经学的发达，实际是经书考据的发达，本身已孕育了史学发达的种子。因此，一旦史学冲破经学的藩篱，随之而来的是历史考据学的兴盛。20 世纪初期新史料的发现、外来史学观念的传入，更是为历史考据学的繁荣提供了条件。由上所论可知，新历史考据学作为中国史学转型的一个阶段，与经学的孕育是分不开的，这种孕育既表现于新史观的产生，又体现在方法论的革新。随着近代史学转型的完成，经学真正化作了滋养史学发展的沃土，神圣的光辉彻底消失。

---

[1] 朱偰：《先君逖先先生年谱》，见《文史大家朱希祖》，学林出版社 2002 年版，第 194 页。

[2] 周文玖选编：《朱希祖文存》，上海古籍出版社 2006 年版，第 87 页。

[3] 李永圻：《吕思勉先生编年事辑》，上海书店 1992 年版，第 106 页。

[4] 陈寅恪：《陈垣〈元西域人华化考〉序》，见《金明馆丛稿二编》，生活·读书·新知三联书店 2001 年版，第 270 页。

第十二章　经学与马克思主义史学

所谓马克思主义史学，就是自觉地运用唯物史观研究历史的历史学，其基本特征是重视探讨中国历史的发展过程及其规律。马克思主义史学的根本观念是把历史作为一个整体，看成有联系的进步的过程；认为物质生产是历史变化发展的根本动因，历史的运动具有一定的客观规律性，进而把认识历史规律作为历史研究的最高层次。[1] 这里的"马克思主义史学"均指中国马克思主义史学。

中国马克思主义史学的出现有特定的社会背景。民国初年，虽然民主思想有所发展，但专制思想并没有铲除，张勋复辟、袁世凯称帝的逆流接连不断，思想界尊孔的倾向重新高涨。此时，陈独秀、李大钊、胡适等先进知识分子举起民主和科学的大旗，发动了新文化运动。"在对传统的批判基础上，新文化运动的最大贡献之一就是马克思主义的唯物史观引入了中国"[2]。五四运动以后，马克思主义得到了进一步传播和发展。以李大钊、郭沫若、范文澜等为代表的马克思主义者，在唯物史观的指导下，重新审视古史经典，把中国史学带进了科学的殿堂。

除了社会和思想背景之外，中国马克思主义史学的产生还有学术自身发展的内在逻辑。五四时期，经学退出历史舞台，然而中国在意识形态领域非但没有显得空寂，反而出现热烈竞争的局面。西方各种思想传入中国，包括实验主义、无政府主义、社会主义、文化保守主义等，马

[1] 参见王昌沛、周文玖：《中国马克思主义史学的学术品格》，《史学史研究》2009 年第 2 期。

[2] 许凌云等：《儒学与中国史学》，山东大学出版社 1992 年版，第 424 页。

克思主义只是其中之一。中国人民之所以选择了马克思主义，是因为：第一，马克思主义是科学的思想体系，代表了人类近代社会科学发展的最新成果；第二，它是解决中国社会现实问题的理论指针，比较适合中国社会的实际；第三，马克思主义与中国的民族文化有相通之处，中国人先天具有接受这一理论形态的文化基因。如刘大年所说，“马克思主义与中国传统文化中古典的朴素的唯物辩证法的思想是可以沟通的”。“马克思主义哲学中互相联系的两个部分，一是唯物论，二是辩证法。中国传统哲学、首先是经学里面，就流传着这两者的科学要素。汉代人关于‘实事求是’的思想和《易传》上的朴素辩证法，很能说明问题”。因此，“马克思主义与中国传统文化相结合，是中国文化的自我更新，是中国文化现阶段的重要发展”。[1] 从这个意义上来说，马克思主义史学与中国传统文化有密不可分的联系，而经学作为传统文化的重要内容，自然与中国马克思主义史学有所关联。这种关联既体现在它对马克思主义史学的产生和发展的影响方面，也表现在马克思主义史学家对经学的研究中。

第一节　马克思主义史学家的经学背景与经学观

近代中国史学转型期的马克思主义史学家，从 20 世纪 20 年代始至 40 年代，形成了一支浩浩荡荡的队伍。著名者有李大钊、郭沫若、吕振羽、范文澜、翦伯赞、侯外庐、杜国庠、赵纪彬、何干之、尹达等。此外，一些共产党的领导人或理论家也用马克思主义观点撰著了中国现当代史或革命史著作。他们是吴玉章、蔡和森、瞿秋白、邓中夏、李达、彭湃、恽代英、张闻天、李维汉等，虽然他们的著作大都是为配合当时的革命形势而作的，但也属于学术著作。所以，他们也应在马克思主义史学史上占有一定的位置。这些著名的马克思主义史学家，早年都与经学结下了不解之缘。

---

[1] 刘大年：《评近代经学》，见《明清论丛》（第一辑），紫禁城出版社 1999 年版，第 46 页。

一、马克思主义史学家的经学背景

在马克思主义史学家中，李大钊可谓是先驱。他最早在中国全面系统地介绍马克思主义。1919 年，李大钊发表《我的马克思主义观》，介绍马克思主义的基本原理。1924 年 5 月，李大钊的《史学要论》问世，第一次根据唯物史观论述了什么是历史，什么是历史学，历史学的系统，史学在科学中的位置，史学与其相关学问的关系，现代史学的研究及于人生态度的影响等史学的基本问题，为中国马克思主义史学的产生奠定了基础。李大钊 1889 年出生于河北乐亭农村，1895 年入私塾接受启蒙教育，先后从当地名师单子鳌、赵辉斗学习。中学毕业后，李大钊考入天津北洋法政专门学堂，1914 年入日本早稻田大学政治系本科学习。李大钊 1918 年进入北京大学，出任北大图书馆主任。1920 年 7 月他被北大评议会特别会议聘为教授。李大钊是整理国故时期学术界宣传马克思主义，鼓吹用唯物史观研究历史，开创历史学新纪元的异军突起之史家。尽管李氏此时在北大以演讲史学理论、史学思想史为主，但从他发表的为数不多的关于古史研究的论文中，依然可以看出他在古代文献乃至文字学方面的深厚功力。这与他早年熟读四书五经有很大关系，与他在日本读书期间及回国后与甲寅派学者如章士钊等人的交往亦有关系。

郭沫若在大学时读的是医科，但最终从事的是文学创作和历史研究。这与他少年时代打下的深厚文史基础是分不开的。郭沫若 1892 年出生于四川乐山，自幼熟读四书五经，并且曾用很大工夫研读《史记》《资治通鉴》等史学名著，对于《诗》《书》《易》等儒家经典也很熟悉，所以即使在他侨居日本，书籍资料极难搜求的情况下，也能依靠以往坚实的经史基础进行古史研究。郭沫若读小学、中学时，受两位老师影响很大，一位是帅平均，一位是黄经华。他们都是今文学大师廖平的弟子。帅平均非常钦服廖平，讲经学时常常有所称引，在当时的郭沫若看来，廖平“就好像是一位教祖”[1]，其影响自然是深远而博大的。

郭沫若对帅平均的读经、讲经课很感兴趣，也从中深获教益。入乐

[1] 郭沫若：《郭沫若选集》第 3 卷，人民文学出版社 1997 年版，第 56 页。

山县高等小学前，郭沫若在私塾中习读经书，通过帅平均接触到了更系统的经学知识，开始“知道经学中有今文派、古文派的辨别”[1]。郭沫若原来在家塾中读梅赜的《古文尚书》，帅平均传授的今文经学家法让他耳目一新，小学时代的郭沫若已经萌生了对今文经学的浓厚兴趣。1907年秋，郭沫若进入嘉定府中学堂，经学教员是黄经华。黄经华是郭沫若的同乡，对郭沫若格外照顾。在黄经华的鼓励和支持下，郭沫若对今文经学的兴趣得到了进一步培养和发展。黄经华教授《春秋》，他继承了廖平三传一家的学说，并有所发挥，“他很有把孔子宗教化的倾向，他说唐虞三代都是假的，‘六艺’都是孔子的创作，就是所谓托古改制”，“他这种见解在当时是很新鲜的”。[2] 接受了马克思主义的郭沫若，对今文经学的这些观点自然采取分析和批判的态度。但今文经学的学风和某些观点还是对他的治学产生了影响。

学术界一般把郭沫若、吕振羽、范文澜、翦伯赞、侯外庐称作马克思主义史学“五大家”。[3] 这五大家中，最有经学背景的是范文澜。范文澜于1913年入北京大学国文预科，第二年考入北大文科国学门，师从黄侃、陈汉章、刘师培，学习经学、音韵、训诂之学。黄侃、陈汉章、刘师培均属古文经学的重要学者，当时在北大讲授经学、小学、文学史等。范文澜服膺这三位先生深厚的学问和严谨扎实的考证功夫，深受他们治学的影响，特别是由黄侃讲授的《文心雕龙》，对他影响更大。范文澜继承和发扬了黄侃的学术，他在南开大学任教时，为学生列出要研读的文论名著有“《文心雕龙》《史通》《文史通义》三种”，并指出“《文心雕龙》为重要，尤宜先读”，所依据的课本就是自编的《文心雕龙讲疏》。[4] 范文澜的《文心雕龙讲疏》中，“征引和发挥黄先生之议论甚多。仅《原道》《征圣》二篇，注解中引‘黄先生曰’者多达十处……其余各篇的注和述评，引用黄侃的议论多类此。又有大段引黄氏《诗品讲

[1] 郭沫若：《郭沫若选集》第3卷，人民文学出版社1997年版，第67页。

[2] 郭沫若：《郭沫若选集》第3卷，人民文学出版社1997年版，第96页。

[3] 中国社会科学院历史研究所史学史研究室编：《新史学五大家》，社会科学文献出版社1996年版。

[4] 王文俊等：《南开大学校史资料选1919—1949》，南开大学出版社1989年版，第195页。

疏》以作参考者"[1]，学术宗属十分明显。他在继承黄侃《文心雕龙》研究成果的基础上，又有发扬光大。北京大学就读期间师从古文经学大家，为范文澜打下了坚实的经学功底。

另一方面，章门学风对范文澜的影响也很深。即使以后接受了马克思主义，早年的师承影响依然在范文澜的为人和治学方面有所反映。有人这样评价延安时代的范文澜："范老虽然待人接物态度谦和，但在治学态度上却受章太炎影响（他是章的再传弟子），比较自信，不轻易接受不同意见。"[2] 此外，不论是他的《文心雕龙讲疏》，还是《群经概论》，整体上都有实事求是、考订详核的特点，这种严谨朴实的学风显然与师从黄侃等人有关。

侯外庐是五大家中唯一在大学中选择历史学为自己专业的学者。[3] 他幼时接受的也是传统教育，侯外庐回忆说，他"实足十三岁读完四书五经，把'子曰''诗云'之类背得滚瓜烂熟，实际上理解的成分微乎其微，百分之九十以上的内容，都有待日后反刍消化"。但这种教育也为他日后的学术研究奠定了较扎实的国学基础。"我和许多同一时代学人，之所以能驾轻就熟研究先秦各门学术，都因为早年所受的教育，强制性地要求我们掌握了大量的先秦资料"。[4] 侯外庐受过梁启超的影响，然受章太炎影响更大。对章太炎，他在后来的思想史研究中，曾有过很高的评价，说他"在近代中国学术史上，是自成宗派的巨人"，"运用古今中外的学术，糅合而成一家言的哲学体系，在近世他是第一个博学深思的人"，[5] "他对于极大极微的宇宙、人生、社会问题，表现出自我横冲的独行孤见，在中国思想史上这样有人格性的创造，实在数不上几人"[6]。侯外庐的学术，追求"一家之言"。如白寿彝说的："'自得'二字，对于理解外庐治学精神很重要。"[7] 他对章太炎的独行孤见及富有原创性的

[1] 陈其泰：《范文澜学术思想评传》，北京图书馆出版社2000年版，第160页。

[2] 温济泽等：《延安中央研究院回忆录》，中国社会科学出版社1984年版，第71页。

[3] 侯外庐1923年考取了北京师范大学和北京法政大学，在两校同时就读。在师范大学学习历史，在法政大学学习法律。

[4] 侯外庐：《韧的追求》，生活·读书·新知三联书店1985年版，第6页。

[5] 侯外庐：《近代中国思想学术史》，生活书店1947年版，第860—861页。

[6] 侯外庐：《近代中国思想学术史》，生活书店1947年版，第865页。

[7] 白寿彝：《悼念侯外庐同志》，见《白寿彝史学论集》上，北京师范大学出版社1994年版，第409页。

贡献的称赞，正说明他受到太炎学风的影响。

吕振羽、翦伯赞都是湖南人。大学期间，吕振羽学的是工科，翦伯赞学的则是商科。20世纪20年代北伐战争之后，他们均不约而同地走向了历史研究之路，而且很快取得惊人的成绩。这除了与他们接受了马克思主义的理论和方法有关，还与他们的勤奋、聪明以及青少年时代受到的传统教育有关。吕振羽读小学、中学时得到良师教导。如吕金翅、萧承舆等名师，不仅在儒家经典、古典诗词方面给他打下了深厚的基础，在思想品德、理想志向方面也对他启迪很大。翦伯赞5岁入私塾，习读《诗经》《左传》《中庸》等经史典籍，特别是"《左传》一书对他甚具吸引力，一时天天当小说阅读，许多段落还能背诵"[1]。翦伯赞文笔优美，被赞"有史迁之风"，与其自幼打下的良好的经史功底是分不开的。从吕振羽、翦伯赞的受学背景，不难看出他们的经学统系。从他们的学术著作如吕振羽的《史前期中国社会研究》《殷周时代的中国社会》《中国政治思想史》[2]，翦伯赞的《中国史纲》（第一卷"史前史、殷周史"）看，他们对《周礼》《左传》无所顾虑地使用，至少说明他们没有受到今文家派的太多影响。

要之，生活在中国史学转型期的马克思主义史家，同新历史考据学派的史学家一样，也受到经学的熏陶，与中国古老的经学同样有着不解之缘。

二、马克思主义史学家的经学观

马克思主义者对待经学应采取怎样的原则，在史学研究中如何对待经学，有哪些理论认识，这些都是属于马克思主义史学家的经学观问题。总结马克思主义史家关于经学的论述及在历史研究中对经学资料的运用，可以将马克思主义史学家的经学观概括如下：

---

[1] 王学典：《翦伯赞学术思想评传》，北京图书馆出版社2000年版，第5页。

[2] 吕振羽在《中国政治思想史》初版序言中曾提到吴承仕："当我写本书的时候，承许多学术界先进朋友给了我不少指示和帮助，尤其是吴检斋先生给我的帮助最多。"吴承仕逝世后，吕振羽发表《悼吴检斋先生》。

1. 破除经学迷信，揭开蒙在经学上的神秘面纱。

作为马克思主义史学理论的奠基者，李大钊从历史认识论上破除了对孔子的神化，认为要把孔子作为一个历史人物来看待。他说："进化论的历史观，修正了退落说的历史观；社会的历史观，修正了英雄的历史观；经济的历史观，修正了政治的历史观；科学的历史观，修正了神学的历史观……旧史以之归于几个半神的圣人的功德，宁能认为合理？前人为孔子作传，必说孔子生时有若何奇异祥瑞的征兆，把西狩获麟一类的神话说得天花灿烂；我们若现今为孔子作传，必要注重产生他这思想的社会背景，而把那些荒正不经的神话一概删除。"[1]

他还论述了儒家经典在史学史上的地位，认为《诗经》代表了早期史学的一个阶段，《春秋》也是史书。他说："诗与史的关系是很密切的。要考察希腊古代的历史，必须读荷马的《史诗》，因他的诗中包蕴很多的史料。孟子说：'王者之迹熄而诗亡，诗亡然后《春秋》作。'《春秋》是史，他说诗亡而后《春秋》作，也可见史与诗间大有关系。即如《诗经》一书，虽是古诗，却也有许多许多的史料在内。"[2] 李大钊虽然没有明确提出"六经皆史"的看法，但他的观点却明显表明，儒家的经书都是可以作为史料来研究历史的，破除了对各种经典的迷信。

郭沫若对《周易》的研究，具有同样的意义。他说，《周易》就像是"一座神秘的殿堂"，"因为它自己是一些神秘的砖块——八卦——所砌成，同时又加以后人的三圣四圣的几尊偶像的塑造，于是这座殿堂一直到二十世纪的现代都还发着神秘的幽光。神秘作为神秘而盲目地赞仰或规避都是所以神秘其神秘。神秘最怕太阳，神秘最怕觌面。把金字塔打开，你可以看见那里只是一些泰古时代的木乃伊的尸骸"[3]。他用历史唯物主义来审视这座殿堂，笼罩《周易》的神秘浓雾荡然无存，它的本来面目便会呈现。他运用《周易》的卦辞和爻辞，揭示《周易》时代的社会生活，包括物质生产层面的如渔猎、牧畜、商旅、耕种、工艺，社会结构如家族关系、政治组织、行政事项、阶级，精神生产层面的如宗

[1] 李守常：《史学要论》，河北教育出版社 2000 年版，第 9 页。

[2] 李守常：《史学要论》附录《史学与哲学》，河北教育出版社 2000 年版，第 244 页。

[3] 郭沫若：《中国古代社会研究（外二种）》，河北教育出版社 2000 年版，第 32 页。

教、艺术、思想等。这样，郭沫若从《周易》中看到了远古现实生活的生动图景。《周易》这部神秘的占筮之书，在辩证唯物论的光照下，现出了它的社会存在之原形。

2. 六经都是历史资料。

不只是《易经》，《诗经》《尚书》等经学典籍都有古代社会生活和精神文化的反映，蕴含着大量的古史资料。范文澜说："《尚书》、《春秋》、三礼（《周礼》《仪礼》《礼记》）记载'言''行''制'（制度），显然是史；《易经》是卜筮书，《诗经》是歌诗集，都包含着丰富的历史材料"[1]。"六经就是孔子整理旧文写在竹简上教授学生的课本。但实际上是五经，诗与乐是合而为一的，诗是词，乐是谱，后来乐完全亡失了"[2]。所以，对这流传至今的五经绝不应该顶礼膜拜，而应该把它们作为古代的文献资料。侯外庐同样把古代经史子集诸类书籍作为历史研究的丰富资料和重要依据，在引用这些文献佐证的基础上进行科学的解剖。他对章学诚的"六经皆史"论评价道，章学诚此说"大胆地把中国封建社会所崇拜的六经教条，从神圣的宝座拉下来，依据历史的观点，作为古代的典章制度的源流演进来处理，并把它们规定为'时会使然'的趋向"[3]。这是对"六经皆史"说在突破六经神圣性方面的极高评价。在此基础上，他认为六经是研究中国古代思想、社会的重要史料。但既然是史料，就要进行考辨，绝不能不加甄别地随意采用，而是要经过慎重辨析。如关于西周思想史，《诗经》《尚书》中虽然都有反映，但"《周书》中仅有十五六篇是可靠的资料，《诗经》中的材料须考证年代，不能漫无次第地引用"[4]。

3. 经学是专制社会意识形态的集中体现，具有维护专制社会秩序的属性，应剔除其专制性的糟粕。

李大钊从社会经济基础分析经学产生的根源，以及经学能够在专制社会长久存在的原因。他指出，"中国的大家族制度，就是中国的农业经

[1] 范文澜：《范文澜集》，中国社会科学出版社 2001 年版，第 261 页。

[2] 范文澜：《范文澜全集》第 10 卷，河北教育出版社 2002 年版，第 466 页。

[3] 侯外庐：《中国早期启蒙思想史》，人民出版社 1956 年版，第 509 页。

[4] 侯外庐、赵纪彬、杜国庠：《中国思想通史》第一卷，人民出版社 1957 年版，第 26 页。

济组织，就是中国二千年来社会的基础构造”，是经学得以在专制社会存在和发展的根本，“一切政治、法度、伦理、道德、学术、思想、风俗、习惯，都建筑在大家族制度上作他的表层构造”。[1] 正因为如此，儒学宣扬的纲常名教、道德伦理必然是为统治阶级服务的，“看那二千年来支配中国人精神的孔门伦理，所谓纲常，所谓名教，所谓道德，所谓礼义，哪一样不是损卑下以奉尊长？哪一样不是牺牲被治者的个性以事治者？哪一样不是本着大家族制下子弟对于亲长的精神？”[2] 而“孔子的学说所以能支配中国人心有二千余年的原故，不是他的学说本身具有绝大的权威，永久不变的真理，配作中国人的‘万世师表’，因他是适应中国二千余年来未曾变动的农业经济组织反映出来的产物，因他是中国大家族制度上的表层构造，因为经济上有他的基础”[3]。范文澜也说：“经是封建统治阶级在思想方面压迫人民的重要工具。统治阶级要巩固自己的政权，必须有一套‘天经地义，万古不刊’的‘永恒真理’来证明自己地位的不可动摇。统治阶级指着一大堆书籍对人民说：‘这都是从古以来，圣贤人说的话，我们能不信么？谁敢非圣无法，谁就该死！’不论统治阶级怎样尊圣尊经，经到底还是压迫人民的工具。”[4] 统治阶级千方百计地崇圣尊经，是为了利用经学来束缚和控制人们的思想，更好地维护专制社会秩序。经书在专制社会里具有绝对的权威，两千年来一直居于不可动摇的统治地位，其根本原因就在于此。

4. 经学是历史的产物，有其产生、发展、消亡的过程。

马克思主义史学家以历史唯物主义的眼光来审视经学，认为经学产生于特定的时代；经学和其他一切事物一样，有其产生、发展和衰亡的过程。范文澜说：“经是封建社会的产物：原始封建社会产生原始的经，封建社会发展，经也跟着发展，封建社会衰落，经也跟着衰落，封建社会灭亡，经也跟着灭亡。”[5] 李大钊对孔子的贡献和地位是尊重的，但认为孔子也不是万能的，其学说不能适应千秋万代；假如他生在后世，

[1] 李大钊：《李大钊选集》，人民出版社 1959 年版，第 296 页。

[2] 李大钊：《李大钊选集》，人民出版社 1959 年版，第 296 页。

[3] 李大钊：《李大钊选集》，人民出版社 1959 年版，第 297 页。

[4] 范文澜：《范文澜集》，中国社会科学出版社 2001 年版，第 259 页。

[5] 范文澜：《范文澜集》，中国社会科学出版社 2001 年版，第 260 页。

也会改变自己原来的学说："孔子于其生存时代之社会，确足为其社会之中枢，确足为其时代之圣哲，其说亦确足以代表其社会其时代之道德。使孔子而生于今日，或更创一新学说以适应今之社会，亦未可知。而自然的势力之演进，断非吾人推崇孔子之诚心所能抗，使今日返而为孔子之时代之社会也。而孔子又一死而不可使之复生于今日，以应乎今日之社会而变易其说也。则孔子之于今日之吾人，非残骸枯骨而何也？"[1]也就是说，经学是历史的产物，有其产生的历史条件。随着时代的变化，它自身也有变化。但它只能产生、存在于专制社会。专制社会瓦解，经就失去了赖以存在的社会基础。

5. 对于经学中民族文化之精华，应善于吸收。

虽说经学是为维护专制地主阶级统治服务，其中不乏专制社会伦理纲常思想，但是经学又是古史研究的丰富资料，蕴含着中华民族灿烂的传统文化。对于这一点，马克思主义史学家深有认识。范文澜指出，不能把"经作为'圣训'来背诵"，否则"死教条成为束缚思想的桎梏"，而是要剔除经学中的封建社会糟粕，把"经作为古史来研究，问题自能得到适当的解答"[2]。李大钊反对尊孔读经，抨击复古逆流，认为"孔子为历代帝王专制之护符"[3]，但不是不择良莠，一概斥之，对于其中的精粹，则予以继承和借鉴，"孔子之道有几分合于此真理者，我则取之；否者，斥之"[4]，"真能学孔孟者，真能遵孔孟之言者，但学其有我，遵其自重之精神，以行己立身、问学从政而已足"[5]，他强调"余之掊击孔子，非掊击孔子本身，乃掊击孔子为历代君主所雕塑之偶像的权威也，非掊击孔子，乃掊击专制政治之灵魂也"[6]。范文澜认为，经学里面含有民主性、革命性的东西，尤其是讲做人道理的格言，如"满招损，谦受益""己所不欲，勿施于人"之类，都可采纳。孟子所形容的大丈夫"富贵不能淫，贫贱不能移，威武不能屈"之浩然正气，也能为

[1] 李大钊：《李大钊文集》（上），人民出版社1984年版，第263—264页。
[2] 范文澜：《范文澜集》，中国社会科学出版社2001年版，第261页。
[3] 李大钊：《李大钊文集》（上），人民出版社1984年版，第264页。
[4] 李大钊：《李大钊文集》（上），人民出版社1984年版，第262页。
[5] 李大钊：《李大钊文集》（上），人民出版社1984年版，第161页。
[6] 李大钊：《李大钊文集》（上），人民出版社1984年版，第264页。

现代社会所弘扬。[1]

6. 把经学放在唯物史观的天平上衡量，力避经学研究的家派观念。

五四运动以后，经学衰落，但经学的影响并未消失。有些马克思主义史家曾受业于经学大师，他们在古文经学或者今文经学方面所受影响不尽相同，但是，不管所接受的经学思想和义理倾向于古文经还是今文经，在经学传承上受经学家派余绪影响深或是浅，他们都力图摆脱经学家派观念的束缚，对今古文经学家的成就进行客观的评价。范文澜师出古文经学家，深得古文经学大师治学之法。《中国通史简编》中关于经学的一段总结表明了范文澜对今文经学的批评：清末今文学复兴，其中一派是龚自珍、魏源、康有为、梁启超等为代表的议政派，他们有感于日益严重的社会危机和民族危机，援经议政，“借《公羊》以发挥改制变法思想”[2]；另一派是以邵懿辰、戴望、王闿运、皮锡瑞、廖平等为代表的“讲究今文师法，斤斤与古文学派争孔子真传”的经师派，他们的今文经学研究限制在学术的范围内，很少涉及政治，对社会现实的回应也较少。范文澜认为这样的经学研究，“学问既不及古文学派的精切，识见又仅限在《公羊》《王制》小范围内，在学术史上不能占什么地位”[3]。范文澜这里把今文经学与古文经学比较，指出了今文经学所存在的局限性。然而这样的评价并非范文澜以古文家派的眼光鄙薄或否定今文经学的成就，而是运用马克思主义对古文经学和今文经学进行辩证分析之后得出的结论。

就像倾向古文经学不一定就是古文经派一样，否定今文经学并不能说明范文澜赞成古文经学。范文澜在肯定古文经学成就的基础上，也批评了古文经学相对于今文经学来说在思想性方面的欠缺。范文澜学出古文经，但他对于古文经学在近代民主革命中表现出来的退落和保守毫不隐晦，对于今文经学的成就则能够予以肯定，他指出今文学经师皮锡瑞的“《经学历史》是一部比较好的书。他有点偏于今文学，但他对各家的评价基本上是公允的”[4]。范文澜是站在马克思主义的立场来发论的，

[1] 范文澜：《范文澜集》，中国社会科学出版社 2001 年版，第 294 页。

[2] 中国历史研究会：《中国通史简编》，新华书店华东总分店 1950 年版，第 1064 页。

[3] 中国历史研究会：《中国通史简编》，新华书店华东总分店 1950 年版，第 1065 页。

[4] 中国社会科学院近代史研究所：《范文澜历史论文选集》，中国社会科学出版社 1979 年版，第 336 页。

已超然于经学家派之外。诚如刘大年评价的：“范文澜著《群经概论》、周予同著《经今古文学》等，他们是在介绍评价经学，不是参加今、古文争论。”[1] 不论是古文经还是今文经，在甄别材料时，关键的是经书记载史事真确与否。这是对待所有史料的根本标准。

由此可见，马克思主义史家摆脱了经学家派的狭隘性，在考察经学时，不掺杂家派观念，而是以唯物史观为指导，敢于怀疑古圣先贤、经书典籍，在经学研究和古史研究方面开拓了一片新的天地。

第二节 马克思主义史学家的经学研究及成就

马克思主义史学家的经学研究，一方面体现在古史研究中，另一方面表现在专门的著述中。

一、古史研究中的经学

郭沫若的《中国古代社会研究》，在古史研究上具有划时代的意义。其中第一篇是《〈周易〉时代的社会生活》，第二篇是《〈诗〉〈书〉时代的社会变革与其思想上之反映》，主要是通过解析《周易》《诗经》《尚书》三部经书来探讨殷周时代的社会和思想。这两篇不仅对古史研究来说是重要推进，它们在经学史研究上也堪称有价值之作。1935 年，郭沫若又写了《周易之制作时代》，对《周易》经传的作者及其时代，“算给予了一个通盘的检定”。他在《青铜时代》中所作的《秦楚之际的儒者》，在《十批判书》中所作的《孔墨的批判》《儒家八派的批判》等，都与经学研究有密切的关系。郭沫若在经学研究方面的贡献是多方面的，首先是其研究视角和方法独特，具有创新意义；其次是通过他的研究，古老经籍的思想精华得以呈现。根据《诗经》《尚书》的记载，郭沫若看到了

[1] 刘大年：《评近代经学》，见《明清论丛》（第一辑），紫禁城出版社 1999 年版，第 42 页。

古代社会的变革和当时的经济形态、精神生活，他提到“周室有那样发达的农业，所以它终竟把殷室吞灭了，而且完成了一个新的社会。那所完成了新的社会是甚么呢？我们在《书经》《诗经》里面不可以看见它使用着多量的奴隶来大兴土木，开辟土地，供徭役征战吗？”[1]“周代姬姓的这一个氏族大约是发明农业最早的民族。我们看它以农神的‘后稷’做自己的祖先便可以知道。它自己也有一个独特的传说系统，从《诗经》上可以看出”[2]。经学典籍中看似神秘的记载反映了生动形象的古代社会生活，郭沫若以其中包含的丰富史料为依据，勾勒出古代社会的图景，探究社会变革的规律，“在经学研究方面，郭沫若是以《周易》《诗经》《尚书》研究中国古代社会史的开创者”[3]。

侯外庐根据经史资料分析中国古代思想的起源和发展，他在对诸多经史典籍的记载进行辨疑和批判的基础上，开创了用辩证唯物论研究中国思想史的新路径。侯外庐后来回忆自己的学术道路时，总结道：“如果说《中国古代思想学说史》是试图用马克思主义的观点、方法清理古代重大变革时期——春秋战国思想发展的路径，那么，《中国近世思想学说史》，则是试图用马克思主义的观点方法，草创研究另一个重大变革时期——明清之际思想发展途径的一种研究方式。在40年代初，我这种研究思想史的方式本身，就已经决定这两部书是拓荒性质的作品。通过对中国历史上两个重要变革时期思想发展路径的清理和力图有所发现，通过对一系列疑难问题的涉足和作出自己的回答，我研究中国思想通史的基业终于得以奠定。”[4]侯外庐的思想史研究，包含了大量的经学研究，其学术价值值得珍视。

郭沫若、侯外庐对经学的研究，都注重对经书文献的真伪和时代性进行考辨，反映了马克思主义史学的科学态度。郭沫若在《中国古代社会研究》中，对《周易》的成书、《尚书》的一些篇章进行了考辨。他根据经文的爻辞所反映的史事来推断《周易》的作成时代，并对传说中

[1] 郭沫若：《中国古代社会研究（外二种）》，河北教育出版社2000年版，第24页。
[2] 郭沫若：《中国古代社会研究（外二种）》，河北教育出版社2000年版，第21页。
[3] 许道勋、徐洪兴：《中国经学史》，上海人民出版社2006年版，第421页。
[4] 侯外庐：《韧的追求》，生活·读书·新知三联书店1985年版，第119页。

《周易》的作者伏羲、神农、夏禹、周文王等一一辨析，指出“后人要使儒教增加神秘性，要使儒教的典籍增加神秘性，要使典籍中已经够神秘的《易经》更增加神秘性，所以不能不更抬些偶像来装饰”[1]。关于《今文尚书》的篇章，郭沫若从各篇的文风文体的变化以及所反映的天人一致、折衷主义、大一统等典型的儒教思想观念出发，指出其中有儒家的伪托，“上自唐虞，下至秦穆，这儿所涵盖的时期非常辽远。但据最近考古学的成绩特别是殷虚书契的研究，不仅在殷以前的古物已经渺无可考，连殷代末年的文字都还在构成途中，所以我们可以断定《虞书》和《夏书》的四篇完全不可靠。再分别的细说时，《尧典》《皋陶谟》《禹贡》三篇为后世儒家伪托。其他一篇《甘誓》，或许是《商书》羼入的”[2]。对儒家经典的辨疑是马克思主义史家经学研究的丰富成果，也是其古史研究的重要组成部分，侯外庐运用《诗经》《尚书》等研究中国古代思想史，同样重视对经书记载真伪的考察，他强调“辨伪这一门知识是研究古史的先决条件，如果忽视它，就要使我们枪法凌乱，前后矛盾”[3]。侯外庐对古代典籍中包含的史料采用审慎，要明确其创作的时代，例如他说：“把《诗经·周颂》和大、小雅相比，《周颂》的创作最可能是生昭、穆两王的时代，大小雅各篇却是在不同年代创作的。《周颂》近古，除了追思‘后稷’远祖而外，各篇所说的都是文、武立基，成、康光大，传说很少。《周书》也只尊崇文、武，如说‘丕显文、武’。”[4]

二、范文澜的经学研究

马克思主义史家中对经学进行专门研究的是范文澜。他 1933 年出版《群经概论》，这是一部学力深厚的经学论著，全书共十三章。第一章为

---

[1] 郭沫若：《中国古代社会研究（外二种）》，河北教育出版社 2000 年版，第 35 页。

[2] 郭沫若：《中国古代社会研究（外二种）》，河北教育出版社 2000 年版，第 88 页。

[3] 侯外庐、赵纪彬、杜国庠：《中国思想通史》第一卷，人民出版社 1957 年版，第 26 页。

[4] 中国社会科学院历史研究所中国思想史研究室：《侯外庐史学论文选集》（上），人民出版社 1987 年版，第 126 页。

"经名数及正义"，第二章以下分别论述《周易》、《尚书》、《诗》、《周礼》、《乐》、《仪礼》、《礼记》、《春秋》及三传、《论语》、《孝经》、《尔雅》、《孟子》。虽名曰"概论"，但其实并不是概括的评论，而是对这些经典的性质、内容、篇目、存佚、真伪以及相关的问题，分别进行深入而具体的评述。该书遵循述而不作的宗旨，以汉学家注释经书的体例，旁征博引，条分缕析。通过大量摘引前人精粹之论，将前人的研究成果及存在的问题清晰展现出来，使人一目了然。该书以其翔实丰赡而历久不衰，一直受到学术界的好评。范文澜的再一部经学论著是《中国经学史的演变》。它是作者 1940 年在延安新哲学年会所讲的经学史提纲，曾发布于《中国文化》第二卷第二、三期。这篇经学史提纲虽然简略，但却勾画出中国经学产生、发展、演变的脉络，揭示了经学发展的阶段性和规律性，是第一部用马克思主义观点对经学史进行系统整理的著作。由于它产生于革命战争年代，当时正值大地主大资产阶级复古思潮猖獗的时期，所以该提纲侧重于从批判的角度对经学史进行总结，带有一定的时代性。范文澜对经学的研究，受到毛泽东的重视。毛泽东亲临听讲，第三次因病未听，为此亲笔写信给范文澜："提纲读了，十分高兴，倘能写出来，必有大益，因为用马克思主义清算经学这是头一次，因为目前大地主大资产阶级的复古反动十分猖獗，目前思想斗争的第一任务就是反对这种反动。你的历史工作继续下去，对这一斗争必有大的影响。第三次讲演因病没有听到，不知对康梁章胡的错误有所批判否？不知涉及廖平吴虞叶德辉等人否？越是对这些近人有所批判，越能在学术界发生影响。"[1]

马克思主义史学对经学的研究，取得了可喜的成绩，特别是在研究旨趣和研究方法方面，都具有开启新时代的意义。然毋庸讳言，这些研究还是初步的，详尽的、自觉的具有严整学术性质的经学论著还比较少见，多数是利用经学资料研究古代社会史和思想史的内容。但即使这样，这些成果也是十分可贵的。它表明马克思主义史学自诞生之日起，就意识到将马克思主义与中华民族文化融合的问题，体现了中国马克思主义史学的民族特色。

[1]《毛泽东书信选集》，人民出版社 1983 年版，第 163 页。

第三节　经学对马克思主义史学的影响

经学是纯粹中国的古老的东西，而马克思主义则是地道的西洋近代文化，两者本无学术上的链接。然而，一旦中国学者引进这个西洋近代的先进思想体系研究历史，建立一种新型历史学，经学与中国马克思主义史学就发生了联系。中国的马克思主义史学，有古老经学的印迹和影响。具体表现，可归纳如下：

其一，经学为中国马克思主义史学的民族化提供了内在的文化根据。作为近代西方资本主义文明的产物，马克思主义代表了人类文明的新成果，中国历史学之所以能够将它引进，一是它适合了中国社会的需要，二是它与中国本土的社会文化根基有相通的思想因素。而中国本土的社会文化根基，则深植于经学之中。马克思主义史学家在引进马克思主义时，非常重视探求马克思主义与中国传统文化的联系。如1925年，郭沫若写了一篇文章《马克斯进文庙》。作者以浪漫主义的笔法描绘了马克思进文庙会见孔子，两人一见如故，大谈起共产主义和大同思想来。虽然用的是虚构的手法，却生动地揭示了马克思主义社会思想与中国传统思想中的理想社会之联系。郭沫若、范文澜在自己的学术著作中，都非常注重发掘中国传统文化中蕴涵的辩证唯物的思想成分，并给予高度的评价。郭沫若的《中国古代社会研究》，用《周易》《诗经》《尚书》等资料，所要完成的使命就是写满世界文化史关于中国方面记载的白页，作者声称，该书的性质就是“恩格斯的《家庭、私有制和国家的起源》的续篇”，“我们把中国实际的社会清算出来，把中国的文化，中国的思想，加以严密的批判，让你们看看中国的国情，中国的传统，究竟是否两样！”[1] 可见，认清中国历史发展的过程和规律，还必须运用中国古老的经书文本材料和中国自身的语言文字。建设中国马克思主义史学，从思维到资料，再到表述形式，都不可能与传统文化脱节。中国马克思主义史学，实际上就是马克思主义与中国传统的经史之学交互作用、相互

---

[1] 郭沫若：《中国古代社会研究·自序》，河北教育出版社2000年版，第2页。

对话的结晶。

其二，经学家派的学术个性对马克思主义史学家的治学风格产生了影响。第一代马克思主义史学家都致力于以唯物史观为指导研究历史。但是，不同的经学背景对他们的学术个性也有相当大的影响。郭沫若早年受今文家派的影响，对古史辨派赞赏有加。他在古史研究和思想史研究中，强调史料的真伪和时代性，并为此花费大量的笔墨和精力。在学术观点上，不惜以今日之我与昨日之我战，出现多次变化，似乎让人在他身上看到廖平和梁启超的影子。范文澜深受古文家法的影响，在地缘和学术师承上，与章学诚、章太炎关系密切。因此之故，其学术风格乃至为人个性，都不免受其影响。如他的《中国通史简编》有几个特点：一、资料极其丰富；二、训诂依照故传，解说严谨；三、文字锻炼纯熟，有着中国古代卓越史家“文史兼通”之特点。在训诂上，相信汉儒，不采取后人的研究，曾声明：“《诗》多采毛亨、郑玄说。”这些都明显带有古文家的治学特点。从地缘上说，范文澜与章学诚是同乡；从师承上说，他又是章太炎的再传弟子。所以浙东史学的夷夏之防对范文澜影响很深。刘大年评价说：“浙东学派的历史观点对范老的影响，明显地反映在《中国近代史》等作品上。《中国近代史》没有着重叙述社会各阶级相互关系演变的过程、关键，一个主要原因，是把批判、揭露满族统治者摆到了首要的地位上。”[1] 他写《汉奸刽子手曾国藩的一生》，也是从这个方面对曾国藩进行鞭笞的。经学家派对马克思主义史学的影响，在其他马克思主义史学家那里，也有情况不同的体现。

此外，经学训诂的旨趣和义例，经学的经世致用价值观等，对马克思主义史学的实事求是治学精神、积极参与改造中国社会的实践性，都具有非常重要的影响。

---

[1] 刘大年：《刘大年集》，中国社会科学出版社 2000 年版，第 265 页。

第十三章　经学师承与史学流派的形成

作为传统学术的核心，经学在漫长的发展过程中形成了各种不同的学派。这些学派在不同时期有不同的区分，按学术形态来说，有今文学、古文学、理学之分，按形成时代不同又有汉学、宋学的称谓，按所宗人物不同，也有郑学、朱学、王学的说法。[1] 学人生活在特定时代中，学术流派也随时代和社会的转换相应发生变化。有清一代经历了宋学、汉学、今文经学、古文经学等各种学术流派兴衰起伏的过程，这些学派在递相师承中不断发展，同派学人或互为师友，或相互唱和，形成基本可以追寻的统系，而且有大致相同的学术宗旨、治学方法、研究重点和学术风格。这些共同遵循的法则和传承有序的思想体系对民国史学家流派的形成有很大影响。

第一节　经学与学衡派史学

学衡派兴起于 20 世纪 20 年代。1922 年 1 月，梅光迪、吴宓、柳诒徵、胡先骕等人在南京东南大学创办《学衡》杂志，学衡派因此得名。《学衡》以“论究学术，阐求真理，昌明国粹，融化新知，以中正之眼光，行批评之职事，无偏无党，不激不随”为宗旨，以学术文章为主题内容，宣扬国学，反对废除文言文，把矛头对准新文化运动。除发起人之外，其撰稿人还有缪凤林、刘朴、张其钧、胡梦华、赵万里、陆维钊、

[1] 参见周予同：《中国经学史讲义》，上海文艺出版社 1999 年版，第 34 页。

汤用彤等，1925 年吴宓到清华大学任教后，王国维、陈寅恪、梁启超、张荫麟等清华师生也开始为《学衡》杂志撰稿。

学衡派代表人物大部分接受的是新式教育，并且多曾留学海外，对西学了解较深。然而学衡派在吸收西学之时，对传统文化却异常挚爱，尤其尊崇孔子，主张保存国粹、融通中西文化，使中国传统能与西方文明相得益彰。学衡派的同仁大多有美国求学的经历，深受白璧德新人文主义的影响。在东南大学，学衡派提倡古典人文主义，领军人物吴宓推崇孔子的人文主义理想，肯定儒家伦理观的价值，反对胡适等五四新文化运动举旗者批判孔子的激进思想。梅光迪在《孔子之风度》一文中把孔子描绘成仁智双全的君子形象，认为孔子不仅学识渊博、多才多艺，而且雍容大雅、品格高尚，同时还很有幽默感和人情味。柳诒徵在《中国文化史》中把孔子看作中国文化的代表和象征，给孔子以崇高的历史地位，他认为只有真正理解孔子之道的真义，才能发现孔子学说的深厚和远大。学衡派以明晓国粹为宗，宣扬复古主义，学术风格上“倡导文化民族主义，逆北大所倡导的新文化运动潮流而动，独树一帜”[1]，与其西方教育背景不相称，使人颇感迷惑。这样学术现象的出现，与“东南学派”的学术风气不无关系。

在五四新文化运动声势兴盛的年代，东南学术圈仍有一些不满意旧格局的人，“大体而言，在江、浙两省中，江苏较为持旧，而浙江较为趋新”[2]。与学衡派相互呼应的，还有南京高师的《史地学报》以及后来南京中央大学的《国风》等。时人有“北大尚革新，南高尚保守”之说。东南学术圈前仆后继，形成宣扬文化民族主义的重要基地。当时柳诒徵、缪凤林等人通过他们在南京所主办的人文刊物对五四时期的新兴学术进行了极为严厉的批评。同样持有文化保守主义倾向的钱穆，在对待新学术的态度上与学衡派有所不同。钱穆认为学衡派“议论芜杂”，与胡适等新文化派殊难相抗。

学衡派成员中柳诒徵的旧学功底相对深厚。他生于江苏镇江，早年丧父，在母亲监督下苦读经书。他虽然家贫，却异常勤奋，十七岁时考

[1] 罗福惠等：《长江流域学术文化的近代演进》，武汉出版社 2007 年版，第 399 页。

[2] 王汎森：《近代中国的史家与史学》，复旦大学出版社 2010 年版，第 146 页。

中秀才，二十岁时已小有名气。柳诒徵青年时曾随缪荃孙到日本考察教育，后来跟随缪氏学习版本目录学知识，柳诒徵被视为缪荃孙的门人。缪荃孙早年就读于丽正书院，学习文字学、训诂学和音韵学，经学上属于守古一派。柳诒徵保存传统文化的思想强烈，学术研究上倾向于保守。他反对经学家法的束缚，曾在《史学概论》中说："读经之法，言者多矣。今人所重分别家法，考订真伪。吾谓初学宜先全读经一过，明于其全部之内容，然后再观后人考订真伪之说；不可先挟一真伪之见，以致束书不观也。"[1] 他主张读经时应避免经学家派观念的左右，摆脱先入为主的看法。

文化保守主义态度使学衡派对待传统经学的立场表现出与其他派别相异的特点。因为重视传统文化，学衡派特别重视经学，注重经学所蕴含的文化精粹。他们对汉学考据很不以为然，与深受疑古思想影响的疑古派更是存有很大分歧。柳诒徵对古文经学和今文经学都有不满，曾在《史地学报》撰写文章公开批评古文经学大家章太炎的贬孔思想，当时产生了很大影响。柳诒徵对受今文经学影响的古史辨派的疑古辨伪提出批评。他从保存国粹的立场出发，对顾颉刚等人的"疑古思想"表示异议。吴宓对疑古派通过考据经书、辨伪古史进而破坏经学的做法也很不赞成。这反映出传统文化立场的不同深深影响着学者对待经学流派所采取的态度。在对待今文经学和古文经学的立场上，他们似乎更偏爱今文经学，这与他们的理学偏好是一致的。因为从人文主义方面来说，注重发挥微言大义的今文经学与善于阐释经书义理的宋明理学具有相通之处。不过，在对待晚清经学上，学衡派又表现出一定的复杂性。他们虽然偏爱今文经学，但对康有为的评价却很低，认为他造成了很大的祸乱。[2] 之所以有这样的评价，应该源于对康有为的疑经惑古思想的反感。这从学衡派对廖平的不同评价中可以得到明证。康有为的经学观点受到廖平的启发，不过与康有为相比，廖平对待古文经学的态度尚没有那么偏激，当然也就没有康有为的影响大。康有为对古文经学的激进态度以及怀疑经典的做法，极大损害了作为传统文化渊薮的经学的地位，这种危险是学衡派

---

[1] 柳曾符、柳定生：《柳诒徵史学论文集》，上海古籍出版社1991年版，第100页。

[2] 周云：《学衡派与中国学术的现代转换》，《甘肃社会科学》2003年第2期。

无法容忍的。

学衡派学术上有重史的取向，他们把人文主义思想运用到史学领域，强调史学家应注重人文关怀，特别指出史学在科学精神之外要具有人文精神。柳诒徵是学衡派中最著名的史学家，撰有《中国文化史》《国史要义》等史学著作。《中国文化史》是柳诒徵“昌明国粹”的代表性论著，以中国传统文化为本位，极力反对民族虚无主义。他赞美尧舜禹汤文武时代是盛世，认为周礼是中国传统文化的根基，与古史辨派的立场截然相反。胡适很不满柳诒徵“信古”“泥古”的保守思想，在《评柳诒徵著〈中国文化史〉》中对此进行了批评。柳书中，周之礼制被列为专章，约占全书十二分之一的篇幅。而享有盛名的唐代文学史，则仅有寥寥 11 行，尚不满一页。作者自己叙述唐代文学，仅 158 个字。胡适认为，《周礼》的材料不尽可信，而唐代文学保留着大量的可靠材料，所以他说柳诒徵“对于古代传说的兴趣太深，而对于后世较详而又较可信的文化史料则兴趣太淡薄”[1]。这种分歧间接反映了学衡派与古史辨派经学立场的不同。柳诒徵经史兼通，主张以史术贯通经术，“史术即史学，犹之经学亦曰经术，儒家之学亦曰儒术也。吾意史术通贯经术，为儒术之正宗”[2]。他认为治史学要先读经，读经就是读史，“《诗》《书》《礼》《乐》，皆史也，皆载前人之经验而表示其得失以为未经验者之先导也”[3]，同时，柳诒徵治学时还努力打破经史之学的界限，“由治经而治史，最易得一种明了之界说。即一国之文化有随时变迁者，亦有相承不变者。不可谬执一说也”[4]，从总体上把握中国传统文化的特征。同是主张由经入史，顾颉刚把经书当作古史研究的材料，利用今文经学家的辨伪方式对经学进行审查。他们在解经方法上的明显不同，反映的正是对待传统文化的不同态度。这一点，从学衡派的史学研究与古史辨派的分歧中得以窥见。

[1] 胡适：《评柳诒徵著〈中国文化史〉》，见《近代中国学术批评》，中华书局 2008 年版，第 170 页。

[2] 柳诒徵：《国史要义》，上海古籍出版社 2007 年版，第 218 页。

[3] 柳诒徵：《国史要义》，上海古籍出版社 2007 年版，第 96 页。

[4] 柳曾符、柳定生：《柳诒徵史学论文集》，上海古籍出版社 1991 年版，第 101 页。

第二节　今文经学与古史辨史学

古史辨派是20世纪前半期中国史学界最有影响的史学流派之一，其学术研究以疑古辨伪为特征，也被称为“疑古派”。该派在五四新文化运动之后出现并逐步发展壮大，在20世纪20年代至40年代期间最为活跃，以编辑出版的七册《古史辨》成果最为著名。古史辨派的主要研究对象集中在中国古代历史和典籍方面，在研究中提倡大胆疑古的精神和历史演进的观念，反对“唯古是信”，主张把经典古书作为历史文献来进行研究，通过系统地考证辨伪，推翻了传统的所谓“盘古开天地”“三皇五帝”等概念构成的中国古史系统。其中，顾颉刚提出的“层累地造成的中国古史”的观点，在学术界的影响最为广泛。古史辨派创建人和核心人物是顾颉刚、钱玄同，主要代表人物前期有胡适，后期有童书业、杨宽，另有罗根泽、吕思勉等一批学者参与其中。

像国粹派等20世纪初期的学术流派一样，古史辨派也与经学有着紧密的联系。一则该学派的发起及其疑古精神受到晚清今文经学的影响，而且古史辨派主要人物的经学观与今文经学发生着不可分割的联系，另外在研究方法和研究内容上也汲取了今文经学的营养。“清季今文家的历史解释虽然不是促成古史辨运动的唯一因素，但却很具关键性”[1]，这一点也可以从古史辨运动发展的过程和主要代表人物的经学观念中寻出轨迹。

古史辨派的疑古辨伪，近处是直接得到了胡适的引导和钱玄同的启发，不过追本溯源，更多是受了晚清廖平、康有为等今文学说的影响，对于顾颉刚更是如此。清末廖平尊今抑古，把古文经这一两千年来尊奉的经典说成是伪经，点燃了怀疑和否定经典的导火线，成为近代思想史上疑古思潮的重要一环。康有为更进一步，所著《新学伪经考》，从辨伪、纠谬出发，多层面、多角度考证古文经作伪，全盘否定了传世的古

[1] 王汎森：《古史辨运动的兴起·序》，台北允晨文化实业股份有限公司1987年版，第7页。

文经传，被视为反对经典的一面旗帜。其在学术上的辨伪特色增强了他对一些伪书的怀疑和驳难的说服力，扩大了疑古思想的影响。《新学伪经考》所表现出的疑古精神又超出经学的范围，在一些知识分子中逐渐形成了一个破除迷信、解放思想的潮流。它和后来的《孔子改制考》一起开启了近代学者重新审查古籍的风气，破除了封建时代学者“尊古”“泥古”的陋习，直接影响了后世的疑古辨伪思潮。

古史辨派对晚清今文经学家的著作极为重视，并高度评价其思想贡献。钱玄同对康有为推崇有加，在《重论经今古文学问题》中称“康长素先生的《新学伪经考》，是一部极重要极精审的‘辨伪’专著”。“崔君（按：指崔适）著《史记探源》《春秋复始》《论语足征记》《五经释要》诸书，皆引伸康氏之说，益加邃密”。后来钱玄同借读《新学伪经考》，细细籀绎，觉得崔适对于康氏之推崇实不为过。自此也笃信“古文经为刘歆所伪造”之说，认为康、崔二人推翻伪古的著作在考证学上的价值，较阎若璩的《尚书古文疏证》犹远过之。钱玄同因为确信《新学伪经考》是一部极重要极精审的辨伪专著，故对于青年学子常常道及此书，认为这是治国故的人们必读的一部要籍，无论是治文学的，治历史的，治政治的，乃至治其他种种国故的，都有读它的必要。[1] 他在《答顾颉刚先生书》中说：“我在十二年前看了康有为的《伪经考》和崔觯甫师的《史记探源》，知道所谓‘古文经’是刘歆这班人伪造的。后来看了康有为的《孔子改制考》，知道经中所记的事实，十有八九是儒家的‘托古’，没有信史的价值。”[2] 从中可以看出康有为的今文经说对钱玄同疑古思想的影响。

康有为的今文学说对顾颉刚的影响也很大。顾颉刚多次论及康有为“两考”的思想意义，认为康有为“不仅疑及伪经，且疑及在古代经籍上所表现的史实；其托古改制一说实为千古不易的定论”[3]，指出了康有为今文经说对史学研究的思想价值。康有为的《孔子改制考》有一章为

[1] 钱玄同：《重论经今古文学问题》，见《钱玄同文集》第四卷，中国人民大学出版社1999年版，第132—134页。

[2] 钱玄同：《答顾颉刚先生书》，见《钱玄同文集》第四卷，中国人民大学出版社1999年版，第238页。

[3] 顾颉刚：《当代中国史学》，上海古籍出版社2002年版，第38页。

“上古茫昧无稽考”，认为孔子以前的历史不过是孔子为“救世改制”而假托的宣传作品，都是茫昧无稽的。“上古茫昧无稽”怀疑上古历史的真实性，认为那都是传说，这一观点对古史辨派的古史观念很有启发。古史辨派认为三代以上的历史不可靠、不可信，三代以上的历史是堆积文化，愈上古堆积的传说愈多，神话色彩愈浓。古史辨派用这一研究方法探索古史，组织编辑了《古史辨》七大册，开辟了历史研究新途径，形成近代史学的新流派。余英时认为康有为的“上古茫昧无稽考”，称“夏殷无征，周籍已去”，甚至对后来五四时代很受推崇的崔述《考信录》他都说是“岂不谬哉”，这正是顾颉刚“层累造成的中国古史”说的一个起点。[1] 充分肯定康有为对顾颉刚的影响。顾颉刚本人也多次提到康有为今文经说的影响，他说：“我的推翻古史的动机固是受了《孔子改制考》的明白指出上古茫昧无稽的启发，到这时而更倾心于长素先生的卓识”。“自从读了《孔子改制考》的第一篇之后，经过了五六年的酝酿，到这时始有推翻古史的明了的意识和清楚的计划”[2]。他读到《孔子改制考》，对康有为“锐敏的观察力，不禁表示十分的敬意”，推翻旧古史体系的动机由此而发。

钱玄同不仅是古史辨运动的灵魂人物，而且是顾颉刚古史辨伪工作的助推者。其父钱振常为同治年间举人，后来辞职归乡，晚年任绍兴、扬州、苏州等地书院主持人。钱振常对钱玄同属望甚殷，督教甚严。钱玄同少年时期便读毕五经，“稍知经训”。1905 年，钱玄同入上海南洋中学读书，课余阅读刘师培的《国学发微》《群经大义相通论》等著作，受到古文经学的影响。1906 年，钱玄同东渡日本不久，便考入早稻田大学。在此期间结识了章太炎，并入章门受学。章太炎开讲的有训诂考据、诸子百家以及文字音韵学等科目。钱玄同在章门就学，奠定了古文经学基础，受章太炎、刘师培的影响，对今文经学有所怀疑。钱玄同归国后，1911 年，请业于今文经学家崔适。崔适为中国今文经学的殿军，在崔适学说的影响下，对今文经学的认识有所转变。钱玄同对今古文经学不再盲从，主张对经学进行辨伪，认为整理四部典籍考辨经书十分重要。从

[1] 余英时：《中国思想传统的现代诠释》，江苏人民出版社 1989 年版，第 342 页。
[2] 顾颉刚：《古史辨》第一册，上海古籍出版社 1982 年版，第 43 页。

对待经学的态度来看，他疑古辨伪的思想受今文家的影响较大。

顾颉刚在北大毕业后才结识钱玄同，钱玄同十分支持顾颉刚的古史辨伪工作，并提醒顾颉刚对经书不要盲从。他启发顾颉刚摆脱儒家经学的羁绊，破除对古史的迷信，把古史和古书中崇拜的偶像变成重新评判的研究对象，树立对经学的正确态度。“在今古文经学相互对立、相互指责的论争中，在师友的启发下，顾颉刚认识到今古文两派的不足，清除了前人在辨伪观念上的局限和束缚”[1]。顾颉刚摆脱了经学神圣地位的束缚，突破了对经学的迷信，沿着今文经学疑古的路子继续猛进，把今文经学辨伪古文经书的家法变成考辨古书和古史的重要武器，扩展了史学研究的视野，以疑古思想为突破口拨开了上古史的重重迷雾。

古史辨派沿着今文经学辨伪古文经典的思路去辨伪古书和古史，一则重视清理经学，二则重视在研究经学基础上研究古史，其经学态度和古史研究方法既与今文经学有密切关联，又远远超越了今文经学的局限。

实际研究中，古史辨派注重对经学的清理。1926 年《古史辨》第一册出版，标志着古史辨派的建立。从《古史辨》第一册所收文章来看，所涉经学内容颇重，讨论经书的有顾颉刚的《论孔子删述六经说及战国著作伪书书》《论〈诗经〉歌词转变书》《论〈今文尚书〉著作时代书》和钱玄同的《论今古文经学及〈辨伪丛书〉书》《论〈诗经〉真相书》《论〈说文〉及壁中古文经书》《论〈春秋〉性质书》等，这些文章在全册中所占比例十分可观。《古史辨》第二册，上编讨论的是古史问题，中编讨论的是孔子和儒家的问题，下编是关于第一册的评论。《古史辨》第三册专门研究《易经》和《诗经》。《古史辨》第五册，上编谈的是汉代经学上的今古文问题，下编论的是阴阳五行说起源问题及其与古帝王系统关系问题。这册《古史辨》虽然涉及古史传说的研究，可是主要的却是对汉代经今古文问题重新加以估定。从《古史辨》前后七册所收文章来看，关于孔子与六经的关系问题，顾颉刚、钱玄同都有涉及；关于经今古文学的问题，钱玄同、钱穆、周予同等人都有论文进行讨论，其中钱玄同的《重论经今古文学问题》最为著名；专经方面，包括《诗经》《尚书》《周易》《春秋》以及《孝经》《论语》等经书。

[1] 吴少珉、赵金昭：《二十世纪疑古思潮》，学苑出版社 2003 年版，第 83 页。

顾颉刚、钱玄同的文章，多以辨伪为主题，或则辨伪古书，或则辨伪古史，这一点，反映出他们受今文家的影响，或者说没有摆脱今文经学家的干扰。从《古史辨》收入的胡适的文章来看，关于经学的论著蔚为可观，有关于《诗经》的《〈诗三百篇〉"言"字解》《论〈野有死麇〉书》《谈谈〈诗经〉》等，有讨论《左传》的《论〈左传〉之可信及其性质摘要》《〈左传真伪考〉序》等，以及关于《周官》和《易传》的文章。另有讨论诸子学的文章，如《老子传略》《与钱穆先生论〈老子〉问题书》《与冯友兰先生论〈老子〉问题书》《评论近人考据老子年代的方法》以及《〈墨辩〉与别墨》等。胡适从整理学术源流的角度客观地看待传统经学，经书在其眼中已完全脱掉神圣的外衣。正如周予同在《五十年来中国之新史学》中说："使中国史学完全脱离经学的羁绊而独立的是胡适"。"他才是了解经今文学、经古文学、宋学的本质，接受经今文学、经古文学、宋学的文化遗产，而能脱离经今文学、经古文学与宋学的羁绊，以崭新的立场，建筑新的史学。转变期的史学，到了他确是前进了一步"。[1]

与胡适相比，顾颉刚对清理经书倾注的精力更多，也更为执着。《古史辨》第一册出版当年，顾颉刚写了《〈周易卦爻辞〉中的故事》，借助《周易》所载内容，确认先商"有易杀王亥取仆牛"的故事，并通过审查这件事发现，"《卦爻辞》与《易传》完全是两件东西：它们的时代不同，所以它们的思想和故事也都不同；与其貌合神离地拉拢在一块，还不如让它们分了家的好"[2]。这篇文章其实是利用古史来证伪经，这样的研究方法在《论〈易·系辞传〉中观象制器的故事》中也有体现。顾颉刚把经书与史书同样对待，已经明确地视经学的内容为史学的材料。吕思勉有类似的主张，他说："吾辈今日之目的，则在藉经以考见古代之事实而已。"[3] 同时指出，虽然经学的衰落已为大势所趋，不过经学典籍作为珍贵的古史材料，对其进行深入研究仍然很有必要。把经学作为史学

---

[1] 周予同：《五十年来中国之新史学》，见《周予同经学史论著选集（增订本）》，上海人民出版社 1996 年版，第 542 页。

[2] 顾颉刚：《〈周易卦爻辞〉中的故事》，见《古史辨》第三册，上海古籍出版社 1982 年版，第 9 页。

[3] 吕思勉：《吕思勉遗文集》（上），华东师范大学出版社 1997 年版，第 233 页。

的材料，一定程度上在古史辨派中达成了共识。在利用经书辨伪古史的同时，古史辨派也不断尝试从经书中整理出古史。顾颉刚更是希望从继承和发扬传统学术的高度对经学进行清理，以期把古史研究推向更高的境界。

顾颉刚的疑古思想受了今文家的影响，他的古史辨伪借鉴了公羊学的方法，尽管如此，并不能说他走了今文家的老路。古史辨派以经解史开拓了古史研究的新境界，反过来通过还原古史把经书变成了历史文献。在这个过程中，古史辨派已不单单是转经学为史学的材料，而是以治经的方法治史，使经学的内容和经学的方法论都转化到古史辨伪之中。顾颉刚后来总结说："清之经学渐走向科学化的途径，脱离家派之纠缠，则经学遂成古史学，而经学之结束期至矣。特彼辈之转经学为史学是下意识的，我辈则以意识之力为之，更明朗化耳。"[1] 与清代考据学者相比较，顾颉刚辈有意识地把经学的方法用作古史辨伪的方法，其在对待经学方面有了更多理性，反映了经学研究的时代特点。

第三节　经学家派对地域史学特色的影响

经学在学术形态上不仅有今文经学、古文经学、宋学、汉学等流派的分野，在空间范围上也形成许多具有地域特色的学派。梁启超在概述清中叶以后乾嘉道咸年间的儒学变迁时，认为有四大潮流，分别为皖南学派、浙东学派、桐城学派和常州学派，这四大潮流就是以地域来命名的。前近代时期，地域性学派也有不同的分法，如宗古文经学的吴派、皖派，主今文经学的常州学派，还有岭南学派、浙东学派、扬州学派、蜀学派等。这些地域性学派与不同形态的经学家派相互交织，呈现出纷繁复杂、绚丽多姿的学术风貌。在经学与史学密切相关的传统观念之下，经学家派影响及于民国史学，推动着学术演进过程中地域性史学特色的形成。兹以浙东学派和蜀学派为例进行论述。

[1] 顾颉刚：《顾颉刚学术文化随笔》，中国青年出版社1998年版，第296页。

一、经学与浙东史学余绪

浙东史学源远流长，早在南宋便已形成。章学诚曾将之称为“浙东学术”，何炳松则认为，南宋以来的浙东学者多专究史学，不妨称为“浙东的史学”[1]。浙东学派的史学研究与经学有着密切的联系。浙东史家在治学上尊崇独创精神，提倡经世致用，反对空谈心性，追求博洽多识，兼采众家之长，反对固守门户。尤其是章学诚讲求的“六经皆史”，发展了学术经世致用的传统。李源澄指出浙东史学特征有五：经史合一，子史并重，学贵宏通，注重当代历史，文以适用为主。“每当浙东学术之兴起，即具有反时代色彩，此五者必为标帜”[2]。浙东学派治学贯通经史，推进了学术研究从考经向考史的转变。

清代浙东史学发展到高峰，迎来一个极为辉煌的时期，代表人物有黄宗羲、万斯同、万斯大、全祖望、邵晋涵、章学诚以及后来的黄以周、李慈铭等。清代浙东史家“在经学上也有继承了南宋以来浙东史家‘讲性命者，多攻史学’的学术传统，将经史打通，穷经与读史并重，并在史学方面深入发展”[3]。进入晚清，浙东史学的代表人物有陈黻宸、宋恕、章太炎等。陈黻宸是浙江瑞安人，性理之学上宗陆九渊、王阳明、黄宗羲等人，治史则服膺章学诚。他对梁启超提倡的新史学有所呼应，在20世纪初新史学思潮高涨之时，他先后发表《独史》《伦史》《史地原理》等文章，抨击旧史学，提出一系列建设新史学的主张。他提倡统计方法，重视疾病史研究，扩大史学研究范围，明显受到西方史学思想的影响。宋恕为浙江平阳人，在杭州求是书院执教时，与陈黻宸、陈虬并称“浙东三杰”。宋恕受知于孙锵鸣，孙锵鸣曾把黄宗羲的《明夷待访录》、戴望的《颜氏学记》传授给宋恕，二人有师徒之实，宋恕深受孙锵鸣学术思想的影响。宋恕还曾入杭州诂经精舍，师从古文经学大家俞樾，与章太炎有同门之谊。章太炎学术上受浙东学派的影响。梁启超称：“炳

[1] 何炳松：《浙东学派溯源》，广西师范大学出版社2005年版，第148页。

[2] 李源澄：《浙东史学之远源》，《史地杂志》1940年第1卷第3期。

[3] 王记录：《中国史学思想通史·清代卷》，黄山书社2002年版，第377页。

麟少受学于俞樾，治小学极谨严，然固浙东人也，受全祖望、章学诚影响颇深，大究心明清间掌故，排满之信念日烈。”[1] 章太炎与浙东学派成员来往密切，在史学思想方面继承了浙东史学大师章学诚的“六经皆史”论。章太炎出于杭州诂经精舍，与宋恕同门，治经尚古文。除师从古文家俞樾之外，章太炎早年治学受到黄以周的影响。他评价黄以周是“博文约礼，躬行君子”，赞誉其为“浙东通儒”。章太炎作文好慕古，喜用生僻古字，与他受黄以周的影响有很大关系。青年时代的章太炎通过宋恕结识孙诒让，他与俞樾脱离师生关系时，曾有意到浙江瑞安拜孙诒让为师。孙诒让是孙锵鸣侄子，曾与宋恕等人从学于孙锵鸣，以研究文字、音韵与诸子学名震浙东。他十分看重章太炎，曾对章说：“他日为两浙经师之望，发中国音韵、训诂之微，让子出一头地，有敢因汝本师而摧子者，我必尽全力卫子。”[2] 章太炎在《定经师》中将俞樾、黄以周与孙诒让同列为上等，对孙诒让执弟子礼甚恭。

民国时期仍有浙东史学的余绪。何炳松是浙江金华人，一生学术活动主要集中在史学方面，他既受到浙东史学的影响，也对浙东学派有深入研究。何炳松著有《浙东学派溯源》一书，在自序中说：“明代末年，浙东绍兴又有刘宗用其人者出……递升浙东史学中兴之新局。故刘宗用在吾国史学史上之地位实与程颐同为由经入史之开山。其门人黄宗羲承其衣钵而加以发挥，遂蔚成清代宁波万斯同、全祖望及绍兴邵廷采、章学诚等之两大史学系。”[3] 他把全祖望和章学诚列为黄宗羲以后的浙东两大史学系，尤其对章学诚赞扬不已，认为章学诚的某些精微见解甚至远在西洋史学之上，由此可以称得上是世界史学界里面的一个天才，大有服膺章氏的姿态。浙东史学善综合、重博通，十分看重史学的“经世”功用，何炳松对浙东学派的地位给予了很高的评价，认为“要研究中国史学史必须研究中国学术思想史，要研究中国学术思想史必须研究浙东学术史”[4]。何炳松曾将美国著名史学家鲁滨孙的《新史学》译成中文，

[1] 梁启超：《清代学术概论》，东方出版社 1996 年版，第 86 页。

[2] 刘成禺：《世载堂杂忆》，山西古籍出版社 1995 年版，第 144 页。

[3] 何炳松：《浙东学派溯源·自序》，广西师范大学出版社 2005 年版，第 3 页。

[4] 何炳松：《浙东学派溯源·自序》，广西师范大学出版社 2005 年版，第 5 页。

首次在国内介绍和传播鲁滨孙的史学思想。他一方面致力于西方史学思想和方法论的介绍与阐述，一方面也注意发掘中国传统的史学遗产，从浙东史学那里他更清楚地看到传统史学的光辉，主张现代史学应当吸收传统学术的精华，表现出注重历史发展的连续性的观念。何炳松颇具史识，推崇通史著作的编纂，主张扩大历史的范围，并极为重视史学理论建设，所著《历史研究法》一书，曾引起学术界的瞩目。这些特点反映出何炳松的学术受到浙东学派的影响。

浙东学派也影响到马克思主义史家范文澜。范文澜是浙江绍兴人，从小受到浙东学术的影响，他身上的那种学者强烈的政治使命感即使在《中国通史》的精心结撰中亦没有消退。而且，“范文澜的学问不入民国学术主流，而选择唯物史观，恐怕与浙东史学强调‘经世致用’不无关系”[1]。范文澜就学于黄侃，黄侃是章太炎的高足，对章执礼甚恭，范文澜成为章太炎的再传弟子。范文澜在校求学时，文科有黄侃、刘师培等讲授经学课程。他于经学致力甚殷，毕业后在京津各大学讲授经学相关课程，在此基础上撰成《群经概论》。[2] 范文澜常常突破黄侃的师法，在《中国经学史的演变》中，用唯物史观清算中国经学发展史，将经学研究引向新途。范文澜在经史观上主张六经都是历史资料，这与章学诚的“六经皆史”说是相通的。

清代以来，江淮人文荟萃，为学术之渊薮。“以地域论，朴学重心在于江淮，其他各省，或仍宗理学、心学，如江西、河南，能为汉学者少，或文风不盛，难以言学术”[3]。入于民国，江苏、浙江、安徽仍为学术重心所在。江南地区颇具特色的地域性史学体大精深，北方地区则相形见绌。不过西南地区有个地域性学派很值得一提，那就是蜀学派。

二、经学与蜀学

蜀学作为一种地域文化有悠久的历史。宋代，“三苏”熔儒、墨、

---

[1] 王晓清、张克兰：《范文澜与胡适》，《史学理论研究》1999年第3期，第50页。

[2] 蔡美彪：《范文澜治学录（代序）》，见《范文澜全集》第一卷，河北教育出版社2002年版，第4页。

[3] 桑兵：《晚清民国的国学研究》，上海古籍出版社2001年版，第29页。

兵、纵横家于一炉，形成具有独特思想体系的蜀学派，在宋儒中独树一帜。晚清时期，经学成为蜀地的学术重心。李学勤认为，晚清以后随着学术文化重心的转移，形成中国人文学术的两大中心，“一个是‘湘学’，一个是‘蜀学’”[1]。咸丰年间，四川学政张之洞创办尊经书院，强调“通经致用”，培养了许多卓有建树的人物，奠定了晚清蜀学兴盛的基础。四川井研人廖平正是受到张之洞的赏识得以入尊经书院深造，最终成为经学大师。张之洞离川后，经学家王闿运主讲尊经书院，对廖平影响很大。王闿运宗今文经学，主治《公羊传》，不斤斤于文字训诂、名物考证，申张东汉何休的学说，探求文字背后隐寓的微言大义。廖平经常向他请业，渐受熏陶，开始转治今文经学。廖平著有《今古学考》，平分今、古文。后来又著有《知圣篇》和《辟刘篇》，尊崇今文经，贬抑古文经。晚清蜀学影响最大的莫过于廖平。

民国时期有蜀学地域特色的史学家以蒙文通、刘咸炘等人为代表。蒙文通是四川盐亭县人，早年毕业于四川存古学堂，曾师从经学家廖平、刘师培。他由经入史，沿着贯通经史的治学理路，著有《经学导前》《古史甄微》《经学抉原》《儒学五论》等，成为以博通见长的杰出史学家。蒙文通深受廖平经学的影响。廖平 1915 年任教于四川国学学校时，蒙文通在此就读。当时他撰写的《孔氏古文说》，以今文学的观点来讨论晚周秦汉的六经与旧史之别，得到廖平的称赞，“此事或可为蒙文通自称少好今文家言的源头，今文学立场、扬弃廖平学术贯穿蒙文通学术历程的始终”[2]。后来，蒙文通所著《经学导言》虽然在观点上与廖平有所不同，但依然能够清晰地看到讨论主题的延续性。蒙文通最早引起学术界关注的著作是《古史甄微》，这一著作与廖平曾经给出的一道重要的习题有很大关系。纵观蒙文通的学术研究，有两项内容比较突出：“古史多元论”和“大势变迁论”，“两者皆牵涉到近代从经学向史学过渡的复杂学术背景，尤与其老师廖平的独特经学观念相关”[3]。以上可以看出蒙文通的

[1] 李学勤：《弘扬国学的标志性事业》，《西南民族大学学报》2005 年第 9 期。

[2] 张凯：《浙东史学与民国经史转型——以刘咸炘、蒙文通为中心》，《浙江大学学报》2011 年第 6 期。

[3] 王汎森：《从经学向史学的过渡——廖平与蒙文通的例子》，《历史研究》2005 年第 2 期。

史学研究与廖平今文经学的密切关系。

刘咸炘是四川双流人，其祖父刘沅、父亲刘枧文均是蜀中知名学者。刘咸炘家传儒学，天资聪慧，学贯中西，曾任成都大学及四川大学教授，他的文集《推十书》涉及中国传统学术的诸多领域。刘咸炘终生未出四川，为近代蜀学中的重要代表人物。他撰有《蜀学论》，以答客问形式，提纲挈领地概述了蜀学的内容和特征。他认为源远流长的蜀学主要表现在易学、史学、文学三个方面，学术特征可用文史见长和崇实不虚来概括。《蜀学论》是晚清蜀学复兴以来，早期蜀学史研究中最富代表性的篇章，表现出了20世纪前期中国新史学的特征。另一部有新史学特征的著作是《史学述林》，讨论史体、史目、史考、史评、史志、史材、史文及史学发展等内容，是一部继《文史通义》之后的综合型史评著作，在从传统史学到现代史学转变中具有重要影响。[1] 同为巴蜀学人，刘咸炘与蒙文通过从甚密。在刘咸炘的师友中，蒙文通是最用心、最尽力推介刘咸炘之学的知音人。刘咸炘在学术上服膺浙东学派章学诚，于经学今、古文两派，皆不以为然。他认为，孔子传经，教人学做人，故治经实乃为己之学。以此为准论群经之学，于是别有一番见地。[2] 正是在刘咸炘的启发之下，蒙文通"发现"南宋浙东史学。浙东史学成为二人出入经史的关键。同时二人都以"兴蜀学"为口号，往复论辩，相互推重，意图实现传统学术的近代转化。他们批评整理国故运动妄立科目，任意比附，认为复兴蜀学才是学术正途。

马克思主义史学家郭沫若也受到蜀学的影响。他生于蜀地，成长于蜀地，早年也大多在蜀地受教育，蜀学潜移默化的作用不可忽视。郭沫若与廖平有一定的渊源。他生在四川乐山一个叫沙湾的小镇上，家乡与廖平的故里离得很近。在清末乐山的知识界，廖平的名声很响，郭沫若的小学老师帅平均和中学老师黄经华都曾是廖平的学生。帅平均比较崇尚今文学派，讲课时言必称"吾师井研廖平"。郭沫若少年时代接受最多的是今文经学教育，这对培养他的今文学兴趣有很大影响。尽管郭沫若

[1] 杨燕起：《刘咸忻与〈史学述林〉》，《历史文献研究》（总第21辑），华中师范大学出版社2002年版，第381页。

[2] 严寿澂：《刘咸炘经学观述略》，《史林》2011年第4期。

没有直接受学于廖平的经历，但他的旧学根基却是在尊崇廖平的学术氛围中打下的。

地域性史学是地域性学术文化的一部分，而地域文化的形成，与地理条件、经济发展、人文渊薮、时代际遇等密不可分。因此，史学的地域性特征，只是就某一地区有代表性的史家治学的整体共性而言，并不否认这一地区史学的个性。由于学术环境的开放性和学术交往的发散性，即使同一地域受到同一经学流派的影响的史家，也会呈现不同的学术特征。也就是说，学术环境的共性影响着地域性的特征，学术个性又成为地域性史学不稳定的因素，使经学家派对地域性史学特色的影响呈现出不平衡性。

中国史学的演进经历了各种学术流派互动互競、此消彼长的漫长过程。中国史学成就蔚为大观，实际上是诸多学术流派切磋摩勘、相互争鸣的结果。众多学派在各自的学术研究领域建立起自己的理论体系和学术规范，从而深层次地推动了中国学术与中国文化的发展。经学师承在史学家派的形成过程中扮演着独特的角色。史学凭借着对传统学术的继承，不断创新学术方法和领域。不过，史学家派往往没有固化的畛域，其形成还受到政治变迁、经济发展、文化积淀、社会风气等方面的制约，影响因素的多样性使各个学派呈现出彼此交错的特点。“传统意义上的‘派’‘家’‘家学’的内涵及界限要比传统学者及现代中国学者力图界定的范围模糊得多。有些时候，一个学派可能是拥有共同的文献学传统、地域上的接近、个别党社思想主张的一致、风格的相似，或这些因素的综合。在许多场合，一个‘学派’仅仅是指为某种组织所作的辩护，这种序列化为某一地区特有的学术活动的中心内容准备谱系或使之系统化”[1]。因此，经学师承对史学家派的影响具有相对性。

[1] （美）艾尔曼：《经学、政治和宗族——中华帝国晚期常州今文学派研究》，江苏人民出版社1998年版，第2页。

参考文献

一、历代典籍

《周易》，《十三经注疏》本，中华书局1980年版。

《论语》，《诸子集成》本，中华书局1954年版。

《孟子》，《诸子集成》本，中华书局1954年版。

董仲舒：《春秋繁露》，河南大学出版社2009年版。

司马迁：《史记》，中华书局1959年版。

班固：《汉书》，中华书局1975年版。

何休解诂，徐彦疏：《春秋公羊传注疏》，上海古籍出版社2014年版。

杜预：《春秋经传集解》，上海古籍出版社1988年版。

刘知幾撰，浦起龙释：《史通通释》，上海古籍出版社1978年版。

欧阳修：《欧阳修全集》，中国书店1986年版。

程颢、程颐：《二程集》，中华书局1981年版。

胡安国：《春秋胡氏传》，浙江古籍出版社2010年版。

郑樵：《郑樵文集》，书目文献出版社1992年版。

黎靖德：《朱子语类》，中华书局1986年版。

朱熹：《朱熹集》，四川教育出版社1996年版。

朱熹：《四书集注》，岳麓书社1985年版。

叶适：《叶适集》，中华书局1961年版。

方孝孺：《逊志斋集》，四部丛刊初编本。

王守仁：《王阳明全集》，上海古籍出版社1992年版。

王守仁:《阳明先生集要》,中华书局2008年版。
杨慎:《升庵全集》,商务印书馆1937年版。
李贽:《李贽文集》,社会科学文献出版社2000年版。
利玛窦、金尼阁:《利玛窦中国札记》,中华书局1983年版。
冯从吾:《关学编》,中华书局1987年版。
钱谦益:《钱牧斋全集》,上海古籍出版社2003年版。
叶钞:《明纪编遗》,清初刻本。
孙奇逢:《孙奇逢集》,中州古籍出版社2003年版。
孙奇逢:《理学宗传》,凤凰出版社2015年版。
杨光先:《不得已》(附二种),黄山书社2000年版。
朱舜水:《朱舜水集》,中华书局1981年版。
陈确:《陈确集》,中华书局1979年版。
黄宗羲:《黄宗羲全集》,浙江古籍出版社1985—1994年版。
黄宗羲:《明儒学案》,中华书局1985年版。
潘平格:《潘子求仁录辑要》,中华书局2009年版。
张履祥:《杨园先生全集》,中华书局2002年版。
陆世仪:《思辨录辑要》,文渊阁《四库全书》本。
陆世仪:《复社纪略》,《续修四库全书》本。
钱澄之:《田间易学》,黄山书社1998年版。
顾炎武著,黄汝成集释:《日知录集释》,岳麓书社1994年版。
顾炎武:《顾亭林诗文集》,中华书局1983年版。
王夫之:《船山全书》,岳麓书社2011年版。
施闰章:《学余堂文集》,文渊阁《四库全书》本。
魏一鳌:《北学编》,光绪戊子秋刻本。
魏裔介:《圣学知统录》,康熙龙江书院刻本。
计六奇:《明季南略》,中华书局1984年版。
耿介:《敬恕堂文集》,中州古籍出版社2005年版。
耿介:《中州道学编》,康熙三十年嵩阳书院补修本。
魏禧:《魏叔子文集》,中华书局2003年版。
费密:《弘道书》,民国九年怡兰堂刻本。
李颙:《二曲集》,中华书局1996年版。

汤斌:《汤斌集》,中州古籍出版社 2003 年版。
张夏:《洛闽源流录》,康熙二十一年黄昌衢彝叙堂刻本。
吕留良:《吕留良诗文集》,浙江古籍出版社 2011 年版。
朱彝尊:《曝书亭集》,《四部丛刊》初编本。
唐甄:《潜书》,中华书局 1963 年版。
陆陇其:《三鱼堂文集》,清康熙刻本。
徐乾学:《憺园文集》,清康熙刻冠山堂印本。
顾祖禹:《读史方舆纪要》,中华书局 2005 年版。
熊赐履:《学统》,凤凰出版社 2011 年版。
熊赐履:《经义斋集》,清康熙年间刻本。
颜元:《颜元集》,中华书局 1987 年版。
范鄗鼎:《理学备考》,清康熙范氏五经堂刻本。
范鄗鼎:《广理学备考》,清康熙范氏五经堂刻本。
万斯同:《群书疑辨》,清嘉庆二十一年刻本。
万斯同:《石园文集》,《四明丛书》本。
万斯同:《儒林宗派》,文渊阁《四库全书》本。
潘耒:《遂初堂集》,清康熙刻本。
陈廷敬:《午亭文编》,人民出版社 2017 年版。
高士奇:《左传纪事本末》,中华书局 1979 年版。
刘献廷:《广阳杂记》,中华书局 1957 年版。
《清圣祖实录》,中华书局 1985 年版。
《圣祖仁皇帝圣训》,文渊阁《四库全书》本。
《圣祖仁皇帝御制文集》,文渊阁《四库全书》本。
《日讲书经解义》,文渊阁《四库全书》本。
《康熙朝满文朱批奏折全译》,中国社会科学出版社 1996 年版。
《康熙起居注》,中华书局 1984 年版。
邵廷采:《思复堂文集》,浙江古籍出版社 2010 年版。
张伯行:《道统录》,凤凰出版社 2015 年版。
张伯行:《正谊堂续集》,清乾隆刻本。
窦克勤:《理学正宗》,康熙刻窦静庵先生遗书本。
李塨:《恕谷后集》,清雍正刻增修本。

陈遇夫：《正学续》，丛书集成初编本。
方苞：《方苞集》，上海古籍出版社 2008 年版。
张廷玉等：《明史》，中华书局 1974 年版。
鄂尔泰、张廷玉等：《国朝宫史》，北京古籍出版社 1987 年版。
刘统勋等：《皇舆西域图志》，新疆人民出版社 2002 年版。
汪由敦：《松泉文集》，文渊阁《四库全书》本。
惠栋：《松崖文钞》，清聚学轩丛书本。
齐召南：《宝纶堂诗文钞》，清嘉庆二年刻本。
《数理精蕴》，文渊阁《四库全书》本。
全祖望撰，朱铸禹汇校集注：《全祖望集汇校集注》，上海古籍出版社 2000 年版。
嵇璜等：《清文献通考》，文渊阁《四库全书》本。
于敏中等：《日下旧闻考》，北京古籍出版社 1983 年版。
袁枚：《袁枚全集》，江苏古籍出版社 1993 年版。
傅恒等：《御批通鉴辑览》，文渊阁《四库全书》本。
王鸣盛：《十七史商榷》，凤凰出版社 2008 年版。
戴震：《戴震全书》，黄山书社 1994—1997 年版。
冯辰、刘调赞：《李塨年谱》，中华书局 1988 年版。
赵翼：《廿二史札记》，凤凰出版社 2008 年版。
钱大昕：《嘉定钱大昕全集》，江苏古籍出版社 1997 年版。
段玉裁：《经韵楼集》，上海古籍出版社 2008 年版。
庆桂等：《国朝宫史续编》，北京古籍出版社 1994 年版。
张师栻、张师载：《张清恪公年谱》，1935 年丽泽书社石印本。
《清高宗实录》，中华书局 1986 年版。
《御制乐善堂全集定本》，文渊阁《四库全书》本。
《御制文初集》，文渊阁《四库全书》本。
《御制文二集》，文渊阁《四库全书》本。
《御制诗初集》，文渊阁《四库全书》本。
《御制诗四集》，文渊阁《四库全书》本。
《钦定南巡盛典》，文渊阁《四库全书》本。
章学诚著，仓修良编注：《文史通义新编新注》，浙江古籍出版社

2005 年版。

章学诚著，叶瑛校注：《文史通义校注》，中华书局 2014 年版。

章学诚：《章学诚遗书》，文物出版社 1985 年版。

章学诚著，王重民通解：《校雠通义通解》，上海古籍出版社 2009 年版。

崔述：《崔东壁遗书》，上海古籍出版社 1983 年版。

汪中：《新编汪中集》，广陵书社 2005 年版。

永瑢等：《四库全书总目》，中华书局 1965 年版。

中国第一历史档案馆：《乾隆朝上谕档》，档案出版社 1991 年版。

中国第一历史档案馆：《纂修四库全书档案》，上海古籍出版社 1997 年版。

王念孙等撰，罗振玉辑印：《高邮王氏遗书》，江苏古籍出版社 2000 年版。

洪亮吉：《洪亮吉集》，中华书局 2001 年版。

洪亮吉：《春秋左传诂》，中华书局 1987 年版。

洪亮吉编：《历朝史案》，巴蜀书社 1992 年版。

和珅、梁国治：《钦定热河志》，天津古籍出版社 2002 年版。

凌廷堪：《校礼堂文集》，中华书局 1998 年版。

恽敬：《大云山房文稿》，国学整理社 1937 年版。

阮元：《研经室集》，中华书局 1993 年版。

凌扬藻：《蠡勺编》，中华书局 1985 年版。

江藩纂，漆永祥笺释：《汉学师承记笺释》，上海古籍出版社 2006 年版。

焦循：《焦循诗文集》，广陵书社 2009 年版。

焦循：《孟子正义》，中华书局 1987 年版。

顾广圻：《顾千里集》，中华书局 2007 年版。

臧庸：《拜经堂文集》，民国十九年宗氏石印本。

昭梿：《啸亭杂录》，中华书局 1997 年版。

姚莹：《东溟文集》，中复堂全集本。

刘逢禄：《刘礼部集》，上海古籍出版社 1995 年版。

唐鉴：《清学案小识》，世界书局 1936 年版。

龚自珍：《龚自珍全集》，中华书局1959年版。
魏源：《魏源集》，中华书局1976年版。
《清仁宗实录》，中华书局1986年版。
贾桢等：《筹办夷务始末》，中华书局1979年版。
陈芳绩：《历代地理沿革表》，江苏广陵古籍刻印社1991年版。
曾国藩：《曾文正公全集》，台北文海出版社1974年版。
戴望：《颜氏学记》，中华书局1958年版。
黄伯禄：《正教奉褒》，光绪三十年上海慈母堂本。
张之洞著，范希曾补正：《书目答问补正》，上海古籍出版社2001年版。
夏燮：《中西纪事》，岳麓书社1988年版。
赵尔巽等：《清史稿》，中华书局1998年版。
廖平：《廖平学术论著选集》，巴蜀书社1989年版。
徐世昌：《清儒学案》，中华书局2008年版。
康有为：《康南海自编年谱》（外二种），中华书局1992年版。
康有为：《康有为全集》（第三集），上海古籍出版社1992年版。
康有为：《长兴学记》，广东高等教育出版社1991年版。
章炳麟：《章太炎全集》，上海人民出版社1984年版。
朱维铮、姜义华编：《章太炎选集》，上海人民出版社1981年版。
章太炎讲演，曹聚仁整理：《国学概论》，上海古籍出版社1997年版。
傅杰编校：《章太炎学术史论集》，中国社会科学出版社1997年版。
章炳麟著，汤志钧编：《章太炎政论选集》，中华书局1977年版。
章太炎：《国故论衡》，上海古籍出版社2003年版。
章炳麟著，徐复注：《訄书详注》，上海古籍出版社2000年版。
马勇编：《章太炎讲演集》，河北人民出版社2004年版。
夏曾佑：《中国古代史》，河北教育出版社2000年版。
朱寿朋：《光绪朝东华录》，中华书局1958年版。
梁启超：《饮冰室合集》，中华书局1989年版。
梁启超：《清代学术概论》，东方出版社1996年版。
梁启超：《中国近三百年学术史》，东方出版社1996年版。

梁启超：《康有为传》，团结出版社 2004 年版。

梁启超：《梁启超史学论著四种》，岳麓书社 1985 年版。

梁启超：《中国历史研究法》，中华书局 2009 年版。

钱谷融编：《梁启超书话》，浙江人民出版社 1998 年版。

葛懋春、蒋俊编选：《梁启超哲学思想论文选》，北京大学出版社 1984 年版。

夏晓虹编选：《梁启超文选》，中国广播电视出版社 1992 年版。

苏舆：《翼教丛编》，上海书店出版社 2002 年版。

刘成禺：《世载堂杂忆》，山西古籍出版社 1995 年版。

王国维：《观堂集林》，河北教育出版社 2003 年版。

王国维：《王国维全集》，中华书局 1984 年版。

王国维：《观堂集林》，河北教育出版社 2003 年版。

刘承幹：《明史例案》，吴兴嘉业堂刊本。

皮锡瑞：《经学历史》，中华书局 2004 年版。

刘师培：《刘申叔遗书》，江苏古籍出版社 1997 年版。

刘师培：《刘师培清儒得失论》，吉林人民出版社 2013 年版。

刘师培：《刘师培史学论著选集》，上海古籍出版社 2006 年版。

刘师培：《经学教科书》，上海古籍出版社 2006 年版。

黄锦君选编：《刘师培儒学论集》，四川大学出版社 2010 年版。

《清史列传》，中华书局 1987 年版。

二、今人著作

胡适著，姚名达订补：《章实斋先生年谱》，商务印书馆 1933 年版。

皮名振编著：《皮鹿门年谱》，商务印书馆 1939 年版。

侯外庐：《近代中国思想学说史》，生活书店 1947 年版。

中国历史研究会编：《中国通史简编》，华北新华书店 1947 年版。

侯外庐：《中国早期启蒙思想史》，人民出版社 1956 年版。

李大钊：《李大钊选集》，人民出版社 1959 年版。

(英) 李约瑟著，何兆武译：《中国科学技术史》（第二分册），科学出版社 1978 年版。

中国社会科学院近代史研究所：《范文澜历史论文选集》，中国社会科学出版社 1979 年版。

孙叔平：《中国哲学史稿》，上海人民出版社 1981 年版。

顾颉刚编著：《古史辨》（第一册），上海古籍出版社 1982 年版。

谢国桢：《明末清初的学风》，人民出版社 1982 年版。

中共中央文献研究室编：《毛泽东书信选集》，人民出版社 1983 年版。

李大钊：《李大钊文集》，人民出版社 1984 年版。

马宗霍：《中国经学史》，上海书店 1984 年版。

蔡冠洛编著：《清代七百名人传》，北京中国书店 1984 年版。

温济泽等编：《延安中央研究院回忆录》，中国社会科学出版社 1984 年版。

侯外庐：《韧的追求》，生活·读书·新知三联书店 1985 年版。

白寿彝：《中国史学史》第一卷，上海人民出版社 2006 年版。

许冠三：《新史学九十年》，岳麓书社 2003 年版。

方豪：《中西交通史》，岳麓书社 1987 年版。

侯外庐、邱汉生、张岂之主编：《宋明理学史》，人民出版社 1987 年版。

王汎森：《古史辨运动的兴起》，台北允晨文化实业股份有限公司 1987 年版。

余英时：《中国思想传统的现代诠释》，江苏人民出版社 1989 年版。

柳曾符、柳定生选编：《柳诒徵史学论文集》，上海古籍出版社 1991 年版。

吴怀祺：《宋代史学思想史》，黄山书社 1992 年版。

陈祖武：《清初学术思辨录》，中国社会科学出版社 1992 年版。

许凌云：《儒学与中国史学》，山东大学出版社 1992 年版。

吴枫、宋一夫：《中华儒学通典》，南海出版公司 1992 年版。

李永圻编：《吕思勉先生编年事辑》，上海书店 1992 年版。

王俊义、黄爱平：《清代学术与文化》，辽宁人民出版社 1993 年版。

（法）安田朴、谢和耐等著，耿升译：《明清间入华耶稣会士和中西文化交流》，巴蜀书社 1993 年版。

白寿彝：《白寿彝史学论集》，北京师范大学出版社 1994 年版。

李明友：《一本万殊》，人民出版社 1994 年版。

胡适：《胡适文存》，黄山书社 1996 年版。

朱维铮编：《周予同经学史论著选集》（增订本），上海人民出版社 1996 年版。

饶宗颐：《中国史学上之正统论》，上海远东出版社 1996 年版。

姚奠中、董国炎：《章太炎学术年谱》，山西古籍出版社 1996 年版。

吴怀祺：《中国史学思想史》，安徽人民出版社 1996 年版。

岳玉玺、李泉、马亮宽编选：《傅斯年选集》，天津人民出版社 1996 年版。

史学史研究室：《新史学五大家》，社会科学文献出版社 1996 年版。

吕思勉：《吕思勉遗文集》，华东师范大学出版社 1997 年版。

郭沫若：《郭沫若选集》，人民文学出版社 1997 年版。

萧一山：《清代史》，辽宁教育出版社 1997 年版。

钱穆：《中国近三百年学术史》，商务印书馆 1997 年版。

（美）艾尔曼：《从理学到朴学——中华帝国晚期思想与社会变化面面观》，江苏人民出版社 1997 年版。

姜胜利：《清人明史学探研》，南开大学出版社 1997 年版。

顾颉刚：《秦汉的方士与儒生》，上海古籍出版社 2005 年版。

顾洪编：《顾颉刚学术文化随笔》，中国青年出版社 1998 年版。

中国社会科学院历史研究所中国思想史研究室编：《侯外庐史学论文选集》，人民出版社 1987 年版。

蒋兆成、王日根：《康熙传》，人民出版社 1998 年版。

卢钟锋：《中国传统学术史》，河南人民出版社 1998 年版。

支伟成：《清代朴学大师列传》，岳麓书社 1998 年版。

漆永祥：《乾嘉考据学研究》，中国社会科学出版社 1998 年版。

（美）艾尔曼：《经学、政治和宗族——中华帝国晚期常州今文学派研究》，江苏人民出版社 1998 年版。

钱玄同：《钱玄同文集》，中国人民大学出版社 1999—2000 年版。

周予同：《中国经学史讲义》，上海文艺出版社 1999 年版。

刘大年：《评近代经学》，《明清论丛》（第一辑），紫禁城出版社 1999 年版。

罗志田：《权势转移：近代中国的思想、社会与学术》，湖北人民出版社 1999 年版。

柳诒徵：《国史要义》，华东师范大学出版社 2000 年版。

李守常：《史学要论》，河北教育出版社 2000 年版。

郭沫若：《中国古代社会研究》（外二种），河北教育出版社 2004 年版。

顾颉刚：《古史辨自序》，河北教育出版社 2000 年版。

刘大年：《刘大年集》，中国社会科学出版社 2000 年版。

葛兆光：《中国思想史》，复旦大学出版社 2001 年版。

陈其泰：《范文澜学术思想评传》，北京图书馆出版社 2000 年版。

王学典：《翦伯赞学术思想评传》，北京图书馆出版社 2000 年版。

（韩）郑安德：《明末清初耶稣会思想文献汇编》，北京大学宗教研究所 2000 年印本。

陈寅恪：《金明馆丛稿二编》，生活·读书·新知三联书店 2001 年版。

钱穆：《两汉经学今古文平议》，商务印书馆 2001 年版。

吴雁南主编：《清代经学史通论》，云南大学出版社 2001 年版。

吴雁南、秦学颀、李禹阶：《中国经学史》，福建人民出版社 2001 年版。

桑兵：《晚清民国的国学研究》，上海古籍出版社 2001 年版。

路新生：《中国近三百年疑古思潮研究》，上海人民出版社 2001 年版。

喻大华：《晚清文化保守思潮研究》，人民出版社 2001 年版。

郭康松：《清代考据学研究》，崇文书局 2001 年版。

范文澜：《范文澜集》，中国社会科学出版社 2001 年版。

范文澜：《范文澜全集》，河北教育出版社 2002 年版。

陈祖武：《清儒学术拾零》，湖南人民出版社 2002 年版。

徐定宝：《黄宗羲评传》，南京大学出版社 2002 年版。

盛邦和：《解体与重构——现代中国史学与儒学思想变迁》，华东师范大学出版社 2002 年版。

吴伯娅：《康雍乾三帝与西学东渐》，宗教文化出版社 2002 年版。

王记录：《中国史学思想通史·清代卷》，黄山书社 2002 年版。

陈鹏鸣：《中国史学思想通史·近代前卷》，黄山书社 2002 年版。

张国华主编，海盐县政协文史委编：《文史大家朱希祖》，学林出版社 2002 年版。

吴少珉、赵金昭主编：《二十世纪疑古思潮》，学苑出版社 2003 年版。

黄爱平：《朴学与清代社会》，河北人民出版社 2003 年版。

张舜徽：《清人文集别录》，华中师范大学出版社 2004 年版。

吴怀祺：《易学与史学》，中国书店 2004 年版。

王记录：《钱大昕的史学思想》，社会科学文献出版社 2004 年版。

何炳松：《浙东学派溯源》，广西师范大学出版社 2004 年版。

瞿林东：《中国史学史纲》，北京出版社 2005 年版。

司马朝军：《〈四库全书总目〉编纂考》，武汉大学出版社 2005 年版。

顾颉刚：《当代中国史学》，上海古籍出版社 2006 年版。

陈智超编：《励耘书屋问学记：史学家陈垣的治学》，生活·读书·新知三联书店 2006 年版。

吴怀祺：《史学理论与史学史研究》，福建人民出版社 2006 年版。

陈其泰：《中国史学史》第六卷，上海人民出版社 2006 年版。

许道勋、徐洪兴：《中国经学史》，上海人民出版社 2006 年版。

路新生：《经学的蜕变与史学的“转轨”》，上海古籍出版社 2006 年版。

周文玖：《史学史导论》，学苑出版社 2006 年版。

周文玖选编：《朱希祖文存》，上海古籍出版社 2006 年版。

龚书铎主编：《清代理学史》，广东教育出版社 2007 年版。

汪学群、武才娃：《清代思想史论》，中国社会科学出版社 2007 年版。

罗炳良：《清代乾嘉历史考证学研究》，北京图书馆出版社 2007 年版。

罗福惠、许小青、袁咏红：《长江流域学术文化的近代演进》，武汉出版社 2007 年版。

陈祖武：《中国学案史》，东方出版中心 2008 年版。

桑兵、张凯、於梅舫：《近代中国学术批评》，中华书局 2008 年版。

仓修良：《中国古代史学史》，人民出版社 2009 年版。

陆宝千：《清代思想史》，华东师范大学出版社 2009 年版

王记录：《清代史馆与清代政治》，人民出版社 2009 年版。

（美）约瑟夫·列文森著，郑大华、任菁译：《儒教中国及其现代命运》，广西师范大学出版社 2009 年版。

顾颉刚：《顾颉刚全集》，中华书局 2010 年版。

吴泽主编：《中国近代史学史》（修订本），人民出版社 2010 年版。

王汎森：《近代中国的史家与史学》，复旦大学出版社 2010 年版。

吴海兰：《黄宗羲的经学与史学》，厦门大学出版社 2010 年版。

马洪林：《康有为评传》，南京大学出版社 2011 年版。

乔治忠：《中国史学史》，中国人民大学出版社 2011 年版。

林庆彰：《清初的群经辨伪学》，华东师范大学出版社 2011 年版。

邓国光：《经学义理》，上海古籍出版社 2011 年版。

汪高鑫：《中国史学思想通论·经史关系论卷》，福建人民出版社 2011 年版。

王记录：《中国史学思想通论·历史文献学思想卷》，福建人民出版社 2011 年版。

朱希祖：《朱希祖日记》，中华书局 2012 年版。

周文玖：《因革之辨——关于历史本体、史学、史家的探讨》，北京师范大学出版社 2010 年版。

汪高鑫：《中国经史关系史》，黄山书社 2017 年版。

后　记

从清初到民国，是中国学术发展最令人眼花缭乱的时期。我们这样说，自然有自己的理由。首先，清朝是继元以后由少数民族建立的第二个大一统王朝。清人入关，强烈冲击了秉持《春秋》大义的汉族知识分子的内心，并由此产生了一大批见解深刻的思想家。其次，1840 年鸦片战争，使号称盛世的清王朝被外来力量沉重打击，历史进入了晚清。晚清士人所面对的是从未有过的历史变局，民族危亡、变法图强成为人们最为关注的问题。最后，1911 年辛亥革命，清王朝被推翻，历史迈进了民国。这一时期，各种新思想、新观念传入中国，知识分子不仅要面对新旧、古今的问题，还要面对中西的问题。在这样巨大的历史变局面前，经学、史学都随之沉浮，相互纠葛，相互影响，表现出不同于此前各朝的特点。该卷著述就是试图反映这一时期经史关系的面貌，纵向考察经史关系的演变发展过程，横向分析经史关系的纠结及其对当时学术观念的影响，以揭示传统经史之学的意蕴、本质以及由传统进入近代以后学术发展的真实面相。

本书由我和李玉莉博士共同完成。我撰写绪论及第一、二、三、四、五、六、七、八、九章，李玉莉博士撰写第十、十一、十二、十三章，最后由我汇总、统稿、润色而成。说来惭愧，由于我的原因，本书的写作旷日持久。李玉莉博士早就写完了相关章节，并不断修改完善，以臻于完美，而我却迟迟未能将稿子写出来。该课题是集体项目，据我所知，前此各卷的作者早就研撰完毕，总主编汪高鑫教授也早与出版社签订了出版合同，但一直未能及时与读者见面，原因就是我的研撰工作没有完成。以己度人，我能够感受到高鑫兄的心急如焚，可他却不断安慰我，让我不要着急，不要把身体搞坏了。这样的情谊让我感动，也是对我的鞭策。我不敢懈怠，力争奉献出好的作品回报高鑫兄的理解和宽容，回报读者诸君的期盼。如今，在新中国成立70周年的喜庆之日，作品结撰完毕，其中的认识和观点，是耶非耶，还望读者诸君批评指正。

王记录

2019年10月于弄斧书屋